언론개혁, 어떻게 할 것인가

한국의 언론과 사회, 이론과 비평

김삼오 지음

한울

추천사

약 6년 전 김삼오 박사의 『한국언론 이대로 좋은가』를 우연히 읽고 저자의 한국언론에 대한 국내에서 흔치 않은 지적들과 시각에 깊은 감명을 받았습니다. 저자의 그런 통찰력은 한국에서 언론의 현장에서 직접 뛰었고, 해외로 나가 언론 공부를 하면서, 저자의 설명대로 해외에서 신문을 만드느라 몸소 밑바닥으로부터 발행인 일까지 해본 결과라고 생각합니다.

그간 저자는 이 책을 틈틈이 다시 써, 이번에 『언론개혁, 어떻게 할 것인가 — 한국의 언론과 사회, 이론과 비평』이란 제목으로 내게 되었는데, 언론인의 한 사람으로 축하하여 마지않습니다. 언론에 대한 우리 국민의 관심이 고조된 이때에 매우 가치있는 책이 될 것으로 확신합니다.

요즘 언론개혁의 필요와 방안에 대하여 여러 가지 논란이 있지만, 저자는 개혁의 성격이 어떤 것이든 언론을 책임 있게 감시하고 언론 과정에 책임 있게 참여하는 수용자가 많아짐으로써만 가능하다고 보고 있습니다. 책임 있는 참여의 조건 가운데 가장 중요한 것은 언론에 대한 깊은 이해를 갖는 것입니다.

우리나라에서 언론의 이해를 돕기 위하여 나온 책들이 한두 권이 아닙니다. 그럼에도 이 책이 돋보인다고 생각하고, 제가 특별히 추천하게 되는 이유가 몇 가지 있습니다.

첫째로, 누구나 이해할 수 있도록 쉽게 풀어 쓴 저자의 정성입니다. 언론의 제도나 제작기술 측면이라면 몰라도, 행태적 측면(언론이 개인과 사회에 미치는 효과의 이해, 그것이 바로 언론의 기본 이론)의 이해는 커뮤니케이션 이론의 틀 안에서만 가능합니다. 거기에서 쓰이는 일반인에게 익숙지 않은 개념들을 저자는 쉽게 설명하고 있습니다.

둘째로, 한국언론의 사례를 중심으로 이론을 설명하고 있습니다. 이 또한 이론의 이해를 쉽게 함은 물론, "이론을 위한 이론"이 아닌 문제해결을 돕는 산 지식을 제공합니다. 대부분 언론 서적이 순수 이론 아니면 비평으로 나눠져 있는 것과는 달리, 이 책은 양자를 겸하고 있습니다. 이론만을 읽고 나서는 그것이 어떻게 현실사회에 적용되는지를 모르는 사람이 많고, 언론을 혹독하게 질타하는 비평서를 읽고는 속 시원해 하여도 그 대안에 대하여는 나몰라라가 되기 쉽습니다.

셋째로, 책이름이 시사하는 대로 한국언론을 한국사회 속에서 다루고 있습니다. 언론은 사회의 산물입니다. 언론이 자라는 토양인 사회를 멀리하고 언론문제를 언론에만 국한하여 논한다면 해법이 나올 수 없습니다.

커뮤니케이션 이론의 틀 안에서 언론의 이해를 더 깊이 하고자 하는 언론학 전공학도와 전문인 실무자, 우리 언론과 사회의 이슈와 그 해결책을 늘 모색하는 각계 의사 결정자와 일반인들에게 일독을 권하는 바입니다.

2001년 6월
한국방송공사 사장 박권상

머리말
뉴미디어가 언론의 정신을 높일까

증보판을 내면서

이 책은 1994년 12월 일부 관훈클럽의 지원을 받아 나온 『한국언론 이대로 좋은가』를 고쳐 쓴 것이다. 그때 쓴 내용은 지금도 여전히 타당하다. 고친 이유는 내용을 전체적으로 다듬는 한편, 새로운 한국언론의 사례들을 보충하고 싶어서이다. 또한 전에 없던 내용 몇 가지를 추가했으며, 마침 책을 준비중인 2001년 연두, 온 나라의 화두가 된 언론개혁에 대한 나의 신념이라 할 수 있는 대안을 책의 마지막 장에 결론으로 내놓았다. 하지만 실은 이 책에서 다룬 모든 것이 언론개혁의 전제조건이 된다.

 먼저 나왔던 책은 초판으로 끝났다. 출판사의 내부 사정 때문이었다. 그후 나는 다른 책을 쓰느라 그대로 두었다. 책이 잘 안 팔리는 오늘의 출판사들은 책의 이름을 선정적으로 붙이고 내용도 그때그때 유행 감각에 맞게 꾸며야 한다. 그런데 그런 책은 패션과 같아 오래 갈 수가 없다. 일생을 두고 서가에 꽂아놓고 볼 만한 책이 요즘 우리나라에서 안 나오는 이유가 바로 이것이다. 참으로 안타까운 일이다.

『언론개혁, 어떻게 할 것인가 ─ 한국의 언론과 사회, 이론과 비평』이라고 한다면 매우 평범하나 정직한 제목이다. 이름이 평범하다고 해서 가치가 덜할 수는 없다. 과연 오늘 우리나라 문제를 논하는 사람들 가운데 평범하나 정직한 이론을 바탕으로 언론과 사회를 바르게 이해하고 비판할 수 있는 사람이 몇이나 될까. 그런 사람이 많다면 우리 사회가 지금과 같지는 않을 것이다.

 오늘날 책의 홍수 속에서 지난번 책이 우리 사회에 남긴 기여 운운한다면 분명 낯뜨거운 일이다. 그러나 그 책 속에서 내가 한국언론이 거듭나기를 위한 여러 가지 주장과 제안 가운데 몇 가지가 조금씩 현실로 나타나는 것을 보면서 가슴 설렘을 느꼈다. 우연의 일치겠지만, 같은 기간 동안 그런 변화가 있었다면 나도 거기에 만분의 일이나마 보탰다고 자부하고 싶다.

그런 사례를 몇 가지 든다면, 첫째로, 이 책 전체에 일관되게 흐르는 큰 전제 중 하나는 우리 언론과 사회의 개혁은 정부가 아니라 국민이 바뀜으로써 가능하다는 주장이었는데, 그런 상황인식은 지금 그 어느 때보다도 넓게 수용되고 있다고 생각된다. 그간 과거에 비하여 훨씬 민주적인 방법으로 정부가 두 번 바뀌었지만, 사회는 크게 바뀌지 않은 것을 보면 사회개선을 위해서는 제도보다 사람이 더 중요하다는 생각을 하게 된다. 그런 뜻에서 나는 민주화 과정에서 언론이 이끄는 국민계몽과 시민운동의 중요성을 역설했다. 지난 16대 총선거 전후 우리나라에서 그런 인식이 국민간에 더 확산되었다.

둘째로, 나는 이 책의 여러 곳에서 언론이 도덕성의 희생 아래서가 아니라, 느리더라도 도덕성 위에 이룩하는 경제발전을 국민 의제로 밀고 나가야 한다고 주장했는데, 1997년 말 갑자기 들이닥친 이른바 IMF 경제위기 이래 그런 인식이 과거 어느 때보다 지지를 받고 있는 것은 사실이다.

셋째로, 권력에 대한 국민의 감시는 구호가 되기 쉬운 포괄적 지적과 비난보다 구체적 사례와 인물을 들어 하는 방법을 제안했는데, 그것이 지난 선거 때 시민단체들의 "낙천낙선"운동으로 일부 현실로 나타난 것이다. 이에 대하여는 제1장(국민과 정부 간의 연결고리, 27-28쪽 참조)에서 더 다루게 된다.

넷째로, 나는 처음 책에서 "오피니언 지면"(opinion pages)에 대하여 꽤 길게 다루었는데, 그 후 한국의 주류 신문들이 거의 예외 없이 그런 난을 새로 두거나 늘려 외부 기고를 싣게 되었다. 다만 뒤에서 자세히 다루는 대로(제12장 열린 언론, 닫힌 언론, 362쪽 참조), 그 지면이 모든 외부 기고가에게 같은 기준으로 열려 있지 않아 진정한 오피니언 지면이라고 말하기는 어렵지만 말이다.

다섯째로, 나는 우리 언론은 좌우, 보수 대 진보 등 기존의 이데올로기나 특수집단의 이익에 얽매이지 않고 열린 태도로 문제를 있는 그대로 보고, 그 해결책을 과학에서 찾아야 한다고 지적했는데, 요즘 지식인 집단이 제시하는 정책대안 방향이 이와 비슷하다.

마지막으로, 나는 『한국언론 이대로 좋은가』는 그 제목에서도 드러나듯이 한국언론의 개혁을 바라며 쓰여진 것인데, 7년이 지난 오늘 김대중 대통령의 언론관련 발언으로 언론개혁이 우리나라에서 큰 국가적 이슈로 부각되고 그때 내가 언급한 많은 사항들이 학자들에 의하여 거론되고 있는 것을 보면서 남다른 감회를 갖지 않을 수 없다.

누구나 언론을 말하지만

언론이란 무엇인가, 그리고 왜 그리 중요한가에 대하여 이 책의 순서상 제1장(21-35쪽 참조)에서 살펴보지만 여기에 많은 지면과 시간을 할애할 생각은 없다. 다만 여기에서 바른 언론 없이 바른 사회 없다는 점을 분명히 해놓아야겠다. 그래야만 우리나라에 언론관련 서적이 많은데 왜 하나가 더 나와야 하는가에 대한 변이 쉬워질 것 같다.

누구하고 세상 얘기를 해봐도 놀랍게도 생각은 같다. 정치를 잘해야 사회가 잘된다는 것이다. 그런데 정치는 언론과 떨어져 잘할 수가 없다. 언론이 잘해야 정치가 잘된다.

민주정치는 국민에 의한 정치라고 하지만 실제를 보면 국민 모두가 정치에 직접 참여할 수가 없다. 정부는 언론을 빌려서 국민에게 말해야 하고, 반대로 국민은 언론을 빌려서 정치인에게 말해야 한다(제5장 국민이 아니라 언론, 132-133쪽 참조). 이때 언론이 이 중간인 역할을 잘못한다면 민주주의는 그만큼 변질된다.

그런 언론은 분명 전문분야다. 사람들은 언론을 매일 대하고 어쩌면 언론과 함께 살고 있으므로 "나도 언론을 잘 안다"고 착각하기 쉽다. 그들은 "언론은 공정해야 한다" "언론의 책임이 크다" "텔레비전 내용이 저속해서 큰일이다"와 같은 말을 너무 쉽게 주고받지만 거기에 얽힌 문제를 정확히 이해하는 전문성을 갖고 있지 않는 것이 사실이다.

가령 언론은 공정해야 한다고 할 때 공정성은 과연 무엇인가? 말이 쉽지 그것을 실천에 옮기고자 한다면 여간 어려운 일이 아니다. 전문지식을 갖고 해도 늘 분쟁의 여지가 생긴다. 하물며 왜 언론의 공정성은 잘 지켜지지 않는가에 대답하려면 전문지식에 더하여 오랜 현장경험, 그리고 분석을 위한 통찰력이 필요하다.

언론 하면 누구나 먼저 생각하는 것이 보도와 비판 기능이다. 우리 언론은 이 기능을 지금은 물론, 과거에도 못하지 않았다. 우리 신문의 사회면과 텔레비전 프로를 보라. 사회의 비리를 폭로하거나 신랄하게 비판하지 않고 넘어가는 날이 하루라도 있던가. 그런데도 비리는 그대로인데, 왜 그럴까? 이 질문에 대답하기 위해서는 사회과학 이론의 틀 안에서 지금의 언론이 사회에 미치는(또는 못미치는) 효과를 분석할 수 있어야 한다. 그런 일은 분명 전문적인 이론과 지식을 필요로 한다.

대부분 전문분야들은 그 운영을 해당 전문인에게 맡겨두면 잘된다. 언론은 그렇게 안된다. 언론은 힘을 갖는다는 면에서 권력과 비슷하다. 그 힘은 국민의 감시가 없을 때 전문성과는 관계없이 남용되기 쉽다. 그 점은 우리 언론의 현대사가 웅변으로 증명해주었다. 한때 우리 언론은 정부의 간섭 때문에 자신의 운명을 결정할 처지가 아니었다. 그러나 그것만이 언론이 정부의 시녀로 전락된 이유가 아니었다. 언론은 "채찍"뿐만 아니라 "당근"에도 매우 약했던 것이다.

그런 언론은 전문성과 자율성이 주어진다고 해도 잘한다는 보장이 없다. 그간 언론사의 수가 대폭 늘고, 일단 생겨난 언론사는 살아남기 위해서 수단방법을 가리지 않아, 앞으로 우리 언론은 가만두면 오히려 정신면에서 퇴보할 것 같다.

그런 퇴보는 밖에선 잘 알 수가 없다. 언론은 머리 좋은 사람들이 모인 곳이다. 이 사람들은 쉽게 국민을 속일 수 있다. 언론 테크놀로지의 발달이 그것을 더 쉽게 만들고 있다. 이것을 막는 길은 책임있는 국민의 감시뿐이다.

책임있는 감시란 두 가지 의미를 갖는다. 하나는 언론을 제대로 알고 감시하는 것이다. 다른 하나는 사익(자기이익)이 아니라 공익을 위해서 감시하는 것이다. 무책임한 감시는 개선보다 혼란을 더 가져올 것이다.

이 책은 국민이 언론에 대한 더 깊은 이해와 관심을 갖게 되고, 그럼으로써 더 책임있는 언론 감시자가 되었으면 하는 바람 때문에 쓰여진 것이다.

전문 이론서로 손색이 없어

언론에 관한 책은 거의가 언론의 이론 아니면 비평으로 나뉜다. 두 가지를 함께하는 일은 드물고 쉽지 않다. 그럼에도 책을 그렇게 쓴 이유가 있다. 이론으로만 된 책을 읽고 나서는 그것이 현실사회에 어떻게 적용되는가를 모르는 것이 보통이다. 그런 공부는 사회문제 해결에 별 도움을 못 준다. 또 언론을 혹독하게 질타하는 책을 읽는 독자는 가려운 데를 긁어준다며 시원해할지 모르나 그 대안에 대하여는 나몰라라가 되기 쉽다. 문제해결을 걱정하는 사람은 이론도 알아야 한다. 그런 성의가 없는 사람이 언론에 대하여 왈가왈부한다면 도움이 안된다. 오늘과 같은 복잡한 사회의 문제들을 해결로 이끌기 위해서는 문제의 묘사에 그치지 않고 거기에서 한 꺼풀 더 파고들어 그런 문제를 일으키는 원인은 무엇이며, 어떻게 해야 그런 원인을 제거할 수 있는가에 대한 과학적인 지식을 가져야 한다. 사회문제 해결을 위한 과학적 접근의 초보 단계로서 필요한 것이 바로 이론이다.

이 책은 현실문제와 동떨어진 채 이론만을 말하는 개념서와 다르나, 그러면서도 오늘의 주류 언론학 이론의 골자는 거의 다루고 있어 전문 이론서로서 손색이 없다.

되도록 쉬운 말로 풀어 썼다

일반인이 쉽게 이해할 수 있도록 풀어서 썼다. 사회과학 서적을 읽고 이해하는 일이 쉽지 않다. 많은 경우, 저자도 잘 소화를 못한 채, 또는 소화를 했더라도 독자가 이해할 수 있도록 정성을 들여 쓰지 않아 그러하다. 그리하여 많은 독자들이 한 권의 책을 마치기 전에 덮어버리는 일이 흔하다.

언론 이론의 바탕이 되는 커뮤니케이션 이론의 경우라면 거기서 쓰이는 개념들이 우리에게 생소하여 더 그렇게 될 개연성이 높다. 학문으로서 커뮤니케이션 이론의 상당 부분이 행태과학에 속하며, 그런 연구는 미시적 분석을 요한다. 그런 분석을 위해서 쓰이는 개념과 용어들은 우리의 귀에 생소하게 들린다. 가령 대중매체 노출(mass media exposure)의 한 가지 효과는 "인식적 변화"(cognitive change)라고 말하면 맞지만 이 두 개의 우리말 개념이 모두 머리에 잘 들어오지 않는다.

개인간 커뮤니케이션은 혼자가 아니라 적어도 두 사람이 관계되는 쌍방향 과정(two-way process)이다. 이때 커뮤니케이션의 상대가 보이는 반응을 피드백(feedback)이라고 한다. 피드백에 대한 좋은 우리말이 없다.

언론의 효과(또는 영향력)는 언론 수용자로 옮겨짐으로써 일어나지만 거기에서 끝나지 않는다. 신문을 읽은 사람, 텔레비전을 본 사람은 그 내용을 친구에게 전달한다. 그러므로 언론의 효과는 소집단 구성원간의 교류관계를 포함해서 분석해야만 충분한 이해가 가능하다. 이런 분석을 네트워크 분석(network analysis)이라고 하며 분석의 단위로서 두 사람간의 관계(dyad), 세 사람간의 관계(triad) 등의 개념이 있다. 소집단 구성원간의 관계를 분석해보면 그 가운데 오피니언 리더(opinion leader), 스타(star)라고 불려지는 집단 속에서 인기의 대상이 되는 인물이 있다. 이런 미시적 개념과 개념간의 관계를 정확하게 전달할 수 있는 우리말이 아직 정해져 있지 않다. 언론학도들이 언론 및 커뮤니케이션 관계 서적을 오래 읽고 난 후에도 이론의 핵심을 파악하지 못하고 있는 경우가 허다한데, 바로 이 때문이다.

미시적 분석의 반대는 물론 거시적 분석이다. 언론 이론 가운데서도 정부와 언론간의 관계(언론자유에 관련된 문제는 여기에 속한다), 경제발전과 언론, 언론과 국가발전, 언론의 역사, 언론의 법적 측면, 언론의 경영 등에 대한 연구는 대개 거시적인 분석으로 가능하다. 총체적으로 크게 다루어도 된다는 말이다. 이런 문제를 기술하는 데 있어 우리말 사용의 어려움은 비교적 덜하다. 정치학, 헌법학, 경제학, 사회학, 역사학, 경영학 등을 통하여 우리 귀에 친숙해진 말들이기 때문이다.

커뮤니케이션 이론과 거기에서 쓰이는 용어들이 우리에게 생소한 또 다른 이유는 이 분야 연구가 우리나라가 아닌 외국, 주로 미국에서 시작되었으며 그 역사가 비교적 짧기 때문이다. 여기서 나온 외국어 용어를 우리말로 옮겨 일반인들의 머리 속에 전달한다는 것은 여간 어려운 일이 아니다.

요즘 사람들은 길고 복잡한 내용은 잘 읽지 않는다. 그렇다고 짧고 간결하게 쓴다면 깊이가 희생되는 어려움이 있다. 이에 대한 한 가지 절충안으로 각 장의 말미에 별도의 작은 활자로 된 추가 설명란(footnote)을 두었다. 그리고 본문 해당 부분은 주 번호로 표시했다. 여기에 언론 관계 간행물에 실렸던 나의 글 몇 개가 들어 있다. 모두 본문의 되풀이가 아니라 보완하는 내용들이다.

이 책을 쓰면서 또 하나 느낀 어려움은, 모든 사회 현상이 그러하듯 언론 현상들도 서로 복합되어 있다는 것이다. 그리하여 한 곳에서 다룬 내용을 다른 곳에서도 언급해야 하고, 그럴 때 독자에게는 혼란을 안겨준다는 점이었다. 그런 혼란을 덜하기 위해서 책 속에 다른 장에 관련된 내용이 있는 곳을 괄호 안에 밝혀 쉽게 대조할 수 있게 하였다.

언론 따로 사회 따로?

이론을 알기 쉽게 전달하기 위해서는, 쉽게 풀어쓰는 것말고 사례를 들어 설명하는 방법이 좋다. 비평을 위해서 사례 중심이 되어야 하는 이 책이 이미 그렇게 되어 있다. 언론은 사회의 산물이기 때문에 사회라고 하는 현실 속에서 이해되어야 한다. 언론 연구의 궁극적 목적은 그 효과를 알기 위한 것이다. 이 효과는 사회구조 속에서 이해되어야 한다. 이 점 또한 사회 속에서 일어나는 언론의 산 사례를 많이 들게 한다. 책의 부제를 단순히 언론이 아니라 언론과 사회라고 한 이유도 그것이다. 그러므로 이 책에서 다룬 언론 이론은 그냥 언론 이론이 아니라, 그 토양이 되는 한국사회 속에서 다룬 언론 이론이다.

특히 제4장, 제5장, 제6장에서 다룬 내용들의 상당 부분이 우리 언론과 사회의 문제가 별개가 아님을 잘 보여준다고 믿는다. 제3장은 언론과 사회와의 관계를 직접 다루고 있다.

이 책에서 든 사례 대부분이 한국언론의 부정적 측면을 지적하고 있다. 그리하여 필자는 한국언론에 엄청난 편견을 갖고 있다는 비난을 받기 십상이다. 또 언론은 사회의 산물이라면 왜 언론만이냐고 말할 사람이 많을 것이다. 그럼에도 불구하고 가혹한 "언론 때리기"를 서슴지 않는 이유는 지금 우리 국민들에 주어진 가장 큰 과제는 잘못된 나라를 고치는 일인데, 그 일은 언론으로부터 시작되어야 한다고 굳게 믿기 때문이다.

그 점은 의심의 여지가 없다. 우리 사회를 바꿀 수 있는 어떤 아이디어도 언론을 통하지 않고는 공론화될 수 없고, 공론화되지 못하면 실행으로 옮겨질 수 없다. 평소 언론에 나오는 내용들을 주의 깊게 보면 재미있는 사실을 알게 된다. 거기에 늘 나오고 지적되는 문제가 결국 대통령의 지시나 정부 정책으로 바뀌어 나온다는 것이다.

또 정부가 새로 내놓는 어떤 큰 결단도 언론의 반대에 부딪히면 실천으로 옮겨지기 어렵다는 것이다.

그렇다면 분명 언론의 "비협조"에 크게 불편을 느낀 듯 김대중 대통령이 직접 금년 연두기자회견에서 언론의 개혁을 위해서 시민이 나서줄 것을 호소한 사정이 쉽게 이해된다.

카멜레온이라는 딱지까지 붙은 우리 언론은 세상이 바뀔 때마다 금방 무늬를 바꾸고 나와 아무 일도 없었던 것처럼 태연하다. 따라서 대부분 여기에 든 한국언론의 사례가 이미 과거지사가 된 것 같은 느낌을 갖기 쉽다. 그런 의미에서 우리 언론에 대한 비평은 움직이는 과녁을 향하여 총을 겨누는 것 같기도 하다.

그러나 생각해보자. 우리는 현재와 비교적 거리가 먼 역사는 열심히 가르치고 배우면서, 현재와 바로 연관을 갖는 어제의 역사는 덮어놓는 민족이 아닌가. 당사자들이 아직도 살아 있어 무서워 그런 건가. 과거 우리 언론은 늘 새로 거듭난다고 외쳐왔는데, 그것이 유야무야된 이유는 우리가 같은 언론에 속해 있는 사람들이 어제까지 한 일을 따져보는 일을 게을리 했기 때문에 그런 것이다. 그리고 지금의 언론과 언론인들은 그들이 만들어놓은 잘못된 언론 환경(언론의 전통, 게임의 룰, 또는 요즘 유행어처럼 쓰이는 패러다임이라고 해도 된다) 속에서 아직도 움직이고 있음을 깨달아야 한다. 요즘에도 과거 철저히 어용을 하던 언론인이나 언론인 출신 저명인사들이 근신하지 않고 나와 세상을 향하여 이래야 한다 저래야 한다고 큰소리를 칠 때는 특히 그런 생각이 든다.

언론과 현실사회와의 밀접한 관계를 생각할 때 언론을 실제 해보지 않았거나 사회문제에 대하여 심각하게 고민해보지 않은 사람이 언론을 말한다면 탁상공론이 될 공산이 크다. 또 제작의 실제와 기술만 알지 언론 전반에 대한 이론을 못 갖춘 사람은 언론기술자를 벗어날 수 없다.

나는 언론의 현장에 있다가 이론을 다지기 위해서 학교로 돌아갔다가 다시 언론으로 되돌아오면서 고집스럽게 거의 한 길을 걸어왔다. 그러는 과정에서 이론과 실제가 어떻게 맞물리는가 또는 괴리가 일어나는가에 대하여 남달리 깊은 이해를 갖게 되었다. 또 비교적 작고 힘없는 비주류 신문에서 일하면서 언론이 외면하는 그 많은 약한 사람들의 진정한 고민을 이해할 수 있었다고 생각한다. 한국의 큰 언론사에서 잘 나가는 기자, 또는 중역으로 있으면서 힘있고 가진 자 쪽의 사람들과 주로 시간을 보내왔다면 그게 불가능했을 것이다. 대통령은 그 자리에 있는 한, 아무리 국민을 위해서 혼신의 힘을 다한다 하여도 어려운 국민들의 고통을 몸소 느끼기는 힘든 것과 같은 이치이다.

등잔 밑이 어둡다

한국언론의 이론과 실제를 논하는 과정에서 학위논문을 위한 좋은 연구과제가 될 만한 것들에 대하여는 언급을 빠뜨리지 않았다. 다른 모든 학문분야와 마찬가지로 언론과 커뮤니케이션 분야에서도 석·박사과정을 밟는 학도들에게 처음 부딪히는 큰 문제는 연구제목(research question 또는 topic)을 찾는 일이다. 좋은 논문제목을 정했으면 학위과정의 반은 이미 끝났다고 할 수 있을 만큼 연구제목의 선정은 중요하다.

모든 학문과 연구 활동은 궁극적으로 현실문제 해결에 이어져야 한다. 그렇다면 사회과학 이론 연구를 위한 자극과 착상을 가까운 곳에서 찾아야 한다. 해결책을 기다리는 사회문제가 우리의 생활 주변에 널려 있지만 이를 지나쳐버리고 이론을 위한 이론, 연구를 위한 연구, 담론을 위한 담론을 하는 학자들을 흔히 볼 때마다 등잔 밑이 어둡다는 우리말을 실감하게 된다.

한국의 언론을 논하다보니 자연히 이런 문제는 누군가가 더 연구했으면 좋겠다고 생각한 것들이 많았는데, 그것들을 모두 간단하게나마 언급했다. 그런 면에서 이 책은 이 분야에서 실용 가치가 있는 좋은 논문제목 찾기에 고심하는 학위 과정 대학원생들에게 큰 도움이 될 것이다.

세계화 시대라는데……

우리나라 언론을 국제적 시각에서 보려고 노력했다. 국제화란 말이 특별히 잘 쓰인 때가 있었다. 그러나 국제화는 특정 정권의 전유물이거나 유행처럼 잠깐 있다 마는 정책일 수 없다.

국제화란 쉽게 말해서 세계 선진국 수준(세계적 표준, global standard)에 우리를 맞춘다는 말일 것이다(그런 의미에서 나는 국제화와 세계화를 같은 뜻으로 쓴다). 언론도 예외일 수 없다. 우리 언론도 선진세계 언론의 테두리 안에서, 그리고 보편타당한 진리와 이론 속에서 성장·발전해야 한다. 앞선 나라의 언론이 어떻게 하고 있는지를 모른다거나 세계의 주류를 이루는 이론과 관행을 멀리한 채 우리만의 언론을 고집해서는 안될 것이다.

사람이 나서 한 사회와 한 문화에서만 머물러 살면 자기 것을 잘 모른다. 그가 자기 사회와 문화에 대하여 새로이 눈을 뜨는 것은 새로운 사회와 문화를 접하고 경험했을 때다. 언론에 대해서도 같은 말을 할 수 있다.

나는 미국과 호주에서 합하여 20년 이상 해외생활을 했다. 그간 외국에서 언론분야를 공부하면서 우리말 신문을 냈고, 또 그사이 2년 반 동안은 한국에서 언론사 근무를 다시 했으니 한국사회와 언론의 문제를 여러 차원에서 경험하고 관찰한 셈이다.

서방사회에서 살면서 보는 한국언론과 한국사회는 한국 내에서 보는 그것과 다르지 않을 수 없다.

이 책의 제9장과 제10장은 이러한 나의 해외생활과 현장경험의 결과이며 한국에서 나온 다른 언론 서적에서는 취급되지 않은 내용들이다.

언론의 정신

마지막으로 이 책의 정수는 언론의 제작이 아니라 언론의 정신임을 밝혀둔다. 제작 기술로서의 언론이 아니라 과정으로서의 언론, 달리 말하면 인간행태에 미치는 효과로서의 언론을 중요시한다는 뜻이다. 언론이 인간과 사회에 대하여 할 수 있는 기여(또는 끼칠 수 있는 해독)는 그 시설과 제작기술보다 정신에 따라 더 결정된다는 생각 때문이다.

우리나라에서 1~2위를 다투는 큰 언론사가 권력과 유착한 결과, 그가 자랑하는 막강한 시설과 전문인원은 그만큼 더 큰 피해를 사회에 가져다준 것은 좋은 예이다. 제4장에서 자세히 다루는 대로 언론은 어떤 사람을 한 사회의 인물로 추대하느냐에 따라 그 사회의 가치관을 만들어나가는데, 그 기능을 잘하고 못하고는 시설과 제작기술이 아니라 언론의 정신이 결정한다. 제4장의 내용은 우리나라의 인물 등용과 관련, 앞으로 두고두고 중요한 지침이 된다고 생각한다.

요즘 우리가 개탄하는바 우리 사회의 병리현상의 뿌리와 치유책을 언론 속에서 찾아야 하는 사례가 너무도 많다. 언론이 사회에 장기적이며 심대하게 미치는 효과는 개인의 행태적 변화, 말하자면 머리와 마음과 태도의 변화이다. 개인에게 그런 변화를 가져오는 과정을 사회화(socialization)라고 부른다. 사회화 과정은 교육 과정과 거의 같다. 다만 교육이 대개 지식전달을 의미하는 협의의 교육을 의미하기 쉬운 데 반하여 사회화는 전인교육을 의미한다고 하면 맞다.

오늘의 한국인 대부분이 느끼는 상대적 박탈감과 우리 사회에 만연하는 경제관련 범죄는 풍요를 구가하며 어떤 방법이든 일단 돈과 권력을 쥐면 그를 영웅으로 추켜세우는 언론의 행태와 무관하지 않다. 과거에 비하여 오늘 젊은 세대의 특징은 깊이 생각하는 것을 기피한다는 것이다. 책도 눈으로 볼 수 있는 재미있는 것이라야 읽는다. 좋은 책이 안 나오는 것은 당연하다. 이것은 물질적 발전이 사회를 정신적으로는 오히려 퇴보시키고 있다는 증거로서 우리가 정말 걱정해야 할 일인데 물질 중심, 흥미 중심의 언론의 보도와 무관하지 않다. 언론 제작을 위한 시설과 기술의 발전은 이런 언론의 행태를 시정하기보다 부추겨왔다.

이 책에서 언론의 심지라고 할 수 있는 행태적 면을 크게 다룬 부분은 제4장말고는 제6장과 제8장이다. 텔레비전이 개인과 사회에 막대한 영향을 남기는 것은 분명한데, 그것을 꼬집어 말하기는 어렵다. 한 가지 이유는 언론의 효과는 상당 부문 이해하기 어려운 인간(수용자)의 마음이 결정하기 때문이다. 이에 대하여는 제6장에서도 일부 논하지만, 제8장은 이런 복잡한 언론의 내용과 효과를 판단하는 기준으로서 언론의 이용행위를 분석할 것을 제시하고 있다. 언론의 효과에 관한 한, 밖으로 나타난 메시지 내용보다 독자, 시청자, 청취자는 왜 그 메시지를 읽고 보고 듣는가, 거기에서 무엇을 얻고 그것을 가지고 무엇에 쓰려는가를 알아보는 것이 더 유익하다는 뜻이다.

이 책의 마지막 장인 제12장도 한국언론의 개혁방향을 기술이 아니라 정신과 행태를 중심으로 논했다.

요즘 유행어가 되다시피 한 뉴미디어(new media)나 커뮤니케이션 테크놀로지에 대한 논의는 자연히 빠졌다. 뉴미디어는 기술혁신에 힘입어 탄생한 재래식 매체와 구별되는 새 모드의 모든 매체, 즉 멀티미디어, 위성방송, 케이블 텔레비전, 인터넷 신문 등 대체 미디어를 말하며 그 유형은 앞으로 더 늘어날 것이다. 언론 연구에서 점차 큰 비중을 차지하는 이 부분을 뺀 이유는 이미 지적한 대로 우리 사회가 지금 걱정해야 할 것은 기술이 아니라 언론을 만드는 사람, 즉 정신이라는 생각 때문이다. 하드웨어인 기술은 돈을 주면 금방 가질 수 있지만 소프트웨어인 언론의 질과 언론인의 정신은 그럴 수가 없다.

하드웨어와 테크놀로지의 발달이 언론과 사회에 어떤 효과를 가져다줄지 우리는 정확히 알지 못한다. "전자 민주주의"란 말이 시사하듯 인터넷 이용의 일반화로 찬반 여론의 수렴이 빨라지고 비리의 노출이 과거보다 훨씬 쉬워질 것이다. 또 테크놀로지의 발달은 정보의 대량전달 수단과 과정을 더 혁신할 것이다. 그리하여 언론 수용자는 더 많은 양의 정보와 지식을, 더 빨리, 그리고 더 편하게 이용할 수 있게 된다. 그러나 분명한 것은 그 자체가 언론의 질적 우수성을 기약하지는 않는다는 점이다. 정보와 지식도 그 종류가 문제이다. 어떤 정보는 우리가 과연 그렇게 많이 필요로 하는가를 생각하게 한다.

제12장에서 더 자세히 다루는 대로 정보와 지식의 필요 또는 가치는 개인과 사회 두 차원에서 평가되어야 한다. 개인이 필요로 하는 정보와 지식의 상당 부분이 사회 전체로 봐서는 해로운 것이 많다.

빨리 전달되는 정보, 또는 신속성 때문에 가치가 붙는 정보와 지식 가운데는 부동산투기, 주가, 신기술과 기법 등 출세와 횡재를 좇는 개인과 기업을 위해서는 몰라도 건전한 사회를 이룩하는 데는 도움이 안되는 사례가 많다. 국가 이익이 먼저인 오늘의 국제사회에서 무한경쟁이란 말이 무슨 국가 목표인 것처럼 거론된다. 그러나 그런 경쟁은 승자와 패자를 낳게 마련이며, 누구나 외치는 인류평화에 역행한다. 한 국가 안에서라면 더 그렇다. 또 인터넷의 경우에서 쉽게 볼 수 있듯이 새로운 정보전달기술이 투기, 사기, 사행, 탈법, 성범죄 등 반사회적 행위를 조장하는 것을 보게 된다.

오늘 우리 사회가 당면한 심각한 문제들을 바라볼 때, 우리 언론과 사회가 지금 정말 필요로 하는 것, 없어서 크게 아쉬운 것은 개인이 개인적 목적을 위해서 필요로 하는 단편적 정보가 아니라 사회문제를 종합적으로 분석하고 그 해결을 제시하는 심층보도인데, 첨단 하드웨어나 빠르고 많은 정보가 그런 일을 해주진 않는다. 역시 사람이 해야 한다. 테크놀로지의 발달은 오히려 언론의 오락기능을 월등하게 발달시킴으로써 사회문제 분석과 대안제시라는 언론 본연의 기능을 퇴보시키는 감이 없지 않다. 우리가 개탄하는바 언론내용의 대중화와 저속화가 바로 그런 것이다. 그런 의미에서 나는 뉴미디어에 우리 언론의 장래를 거는 것 같은 말을 하는 일부 언론학자들의 태도는 무책임하다고 본다.

이 책을 세상에 내놓게 된 것을 큰 영광으로 생각하지만 미진한 마음뿐이다. 넓은 이해를 바란다. 앞에서 한 책의 윤곽 소개대로 이 책은 언론과 커뮤니케이션 분야를 전공하는 학생은 물론, 공공정책 분야의 의사 결정자로서 우리 언론과 사회에 대한 지식을 넓히고자 하는 인사, 우리 사회를 걱정하는 일반 지식인들에게 큰 도움이 될 것을 의심치 않는다.

이 책을 지금은 고인이 된 부모님께 드린다. 살기가 지금보다 매우 어려웠던 시절에 나는 이분들의 뼈를 깎는 희생으로 대학교육을 마쳤고, 그러는 동안 인간의 고뇌와 우리 사회에 대한 남다른 생각을 갖게 되었다. 내가 언론과 학문에 관심을 버리지 않고 외길을 걸어오면서 이 책을 늦게나마 내는 것 모두가 이와 관계가 있다. 또 이 우직한 책을 내느라 아내와 자녀들에게 많은 희생과 부담을 안겨주었다.

끝으로 이 책의 출판을 맡아 세상의 빛을 보게 해주신 한울출판사의 김종수 사장, 추천사를 기꺼이 수락해주신 박권상 한국방송공사 사장, 서정우 연세대학교 언론홍보대학원장, 지루한 집필 동안 끊임없는 자문과 격려를 아끼지 않으신 박행웅(전 KOTRA 정보기획처장), 방시영(혜원인터내셔널 사장), 장정웅(한호무역그룹 회장) 제형, 그리고 이 책을 위해서 한국의 언론 상황에 대하여 필요한 논평을 아끼지 않으신 현·전직 언론인 여러분에게 심심한 감사를 드린다.

2001년 6월

김삼오

차 례

제1장

왜 다시 언론인가?

민주주의, 자유, 인권, 법치주의, 시장경제와 같은 말은 신선도가 떨어진다. 귀가 따갑게 들어왔기 때문이다. 그래도 앞으로 이 말들을 늘 듣고 써야 한다. 이런 사회 가치와 기능이 우리나라에서 뿌리를 잘 내린 것이 아니며, 지금도 대부분 우리나라 사회문제가 여기에서 나오기 때문이다.

언론이란 말도 마찬가지다. 그런데 언론 없이 위에 말한 가치의 실현이나 사회문제 해결은 불가능하다. 언론이 왜 중요한가를 설명하는 것은 민주주의가 왜 중요한가를 설명하는 것처럼 김빠진 일이 될지도 모르지만, 이 책의 순서상 조금은 말해야겠다. 언론이 그처럼 중요한 것이 아니라면 이 책을 쓸 필요와 읽을 필요가 없어진다.

복잡한 사회를 잘 살아나가려면 우리는 주위에서 일어나는 일들을 늘 잘 알고 있어야 한다. 정보를 갖고 있어야 한다는 말이다. 여러 사람이 모여 사는 사회가 잘되려면 그 구성원들이 자기의 책임과 의무를 잘 알고 실천하도록 하는 교육이 필요하다. 또 민주정치를 잘하자면 큰 문제에 대하여 구성원간 합의가 이뤄져야 한다. 정보전달, 사회교육, 여론형성으로 줄여 말할 수 있다. 이런 기능들을 언론만큼 효과적으로 맡아 할 수 있는 것이 없다. 언론의 중요성이 이에 그치지 않는다.

1. 비전은 멀리가 아니라 가까이 —한국인의 운전 매너를 알면 사회가 보인다

"지금은 일대 전환기다" "우리는 갈림길에 서 있다" "향후 5년이 고비다" "위기다" 등은 너무 자주 들어온 말들이다. 대통령과 대부분 정치인의 연설, 지식인, 이른바 원로들의 발언과 언론의 논평 속에 꼭 이런 표현이 들어 있었다. 그렇게 반세기를 보내고 나서 나라가 부도위기를 맞이했었다. 그러자 정부는 "제2의 건국"을 선언했다. "제2건국"에 대하여 어느 기고가는 신문에 이렇게 썼다.

"지금 우리는 8·15 민족해방기념일과 대한민국 정부수립 50주년을 맞아 제2건국 선언으로 국민총화와 새로운 국가체제 및 운영의 모델을 제시하는 역사적 방향전환의 시점에 서 있다."

참 좋은 말이나, 잘 생각해보자. 앞으로 일대 전환기와 역사적 방향전환을 몇 번이나 거쳐야 하고, 건국을 몇 번이나 해야 나라가 제대로 될까.

6·15선언을 낳은 남북정상회담은 역사적인 사건이었다. 나는 남북간 화해의 길을 찾는 이러한 정치적 결단을 적극 지지하는 사람이다. 그러나 언필칭 "역사의 획"을 긋는 사건이고 일대 전환기라며 다른 것은 덜 중요하게 여기는 분위기가 조성된다면 큰일이다. 통일이 무엇인가? 내가 믿기에는 통일은 안에서 힘이 모아지지 않고는 불가능한 목표이다.

사회를 단칼에 바꿀 수는 없다. 그렇다고 해서 이런 거창한 빈말만 남발한다면 100년이 지나도 마찬가지일 수밖에 없다. 무엇이 문제인가, 어떻게 할 것인가에 대한 과학적 분석과 판단이 있어야 한다. 그리고 그런 판단에 따른 문제해결 방안에 대한 국민적 합의가 이뤄지고, 그것을 차근차근 실천에 옮기는 프로그램이 있어야 한다.

나는 이 책의 여러 곳에서 "과학적" 또는 "과학적 분석"이라는 말을 자주 쓴다. 신앙이나 사유(思唯)의 세계라면 몰라도 현실세계의 일이라면 물질은 물론, 인간관계도 과학의 지배를 받기 때문에 과학적 분석과 접근을 안하고는 문제의 해결은 없다. 한국사람들은 정치와 관련, 비전(vision)이란 말을 즐겨 쓴다. 비전이란 원래 멀리 보는 능력이다. 그런 의미에서 정치지도자가 갖추어야 할 덕목임에는 틀림없다.

그러나 역설적인 말이 되겠지만, 우리나라가 지금 어려움을 겪고 있는 이유는 지도자들이 가까이 있는 진리를 멀리하고 말뿐 실천을 소홀히 하기 때문이라고 생각한다. 나는 한국을 방문할 때마다 언제나 똑같은 생각을 하게 되는 것이 하나 있다. 한국인들의 운전 매너다. 한국인들은 왜 그런가에 대한 행태연구 하나 철저히 해본다면 거기에 모든 문제들의 해법이 있다고 나는 확신한다.

≪더 타임스≫ 한국특파원으로 서울에서 오래 근무한 마이클 브린이 저서 『한국인

(The Koreans)』에서 한 한국인의 운전 매너 묘사가 압권이다. "lawless, selfish, rude." 우리말로 바꿔보면, 영어만큼 펀치가 없지만 무법천지고, 자기밖에 모르며, 무례하다 정도가 될 것이다.

사람의 행태는 일관성을 갖게 마련이다. 운전은 눈으로 쉽게 볼 수 있는 행태이다. 그런 무법이고 자기밖에 모르며 무례한 행위가 눈에 얼른 보이지 않으나 더 큰 국정과 사회를 지배한다고 생각해보자. 나라가 어떻게 되겠는가? 그게 한국의 실체가 아닌가 한다.

왜 한국사람들은 이런가, 어떻게 해야 고쳐질 수 있는가를 알기 위해서 뉴 밀레니엄 철학을 말하는 외국의 석학을 초청하여 물어보거나 강연을 들을 필요는 없다. 그 문제에 대하여는 우리가 더 잘 안다. 방법론을 제대로 공부한 양심 있는 사회과학자 몇 사람에게 충분한 돈과 시간과 자유를 주어 조사·연구를 위촉하면 정답이 나온다. 그런 안목이 바로 지금의 우리 지도자들에게 필요한 비전이다.

한국의 정치인과 지식인들이 역사의 중요한 고비마다 과학적이며 실천적인 접근보다 화려하나 공허한 말로 기회를 놓치는 우를 범해온 이유는 두 가지다. 첫째는, 사회현상을 과학이 아니라 사변(思辯)으로 설명하기를 즐기는 지식인 사회의 전통이다. 대중에게는 따분한 과학적 분석보다 레토릭(rhetoric, 修辭)이 훨씬 잘 먹힌다.

둘째는, 변절한 정치인, 법관, 학자, 예술가, 언론인이 새 정권이나 그 정권이 만든 제도권에 끼어드느라, 또는 거기에서 밀려나온 후 상황을 호도하느라 그런 말을 써왔다. 8·15해방 후, 4·19학생혁명 후, 5·16쿠데타 후, 10·26사태 후, 제6공화국과 김영삼과 김대중 정부 수립 후 기회를 빨리 포착, 출세한 고위인사들의 말, 말, 말들이다.

전두환 정권 출범 초 고위직에 발탁되기 전 한 인사가 광주민중항쟁에 대하여 묻는 일단의 해외교민들 앞에서 한 말이 잊혀지지 않는다. "우리 한국은 5,000년을 그렇게 살아왔습니다. 앞으로도 그럴 것입니다. 여러분 너무 걱정 안하셔도 됩니다." 같은 정권의 한 국무총리는 해외에 나와 이렇게 말했다. "일본에서 민주주의가 정착되기까지는 오랜 세월이 걸렸습니다. 한국도 별 수가 없습니다."

5공시절에 국정자문위원으로 들어가 있던 인사가 나와서는 하는 말도 같았다. 과거는 잊고 이제는 화합해야 한다고. 우리나라에서 잘 알려진 언론인으로, 정부 고위직을 하다가 6공의 종말과 함께 밀려나온 사람이 언론을 향하여 이런 말을 남겼다. "한국언론도 이제 갈림길에 서 있다."

언론의 책임이 물론 컸다. 언론은 그런 중요한 시기마다 귀한 지면을 어용학자, 딴 생각이 있거나 사회를 잘 모르는 인사들에게 내주어 "말장난"으로 사태를 흐리게 하고, 그사이에 불순세력이 크도록 도운 셈이다.

언론이 대중을 향하여 핵심은 피하고 센 말만 하면 그들은 무감각해지고 만다. "뼈를 깎는 아픔으로 뭘 어떻게 해야 한다"와 같은 말은 그런 예이다. 그동안 한국인들은 뼈를 몇 번이나 깎았는지, 제대로라면 이미 닳아 없어졌어야 맞다. 아이가 울 때마다 "저기 호랑이가 온다"라고 하면 나중에는 이 아이는 그런 말을 들어도 아무렇지 않게 되는 이치와 같다. 반세기 전에 한 학자가 이런 상황을 "언론의 마취적 역기능"(narcotizing dysfunction, Lazarsfeld et al., 1948: 제8장 174쪽 참조)이라고 불렀는데, 참 적절한 지적이었다.

우리 사회가 과거를 되풀이하고 있지 않나 확인하고 경계하며 길을 밝히는 일은 언론의 몫이다.

2. 국민합의 수단으로서의 언론 – 몇천만 인구가 한곳에 모여 국사를 논할 수 없지 않는가

수학이나 수수께끼의 문제를 푸는 것도 문제해결(to solve problems, problem solving)이다. 이 책에서 문제해결은 그보다 더 넓은 뜻인 주로 "공공문제 또는 사회문제를 해결한다"이다.

신문 사설란은 언제나 정치, 경제, 사회, 국방, 외교, 문화 등 모든 공공분야의 문제를 다루고 있다. 정치인, 대중연설가, 시사평론가가 늘 하는 말도 그런데, 이들은 수학문제나 개인문제가 아니라 대다수의 사람들에 관련된 사회문제 해결을 뜻한다.

인생이 무엇이냐고 묻는다면 철학가가 아닌 나는 문제를 풀어나가는 과정이라고 대답하겠다. 개인은 개인대로, 가족은 가족대로, 단체는 단체대로, 전체 사회는 전체 사회대로 문제를 해결해나가야 한다. 그 가운데 사회문제의 해결은 매우 중요하다. 우리의 삶을 가장 크게 결정하는 것이 사회이다. 개인은 나면서부터 사회로부터 자유롭지 못하다. 아무리 자기대로 살고 싶어도 사회가 가만 놓아두지 않는다. 잘못된 사회제도 때문에 억울하게 살다간 사람들, 지금도 그렇게 사는 힘없고 불쌍한 사람들이 우리 주위에 얼마든지 있다. 그러므로 우리가 늘 걱정해야 할 일이 사회문제 해결이다. 적어도 나만이 아니라 남과 더불어 살려는 문명인이라면 그렇다.

사회문제가 합리적으로 해결되는 이상형(型)을 한번 그려보자. 먼저 문제를 파악해야 한다. 그런데 문제란 언제나 너무 많다. 이 많은 문제를 한꺼번에 해결할 수는 없다. 먼저 문제의 경중(輕重), 또는 완급(緩急)에 따라 우선순위(priorities)를 정해야 한다. 여기에 합의가 이뤄져야 한다. 그렇지 못하면 문제해결의 첫 관문에서 우리는 좌절하고 만다.

중요한 문제의 순위가 정해지면 해결을 위한 이론과 실천 프로그램을 만들어야 하고 이에 대하여도 구성원간의 합의가 이루어져야 한다. 아무리 좋은 이론과 프로그램이 나와도 구성원간에 이해가 얽혀 합의가 이루어지지 않을 수 있으며, 그렇게 될 때 실천으로 옮겨지지 못한다. 국민의 자발적 참여를 기대할 수 없기 때문이다. 독재국가는 힘으로 눌러서 그런 절차를 생략할 수 있다. 그러나 그렇게 하는 일은 나중에 값비싼 대가를 치러야 한다. 과거 우리가 하던 독재정치가 그랬다.

그러면 누가 이런 합의도출을 해주는가? 사회는 몇 사람이 아니고 몇백만, 몇천만, 몇억의 인구로 되어 있다. 이 많은 사람들이 한곳에 모여 회의를 할 수는 없다. 그래서 언론이 필요하다. 먼저 언론은 무엇이 시급하고 중요한 문제인가에 대하여 보도와 비평을 통하여 알려야 한다. 이런 기능을 언론의 의제설정이라고 부른다. 이에 대하여는 제5장에서 자세히 다룬다.

문제가 밝혀진 다음에는 문제의 해결책이 나와야 한다. 문제해결 방안이 주어진 여건에서 최선의 것이 될 수 있으려면 충분한 정보와 지식과 사상을 토대로 국민이 올바른 판단을 할 수 있게 해야 한다. 이를 위해서 연구기관이 아닌 언론은 대학과 전문 두뇌집단으로 하여금 조사·연구(리서치)를 하도록 자극하고 거기서 얻은 지식을 활용할 수 있어야 한다.

결국 언론은 사회문제 해결을 위한 국민합의에 이르는 모든 과정에서 절대적인 역할을 한다.

언론이 이런 기능을 잘하고, 정부가 그런 과정을 밟아 정책을 잘 수립하고 집행해 나가는 사회는 그렇지 못한 사회보다 더 건전하게 발전하며 국제적으로는 경쟁력을 갖게 된다. 해방 후 중요한 여러 길목에서 우리 언론은 그런 일을 제대로 하지 못했다. 물론 그 책임이 언론에게만 있는 것은 아니다. 어쨌든 국민은 난국을 만나 질서 있고 현명한 선택을 한번도 하지 못했다. 우리 국민들은 이런 문제에 대하여 깊이 생각하지 못했고 정권유지에 급급한 정부는 이런 상황을 역이용했기 때문에 사회는 혼란해지고, 나라는 잘못된 길을 걷게 된 것이다.

만약 우리가 좋은 언론을 가졌다면 우리는 훨씬 나은 사회에서 살았을 것이고, 과거 수많은 사람들이 입은 상처와 당한 고통이 애당초 필요가 없었을 것이다. 언론이 얼마나 중요한가 생각해보지 않을 수 없다.

3. 국민과 정부 간의 연결고리로서의 언론 —"선거는 두 나쁜 놈 가운데 덜 나쁜 놈을 뽑는 것"

독재정권, 사회주의정권, 군사정권, 나치스 정권, 제3세계 정권 등 어느 것을 막론 모두 자기들이 민주주의를 위한다고 주장하는 것을 보면, 지구상에서 가능한 정치제도 가운데 민주주의보다 더 좋은 것이 없음이 분명하다.

민주주의가 왜 우리 사회에서 뿌리를 잘 내리지 못하는가, 어떻게 해야 잘될 것인가? 링컨의 말대로 민주정치는 국민에 의한 정치다. 그런데 이것은 말이 쉽지 실제에 있어서는 여간 어려운 일이 아니다. 여기서도 각 나라는 몇천만, 몇억의 인구로 되어 있다는 사실을 또 한번 상기시켜야겠다. 이런 국가에서 민주정치가 현실적으로 가능한 방법은 대개 4년마다(국가에 따라 다르지만) 직접 또는 간접 선거를 통하여 대통령과 국회의원을 함께(대통령제), 또는 국회의원만을 뽑아(내각책임제) 이들이 정부를 조직, 법을 제정하고, 국사를 집행케 하는 것이다. 이 경우 "국민의 의사=정부"라는 등식이 수학적으로 맞는다고 할 수는 없지만 그러한 수임과 위임의 절차인 선거가 국민이 납득할 수 있게 치러졌다면 민주정치의 기본요건은 충족되었다고 봐야 한다.

그런 의미에서 민주정치는 가능한 한 민주적으로 하는 정치라고 봐야 한다. 따라서 민주주의가 잘되기 위해서는 선거 후에도 국민을 정부에 계속 잇는 연결고리가 있어야 한다. 현실적으로 여러 사회 기능과 단체가 이 가교(架橋) 역할을 하는데, 언론은 이들 가운데 가장 중요한 것이다. 언론은 사회 조정 및 통합 기능을 통하여 다양한 국민의 생각을 정리하여 정부가 이에 주목하도록 하고, 정부가 국민의 수임에 맞게 일을 잘하는가 감시하며, 그럼으로써 국민과 정부가 일치한다는 민주정치의 가정을 현실에 더 가깝게 만드는 것이다.

"풀뿌리 민주주의"(grass-roots democracy)란 말은 우리나라에서도 흔하게 쓰이게 되었다. 그런데 그 이상은 참 좋으나, 뿌리가 현실정치에 이어지게 하는 메커니즘이 늘 문제다. 우리나라에서 근래 "참여 민주주의"의 전제로서 시민운동, 또는 아래에서 위로의 "바닥운동"이 활발히 논의되어온 것은 바로 이런 메커니즘에 대한 뒤늦은 인식이나, 여기서 간과해서는 안될 점은 오늘과 같은 대중사회에서 이것이 언론 없이 작동될 수 없다는 사실이다. 마치 기계가 윤활유 없이 작동하지 못하는 것과 같다.

민주주의는 선거로 시작되는 만큼 물론 공명선거가 중요하다. 그러나 선거는 만능이 아니다. "나쁜 두 놈 중에서 덜 나쁜 놈"(the lesser of the two evils)을 뽑는다는 영어 속담대로 대개의 경우 후보선택의 폭이 좁다. 그나마 선거 때는 꼭 들뜨는 우리나라 사회 분위기 속에서는 "돈 많고 가장 나쁜 놈"이 이기는 일이 흔했다. 또 정당

정치가 확립되어 있지 않아 일단 당선된 뒤에 필요에 따라 당적을 밥먹듯이 바꾸거나 선거 때 하던 말과는 전혀 다르게 행동을 하는 일도 예사였다. 이런 민주주의의 함정을 생각하면 선거 때가 되면 요란했다가, 지나가면 잠잠해지는 우리 언론과 국민이 얼마나 무책임했나를 알게 된다.[1]

어느 나라에서든 권력을 쥔 사람의 속성은 비슷하다. 감시와 제재 기능이 없다면 타락하게 되어 있다. 선진국 정치인들이 우리 정치인들보다 청렴하다면 딴 이유가 없다. 국민의 감시가 철저하여 그렇게 안하고는 못 배기기 때문에 그럴 것이다. 우리나라에서는 출마할 때는 깨끗했던 정치인도 나중에는 때묻고 만다. 언론이 선거 전에는 물론, 선거 후에도 이들의 비행을 꼬치꼬치 따지는 일을 철저히 해왔더라면 그렇게 되지 않았을 것이다. 사람들은 지난번 16대 총선(2000년 4월 13일 실시) 동안 "낙천낙선" 운동에서 볼 수 있었던 "시민의 힘"으로 새로 정치에 입성한 신진들에게 기대를 건 것 같은데, 이들도 감시가 없다면 결국 같아지고 말 것이다. 이번에 정치권에서 4·19세대를 밀어낸 386세대를 언론은 "새 바람"이라고 불렀는데 4·19세대가 새바람일 때가 엊그제가 아니었던가?

정부와 국민 간의 연결고리와 사후감시를 말하자니 생각나는 것이 있다. 한때 우리나라 정치의 대명사와 같았던 학생 데모다. "×××정권 물러가라"와 같은 구호를 들고 하는 대대적인 가두 데모와 화염병으로 경찰과 벌인 충돌이 얼마나 무모했던가. 학생들의 정치참여를 반대한다는 뜻이 아니다. 정권은 깡패집단과는 달라 막강한 군대와 경찰력을 갖고 있다. 학생들이 정권타도를 외치고 극렬하게 나올수록 위협을 느끼게 되는 정부는 돈이 얼마가 들든 첨단 데모진압장비를 도입하고 진압경찰을 늘리지 않았는가. 그 싸움은 계란으로 바위치기일 수밖에 없다.

국민들도 정권타도와 같은 거창한 구호를 외치고 나오는 학생들 편에 가세하기도 어려운 일이었다. 학생들에 의한 정권타도가 현실적으로 불가능한 일이기도 하지만, 만의 하나 성공한다 해도 대안이 없는 목표와 투쟁이어서, 새 불순세력에 "죽 쑤어다가 개 좋은 일 하는" 결과가 되고 마는 것이다. 4·19와 박 대통령 시해사건 이후가 모두 그랬다. 특히 광주민중항쟁으로 그 많은 학생들과 젊은이들이 목숨을 잃었는데, 그렇게 해서 성립된 불법 정권에 그들의 스승격인 대학교수들이 출세하러 대거 진입한 것을 생각하면, 과연 이런 투쟁이 옳았던가 판단이 안 선다.

또 역대정권의 독재는 몇 사람의 "스트롱맨"(strongman)의 힘으로가 아니라 그 뒤에서 지식과 수단과 용기를 제공하는 공조자가 있기 때문에 가능했던 것이다. 그들이 누구인가? 고위 관료, 법관, 검찰관, 학자, 언론인 등 우리나라의 간판급 지식인들이었다. 학생들이 "정권 물러가라"보다 이런 아킬레스의 힘줄을 쥐고 있는 인물과 인사들을 사안별, 그리고 개인별로 규탄하여 나아가 그들이 몸조심하는 풍토가 만들어졌더라면 그 독재정권들이 그렇게 오래 가지 못했을 것이고 우리나라가 오늘처럼 기회주의자들의 천국이 되어 있지는 않을 것이다.

나는 위에 말한 투쟁 논리는 우리 사회의 개혁을 위한 시민운동의 전략에도 그대로 적용되어야 한다고 주장해왔다. 독재, 부패부정, 기회주의와 같은 일반현상, 또는 정책을 두루뭉실하게 비판하는 것보다 개개 사례(case specific)와 개개 인물(individual specific)을 골라 구체적으로 지적하는 식이 훨씬 더 효과적일 것이라는 생각이다. 그리하여 불의나 독재를 받드는 연결고리가 하나씩 무너져, 시간이 걸리더라도 점진적으로 전체가 바뀌는 과정을 밟는 것이 더 좋았으리라는 생각이다. 이 점은 앞으로의 언론개혁 등 다른 시민운동에도 그대로 적용된다.

지난번 16대 총선거를 앞두고 시민운동단체들이 힘을 모아 선을 보인 부적합한 후보자 "낙천낙선" 운동은 바로 그런 아이디어가 현실로 옮겨진 것이다. 그러나 아쉽게도 이 운동에 발동을 건 주체는 언론이 아니라 소시민들이고, 언론은 마지못해 이에 따라 나선 감이 있다.

4. 사회교육 교사로서의 언론 — 현대사회의 부모는 대중매체다.
자율, 규제 어느쪽을 해도 잘 안되는 나라

"교회의 발전에는 여자가 먼저인가, 남자가 먼저인가?" 이것은 상당히 오래 전에 있었던 어느 시골 교회의 토론회 제목이다. 토론이 어느 정도 달궈지면서 남자 쪽은 여자의, 여자 쪽은 남자의 흠집을 내기 시작하는 것이었다. 해외에서 한인 청소년을 대상으로 "부모와 자녀 간 무엇이 문제인가" "자녀교육을 위한 아버지와 어머니의 역할"과 같은 제목으로 토론회를 갖는 일이 자주 있다. 으레 서로가 "부모가 더 나쁘다, 아니다 자식이 더 나쁘다" "아버지의 책임이 더 크다, 아니다 어머니의 책임이 더 크다"와 같이 상대 쪽을 탓하는 비생산적인 공방으로 끝나는 것을 보게 된다.

한 사회가 잘못되고 있을 때 그 책임은 정부와 국민(또는 치자와 피치자, 지도자와 추종자, leaders와 followers), 어느쪽에 있는가와 같은 논쟁이 쉽게 벌어진다. 모두 닭이 먼저인가 계란이 먼저인가와 같은 실속 없는 논쟁이다. 사회 현상은 대개 밀접한 교호관계(interactive relationships)로서 어느쪽도 먼저나 뒤가 아닌, 서로가 밀고 당기는 관계이며 어떠한 과학적 방법론으로도 그 양쪽을 분리해서 선을 그을 수 없다.

"윗물이 맑아야 아랫물이 맑다"는 비유는 엄격히 말해서 사회 현상에 그대로 적용될 수 없다. 물은 아래를 전혀 보지 않고 높은 곳에서 낮은 곳으로 똑같은 자연법칙에 따라 흐르지만, 지도자는 추종자가 어떤 사람들인가를 봐 다르게 행동한다. 추종자가 똑똑하면 지도자가 달라질 수 있다. 아랫물이 윗물의 방향을 바꿀 수도 있다. 몇 가지 시나리오와 사례를 생각해보자.

한국은 군사쿠데타를 경험하였는데 그런 불행은 왜 왔는가? 한 가지 대답은 정치적 야심을 가진 장군들 때문이다. 그러나 한 걸음 더 나가 따져보면, 그들은 한국인의 속성을 잘 알고 있어 거사를 벌이면 성공할 수 있으리라는 판단이 섰기 때문에 그런 일을 감행했을 것이다. 영미 국가에 사는 사람으로서 나는 비슷한 사건이 여기에서 일어났다면 어떻게 되었을까 생각해본다. 쿠데타에 저항하는 데모가 일어날 필요도 없다. 다음날 전 공무원이 출근을 안할 것이니 정권은 잡으나마나가 된다.

보도에 따르면 16대 총선 때도 표를 몰아주겠다며 입후보자들에게 접근하여 손 내미는 브로커가 많았고, 추석 때는 매번 항공권이 실력자들의 새치기로 매진되었다고 한다. 분명 지금도 낮은 우리의 민도를 반영한다. 우리나라 사람들은 지도자에게 너무 기대를 거는 성향이 있다. 우리나라에 무성한 지도자론은 좋은 예이다. 그런데 지도자는 혼자서 행동하지 않는다. 지탄받는 지도자는 국민의 행태와 밀접한 연관을 갖는다.[2] 그런 분석을 하는 사람이 우리 국민 가운데 많지 않다. 지도자는 국민과의 관계에서 지도력을 발휘하게 되므로 국민이란 변수를 빼놓고 하는 지도자론은 실속이 없다.

김영삼, 김대중 정권 아래 우리가 경험을 통하여 얻은 교훈은 민주주의가 잘되려면 제도에 앞서 국민의 자질 향상이 이뤄져야 한다는 점이다. 독재정권에 오래 시달려온 한국인들은 정치가 잘 안되는 이유를 먼저 독재에 돌리고, 독재와 싸우는 데 정력을 쏟아왔을 뿐 국민의 정치적 역량을 키우는 일은 못해왔다고 할 수 있다.

세계지도를 펴보면 재미있는 사실을 알게 된다. 민도가 낮은 지역은 예외 없이 정치가 불안하다. 민도가 낮은 지역에서는 대통령책임제와 의회내각제 어느쪽을 하든 잘 안된다. 반대로 어느쪽을 하든 잘되는 지역과 나라가 있다. 한국에서 그렇게 민주주의 조건으로 기대되었던 지방자치제도가 오히려 역효과를 내고 있는 현상도 좋은 사례이다.

영미사회에서는 학생이 어떤 고액 과외공부를 받든 안 받든 자유이며 사회문제가 되지 않는다. 우리나라에서는 정부가 규제하든 자율로 맡기든 어느쪽을 택해도 문제가 심각해진다. 대학교육 또한 마찬가지다. 새 정부 아래 금융감독 기능을 강화하기 위해서 막강한 통합기구인 금융감독원을 새로 탄생시켰으나 금융비리는 더 늘어났다. 그러니 아무리 제도와 기구를 잘해놓으면 무슨 소용인가.

사회개혁을 위해서 무엇을 먼저 해야 하는가가 분명해진다. 국민행태를 개선해야 한다. 민도를 높이는 일이다. 그것은 늘 우리가 써오던 말로 계몽 또는 교육 기능과 같으며, 언론의 몫이다. 사실은 길게 봐 대중매체 내용의 전부가 그런 효과를 가져온다. 학자들은 이 과정을 통틀어 언론의 사회화 기능이란 말로 설명한다(제6장 참조).

사회화란 사람이 한 사회구성원으로서 어떻게 행동해야 바람직한가를 성장하면서 배워나가는 과정이다. 그러므로 어떤 민족집단이 다른 민족집단보다 정직하지 못하다면, 또는 남존여비사상으로 젖어 있다면 그것은 그렇게 만든 사회화 과정에 있다고 보는 것이다.

사회화의 주체(socializing agents)로서는 언론, 부모, 학교, 교회, 친척, 친구 등이 지적되지만 이 가운데 현대사회에서는 언론이 압도적인 지위를 차지하고 있다. 사회화는 인생의 여러 단계에서 일어나지만, 특히 성장 과정에 있는 어린이에게 중요하다. 아동들이 텔레비전 앞에서 보내는 시간, 거기에서 배우는 잡다한 지식, 생활양식, 태도, 재치를 생각해보자. 홀란더(Hollander, 1971)가 "현대사회의 부모는 대중매체다"라고 한 것은 지나친 말이 아니다.

5. 사회발전과 언론 – 새 기술과 새 사상, 그리고 변화지향적 성격의 확산 수단

사회변화(social change)와 국가발전(national development)이란 말은 거의 같은 뜻으로 쓸 수 있다. 근대사회는 모두 국가로 되어 있으며 국가권력을 의미하는 정부가 사회발전을 이끄는 것이 보통이기 때문이다. 다만 정부가 얼마나 발전의 주역이 되느냐는 각국의 정치제도에 따라 다르기는 하다. "작은 정부"는 자유민주주의 이상이지만, 지금은 어느 나라든 발전을 위한 정부의 역할이 커지는 추세이다.

국가와 사회가 발전하는 과정 – 특히 전근대사회가 근대사회로 바뀌는 과정, 이것이 근대화다 – 에 언론이 어떤 역할을 하는가를 아프리카, 중동과 인도의 부락을 사례로 연구한 일단의 학자들이 있다(Schramm, 1964; Lerner, 1958; Rao, 1963).

슈람은 『대중매체와 국가발전(The Mass Media and National Development)』이란 유명한 책에서 아프리카에 있는 "이페"(The Ilfe)라고 불리는 원시 농촌부락에 수레가 들어와 이 마을 사람들의 생활이 크게 바뀌어가는 과정을 자세히 그렸다. 이 설명을 여기에서 되풀이할 필요는 없겠다. 자동차(마이카 시대), 컴퓨터, 인터넷 등의 새 기술 도입이 우리의 생활양식과 사회를 어떻게 바꾸고 있는가를 생각해보면 된다. 사회변화를 가져오는 것은 새로운 기술뿐이 아니다. 새로운 아이디어와 가치관과 사상이 같은 역할을 한다. 서양의 사상과 문화와 제도가 우리 사회와 우리의 생활양식,

우리의 의식구조를 크게 바꿔놓았다. 민주주의, 남녀평등, 가족계획, 핵가족, 기독교 사상, 소비자보호운동, 성희롱을 범죄로 규정하는 법은 그런 예이다.

서양에서 들어온 중요한 생활철학 하나가 실용주의(pragmatism)이다. 삶을 편하게 해주는 것은 선이라는 사고방식이다. 이런 생각에 따라 실용적인 상품이 대대적으로 개발되고 복잡한 행정절차가 간소화되었다. 그런데 여기서 중요한 점은 새로운 기술, 새로운 사상과 가치관은 대중매체를 통하여 사회의 구성원간에 전파, 확산된다는 것이다. 따라서 사회발전 과정은 당연히 매스 커뮤니케이션(언론) 연구의 중요한 영역이다. 이 문제는 제12장(변화를 싫어하는 언론, 382-386쪽 참조)에서 더 자세히 다룬다.

새 기술과 사상이 대중 속으로 빨리 전파·확산되려면 이들이 변화를 수용하는 능력을 가져야 한다. 슈람은 그런 태도의 전제로서 엠파티(empathy)와 변화지향적 성격 (mobile personality)을 들었고 이들을 발전을 위한 가장 중요한 인간의 심리적 변수 (psychological variable)라고 불렀는데, 그것도 대중매체가 전파·확산하는 것으로 보았다.

학자들이 쓴 엠파티에 대한 우리말은 감정이입 또는 공감대 형성이다. 이에 대하여는 뒤에서 자세히 설명하게 되지만(제9장 공감대, 239-240쪽 참조) 간단히 말해서 자기 자신을 남의 입장에서 보는 능력이다. 그런 능력이 없으면 옛것을 버리고 새것을 받아들이지 못한다. 과거 전통과 인습을 깨지 못하는 사람과 사회는 발전이 더딜 수밖에 없다.

슈람은 이렇게 말한다. "사회가 변화하려면 사람이 먼저 바뀌어야 하는데 그러려면 그는 새로운 상황을 마음속에 그려보며 그 속에 들어가 볼 수 있는 능력이 있어야 한다. 바꿔 말하면 다른 사람의 입장에 들어가 사물을 볼 수 있는 능력이다. 그래야만 새로운 변화를 수용할 수 있게 된다."

언론은 변화에 필요한 정보와 지식뿐 아니라 변화의 인적 조건인 공감 능력과 변화지향적 기질을 자극한다. 레너의 말을 빌리면 대중매체는 변화지향적 성격의 대중확산 (mobility multiplier) 수단이다. 바꿔 말하면 새것을 수용하는 능력을 기르는 수단이다.

발전에 필요한 "엠파티"가 이런 것이라면 그것을 모방능력으로 봐도 될 것 같다. 남의 마음을 빨리 읽는 사람은 눈썰미가 있고, 그러기 때문에 모방을 잘하는 사람인데, 바로 "엠파티" 능력의 문제이다. 사회변화는 대개 밖에서 새로운 아이디어와 사상이 도입될 때 일어나는 것을 보면 모방능력의 중요성을 알 수 있다. 남의 것을 잘 모방하는 민족으로 알려진 일본사람들이 금세기초 빨리 근대화를 성취했고 제2차세계대전 후에도 빨리 경제부흥을 해낸 것은 우연한 일이 아니었다. 여기서 모방은 도용(盜用, copycat; piracy)과 구별해야 함은 물론이다.

대중매체는 경제발전의 원동력이 되는데, 엠파티말고도 사람들의 성취욕, 합리성, 근면성 등 발전에 필요한 인적 요소에 불을 당겨줌으로써 그런 것이다.

6. 정보의 역할 –소크라테스가 사약을 마신 까닭, 왜 혁명군은 방송국을 먼저 점령하는가

정보의 힘이 얼마나 큰가는 전쟁, 쿠데타 등 비상시에 잘 알 수 있다. 전쟁에서 이기려면 적에 대한 빠른 정보를 가져야 한다. 적군의 상황에 대하여 정보가 없다면 좋은 전술과 전략이 나올 수 없다.

정권을 힘으로 탈취하는 쿠데타군은 왜 제일 먼저 방송국과 신문사를 점령하는가. 군중에게 가는 정보를 쿠데타에 유리하게 통제해야 하기 때문이다. 쿠데타가 필요하며 성공할 것이라는 생각을 갖게 해야 한다. 그렇지 않으면 그들은 이탈하거나 반기를 들 수 있다.

독재 사회, 민주주의 사회 모두 권력의 원천이 정보에서 나온다. 옛날 군주는 백성이 진실을 모르도록 정보를 차단했다. 그대로 두면 시키는 대로 따르지 않을 수 있기 때문이다. 소크라테스는 왜 사약을 마셔야 했던가. 사람들에게 진실(새 정보)을 말하고 다님으로써 위정자들에게 큰 위협이 되었기 때문이다.

정보의 힘은 물론 지력(知力)이다. "펜은 칼보다 강하다"(The pen is mightier than the sword)라는 말이 꽤 오래 전부터 있었지만, 지금은 정말 완력이 아니라 머리로 상대방을 이겨야 한다.

오늘과 같이 과학화, 산업화, 정보화된 사회에서는 정보가 돈을 벌게 해준다. 정보는 어떻게 재원을 동원하고 잘 운영할 것인가를 가르쳐준다. 정보 없이 부동산투기를 포함, 재(財)테크가 불가능하다. 우리나라에서 지난 30여 년 간 개발 붐이 일고 있을 때 정부의 개발정책에 대한 정보를 먼저 입수하고 투자한 사람들이 벼락부자가 되었다. "아는 것이 돈이다" "펜은 자본보다 강하다"는 말이 실감난다.

사정이 그렇다면 얻기 어려운 정보는 돈을 주고 사야 한다. 정보가 경제적 가치를 갖게 된 것이다. 경쟁대상업체의 정보를 얻어다주는 산업 스파이라는 직업까지 생겼다. 기업은 이런 정보를 위해서 투자해야 하는데, 인터넷의 출현으로 그것이 더 용이해졌다.

다른 모든 영역에서도 정보를 먼저 입수하는 사람이 그렇지 못한 사람을 앞지른다. 출세를 위한 사회적 기회, 예컨대 지위 및 신분 상승에 필요한 교육, 훈련, 취업, 진급, 사교 등을 위한 길과 방법을 안내해주는 것 또한 정보다. 그래서 어느 사회에서나 지식을 독점하는 계층이 지배층으로 군림한다.

정보와 지식을 사회구성원간에 가장 빠르게, 그리고 효과적으로 전달·확산하는 것이 대중매체다. 정보에 대하여는 뒤에서(제3장 지식과 정보에도 부익부 빈익빈, 77-78쪽, 제6장 언론 내용의 분류, 146-149쪽, 참조)에서 더 자세히 다룬다.

7. **설득과 태도변화** —특정 후보가 대통령이 되면 나라가 망할 것같이 보도한다면

언론의 여러 기능 가운데 가장 으뜸인 것은 아무래도 설득(persuasion)이다. 개인의 마음과 행동—이것이 행태다—을 바꾸는 힘(persuasive power)이다. 알기 쉽게 감화, 감동시키는 힘이라고 해도 된다. 커뮤니케이션의 정의 가운데에는 전통적으로 상대방을 향하여 무엇을 어떻게 한다는 의미가 짙은 것이 많은데 이 힘 때문이다. 개인의 행태가 바뀌면 사회도 바뀐다. 언론의 "막강한 힘"은 바로 이것을 말한다.

"예수를 믿으라"고 외치는 설교는 설득 메시지의 전형이다. 광고도 그렇다. 그러나 많은 메시지가 이렇게 직접 설득과 광고를 하고 있지 않더라도 같은 효과를 낸다. 가령 선거유세 때 출마자는 유권자들에게 한 표를 호소하는 대신, 상대방에 대하여 깜짝 놀랄 만한 숨은 비리를 폭로한다면 훨씬 더 효과적일 수 있다. 이때는 지식과 정보의 전달 자체가 개인의 인식변화를 거쳐 행태변화로 이어진 것이다.

지난 40여 년간 한국인의 생활양식에 일어난 큰 변화 가운데 하나로는 가족계획의 실천을 손꼽을 수 있다. "딸이면 어떠냐 둘로 끝내자"와 같은 설득적 메시지보다도 오랜 기간 언론이 제공하는 지식과 정보를 접하면서 사람들의 인식과 정서가 바뀐 결과 그렇게 되었다고 봐진다. 요즘 언론학은 언론을 통한 이런 장기적 태도변화의 효과(따라서 설득효과)를 언론의 사회화 기능 안에서 이해하고 있다. 이에 대하여는 제6장(설득의 모형, 158-159쪽 참조)에서 더 자세히 다룬다.

정부가 언론을 이용, 메시지를 통제함으로써 사람들의 생각을 원하는 쪽으로 몰고 가는 것을 대중조작이라고 부른다. 미국의 언론학자들이 언론의 한 가지 효과로 지적하는 "enculturation"(우리말로 배양효과라고 쓴 학자가 있으나 분위기조성 효과 정도로 풀어써도 되지 않을까 한다)도 이와 일맥상통한다고 생각된다.

언론이 서로 짜고 특정 후보가 대통령이 되면 나라가 망할 것 같은 분위기를 만드는 메시지를 주로 내보내면 국민은 그런 감각(perception)을 갖게 된다. 그런 사례가 과거 한국에 있었다. 그래서 지금의 대통령이 한동안 그 자리에 오를 전망이 보이지 않았었다.

텔레비전과 신문이 날마다 범죄사건을 머리기사로 올린다고 하자. 범죄의 실상과는 관계없이 사람들은 겁을 먹게 된다. 텔레비전이 날마다 북한이 전쟁을 일으킬 것 같다고 하면서 전쟁을 방불케 하는 장면을 매일 밤 내보내면 사람들은 으스스하게 느끼게 마련이다. "아니다, 그것은 거짓말이야"라고 감히 말할 사람은 드물다. 언론이 굳이 노골적으로 무슨 말을 하지 않고도 국민으로 하여금 이쪽으로도 가고 저쪽으로도 가게 할 수 있다.

대중매체가 유행을 선도하고(제8장 겉치레, 놀이와 물질에 흐르기 쉬운 텔레비전 문화, 217-218쪽; 텔레비전과 서양화, 221쪽; 제9장 커뮤니케이션과 문화 침투, 240쪽 참조), 사회 가치관(제4장 우리 언론의 인물보도, 83-97쪽 참조)을 이끌어나가는 과정도 국민의 행태 변화를 전제로 한다는 점에서 설득의 테두리 안에서 이해할 수 있다. 그렇게 볼 때 언론의 효과는 모두 설득으로 좁혀서 이해해도 된다.

8. 언론만 있으면 되는가? – 모택동과 박정희는 힘으로만 통치한 것이 아니다

우리나라의 대중매체 인프라는 세계 선진국 수준에 와 있다. 신문 제작과 텔레비전 방송 시설, 신문 구독률, 텔레비전 수상기 보급률, 인터넷 보급, 한국인의 하루 평균 텔레비전 시청시간 등 어느 면에서 봐도 그렇다.

이렇게 늘어난 언론의 하드웨어와 언론이용은 물론 한층 더 커진 언론의 영향력을 의미한다. 그런데 칼은 참 유용한 연장이지만 잘못 쓰여질 때는 남에게 엄청난 피해를 줄 수 있듯이, 막강한 언론의 힘은 대중에게 엄청난 역기능을 할 잠재력을 의미한다.

현대사회에서 언론이 크게 잘못 쓰여진 사례라면 독재정권의 창출과 유지를 빼놓을 수 없다. 히틀러의 독일과 대부분의 공산주의 정권이 그랬다. 공산치하 중국사회의 대변혁을 지켜본 재미 중국인 학자 프리데릭 유(Yu, 1969)는 모택동 주석이 중국 대륙을 물리적 힘으로만 지배했다고 보는 것은 큰 잘못이라고 간파했다. 강압적 수단 못지 않게 대중 커뮤니케이션 수단을 동원, 대중을 세뇌함으로써 그 넓은 땅에 흩어진 12억의 인구를 규합했다는 것이다.

이 말은 5·16군사쿠데타를 일으켜 18년간 한국사회를 지배한 박정희 정권에도 그대로 적용된다. 박 정권이 직·간접 방법을 동원, 언론을 장악하지 못했더라면 그렇게 오래 권력을 지탱하지도 못했고 우리 사회를 그렇게 크게 바꾸어놓지도 못했을 것이다.

한때 자율반 타율반 정권의 입노릇을 하던 언론은 민주화의 결과 이른바 자유와 자율성이 주어졌다 해도 이번에는 새로운 모양으로 권력과 자본가들의 손발 노릇을 하게 될 가능성이 크다. 언론산업이 고도화하고 그 힘과 영향력은 커지지만 그 정신은 퇴보하고 더 교활해질 수 있는 아이러니를 시정하는 길은, 이 책의 기본 테마인 언론 수용자들의 철저한 감시밖에 없다.

주 1

선거 때가 되면 온 나라가 대천해수욕장 같다면……—해외에서 보는 한국의 선거

(다음의 글은 1996년 4월 11일에 있었던 15대 총선거 전야에 필자가 쓴 글이다. 그로부터 지난 16대 총선거까지 4년간 한국의 정치풍토가 얼마나 개선되었나를 평가하고 내년 대통령과 지방자치단체장 선거 분위기를 전망해보는 좋은 계기가 될 수 있다고 생각한다. 세 살 버릇 여든까지 간다고 했던가. 또 하나의 "시민혁명"이라고 불린 "낙천낙선" 운동에도 불구하고 지난번 선거도 혼탁하기는 마찬가지였다. 정당과 정치인 간의 이합집산 현상은 과거보다 더했다.)

한국의 총선거가 또 코앞에 다가왔다. 이번 선거는 한국의 민주주의를 위해서 그 의미가 어느 때보다 크다 하면 맞는 말이지만, 어쩐지 어색하다. 과거 귀에 못이 박히게 들어온 말이기 때문이다. 이승만 대통령의 하야로부터 얼마 전 두 전직 대통령의 구속에 이르기까지 우여곡절을 거쳐, 지금 한국인의 정치의식은 과거와는 판이하다고 말하는 사람들이 많다. 글쎄, 그럴까?

요즘 한국언론의 보도대로라면 이번 선거가 과거와 무엇이 다른지 모르겠다. 선거 때가 되면 한국은 온 나라가 대천 해수욕장 같다. 선거라며 사회가 이렇게 들뜬다면 기회주의자들이 이번에도 국민을 우롱하면서 정치에 대거 입문할 수 있다는 말이 된다. 얼마 전 호주에서도 총선거가 있었는데, 언제나 마찬가지로 선거가 있었는지 모르게 조용히 치러졌다. 국민이 정치에 관심이 없어서가 아니다. 아무나 쉽게 정치가가 되려 하지 않기 때문이다.

정당정치가 될까?

호주와 한국에서 정당들이 서로 치졸하게(?) 싸움하는 것을 보고 정당정치를 이전투구로 묘사하는 한국 사람들이 많다. 그래도 정당은 필요하다. 민주주의 정치는 국민의 대표자인 국회의원을 선출하여 정권을 맡김으로써 한다. 이때 선거가 서로 생각이 다른 분산된 사람들을 뽑아놓는 결과가 되어서는 안된다. 이들이 모여 정권을 인수할 수 없고, 인수한 뒤에도 정치를 해나갈 수 없다.

민주정치를 잘하는 나라에서는 대개 정당은 크게 두 개로 정리되어, 선거는 당이 정한 정책을 중심으로 소속 후보 하나를 선택하는 일로 정착되었다. 그런데 한국은 이것이 안되고 있다. 양대 정당제도는 고사하고 어느 한 당도 선명한 정강정책과 전통을 가지고 건실하게 오래 커온 것이 없다. 정당은 그때그때 왕초 정치인이 만드는 사조직과 같은 것이어서 그가 사라지면 당도 사라진다.

과문의 탓인지 몰라도 이번 한국정치는 더 그럴 것 같다. 여당인 신한국당(당수 김영삼 대통령), 야당인 국민회의(김대중), 민주당(이기택), 자민련(김종필)을 서로 비교해보면 여당과 야당 간에도 그렇고, 야당끼리도 어떻게 서로 다른지 알 수 없다. 각 당의 간부들은 정치적 신념보다 편의에 따라 이 당 저 당 옮겨다니다가 만난 사람들이다. 그러니 정당(party)이라기보다 집단(faction)이라고 불러야 맞다.

이번 선거를 앞두고도 당선될 수 있다 싶으면 여러 정당이 같은 인물을 놓고 서로 영입경쟁을 하는 현상, 후보 공천을 못 받으면 하루아침에 당적을 떠나는 현상, 모두 이런 정당의 취약점 때문에 생기는 현상이다.

이와 같은 초기 민주주의 현상 같은 악재를 만난 유권자들은 어떻게 한 표를 던져야 할까. 정당을 떠나 후보자 개개인의 인기나 전력을 봐 할 수밖에 없다고 보는데, 그렇게 해서 뽑힌 사람은 나중에 자기이익을 따라 당적과 노선을 쉽게 바꾼다. 그런 정치에 정당이 있어야 할 필요는 무엇인가.

전문인 정치인의 시대

이번 선거에서 국민들은 앞으로 오래 갈 수 있는 양대 정당정치와 전문인 정치제도의 확립을 염두에 두고 한 표를 던졌으면 좋겠다. 그러기 위해서 먼저 기회주의자들의 재등장을 막아야 한다. 이들이 정치에 들어가면 정당정치는 또 안된다. 또 기회주의는 역시 손해가 아니라는 인식을 우리 사회에 영원히 심게 된다. 정당이 과거 정권 아래 중요한 자리를 지내어 지명도가 높고, 돈 많은 후보들을 영입하는 것이 관례가 되었는데, 이들 상당수가 과거를 따져보면 기회주의자와 범법자였다. 우리나라 사회의 기강이 흐트러지고 건전한 정당제도가 정착되지 못한 원인이 여기에 있다.

정치인도 엄마 뱃속에서부터 타고나지는 않는다. 그러나 연예인, 방송인, 건강 강연가, 학원 강사와 기고가 등 정치와 무관한 일로 텔레비전과 신문에 자주 나와 국민에게 빤짝 인기를 얻게 되었다고 해서 그들이 대거 정당의 영입대상이 되는 일은 아무리 생각해봐도 기현상이다. 정당의 공천이 이런 식이 될 때는 그 나라 민도를 의심하지 않을 수 없다. 이것 또한 정당정치가 정착되지 못하는 이유이다. 이번 선거에서는 이런 관례가 더 이상 뿌리를 내리지 못하게 반짝 인기를 의지하고 나오는 후보들에게 표를 찍지 말아야겠다.

학자, 언론인, 각 분야 전문가에 대하여도 같은 말을 할 수 있다. 이들에게는 각자 갈고 닦아 지켜야 할 전문분야가 있을 텐데, 정치가 더 좋다고 해서 너도나도 그것을 헌신짝처럼 버리고 나온다면 사회는 어떻게 되는 것인가.

그렇게 볼 때 이번 선거에서는 후보자가 말을 잘한다고, 재주가 있다고, 텔레비전에 자주 나와 인기가 있다고 해서, 돈이 있다고 해서 밀어주는 우를 범하지 말아야겠다. 이런 개인의 속성은 우리나라가 절실히 필요로 하는 사회개혁과 아무런 관계가 없다. 오히려 기회주의자들의 속성일 가능성이 크다.

냉철한 국민

이번 선거가 과거와 다르려면 국민들이 냉철해야 한다. 사회가 들뜨면 냉철은 없다. 그런 면에서 언론은 흥미 중심 선거 과잉보도를 지양하고 어떻게 선거를 엄격하게 치를 수 있을지에 대한 계몽운동을 펴야겠다.

언론은 선거와 출마자들에 대한 보도 하나하나가 한국의 정치발전에 어떤 기여를 하는가를 생각해봐야 할 것이다. 출신 명문 고등학교별로 다룬 출마자 프로필, 누가 누구하고 액운의 대결을 하게 된다는 연극 각본 같은 스토리, 유권자를 향하여 절을 90도 하는 입후보자와 선거운동원들의 사진 같은 것은 줄였으면 좋겠다. 그것은 흥미 중심의 선거보도이며, 선거를 오락으로 전락시키는 짓이다.

이미 말한 대로 호주의 선거는 우리와 크게 다르다. 후보끼리 대중매체 수단을 통하여 심한 대결을 벌이는 일은 흔하지만 사회 전체가 술렁이지 않는다. 근래 한국 사람들이 대거 밖으로 관광을 나오는데 이런 민주주의 고장의 사회관습을 보고 배워갔으면 한다.

선거제도 이론에 따르면 기권표를 던지는 것도 하나의 적극적인 의사표시 방법이 된다. 특히 지금처럼 나와서는 안되는 사람이 많이 나온다면 그렇게 하는 것이 좋다. 누구에게든 한 표를 꼭 찍어야 하고 아니면 무관심, 무책임으로 몰아붙이는 우리의 고정관념이 정치과열, 선거과열을 부추긴다.

저울에 비할 수 있는 정의는 원칙을 엄격하게 지키는 사람들이 많아야 가능하다. 그런데 우리 사회에서는 언제부터인가 원칙주의자를 배척하는 풍조가 생겼다. "좋은 것이 좋다" "모나지 않게 살아야 한다" "멀리도 하지 않고 가깝게도 하지 않는다"(不可遠不可近)와 같은 말을 무슨 덕목처럼 여기는 사람들이 많다.

우리나라에 기회주의가 팽배하고 선거가 쉽게 타락하는 것은 바로 이런 우리의 안일한 태도 때문이었다. 국민성과 사회풍조가 바뀌려면 시간이 걸린다. 국민 개개인이 원칙을 깨는 사람을 미워하고 정의를 위해서 실천을 해나갈 때 조금씩 달라질 수 있다. 남의 불법행위를 얼른 당국에 고발하는 영·미인들을 보고 우리는 매우 야속하게 여기지만 그런 정신 없이는 법치주의는 제대로 실행될 수 없다.

한때 미국에서 오제이 심슨(O. J. Simpson) 재판이 큰 관심거리였다. 살인혐의로 기소된 미국의 전 풋볼 스타는 결국 무죄로 풀려났으나 보도에 따르면 그는 판결과는 관계없이 주위 사람들의 따가운 눈총의 심판을 받으며 살고 있다. 이 사건은 인종문제와 섞여 있어 속단할 수 없으나, 중요한 사실은 영·미인들은 불의라고 믿는 일은 용서 안한다는 것이다.

우리 사회에서는 분명 큰 죄를 져 감옥살이를 해야 할 저명인사들이 집행유예와 같은 가벼운 처벌로 나와 과기는 조금도 뉘우치지 않고 대중 앞에 나서면 국민이 아무렇지도 않게 받아들이는 것과는 대조적이다.

누가 새로운 바람을 넣을 수 있을까

꿈과 같은 얘기가 될지 모르지만 나는 서양 사회에 사는 한국인들이 고국을 위해서 기여해야 할 매우 중요한 분야가 가치관의 이전이라고 생각하고 있다. 이때 이전은 기술이전(technology transfer)의 이전과 같은 말이다. 기술은 대개 물 흐르듯 선진국에서 후진국으로 옮겨간다. 그런 식으로 서양의 좋은 가치관을 익힌 많은 교포가 한국사회에 그것을 전파해야 한다는 뜻이다. 서양 사람들이 대 한국정책에서 이미 그런 역할을 긍정적 또는 부정적으로(제국주의적 문화수출은 후자) 해온 것이지만 해외교포가 한국의 친구나 친척과의 접촉, 한국언론에 기고, 한국에서 대학 강의, 일반 강연 등을 통하여 한다면 그 효과는 클 것이다. 그런 가치관의 예로서는 서양인들의 자기 분수에 맞는 생활태도, 민주주의 실천(깨끗한 선거, 법의 존중은 한 예) 등 여러 가지를 들수 있다. 그런데 이런 이상이 현실로 일어나기 위해서는 영향력의 흐름(flow of influence)의 방향이 해외 한인사회에서 한국 쪽으로 가고 있어야 한다. 그런데 현실은 그 반대이다.

나 나름대로 그 이유를 든다면 한국인들의 부의 축적과 그에 따른 오만 때문이 아닌가 한다. 돈 없고 힘없는 사람이 돈 있어 힘있는 사람의 오만을 꺾기란 여간 힘든 일이 아니다. 해외에 사는 한국인들의 지금의 위치가 그런 것이 아닌가 한다. 과거에는 교포가 한국에 오면 친지들에게 살림에 보태 쓰라고 약간의 돈을 놓고 갔었다. 지금은 반대다. 관광, 방문 차 오는 한국인들이 해외에 사는 교민들에게 돈을 뿌리고 간다.

많은 해외 교민들이 장사 밑천을 마련해보고자 한국의 부모, 형님, 동생을 찾아간다. 또 한국 시장과 관광객들이 가져오는 "코리안 달러"를 보고 기업을 일으킨다. 이런 상황에서 교포들이 한국에 나가 친지들 앞에서 한국을 비판하면 모두 싫어한다. "그러니까 자네는 가난하게 살 수밖에 없어"와 같은 말을 듣기 일쑤다.

또 다른 이유가 있다. 많은 해외교포들의 생활이 아직 생존을 위해서 허덕이는 단계가 아닌가 한다. 이런 동포들에게 가치관과 같은 말은 사치가 된다.

(≪호주동아일보≫, 1996년 4월 6일자, 필자 기고)

주 2

민심은 천심?

흔히 "역사가 되풀이하는"(History repeats itself) 이유는 사회현상도 과학의 지배를 받기 때문이다. 과학이란 같은 조건 아래에서는 같은 현상이 일어나는 원리이다. 가령 일정량의 물보다 무거운 물체를 물 위에 놓으면 반드시 가라앉는다. 어느 때는 가라앉고 어느 때는 뜨지 않는다. 그 현상은 과학적으로 거의 100% 설명이 가능하다.

사회현상도 대부분 그렇다. 같은 조건에서는 같은 현상이 일어난다. 다만 사회현상을 유발하는 조건은 많은 변수의 복합체이며, 그 가운데 어느 것이 얼마만큼 원인인가를 밝혀내기가 어렵다. 만약 원인의 수량적 분석이 가능하다면 사회문제 해결은 훨씬 쉬워질 것이다.

금년은 한국에서 대선(大選)의 해이다. 국민들이 과거와 마찬가지로 새 정권에 기대를 거는 심리는 이해할 만하다. 하지만 사회의 큰 물줄기가 그대로라면 어떤 대통령이 뽑히고, 어떤 정권이 새로 창출되든 우리 사회는 크게 달라지지 않을 것이다. 역사는 되풀이된다.

집권 말기에 있는 현 정부를 비난하는 요즘 글들을 보면 한 가지 공통점을 발견하게 된다. "민심은 천심이다" "국민은 등을 돌리고 있다" "국민은 허탈하다" "국민의 상처를 치유해줘야 한다"와 같은 말에서 알 수 있듯이 우리 사회가 지금과 같이 된 책임은 전적으로 지도자와 정부에 있다고 보는 것이다.

공무원도 국민이다

절대군주제나 철저한 1인 독재체제가 아니라면 (심지어 그런 체제에서도) 지도자는 추종자가 어떤 사람인가를 보고, 그들과 끊임없이 교류하면서 움직인다. 정당과 정부의 구성원도 따지고 보면 국민이다. 그는 정부의 구성원으로 일하면서 다른 국민인 가족, 애인, 친척, 친구, 동창, 이웃, 단체와 기업, 그리고 대중과 교류하고 그들로부터 무한한 영향을 받으면서 일을 하게 된다. 공무원이 썩는다면 국민 속에서 썩는다.

남자의 마음을 지배하는 것이 대개 여자다. 고위 공직자들의 아내들은 대개 일류대학 출신 여성들인데, 이들 가운데 남편에게 어렵게 살아도 좋으니 나라를 위해서 정직하게 일해달라고 부탁할 사람이 얼마나 될까. 이 여성들은 국민이 아니고 무엇인가. 정의와 진리를 수호하는 마지막 보루는 대학과 지식인들이다. 그들이 개인 또는 영업 이익을 따라 밀어서는 안될 정권을 민 사례가 많은데, 이들도 국민이다.

정부는 정치적 판단에 있어 정권 못지 않게 언론으로부터 크게 영향을 받는데 언론은 정부인가 민간인가? 정부가 썩으니 국민이 썩는다고 하지만 국민이 약간의 자기이익을 희생하고라도 깨끗하기를 고집한다면 정부가 썩을 수 있는가? "내 자식"만 잘 봐달라고 교사에게 가져다 바치는 촌지, 더 큰 횡재를 하고자 세무공무원에게 건네는 검은 돈, 자격이 없으면서도 교수가 되고 싶어 은밀히 돈으로 손을 쓰는 무리들을 생각해보자.

사실 민주주의를 불가능하게 하는 한국인의 행태적 속성들을 나열하자면 한이 없다. 한국에서는 국정에서부터 사회 전반의 일이 아직도 혈연, 학연, 지연, 이해관계로 엮어진 인맥을 중심으로 돌아간다. 선거 때가 되면 사회가 들뜨는 이유는 이때를 권력과 줄을 대기 위한 기회로 이용하는 사람들이 득실거리기 때문이다. 이런 사회에서 민주주의가 잘된다면 기적이다.

용과 말

"민심은 천심"이라고 할 때 이런 국민행태로 된 다수의 마음을 천심이라고 할 수 있는가. 국민행태는 민도와 같은 말이다. 대선을 앞두고 언론이 무엇을 해야 하는가가 분명해진다. 언론은 국민계몽을 대대적으로 해나가야 한다. 한국사회의 문제에 대한 종합적인 진단과 이에 대한 올바른 국민적 컨센서스를 형성하는 일이다. 이에 비하면 용(龍)인지 말인지 몰라도 후보자들의 일거수 일투족을 매일같이 상세히 보도하는 일은 덜 중요하다.

언론은 후보들을 주자(走者), 말하자면 말이라고도 부르는데 미국언론에서 쓰는 runner라는 말에서 나온 것이라고 생각한다. 과거에는 그런 말을 안 썼다. 이와 관련, 미국의 언론학자들이 만든 재미있는 표현이 있다. 경마 저널리즘(horserace journalism)이다. 경마 때 어느 말의 혈통이 어떻고, 어떻게 생겼으며, 얼마나 잘 뛰고 등 흥미 중심으로 보도해준다면 장은 달아오르게 되어 있다. 요즘 한국의 언론들은 선거보도가 아니라 경마보도를 하고 있는 것 같다.

말의 성능만 가지고 정치가 결정되지 않는다. 어느 용, 또는 말이 지도자로 나오든 사회적 여건이 같다면 대선 후의 사회는 그대로일 것이다.

(≪문화일보≫, 1997년 6월 1일자, 필자 기고)

제2장

커뮤니케이션 이론을 알아야 언론을 알 수 있다

A씨가 미국에서 공부할 때다. 어느 할머니가 전공분야가 무엇이냐고 묻자 커뮤니케이션이라고 대답했다. "커뮤니케이션이라니요? 통신공학을 공부하는 건가요?" 하고 이 할머니는 되묻는 것이었다.

이런 예도 있다. C씨는 외국에서 커뮤니케이션 연구로 박사학위를 받고 돌아와 대학 교수가 되었다. 그를 아는 한 친구 왈, "뭐 커뮤니케이션도 박사가 필요한 분야인가요?" 별로 대수롭지 않은 공부라는 눈치였다.

한국인은 물론 외국인 가운데도 커뮤니케이션이란 말을 잘 모르거나 알더라도 전화와 통신수단 정도로 이해하는 일이 흔하다. 이때 커뮤니케이션은 커뮤니케이션 과정 중 기술 면을 말한다.

보통 학문 연구대상으로서 커뮤니케이션은 그와는 달리 사회현상으로서의 커뮤니케이션 과정이다. 커뮤니케이션 과정 중 인간행태 면, 즉 커뮤니케이션 이용행위와 그에 따른 효과에 대한 연구라고 할 수 있다.

그것은 사람 문제이다. 메시지를 만드는 사람, 그것을 수용하는 사람이다. 커뮤니케이션학의 일차적 대상은 인간행태, 인간과 메시지 간의 관계이다. 사람들은 왜 서로 대화를 나누는가? 왜 사람들은 신문을 읽고 텔레비전을 보면서, 거기서 무엇을 얻으며, 그 결과 어떻게 달라지는가? 커뮤니케이션 연구는 이와 같은 질문에 답을 주며 그런 의미에서 사회과학, 그중에서도 행태과학의 중요한 부분이다.

그러므로 대중매체의 위력을 말하면서 사람은 빼고 테크놀로지에만 관심을 갖는 사람은 커뮤니케이션 학자가 아니다. 커뮤니케이션 과학자 또는 기술자라고 불러야 할 것이다.

C씨가 커뮤니케이션학을 대수롭지 않게 여긴 이유는 분명하다. 그는 커뮤니케이션 연구와 저널리즘이라고 불러야 할 신문과 텔레비전 제작에 대한 연구를 혼동한 것이다. 우리나라에서 커뮤니케이션, 언론, 저널리즘 분야의 연구를 넓게 신문학, 언론학, 또는 신문방송학 등으로 불리는데 이런 용어의 다양성이 이 분야의 이해에 가끔 혼선을 일으킨다.

언론과 관계되는 말로서는 커뮤니케이션, 매스 커뮤니케이션, 매스컴, 저널리즘, 프레스 등 많다. 이들은 서로 어떻게 다른가? 그 가운데 언론은 무엇인가? 이 장은 이에 대한 대답과 함께 독자에게 이 분야의 글과 학술논문을 어떻게 읽어야 되는지에 대해서도 다룬다.

1. **용어의 정리** - 커뮤니케이션, 신문학, 저널리즘, 언론, 프레스

컴퓨터, 인터넷, 타이어, 골프라고 말하면 조금도 이상하지 않다. 이에 대한 우리말을 따로 쓰자고 할 사람은 거의 없다. 이미 우리말이 된 것이다. 커뮤니케이션(communication)이란 말은 어떤가? 이 외래어는 그런 단계가 아니다. 일부 외국에서 공부한 사람들 가운데 잘 쓰이고 있으나, 그 경우에도 그 의미를 충분히 전달 못한다.

그러므로 커뮤니케이션이란 말은 컴퓨터, 골프와 함께 외래어 그대로 쓰는 것이 좋겠다. 처음은 어색하지만 널리 통용되고 그 의미에 대해서도 합의가 이루어지고 얼마동안 지나면 상품 이름 같지는 않으나 우리말이 될 수 있다.

사랑하는 두 사람이 정답게 말을 나눈다면, 부모가 자식에게 무언가 이르고 있다면 틀림없이 커뮤니케이션이다. 대화 도중 그들은 몸짓, 눈짓을 하게 마련인데, 그것도 훌륭한 커뮤니케이션이다. 편지와 카드를 보내고 받는 것도 중요한 커뮤니케이션의 한 방법이다. 텔레비전에 나오는 드라마와 교수의 강의, 목사의 설교, 공개토론을 통하여 우리는 오락적이거나 교양적인 메시지를 듣고 보게 되는데, 이 메시지의 제작, 전달, 이용행위가 모두 커뮤니케이션 과정에 속한다. 텔레비전, 신문, 잡지와 책의 내용을 보고 읽고 듣고 배우며 즐기는 인간행위와 그 결과 오는 태도변화가 모두 커뮤니케이션 과정이다.

이러한 넓고 깊은 의미의 커뮤니케이션에 해당하는 우리말이 없다. 커뮤니케이션이란 말을 그대로 우리말로 쓰는 것이 좋겠다고 한 것은 이 때문이다.

커뮤니케이션을 인간 커뮤니케이션(human communication)이라고 잘 부른다. 인간이란 형용사를 붙이는 이유는 동물간의 커뮤니케이션도 있으니 이것과 구별하고, 또 앞서 언급한 대로 커뮤니케이션의 인간 및 행태적 측면을 강조하기 위해서라고 보여진다. 동물들은 인간처럼 문자와 발달된 말을 사용해서 커뮤니케이션을 하지 않으며, 그러기 때문에 그 내용이 극히 한정적일 수밖에 없다. 그러나 그런 한도에서나마 생각과 감정을 자기들끼리 나누는 것만은 틀림없다.

태초부터 인간은 혼자가 아니라 남과 더불어 살았다. 사람들은 서로 생각과 감정을 나누며 살아갈 뿐만 아니라, 생존을 위해서 서로 정보를 교환해야 했다. 그러므로 커뮤니케이션의 역사는 인간사회의 역사만큼 길다. 문화란 인간이 생존을 위해서-또는 이 생존을 더 윤택하게 영위하기 위해서-만들어낸 것인데 이것은 사람들간의 상호교류 때문에 가능한 것이다. 그리고 상호교류는 커뮤니케이션과 거의 같은 말이다. 커뮤니케이션 없는 상호교류를 생각할 수 없기 때문이다. 그래서 학자들은 문화는 커뮤니케이션의 결과란 말을 잘한다.

원초적 커뮤니케이션은 어떤 문명의 이기의 개입 없이 사람의 목소리, 표현, 몸짓, 손짓, 눈짓을 통하여 이루어졌다고 생각된다. 말과 글이 생긴 것은 그 이후이다.

사람이 자기 육체(입, 목소리 등)에 더하여 기계를 이용, 커뮤니케이션을 하게 되면 그 양상이 크게 달라진다. 커뮤니케이션 내용이 한번에 가 닿을 수 있는 거리, 수용자(청중)의 숫자가 대폭 늘어나게 되어 그 결과효과가 엄청나게 커진다. 확성기를 사용해서 말하면 육성보다 소리가 커져서 여러 사람이 들을 수 있으며, 전화를 이용하면 먼 거리에 있는 사람과 동시에 대화가 가능하다. 팩스는 전화 같지는 않으나 글로 쓴 내용을 원거리에 동시에 많이 보낼 수 있다. 이때 확성기, 전화, 팩스라는 기계는 맥루언(McLuhan, 1964)이 말한 대로 "인간의 연장"(the extensions of man)이다.

손은 몸의 연장이다. 손이 있기 때문에 거리가 있는 물건들을 쉽게 지배할 수 있다. 만약 손이 없다면 우리는 얼마나 행동의 제약을 받을 것인가를 상상해보는 것은 어렵지 않다. 그렇지만 몸에 붙어 있는 손이 닿을 수 있는 거리는 역시 한정되어 있다.

전화나 팩스를 이용한 커뮤니케이션의 이점도 더 발달된(또 앞으로 더 발달될) 매체에 비하면 크지 못하다. 신문과 텔레비전과 인터넷은 활자와 전파를 이용하여 대량의 메시지가 대중에게 동시에 가 닿게 한다. 이런 기술과 인적 조직으로 된 대량전달수단을 대중매체(mass media, 매스 미디어)라고 부른다.

이때 매체란 말은 메시지의 대량전달수단인 신문, 잡지, 책, 텔레비전, 영화, 비디오를 의미하지만, 때로는 신문사, 잡지사, 방송국과 같은 말로 쓰여지기도 한다. 가령 "신문들이 야단이다"할 때 신문은 신문사를 의미한다. 이를 구별해서 말하기 위해서 언론사를 매체기관(media organizations)이라고 부르기도 한다.

결국 커뮤니케이션은 사람과 사람 간에 기계문명의 이기의 개입 없이 얼굴을 맞대고 하는 대화, 말하자면 인간이 타고난 그대로(자연 그대로) 하는 개인간 또는 대면(對面) 커뮤니케이션(interpersonal 또는 personal communication, face-to-face communication)과 대중전달수단을 이용하여 하는 대중 또는 매스 커뮤니케이션(mass communication)으로 크게 나눌 수 있다. 매스컴은 물론 매스 커뮤니케이션의 준말로서 대중 커뮤니케이션 현상을 말하지만 실제로는 대중매체기관이라는 뜻으로 사용되는 경우가 흔하다. 가령 "매스컴에 보도된다"라든가 "매스컴에서 와서 취재해갔다"라는 말을 할 때는 언론사의 뜻으로 쓰이는 것이 분명하다.

매스 커뮤니케이션 또는 매스 미디어 기관을 총괄한 통상 우리말은 물론 언론이다. 그러나 엄격한 의미(협의)의 언론과 대중매체(또는 대중 커뮤니케이션)는 동의어일 수 없다고 본다. 언론이란 말을 쓸 때는 아무래도 대중 커뮤니케이션 가운데서도 사회 및 공공 문제에 대한 보도와 비판기능—뒤에 언급할 라스웰의 환경감시기능—쪽을 말한다고 믿어진다(제6장 언론 내용의 분류, 146쪽 참조). 공론(公論)적 기능이라고 해도될 것이다. 같은 대중 커뮤니케이션 현상이면서도 음악만을 주로 하는 FM방송, 오락목적이 주인 영화와 비디오, 책은 모두 대중매체에 속하지만 보통 언론이라고 부르지않지 않는다. 연극, 영화, 소설, 코미디, 음악도 모두 훌륭한 대중 커뮤니케이션 수단이지만 언론이라고 부르지 않는다. 또 이 분야에서 일하는 전문인을 언론인라고 칭하지 않는다.

사회문제와 관련, 일어나는 대중매체 시비도 대개 언론에 대한 시비인 까닭이 그것이다. 대중매체가 제공하는 오락 내용에 대한 시비도 역시 대중매체가 감당해야 할언론의 역할과 기능을 마음에 두고 하게 되는 것이 보통이다.

그런 의미에서 언(言)자와 논(論)자로 된 언론이란 우리말은 적절한 표현이다. 그러나 우리나라에서 언론과 대중매체는 흔히 동의어로 쓰이므로 이 책에서는 일부 두가지를 혼용하기로 한다.

우리말 언론에 가장 가까운 영어 표현이 저널리즘(journalism)이다. 매스 커뮤니케이션과 저널리즘은 어떻게 다른가. 저널리즘은 커뮤니케이션 과정의 일부이며, 대중매체의 주체(언론기업)와 메시지 제작에 대한 이론과 실무를 말한다. 커뮤니케이션 연구의 대상이 대중 커뮤니케이션 과정의 총체적 과정이라면 저널리즘 연구의 대상은원래 그 일부인 대중 커뮤니케이션을 위한 메시지 제작과정이라 할 수 있다. 이에 대하여는 제11장(주 18, 327-328쪽 참조)에서 더 자세히 다룬다.

영미 국가에서는 언론을 "프레스"(the press)라고도 부른다. 원래 언론은 신문으로시작되었고, 신문은 활판인쇄(press)로 시작된 데에 기인한다. 오늘의 언론은 인쇄매체(print media)와 전파매체(electronic media)로 되어 있지만, 초기 언론이 간행물만으로 된 전통을 따라 지금도 프레스란 말을 언론의 대명사격으로 쓰는 것이다. 가령 미국의 텔레비전 프로 가운데 <Meet the Press>는 "언론과의 만남" "언론에 나와 말한다" "기자회견을 한다"는 뜻이다. 언론관계 저서로 유명한 *The Four Theories of the Press*(『언론의 4개 유형』, Siebert, 1963)도 좋은 예이다. 이 책의 서두에는 이렇게 쓰여져있다. "여기서 말하는 프레스는 모든 대중매체를 의미한다. 다만 활자매체가 방송매체보다 오래되었고, 이에 대한 문헌과 이론이 많아 그 쪽을 더 다루었다."

우리도 언론에 관한 용어를 신축성 있게 쓰는 것이 좋을 것이다. 가령 신문학이란말을 꼭 신문에 대한 연구가 아니라 모든 언론매체를 포함하는 저널리즘, 더 넓게는커뮤니케이션 연구의 뜻으로 사용해도 될 것이다. 이 분야 연구에 대한 말로 언론학,신문방송학, 매스 커뮤니케이션학, 커뮤니케이션학 등이 한국에서 쓰이고 있다. 그가운데 어느 것만이 맞다고 한다든가 이들 용어를 통일해야 한다고 말하는 것은 실속 없는 주장이다. 본래의 뜻을 정확히 파악하는 것이 중요하며, 그외는 용어의 문제일 따름이다.

2. 언론 이론의 개관 - 언론 연구는 언론의 효과를 알려는 것

1) 낡은 패러다임(Old Paradigm) - 효과는 아랑곳없이 메시지만 쏟아놓는다면

위에서 저널리즘 또는 언론을 "대중매체의 주체와 그의 메시지 제작에 대한 이론과 실무"라고 썼는데, 여기서 이론이란 말은 특별한 의미가 있다. 메시지는 제작하여 쏟아내기만 하면 되는 것이 아니다. 그 엄청난 양의 메시지를 사람들은 왜 이용하는가, 또 그것이 개인과 사회에 어떤 영향을 미치는가에 대하여도 알아야 한다. 이론을 알고 제작할 수 있어야 한다는 말이다.

그 이론은 커뮤니케이션 연구와 이론의 테두리 안에서 가능하다. 그런 의미에서 저널리즘 또는 언론 연구는 제작실무에 머물 수 없고 커뮤니케이션 과정에 대한 총체적 연구에 통합되어야 하는 것이다. 그런데 학문으로서 커뮤니케이션 연구의 역사는 짧다. 이 말은 언론현상에 대한 제대로의 이론적 연구가 최근에 와서야 가능해졌다는 뜻이 된다. 커뮤니케이션 연구가 본격화하기까지는 언론을 이론적으로 다룰 수 있는 틀과 지식이 있을 수가 없었고, 바로 앞에서 지적한 대로 언론 제작의 기술적 측면이 주가 되었던 것이다.

미국대학의 신방과는 "School of communication" 또는 "School of journalism"으로 불리는데, 이름과는 관계없이 언론제작 기술과 실무 중심의 직업교육과 커뮤니케이션 이론 중심의 인문교육을 특성화하는 두 갈래가 있는 것은 이 분야 연구의 이러한 역사적 배경을 반영한다. 그리하여 어떤 사람은 제작 기술과 실무 중심의 전통적 언론교육임을 분명하게 하기 위해서 "응용언론학"(applied journalism)이라는 말을 쓰기도 한다.

어느 한국의 학자는 순수학문의 쇠퇴현상을 개탄하면서 "철학, 문학, 역사학 등 인문사회 부문 순수과학은 법학, 경영학, 신문방송학 등의 학과에 밀리고 있다"고 썼는데, 우리나라 신방과의 현황을 잘 모르고 한 발언인 것 같다. 우리나라에는 완전 직업교육에 특화한 대학 신문방송학과가 없다. 훈련시설 부족, 대다수 교수들의 전공 성향, 대학졸업자들이 전공을 인정받아 언론사에 취업되지 못하는 현실 등이 원인이 되어 대부분 이 학과는 커뮤니케이션 이론 위주 코스가 되고 있다. 그런 의미에서 모두 인문학과의 성격을 띠고 있다.

학자들은 커뮤니케이션학을 여러 가지로 정의한다. 그것들을 바탕으로 나 나름대로 간단히 정리해보면, 커뮤케이션학은 정보와 지식과 영향력이 사회구성원에 흐르는 과정(flow of information and influence)과 이것이 그들의 의식구조와 행태, 더 나가서는 사회를 어떻게 변화시키는가를 체계적으로 알려고 하는 학문활동이다. 이 정의의 핵심은 영향력이다. 커뮤니케이션 연구의 대상에는 반드시 메시지의 흐름(전달)이 들어가는데, 흐름이 중요한 이유는 그것이 영향력의 흐름을 수반하기 때문이라고 봐야 한다. 이 영향력의 흐름은 결국 커뮤니케이션의 효과와 같다.

사제(師弟)지간 관계에서 학생은 선생으로부터 지식을 배우지만 그런 과정에서 그는 인격과 정신적 감화를 받게 된다. 이는 메시지와 동시에 영향력의 흐름을 보여주는 좋은 예이다. 대부분 사람간의 대화와 교류도 마찬가지로 긍정적 또는 부정적 영향력의 흐름을 수반한다.

지금까지 설명으로 밝혀진바 이 넓은 영역인 커뮤니케이션 과정을 효과적으로 연구하기 위한 접근방법은 무엇인가? 여러 가지 연구 방법론이 있겠지만, 우선 이 분야의 고전이라고 할 수 있는 라스웰(Lasswell, 1948)의 커뮤니케이션 연구를 위한 모형을 알 필요가 있다.

자연과 사회 현상은 광범하고 복잡하게 얽혀 있다. 이것들을 있는 그대로 모두 보고 말하는 것은 무의미하다. 학문과 이론은 결국 이런 큰 현상을 축소하여, 전체를 지배하는 원리만을 어떤 도식이나 설명구도로 나타내는 활동이라고 말할 수 있다. 이것을 이론적 모델(theoretical model)이라고 부른다.

자연현상이건 사회현상이건 거기에 존재하는 이론적 모델을 찾기 위한 첫 단계는 같은 현상끼리 묶는 작업, 즉 분류이다. 그렇지 않고는 그 많은 현상들을 정리할 수 없고, 정리할 수 없으면 이론을 위한 연구를 할 수 없기 때문이다. 라스웰의 모델은 커뮤니케이션과 언론과정 연구를 위한 이런 분류법의 하나라고 할 수 있다.

그는 반세기 전 유명한 「커뮤니케이션의 사회적 구조와 기능(The Structure and Function of Communication in Society)」(1948)이란 논문 속에서 커뮤니케이션 연구는 "누가, 무엇을, 누구에게, 어떤 경로를 이용, 어떤 결과를 초래하는가에 대한 과정을 연구하는 학문"(The study of who says what, to whom, through what channel, with what effect)이라고 아주 적절하게 요약했다.

여기에서 "누가"는 커뮤니케이션의 주체, "무엇"은 커뮤니케이션의 내용, "누구에게"는 커뮤니케이션의 대상, "어떤 경로"는 매체, 그리고 "어떤 결과"는 커뮤니케이션의 효과로 바꾸어 말할 수 있다.

이 과정을 도식으로 나타내면 S(source, 주체) - M(message) - C(channel, 전달 수단, 회로 또는 매체) - R(receiver, 수용자), 줄여서 S - M - C - R(주체 - 메시지 - 채널 - 수용자)이 된다(Schramm, 1965; Rogers, 1971).

이 도식에 대중 커뮤니케이션 과정을 대입하여 말해보면 ① 언론의 주체인 언론기관(신문사, 통신사, 텔레비전 방송국, 라디오 방송국, 잡지사)이, ② 언론의 내용 또는 메시지(뉴스, 뉴스 해설, 사설특집 기사, 칼럼, 다큐멘터리, 연예 기사와 프로, 오락 기사와 프로 등)를, ③ 언론의 대상인 수용자(독자, 시청자, 청취자)에게, ④ 대중전달수단(신문, 텔레비전, 라디오, 비디오, 영화, 인터넷)에 실어보내, ⑤ 수용자의 인식(또는 지식), 감정, 태도, 판단, 행동에 어떤 변화(효과)를 가져오게 하는 과정이다.

비교적 짧은 커뮤니케이션 역사에도 불구하고 라스웰의 모델은 이미 고전 대접을 받고 있지만, 오늘의 커뮤니케이션과 언론 연구의 이론적 틀과 뼈대가 되고 있는 것이 사실이다. 예컨대 "누가"는 언론 주체(언론기업 조직과 경영, 편집국의 조직, 언론인 훈련)의 연구(control analysis), "무엇"은 지금의 언론의 내용분석(content analysis), "어떤 경로"는 매체의 특성연구(channel studies), "누구에게"는 시청자 또는 수용자 연구(audience research), "어떤 결과"는 효과연구(effects studies)가 되고 있다.

이들 하나하나에 대하여 좀 더 설명해보자. 커뮤니케이션의 내용은 통틀어 메시지(message)라 부르는데, 언론의 주체는 이 메시지를 만들어 보내는 개인 또는 조직이다. 메시지를 만들어 보낸다는 뜻으로 발신자, 송신자(communicator 또는 sender), 전달자, 생산자, 제작자 등 여러 가지 이름으로 불린다. 언론의 경우 전달자는 개인이 아니라 조직인 언론기업인 것이 보통이다.

언론기업은 언론 소유자와 그가 고용하는 많은 언론 종사자의 집합체이다. 여러 사람이 모여 일하는 언론사가 만들어 내보내는 언론 내용은 회사와 외부 사회와의 관계에서 결정된다. 이런 역학관계를 다루는 이론을 언론사회학(media sociology)이라고 부른다. 이에 대하여 제6장(뉴스도 만들어진다, 176쪽 참조)과 제11장(언론의 조건, 292-310쪽)과 제12장(언론의 업그레이드, 390쪽 참조)에서 더 자세히 다룬다. 그러나 언론의 내용은 일차적으로는 편집국 인원이 만들기 때문에 언론의 질은 이들의 자질에 따라 크게 좌우된다. 그래서 언론의 질을 말할 때는 기자훈련이 먼저 거론된다. 언론인의 전문성에 대하여는 제11장에서 자세히 다룬다.

메시지를 체계적으로 분석하는 것은 물론 내용분석이다. 여기에는 물론 비기호적인 이미지도 포함된다. 언론의 내용에 대하여는 제6장에서 총괄적으로 다룬다.

언론의 수용자는 물론 독자, 시청자, 청취자이며, 이에 대한 연구는 수용자인 사람에 대한 연구가 된다. 언론의 송신자를 생산자라고 부른다면 언론의 수용자는 소비자이다. 수용자 연구(audience research)는 사람들은 왜 신문을 읽고, 텔레비전을 보며, 거기에서 무엇을 얻는가를 알아보는 것이다. 그리고 전달자가 의도한 대로 메시지는 수용자에게 효과를 가져오는가를 알아봐야 한다. 그런데 수용자는 전달자와 전혀 동떨어져 있는 것이 아니다. 어떤 전달자도 수용자를 염두에 두지 않고 메시지를 만들지 않는다. 결국 전달자와 커뮤니케이션의 내용과 수용자 간에는 서로 밀접한 관계가 있음을 알게 된다.

수용자 연구의 대상은 광범위하지만 실제적으로는 시청률 조사(ratings survey)나 독자 조사(readership survey)가 주가 되고 있는 이유는 수익을 올려야 하는 언론사(특히 텔레비전)의 1차 관심은 광고이고, 광고는 시청률 또는 독자(시청자)의 성격과 규모에 따라 결정되기 때문이다. 수용자에 대하여는 제8장(필요와 욕구충족 이론 참조)과 일부 제6장(수용자의 머리, 수용자의 마음, 154-156쪽 참조)에서 자세히 다룬다.

채널을 우리말로 그대로 옮기면 회로 또는 통로가 되는데, 메시지의 전달수단을 의미한다. 책, 신문, 잡지 등 간행물 또는 인쇄매체는 커뮤니케이션 내용을 대량으로 전달하는 주요 전달수단이다. 전파도 마찬가지다. 이런 대중 커뮤니케이션 수단을 매체 또는 미디어(medium 또는 media)라고 부르고 또 다른 채널인 대면 채널과 구별함은 이미 밝힌 대로이다. 후자도 한 가지 중요한 전달수단이지만 매체라고 부르는 경우는 드물다.

"발 없는 말이 천 리 간다"는 우리 속담은 뉴스를 옮기는 데 입에서 입으로 전달하는 방식(by word of mouth)이 얼마나 중요한가를 잘 말해준다. 큰 뉴스는 대중매체로부터 시작, 입을 통하여 빨리 그리고 넓게 퍼져나간다. 그렇게 볼 때 언론연구는 대중매체와 개인 간 채널을 함께 묶어 하지 않을 수 없다. 매체연구는 이런 전달수단의 특징과 그 특징이 커뮤니케이션 과정에 어떤 영향(효과)을 가져다주는가를 알려준다. 그런 지식이 특정 커뮤니케이션을 위하여 어떤 전달수단 하나를, 또는 하나 이상의 전달수단을 어떻게 섞어 쓰는 것이 효과적인가를 가르쳐준다. 채널에 대하여는 제7장에서 총괄적으로 다룬다.

끝으로 효과(effects)는 모든 커뮤니케이션의 궁극적 목적이다. 따라서 커뮤니케이션 과정의 종착역이라고 말할 수 있다. 이 책의 여러 곳에서 지적하지만, 커뮤니케이션 연구가 필요한 것은 결국 커뮤니케이션의 효과를 알기 위해서다. 커뮤니케이션 과정을 라스웰이 제시한 대로 여러 단계로 쪼개어 연구하는 것도 결국 이 효과를 이해하고, 효과를 극대화하기 위한 것이다.

기사, 해설, 사설, 선전문, 광고, 다큐멘터리 내용을 누가 어떻게 만들고 어떤 매체에 실어서 전달하며, 어떤 사람을 대상으로 해야 하는가를 연구하는 것은 모두 이 효과 때문이다. 이런 언론활동이 의도한 대로 효과를 내면 결과는 성공이라고 할 수 있다. 언론연구는 어떤 조건에서 언론의 효과가 크고 작은가, 효과가 전혀 안 나는가, 또는 엉뚱한 효과가 나는가를 설명하고자 한다. 이런 의미에서 언론과 커뮤니케이션 연구는 매우 이론적이면서도, 매우 실용적인 학문이다.

라스웰의 모델을 고전으로 치는 이유는 그간 여기에 여러 가지 이론적 수정 및 보완이 가해졌기 때문이다.[3] 이 점만을 감안한다면 커뮤니케이션 과정을 이보다 더 잘 설명해주는 패러다임이 아직 없으며, 지금도 그대로 타당하다. 라스웰 모델의 취약점이라면 그것이 앞의 도식의 전개 방향에서 알 수 있듯이 커뮤니케이션의 효과는 전달자로부터 수용자로 일방적이고 직선적으로 옮아간다고 본 것이다.

라스웰 이후 50년간 커뮤니케이션 학계에 일어난 변화란 매체의 주체와 수용자는 도식이 그리고 있는 것처럼 일방적이 아니라 쌍방향적이라는 것이다. 양자의 관계는 언제나 한쪽이 다른 한쪽을 마음대로 하는 그런 관계가 아니다. 제6장(내용과 효과의 불일치, 152-153쪽 참조)과 제8장(언론이용의 엉뚱한 효과, 210-212쪽 참조)에서 그런 사례들을 다루게 될 것이다. 이러한 연구방향의 궤도수정만을 인정한다면 라스웰의 모델은 지금도 건재하다.

2) 커뮤니케이션은 모든 학문을 가로지른다 — 정치 커뮤니케이션, 교육 커뮤니케이션, 발전 커뮤니케이션, 종교 커뮤니케이션, 국제 커뮤니케이션

학자들은 일찍이 커뮤니케이션 연구를 학문의 십자로에 비유했다. 요즘은 진일보하여 "모든 사회과학을 가로지르는 학문"(Communication cuts across all disciplines)이라고도 묘사한다.

사람이 다른 사람과 하는 일은 따지고 보면 모두 커뮤니케이션 관계이다. 그러므로 커뮤니케이션은 인간관계가 있는 곳에는 어디나 있으며, 그런 의미에서 커뮤니케이션 연구는 다른 학문처럼 고유의 영역이 따로 없다. 실제 인간관계인 사회현상을 대상으로 하는 학문치고 커뮤니케이션 관계를 빼놓고 제대로 연구할 수가 없다. 특히 이들을 정적인(static) 제도(종이 위에 도식으로서의 제도)가 아니라 동적인(dynamic) 현실세계의 과정으로서 이해하려고 할 때는 그러하다. 정치학, 사회학, 인류학, 심리학, 교육학 분석이 모두 그러하다.

이러한 특성 때문에 커뮤니케이션 연구의 접근방법은 역으로 사회과학 수만큼이나 많다. 주요 사회연구대상 분야에 커뮤니케이션이란 말을 붙이면 거의 말이 된다. 정치 커뮤니케이션(political communication), 사회 커뮤니케이션(social communication), 사내 또는 조직 내 커뮤니케이션(organizational communication), 설득 커뮤니케이션

(persuasive communication), 광고 커뮤니케이션(advertising communication), 인간관계 커뮤니케이션(interpersonal communication), 공중 커뮤니케이션(public communication), 발전 커뮤니케이션(developmental communication), 교육 커뮤니케이션(educational communication), 종교 커뮤니케이션(religious communication), 국제 커뮤니케이션(international communication) 등 얼마든지 가능하다. 모든 사회현상이 커뮤니케이션 현상임을 잘 보여주는 예이다.

사회과학 가운데 우리 일상생활에 가장 빨리 와닿는 분야가 정치학이다. 민주정치 하면 여론을 빼놓고 생각할 수 없고, 여론 하면 언론과 커뮤니케이션을 빼놓고 생각할 수 없다. 우리들 가운데 정치적 선전(political propaganda), 또는 여론조작이란 말을 듣지 못한 사람은 없다. 언론 또는 대중 커뮤니케이션의 개입 없이 정치적 선전이나 여론조작은 없다.

사람들은 자기의 운명을 결정하는 정치제도, 그것을 운용하는 정치인, 관료가 무엇을 하는가에 대한 지식을 언론을 통해서 배우게 된다. 이런 언론의 정치적 교육기능, 또는 정치적 사회화 과정(political socialization)은 언론의 중요한 부분이다.

커뮤니케이션 과정과 교육 과정은 매우 비슷하며 서로 겹친다. 어떤 형태든 교육은 모두 커뮤니케이션을 통해서 이루어지기 때문이다. 그러므로 교육학은 꼭 커뮤니케이션 이론을 수반한다. 서로 얼굴을 맞대고 학생을 가르치는 것, 교실교육, 독서를 통한 교육, 시청각 교육, 모두가 커뮤니케이션 과정이다. 넓은 의미의 교육인 사회화 기능이 대중매체의 중요한 기능임은 이미 지적한 대로다.

커뮤니케이션의 한 가지 중요한 효과인 지식습득은 인식작용(cognition)이다. 이는 피교육자(커뮤니케이션 수용자)의 머리와 마음속에 일어나는 변화이다. 인식상태와 태도의 변화는 심리학 영역에 속한다. 커뮤니케이션 연구에 심리학이 끼어야 하는 이유가 여기에 있다.

사람은 누구나 작게는 가족, 크게는 사회의 구성원이다. 이들은 서로 교류를 한다. 인간은 사회적 동물이라고 할 때는 이 교류를 의미하며, 그것은 바로 커뮤니케이션 관계를 말한다. 또 사회적 동물이란 말은, 인간의 행동은 본래 타고난 성격, 즉 본능 말고도 다른 사람과의 관계에서 결정됨을 뜻한다. "친구 따라 강남 간다"는 말도 있지만 사람은 남과 같이 행동하기를 원하는 속성을 갖고 있다. 그러기에 한 사람의 친구(또래)집단, 소속집단을 알면 그의 행태를 예측할 수 있다. 모두 인간의 사회성 때문이다.

커뮤니케이션 및 언론 현상 역시 이런 인간의 사회성의 영향을 받는다. 그들은 어떤 문제에 대한 의견과 판단과 감각을 언론으로부터 직접 배우기도 하지만, 그보다 그렇게 배운 것을 친한 다른 사람과의 교류 속에서 더 구체화해간다. 그들의 매체이용행위(예컨대 어떤 텔레비전 프로를 주로 보는가) 또한 다른 사람과의 관계에서 결정되는 수가 많다. 많은 사람이 다른 사람과의 화젯거리를 위해 신문, 잡지, 텔레비전을 본다. 사람들이 영화관에 가서, 또는 안방 텔레비전으로 영화를 감상할 때, 꼭 영화만을 보기 위한 것은 아니다. 친구들과 함께 보며 즐긴다는 것이 더 중요할 수 있다. 이도 또한 대중매체이용의 사회성의 예이다.

이렇게 볼 때 대중매체가 개인과 사회에 미치는 영향을 알려면 언론과 함께 거미줄 같은 무수한 친구관계(social 또는 friendship networks)를 알아야 한다. 그래서 언론연구의 일부로 인간 또는 사회 관계 분석(social network analysis)이 필요하게 된다.

대중매체의 수용자는 자기 사회의 문화와 인습으로부터 압력을 받는다. 이슬람교를 믿는 민족에게 이 종교에 위배되는 사상과 아이디어를 주입시키려면 어렵다. 이것도 대중매체효과의 사회적 측면이다. 언론 연구에 사회학과 인류문화학이 끼는 이유가 이것이다.

커뮤니케이션 연구는 행태과학(behavioral science)적이 되지 않을 수 없다. 커뮤니케이션 연구의 핵심이 되는 효과는 구체적으로 사람의 행태변화이며, 따라서 그 연구는 커뮤니케이션을 이용하는 사람의 행태를 빼놓고 할 수 없기 때문이다. 행태과학이란 말은 미국의 사회과학계에서 잘 쓰이는 말이다. 어떤 개인 또는 집단의 행동이 다른 개인 또는 집단의 행동과 다르다면 거기에는 그럴 만한 이유가 있다. 행태과학은 그런 사람 또는 집단의 행위를 심리학, 교육학, 사회학, 인류문화학 등 영역별로 나눠 접근하던 과거와는 달리 이를 통합적으로 이해하려고 한다.

커뮤니케이션 연구에서 얻은 지식이 세일즈 또는 판촉을 의미하는 시장조사연구(marketing research)의 핵심이 된다. 세일즈는 특정 상품과 서비스에 대한 사람들의 인지도와 이미지를 바꿔 구매를 늘리려고 하는 것인데, 그런 이미지의 연구는 커뮤니케이션 연구에 속한다. 이때 연구대상은 주로 커뮤니케이션 수용자의 소비행위이므로 시장조사연구를 소비자행위연구(consumer behavior research)라고도 부른다.

메시지의 연구는 수사학(rhetorics), 의미학(semantics), 기호학(semiology, semiotics), 사회심리언어학(sociolingustics) 등의 도움을 필요로 한다.

오늘날 우리 생활에서 날로 늘어가는 분야는 국제관계이다. 지리적으로 떨어진 국가간과 국민간의 교류 및 관계야말로 커뮤니케이션을 떠나 생각할 수 없다. 국제여론, 선진국과 후개발 국가의 관계에 있어 경제적·문화적 불균형상태를 세계언론의 구조와 국가 간의 정보의 흐름을 알지 않고 이해할 수 없다. 국제 커뮤니케이션(international communication)의 연구가 필요한 당연한 이유이다. 이렇게 언론학의 관련 분야를 늘려나가면 한이 없겠다.

이상과 같은 커뮤니케이션과 여러 사회과학들과의 밀접한 관계 때문에 이 분야 연구는 한 학문분야 문헌과 지식만을 가지고 잘할 수 없는 것이 특징이다. 가령 의학, 지질학, 경제학 박사논문을 쓰는 사람은 대충 어떤 책과 문헌을 찾아서 봐야 할 것인가가 분명하다. 커뮤니케이션 분야 논문을 쓰는 사람은 그렇지 못하다. 정치학, 사회학, 심리학, 인류학 등 폭넓게 문헌을 뒤져야 한다.

따라서 어느 한쪽 공부만 하고 커뮤니케이션학 또는 언론학을 말하는 사람은 장님 코끼리 만지기이다. 그러므로 대부분의 사회과학연구가 그래야겠지만 언론을 포함한 커뮤니케이션 연구는 여러 인접 과학분야 학자들의 참여가 필요하다. 달리 말하면 언론과 커뮤니케이션 연구는 통합적 연구접근(interdisciplinary 또는 multidiscipli- nary approach)을 필요로 한다(제6장 알면 행하는가?, 164쪽 참조). 이런 커뮤니케이션학과 인접 사회과학의 관련을 생각할 때 미국에서 초기 커뮤니케이션 이론의 연구가 정치학(예컨대 Lasswell), 사회학(Lazarsfeld), 심리학(Carl Hovland)의 세 주류 학자들에 의하여 가닥이 잡힌 배경이 이해된다.

이미 지적한 대로 커뮤니케이션 연구는 매우 실천적이다. 많은 커뮤니케이션 연구가 커뮤니케이션 효과를 극대화하기 위한 실천적 목적을 가지고 이루어졌기 때문에 그런 것인데, 이 학문의 발전과정이 바로 그러했다. 제1차세계대전중 적국을 향한 선전의 필요성이 국제간 커뮤니케이션 이론의 발전을 촉진했다. 정치학자로서 커뮤니케이션 연구에 크게 기여한 라스웰(Lasswell)의 저서 『제1차세계대전중의 선전 기술(Propaganda Technique in World War I)』(1972)은 한 예이다.

언론의 내용을 분석하여 다른 나라의 정치와 사회 상황을 알아내는 내용분석(content analysis) 방법도 역시 전쟁 또는 냉전 기간을 통하여 크게 발전되었다. 직접 가 보지 못하는 나라—예컨대 전쟁중 적국 또는 10여 년 전의 중국과 소련—의 사정을 그 나라로부터 입수한 간행물, 필름, 도청한 통신 내용을 분석함으로써 알아내야 했기 때문이다.

같은 실천적 이유 때문에 제2차세계대전 동안 언론의 태도변화 기능에 대한 이론이 큰 진전을 봤다. 전쟁 동안 미국은 적군에 대한 선전과 심리 작전을 위해서 어떤 조건 아래 커뮤니케이션이 설득효과가 큰가, 어떤 커뮤니케이션이 태도를 바꾸는 데 효과적인가, 왜 그런가에 대한 연구를 많이 했다. 또 자국 군인들의 사기진작과 관련하여 많은 커뮤니케이션 연구가 있었다(이 연구를 주도한 대표적 학자가 예일대학의 호브랜드(Hovland) 교수이다. 대중매체의 행태변화 효과연구의 기초가 되고 있다).

외국은 물론 요즘 한국에도 언론 및 커뮤니케이션 이론과 경험을 활용하는 직업분야가 많은데, 그 수가 날로 늘고 있다. 광고 대행사, 이벤트 회사, 홍보(PR; public relations) 회사, 정부와 민간단체들(정치단체, 종교단체, 시민운동단체)의 홍보실, 정치인과 기업을 위한 홍보담당팀, 입후보자 이미지 관리 전문가(image maker), 여론조사 회사, 기업경영심리 전문가(corporate psychologist, industrial psychologist)가 그것이다.

앞서 사회변화의 원동력으로서 대중매체가 확산하는 새로운 사상과 기술에 대하여 말했다(제1장 사회발전과 언론, 30쪽 참조). 새 사상과 제도의 대중적 확산·전파를 목적으로 하는 시민운동단체들은 여러 커뮤니케이션 채널을 통한 홍보전략을 알아야 한다. 이런 홍보전략을 마케팅(세일즈)의 이름을 빌려 사회 마케팅(social marketing)이라 부르는 경영학 출신 학자들이 있다. 이 일을 전문적으로 맡아 하는 대행업체가 생긴다면 그도 커뮤니케이션 이론을 기반으로 하는 새로운 기업의 예가 될 것이다.

미국에서는 종교단체가 포교를 위해서 대중 커뮤니케이션 수단을 자체적으로 운영하는 예가 늘고 있다. 텔레에반젤리즘(tele-evangelism), 각 종파 방송, 종파 신문 등이 그것이다. 모두 커뮤니케이션 이론이 실천적으로 이용되는 새로운 분야의 예이다.

광고는 설득을 위한 실천적 커뮤니케이션의 대표적 예다. 전달자가 원하는 쪽으로 수용자가 마음을 바꾸어 특정 상품을 구매하고, 특정 후보자에게 투표를 하며, 특정 아이디어를 받아들이도록 하기 위한 설득 커뮤니케이션(persuasive communication)이다. 홍보 회사 또는 각 단체의 홍보팀이 하는 일 가운데 하나는 고객인 개인, 기업과 단체를 대신하여 메시지가 언론에 보도되게 해주는 일을 전문으로 맡아 하는 것이다. 남을 대신해서 광고를 계획하고 광고문장을 쓰는 사람과 홍보전문가는 언론사의 실정에 맞게 광고와 보도자료를 제작하고 계획할 수 있어야 하며 그러기 위해서는 커뮤니케이션 지식과 언론사의 구조와 언론인, 매체의 특질, 언론의 수용자 등에 대하여 잘 알아야 한다. 한국에서 광고와 홍보 대행은 같은 회사가 겸하는 것이 보통이다.

기업경영심리 전문가는 기업의 커뮤니케이션 구조와 기업 안에서의 커뮤니케이션의 효과적인 흐름에 대하여 전문 자문을 한다. 효과적인 기업경영이나 단체운영은 사내 또는 조직 내 커뮤니케이션이 원활해야 가능하다.

지금은 이른바 정보화시대다. 사회가 선진국형으로 가면서 커뮤니케이션과 정보와 관련된 산업이 전 산업 가운데 차지하는 비중이 월등히 커진다는 말이다. 커뮤니케이션 이론을 필요로 하는 직업이 늘어난다. 우리나라에서 지금 이것이 현실로 나타나고 있다.

3. 언론 관계 글을 어떻게 읽고 이해할 것인가? − 사회문제를
논하려면 사회과학 방법론을 조금은 알아야

국가 활동영역의 확대와 대중매체의 증가, 그에 따른 권언간의 마찰 증대, 대학 언론학과와 언론학자의 수적 증가, 대부분 신문에 "미디어 페이지" 신설, 사회문제 보도에 대한 일반의 관심의 증가 등으로 언론관련 평론과 논문이 양적으로 늘고 있다. 언론학도는 물론, 사회문제를 걱정하는 지식인이라면 책, 신문, 주간지, 월간지, 사보, 학보, 학술지, 논문집 등에서 이런 글들을 주의 깊게 읽게 마련이다.

대중매체에 관한 글은 매체의 형태에 따라 신문, 잡지, 텔레비전, 라디오, 잡지, 뉴미디어에 관한 것으로 나누어볼 수 있다. 근래 멀티미디어와 인터넷의 발전에 따른 커뮤니케이션 혁명을 논하는 글, 텔레비전과 잡지에 나오는 선정적 내용과 저질문화, 인터넷에 뜨는 포르노 내용을 걱정하는 글이 많아지고 있다. 학부모뿐만 아니라 대부분 지각 있는 사람들의 관심사가 되고 있기 때문이다.

대중매체에 관한 글은 언론경영과 관련해서는 광고, 매체경영(media management), 정언(政言)간의 관계, 언론의 법적 측면(언론사 소유집중 제한, 명예훼손 등 법규 관계), 매체 테크놀로지 등의 몇 가지 분야로 나눠볼 수 있다.

또 그 기능 영역에 따라 나눠본다면 뉴스 보도와 비평, 그리고 뉴스 편집, 라디오와 텔레비전 프로 제작, 여론조사, 홍보, 이미지 관리, 광고, 광고 디자인 등에 관한 것이 된다.

언론을 말하면서 사회과학 방법론을 들고 나오면 웬일인가 할 사람이 있을 수 있다. 연구방법론 하면 학술연구를 전문으로 하는 학자가 알아서 할 일이고, 일반에게는 관계가 없는 것으로 생각하기 때문에 그런 것이다. 그런데 그렇지 않다.

언론에는 사회비평에 속하는 글이나 발언이 많이 실리게 마련인데, 이런 내용들은 결국은 사회문제 해결을 지향하고 있다고 봐야 한다. 그렇다면 그런 글과 발언은 과학성을 잃지 말아야 한다. 사회비평은 사회문제 해결에 기여할 수 있어야 하며, 그러기 위해서 그 비평은 책임있는 분석이 되어야 하기 때문에 그런 것이다. 책임있는 분석은 과학적 분석이다. 과학적 분석의 전형이 방법론이다. 그러므로 사회문제 해결을 논하는 사람은 과학적 방법론에 대해서도 조금은 알아야 한다.

박사논문 등 학술논문을 위한 연구라면, 시간과 발표할 지면이 충분히 주어져 충분한 방법론적 절차를 밟아서 하게 되는 경우다. 보통 그 절차는 첫째, 문제를 제기하고, 둘째, 그 문제의 원인에 대한 가설을 내세우고, 셋째, 그것을 증명하기 위해서 자료(data)를 수집하고 그 자료를 분석하며, 마지막으로 자료 분석이 내세운 가설을 입증하는 일을 한다. 언론에 나오는 글의 경우라면 이런 연구 논문 형식을 취할 수가 없지만, 적어도 어떤 문제를 논하고 주장하고 있는 경우라면 그 "펀더멘탈"(funda-mental)은 모두 같다고 봐야 한다.

신문 칼럼과 사설만 해도 그렇다. 길이가 짧게 마련인 그 글에도 논리의 일관성이 있어야 하는데, 이때 논리의 일관성은 알고 보면 과학이다. 사설의 주장이 하나만 알고 둘은 모르는 식이라면 그것도 과학성 결여의 예가 된다. 칼럼을 쓰는 사람들은 글 속에 사례, 통계수치, 여론조사 결과 등을 잘 인용한다. 실증적(과학적) 증거를 대기 위한 것이다. 또 고사(古事)나 명사의 말도 인용된다. 왜 그런가? 어떤 주장을 뒷받침 하기, 즉 주장의 신뢰성을 높이기 위해서인데, 내가 주장하는 이론을 과거와 현재의 다른 사람도 지지했다면 이론의 신뢰성(과학성)은 그만큼 높아지는 것이다. 알고 보면 방법론을 간략하게나마 쓰고 있는 것이다.

이와 같이 인용의 기능을 안다면 어느 때 인용이 필요한가가 분명해진다. 요즘은 그런 인용의 본래 기능과는 관계없이 글 속에 외국인 학자 이름을 남용하는 사람들을 보게 되는데, 분명 "나도 유식하다"는 것을 과시하느라 그런 것 같다.

이 책은 연구방법론을 다루기 위한 것이 아니지만, 사회문제와 언론을 이해하는 데 도움이 되는 한도에서 간결하게 소개해보고자 한다. 언론이론의 연구방법은 다른 사회과학 방법론과 크게 다를 수 없다. 커뮤니케이션학은 사회과학의 일부이기 때문이다. 내용에 따라, 연구자의 아이디어에 따라, 연구 접근방법을 얼마든지 새롭게 할 수 있겠지만, 다음과 같은 구별이 중요하다.

1) 기술적 방법, 설명적 방법

기술적(記術的, descriptive 또는 서술적, 이하 기술로 통일)은 사물과 현상을 있는 그대로 그린다는(describe, 기술, 서술, 묘사) 뜻이다. 그러므로 주로 문헌을 토대로 사실을 종합, 정리하는 대부분 역사, 문학, 미학, 종교 등 인문분야 연구와 발표는 기술적이 된다. "박정희 정권은 언론을 어떻게 다스렸고 그럼으로써 통치를 어떻게 했는가"에 대하여 논문을 쓴다면 역사적 연구가 될 수밖에 없고, 기술적이 된다. 대부분 사례와 경험과 통찰력을 토대로 한 언론 연구와 논평이 기술적이다.

언론보도는 거의 전부 기술적이다. 사실을 그대로 알리는 것이 주목적이고, 좀 분석적인 경우도 사실에 대하여 해석, 논평하는 것으로 그치기 때문이다. 여행기는 기술의 전형적인 예이다. 문학작품이 거의 전부 그러하다. 대부분 의견의 진술이나 주장이 기술적이다. 어떤 주장을 내세우는 사설도 기술적이다. 주장만 하는 것이지 원인과 결과의 관계를 규명하는 것이 아니기 때문이다.

설명적(explanatory) 연구와 그에 따른 논문 또는 글은 이와는 다르다. 설명적 연구는 현상이나 결과의 기술이 아니라, 그런 현상과 결과를 야기하는 원인을 증명하는 일이다. 원인과 결과의 관계, 즉 인과관계를 밝히는 것이다. 자연과학분야 실험실 연구는 대표적 예이다.

고혈압의 가장 큰 원인은 혈관 벽에 지방이 쌓여 혈관이 협소해진 데 있다. 이때 지방은 동물성 지방질인 콜레스테롤이 많은 음식을 섭취함으로써 생긴다. 그러면 이런 원인과 결과, 즉 콜레스테롤 섭취와 고혈압 간의 관계는 어떻게 증명할 수 있는가?

실험을 해보아야 한다. 먼저 같은 동물을 두 집단으로 나누어 한쪽에는 혈압의 원인이 될 만한 여러 가지 요소(또는 변수) 가운데 하나인 콜레스테롤만을 일부러 더 먹게 한다. 다른 집단의 동물에게는 보통대로 먹게 한다. 그렇게 함으로써 콜레스테롤 외의 다른 변수는 통제하는 결과를 얻는 것이다. 통제는 격리한다는 뜻이다. 그렇지 않고 그대로 두면 다른 것이 원인일 때도 알 수 없기 때문이다. 이런 실험을 몇 번이고 해보고 매번 콜레스테롤을 더 먹인 집단의 혈압이 그렇지 않은 집단보다 현저히 높다면 그런 관계는 어느 정도 증명되는 것이다.

이런 연구방법은 사회현상연구에도 원칙적으로 그대로 적용된다. 다만 사회현상은 자연현상과 달라 많은 제약이 따른다. 대개 원인으로서의 변수는 하나가 아니라 여러 개가 복합되어 있고, 그들을 서로 격리하기가 어렵다. 그런 변수의 격리를 가능케 하는 작업이 실험인데, 사람을 대상으로 실험하기가 어렵다. 한다 해도 알아낼 수 없는 것이 알아낼 수 있는 것보다 더 많다.

IQ와 공부를 알아보는 연구를 한다고 하자. 머리가 좋은 학생은 대개 학교성적이 좋다. 그러나 머리가 좋은 학생도 열심히 공부를 해야 그런 결과가 나온다. 이때 머리도 좋고 열심히 공부하면 성적이 좋다고 말하는 것은 쉽지만, 원인으로서 어느쪽이 더 큰가, 즉 양 변수간의 기여도를 알아내는 것이 쉽지 않다. 두 변수를 쉽게 격리하기 어렵게 때문이다.

IQ와 출세를 말한다면 문제는 더 복잡해진다. 우선 출세를 어떻게 개념규정하느냐에 따라 그 관계가 달라진다. 출세를 재산을 모은 정도로 규정한다면 원인은 IQ 외에 부모의 재산, 운, 노력, 성품 등이 복합되어 있음을 알게 된다.

이렇게 볼 때 사회과학분야의 연구는 과학화가 쉬운 것부터 그것이 매우 어려운 것까지의 두 극단 사이에 있으며, 그 정도에 따라 연구방법 또는 접근방법이 달라진다고 말할 수 있다. 그리고 대부분 사회현상의 과학화가 어려워 이 분야의 연구는 기술적인 것이 절대적으로 많다.

연구, 학문, 이론은 모두 문제를 해결하고 삶의 질을 높이기 위해서 필요하다. 순수연구, 순수학문, 또는 순수이론과 같은 말이 있지만 그것들은 궁극적으로 현실문제 해결에 기여할 수 없는 것이라면 의미가 없다. 그런 뜻에서 현상의 원인을 찾고, 그럼으로써 문제해결을 가져오는 설명적 연구와 그런 내용을 다룬 글은 다른 연구와 글에 앞서 더 높은 가치가 인정되어야 한다고 생각한다.

언론분야도 다른 사회과학분야와 마찬가지로 설명력(explanatory power)이 높은 문제해결형 연구보다 그렇지 않은 것이 더 많다. 언론에서 주로 문제가 되는 언론의 질, 언론의 전문성, 공정성, 언론의 자유, 언론의 독립성, 언론인의 자질, 수용자의 성향, 언론의 효과 등의 분야에서 인과관계를 규명하는 연구를 하자면 많은 관련 변수의 통제와 측정, 그리고 변수간 상관관계의 검증 모두가 어렵기 때문이다. 그리하여 이런 문제에 대한 논의와 주장은 철학적 또는 역사적 연구에 따른 기술적인 것이 되고, 그 결과 "말의 잔치"가 되기 쉽다.

우리나라 언론관계 학술지에 실리는 논문의 적어도 80%가 그런 것이다. 그러나 실증적이고 설명적인 연구가 계속 늘고 있는 것이 국제적 추세이다. 가령 미국의 언론과 커뮤니케이션 관계 주요 학술지인 *Journalism and Mass Communication Quarterly*와 *Communication Research*에 실리는 내용을 보면 기술적이고 추측적인 것은 계속 줄고 있음을 알 수 있다. 말로만 하는 주장이나 이론은 날로 실효를 잃고 있다는 증거다.

대부분의 설명적 연구는 자연히 실증적 연구(empirical studies)가 된다. 원인과 결과를 밝히는 연구는 말로가 아니라 데이터를 모아 해야 하기 때문이다. 과학적이어야 하기 때문이라는 말과 같다. 실증적이란 말은 눈으로 보거나 만져 실존을 확인할 수 있다는 말과도 같다. 실증주의를 경험주의(empiricism)라고 부르는 이유가 이것이다. 자연과학 실험의 경우와는 달리 사회과학 연구에서는 설문지(questionnaire)를 사용해서 얻는 결과가 실증자료가 된다.

데이터는 수량으로 나타내며 그 분석은 통계방법을 사용한다. 이것을 역으로 말하면 통계분석을 할 수 있으려면 데이터는 수량화할 수 있어야 한다. 또 그런 데이터는 측정(measurement)될 수 있어야 수집하기 쉬우므로 실증적 연구의 대상은 자나 저울로 잴 수 있는 사물 또는 현상이면 가장 이상적이다. 비가 얼마나 왔는가를 어떻게 아는가? 비를 계량기에 받아 재보면 알 수 있다. 계량기가 없을 때도 함석 지붕에 떨어지는 빗소리와 그 강도와 비가 온 시간을 어림잡아 알 수 있다. 사회현상의 실증적 연구는 눈금이 있는 계기를 쓰지 못하니 위의 예보다 더 간접적인 방법을 쓰는 것이 보통이다. 설문지를 이용한 태도측정은 대표적 예이다. 몇 가지 질문에 대한 답을 바탕으로 알아내는 것이다.

설명적 연구는 당연히 실증적이 되지만, 그렇다고 해서 모든 실증적 연구가 설명적인 것은 아니다. 국민의 70%가 정부를 지지한다는 조사발표나, 그외 대부분 여론조사 결과는 실증적이지만 설명적이 아닌 좋은 예이다.

실증적 연구라고 해서 그 결과가 모두 설명적 연구가 아닌 또 하나 중요한 이유는 밖으로 봐 두 변수간 연관성(상관관계, correlation)이 증명되었다고 해도 그것이 인과관계(원인과 결과, causal relationship)가 아닌 경우가 많기 때문이다.

"까마귀 날자 배 떨어진다"라는 우리 속담에서 배울 것이 많다. 까마귀가 나는 것과 배 떨어진 것은 상관관계에 있다. 두 변수간에 겉으로 보아 적어도 연관성을 가졌다는 말이다. 그런데 배가 까마귀 날 때 생긴 충격 때문에 떨어졌다면 까마귀가 나는 것은 원인이고 배가 떨어진 것은 결과이나, 실은 배는 이미 떨어질 때가 되어서 떨어진 것이다. 그 원인은 숨겨져 있어 쉽게 발견되지 않았을 뿐이다. 이때 진짜 원인을 숨은 변수 또는 제3의 변수(hidden variable 또는 third variable)라고 부른다.

사회현상 가운데는 이와 같이 잘못 밝혀진 관계가 매우 많다. 사회현상의 과학적 분석이 얼마나 어려운가를 잘 보여주는 사례이다. 미국 학교에서 흑인과 백인 학생의 성적을 비교한 결과, 백인의 평균점수가 높다고 해서 금방 백인의 지능이 흑인보다 높다고 단정해서는 안된다. 이때 인종과 지능 관계 간에 겉으로 본 연관성은 증명되었지만 실제에 있어 인종은 원인이 아닐 수 있다. 흑인 학생들의 가정환경이 나빠 그런 결과가 나왔을 수도 있다. 그것이 사실이라면 가정환경(사회경제적 요인)은 숨은 변수이다.

얼마 전 한국에서 아침을 먹는 아이들이 먹지 않는 아이들보다 공부를 잘한다는 연구결과가 신문에 보도되었다. 충분한 설명 없이 나온 이런 보도는 많은 의문점을 남긴다. 무엇보다도 아이들을 두 집단으로 수용, 한쪽을 아침을 먹게, 다른 쪽은 굶게 하는 실험을 하지는 않았을 테니 그렇다면 아침을 못 먹는 학생들은 가정형편이 어려운 것이 실은 결정적인 원인이었을지도 모른다.

대중연설, 신문칼럼 등에서 어떤 주장을 하느라 잘 인용되는 일화, 고사(故事), 속담들은 얼핏 듣기에는 그럴듯하나, 잘 따져보면 비과학적인 경우가 허다하다. 이미 앞서 든 "윗물이 맑아야 아래 물이 맑다"는 속담, 목회자나 문학가들이 흔히 쓰는 "불속에 여러 번 들어갔다 나온 철이 강철이 된다"라든가 "계곡은 낮아서 물을 모으고, 바다는 더 낮아서 큰물을 담는다"와 같은 비유는 모두 그런 예이다. 사람이 하는 일을 물질과 비유할 수는 없다. 6·25때 고난과 고통을 통하여 단련된 사람이 평탄하게 자란 사람보다 인격이 더 나으리라는 법도 없다. 사람이 자신을 낮게 처세만 하는 것만이 능사는 아니다.

앞서 과학화가 어려워 많은 연구가 기술적이 된다고 말했다. 그렇다고 해서 기술하는 일을 과소평가 하고자 하는 것은 아니다. 문제를 해결하려면 무엇이 문제인가가 먼저 규명되어야 한다. 무엇이 문제인가를 규명하는 작업은 기술이다. 많은 경우 사실과 문제의 기술이 설명적 연구의 전제가 되고 자료가 된다. 여론조사는 좋은 예이다. 한국에서도 여러 여론조사기관이 생겨났다. 이런 조사기관이 내놓는 자료는 문제의 기술에 지나지 않으나, 이 자료가 문제해결의 필요성을 낳는다. 기술일 수밖에 없는 역사지식과 철학이 곧 언급하는 대로 설명적 연구의 방향을 정해준다.

자료를 얻기가 힘들어(자료를 얻었을 때도 분석방법이 없어) 실증 대신 과거 경험, 지혜, 통찰력, 지식을 토대로 어떤 설명이나 예측을 한다면 그런 연구 논문은 추측적 또는 사유적 연구(speculative studies)라고 불린다. 설명하려고는 하지만 과학적 근거가 확실하지 않은 연구이다. "추측한다"(speculate)라는 말은 점친다는 말과도 같다.

많은 사회과학 연구와 논문이 이 부류에 속한다. 그런 연구도 때로는 문제해결을 위한 좋은 철학과 방향을 줄 수 있지만, 과학적이 아니기 때문에 어떤 주장을 뒷받침하는 데는 한계를 드러내거나 실천적이 못되는 경우가 흔하다. 한정된 지면에 주장을 펴야 하는 신문의 사설, 논단 가운데는 "추측적"인 사례가 많다.

실증적 연구는 위에서 말한 대로 잴 수 있어야 하므로 수량적 연구(quantitative studies)가 된다. 일정한 조건 아래 일정한 결과가 거듭되는 관계가 과학이라면 일정한 조건은 관련 변수를 측정할 수 있을 때, 그리고 측정결과를 수량으로 표시할 수 있을 때 가장 정확하고 확실하다. 자연현상은 거의 그런 것이다. 온도, 습도, 무게, 길이, 농도, 성분, 열, 비율, 회수, 빈도 등은 모두가 정확히 잴 수 있는 변수이다. 잴 수 있고 수량적인 자료라야 통계적 분석이 가능하다. 이 말은 실증적 연구의 신뢰도는 어느 정도 정확히 측정할 수 있었느냐에 따라 결정된다는 뜻이 된다.

사회현상은 잴 수 있는 것보다 그렇지 못한 것이 더 많다. 사람을 대상으로 하기 때문인데 연구대상이 되는 변수가 키, 지능, 얼굴 모양, 몸무게와 같이 외부에 나타나는 것을 빼고는 모두 마음속에 보이지 않게 숨어 있다. 사람의 태도, 성취욕, 이기심과 같은 변수는 대개 설문지로 물어 측정하는데, 절대치보다는 가장 큰 것부터 가장 작은 것까지, 가장 강한 것부터 약한 것까지 1, 2, 3, 4, 5 등의 다섯 가지의 범주로 나누어 상대적인 개념으로 대충 재는 방법이 고작이다. 난폭성, 정직성 등과 같은 사람의 성격은 그렇게 물어서도 잴 수가 없다. 솔직하고 믿을 수 있는 대답을 얻지 못하기 때문이다. 차라리 옆에서 남이 관찰해서 매긴 점수가 더 정확할지도 모른다. 어느 경우에나 이런 변수의 측정은 자로 잴 때보다 부정확하고 신뢰성이 적다.

이와 같은 과학화의 어려움을 생각할 때, 수량적 분석 하나로 사회연구를 쉽게 결론내리는 것은 금물이며, 이 어려움에 대한 보완책을 찾아야 한다. 수량적 분석에 반대되는 개념으로 질적 분석 또는 연구(qualitative analysis or studies)가 있다. 연구자가 기존의 지식과 경험과 통찰력을 토대로 개인 면접 및 대화(personal interviews) 등으로 얻은 자료를 해석하고 설명하는 연구이다. 수량화 없이도 내용 면으로는 더 충실할 수 있다는 뜻에서 질적 연구라고 할 수 있다. 그렇다면 사회과학연구는 수량적 분석과 질적 연구를 병합한 실증적 연구일 때 가장 이상적이 될 것이다. 한편 수량적 분석 결과를 해석하는 작업은 반드시 질적 분석을 요한다. 수량 자체는 아무런 의미가 없기 때문이다.

개인면접은 수량적 연구 때 쓰는 모든 응답자에게 내용이 똑같은 설문지(standard questionnaire)의 경우와는 달리, 개인별로 만나 자유자제로 물어 자료를 모으는 것이다. 설문지는 많은 수의 응답자에게 똑같은 질문을 묻고, 응답의 통계처리는 일률적으로 해야 하니 질문은 표준화되어야 하며, 따라서 깊게 묻지 못하는 것이 한계이다. 이와는 달리 개인면접으로 하는 표준화되지 않은 질문을 개방형 질문법(open-ended question)이라고 한다.

위에서 말한 수량적 연구의 취약점을 보완하는 또 하나의 방법은 다른 사람이 이미 한 관련 연구를 참조, 인용하는 것이다. 그리하여 여러 사람이 같은 문제를 다루어보고 비슷한 결과가 나왔다면 그 연구의 과학성과 신뢰도는 그만큼 높아지는 것이다.

자연과학의 경우처럼 사회과학 연구도 문헌조사(literature review)로부터 시작된다. 해당 분야의 기존 연구들을 개관하는 것이다. "태양 아래 새것은 하나도 없다"는 성경구절(「전도서」, 1: 9-10)대로 이 세상에 완전히 새로운 것은 드물다. 연구도 무에서 유를 만들어내는 것이 아니고, 다른 사람이 이미 연구해서 쌓아놓은 이론의 테두리 안에서, 또는 그 기반 위에 벽돌을 쌓아가듯 하는 것이 원칙이다. 그렇게 해서 축적된 기존의 기반과 틀을 연구전통(research tradition)이라고 부른다. 전통을 깡그리 무시하고 연구를 해서는 안된다. 과학화가 어려운 사회과학분야는 특히 그렇다.

2) 역사적, 인문적, 철학적 방법

모든 사회현상은 과거로부터의 연속선상에 있다. 그러므로 현재를 알려면 과거를 알아야 한다. 일반역사, 경제사, 정치사, 정치사상사, 외교사, 과학사, 문화사가 다 그래서 필요하다. 우리 언론에도 한국언론사가 있고 미국에는 미국 신문발전사가 있다.

역사가 하는 일은 과거의 기록만이 아니다. 현재와 미래가 과거에 어떻게 연결되는가를 설명할 수 있어야 한다. 과거는 현재를 만든 중요한 변수이다. 그러나 역사를 실험해 볼 수는 없다. 인위적으로 사건을 만들 수가 없기 때문이다. 다만 기록에 나타난 사건들을 모아 그들간의 관계를 분석해서 거기서 원인과 결과를 찾아볼 수 있으며 현실문제 해결을 위한 지식으로 쓸 수 있다. 국제정치학 이론은 대개 그런 사례연구(case studies)로 되어 있다. 역사적으로 한 나라의 힘이 급격히 커지고 상대적으로 주변 국가들의 힘은 약했을 때 침략이란 현상이 일어났다. 국가는 힘을 가지면 그것을 과시하고 사용하는 속성을 갖고 있음을 알게 된 것이다.

나치 치하의 언론, 공산주의 체제하의 언론, 박정희 정부하의 언론을 서로 비교해보면 공통점이 있고, 독재체제하 정부와 언론의 관계를 깊이 이해하게 된다.

역사 철학, 역사 의식이라는 말이 시사하듯이, 역사는 한 사회가 나아갈 방향과 철학을 가르쳐준다. 가령 정의, 진리, 평화, 질서와 같은 개념의 보편타당성을 우리는 역사 속에서 찾게 된다. 언론의 자유, 언론의 공정성, 바른 언론, 정의로운 언론 등의 개념도 역시 과거 언론의 사례를 통하여 정체가 분명해진다. 가치관에 속하는 이런 문제들의 연구에는 실증적 또는 과학적 분석보다 역사적·인문적·철학적 연구가 더 적절하다.

설명적 연구의 중요성을 이미 말했지만 그런 연구도 방향설정과 연구결과에 대한 해석은 가치관 속에서 되어야 한다. 그런 가치관을 제공하는 것이 역사와 철학이라 함도 이미 지적한 대로다.

3) 거시적 연구, 미시적 연구

모든 사물과 현상은 전체와 부분으로 되어 있다. 따라서 이들에 대한 분석도 자연히 전체를 대상으로 하는 거시적 방법과 부분 하나하나를 떼어 하는 미시적 방법이 있다. 자동차를 예로 든다면 메커니즘 전체를 굽어보는 것은 거시요, 부속을 따로 떼어 그 속을 자세히 뜯어보는 것은 미시다. 사물을 망원경을 가지고 멀리서 본다면 거시요, 그 가운데 하나를 따로 가져와 현미경으로 보는 것은 미시적 분석이다. 요즘 문제 접근을 놓고 총론이냐 각론이냐를 따지는 것도 비슷한 관점이다.

"나무를 보지 말고 숲을 보라" "사물을 멀리서 보아라" "시야가 좁다" "근시안적이다"와 같은 말은 어떤 일을 너무 좁게 볼 때 범하는 우를 경계하는 말이다. 그러나 현상과 사물을 넓게 봐야 할 때와 좁게 봐야 할 때가 있다. 숲도 전체로 이해해야 할 때와 나무 하나하나에 대하여 이해해야 할 때가 있을 것이다. 숲이 죽어간다면 죽는 이유를 알기 위해서 숲에 대하여 알아봐야 하지만, 동시에 나무에 대해서도 그 원인을 면밀히 분석해봐야 한다. 이렇게 볼 때 모든 사회문제의 연구와 분석은 거시와 미시, 두 가지 차원에서 이루어져야만 종합적이 되어 문제해결에 기여할 수 있을 것이다. 여기에도 분업의 원칙이 적용된다.

거시적 분석은 당연히 분석의 대상이 넓게, 미시적 분석은 대상이 좁게 정해지게 마련이다. 정부와 국민 간의 관계, 민주주의와 민도, 국민총소득과 경제발전, 국민성 또는 민족성과 국민의 생활상과 같은 문제를 분석하려면 반드시 대상을 크게, 넓게 잡아야 한다. 이런 분석을 위해서는 국민, 국토, 자원, 지정학적 여건, 민족성, 경제발전, 정치제도, 관료제도, 헌법, 국제관계와 같은 총체적인 개념을 써야 한다.

언론에 관하여 말한다면, 이미 책의 머리말에서 지적한 대로, 언론과 정부와의 관계, 언론과 사회, 민주주의와 언론, 경제발전과 언론, 언론과 외교정책, 언론과 국가이익, 언론의 법제와 같은 제목으로 연구를 한다면 자연히 거시적인 방법을 택할 수밖에 없다. 연구의 대상이 되는 변수의 개념이 넓기 때문이다. 신문 사설은 대개 사회문제를 크고 넓게 거시적으로 다루고 있는 것이 보통이다.

메시지로서의 기호의 분석은 미시적이 될 공산이 크다. 언론을 행태과학적 측면에서 연구를 한다면 대개 미시적이다. 메시지를 받아들인 수용자의 머리 속에 어떤 변화가 일어나는가(인식변화의 효과)를 분석하자면 자연히 미시적이 된다.

두 사람간의 커뮤니케이션 과정, 또는 뉴스와 정보가 사람간에 어떻게 옮겨지는가를 알아보려는 연구(뉴스 전파과정의 연구)는 미시적이다. 언론에 실린 내용을 몇 가지 범주로 나누어 분석해보는 내용분석도 대개 미시적 연구에 속한다. 기사가 버려지거나 채택되는가는 과정을 분석하는 게이트키퍼 연구(제6장 174-175쪽 참조)도 미시적이라고 보아야 한다.

미시적 연구가 거시적 연구에 비하여 훨씬 더 수량적일 확률이 크다. 미시분석은 대개 정밀분석이며, 수치를 빼고 정밀을 말할 수 없기 때문이다. 그리고 설명적 연구 가운데 미시적인 것이 많다. 설명적 연구는 관련 변수를 통제하고 잴 수 있어야 하는데, 대개 미시적일 때 그것이 쉽다. 가령 경제성장이 민주주의에 주는 영향을 연구한다고 하자. 경제성장은 GNP라는 개념으로 비교적 쉽게 잴 수 있으나, 민주주의는 넓기도 하지만 GNP와 같은 단일개념으로 잴 수 없다. 따라서 이런 연구는 잘 해야 개략적인 자료와 지식과 통찰력을 이용, 광범하게 기술하는 방법밖에 없다. 한국의 사회문제 보도와 관련, 거시와 미시의 문제를 제5장(제도와 과정, 126쪽 참조)에서 더 다룬다.

4) 추상성, 구체성

연구의 대상을 추상적인 것(abstractness)과 구체적인 것(specificity)으로 나누어본다면 연구과제와 그 방법론의 선정에 좋은 지침이 된다. 연구대상이 눈으로 보이든가, 만질 수 있든가, 기타 다른 방법으로 실체를 파악할 수 있는 것은 가장 구체적인 예이다. 구체적인 것은 변수의 측정이 비교적 쉬우며 실증적 및 수량적 연구에 더 적합하다. 추상적인 것은 물론 그 반대다.

그렇다면 형체가 있거나 없어도 잴 수 있는 물질로 된 자연계 현상은 대부분 구체성을 갖고 있다. 많은 정신세계와 사회현상(예컨대 신앙, 철학 사상)은 형체가 없고 잴 수도 없어 그렇지 못하다. 형체가 없고 잴 수 없는 경우도 머리 속에 쉽게 그려낼 수 있는 관계는 비교적 구체적이라 할 수 있다. 투명성이라고 해도 된다. 관련된 개념들 간의 관계가 비교적 단순한 경우가 그렇다.

"구체적 대안을 내놓으라"든가 "그 해결안치고는 막연하고 애매하다"와 같은 말을 흔히 하는 것을 보면 구체적인 개념은 언제나 좋고 추상적인 개념은 언제나 못한 것 같은 인상을 주나, 인간과 사회의 복잡성을 생각할 때 꼭 그렇다고 말할 수 없다.

사회현상의 경우, 밖에 나타나 감지할 수 있고 비교적 구체적인 것은 겉으로 나타난 현상에 지나지 않는다. 그 겉을 지배하는 내부구조와 원칙은 눈으로 보이지 않으며 복잡하다. 그런 복잡한 사회현상을 구체적인 방법으로 설명할 수 없다.

이미 말한 대로 크고 넓은 현상을 모델로 축소해서 설명하는 것이 이론이다(제2장 낡은 패러다임, 44쪽 참조). 사회과학의 경우 그런 축소화 작업은 변수간 관계를 개념화(conceptualization)함으로써, 즉 추상화된 모델(conceptual model, theoretical model)로 바꿈으로써 가능하다. 결국 이론은 현상의 개념화 및 추상화 작업이라고 말할 수 있다. 정의, 질서, 협조와 경쟁, 성취욕, 가치관, 의식구조, 도의타락, 준법정신, 증오, 질투, 난폭성, 단결심 등 이론을 설명하기 위해서 쓰이는 사회과학 개념과 용어치고 추상화되지 않은 것이 없다.

그 많은 "주의"(ism)가 모두 복잡한 사회현상이나 사상을 축소해서 지칭하는 데 쓰이는 추상적 개념이다. 사회주의, 자본주의, 민주주의, 식민주의, 제국주의, 인도주의, 이타주의, 호혜주의와 같은 말이 모두 그렇다. 민주주의란 개념을 설명하자면 선거, 법치주의, 자유와 평등, 인권, 기본권, 출판과 결사의 자유, 경제적 생존권 보장 등 많은 것들을 얘기해야 한다. 민주주의라는 추상적인 개념과 용어가 있기 때문에 우리는 복잡한 사회관계를 좀 더 줄여서 말할 수 있는 것이다.

구체성과 추상성, 미시와 거시의 분류는 서로 연관성을 갖는다. 거시적 분석의 대상은 범위가 넓어 거기에서 쓰이는 개념과 변수가 추상적이 되기 쉽다. 반대로 미시적 분석은 범위가 좁아 구체적이 될 가능성이 크다.

학자들은 자기가 배워 익숙한 학문 방법론을 따라 편향적인 것이 보통이다. 그리하여 수량적 분석을 주로 공부하여 그 방법론을 잘 아는 학자는 그런 방법을 먼저로 치는 성향을 갖고 있다. 그런 학자는 그 자신, 또는 학생을 지도하면서 자료수집과 통계처리가 가능한 구체성을 갖춘 연구과제를 선호하게 되며, 그 결과 연구가 너무 지엽적인 것이 되어 노력에 비하여 결과가 미미할 때가 많다. 가령 어떤 우리나라의 대표적 신문인 《동아일보》와 《조선일보》의 차이점을 연구하기로 했다고 하자. 두 신문의 내용을 매우 수량적이며 실증적으로 자세히 분석하여 그 차이점을 알아낸다 해도 그런 연구결과는 이론적으로 기여할 것이 별로 없다. 한국사회와 문화의 산물인 두 신문은 크게 봐 차이가 없다.

범위가 넓고 추상적인 대상을 가지고 하는 연구의 취약점은 지나치게 사유적이고 철학적이 되기 쉽다. 그런 연구는 우리 사회와 삶과 큰 관계를 갖는 심오하고 거대한 이론을 말하는 것 같지만, 거기에는 구체성과 과학성이 너무 결여되어 있어 그것을 실제에 적용하고자 할 때 뜬구름 잡는 얘기가 될 수 있다. 그렇게 볼 때 사회과학분야 연구에 있어 가장 좋은 방법은 극단이 아니라 중간을 택하거나 두 가지를 적절하게 병합하는 것이다.

우리나라 학술논문 가운데 후자가 더 많은 것은 연구가 대부분 기술적인 당연한 결과다. 또 제1장 서두에서도 지적한 대로 우리나라는 사유 중심의 학문의 전통 때문에 더 그럴 것이라고 생각된다. 인문 관계 학술발표들이 미래학자 또는 예언자풍의 철학 아니면 규범적인 담론으로 가득 차 있는 것은 모두 그런 예이다. 그런 내용으로 된 책과 논문들은 자칫하면 대중을 현실문제 해결과는 동떨어진 신비주의 아니면, 알쏭달쏭한 오리무중 속을 헤매게 하기 일쑤다. 우리나라에서 발간되는 석학들의 번역판 책과 글도 같은 맥락에서 검토해볼 만하다. 그들이 말하는 미래학적인 사상은 어차피 구체성과는 거리가 먼데 우리말로 옮겨졌을 때 얼마만큼 소화될 수 있는 것인지 한번 실험해볼 만하다. 우리나라에서 사회문제 논의가 풍부하지만 그것이 쉽게 문제해결에 이어지지 않는 이유는 여기에도 있다고 보여진다. 이 문제는 제6장(수용자의 머리, 154쪽 참조)과 제12장(장사인가 사회문제의 해결인가, 377-378쪽 참조)에서 더 언급하게 된다.

5) 이론연구, 정책연구

연구는 1차적으로 순수이론 발전을 위하는 것과 실제생활에 응용을 위하는 것으로 나눠볼 수 있다. 그러나 모든 이론은 궁극적으로는 문제해결에 이어져야 하므로, 순수이론도 장기적으로는 실생활에 이어져야 할 것이다. 그런 의미에서 실용을 위한 연구는 단기적, 순수이론 연구는 장기적이라고 말할 수 있다. 자연과학분야의 대부분 실험실 연구가 응용을 위함이다. 순수과학에 대응하여 응용과학(applied science)이라고 불리는 것이 그것이다. 사회과학의 경우라면, 이론 개발보다는 기존의 이론을 활용하여 당면 문제의 해결을 위하는 단기적 및 실제적 목적을 갖고 하는 연구는 정책연구(policy-oriented research, research with police implications)가 주이다.

사회문제 분야에서 정책적 연구는 대개 정부나 기업이 현안 문제해결을 위해서, 또는 정책수립을 위해서 자금을 대주면서 하는 것이 보통이다. 산·학합동이란 말은 이런 활동을 의미한다. 이런 연구는 구체적 정책 건의를 낳게 마련이며 그것은 실천으로 옮겨질 가능성이 높다.

언론에서 예를 찾는다면 미국의 보건의료부(Surgeon General's Office) 주관으로 실시한 텔레비전 폭력이 아동행태에 미치는 영향에 대한 연구결과 보고(Scientific Advisory Committee, 1972)와 로버트 허친스 시카고 대학 총장을 의장으로 한 12인으로 구성된 언론자유위원회(Commission on Freedom of the Press, 일명 Hutchins Commission)가 4년간의 연구 끝에 낸 언론문제에 대한 종합보고서인 『자유롭고 책임있는 언론(A Free and Responsible Press)』(1947)을 들 수 있다. 이 보고서는 언론의 자유주의 이론의 수정안으로 사회책임론을 제안하여 언론발전사 이론의 중요한 문헌이 되었다. 그외 각국의 방송위원회를 포함한 언론 관계 연구 및 심의단체가 내는 여러 가지 보고서들이 그런 것이다.

우리나라에서는 이런 유의 보고서가 드문 편이다. 우리나라의 2대 공영방송국은 과거 여러 차례 전직원 수천 명이 관련된 심각한 노사 및 편집권 관련 분규와 마찰을 빚었지만 그 원인이나 진상 조사를 장기적인 안목으로 밝히는 보고서 하나 나오지 않고 끝이 났다(제12장 장사인가 사회문제의 해결인가, 376쪽 참조). 사건과 행사 중심의 언론의 보도만 있었을 뿐이다. 이 책이 나올 무렵 CBS(한국기독교방송)가 벌써 몇 달째 사장의 퇴진을 요구하는 기자들 때문에 극심한 내부 분규가 계속되고 있었지만 이런 한국방송의 구조적인 문제를 분석하는 보고서를 누가 준비하고 있다는 이야기는 없다. 언론을 포함한 많은 사회문제가 개선되지 않는 것은 바로 이런 문제 중심의 리서치 부재에 일부 원인이 있다.

주 3

피하주사 바늘 모델

라스웰 모델의 취약점은 앞의 S-M-C-R 도식에서 볼 수 있는 바와 같이 커뮤니케이션의 주체가 메시지를 매체에 실어 커뮤니케이션의 대상인 수용자에게 전달하면 효과도 순차적으로 전달된다고 상정하는 것이다. 이런 일방적 커뮤니케이션 모델을 이 분야 학자들은 "컨베이어 이론"(conveyor theory), "총알 이론"(bullet theory), "피하주사 바늘 모델"(hyperdemic needle model)과 같은 재미있는 이름을 붙여 잘 설명하고 있다.

컨베이어 이론은 매체를 마치 물건을 실어 나르는 컨베이어(conveyors)와 같다고 보는 것이다. 매체는 메시지(따라서 그 효과)를 지점 A에서 지점 B로 당연히 옮기는 일을 한다. 메시지와 효과는 모두 컨베이어를 타고 그대로 옮겨간다고 보는 견해이다. 총알 이론은 언론이 내보내는 커뮤니케이션 내용은 총알과 같아서 일단 발사하면 수용자는 맞아 쓰러진다는 것이다. 마지막 모델은 언론은 피하주사바늘 같아서 주사기를 찌르고 약(메시지)을 투입하면 금방 강력한 효과가 나타난다고 하는 것이다. 색다른 비유를 쓰고 있을 뿐 모두 같은 것을 말하고 있다.

지난 50년간 커뮤니케이션 연구가 걸어온 길은 이상과 같은 낡은 견해를 수정·보완하는 과정이었다. 매체는 컨베이어가 아니며, 수용자는 총알에 맞도록 가만히 앉아만 있는 오리도 아니다. 남이 피하주사를 찌르도록 가만히 있는 바보도 아니다. 그들은 메시지를 선택적으로 수용하기도 배척하기도 하며 또 그들 나름대로 해석하기도 하는 복잡하고 능동적인 인간이다. 뿐만 아니라 전달자와 수용자 사이에는 많은 중간 변수가 작용하여 커뮤니케이션의 효과를 확대 또는 축소하거나 엉뚱한 방향으로 왜곡시킨다.

과거 저널리즘 연구가 언론의 주체와 제작 중심인 것도 따져보면 메시지는 잘 꾸며 만들기만 하면 효과를 발생한다는 낡은 모델에 입각해 있었기 때문이었다. 원래 신문인의 자질로서는 문장력이, 방송인으로서는 말재주가 필수인 것, 저널리즘 교육의 주내용이 기사작성법, 사설쓰기, 논문작성법, 의미학(semantics)과 같이 전달자 중심이었던 것도 내용을 잘 만들어 전달하면 효과가 난다는 전제 아래 그런 것이다. 언론인은 예나 지금이나 문학가와 문장가처럼 글을 잘 쓰고, 단어와 표현을 많이 알고, 그 선택(diction)을 잘할 줄 알아야 잘할 수 있는 직업으로 여겨져 왔다. 의미학은 말과 글이 본래 의도한 대로 뜻을 전달하는가, 사용한 언어가 의도한 뜻을 그대로 전달하는가를 연구하는 학문이다. 수사학의 원조인 고대 아리스토텔레스(Aristotle)가 쓴 『수사학(Rhetorica)』이 커뮤니케이션 연구의 시초로 여겨지는 것도 같은 맥락이다. 그는 커뮤니케이션의 효과를 높이는 방법으로서 수사의 중요성을 강조한 사람이다.

언론현상을 전달자와 수용자 간 쌍방향 행위로 보는 입장은 언론의 질이 국민의 수준에 따라 결정된다는 이 책의 입장과도 합치한다. 수용자 중심의 언론연구는 제2차세계대전 동안 전쟁수행과 관련, 정부로부터 연구 위촉을 받은 미국의 심리학자들에 의하여 주로 시작되었다. 이들 연구는 사람의 마음 속에 태도변화가 일어나는 과정(그것이 설득과정)을 설명하는 문제로 일관되어왔는데, 1930년대와 1940년대 초까지는 언론의 무조건적 설득력(막강한 힘)을 믿는 편이었고, 그후 한동안은 반대로 언론은 그런 힘을 갖지 않는다는 수정론으로 바뀌었다. 오늘에 와서는 원래로 돌아가 언론의 막강한 설득력을 인정하나, 조건에 따라 그럴 때도 있고 그렇지 않을 때도 있다고 본다. 그리고 그런 조건들을 찾는 것이 지금의 연구방향이다. 언론이 설득적 힘을 발휘하는 과정에 대한 이론적 설명을 한층 정밀화하려는 노력이라고 할 수 있다. 이 책의 여러 곳에서 언급하는 언론의 사회화 기능, 의제설정 기능(제5장 140-141쪽 참조), 언론의 배양효과 이론(제1장 33쪽 참조) 등은 모두 그런 노력의 일부로 이해하면 맞다.

제3장

쓰레기통에서 장미 언론이 나올까? ─ 언론과 사회

쓰레기통에서 장미가 피어나지 않는다. 이는 언젠가 한 외국언론이 우리나라 민주주의를 평하면서 했다는 유명한 말이다. 언론도 마찬가지다. 쓰레기통 사회에서 장미 언론이 피어날 수 없다. 민주주의와 언론은 모두 식물처럼 자란다.

언론이 자라는 토양은 그것이 속하는 사회와 문화다. 그러므로 사회와 문화를 떠나 언론을 논할 수 없다.

위와 같은 언론과 사회와의 밀접한 관계를 생각해보면 "언론이 그럴 수가 있나"와 같은 탄식이 얼마나 어리석은가를 알게 된다. "교사가 그럴 수 있나" "목사가 그럴 수 있나" "지도자가 그럴 수 있나"와 같은 탄식도 똑같다.

사회관계치고 한쪽이 원인의 전부고 다른 쪽이 그 결과인 사례는 드물다. 앞서 정부와 국민 간의 관계(제1장 28쪽 참조)를 다루면서 말한 상호교환 관계는 언론과 사회 간의 관계에 그대로 적용된다. 언론을 잘 이해하려면 그것이 존재하는 사회도 함께 연구해야 한다.

1. 언론은 선진, 사회는 후진? –GNP로 언론의 질을 점칠 수 없다

이 책의 제1장에서는 언론이 사회에 대하여 무엇을 하는가, 왜 중요한가를 논한 셈이다. 여기서는 거꾸로 사회가 언론에 대하여 무엇을 하는가를 물어볼 차례이다. 언론은 한 사회를 바꾸어나가는 막강한 힘을 갖고 있지만 그런 언론도 사회가 만든다. 언론은 사회의 산물이다.

언론은 우선 어느 나라에서나 국가가 정한 법 테두리 안에서 존재한다. 뿐만 아니다. 언론은 진공관 속에 가만히 들어앉아 있는 물체가 아니다. 사회라고 하는 움직이는 틀 안에서 다른 사람들, 다른 세력과 집단들을 이끌기도 하고, 거꾸로 이끌리기도 하면서 발전하기도 하고 퇴보하기도 한다.

그러한 두 실체간의 관계는 당연히 일방적이 아니라 쌍방향적 또는 상호 교환적이다. 그러므로 사회는 선진인데 언론만이 후진일 수 없고 언론은 선진인데 사회만 후진일 수 없다. 한 사회의 발전 단계와 대중매체의 발전 단계는 밀접한 상관관계를 갖는다.

발전이란 무엇인가? 발전을 물질적으로 정의하는 것은 어렵지 않다. 국민소득, 국민 일인당 에너지 소모량, 주택 소유율, 자동차 소유율, 단백질 소비량, 그외 여러 가지 물질적으로 생활을 윤택하게 해주는 문명의 이기의 이용 또는 소비를 지수로 만들어 보면 된다.

이런 물질적 발전과 외부적으로 나타나는 언론의 발전을 비교해보면 양자간에 함수관계가 꼭 존재한다는 것을 알게 된다. GNP 수치가 높은 소비 중심 사회에 텔레비전, 신문, 잡지 산업이 한산한 경우는 없다. 그러나 발전이란 물질적 수치만을 가지고 말할 수 없다. 물질로 본 발전이 정신적 발전을 당연히 수반하지 않는다. 오히려 반대일 수도 있다. 마찬가지로 언론이 물량과 기술 면에서 크게 발전했다고 정신 면에서도 그렇게 된다고 말할 수 없다. 불행하게도 정신 면에서 본 발전은 측정하기가 어려워 이런 구별이 잘 되지 않는 것이 현실이다. 이 말은 한국의 사회와 언론에 대하여 특별히 시사하는 바 크다. 이에 대하여 제12장(경제발전이 언론 퇴보를, 339쪽 참조)에서 더 언급한다.

그러므로 언론과 사회의 관계에 대하여는, 한 사회의 경제, 정치, 문화와 정신적 발전 단계는 언론의 수준과 서로 밀접한 관련을 맺는다고 말해야 더 정확한 묘사가 될 것이다. 따라서 그 국민의 그 정부인 것처럼, 그 국민의 그 언론이어서, 미국의 ≪뉴욕 타임스≫는 미국사회의 수준 만큼이고, 한국의 KBS는 한국사회의 수준만큼이라고 할 때, 언론의 시설이나 독자 수, 시청자 수 같은 물량만을 가지고 비교해서 하는 말은 아니다.

사회가 언론의 체질을 만들어나가는 과정을 수량적으로 규명할 수는 없고, 몇 가지 사례를 들어 그려볼 수 있을 뿐이다. 이 관계는 정부와 국민 간의 관계와 당연히 비슷해진다.

●언론사에서 일하는 기자, 부장, 편집국장, 논설위원, 해설위원, 앵커맨, PD도 한 사회의 구성원이며, 직장을 떠나서는 가족, 친척, 친구, 그외 많은 사람들과 교류하며, 그들로부터 사고와 행동에 있어 끊임없는 영향을 받고 살게 되어 있다. 이들 언론인들의 학교동창 가운데는 정치인, 청와대 실세, 행정관료, 세무관리, 법관, 변호사들이 많을 것이다. 그들 대부분이 직위 때문에 호화롭게 산다면 그도 그 자리에서 챙길 수 있는 이익을 먼저 생각하게 될 것이다. 다른 사회구성원들이 모두 그런데 유독 언론인만이 다르기가 힘들 것이다.

한국사회를 영미사회와 비교할 때 가장 두드러진 차이는 공인들도 학연, 지연과 특수 이해관계를 중심으로 밀착한다는 것이다. 언론인도 이런 은밀한 네트워크를 떠나 있을 수 없다. 언론이 자유스러울 수 없는 어쩌면 가장 중요한 요인이다.

한국에서 재력 있는 기업가들은 검사, 법관 사위를 매우 좋아한다. 얼마나 그랬으면 열쇠 두 개 또는 세 개의 관행(자동차, 아파트 등을 사주는 관행)이 나왔을까. 막대한 재산을 써가면서 이런 직종의 젊은이들을 사위로 맞이하는 이들은 딸의 장래와 함께 다른 이용가치도 분명 고려할 것이다. 검사와 법관과 마찬가지로 언론 종사자들도 이런 집안의 사위가 되면 공정성을 지킬 수 없게 된다.

●한국 여성은 배우자 선택에 있어 상대방의 직업과 직위에 대한 사회적 인기도에 매우 민감하다. 결혼대상자 직업선호도 조사에 나타난 기자직은 상위권에 있던 때도 있었고 그렇지 않던 때도 있었다. 대부분 젊은 여성들이 기자하고는 결혼을 않겠다, 또는 부모들이 기자에게 딸을 못 주겠다고 말하는 사회, 사람들이 기자를 "쟁이"라고 부르며 천한 직업으로 보는 사회라면 언론사에 유능한 젊은이가 모이지 않을 것이다. 이미 들어온 사람들도 이 직업을 떠난다면 그 직업의 장래는 뻔하다고 할 수 있다. 이 또한 사회가 언론의 방향을 결정하는 예이다.

한 직업의 인기도는 다른 직업의 인기도와의 관계에서 상대적으로 결정된다. 한때 재벌기업의 급성장이 인력수급 면에서 언론에 악영향을 미치던 시대가 있었다. 젊고 우수한 언론 인력이 더 나은 임금과 장래 전망을 내놓는 대기업으로 빠져나간 것이다. 지금은 상황이 바뀌었다. 사회가 언론의 체질을 어떻게 결정하는가를 잘 보여주는 또 다른 사례이다.

●기업으로서 언론은 당연히 강한 경제적 측면을 갖고 있다. 언론은 공익을 위하지만, 그런 기능을 수행하기 위해서 이익을 내는 사기업으로 조직된다. 그리고 그런 이

익은 주로 광고 지면이나 텔레비전과 라디오 시간을 광고주인 일반기업에게 판매함으로써 얻어진다. 상업 텔레비전의 경우 수익의 90% 이상, 신문, 잡지의 경우 70~90%를 광고에 의지한다. 그 비율이 계속 높아지고 있다. 게다가 한국의 간행물 시장에서의 광고 경쟁은 말로 형용할 수 없을 만큼 치열하다. 이러한 상황에서 언론 경영인은 언론의 사명을 강조하면서도 기업으로서의 생존을 위해서, 달리 말해서 수용자와 광고를 늘리기 위해서 편집의 내용을 타협하는 경향이 늘고 있다.

디 프러어(de Fleur, 1971)는 자본주의 사회에서 이윤극대화를 추구하는 언론은 대중의 저속한 취미와 욕구에 영합하게 되며, 따라서 언론의 내용은 필연적으로 저속해진다고 보았는데, 꼭 그렇게 될지 단언할 수는 없으나 적어도 경제적 여건이 언론의 모양을 결정한다는 것을 강조하기에는 충분하다.

2. 네 개의 언론 유형 －국가권력의 폭이 언론의 운신 폭을 정한다

국가와 사회가 꼭 일치하는 것은 아니나, 오늘의 사회는 거의 예외 없이 국가로 형성되어 있다. 이 말은 모든 사회는 권력을 정점으로 통제되고 있다는 뜻이 된다. 이 권력이 얼마나 폭넓게 행사되는가에 따라 여러 가지 사회의 형태가 달라진다. 그런 의미에서 정치가 사회의 형태를 크게 결정한다.

마찬가지로 국가권력이 미치는 폭에 따라 언론이 운신할 수 있는 폭이 결정된다. 국가는 언론 관계 입법과 정책, 조세, 관세, 금융 등 기업에 영향을 주는 일반 경제정책을 통하여도 언론의 입지를 정한다. 심지어 우편요금 인상 하나로도 잡지의 사활을 결정할 수 있다(잡지 배달을 주로 우편으로 하는 영미 국가의 경우). 또 굵직한 정보를 독점하게 되는 정부는 그런 정보를 어떻게 통제하고 관리하느냐에 따라서도 언론의 기능에 큰 영향을 미칠 수 있다.

반대로 언론은 보도와 감시 및 비판 기능을 통하여 정부가 하는 일을 견제함으로써 정권에 큰 위협이 될 수 있다. 바로 그런 힘 때문에 정권 창출과 유지에 큰 도움을 줄 수 있다. 그러한 언론을 정부가 가만히 쳐다보고만 있을 리가 없다. 어느 나라든 정부는 할 수만 있다면 국가권력과 그에 따른 이점을 이용, 언론을 자기 필요에 맞게 길들이고 싶어한다.

각국 정부가 언론을 어느 정도 국가권력으로부터 독립시켜 가만두게 하느냐에 따라 언론과 국가, 또는 정언(政言)간의 관계를 몇 가지 형태로 구분해볼 수 있다.

그러한 시도를 한 대표적인 학자들이 시버트 외 세 사람(Siebert et al., 1963)이다.

그들은 정부와 언론의 역학관계에 따라 권위주의적 언론, 자유주의적 언론, 소련 공산주의적 언론과 사회적 책임주의 언론 등 언론을 넷으로 나누었다. 이 언론의 분류법 및 유형은 소련과 동구 공산권의 몰락, 중국의 개방 등으로 다소의 수정을 요하나 여전히 언론과 사회와 정치 제도를 이해하는 데는 매우 유용하다.

권위주의적 언론은 역사적으로 민주주의가 정착되지 않은 국가와 사회의 언론이다. 근대 전제군주정치는 말할 것 없고 가까이는 나치스 독일, 파시스트 이태리의 언론이 그러했고 현재도 겉으로는 민주주의를 표방하지만 실질적으로는 독재정치를 하는 대부분의 제3세계 지역 신문들도 여기에 포함시켜야 할 것이다. 신문은 법으로 또는 실제 운용을 통해서 정부의 엄격한 규제를 받는다.

공산주의 언론은 과거의 소련, 중국, 동구 각 국가와 지금의 북한, 쿠바, 베트남 같은 나라의 언론을 말한다. 이 형태의 언론도 크게는 권위적 사회의 언론으로 포함시켜도 될 것이다. 크게 다른 것이 있다면 권위적 언론은 정부의 통제를 받더라도 사기업인 데 반하여 공산주의 언론은 사실상 정부와 당의 일부이다. 1980년대 이후 주요 사회주의 공산국가 정권들이 몰락하고 중국이 개방정책으로 나오고 있어, 여기에도 많은 변화가 왔으나 북한, 쿠바, 중국의 언론들을 여기에 포함시켜야 할 것이다.

자유주의 언론은 주로 미국, 영국, 호주, 캐나다 등 영미 국가와 그외 서방 선진국 사회의 언론으로서 정부 통제로부터 법규정에서뿐만 아니라 실제적으로도 자유와 독립성을 가장 잘 누리는 것이 특징이다. 민주주의를 하는 나라는 성문이든 불문이든 헌법으로 언론, 출판, 그리고 표현의 자유를 규정하고 있다. 하지만 그런 자유가 실제적으로 보장되는 정도는 그 나라 민주주의 발전 단계와 전통에 따라 크게 다르다.

자유주의 언론은 자유민주주의 사상의 산물로, 국가의 권력을 최소로 제한하고자 한 18~19세기 자유주의 철학을 반영한다. 그러나 20세기에 들어와 국가권력으로부터의 절대적 자유가 남긴 폐단과 국민의 생존권이 강조되면서 정부의 직·간접 조정 및 통제의 대상이 되어야 할 영역이 늘어났다. 언론도 여기에서 예외가 아니다.

사회책임주의 언론은 이러한 성숙된 민주주의 단계와 관계가 있다. 자유주의 언론이 어렵게 얻어낸 자유를 남용하지 않는다는 보장도 없다. 정부와 언론 모두 힘을 갖게 되면 그것을 남용할 기회가 커진다. 언론산업은 대자본의 투자를 요하는 결과 몇 사람의 자본가의 손에 집중되어 이들의 도구가 되기 쉽다. 이럴 경우 언론 자유는 선이 아니라 악이 될 수 있다.

정부와 권력으로부터의 자유만 보장되면 민주주의가 잘되는 것이 아닌 것처럼 언론의 자유가 바로 이상적인 언론의 전부가 아닌 것이 이미 판명되었다. 사회책임주의 언론은 그저 자유언론이 아니라, 자유롭되 그 자유가 전체의 이익이 되도록 사회책임을 지게 하는 언론 유형이다. 자유와 함께 책임을 지는 언론이라고 해서 그렇게 부른다. 언론의 사회 책임주의에 대하여는 제11장(298쪽 참조)에서 더 다룬다.

3. 한국언론의 좌표 ─미국언론의 정신은 멀리하고 겉모양만 좋아해

이상 네 가지 틀 가운데 어느 하나에 한국언론을 넣어 짜맞춰보고자 한다면 무모한 짓이 될 것이다. 그보다도 이런 유형들을 가지고 우리 언론을 해석하는 데 참고로 한다면 큰 도움이 될 것이다.

우리 언론은 적어도 이념과 법제도, 그리고 외형상 자유민주주의 언론을 거쳐 사회 책임주의 언론을 지향하고 있다. 한국언론을 논하는 우리의 글, 학술세미나 내용을 보면 이런 선진의 언론개념이 늘 강조되는 것을 보면 그러하다. 그러나 이는 목표이지 현실은 아니다.

우리 언론이 그런 모형을 지향하고 있는 것은 미국언론(American journalism)을 모델로 하고 있는 당연한 귀결이다. 우리 헌법은 미국의 제도를 따라 제1공화국 이후 어느 정권이 들어서든 언론조항을 두어 출판, 발표의 권리를 국민의 기본권으로 규정해왔다. 우리나라 언론 관계자들은 대부분 미국식 교육의 영향을 받고, 미국의 언론 사상과 개념을 은연중에 받아들이고 있어, 제9장(262쪽 참조)에서 더 언급하는 대로 우리 언론에 미국언론의 요소가 갈수록 늘고 있다.

그렇다고 해서 한국언론이 미국언론의 수준에 와 있는 것은 전혀 아니다. 현재와 장래의 우리 언론의 정체를 좀 더 정확히 이해하고 전망하기 위해서는 시설과 언론 관계 법과 제도 같은 외형이 아니라 언론의 정신과 행태를 결정하는 사회문화적 여건을 분석해야 한다. 이 점은 언론은 사회의 산물이라고 한 이 장의 서두에서 이미 지적되었지만, 여기에서 그런 사회문화적 여건과 언론의 행태적 특징들을 몇 가지만 들어보겠는데, 실은 이 책에서 다룬 대부분 한국언론의 사례가 그런 것들이다.

●우리 언론은 자유주의와 사회책임주의 두 차원에서 모두 미국언론에 크게 뒤져 있다. 명실공히 군사정권이었던 제3, 4, 5공화국의 언론은 완전히 정부의 통제 아래에 있었는데, 그 통제를 위해서 직·간접의 폭넓고 효과적인 방법이 활용되었다. 그 가운데 두드러진 것은 눈에 잘 보이지 않는 은밀한 이권 공세였다. 이것은 과거 우리 언론을 제2차세계대전 전 일본이나 나치스 독일의 권위주의 언론과 같이 묶지 못하게 한다.

지금은 법적 규제나 고문과 협박 등 물리적 통제는 대부분 사라진 것 같으나 당근에 약하기는 지금도 마찬가지여서 털면 먼지 나게 되어 있는 언론사와 언론 종사자들은 권력을 두려워한다. 최근 정부가 5년 만에 처음으로 언론사에 대한 세무조사를 실시하자 메이저 신문사들이 그것을 큰 위협으로 받아들인 것은 좋은 예이다. 이것은 근대적 의미의 한국언론이 일본이란 외세의 침략과 불의에 저항하는 과정에서 성장했으며, 그렇기 때문에 애당초부터 반식민, 반독재, 반권위, 반자본 투쟁을 위한 우리대로의 "십자가 지는 역할"(crusading role)의 전통을 가지고 있다는 일반의 견해를 생각할 때 약간은 놀라운 일이다.

● 한국사회는 아직도 관존민비(官尊民卑) 사상으로 특징지어진다. 한국에서 장관, 국회의원, 판사, 대사, 도지사 등은 특별한 대접을 받는다. 각 학교는 졸업생 가운데에서 이들을 출세한 사람으로 내세운다. 이런 자리를 한번 지낸 사람은 어디에서든 명사 대접을 받으며, 그 가문은 두고두고 명예로 받아들여진다. 인격이야 어찌되었든 고위직 인사가 참석해준다면 모임은 빛이 난다.

이런 사회에서 언론이라고 별 수 없다. 제4장에서 자세히 다루는 대로, 언론의 직함 중심 인물보도는 이런 관존민비 풍토의 산물이며, 동시에 그런 풍토를 조장한다. 언론이 국민으로부터 다소라도 대접을 받는다면 실은 그의 사회적 기능보다도 권위주의적인 관(官)에 대항할 수 있는 힘(예컨대 무관의 제왕이라고 부를 때) 때문에 그런 것 같다. 그런 힘을 가진 언론인은 관에 버금가는 혜택을 누리지만 사회적 위상은 직업으로서 고위 관료보다 덜한 것이 틀림없다.

그간 관(官)이 언론인을 골라 고위직을 미끼로 오퍼했을 때 거절한 사례는 극히 드물었다는 사실만을 봐도 그렇다. 이는 세계적으로도 기록이 아닌가 싶다. 한 조사에 의하면 박, 전, 노 대통령 집권 중 정부 고위직으로 자리를 옮긴 언론인은 174명(≪시사저널≫ 1993년 2월 18일자, 66-70쪽, 1999년 언론개혁시민연대 발간 『언론(인)비리 백서』에 따르면 1961~1987년간 188명, 6쪽)이다. 이와 같은 평균적 한국인이 강하게 갖는 관에 대한 매력은 지금과 같은 자본주의 사회에서라면 관존민비 사상에 더하여 그 자리에 따르는 실질적인 이익도 큰 몫을 했다고 봐야 한다.[4] 이 점은 미국언론과 한국언론 간의 가장 큰 차이라고 생각한다. 정부가 잘 알려진 언론인들을 대거 영입해간 것은 이들만한 인재가 없어서가 아니다. 이에 대하여 제11장(출세 기회, 309-310쪽 참조)에서 더 설명하지만 언론을 정부 편으로 끌어들이기 위한 전략에 따른 것이다. 정부를 감시하기 위해서 있어야 할 언론의 주역들이 정부가 불러주기만 하면 기다렸다는 듯이 좋아 들어가는 판국이라면 자유주의와 사회책임주의 언론은 모두 이론으로만 존재할 뿐이다.

이에 대하여는 나보다 미국사회에 대하여 더 잘 알고 있는 인사의 말을 대신 옮겨

보고자 한다. 미국의 조지워싱턴 대학의 박윤식 교수는 이렇게 썼다. "미국의 저명한 신문기자나 방송의 앵커맨들이 한국처럼 기회가 되면 정치에 입문해 국회의원이 되거나 청와대나 정부요직으로 나가는 경우가 거의 없다. 미국의 언론인들은 자기 직업의식이 뚜렷해서 권력욕의 허세에 차거나 권력 선망형의 사이비 행동을 싫어하며 그 대신 정부의 잘못을 성역 없이 보도하고 비판하는 것이 예사다"(≪중앙일보≫ 1998년 8월 22일자).

이와 같이 관(官)에 대하여 생태적으로 약한 우리 국민과 언론의 체질이 우리나라에서 민주주의가 좀처럼 뿌리를 내리지 못하는 이유 가운데 중요한 것이 아닌가 한다.

●한국사회가 서구사회에 비하여 더 비민주적이고 권위주의 사회구조로 되어 있는지 아닌지를 실험해보는 한 가지 쉬운 방법은 민(民)이 관(官)을 쉽게 접근할 수 있느냐를 알아보는 것이다. 한국에서는 민원창구가 아닌 중앙관서의 국·과장을 상대로 직접 의사전달을 하기가 어렵다. 요즘도 전시행정을 위한 상부의 특별지시를 받은 일부 대민봉사 기관을 빼놓는다면 마찬가지다.

그런 사회에서는 민(民)인 국민과 민(民)이지만 힘을 가진 언론의 관계도 마찬가지라고 할 수 있다. 서민이 언론사와 무슨 일을 서신으로 해보려 하면 어렵다. 회답을 잘해주지 않기 때문이다. 금년 초 언론개혁을 위한 텔레비전 대토론의 시청자석에 나와 발언한 언론관련 시민단체를 이끈다는 한 여성의 말이 잊혀지지 않는다. 언론사에 도합 100여 통의 불평 및 문의 편지를 냈지만 한 건의 회답도 받지 못했다는 것이다.

여론 때문에 조금씩 달라지고 있는 징후가 보이나, 언론으로부터 피해를 입었다는 개인이 중재기관이나 법정소송을 통하여 구제를 받는다는 건 여전히 어렵다. 언론에 물리적, 또는 실질적인 압력을 가할 수 있는 집단이 아니라면 언론의 지면과 시간을 얻어 반론할 기회를 갖기가 어렵다. 언론과 관련되어 겪는 문제가 많지만 큰 신문에 거론되는 일은 드물다. 일부 신문사가 옴부즈맨 제도를 도입, 운영하는 것 같이 보이지만, "옴부즈맨 칼럼"을 두어 외부인으로 하여금 "솜방망이식" 언론비평을 쓰게 하는 것이 고작인 것 같다. 옴부즈맨의 본래 기능인 보도와 관련된 불평과 고충을 호소해오는 민원의 중립적 해결 업무는 하지 않는다. 그러니 옴부즈맨은 시늉에 지나지 않다는 인상이다.

●언론의 제1차적 기능은 환경감시(제2장 41쪽; 제6장 146쪽; 제8장 199쪽 참조)이다. 그렇다면 언론에 대한 감시는 누가 하는 건가? 과거 언론사들은 동업자 의식을 갖고, 서로간 공조체제를 유지해왔다. 그리하여 서로에게 불이익이 되는 기사를 직접 쓰는 것은 물론, 다른 사람이 쓴 것을 싣는 것도 금기로 여겨왔다. 그러므로 언론개혁시민

연대가 2000년 6월 16일 국회에 제출한 「언론발전을 위한 제안설명서」는 "언론사는 가지가지 탈법과 불법을 일삼아왔는데, 언론사 사이에 형성된 침묵의 카르텔에 의해 세상에 알려지지 않고 있다"라고 한 말은 맞다.

재벌소유 언론에 의한 폐단에 대하여도 재벌 언론사만큼 자회사를 거느리지 못한 일부 신문사가 한때 거론하는 듯하더니 잠잠해지고 말았다. 지금은 ≪한겨레신문≫이 수구, 보수 언론사들에 대한 공격을 펴고 있고, 방송사들이 신문사들에 대한 국세청의 세무조사를 두둔하면서 신문 비평을 하고 있어 "침묵의 카르텔"이 깨진 것 같으나, 그럴수록 큰 신문사들은 결속을 공고히 하면서 여론을 더 잘 주도하고 있는 것 같다. 그러니 언론은 아직도 누구의 감시도 겁낼 필요가 없는 유일한 공기능으로 남아 있는 감이 있다.

기자들간의 팩저널리즘(pack journalism, 떼거리 저널리즘)과 촌지 관례는 이러한 집단이익을 위한 언론사들간 담합의 당연한 결과물이다. 영어로 "pack"은 "떼"란 뜻이다. "A pack of wolves" 하면 "늑대 떼"라는 뜻이다. 늑대와 사자는 떼를 지어 사냥을 한다. 여기서 유래하여 나온 말인데 일단의 기자들이 함께 모여 다니며 취재도 하고 특정 대상을 골라 일제히 공격하고 일제히 끝내는 보도행태가 그런 예이다. 우리나라 언론의 대명사인 "냄비"식 보도, "인민재판" 또는 "마녀사냥"식 보도도 같은 맥락이며 모두 나쁜 의미의 언론이다. 과거 팩저널리즘의 온상이 되어온 기자실 제도는 우리 언론과 영미언론과의 한 가지 큰 차이다. 기자실 문제는 제11장(촌지가 없어졌다고, 307쪽 참조)에서 더 자세하게 다룬다.

●한국의 신문, 텔레비전, 잡지의 포맷(format, 지면과 시간의 구성)은 미국 외에 일본으로부터 큰 영향을 받는다. 서울의 중앙지에서 근무한 한 논설위원의 말은 약간은 극단적이지만 그간의 사정을 잘 말해준다. "요즘 신문과 텔레비전은 일본 것 그대로다. 설사 그 시발이 미국인 경우도 일본을 거쳐서 온 것이 많다." 이것은 우리 언론 속의 일본의 영향, 또는 일본 모방의 원인으로 초기 한국언론의 생성과정에서의 일본이 미친 영향, 일본과 유사한 우리의 언어구조와 문화, 그리고 국민의 정서, 지리적으로 근접해 있어 일본으로부터 기술과 유행이 빨리 도입되는 사정, 우리나라의 언론 소유주나 간부 가운데는 일본 교육을 받았고 지금도 일본 문화를 흠모하는 사람이 많았다는 점 등을 그 원인으로 들 수 있다.

신문, 잡지의 경우 일본과 한국언론은 같은 한자를 쓰며, 지금은 일부 바뀌었지만 과거 가로쓰기 기사도 일본식 편집 모방을 촉진하는 큰 요인이었다. 지금도 대중잡지의 두께, 기사제목, 홍미 중심 기사의 착상, 만화, 화보면 일러스트레이션, 텔레비전 아이디어 등 일본 베끼기 사례가 많다. 언론인과 문인의 구별이 확실하지 않으며 신문과 잡지 지면에 문학작품이 많은 것도 일본의 영향이다. 이에 대하여 뒤에서 따로 논한다(제11장 언론과 문학, 315쪽 참조).

4. 정보의 흐름 2단계설 - 농촌에서 지역감정이 언론의 힘보다 더 강한 까닭

언론이 전달하는 정보와 지식, 그리고 영향력은 먼저 각 개인과 집단에게 가 닿는다. 그러나 그것으로 끝나는 것은 아니다. 그 개인과 집단은 다른 개인 또는 집단에게 그것을 옮긴다.

여기서 중요한 점은 이 정보와 지식과 영향력의 흐름은 일정한 루트를 따라 일어난다는 사실이다. 사람들은 서로간에 아무렇게나 만나지 않으며, 거미줄과 같은 인간 네트워크도 잘 따져보면 친구관계, 학창관계, 직장동료관계, 가족관계, 이해관계, 취미관계 등 일정한 패턴을 이루고 있기 때문에 그런 것이다. 당연히 정보와 영향력도 이 패턴을 따라 흐른다. 이때 또 한 가지 주목할 점은 전달자는 일방적으로 옮기기만 하지 않고 상대와 대화로 생각을 나누기 때문에 언론의 내용과 효과는 시간이 지나면서 여러 형태로 변형되어간다는 것이다.

그러므로 대중매체의 사회적 효과는 대중매체와 그 수용자만의 관계를 넘어 사회구조 속에서 이해해야 한다. 언론이 옮기는 정보와 영향력, 즉 언론의 효과는 사회의 구조에 따라 달라진다는 뜻이다.

이러한 언론과 사회구조의 문제를 일찍 착안한 사람은 미국의 사회학자 라자스펠드(Lazarsfeld, 1944)이다. 그는 언론의 막강한 영향력이 무조건 인정되던 1940년대에 그러한 영향력이 확산되는 과정을 세밀히 추적해보려고 한 사람이다. 라자스펠드가 이끄는 컬럼비아대학 연구팀은 조사대상자들에게 1940년 미국 대통령선거 때 신문과 라디오가 그들의 투표행위(정치적 성향이라고 해도 될 것이다)에 어떻게 작용했는가를 물어보았다. 이들은 예상과는 달리 많은 응답자들이 언론보다도 다른 사람들로부터 정보를 듣고 서로 나누는 과정에서 영향을 받았음을 밝혀냈다.

그리고 그 다른 사람들이란 각 조직과 지역 사회에서 비교적 유식하여 일반사람들로부터 추앙을 받는 사람들임을 알았다. 결국 언론으로부터의 정보와 영향은 모든 사람들에게 동시에 전달되는 것이 아니고, 각 사회 또는 집단 안에서 지도적 역할을 맡는 층에 먼저 전달되고, 이들을 매개로 하여 일반계층으로 퍼져나간다고 믿게 된 것이다. 이것이 유명한 정보유통의 2단계설(the two-step flow of information)이다. 그리고 이러한 매개적 역할을 하는 중간인을 오피니언 리더(opinion leaders, 여론주도층), 그러한 역할을 "오피니언 리더십"(opinion leadership)이라고 불렀는데, 이러한 새로운 안목이 이후 커뮤니케이션 연구의 새로운 지평을 열었다.

그러나 사회 안에서 정보가 실제 흐르는 과정은 2단계보다 더욱 복잡하다. 정보, 지식, 사상, 영향을 언론으로부터 직접 전달받는 사람, 언론으로부터 전달받은 것을 다른 사람에게 다시 옮기는 사람, 또 정보와 영향을 전달만 하는 것이 아니라 서로 교환하면서 상대에게 일부 영향을 주는 등 여러 가지가 있을 것이다. 그것은 분명히 일방적 또는 직선적 관계(lineal relationship)가 아니라 얽히고설킨 관계(curvilineal relationship)이다. 결국 그 과정은 2단계만이 아니라 다단계(multi-step flow of information and influence)가 될 것이다. 이때 언론의 효과는 앞에서 말한 도식(제2장 낡은 패러다임, 45쪽 참조)에서처럼 일회용으로 끝나지 않고 사람과 사람 사이로 돌고 돌게 된다.

정보와 영향력의 흐름과 관련, 사회구조는 여러 차원으로 구분하여 관찰할 수 있겠지만 역시 중요한 것은 전근대 사회 대 근대 사회이다. 도시 대 농촌 사회의 구분과도 비슷하다. 도시사회에 비하여 농촌사회는 친구, 이웃, 혈연관계 중심의 사회이다. 그렇게 볼 때 농촌 사람들은 도시 사람들에 비하여 더 많은 시간을 이웃과 교류하는 데 보낸다. 아직도 "게마인샤프트"(gemainshaft, 정으로 얽힌 공동체)의 흔적을 많이 지니고 있다. 이러한 특성을 가진 농촌사회에서는 뉴스와 영향력의 흐름이 아직도 대중매체보다도 개인간 접촉을 통해서 더 잘 일어난다고 보여진다.

이웃 등 연(緣)을 중심으로 한 인간 네트워크가 강한 농촌은 당연히 집단주의(collectivism)가 개인주의(individualism)에 우선하는 사회이다. 사람들은 아직도 중대한 공공문제에 대한 의견이나 행동을 자기 자신보다 다른 사람과의 관계, 특히 집단 속에서 결정하게 된다.

근대화에도 불구하고 전통적 가치관이 우세한 한국 농촌사회에서는 개인행동에 대한 집단압력은 대단히 크다. 매번 큰 선거 때 볼 수 있는 일이지만 사람들의 투표행위가 언론이 무엇이라고 보도하는가보다 그 동네와 지역(향토)에서 영향력이 있는 위치에 있는 선배, 친척, 동창, 또래들이 뭐라고 하느냐, 그 지역 출신 정치인들이 자기들과 어떤 관계에 있느냐, 자기들에게 어떤 이익을 줄 수 있느냐에 따라 더 크게 결정되는 것은 좋은 예이다.

종교집단의 운영도 좋은 예이다. 교회는 주일날 정규집회 외에도 여러 층의 소그룹 모임(네트워크)을 만들어 신앙활동을 강화해나간다. 한 신도가 말한 아래와 같은 말은 집단이 구성원들에게 미치는 영향이 얼마나 강한가를 잘 보여준다. "교회를 옮기고 싶어도 구역예배에서 사귄 친구들 때문에 못합니다." 이와 마찬가지 이유로 전통사회

안에서의 계몽 및 사회교육 프로그램은 언론과 함께 오피니언 리더들을 동원해서 할 때 더 효과적이 되는 것이다.

농촌은 아직도 봉건적 이해관계가 지배하는 사회이다. 약자는 힘있는 사람들에게 의지해야 하며, 고립되지 않아야 한다. 이런 관계를 잘 이용한 그 많은 이름의 친목회, 등산회, 종친회, 동창회, 동우회, 향우회, 계와 같은 사조직을 통하여 하는 선거운동의 효과는 대단히 크다. 한국 정치가 지금도 지역감정에 크게 좌우되는 후진성도 바로 이런 전근대 사회와 커뮤니케이션 네트워크의 특징 때문이다. 이런 사회구조에서 대중매체의 정치적 메시지의 효과는 상당히 변질되고 만다.

그러나 오락매체인 텔레비전의 전국적 확산, 그리고 볼롤키치(Ball-Rolkeach, 1976, 120쪽 참조)의 가정대로 현대사회에서의 대중매체의 새로운 역할에 따라 도·농간의 차이가 바뀌고 있을지도 모른다. 우리나라 농촌인구의 텔레비전 소유율이 도시보다 낮지는 않을 것이다. 이 점은 앞으로 좋은 연구과제가 될 수 있다.

다음, 권력이 한 사람 및 일부집단에게 집중되어 있는 공산국가, 독재국가와 그렇지 않은 국가에서의 정보의 흐름과 언론의 효과는 물론 크게 달라진다. 독재국가에서는 권력구조가 좁아, 정보와 커뮤니케이션은 위에서 아래로 흐르며, 또한 대중과 개인 간 커뮤니케이션 할 것 없이 정보는 획일적이며 일방적으로 흐른다. 정부가 원하는 정보에 위배되는 정보를 전파하는 사람, 피력하는 사람은 제재를 받게 되어 있어, 뉴만이 말하는바 "침묵의 나선형"(spiral of silence)에 따라 여론이 형성될 확률은 높아진다.[5]

민주주의의 특징인 다원화주의 사회에서는 복수의 정당이 존재하며 서로 다른 이익 및 압력 단체가 자기 나름대로의 생각과 주장을 편다. 그런 사회 안에서의 정보와 사상은 다양하며 그래서 그 흐름은 일방적이 아니며 상호교환 및 절충적이 될 것이다. 서로 다른 정보와 의견이 상충하면 그 효과가 희석되기도 할 것이다. 언론에 실리는 각 메시지의 효과가 사회구조에 따라 변화되어가는 또 다른 예이다.

대중매체가 취약한 전근대적 전통사회, 대중매체는 발달되어 있어도 신뢰성을 상실한 근대 사회라면 정보의 흐름은 어떻게 될까? 분명 유비통신(유언비어)이 나래를 펴게 된다. 한때 우리나라 언론은 방대한 시설과 인원조직에도 불구하고 신뢰성을 잃어 엄청난 소문(루머)과 괴담(怪談)이 확인도 부인도 되지 않은 상태에서 입에서 입으로 옮겨다녔다. 지금도 여러 가지 이유 때문에 언론이 알릴 것을 제대로 알리지 않고 있어 그 점은 어느 정도 그대로다. 한국언론재단의 최근 "수용자 의식조사"에 따르면 응답자의 24.8%만이 언론이 제구실을 하고 있다고 대답했다(≪한겨레신문≫ 2000년 11월 7일자). 언론의 보도 태만, 왜곡 또는 허위 보도로 지금까지 진위가 확인되지 않은 채 숨겨져 온 미스터리가 지금 <그것이 알고 싶다> <이제는 말할 수 있다>와 같은 텔레비전의 "추적" 프로 아니면 흥밋거리를 좇는 대중잡지의 주요 메뉴가 되고 있는 것은 자의는 아니었지만 과거 언론의 책임이다.

5. 지식과 정보에도 부익부 빈익빈 — 고급정보는 돈 주고 사야

"부익부 빈익빈" 현상은 재산에만 한정되지 않는다. 정보와 지식의 소유와 분배에도 그대로 적용된다. 지식과 정보는 사회계층의 선을 따라 흐르기 때문에 그런 것이다. 제1장(정보, 32쪽 참조)에서 본 대로 지식과 정보는 힘의 원천이며 재산증식과 지위상승의 수단이므로, 정보의 부익부 빈익빈 현상은 현존하는 사회불평등 구조를 심화시킨다. 이 과정을 좀 더 미시적으로 분석해보자.

재력 — 정보와 지식이 바로 지위상승의 기회가 될 수 있다면 그것은 돈을 주고 사야 하는 재산이다. 세상에는 공기처럼 널려 있는 정보도 많다. 그런 정보는 흔해서 대개 가치가 없다. 가치가 크고 희귀해서 그것이 바로 큰 이윤으로 바뀔 수 있는 지식과 정보는 돈을 내고 사야 한다. 특허와 기술 사용료는 좋은 예이다. 그렇다면 부자는 비싼 정보를 돈을 내고 살 수 있어 고급정보를 독점하게 되어 그 결과 더 부자가 된다. 산업스파이를 써가면서까지 기업정보, 산업정보 수집에 투자하는 재벌회사가 돈을 벌게 되어 있다.

동기의식 — 전문직 종사자는 대개 성취욕과 학력이 높다. 그런 사람은 직업에서 갖는 역할과 그에 따른 필요와 자극 때문에 새로운 지식과 정보에 대한 욕구도 크다. 늘 책을 읽고 해당 분야 전문잡지를 보며 다른 사람과의 대화를 통해서도 관련 정보를 모색한다. 또 직업적인 여건이 그런 지식과 정보에 대한 접근을 유리하게 해준다.

교육수준과 사회적 지위가 낮은 비전문인 종사자는 일반적으로 반대이다. 대학교수, 목사, 문학가, 기업의 최고경영인과 막노동자 간의 지식과 정보에 대한 인식은 크게 다르다. 그러나 정보도 정보 나름이다(제6장 주 11, 지식과 정보의 종류, 177-179쪽; 제8장 정보폭발, 213쪽 참조). 한국에서 사회경제적으로 상류층에 있으면서도 정보 추구행위에 있어서는 노동자만도 못할 정도로 오락에만 한정되는 사람이 많다. 우리 사회의 특징인 상류층들의 책을 읽지 않는 풍토, 노는 풍토도 바로 그런 맥락에서 이해되어야 할 것이다.

그러나 일반적으로 말해서 교육수준과 사회적 지위가 높으며 성취욕이 강한 사람은 분석적이고 체계적인 지식과 정보를, 그 반대의 사람은 쉽게 소화할 수 있는 가볍고 오락 목적인 지식과 정보를 노력 없이 추구하는 경향이 짙다. 그래서 두 사회경제 집단간 습득하는 지식과 정보는 질 면에서 시간이 갈수록 격차가 커진다.

시간 및 여가—사회경제적으로 상류층에 있어 잘 사는 사람들은 비교적 시간을 마음대로 활용할 수 있다. 책, 잡지, 신문, 텔레비전 프로 어느 것이든 언제든지 선택하여 이용할 수 있다. 하루벌이나 막노동으로 생계를 유지해나가야 하는 사람들은 그렇지 못하다.

유유상종—사람들은 아무렇게나 남과 사귀지 않는다. 비슷한 사람끼리 사귀고 지낸다. 커뮤니케이션 관계도 당연히 그렇게 된다. 따라서 지식과 정보의 흐름도 계층을 따라간다.

로저스(Rogers, 1982)가 말한 "호머필리"와 "헤테로필리"(homophily/ heterophily, 제6장 비슷한 경험, 155-156쪽; 제9장 공감대, 240쪽 참조)의 개념은 이 과정을 설명하는 데 매우 유용하다. "호머필리"는 서로 대화하는 두 당사자가 갖는 교육, 철학, 사회적 지위 등 배경이 유사한 정도이다. 반대로 "헤테레오필리"는 그것이 상이한 정도이다. 이것은 대화 당사자간의 동질성과 이질성의 정도이다.

커뮤니케이션은 "호머피리" 관계가 높은 사람끼리 잘 일어나고 잘 된다. 헤테로필리 관계에 있는 사람끼리 커뮤니케이션은 잘 일어나지 않고 잘 되지도 않는다. 이것은 서로 배경이 다른 사람끼리 친구 네트워크가 잘 형성되지 않는 이유다.

지식소화력—학력이 높은 전문직 종사자일수록 지식과 정보의 흡수 및 소화력이 크다. 이미 지식을 가진 사람은 새로운 지식을 쉽게 소화할 능력을 가지기 때문에 그런 것이다. 배운 사람이 어려운 책을 더 빨리 읽고 더 깊이 이해하는 것은 좋은 예이다. 외국어 원서를 읽어 지식을 얻어야 할 때 외국어를 잘하는 사람과 못하는 사람 간에 지식의 격차가 크게 벌어질 수밖에 없는 이치도 약간은 이와 같다. 결국 이런 과정을 거쳐 유식한 사람은 더 유식해지고, 무식한 사람은 더 무식해진다.

이러한 "지식 습득의 격차"에 대한 가설(the knowledge gap hypothesis)을 내놓은 커뮤니케이션 학자들(Griffin & Dunwoody, 1995, Tichenor, 1970, Donohue, 1975)에 따르면 현 사회구조 아래에서는 대중매체의 발달, 이른바 정보의 폭발현상, 그리고 교육기회의 대중화에도 불구하고, 시간이 갈수록 사회계층간에 정보와 지식 수준 격차는 늘면 늘지 줄지는 않는다는 것이다.

6. 커뮤니케이션의 흐름은 사회의 단면도 - 언론은 사람들의 관심과 대화의 소재를 이끌어나간다

사람이 다른 사람과 하는 일, 사람들이 모여서 하는 일은 모두가 커뮤니케이션 관계이다. 개인간 대화는 물론, 단체회의, 데모, 노사분규, 구매행위, 법정투쟁, 민원, 선거 등 어떤 활동도 커뮤니케이션을 빼놓고 할 수 없다. 정치, 경제, 사회, 외교, 군사, 교육, 예술, 문학 등 모든 분야 활동이 사람간의 접촉과 교류를 전제로 하기 때문에 모두 그러하다. 그러므로 누군가가 한 사회 안의 커뮤니케이션의 흐름을 컴퓨터로 포착하여 그림을 그려본다면 그 사회의 단면도가 된다. 그리고 대중의 인식과 감각은 대중매체에 의하여 크게 영향을 받고 있으므로 한 사회의 대중 커뮤니케이션의 내용과 흐름의 방향을 알면 그 사회가 어디로 가고 있는가, 어떤 모습을 하고 있는가를 점칠 수 있다.

몇 가지 사례를 들어보면,

●대중매체가 사람들이 모여서 하는 대화의 소재를 제공한다. 이것도 언론의 기능 가운데 하나이다. 오늘 한국의 대중매체는 일확천금, 출세, 호화생활, 섹스, 레저, 저명인사와 사건 주변의 가십거리를 많이 제공한다. 대중매체의 내용은 상당 부분 수용자의 취향을 반영하므로 어느쪽이 먼저인가를 말하기는 어려우나, 매체이용 패턴에서 본 한국 사람들의 주된 관심은 부와 그것을 가지고 하는 놀이(play)와 "엔죠이"(enjoy) 문화이다. "바람난 사회"라는 어느 신문기사 제목이 실감난다. 그런 사회의 가치관은 정신보다 물질, 전체보다 개인, 내실보다 외관, 원칙보다 편의, 노력보다 오락으로 기울지 않을 수 없다. 이에 대한 당연한 귀결로 사람들의 가장 큰 관심은 돈이다. 이 문제는 제8장(겉치레, 놀이와 물질에 흐르기 쉬운 텔레비전 문화, 217쪽 참조)과 제12장(야누스 언론, 368-371쪽 참조)에서도 언급하게 된다.

●커뮤니케이션 흐름의 패턴은 사회가 평화스러운가 긴장되어 있는가(건강상태), 현상유지적인가 타파적인가(사회안정), 중요한 결정이 여러 사람의 참여와 합의에 의해서인가 아니면 일방적으로 이루어지는가, 국민의 정치참여가 넓게 인정되는 사회인가 아닌가, 독재정치 사회인가 민주정치 사회인가, 진보 또는 변화지향적인 사회인가 정체적인 사회인가(이상 정치체질) 등 여러 가지의 단면을 보여준다. 급변하는 사회, 위기를 겪고 있는 사회는 커뮤니케이션 흐름의 모양으로 나타난다. 박정희 대통령이 시해되었을 때, 북한의 김일성 주석 사망 직후, 평양에서 열린 남북정상회담 동안 한국사회는 어떤 모양을 하고 있었을까? 행정부와 군부는 물론, 전 국민의 관심이 그 문제에 쏠리고 긴장되었을 텐데 그러한 현실은 무엇으로 포착할 수 있는가. 두말할

것도 없이 정부기관과 군부대 간 비상사태에 대비하는 활동이 늘어났을 것이며 이는 커뮤니케이션의 양의 증가로 나타났을 것이다.

갑자기 전화통화가 늘어났을 것이고, 사람간의 대화가 늘고, 사람들은 신문과 방송을 읽고 듣느라 정신이 없었을 것이다. 커뮤니케이션의 내용과 속도로 보아 사회는 매우 긴장되어 있었을 것이다. 전쟁위기, 대통령선거, 금융대란 모두 그런 예이다. 다른 나라에 대한 감청(eavesdropping)은 대개 이런 동향을 알아내기 위한 것이다.

일개 단체 내에서의 커뮤니케이션 패턴이 주로 수평적이라면 그 단체의 조직과 운영은 민주적이다. 반대로 커뮤니케이션 패턴이 수직적이라면 그 조직과 운영은 권위주의적이다. 상의하달식 명령뿐이고 하의상달의 기회가 없으며 부처간 또는 회원간 협의와 토의를 허용하지 않는 것은 독재 또는 권위주의 사회조직의 특징이다. 한 조직과 함께 한 사회도 마찬가지 원칙이다.

●언론의 한 가지 중요한 기능은 사실의 기록이다. 이 기능은 거울의 기능과 유사하다. 언론은 어떠한 형태로 존재하던 그가 처해 있는 사회를 보여준다. 농촌사회, 독재사회, 다양한 사상을 수용하는 사회, 빈부의 차가 심하고 부정부패가 성행하는 사회, 도덕성이 결여된 사회, 범죄가 많은 사회, 종교가 지배하는 사회, 미신이 지배하는 사회, 폭력이 난무하는 사회 등 무엇으로 사회를 특징짓든 그런 요소는 모두 언론에 담겨진다. "행간을 읽는다"(read between the lines)는 말도 있지만, 언론이 사실을 보도하지 못할 때도 전문가는 분석방법에 따라 거기에서 사실을 찾아낼 수 있다.

외국 정부나 기관들이 우리나라 사회의 실상을 파악하기 위해서 한국의 매체내용을 분석한다. 미국대사관은 막대한 예산을 들여 매일 우리나라 주요 신문과 방송에 나오는 기사를 번역하여 분석한다. 매체(간행물, 필름, 영화 포함)의 내용분석은 북한과 같은 쉽게 가볼 수 없는 사회에 대한 지식을 얻는 데 더 광범위하게 사용된다. 이때는 "행간을 읽는" 전문기술이 더 필요해진다. 우리가 살고 있는 사회에 대하여도 언론에 나타난 사실과 자료를 일상생활의 경험에 비추어 분석해보면 우리의 현주소를 더 정확히 알게 된다.

주 4

관(官)의 매력

관(官)을 쳐주는 태도인 관존민비 사상이 아직도 우리 사회에 굳건히 자리를 잡고 있는 이유는 관직에 따르는 공식, 비공식 인센티브가 재직중은 물론, 후에도 타직종에 비하여 월등히 크기 때문이다. 몇 가지 사례를 들어보겠다.

우리나라 민간분야에서 선망의 대상이 되는 굵은 자리를 고위 관료 출신이 차지하는 일이 흔하다. 역대 장·차관, 주무관서의 국·과장, 대사 등이 국책 은행장, 연구소장, 재단 이사장, 기업체 회장 등으로 옮겨 앉는 일이 흔하다. 관에 있으면서 그 기업이나 학교를 잘 도와주었다든가 과거 관직에 있었던 연고로 갖게 되는 관(官)을 향한 로비활동 능력, 직함으로 이룩해놓은 사회적 지명도와 부 등 유리한 처지가 작용, 그렇게 되는 것이다.

순전히 사기업이며 학문의 전당이라는 대학도 물론 예외가 아니다. 이것은 결코 나만의 편견이 아니다. 잘 알려진 한 주간지에 실린 기사에서 한 구절을 인용해보자. "많은 대학들이 전직 장·차관이나 교육부 고위 관료 출신을 총장으로 영입하고 있다. 특히 신생 대학들에서 전직 고위 관료들의 영입이 많은 것은 이들이 행정경험이 있을 뿐만 아니라, 정부나 재계로부터 재정적 도움을 받아내기 유리한 인맥을 갖고 있기 때문이다." 최근에는 대학의 객원교수, 겸임교수 등의 자리가 부쩍 늘어났는데, 정부의 구조조정 계획에 따라 퇴출된 국장급 이상 공무원들로 채워졌다. 이러한 제도권 중심 출세구도 아래에서 한 사람이 관(官), 정(政), 언(言) 재(財), 학(學)의 요직을 "두루 거치는" 일이 흔하게 생긴다.

산하에 입김이 잘 먹히는 많은 공기업체와 단체들을 둔 행정부서를 떠나는 공무원들은 이런 기관의 장과 주요직으로 쉽게 재취업이 정해지니 이들에게는 정년이 없다는 말이 나돌 정도이다. 언론에 보도된 공기업 낙하산 인사 현황은 이것이 결코 과장이 아님을 알게 해준다.

이에 비하면 언론계에 발을 들여놓은 사람들의 전망은 들쭉날쭉이다. 기자시절 약삭빠르게 처세하여 정부에 영입되어간 동료들은 청와대를 거쳐 정부가 인사를 마음대로 할 수 있는 언론사나 그 흔한 기관의 장으로 내려오는 일이 흔했는가 하면 언론사에 오래 남아서 한 길을 착실히 걸은 사람은 대부분 50대 중반에 진로가 막히는 것이다. 이런 아이러니는 제4의 권부(The Fourth Estate)라는 언론의 간부마저도 관의 유혹에 맥을 못 추게 만들었다.

학계의 경우도 마찬가지다. 학자는 학문에 전념해야 한다. 그리고 대학교수 자리를 얻은 사람에게는 우리나라에서도 그런 여건이 보장된 셈이다. 그런데 학교에만 남은 사람보다도 외도를 하여 장·차관을 지내고 난 후 학계에 돌아오면 운신의 폭은 더 넓어진다. 학생들에게도 더 인기다. 그러니 우리 학자 가운데 정부 고위직 오퍼를 받고 사양하는 사람이 드문 것이다.

민주주의 국가에서 공무원은 언필칭 국민의 공복(public servants)이다. 이 "국민의 머슴" 자리가 머리 좋은 젊은이들의 부러움의 대상이 되는 것은(많은 우수한 학생들이 다른 학업을 전폐하고 사법고시와 행정고시에 매달리는 사례 하나로도 그것이 증명된다) 사명감 때문만은 아닐 것이다.

관존민비 대신 관(官) 숭배란 말도 쓰이는데 이것이 맞는 표현인지는 모르겠다. 한국인들은 관(官)을 존경하지 않는다. 역사적으로 관(官)의 부패와 횡포를 원망하면서 살아온 이들은 역설적이지만 "나도 관(官)직 한번 해봐야겠다"는 원과 한이 맺혀 있다. "자식 관직 안 시키겠다"고 말하는 부모는 없지 않은가. 관(官)에서 승승장구하면 관(官)운이 있다며 부러워한다.

주 5

여론은 과연 진정한가?

독일학자 노엘 뉴만(Noelle-Neumann, 1984)의 침묵의 나선형 이론을 다음과 같은 가상상황을 들어 설명해볼 수 있다. 모 언론사에서 정부의 언론정책을 규탄했다는 이유로 기자 몇 사람에 대한 처벌을 결정하는 간부회의장. 참석자는 발행인, 편집국장을 포함, 총 15명이었다. 도마에 오른 기자들이 한 일은 잘못이 아니었지만 윗사람 눈치와 당시의 사회적 분위기로 봐서 아무도 그를 옹호해서 발언하지 않을 것이므로 회의결과는 불을 보듯 했다. 침묵을 지킬 뿐 대세에 역행하여 발언한 사람은 없었다.

사람들은 누구나 고립되기를 싫어한다. 다른 사람의 지원 없이 혼자서 어떤 주장을 내세우기란 매우 어렵다. 분명히 잘못된 일도 모두가 침묵을 지키는데 혼자 나서기는 힘들다. 그래서 우리 주위에서 정당성 없는 의견 또는 결정이 대세가 되는 일이 흔하다.

노엘 뉴만의 이론은 이런 과정을 잘 설명한 것인데, 학술논문에 잘 인용된다. 공산주의 사회에서의 인민재판은 극단적인 예이지만 민주사회 안에서도 남들이—특히 식자들이, 또는 언론이—A라고 주장하고 그런 의견이 득세하고 있을 때 그와 반대되는 B라는 이론을 제기하기는 힘들다. 그런 상황에서 크게 말하는 쪽의 소리는 계속 커지고, 반대로 조용히 하는 쪽의 소리는 계속 줄어들어 침묵으로 끝나는 것이다. 한 사회심리학 실험에 따르면 붉은 색종이를 놓고도 10명 중에서 9명이 검다고 우기면 다른 사람의 판단도 흐려진다는 것이다.

제4장

우리 언론의 인물보도가 사회가치관을 흐트리고 있다―언론과 가치관

가치관이란 단어는 배운 사람이라면 누구나 한번쯤 쓰는 말이다. 가치관은 추상적 개념이므로 어렵게 설명하면 얼른 와 닿지 않는다.

가치관은 삶 가운데 무엇을 귀한 것으로 여기고 좇을 것인가에 대한 각 개인의 판단이다. 행동의 기준이라고 해도 된다. 그러기 때문에 사람은 누구나 한번은 이 문제에 부딪히게 된다. "부자가 못되더라도 정직하게 살겠다"고 마음을 정하면 이것은 우리가 칭송해야 할 인생관이요, 가치관이다.

"암탉이 울면 집안이 망한다"라는 생활관을 갖고 산다면 이것 또한 가치관이다. 인간답게 사는 깃을 가치로 보는 것과 남녀관계에 대한 태도는 별개이시만 두 가지 모두 행동의 지표가 된다는 점에서 가치관이라고 할 수 있다. 이렇게 볼 때 가치관의 레퍼토리는 우리의 생활만큼 넓고 다양하다.

가치관 가운데 가장 문제가 되는 것이 도의와 윤리가 아닌가 한다. 다른 가치는 좀 소홀히 해도 대세에 큰 지장을 주지 않는다. 그러나 도의와 윤리 원칙은 그렇지 않다. 그것은 한 사회의 기강(또는 기본질서)이 되기 때문이다. 그런데 참 아이러니컬하게도 다른 분야의 가치는 가르치면 실천으로 옮겨지기 쉬운데 도의와 윤리는 그렇지 못하다. 따져보건대 이것이 오늘의 대부분 사회문제의 근원이다.

어떤 조건에서 배운 도의와 윤리를 실천하고 어떤 조건에서는 안하는가? 도의와 윤리를 가르치는 대로, 또는 배운 대로 실천하면 잘살 수 없는 사회가 있다. 바르게 살면 손해보는 사회다. 그런 사회에서는 사람들은 배운 대로 실천하지 않는다. 결국 윤리 도덕은 교과서가 아니라 사회가 가르친다.

사회교육치고 언론만큼 중요한 것이 없다. 언론은 사설과 교훈적인 글과 말을 매체에 실어 대중을 향하여 인생을 어떻게 살아야 옳은가를 가르치지만, 그 자체로는 효과가 적다. 인물보도 하나가 더 큰 역할을 한다. 언론이 보도를 통하여 어떤 사람을 대접 또는 푸대접하는가가 사회의 가치관이 어디에 있는가에 대한 감각을 사람들의 마음에 강하게 심어준다.

이때 언론이 진정 도의, 윤리적으로는 모범이 되지 못하나, 직위가 높다고 해서, 돈이 많다고 해서 "성공한 사람" "유명한 사람" "중요한 사람" "존경받을 사람"으로 내세우면 가치관의 혼돈이 온다. 사정이 그렇다면 언론은 "저명인사" "거물" "인물" "명사" "지도자" "인재"와 같은 말을 참으로 조심해서 사용해야 한다. 즉 인물기사를 진실되게 써야 한다.

1. 누구를 사회의 귀감으로 세울 것인가 —"매스컴을 잘 타는 사람"

언론과 가치관을 논할 때마다 꼭 인용하고 싶은 외국학자가 있다. 미국의 사회학자이면서 커뮤니케이션학의 거목이었던 라자스펠드(P. Lazarsfeld, 1948)의 글이다. 그는 대중매체의 기능 가운데 하나로 지위 또는 품격의 부여(status conferral)라고 하는 기발한 개념을 소개하면서 대충 다음과 같이 말하고 있다. 어떤 사람이 그 지위, 업적, 지식, 재능을 인정받아 대중매체에 나오게 되면 그는 돋보인다. 매체가 그를 인정했다는 사실, 즉 그를 많은 사람 가운데서 중요하고 유명한 사람으로 꼽았다는 사실이 그를 중요하고, 유명한 사람으로 만든다. 이미 고인이 된 그는 "당신이 중요하니까 매스 미디어에 나오고, 매스 미디어에 나오니까 중요하다"라는 닭이 먼저인가 계란이 먼저인가 식의 명언을 남겼다. 여기서 "중요한 사람"은 물론 우리말의 "저명인사"이다.

거의 반세기 전 그의 통찰력은 탁월한 것이었다. 그러나 지금은 상식에 속한다. 매스컴을 타야 유명해진다고 누구나 말하지 않는가. 시쳇말로 "뜨는" 사람들이다. 특히 텔레비전의 위력이 커지면서 그것이 더 극명해졌다.

매체가 사람을 돋보이게 만드는 마력이랄까 신기한 메커니즘의 원리를 라자스펠드 이후 따로 분석하고 음미해보려고 애쓴 학자는 없었던 것 같다. 그러나 곰곰이 생각해본다면 이해가 가는 일이다.

텔레비전 화면과 신문지면에 나오는 사람은 수백만의 대중을 향하여 단상에 올라선 지도자와 같다. 말하자면 "스타"이다. 우리는 누구나 학창시절을 잘 기억한다. 학도호국단 시절 대대장으로 뽑혀 전체 학생 앞에 서는 사람, 전교 우등생으로 졸업식에서 졸업생을 대표하여 답사를 하는 학생, 몇 사람만 뽑혀 하는 연극에 나오는 학생은 돋보인다. 그래서 학교 안팎에서 선망의 대상이 된다.

물론 언론은 그런 귀한 기회를 아무에게나 주지 않는다. 특별한 사람—보통 사람이 아닌 성공한 사람, 유명한 사람, 재능 있는 사람—을 골라 한다는 사회적 약속이 거기에 있다. 언론이 그에게 지위와 품격을 부여하는 것이다.

만약 우리가 거리에서 만나는 사람을 무작위로 골라 각 분야별로 유명하거나 중요한 인물로 보는 사람 50명의 이름을 대보라고 한다고 치자. 예컨대 "당신이 존경하는, 또는 당신이 보는 유명한 정치인, 학자, 과학자, 작가, 연예인, 운동선수 50명의 이름을 대시오"라고 한다고 하자. 어떤 결과가 나올지를 예측하는 것은 어렵지 않다. 어김없이 평소 신문, 잡지, 텔레비전에 자주 나오는 사람들의 이름이 먼저 나온다. 그들은 언론을 통하여 누가 중요한 인물인가를 안 것이다.

나라 밖의 사람이라면 이것이 더 확실하다. 우리가 머리 속에 그릴 수 있는 각 분야의 유명 외국인들의 이름을 생각해보라. 언론이 아니면 우리는 먼 나라에 사는 그들을 알지도 못하고 유명하다고 생각할 까닭이 없다.

왜 이 문제가 그리 중요한가? 누가 한 사회의 저명인사로 비추어지느냐가 그 사회의 윤리도덕적 가치의 향방을 결정한다. 언론은 앞서 말한 “중요한 사람”, 말하자면 “인물”을 만드는 마력을 가지고 어떤 사람이 사회적으로 대접을 받는가, 어떤 사람이 성공한 사람인가에 대한 감각을 대중의 마음 속에 강하게 각인해주며, 그럼으로써 사회의 가치관을 굳혀나가는 것이다.

어린아이들이라면 몰라도 지능이 높은 성인은 대중매체에 나오는 교훈 또는 일화를 읽고 감명받지 않으며, 더욱이나 실천하지 않는다. 교사와 목사의 설교를 들어도 마찬가지다. 어떻게 사는 사람들이 실제 그 사회에서 대접을 받는가(이익이 되는가), 반대로 푸대접(손해가 되는가)을 받는가를 지켜본 후에 그도 어떤 사람이 될 것인가를 결정한다는 말이다. 예컨대 언론에서 대접받는 사람이 꼭 정직한 사람이 아니라면 그는 정직하게 사는 것을 그리 중요시하지 않을 것이다. 결국 윤리·도덕에 대한 교육은 교과서가 아니라 언론이 내세우는 모델이 한다는 말이다.

커뮤니케이션 학자들은 이와 같이 언론이 대중이 선망하도록 부각시키는 인물을 사회적 모델(social model)이라고 부르고 이에 대한 연구가 꽤 되어 있다.[6] 사회적 모델이 이런 것이라면 이에 대한 우리말은 “타의 모범”이다. 귀감(龜鑑), 사표(師表)와 같은 좋은 말도 있다.

언론의 인물보도가 사회의 귀감을 정한다면 언론이 이 보도를 얼마나 조심스럽고 책임있게 다루어야 할 것인가가 더욱 분명해진다. 언론이 정한, 또는 정해온 한국의 사회적 모델—한국의 언론이 타의 모범으로 내세우는 저명 한국인—은 누구인가, 누구였던가? 그들은 국민의 존경을 받는 인물이었던가? 청소년 교육과 나라의 장래를 위해서 엄청난 중요성을 갖는 이 분야 연구를 한국에서 어느 언론학자가 하고 있다는 얘기를 아직까지 듣지 못했다.

2. 지도자를 존중하지 않는 한국인 — 부정직한 인물평과 회고록

한 사회가 그 사회의 모델이 될 인물을 잘 세워야 한다는 말은, 그런 일을 현실적으로 잘 못하는 사회가 있다는 뜻이 된다. 인물로 받아져야 할 사람과 실제인물로 받아지고 있는 사람 사이에 괴리가 있다는 말이다.

우리 사회에서 타의 모범이 될 자질을 갖추고 있어 우리가 추앙해야 할 인물을 규범적 인물, 현실적으로 추켜세우는 인물을 현실적 또는 실제 인물이라고 부르기로 하자. 규범적 인물은 물론 교과서에 나오는 지도자의 상(像)이고, 현실적 인물은 물론 현실사회에서 잘 나가는 지도자이다.

어느 사회든 양자간 간격이 꼭 일치할 수는 없겠으나 비교적 일치하는 사회와 그 반대인 사회를 상정할 수 있다. 이것은 인격과 인물 간의 간격과 같겠는데, 나는 바람직한 사회와 그렇지 못한 사회의 구분을 여기에 두고자 한다. 인격과 인물이 비교적 일치하는 사회는 평화롭고 건전하게 발전한다.

인격을 갖춘 사람보다 못 갖춘 사람이 먼저 인물이 되는 사회는 어떤 사회인가? 그 사회는 틀림없이 인사가 불공정하게 이루어지며, 중요한 일이 권력, 금력, 연줄 충성 관계 등 불합리한 기준에 결정되는 사회일 것이다. 그런 사회에서는 잘된 사람을 인정하지 않을 테니 권위에 대한 존엄성과 지도자에 대한 존경심이 있을 수 없다(존경하는 것처럼 할 때도 실은 두려워서, 또는 필요에 따라 그러는 것이다). 인정하지 않을 정도가 아니라 미워할 테니 인간관계가 평화스럽지 못하고 사회가 불안하다. 과거 한국은 전형적으로 그런 나라였다. 지금도 상당 부분 그러하다고 할 수 있다.

여기서 매우 중요한 포인트는 양자간의 괴리를 결정하는 데 결정적인 역할을 하는 것이 언론이라는 것이다. 인격과 인물의 차이는 실제 훌륭한 인물과 훌륭한 인물로 알려진 인물 간의 차이와 같은데, 현대사회에서 인물을 알려지게 하는 메커니즘은 언론이다. 이 장의 앞에서 지적한 대로 오늘과 같이 산업화되고 대중화된 사회에서 누구도 매스컴을 통하지 않고 중요한 사람, 유명한 사람(그게 바로 인물)이 될 수 없다.

문제는 언론이 각 개인을 실제대로 정확하게 알린다는 보장이 없다는 데 있다. 신이 아닌 언론은 누가 중요한 사람인가, 먼저 보도대상이 되어야 하는가에 대한 결정을 완전무결하게 할 수 없다. 그러나 한국에서 그렇게 되는 더 큰 이유는 잘못된 언론의 인물보도에 있다. 왜 잘못되기 쉬운가에 대하여는 뒤에서 더 다룬다(제11장 자기이익, 300쪽; 제12장 언론로비의 마술, 344쪽 참조). 여기서는 현대사회에서 인물의 조건인 지명도는 언론이 정하는데, 지금의 우리의 언론 환경에서는 그것은 신뢰성이 없는 지표여서, 규범적 인물과 지명과의 괴리가 대부분 거기서 일어난다는 점만을 더 강조해 두어야겠다.

이와 같은 총론적인 결론을 내렸다 하더라도 무엇이 인격이며, 과연 어떤 사람이 규범적 인물의 자격요건인가, 구체적으로 어떤 사람이 사회적 모델로 부각되어야 하는가의 문제가 남는다. 위에서 타의 모범이 될 사람, 사회의 귀감, 인격과 같은 말을 쓰면서 그런 사람의 자질을 대강 시사한 것이나 구체적으로 규명한 것은 아니었다.

한 인간의 자질을 충분하게 논하는 것은 여간 어려운 일이 아니다. 너무도 다양한 측면을 갖고 있기 때문이다. 체구와 얼굴 생김새, 전체적 인상, 목소리, 말재주, 제스처, 부드러운 성품, 기민성과 같이 외부로 나타나는 것으로부터 밖에 보이지 않는 정직, 양심, 책임감, 이타심, 인정, 정의감, 사고력, 기억력, 순발력, 친화력, 손재주, 재능, 야심, 성취욕, 난폭성, 이기심, 질투심, 성욕, 동물적 본능 등 그 차원이 너무도 많다. 이런 속성들은 타고나거나 성장하면서 사회화 과정을 통하여 갖게 되는 것이다. 여기에 학교교육과 실무경험으로 얻게 되는 후천적인 속성인 전문지식과 기술(보통 실력 있다 등의 속성이 여기에 포함될 것)을 추가하여야 할 것이다.

이런 속성들을 압축하여 정리한다면 태도(또는 성품), 도덕성, 전문성이 될 것이다. 그리고 이 세 가지 가운데 도덕성을 제일 먼저로 쳐야 한다는 것이 나의 생각이다. 왜 그런가를 설명해보겠다. 오늘 우리나라에는 어느 분야에서든 전문성을 갖춘 똑똑한 사람이 많다. 그런데도 사회가 잘못되어가는 것은 전문성은 갖추었으나 도덕성을 결여한 사람들이 인물로 발탁되기 때문이라고 생각한다. 그러므로 오늘의 인물평가와 등용은 과거처럼 도덕성이 먼저냐 전문성이 먼저냐가 아니라 도덕성 위에 전문성을 갖춘 사람을 기준으로 해야 한다고 생각한다.

도덕성은 정직, 진실, 양심 등과 늘 밀접한 관계를 갖는다. 나는 도덕성이 무엇이냐고 묻는다면 전체 이익을 개인 이익에 우선하는 행위라고 정의하고 싶은데, 사람들이 대개 사리사욕(자기이익) 때문에 거짓되고 비양심적이 되는 사정을 생각해보면 이해가 갈 것이다. 그렇다면 도덕성은 흔히 우리가 말하는 공과 사를 구분할 줄 안다든가 사심을 버리는 일과도 일맥상통한다. 이는 건전한 사회발전을 위해서 사회구성원이 당연히 지켜야 할 원칙이지만, 그 실천이 매우 어렵다. 인간은 만물의 영장이라고 하지만, 그는 육체를 타고나 상당 부분 동물과 같이 본능적이며 당장 눈앞의 이익을 먼저로 하기 쉽다. 전체의 이익은 나와는 거리가 멀게 느껴지고 개인의 이익은 당장 피부에 와닿아 그 유혹을 뿌리치기가 어렵다.

물욕은 좋은 예이다. 물질 면에서 본 자기희생은 절제와 금욕을 의미한다. 인간은 늘 이로부터 자유롭지 못했지만, 오늘과 같이 편하게 사는 수단으로서의 물질의 위력이 큰 시대에 그것을 포기한다는 것이 여간 힘든 게 아니다. 오늘 우리 사회의 문제의 거의 전부가 따져보면 여기에서 나온다. 정권욕, 감투욕, 지역감정, 불공정 인사, 비자금 조성, 금융비리, 사기사건, 일류대학병, 과외공부, 연줄, 범죄 그 어느 것을 봐도 그 원인은 전문성의 결여보다 물욕이 도사리고 있는 사심에 있음을 알게 된다. 그렇다면 한 사회의 모델이 되어야 할 인물의 첫째 조건을 도덕성에 두는 데에 어찌 이의가 있을 수 있을까?

해방 직후 한국에는 전문인은 물론, 대학졸업자마저 매우 적었고 이 때문에 친일파 전직 관료와 일본군 출신들이 새 정부와 군경의 요직에 기용되었다. 한국사회의 근본이 흐트러진 뿌리를 여기에 찾는 사람들이 많다. 근거 있는 주장이다.

다행히 지금의 한국사회는 그때 같진 않다. 대부분의 전문분야에서 박사학위와 실무경험을 갖춘 고급인력이 남아돈다. 그런가 하면 전문인 가운데 양심적이고 청렴한 사람을 찾기는 몇 배 더 힘들어졌다. 참 아이러니컬하다. 그러니 도덕성 위에 전문성과 인품을 기본조건으로 인물을 쳐주고 등용하는(전문성과 인품이 좋아도 도덕성에 흠이 있다면 등용하지 않는) 풍토를 만들어나가는 것은 한국사회의 개혁을 위해서 절대적으로 필요하다고 생각하며, 또 사회적 합의만 이뤄진다면 실천이 그리 어려운 일도 아니다.

그런데도 매번 새 정부가 들어설 때마다 전문성과 행정실무경력 등을 이유로 이미 부도덕함이 충분히 증명된 전직 "거물"들을 등용하는 것을 보면 마음이 매우 답답해진다. 전문성이 비자금 조성 노하우나 정권유지를 위한 잔꾀를 의미하는 것이 아니라면 왜 그런 사람을 굳이 등용해야 하는지 모를 일이다. "국민의 정부" 아래서도 사회가 어려워진 것은 바로 이런 인재등용 때문이 아닌가 한다.

역사를 돌이켜보건대, 어느 시기 어느 곳을 막론하고 지도자의 덕목으로는 양심, 정직성, 진실성, 정의감, 사회적 책임(이들은 결국 같은 속성에 대한 다른 표현일 따름이다)과 같은 정신과 인격, 즉 도덕적 리더십을 먼저로 꼽았던 사실을 잊어서는 안된다. 정도의 차이가 있을 뿐 동서고금 사회의 근본문제는 같은 게 분명하다.

다른 나라에서와 마찬가지로 우리나라에서도 어린 세대를 교육하기 위해서 쓰여진 위인전(또는 영웅전)이 많이 나와 있다. 여기에 추대되는 역사적 인물은 하나의 사회의 모델이 되는 셈인데, 그들의 인격을 묘사한 글을 보면 어떤 사람이 인물로 추앙되어야 하는지가 분명하다. 모두 한결같이 도덕적 측면을 으뜸으로 내세우고 있다.

신문과 잡지의 광고제작자들은 기발한 아이디어를 짜내야 한다. 그런 기발한 광고 가운데는 한때 "우리가 길이길이 추앙해야 할" 선열의 어록을 이용한 대기업 이미지 광고가 유행했다. 우리 사회가 먼저 좇아야 할 가치는 도덕성이고 그 속성은 무엇인가에 대하여 우리 국민간에 이의가 없음을 잘 보여주며, 또 도의의 속성을 이처럼 매우 우아한 문장으로 잘 정리한 사례가 드물다고 생각되어, 실제 광고에 쓰였던 두 사람의 역사적 인물론을 여기에 옮겨본다.

먼저 우리나라에서 잘 알려진 대기업이 낸 "함께 오늘 우리를 생각합니다"라는 제하에 낸 광고이다.

茶山 丁若鏞(1796~1836): 어려운 사람들의 마음을 헤아려 참다운 인간사랑을 추구한 다산 정약용-"사람들 아는 것은 가마 타는 즐거움 뿐(人知坐輿樂), 가마 메는 괴로움은 모르고 있네(不識肩輿苦)." 그는 시 한 줄에도 소외된 이들의 마음을 담아 모든 사람이 더불어 살아가기를 열망한 시대의 선구자요, 민족의 큰 스승이었습니다.

"여러 날 밥을 끓이지 못하고 있는 집이 있을 텐데, 너희는 쌀되라도 퍼다 굶주림을 면케 해주고 있는지 모르겠구나. 눈에 쌓여 쓰러져 있는 집에는 장작개비라도 나누어주어 따뜻하게 해주고……."

쓰라린 유배생활중에 보낸 편지 한 장을 보아도 자신의 처지나 집안형편을 근심하기보다는 오히려 어려운 이웃들을 걱정하는 애틋한 인간애(人間愛)가 넘쳐흐릅니다.

나만의 이익에 집착하다 보면 남의 어려움을 지나치기 쉽습니다. 이기심과 무관심으로 인정이 메말라가는 우리 오늘을 생각하면서 가슴깊이 타가오는 다산의 말씀을 함께 되새겨 봅니다.

역시 같은 기업그룹이 도산(島山) 안창호(安昌浩; 1878~1938) 선생을 사회적 모델로 내세운 광고이다.

"대한사람은 모두 대한의 주인인데, 주인이 얼마나 되느냐고 묻는다면 이상할 것이외다. 그러나 오늘 대한사회에 주인다운 주인이 얼마나 있는지 알 수 없습니다. 잘되고 못되는 것이 모두 나에 달려 있다는 강한 책임감을 가진 자가 진정한 주인이요, 무책임하게 방관하는 자는 손님이외다. 주변을 둘러보아 진정한 주인이 적다 싶으면 빨리 나부터 참주인이 되도록 합시다."

올바른 나라사랑의 길을 일깨워온 민족의 선각자 도산 안창호. 그는 이렇듯 우리 모두가 진정한 주인으로 살아가기를 열망했습니다.

오늘 우리는 주인이 아닌 손님으로 살아가는 것은 아닌지, 장엄한 역사가 새롭게 펼쳐지고 있는 지금, 다시 한번 도산의 말씀을 되새겨봅니다.

우리는 과연 이 땅의 진정한 주인입니까?

"한국의 얼"이라는 제목으로 쓴 김동길 교수의 글 가운데 아래 부분도 규범적 인물론을 잘 피력하고 있다.

"한국의 얼"은 한국인의 삶 속에서만 발견될 수 있다. 그러면 이 역사 5천년에 누가 그 "얼"을 지녔던가. 그 인물을 찾는 수밖에 없다. 그래야 그 "얼"이 분명하게 파악된다…… 한 시대의 양심을 지키고자 스스로 희생의 제물이 된 정몽주, 충절과 의리 때문에 노량진 언덕에 한줌 흙이 되어 조국을 지켜오는 성삼문, 동양의 평화를 위협하고 조국의 주권을 빼앗으려는 일본의 원흉 이등박문의 가슴에 권총을 겨누어 마침내 방아쇠를 당긴 안중근, 일제 때 종로서에 붙잡아다놓고 일본인 검사가 묻기를 "당신 나가도 독립운동을 계속할 참인가"라고 하였을 때, "나는 밥을 먹어도 대한의 독립을 위해서, 잠을 자도 대한의 독립을 위해서"라고 분명히 한마디한 도산 안창호, 그런 한국인의 가슴속에 그 "얼"은 살아 있었다.

우리가 한국의 얼을 살려야 한다고 주장하는 것은 그런 인물들이 젊은 사람 가운데에서 많이 나와 장차 "이 기상과 이 마음으로" 나라를 위해 살아야 한다는 뜻이다(김동길, 마지막 칼럼, 273-274쪽).

우리나라 대기업들이 도덕성의 중요성을 내세우는 일은 좋은 일이다. 그러나 이들이 과연 그런 도덕성과 어떤 관계가 있는지를 따진다면 복잡해진다. 우연의 일치겠지만 6년 전 이런 점을 지적한 이 책이 나온 후 이런 유의 광고가 사라졌다. 아마도 한국의 사회상을 생각할 때, 너무 황당하다는 것을 광고기획 담당자들이 스스로 느낀 것이 아닌가 생각된다.

이와 관련, 또 한 가지 짚고 넘어가고 싶은 것은 요즘 흔한 전직 유명인사들이 썼다는 자전적 책, 회고록, 그리고 신문에 나오는 "남기고 싶은 얘기" 등 연재물이다. 이들 주인공들은 앞의 역사적 인물과 달라, 지금 살아 있거나 생전에 우리가 목격한 사람들이다. 이런 책과 연재물을 남길 수 있으려면 과거 행적으로 봐 이들이 사회적으로 귀감이었어야 하는데, 과연 그런 사람들이었던가?

얼마 전 우리 신문에 실린 외국인 교수가 쓴 칼럼(한국에는 "비평적 전기"가 없다)이 잊혀지지 않는다. 그 내용을 여기에 길게 소개할 수는 없고, 한마디로 말한다면 한국에서 나오는 현대사에 속하는 인물의 전기(傳記)는 정직하지 못하다는 것이다. 요즘 인물로서 전직 대통령들에 대한 평전과 그들의 생각과 행적을 소개하는 책이나 잡지 기사들이 끊임없이 나오고 있는데, 쓴 사람들의 면면을 보면 그게 얼마나 정직할까라는 생각을 하게 된다. 많은 전 고위 공직자들의 회고록, 한때 언론이 "전설적 인물"로 만든 사람들의 자전적 전기가 또한 그러하다.

3. 직함 중심 인물보도가 감투공화국을 만들었다 – 인격 중심의 보도를 늘려야

한국언론이 현실사회의 인물로 가장 강하게 부각시키는 대상, 즉 사실상의 사회적 모델로 추켜세우는 인물은 누구인가? 여러 가지 의견이 있을 수 있지만, 나는 그는 "큰" 직함소유자, 말하자면 "높은" 사람이라고 서슴지 않고 말하겠다. 누가 뭐래도 관(官) 지향, 직함 중심의 인물보도는 우리 언론의 두드러진 특징임에 틀림없다.

관(官) 지향, 직함 중심의 인물보도란 기사의 선택으로부터 할애되는 지면과 시간, 기사쓰기의 스타일까지 내용 자체보다 보도대상인 인물이 갖는 관직의 고하(高下)에 따라 정해지는 관행을 말한다. 여기 기사 스타일에는 명시적, 또는 묵시적으로 직함(특히 관직)＝입신출세로 만드는 기사 표현도 포함시켜야 할 것이다.

어느 나라든 권력구조 안에서 큰 직함을 가진 사람은 언론에 잘 나온다. 그들은 그 자리에 따르는 결정권을 가지고 다수의 삶에 영향을 미치기 때문이다. 이런 제도권 지도자[7] 가운데 가장 크고 강한 결정권자가 행정수반인 대통령(내각제에서는 총리)인데 그는 권력의 최고정점에 있다. 직함의 크기는 행사할 수 있는 권력과 영향력의 크기를 말해준다. 대통령은 당연히 가장 큰 직함과 권한 소유자이고, 그 다음이 국무총리, 정당 수뇌, 국회의원, 국정원장, 각부 장관, 법관 등이다. 공산주의 국가가 아니라면 이들은 주워진 책임에 따라 서로 견제하는 입장에 있거나 서로 다른 권한을 가지고 있어 이들간 권력의 서열을 메길 수는 없다. 그러나 이들 각자는 주어진 권한 내에서—예컨대 경제관련 장관은 경제를, 행자부장관은 치안을—대중의 삶을 주름잡는다.

그러므로 이들이 뭐라고 말하며 무엇을 하려고 하는가가 언론의 보도대상이 된다. 특히 대통령의 일거수 일투족은 국민의 관심거리가 된다. 재벌과 대기업은 권력구조에 속하지는 않으나 재력을 이용하여 권력에 영향을 미칠 수 있고, 경제를 주도하므로 그런 한도에서 대중의 삶의 질을 결정한다. 그외 많은 단체장들이 해당 분야 사람들의 운명을 좌우한다.

이들이 주어진 권한을 가지고 무엇을 어떻게 하려고 하느냐(특히 명시적인 정책수행)는 국민의 삶과 직접적인 관계를 가질 것이므로 그것을 알리는 것은 국민의 이익이며 "알 권리"에 속한다. 모르면 불이익이므로 친절하게 자세히 보도해줄수록 좋다. 그 자리를 적법으로 차지했느냐, 아니냐 등의 도덕성은 별개의 문제이다. 불법적으로 들어앉은 대통령의 대국민발표도 충분히 보도되어야 한다.

위에서 말한 직함 중심의 인물보도는 그런 보도가 아니다. 국민 다수(소수는 몰라도)의 삶과는 직접 관계가 없고 직함 때문에 무게가 주어지는 보도다. 따라서 국민의 입장에서 보면 알아도 되고 몰라도 된다.

아래에 여러 가지 사례를 먼저 들어보면 이해가 수월해질 것이다.

● 서로 다른 이름이지만, 신문마다 두고 있는 "동정"란의 편집 양식이나 내용은 우리나라에서 큰 직함을 가진 사람은 인물이라고 대중에게 열심히 가르치는 일을 한다. 그런 지면인 만큼 그것을 이용하는 사람들도 모두 자신의 직함의 관리와 홍보에 몰두해 있다는 생각이 든다.

왜 그런가 하면, 여기에 나오는 뉴스거리는 대부분 정부 기관이나 단체의 장이나 전문인이면 직책(예산집행)에 따라 의당 해야 할 일이거나 관련 단체와 회원(학교라면 학생), 당사자 가족과 친지들만 알면 족한 것들이다. 어떤 내용들은 누가 보더라도 순전히 개인적 상황이어서 대중에게 알릴 것이 못된다. 왜 어느 부 차관이 대학 강의를 맡게 되거나, 책을 내거나, 어느 연구소 연구원으로 발탁되어 가는 것이 귀한 신문의 지면에 나와야 하는가? 이들의 어떤 행사 참가와 외유 등은 나랏돈인 판공비나 없앤다는 것말고는 보도가치가 없어 보이는 것도 많다.

그런데도 신문사가 이런 뉴스를 기사로 내준다면, 그것은 오직 직함은 중요하다는 시각 때문이라는 것 외에 다른 이유를 찾기 어려우며, 그런 보도자료를 보내는 사람과 단체들도 직함 홍보를 위해서 그렇게 한다고 밖에 볼 수 없다. 말하자면, "나 아직도 여기 제도권에서 잘 나가고 있어" 하며 얼굴을 알리는 따위다. 아닌게아니라 직함이 없는 무명인이 그런 일을 했다면 거기에 나오지 않는다. 장·차관 등 고위 공직자는 역대 그 자리를 지낸 선임자들을 초청하여 가진 간담회나 만찬 모임을 왜 국민에게 알리려고 하는가. 자기의 직함을 세상에 알리고자 하는 것 외에 어떤 다른 이유를 발견할 수가 없다.

기사는 짧아 얼른 봐 하찮게 보이지만, 사람의 얼굴 사진과 직함을 굵은 글씨로(장면일 때는 거기 나오는 참석자 이름과 직함) 돋보이게 내주어 직함=인물이라는 인식을 사람들의 마음에 강하게 심는 데 안성맞춤이다.

독자를 위한 행사예보란이라면 주관하는 단체의 장 이름과 사진은 빼고 행사 정보만으로 족하고, 남는 지면을 더 많은 행사정보를 실어주는 것이 지면을 훨씬 더 효과적으로 쓰는 것 아닐까.

요즘 각 대학 동문회와 ROTC 출신 예비역 장교회 같은 단체들은 "한자리" 하게 된 이른바 "뜨는" 동문회원을 "자랑스러운 동문" 또는 "자랑스러운 ROTC인"으로 선발하여 신문의 이 난에 낸다. 여기서 "뜬다"는 말은 대개 크고 실속 있는 자리에 오르는 사람을 의미하는데, 그게 "자랑스러운" 인물이라고 대중에게 알리는 것이 바람직한가. 요즘 우리 신문과 잡지들이 여러 가지 이름으로 이런 식의 "동정란" 지면을 넓히고 화려하게 꾸미고 있으나 아무도 이런 보도가 우리 사회에 남기는 효과를 생각해보는 것 같지 않다.

동정란에는 대학 총장이 모교 출신 언론인들, 또는 국회의원들을 불러 만찬을 가졌다는 것도 흔하다. 어떤 명문 여자대학은 총장이 본교 출신 법조인을 초청, 그 학교 법조인회 총회를 개최했다는 것도 있다. 이런 행사는 한국에서나 가능하지 외국에서라면 큰 비난거리가 될 만하다. 그런 모임은 결국 대학이 동문 네트워크를 이용하는 은밀한 "학교발전" 로비망이 될 것일 텐데, 그게 어떻게 신문에 공개할 떳떳한 행사가 될 수 있느냐는 의문이 남지만, 그 점은 차치하고라도 대학이 졸업생들 가운데 국회의원이나 고위 언론인 등 직함과 힘을 갖게 된 사람만을 성공한 사람으로 인정하는 사회적 역기능은 생각해보지 않는가? 특히 그런 자리를 대부분 편법으로 차지하는 우리나라의 출세가도를 고려한다면 그렇다. 출신 대학별 언론인 또는 전문인 클럽이 결성되는 것을 막을 도리는 없겠지만, 우리나라의 연고주의 풍토를 잠재워야 할 언론이 그런 식의 보도를 해도 될까.

이런 언론의 관례와 국민의 시각은 우리 사회에서 깊게 뿌리내린 지 오래다. 각 학교 동창회보는 예외 없이 자기 학교, 또는 자기 고향에서 국회의원, 판검사, 장관, 경찰서장과 같은 인물이 몇 명 나왔는가를 자랑한다. 참다운 인간을 몇 사람 배출했다는 얘기는 하지 않는다. 물론 주류 언론들이 어느 학교가 고위 관직 소유자를 얼마나 많이 배출했나 등을 특집기사로 즐겨 쓰기 때문에 그런 것이다.

향토지는 물론, 신문의 "우리 고장 인물"과 같은 연재기사의 내용도 거의가 누가 무슨 자리를 했는가를 기준으로 얘기를 전개하지 그들이 생각하는 것이 무엇이며, 사회에 어떤 기여를 하고 있는지 깊이 분석해서 알리지 않는다. 잡지들이 "언론인 출신 국회의원 40명" "××대학 출신 국회의원 ○○명"에 대한 자세한 소개를 한 특집들도 관직을 출세의 기준으로 만든 구체적 예이다.

대중의 의식구조를 이끌고 가는 큰 신문들도 "장관도 배출" "거물급 인사"와 같은 표현들은 다반사로 한다. 벌써 한참 지난 일이지만 서울의 한 주류 신문은 개교 축제에 초청된 "자랑스런 이대 졸업생의 남편들"인 김 대통령(김영삼 대통령─필자주) 외에 장관 11명, 차관 5명, 국회의원 71명에 언급하면서 "이대측은 각계에 포진한 이들 자랑스러운 사위(?)들"이라고 썼다.

한국에서 유명한 사람들이 요직을 "두루 거치게" 되는 것은 앞서 말한바 상당 부분 잘못된 관(官) 중심 출세구도(제3장 주 4, 관의 매력, 81쪽 참조)와 은밀히 작동하는 지연, 학연, 혈연 등 연을 중심으로 한 이권 사슬을 따르는 것으로 참으로 걱정스러운 일인데, 언론이 그런 안일한 보도를 해도 되는 것인가.

●각 언론사가 주관하는 창간일이나 다른 행사 축하연에 대한 보도관행을 보자. 굳이 정치계, 재계, 교육계, 문화계, 언론계, 여성계 등으로 나누어 참석 "인사" 명단을 일일이 밝히는데 모두가 철저히 직함의 크기 순서다. 예컨대 "○○계 인사로는 아무개 아무개가 참석했다"는 식이다. 이는 언론사가 인물을 직함과 사회적 지위를 중심으로 평가한다는 매우 구체적 표시이다. 나는 영미의 선진 국가의 주류 신문에 이런 기사가 나는 것을 보지 못했다.

이런 행사가 성황을 이루는 것은 주최자와 피초청자의 이익이 잘 들어맞기 때문이다. 언론사는 이런 크고 귀한 인물이 와준다는 "자랑"이 필요하고, 여기에 참석하는 사람들은 아무나 초청 받지 못하는 귀한 자리에 자기가 초청되었음을 알리는 기사 몇 자(직함과 이름)의 절미한 개인홍보를 바라고 그러는 것이다. 피초청자들이 진정 축하가 중요하여 빠짐없이 몰려오는 것은 아닐 것이다. 이런 보도 방식이 사회에 남기는 효과는 직함은 중요하며 잡고 볼 일이다라는 인식이다. "국민의 알 권리"와는 거리가 먼 보도다.

● 한국 신문들의 알짜배기 지면은 누가 누구를 만나고, 누가 누구하고 교감을 갖고 등 따져보면 대부분 우리 정치인들간 이합집산 과정을 무슨 중요한 정치 뉴스처럼 매일 바쁘게 보도하는 기사로 차 있다. 제목만 봐도 모두 "잘 놀고" 있음을 잘 보여주는 기사다. 예컨대 "누구누구 정치인끼리 화해 가능할까" "돌연 마음 바꾼 YS" "입다문 JP" "인사 나눴을까" "누구는 누구 의원 문상 간다 안 간다" "굿샷합시다" "이인제-권노갑 하룻밤 같이한 뜻은" 같은 것들이다. 주류 신문의 정치면이 이런 정도라면 큰일이지만 그런 문제는 차치하고 역시 국민이 몰라도 될 이런 기사의 역할도 우리나라에서 인물이란 권력구조 내의 직함소유자라고 가르치는 일이다.

● 과거 너무 빠른 권력이동과정에서 정치적 실세의 부침도 그만큼 예측 불허였다. 매번 권력이 바뀔 때마다 누군가 실세로 부상하는 사람이 있다. 언론은 재빨리 그를 향하여 괴상하리만큼 많은 보도를 시작한다. 그리고 그런 사람들을 대상으로 "인물연구" "장관열전" "명사탐방"과 같은 거창한 부제를 단 인물보도를 했다.

실세는 이런 언론의 호들갑 보도로 일약 유명해지는 것이다. 그리하여 무력으로 정권을 탈취한 군 출신 독재자들을 갖가지 이름으로 영웅으로 만들었는데, 그런 기사를 쓴 장본인들은 지금 어디에서 무엇을 하는지 궁금하다. 이런 언론의 전통은 장기집권한 이승만 대통령을 국부(國父)로 만든 때부터 시작되었다.

● 어떤 잡지의 특집 "한국을 이끄는 한국인 100명"은 전부 큰 직함소유자들이었다. 100명이 나라를 어떻게 이끄는지 알 수 없는 일이지만, 그것이 사실이라면 한국은 귀족국가가 아닌가. 이 특집은 잘못된 우리의 사회구조를 분석하기 위한 것도 아니니 이들에게 아첨을 하기 위해서 계획된 인상을 남긴다.

● 큰 직함=큰 인물=출세라는 잘못된 인식을 오늘의 한국인 마음 속에 굳건히 자리잡게 만드는 데 공헌한 과거 노골적인 언론기사의 예를 얼마든지 들 수 있다. 약 10여 년 전만 해도 잡지에 흔히 나왔던 "경기고 ××회 졸업생" "상대 ××기 졸업생" "육사 ××기 졸업생"과 같은 제목들의 기사는 예외 없이 활동분야를 관계, 재계, 학계, 정계, 법조계, 문화계 등으로 나누어 동기생 중 누가 어디 무슨 자리에 앉아 잘 지내고 있는가를 자세히 알리는 것인데, 그 가운데는 "역사를 창조할 의무를 무겁게 짊어질 우리나라의 지성인"이라는 말도 들어 있었다.

"가장 높게, 가장 빨리 뛴 용비시대의 영웅들 특별조사" "대야망의 동기생들—졸업생 318명 중 83명이 대기업체 사장들인 서울 상대 19××졸업생 출신들의 현대사" "최강의 파워 그룹"도 주류 언론에 속한다는 잡지에 나왔던 기사 제목들이다.

●언론은 높은 직함을 갖게 된 사람 부인에게는 금방 여사란 칭호를 쓰면서 식당에 일하는 여성, 노사분규 등에 동원되는 여성 근로자 등 무명의 여성들은 공공연히 "아줌마"로 부르는 일이 흔한데, 이것은 언론이 신분차별 사상을 노골적으로 드러내는 사례가 된다. 이런 사례는 요즘도 그대로이다.

●얼마 전까지도 권위주의시대 언론인의 의식구조를 잘 보여주는 재미있는 예를 잡지기사에서 흔히 볼 수 있었다. 요즘도 가끔 있다. 예컨대 전·현직 관료 인물 면접 기사에서 상대가 언론이 쉽게 접근 할 수 없는 사람인데(잘 만나주지 않는 사람인데) 어렵게 만나 기사를 썼다는 식의 서두다. 이런 식으로 기사를 쓰는 언론은 틀림없이 "우리는 이런 직함 큰 인물과 만났다"는 것을 자랑으로 삼을 정도로 관에 대하여 약하고 자신이 없는 것이다. "우리도 큰 인물로부터 인정을 받았다"는 홍보가 필요한 군소 언론사나 창간기념 특집의 일부로 큰 직함소유자를 만나서 하는 별로 새로운 내용 없는 큰 언론사의 인터뷰 기사 또한 마찬가지다. 이런 식의 아첨 역시 관직은 크다는 인식을 사람들의 마음 속에 깊게 심는다.

●한국언론의 내용을 잘 분석해보면 큰 직함이 출세임을 암시하는 가십성 기사가 매우 많은 것을 알게 된다. 예를 몇 개 들면 "국내 최초로 자매가 총장" "이수성 전 총리 여동생 DJ 곁으로" "명지대 총장실은 총리산실" "검·경 총수 한 동네 숙질뻘" "방송계의 맞수 대담" 등이다. 영미언론에서는 그런 기사를 찾아보기 힘들다. 우리나라 사람들이 직함에 대하여 얼마나 큰 관심을 갖기에 이런 것이 인간 흥미성(human interest) 기사처럼 늘 나오게 되는가 하는 생각을 하게 된다.

대중잡지의 내용을 분석해보면 울화가 치밀어온다. 대부분 과거 한때 큰 직함을 가지고 권력을 휘둘러 사회에 엄청난 누를 끼친 사람들을 대상으로 최초공개의 "숨은 얘기" "내막"이라며 국민이 몰라도 될 아첨성 인물 스토리를 써대고 있으니 말이다.

●우리 신문은 인사(人事)란을 따로 두어 각 정부 부처, 각 기관과 단체의 간부들의 이동을 알리기 위해서, 직함소유자들의 명단을 거의 매일 싣는다. 그리고 고위 공직자의 인사는 별도 기사로 낸다. 그러니 우리 신문과 간행물의 지면은 직함과 인명을 다루는 지면의 비중이 크다. 영미 국가에서는 『후즈 후(Who's Who)』("누가 누구인가" 이므로 우리말로 하면 인명사전이다)라는 책들이 나와 있기는 해도, 주류 언론이 이런 인사란을 두고 있지 않을 뿐더러 제도권 내에서 매일 일어나는 인사를 기사로 보도하지 않는다.

나는 영미의 관례가 무엇이든 좋다고 말하고자 하는 것이 아니다. 또 그런 기사가 읽히지 않는다고 말하려는 것도 아니다. 오히려 그 반대다. 읽히지 않는다면 비싼 지면을 그렇게 쓸 리가 없다. 한국인들은 영미인들에 비하여 직함소유자(제도권 지도자)의 인사와 동정에 각별히 관심이 많은데, 따져보면 이들과 줄을 대지 않고는 아무 일도 할 수 없는 사회풍토 때문에 그럴 것이다. "DJ시대 파워 엘리트" 등 정권이 바뀔 때마다 실세들의 신상명세서와 그들의 배경과 인맥 등을 자세히 소개하는 언론특집이나 책이 금방 나오는 것을 봐도 알 수 있다. 16대 총선이 끝난 지 며칠 안되어 새로 당선된 273명의 신상명세서를 담은 책이 나왔다. 우리 국민이 누가 차기대권을 잡을 것인가에 대하여 지나치게 민감한 이유를 쉽게 이해할 수 있다. 벌써 언론은 이런 분위기를 부추기고 있다.

대부분 영미인들은 국가 수반과 관련 분야 장관, 지역구 위원을 빼놓고는 관직소유자나 단체장의 이름을 잘 기억 못하는 편이다. 이웃에 고관이 살아도 잘 모른다. 관심이 없는 것이다. 사회가 직함 중심으로 돌아가지 않는다는 증거다. 우리나라도 이런 사소한 일부터 고쳐져야 민주주의가 잘 되고 비리가 줄지 않을까.

결론을 말해보자. 오늘 한국사회가 지금처럼 혼란해져 누가 정권을 잡아도 좀처럼 개선하기 어렵게 된 것은 뭐니뭐니해도 전문성은 몰라도 도덕성이 결여된 사람들이 요직을 차지하여 권한을 남용하면서 국사를 마음대로 해왔기 때문이다. 그런데 우리 언론은 직함과 힘에 아부, 그런 사람들을 인물로 내세워 잘못된 풍토를 조성하는 데 앞장서온 셈이다. 직함소유자가 권한을 가지고 있어 국민의 삶에 영향을 미치고 그렇기 때문에 언론이 그들에 대하여 크게 보도하고 그들을 인물로 만들었다면, 그 언론은 그와 함께 그들의 직권남용은 물론, 그 밖의 부도덕한 행위에 대하여도 충분하고 정직하게 보도할 책임을 갖는데, 이를 기피해왔다.

특히 공직자가 그 직위에 오르게 된 과정에 숨은 불의가 있었다면 그것도 빼지 않고 알려야 균형있는 보도가 될 것이나 언론은 정권이나 기관 전체를 두루뭉실하게 비판하는 일은 해도 개개 직함소유자의 비리를 철저하게 추적, 보도해나간 사례는 참으로 드물다. 있었다면 "불운한" 일부만을 골라 그렇게 했으니 안하느니만 못했다고 할 수도 있다. 그리하여 우리 언론은 원래 "인물이 될 수 없는, 되어서는 안될 사람"들이 우리 사회의 인물로 활개를 치고 다니게 하는 결과를 가져온 것이다. 이 문제는 우리나라 사회개혁을 위해서 너무도 중요하므로 다음 장에서 기회주의와 범법으로 나눠 좀 더 길게 다루고자 한다.

언론의 직함 중심의 보도가 우리 사회에 남긴 또 하나 큰 피해는 지금쯤은 바뀌었어야 할 한국인 특유의 강한 지위의식(status consciousness)이다. 지위의식은 사회구조 안에서 자기가 차지하는 직위에 대한 높고 낮음을 의식하는 정도이다. 사람들이 지위에 지나치게 집착하는 것은 사회가 매우 권위주의적이라는 증거다. 권위주의는 분명 민주주의의 걸림돌이다.

사람은 지위의식을 타고나지 않는다. 사회문화 풍토 속에서 배우게 된다. 가까운 데서 예를 들어 설명해보자. 대부분의 한국사람은 호칭에 민감하다. 그도 그럴 것이 상대가 높고 센 사람이면 최상의 존칭과 존경어를 써 깍듯이 대접하고, 반대로 이래도 되고 저래도 되는 사람은 아무렇게나 부른다. 우리나라에서 호칭은 상대에 대한 예우 방법으로서 어쩌면 가장 중요하다.

한국인은 예의가 없다고들 하는데(한국은 동방예의지국인데), 과연 그럴까? 별 볼일 없는 서민들에게는 철저히 예의가 없는 것이 사실이다. 지위가 높고 돈 있어 센 사람이어서 잘 모셔야 할 상대에게는 지나치게 예의를 차리고 친절하다. 요즘 센 사람은 물론 지위가 높거나 돈 있는 사람이다. 외국인들이 한국 사람은 친절한 민족이라고 말할 때는 한 면만을 보고 말하는 것이 아닌가 한다.

이런 사회문화 풍토 속에서 지위의식을 느끼지 않는 사람이 있다면 기적이다. 오죽하면 "억울하면 출세하라"는 말이 생겼을까. 이 말은 수단과 방법을 가리지 않고 출세는 하고 봐야 한다는 뜻인데, 그런 사회가 평온하고 건전하게 발전할 수 없다.

그런데 따져보면 이런 지위의식을 매일 우리들의 마음 속에 깊게 심어주는 것이 언론의 직함 중심 보도이다. 언론이 만드는 지금과 같은 "직함공화국"에 남아로 태어나서 감투싸움 해보지 않는 사람은 한마디로 바보다.

4. 기회주의자의 양산 — 친일인명사전이 필요하다면 반민족, 반민주 정권에 어용한 지식인의 인명사전도 만들어야지

"과거를 묻지 마세요." 오래된 유행가 제목이다. 한국은 제국주의 일본의 강점 시기에는 물론, 광복 후에도 불법과 탈법으로 점철된 정권교체와 개발독재과정에서 과거를 물어야 할 인물을 양산했다. 바로 위에서 말한 "인물이 될 수 없는 사람, 되어서는 안될 사람"들이 그들이다.

위 유행가 속의 "과거"는 한 남녀간의 과거사이다. 그것은 어디까지나 두 사람의 얘기로 끝난다. 한 사회를 이끌어온 공인들의 과거를 묻는 일은 그와는 다르다. 그것은 역사를 바로 세우는 일이다. 그 일을 분명히 하지 않고는 장래가 절대 잘될 수 없다.

앞서 언급한 "인물이 될 수 없는 사람, 또는 되어서는 안될 사람"의 기준은 크게 두 가지로 나눠 설명할 수 있다. 이것은 지식인과 공직자의 기회주의 행태와 이권을 좇아 행하는 범법행위(white collar crime, 대개 직권남용)이다. 이 둘은 서로 밀접한 연관을 갖지만 편의상 분리하여 이 장에서 먼저 기회주의를 다루기로 한 이유가 있다. 기회주의를 처벌하는 법은 없으니, 밖에 쉽게 드러나지 않으면서 어쩌면 범법자보다 더 큰 폐해를 사회에 남긴다.

기회주의란 쉽게 말해서, 대개 자기이익을 추구하여 오늘 한 말과 오늘 내세운 이론과 행동을 내일 바꾸는 경멸해야 할 인간의 행태이다. 막노동자가 다른 동료에게 오늘 한 말을 내일 바꾼다면 이때의 피해는 당사자간, 또는 관련된 몇 사람으로 그치게 되어 있다. 지식인과 공직자의 경우는 이와 크게 다르다.

왜 우리는 지식인에게 특별히 기대를 거는가? 나는 지식인의 개념을 이렇게 규정한다. 첫째로, 그는 사회를 올바르게 이해할 수 있는 체계적 지식을 가지고 있고, 둘째로, 그 지식을 개인의 이익을 위해서 타협하지 않는 지조를 가진 사람이다. 그러니 그는 정의와 진리를 사랑하여 그런 직업을 택한 사람이다. 그런 집단이 살아 있어 여론을 이끈다면 공직사회는 썩지 않는다. 역사적으로 "대학의 권위"가 거창하게 언급되어온 이유가 여기에 있을 것이다.

인간은 자기이익에 약하다. 그러므로 어느 나라에서든 정도 차이가 있을 뿐, 권력을 가진 정치인들, 인·허가권을 가진 행정관료들은 그 권력과 권한을 자기이익을 위해서 남용하기 쉽다. 이 책의 여러 곳에서 지적하지만 이런 유혹에 대한 효과적인 방어책은 내부적 양심이 아니라 외부의 감시와 제도적 제재이다(제1장 국민과 정부 간 연결고리로서의 언론, 27쪽; 제6장 알면 행하는가, 167-169쪽 참조). 유혹에 넘어가면 결국은 그 대가를 치르게 하는 제도적 장치이다. 그런 장치로서 중요한 것은 각 기관의 상급 감독기관, 입법기관, 사법기관, 언론기관의 감시와 제재 등이다. 그러나 이런 기관들마저 한통속이 되어버린 사회(우리가 그런 사회가 아니었던가)에서 마지막 보루는 역시 지식인 집단일 수밖에 없다.

그런데 우리 사회에 그런 지식인 집단과 대학이 언제 있었던가. 박정희 정권은 정의와 진리와는 아주 거리가 먼 정권이었다. 그런데 그 정권 18년 동안에 거기에 뛰어들어간 이름난 학자들의 수는 아마도 어느 나라에서도 그 예를 찾아볼 수 없을 정도로 많았다. 이들의 지식, 지혜, 지지와 충성, 그리고 이전에 얻은 명망이 아니었더라면 그 정권은 초기부터 무너졌을 것이다. 관에 들어가지 않은 많은 지식인들의 책임도 덜하다고 할 수 없다. 그들 가운데는 대학과 그외 민간 부문에 남아 있었다고 해도, 적당히 기회주의적으로 지내면서 권력이 베푼 후한 혜택과 편의를 즐긴 사례가 많다.

기회주의는 어느 사회에나 있으나 우리 사회에 너무 넓고 깊게 퍼져왔다. 지난 30

여 년 간 우리나라 모든 분야에서 두각을 나타낸 사람들의 과거를 한번 따져보자. 거기에는 몇 가지 공통점이 있는데, 한 가지만 든다면 출세기회라면 원칙을 하루아침에 바꾸고 그것을 잡는 재간과 과감성이다. 이게 나의 편견이 아닌 것은 앞서 인용한 대홍기획의 사회조사(제4장 주 6, 106쪽 참조)에서 "우리 사회에는 능력보다 편법으로 성공한 사람이 많다"고 대답한 응답자가 95년 85.7%에서 98년 89.7%로 늘어났다는 자료 하나로도 증명된다. 또 출세한 사람 가운데 병역 미필자가 월등히 많음을 보이는 수치도 그러하다.

기회주의자들은 세상이 바뀔 때마다 줄을 재빨리 선다. 전두환 정권, 노태우 정권, 김영삼 정권, 김대중 정권 등 새 정권이 들어설 때마다 미꾸라지처럼 새로운 흙탕물로 끼여들었다. 한때 독재에 반항하여 싸웠다는 젊은이들이 그 정권보다 더 독재적인 정권에 몸을 담게 되고, 야당 하던 사람이 하룻밤 사이에 여당으로 옮겨가는 일이 흔했다. 16대 총선거 전의 사태도 과거보다 더하면 더했지 못하지는 않았다. 이렇게 해서 큰 직함을 갖게 된 사람이 이른바 "인물"이다. 그러니 우리나라에서 기회주의가 인재의 자질로 인식되는 것이 조금도 이상하지 않다.

한국인의 기회주의의 뿌리를 찾아 긴 역사를 더듬을 필요는 없다. 5·16 이후의 가까운 과거만 거슬러올라가도 된다. 어느 나라에서든 정권이 국민의 폭넓은 지지 없이 수립되었을 경우, 그 정권의 일차적 관심은 정권의 존립 또는 유지 그 자체다. 이때 선택은 두 가지인데, 하나는 나치와 북한 정권에서와 같은 철저한 독재이고, 다른 하나는 일부 독재와 함께 이권을 미끼로 지식인들을 매수하는 것이다. 후자를 택했을 경우, 정권은 큰 미끼를 오퍼할 수 있고, 또 그 미끼를 보고 서로 앞을 다투어 달라붙는 기회주의자들이 많아야 했다. 과거 한국의 사정은 그것이 잘 맞아떨어졌다.

개발독재로 칭해지는 역대정권은 이들에게 그런 미끼를 충분히 내줄 수 있었다. 한국인은 출세에 한이 맺힌 민족이 아닌가. 기회가 주어진다면 대부분 마다하지 않는다. 박정희 전 대통령의 용인술이 무엇인가 하면, 양심을 버리고 협조하면 한 자리를 주어 편하게 먹고살게 하고, 반대면 고생을 시키는, 말하자면 당근과 채찍을 적절히 섞어 지식인들을 길들이는 것이다. 오늘의 기회주의는 그때부터 굳건히 자리를 잡은 것이다.

우리나라 국민간에 박정희 씨에 대한 평가가 엇갈리고 있다. 내 생각으로는 그에 대한 평가는 경제보다도 사회의 가치를 기준으로 해야 한다. 경제는 잘하면 10년, 20년에 재건할 수 있지만, 한번 흐트러진 사회의 근본과 국민의 행태는 100년이 걸려도 고치기가 힘들다.

나는 이것이 오늘 우리 한국이 안고 있는 가장 심각한 문제라고 생각한다. "문민정부" "국민의 정부" 또 앞으로 어떤 정부가 되든 그게 그거라는 한탄이 터져나오는 이유는 한번 잘못된 물줄기가 바로 잡히지 않고 지금까지 이어지고 있기 때문이다. 그러므로 사회 전체에 만연된 기회주의를 척결하려는 노력 없이는 누가 뭐래도 사회개혁은 불가능하다.

지금부터라도 기회주의 전통을 깨는 길은 무엇일까? 그것은 현재와 장래의 정부가 정치를 편의에 따라 하지 않는 것이다. 하지만 최근의 예에서도 볼 수 있듯이 그것은 쉽지 않다. 선거에 앞서 특정 지역의 비위에 맞추어, 권력 내부의 갈등을 해소하기 위해서, 원내 다수의석이 필요하다며, 행정경력이 풍부한 기술관료가 필요하다와 같은 핑계로 원칙이 허물어지는 것이다.

기회주의를 처벌하는 법은 없으니 사회가 심판하고 제재해야 한다. 과거를 물어 옥석을 가려내야 한다. 그 책임은 분명 언론의 몫이다. 그런데 그 언론이 크게 달라지지 않았다. 과거가 의심되는 사람도 일단 직함을 차지하기만 하면 아부적 보도를 일삼음으로써 그들에게 면죄부를 준다. 과거 노골적인 어용의 대가로 유정회나 독재정권의 전국구 의원 등을 지낸 사람이면 그야말로 기회주의 행적은 뻔한데, 그런 사람들에게 알짜배기 고정칼럼을 주어 사회를 논하게 하는 것이 우리 언론이다. 또 우리나라에서 언론을 자처하는 몇 개 큰 대중잡지는 어떤가? 이미 큰 비리에 연루되었거나 그만하면 그들의 부도덕성은 의심할 여지가 없는 과거 인사들을 찾아가 국사에 대하여 나눈 말들을 10~20쪽 길이로 써주거나 쓰게 한다. 그들로부터 국민은 무엇을 듣고 배우라는 것인가? 그 정도의 지식이라면 좀 더 깨끗한 지식인과 전문인에게 들을 수 있다. 밀어서는 안될 정권을 민 책임을 지고 집에 들어앉아 근신하려는 사람은 없고 지금도 그들이 국민 앞에 나와 뭐라고 당당하게 말하면 언론은 또다시, 여과 없이 큰 지면과 시간을 할애하여 보도한다.

국민도 이 점에서는 현명하지 못하다. 작은 개인이나 집단이익을 위해서는 잘 따지나 정말 엄격히 따져야 할 "과거 청산"에 대해서는 잘 잊어버리고, 감상적으로 처리하는 민족이다. 그러니 머리 있는 사람은 곧 부정직함이 손해가 아니라는 것을 알게 된다. 무엇이든 "하면 된다" "무슨 방법이든 자리를 잡고 나면 그만이다"라는 산 교훈을 배우게 되는 것이다. "事必歸正"(사필귀정) "정의는 반드시 승리한다" "부끄러운 A학점보다 정직한 B학점이 낫다"와 같은 명언은 모두 공염불이 되고 만다.

일본 통치로부터 벗어난 지 이미 반세기가 지났으나 끝나지 않는 친일파 논쟁을 보면서 느끼는 것이 많다. 『친일파 99인』 『청산하지 못한 역사』 등의 책을 발간하여, 이 논쟁에 다시 불을 붙인 반민족문제연구소는 『친일인명사전』 편찬을 추진하고 있다. 역사를 바로 세우기 위해서 반세기 전의 과거를 따져야 한다면 불과 얼마 전의 잘못된 역사는 더 그래야 하지 않겠는가. 하나는 외세에 어용을 했으니 그렇게 나쁘고 다른 하나는 국내 세력에 어용을 했으니 다르다는 말인가. 국내의 불순세력이 사회에 주는 피해는 내부로부터의 침략이며, 결코 외세의 침략보다 덜하지 않다. 친일 인명사전이 나와야 한다면, 반민족, 반민주 정권에 붙어 우리 사회에 엄청난 피해를 끼친 기회주의 학자, 언론인, 그외 지식인의 인명사전도 누군가가 만들어야 한다.[8]

5. "국민의 심판"은 언론의 몫 ― 몇십억을 받아도 대가성이 없다고 무죄로 풀려나온다면

공직자는 그에게 주어진 정책입안이나 인·허가권 집행과정을 통하여 이권을 챙길 수 있는 자리에 있다. 그리하여 모든 나라들은 이들이 그런 유혹에 빠지지 않도록 처벌규정을 만들어놓고 있다. 기회주의 행태와 공직자의 직권남용은 서로 다르나 밀접한 관계를 갖는다. 개인 이익 때문에 기회주의자가 되는 것인데, 그런 사람이 공직자가 되어 과욕을 부리고 직권을 남용하면 범법이 된다.

오늘의 화폐경제사회에서는 음성적으로 개인 이익을 챙기는 수단으로서는 돈이 가장 편리하다. 실제 공직자들의 범법 사례를 보면 대개 정치인의 경우 불법 정치자금 수수, 선거자금 유용, 행정관료들의 경우 공금횡령과 뇌물수수 등이다. 이런 범법이 된 사안의 액수가 천만 또는 억대로 크고 흔한 일이라면 그것은 정권과 밀접한 관련이 있다. 대기업이 정부의 특혜를 받는 대가로 정권과 정권의 실세에 돈을 바친다면 대개 그런 경우이다.

정경유착의 당연한 결과지만, 그런 스캔들은 정권이 건재하는 동안은 감춰져 있다가 새 정권이 들어설 때마다 단골 메뉴로 터져 나온다. 김영삼 정부와 김대중 정부의 초기 밖에 드러난 과거 "큰 인물"들의 엄청난 부정과 비위 사례들이 그것이다. 대부분 새 정권이 출범 초 국민 앞에 내놓는 개혁 및 사정(司正) 프로그램의 결과라고 하지만, 내부 정치세력간의 갈등의 부분적 표출이라는 인상도 짙다. 새우 싸움에 고래 등 터지는 식이라고나 할까.

비리의 노출이 그런 것이라면 그 처리도 애당초부터 매우 정치적으로 끝날 공산이 크다. 거기다가 누가 누구를 사정할 수 없을 만큼 비리가 만연되어 있으니 심판대에 불려온 사람은 아무도 자기 죄를 수긍하려 하지 않는다. 도마에 오른 정치인은 혐의가 분명한데도 표적 수사다 또는 야당 죽이기 공작이라고 우겨댄다. 2001년 초 불거져 나온 과거 안기부 예산 선거자금 유용 사건도 그렇게 끝날 것 같다. 고위 공직자가 기업으로부터 받은 당연히 뇌물인 돈에 대하여도 대가성 없는 정치자금 또는 떡값이라고 주장하기도 한다. 대부분 이런 범죄들이 정치세력의 비호 아래 이루어졌으니 입건된 경우에도 막강한 여당, 또는 그와 대결 관계에 있는 야당의 보호를 받으면서 정치 흥정 대상이 되는 것이다.

이런 상황에서 정치적으로 단 한번도 독립적이지 못한 사법부가 무엇을 어떻게 하겠는가. 사건을 끌다가 흐지부지 마무리짓고 마는 것이다. 다만 그런 정도로라도 실상이 세상에 밝혀진 것만으로 다행으로 여겨야 할지 모르겠다.

지난번 총선을 앞두고 벌어진 시민운동단체의 "낙천낙선"운동은 국회의원 자리를 노리는 인사들 가운데 낀 일부 "인물이 될 수 없는, 되어서는 안될 인물들"(병역기피자, 납세 기피자, 파렴치범)의 사례를 잘 부각시켰다. 결과적으로 크게 실효를 못 걷고 또 나중에는 그 운동 자체가 선거법 위반이라는 판정을 받았을지라도, 의혹을 받은 인사들의 명단이 그 정도라도 세상에 노출된 것만으로도 큰 수학으로 받아들여야 할 것 같다.

제도권에 의한 사정의 한계가 그렇다면 언론과 여론의 심판과 제재에 기대할 수밖에 없는데, 그 쪽은 어떠했는가? 한마디로 언론의 보도가 늘 용두사미였으니 국민도 혼란스러울 수밖에 없었다. 검찰 발표를 따라, 처음 사건을 터뜨릴 때는 언론의 보도는 세상에 무슨 큰일이라도 터진 듯 호들갑스럽다. 수갑을 차고 밧줄로 묶인 피의자의 얼굴을 무슨 일류 모델처럼 크게 일면에 낸다. 선정주의(센세이셔널리즘)의 전형이다. 그 다음부터는 구렁이 담 넘어가는 식이다. 피의자가 검찰에 출두하여 조사를 받고 있다는 등 절차적인 사항만 미온적으로 보도한다. 소환에 응하지 않으면 응하지 않고 있다고 그대로 보도함으로써 오히려 그것이 별일이 아닌 것처럼 만든다.

미국언론처럼 사건이 적당히 넘어가지 않도록 파고들려고 하지 않는다. 한때 자기에게 유리한 것을 홍보하기 위해서는 언론을 마음대로 이용한 정치적 "거물"이 이번에는 불리한 것은 감추려 하는데 언론은 가만히 내버려둔다.

이렇게 해서 건망증이 심한 우리 국민의 머리에서 사건이 멀어지고 있을 때 어느 날 법정은 무죄 또는 형집행유예 판정을 내린다. 그러면 언론은 그것을 논평 없이, 그리고 눈에 잘 띄지 않는 사회면 구석에 작게 보도한다. 이 점 제12장(장사인가 문제해결인가, 372-373쪽 참조)에서 더 논하지만 언론의 요란스러운 범죄 보도는 뉴스 장삿속이지 문제해결을 위함이 아니라는 생각을 하게 된다.

여기서 또 한 가지 짚고 넘어갈 것은 사법부에 의한 범법자의 정치적 처리를 언론이 당연한 것처럼 만드는 보도이다. 가령 언론은 정당간의 화해가 이뤄져서, 전·현직 대통령간 또는 실세간 모종의 타협 카드가 작용하여, 또는 "대화의 물꼬가 트여" 범법자가 무죄로 풀려날 것인가, 수감자가 사면을 받게 될 것인가 등을 공공연하게 점치는 보도를 태연히 한다. 경제를 고려해서 범법이 드러난 재벌의 처벌을 최소한으로 할 것을 고려중이라는 얘기도 기사로 그대로 나온다. 큰 정치자금 스캔들에 대한 검찰의 수사가 남북정상회담을 고려해 회담 뒤로 미뤄진다는 보도도 이상하지만, 그나마 회담 후 기사 한 줄 안 나오고 말았다. 이렇게 권력자의 뜻에 따라 범법자가 되기도 안되기도, 형을 살기도 하고 안 살기도 한다면 감옥에 가야 할 사람은 과연 누구인가. 우리나라에서 거액의 공금횡령, 뇌물수수, 외화도피 등의 협의로 언론에 대서특필된 사람이 얼마 있다가 요직에 앉거나 국회의원에 출마하여 당선하는 일이 다반사로 일어나도 조금도 이상하지 않은 것은 이런 언론의 덕택이다.

바늘 가는 데 실 따라가듯, 매번 새 정권의 출범과 함께 시작하는 "대대적인 사정"을 언론은 반대하는 것은 아닐지라도 "새로운 역사의 장이 열렸으니 국민화합이 먼저다" "과거에 얽매이지 말고 앞을 향하여 나가야 한다" "과거는 과거로 돌려라" "과거지향이 아니라 미래지향적으로 나가자"와 같은 주장을 하는 논객에게 지면을 주어 이슈를 흐리게 만드는 일이 흔했다. 역사를 바로 세워 우리 사회의 가치관을 회복할 필요를 생각한다면, 이러한 언론의 태도는 무책임하다. "다양한 의견"을 존중하는 것으로 수용하기도 어렵다.

우리가 공직에 있었던 사람들의 잘못을 과거지사로 돌려버리거나 사랑으로 감싸주지 못하고 비정하나마 법적으로나 도의적으로 철저히 따져나가지 않는다면 정의와 도의는 빈말이 되고 사회의 기강은 영영 잡히지 않을 것이다. 과거를 묻지 않고는 미래가 잘될 수 없다.

1973년 미국 국민이 워터게이트 사건으로 그의 도덕성이 의심된 닉슨 미국 대통령으로 하여금 치욕적인 하야를 하게 한 것은 큰 역사적 사건이었다. 또한 클린턴 대통령은 섹스 스캔들에 말려 같은 운명에 놓일 뻔했다. 구사일생으로 넘어갔으나 대통령으로서는 엄청난 여론의 제재를 받은 셈이다. 미국 국민이 우리보다 사랑과 이해가 부족해서 그렇게 한 것은 아닐 것이다. 얼마 전 호주에서는 대기업 그룹 회장인 알란 본드 씨가 사기죄로 3년간의 형을 마치고 출옥했는데 언론들은 그가 가족명의와 해외 은행계정으로 재산을 빼돌렸다며 사건을 재수사하라고 요구하고 나섰다.

비교적 최근에는 호주에서 피터 리스 노사부장관이 연방의원에게 지급된 무료 전화카드를 자기 아들이 사용해서 국고를 축냈다는 혐의로 엄청난 정치적 곤욕을 치렀다. 신문들은 매일 그 기사로 주요면과 독자란을 도배했으며, 어떤 신문은 액수가 적힌 리스 장관의 개인 수표 사진을 "여기에 서명하시오"라는 말과 함께 일면에 크게 실어 물어내도록 밀어붙였다. 결국 그는 그에 굴복했다. 한국에서라면 생각도 못할 일이다.

몇 년 전에 작고한 김구 선생 암살범 안두희 씨가 고령과 병고에 시달려 오래 못 살 것은 분명했는데, 왜 사람들은 그를 편히 쉬게 가만 두지 않았는가. 모두 역사를 바로 잡아야 할 필요 때문일 것이다. 그렇다면 밀어서는 안될 정권을 밀어 나라에 누를 끼치고, 그 대가로 부귀영화를 누리는 과거 정치인과 언론인, 학자 등 지식인은 버젓이 활개를 치고 다녀도 괜찮은가. 하나는 비호세력이 건재하니 그렇고, 다른 하나는 그런 세력이 사라져 거의 반세기가 지난 후에도 그런 고초를 받아야 했던가. 한국인은 절대 공정한 민족이 아니다.

공직자들의 과거와 관련, 흔히 일어나는 문제는 그들의 사생활이다. 공직자가 직장 밖에서 문란한 남녀관계를 가질 때라던가, 과소비와 호화생활을 즐길 때 그것은 프라이버시(privacy)여서 사생활 불가침의 원칙이 적용되어야 하는가? 이에 대한 해답 역시 위에서 논한 기준을 생각해보면 자명해진다.

공직을 맡는 사람은 직무의 수행과 함께 사회적 모델이 된다. 그러기 때문에 공직과 사생활을 완전히 구분할 수는 없다. 그는 직책상 임무를 잘 수행하는 것 외에도 품위를 유지함으로써 타의 모범이 되어야 한다.

사람의 행태는 일관성을 갖는다. 사생활이 문란한 사람은 공직생활도 문란하게 할 잠재성을 지니고 있다. 그가 사생활에서 모범이 못되었다면 공직생활에서도 마찬가지일 것이다. 또 문란한 사생활은 부정부패와 연관을 맺는 것이 보통이다. 수신제가치국평천하(修身齊家治國平天下)라고 한 『논어』의 정치철학은 지금도 절대 타당하다. 한 언론보도가 인용한 기록에 따르면, 과거 시국사건에서 터무니없는 중형을 때린 판사들이 대개 이권이 걸린 재판에서는 관대한 판결을 내렸다는 것이다. 법과 도덕적 기준을 어겨가며 축재를 하는 판사가 재판을 공정하게 할 리가 없다. 그런 의미에서 공직자의 사생활도 보도 대상이 되어야 한다. 또 유명인사들은 언론을 이용하여 유명해지는 만큼 무명 인사들보다 언론으로부터 더 많은 사생활 침해를 받는 것은 당연하다. 그것은 유명세라고 부를 수 있다. 2000년 뉴욕주 상원의원에 출마한 미국의 "퍼스트 레이디" 힐러리 클린턴에 대하여 일부 유권자들이 제기한 "왜 부정한 남편과 계속 살고 있느냐"는 시비가 언론에 보도된 것도 좋은 예이다.

영미 국가들의 관례는 이 점에 있어 철저하다. 정치 지도자와 공인의 발언과 행동 간의 괴리, 불건전한 사생활은 늘 기록을 토대로 심판을 받게 된다. 미국정부의 고위직 임명은 상원의 인준을 필요로 하는데 이 절차는 주로 공사를 막론, 과거를 따지는 일이다. 바로 역사를 바로잡는 일이다. 우리도 늦게나마 국회인사청문회제도를 받아들였으나 아직은 그 수준에 못미치고 있다.

주 6

사회적 모델

대중매체에 나오는 사회적 모델의 쉬운 예는 영화의 주인공이다. 주인공은 영화(또는 연극)를 보면서 관중이 "나도 저랬으면"하고 부러워하거나 흠모하는 대상이다. 흠모하기 때문에 그들이 하는 역할을 닮게 된다. 이런 흠모의 대상을 역할모델(role model)이라고도 한다. 1950년대에 이미 역할모델에 대한 이론을 제공한 사람은 교육심리학자 반드라(Bandura, 1965)이다. 그는 이 과정을 모방학습(imitation learning) 또는 모델을 통한 학습(modeling learning)이라 불렀다.

모델을 통한 학습 이론은 영화와 드라마에 나오는 주인공과 인물에만 한정되지 않는다. 컴스톡(Comstock et al., 1978)은 이 이론을 텔레비전에 확대, 넓은 문헌과 연구결과를 종합한 학자이다. 텔레비전에 나오는 인기 연예인(television personality), 신문, 잡지, 책에 나오는 인물, 현실 사회에서 자기가 존경하거나 좋아하는 인물과 이름에 그대로 적용될 수 있다. 이때의 인물을 컴스톡은 사회적 모델, 이런 인물을 통한 사회화 과정을 사회적 학습(social learning)이라고 불렀다. 요즘 10대들이 텔레비전 스타들의 말투, 몸짓, 옷차림, 머리 염색과 머리 스타일을 닮으려고 하고, 그것이 패션을 만들어가는 과정도 같다. 매너와 스타일 등 외모만이 아니다. 생활양식과 태도까지 닮게 된다.

한때 미국에서 인기를 끈 텔레비전 연재 드라마 <젊은 의사들(Young Doctors)>이나 우리나라에서 <빨간 마후라> 같은 영화를 보고 "나도 의사가 되고 싶다" 또는 "공군 파일럿이 되고 싶다"면서 그 역할을 동경하고 닮고 싶어했다면 거기에도 일종의 모방효과가 있었다고 봐야 한다. 한때 박세리가 골프 스타로 우리나라 텔레비전에 매일 영웅처럼 비춰졌다. 그러자 한국에 모자 등 그녀와 같은 차림새를 하고 다니는 젊은 여성들이 부쩍 늘어났다.

사회적 모델은 모든 매체에 적용되지만 특히 텔레비전과 연관해서 각별한 관심을 모으게 된 이유는 이해하기 어렵지 않다. 텔레비전은 기술적 우월성으로 인물을 실물보다 돋보이게 하며, 시청자가 많아 사회적 모델을 만드는 기능이 월등하다. 텔레비전이 대중문화를 이끌어가는 것도 바로 이 때문이다.

영화의 주인공이나 텔레비전 인물의 예는 사회적 모델의 개념을 쉽게 설명하기 위해서 들었을 뿐이고, 여기서 윤리·도덕 가치관의 지표로서의 모델은 드라마 속의 가공인물이 아니라 현실 사회에서 대접을 받는 인물, 그러기 때문에 대중의 행동기준이 되는 인물이다.

그 차이는 무엇인가? 얼마 전 큰 인기리에 끝난 MBC 연재 드라마 <허준>을 예로 들어 설명해보자. 드라마 속의 허준은 분명 윤리·도덕 행위의 사회적 모델이다. 그러나 우리의 현실사회에서는 아니다. 이 드라마를 본 사람들의 공통적인 의견은 "우리의 현실에도 허준이 있는가" "아직도 그런 의인이 있는가"이다. 지금 우리가 사는 사회에서 "허준"과 같은 사람이 대접을 받을 리가 없다. 그러니 "허준"은 우리 사회에 나오지 않는 것이다.

왜 사람들은 사회적으로 대접받는 사람을 행동기준으로 삼는가를 좀 더 이론적으로 설명해보자.

인간은 합리적인 동물이다. 아무렇게나가 아니라 일정한 원칙을 따라 행동한다는 뜻이다. 그 원칙이란 안위(pleasure, 이 영어 표현은 안위와 쾌락 어느쪽 의미로도 쓰이는데, 우리말 번역은 대개 쾌락 아니면 즐거움이다. 안위와 즐거움의 절정이 쾌락이 아닌가 한다)를 극대화하고 고생(hardship)을 최소화하는 일이다. 육체를 타고난 사람은 먹어야 하고 체온을 유지할 수 있어야 한다. 그래야 편하다(즐겁다). 그렇지 못하면 고통스럽다. 그는 고통은 줄이고, 편함과 즐거움을 늘리는 쪽으로 행동하려고 한다. 이것이 바로 합리적 행동이다.

그런데 일반동물과는 달리 인간의 욕구는 무한하다. 생존을 위한 기본욕구 충족으로 만족하지 않는다. 우리 사회에서 끊임없이 개발되는 상품의 종류와 질을 생각해보면 실감난다. 사람을 기쁘고 즐겁게 해주기 위한 서비스 또한 마찬가지다. 그는 물질적·육체적 욕구 외에 정신적 욕구를 가지고 있다. 권력욕, 명예욕, 성취욕, 애욕, 정복욕 등과 같은 개념은 모두 그런 것들이다.

종교를 떠나 세속적인 의미에서 말한다면, 사람은 이런 욕구들을 될수록 많이 충족할 수 있으면 기쁘고 즐겁다. 말하자면 행복하다. 여기서 이런 욕구충족을 해주는 쪽을 상(賞, reward, 일상생활에서는 말하는 이익, 이득, 혜택, 편의와 같은 속성을 여기에 통합시킬 수 있다), 반대로 욕구충족을 빼앗는 쪽을 벌(罰, punishment, 손해, 불편, 고생, 불명예와 같은 속성을 여기에 통합시킬 수 있다)로 줄여 정리할 수 있다. 상벌은 S-R(Stimulus-Response)의 도식으로 표현되는바 가장 고전적인 교육이론의 기초가 된다. 조건반사과정을 설명하는 이 이론을 실험한 러시아 심리학자 이반 파브로브(Ivan Pavlov)는 개에게 먹이를 줄 때마다 종을 울리게 하였다. 개는 먹이를 보고 침을 흘린다. 나중에는 종소리만 들어도 침을 흘린다. 종소리(먹이와 같음)라고 하는 외부로부터의 주어지는 지속적인 자극(상 또는 이익)을 통하여 침을 흘리는 행위를 배운 것이다. 동물을 훈련시킬 때는 거의 예외 없이 이런 상벌을 통한 조건반사 과정을 이용하여 하게 된다. 초등학교에서 왜 상벌에 대한 규정을 두어 선행을 하는 학생에게 상장을, 반대 학생에게는 벌을 주는가가 명백해진다.

그런데 동물과는 달리 인간(특히 성장한 인간)이 배우는 과정은 이보다 복잡하다. 개의 경우처럼 조건반사적으로 배우는 것은 어린 아기의 경우, 또는 단순한 육체적 학습의 경우고, 그보다 더 복잡한 사항은 외부로부터의 직접 자극(stimulus)과는 관계없이 머리 속에서도 배운다. 인식작용(cognition)에 의한 습득, 또는 인식적 학습(cognitive learning)이라고 한다. 남이 하는 것을 직접, 또는 텔레비전에서 보고 배우는 것도 그 한 가지 예이다. 이러한 고차원적인 학습능력 때문에 인간은 다른 동물과는 달리 배운 것을 행동으로 옮기기도 하고 안하기도 한다.

교육은 지식의 습득과 지식 실천의 두 단계로 나누어볼 수 있다. 지식의 습득이 행동으로 이어질 때와 그렇지 않을 때가 있는데, 그 기준은 무엇인가? 배운 것을 실천으로 옮기면 이익(상)이 온다는 조건이다. 많은 분야에서 지식의 습득은 실천으로 이어진다. 법률, 의학 등 대부분의 실용학문과 기술 분야를 공부한 사람은 그 지식을 실천으로 옮긴다. 왜냐하면 이익(상, 돈벌이가 되다)이 되기 때문이다. 따라서 이 경우 교육은 지식의 전달로 족하다. 여기에 예외가 되는 분야가 윤리·도의 교육(인간교육, 가치관교육, 인성교육은 크게 보아 같은 말이다)이다. 배운 대로 법을 잘 지키고 정직하게 살아보니까 손해더라, 불이익(벌)이 되더라는 말을 흔히 듣는다. 그럴 때 사람들은 그것을 실천으로 옮기지 않는다. 기업가가 세금을 포탈하면 불법이고 부도덕한 일이다. 그러나 금전적으로는 큰 이익이다. 그러므로 그 이익을 상쇄하는 처벌이 따르지 않는 사회에서라면 탈세는 보편화된다. 마찬가지로 다른 분야에서도 규범을 지키지 않는 것이 오히려 이익(상)이 되거나 적어도 큰 손해가 아니라면 그렇게 된다(제6장 알면 행하는가, 165쪽 참조).

이때 상벌은 사회가 결정한다. 따라서 사회가 올바르게 사는 사람을 대접한다면 그 사회에서는 올바른 사람이 많이 배출될 것이다. 반대로 그 사회가 올바르게 사는 사람을 푸대접하거나, 그르게 사는 사람이 손해를 보지 않는다면 그 사회에서는 올바르지 않은 사람이 많이 배출될 것이다.

한 국내 조사(대홍기획 발행, 『한국사람들』, 1999)에 따르면 피조사자 가운데 "우리 사회에서 법대로 사는 사람이 손해를 본다"고 응답한 비율이 1992년 73.8%에서 1998년 87.7%로 늘어났다. 상황은 지금도 같다. ≪한겨레신문≫의 최근 여론조사(2000년 12월 19~20일 실시)에 따르면 응답자의 79.1%가 "법대로 살면 손해"라고 대답했다고 한다. 대부분 사람들의 생각이 그렇다면, 그들이 어떻게 행동할지는 불 보듯 뻔하다. 참으로 심각한 일이다. 따라서 우리나라 사회문제 해결을 위해서 제일 먼저 해야 할 일이 무엇인가는 분명해진다. 바르게 행동하는 사람에게는 상, 그렇지 않는 사람에게는 처벌이 온다는 사회적 기약을 확실하게 해야 한다.

위에서 초등학교에서 학생들에게 주는 상장에 대하여 짧게 말했다. 그 상장이 받아서는 안될 학생에게 돌아간다면 어떻게 될까? 순진한 어린 학생들에게는 마음의 큰 상처를 안겨줄 수 있다. 반면 요즘 훈장이나 상장이 어른들에게 남기는 효과는 미미하다고 생각된다. 우리나라 서훈(敍勳)의 권위가 그만큼 땅에 떨어졌기 때문이다. 정부나 공공기관이 수여하는 훈장과 포상을 받은 사람들의 상당수가 엉터리였다는 사실이 언론보도로 뒤늦게 알려졌다. 독립유공자로 추앙되어온 사람이 알고 보니 친일파였다라든가, 한국의 잠롱(전 방콕시장으로 청렴하기로 국제적으로 알려졌던 인물)으로 크게 보도된 공무원이 부정의 대부였고, 거액세금을 횡령한 세리들이 정부가 주는 굵직한 표창장을 독차지했다는 얘기가 그것이다.

또 상의 수여자가 나중에 엄청난 공금을 횡령한 범죄자로 판명된다면 어떻게 되는가? 훈장 수상거부 파동이나 벽에 걸어 놓은 상장을 내려놓는 일이 생길 수밖에 없다. 우리나라에서 독재자들이 수여한 상장을 자랑스럽게 벽에 걸어놓을 사람이 몇이나 될까? 여하간 언론이 포상자를 일일이 심사할 수 없는 일지만, 서훈 보도를 좀 더 조심스럽게 할 필요는 있다.

주 7

두 유형의 지도자

지도자라는 말은 가치관이 담긴 말이어서 조심해서 사용해야 한다. "저 사람은 지도자가 될 사람이야", 반대로 "지도자감이 못돼" 할 때는 거기에는 벌써 그 사람의 인격이 거론되고 있음을 알 수 있다. 인격이 훌륭하다, 대중의 존경을 받을 만한 사람이라든가 아니라든가를 의미한다는 말이다.

대통령, 야당 당수, 국회의원, 장관, 차관, 참모총장, 검사, 판사, 은행장, 연구소장, 대사, 각 단체, 기관, 연합회 등의 장은 분명히 한 사회의 지도적 인사이다. 각 분야의 우두머리 자리에 있는 사람을 정치지도자, 사회지도자, 종교계 지도자, 문화계 지도자, 교육계 지도자라고 부르지 않는가. 그러나 이때의 지도자는 단체의 우두머리로서 중요한 결정권을 갖고 남에게 영향력을 행사하는 자리에 있는 사람이라는 뜻이지, 인격적으로도 지도적 인물이란 뜻은 아니다.

한국의 고위 정치인, 고위 관료는 인격적으로 일반서민보다 더 인격적이지 못했다. 이를 증명하기 위해서 사례를 많이 들 필요는 없다. 정권이 바뀔 때마다 대대적으로 노출되는 고위 공무원과 기관장들의 부정부패 사례 하나로도 충분하다. 우리나라 사람들은 일반적으로 관료나 단체장에 대한 존경심이 없다. 선거운동을 "감투싸움"이라고 부른다든가 "위에 있는 놈들이 모두 도둑놈이다"와 같은 말을 함부로 하는 것을 보면 안다. 필요에 따라 보는 앞에서 아첨을 할 따름이다.

서두에서 지도자란 말을 조심해서 쓰자고 한 이유가 이것이다. 이 두 가지 유형의 지도자와 사회구조에 대한 이해를 깊게 해주는 개념으로 미국 사회학자들이 쓰는 제도권 또는 형식적 지도자(formal leaders)와 비제도권 또는 비형식적 지도자(informal leaders)가 있다. 이 구분은 이 장 앞 부분에서(누가 인물인가, 85-90쪽) 거론한 규범적 인물과 실제적 인물 간의 구분과 어느 정도 맞아떨어진다. 그리하여 규범적 인물/실제적 인물의 경우처럼 제도권/비제도권 지도자 간에도 현실적으로 큰 괴리가 있는 것이 사실이다.

제도권 지도자는 개인의 인격과 자질과는 관계없이, 앞서 든 대로 권력구조, 또는 사회적 계층구조 안에서 누리는 직함과 그에 따르는 의사결정권이 가지는 힘 때문에 지도적인 지위에 있게 되는 사람이다. "자리가 사람을 만든다" "권한을 주면 나도 할 수 있다"와 같은 말은 이런 사정을 잘 나타낸다. 군대 조직 안의 지휘관은 대표적 예이다. 참모총장, 사단장, 대대장, 소대장은 각 단계에서 지휘권한을 행사하는 지도자인데, 그의 힘은 인격과 능력이 아니라 직책과 계급에서 나온다. 상관은 그런 사람이다.

비제도적 지도자는 그 반대다. 대학과 연구소 같은 조직에 속해 있지 않으면서 널리 학자로서 존경을 받고 영향력을 발휘한다면 분명 그는 비제도적 지도자이다. 아무런 사회적 직위를 갖지 않으면서, 순전히 개인의 인격과 덕망과 지식 때문에 대중들에게 널리 알려지고 영향력을 미치고 있는 사람이 있다면 그는 비제도권 지도자의 예가 된다.

다음 제도권 대 비제도권 지도자에 대하여 내가 갖고 있는 몇 가지 관점을 말한다면 한 사회를 통찰하는 데 도움이 되리라고 믿는다.

●제도권과 비제도권의 구분이 점점 어려워지고 있다. 그 이유는 첫째로 산업화, 기능분화, 정

보화, 도시화 등으로 특징지어지는 지금의 사회에서는 전통적 의미의 권력구조 밖에서도 그에 못지않은 역할을 갖는 사회적 기능과 단체가 많아졌기 때문이다.

천주교 추기경, 재벌 총수, 대학교수, 목사, 스님은 두 유형의 지도자 가운데 어느쪽인가를 생각해보면 무슨 말인가를 이해할 수 있을 것이다. 한국 천주교의 추기경, 큰 교회의 목사와 큰스님은 우리나라에서 정신적으로 영향력을 미치는 지도자로 잘 알려져 있다. 그런데 그 영향력은 그들이 움직이는 거대한 천주교와 불교집단을 떠나 순전히 개인적인 인격 때문만이라고 할 수 있을까. 학자로서 대학교수도 그렇다. 대학이라는 거대한 두뇌와 학생집단 없이 개인의 지식과 역량으로만 그런 영향력을 가질 수 없을 것이므로 양자의 구분이 과거보다 모호해진 것이다.

둘째 이유는 소비자 중심인 산업사회에서는 재력을 가진 개인과 단체가 새로운 힘의 집단으로 등장하기 때문이다. 역사적으로 우리나라에서 상인은 기능직에 지나지 않았다. 재벌 총수는 기능으로 봐 권력구조와는 무관한 상인이다. 그러나 지금 그는 그가 갖는 기업체의 거창한 자본과 생산 능력, 고용능력, 구매력, 시장, 로비능력(우리나라의 경우 정경유착) 때문에 정부와 사회 전반에 큰 영향력을 미친다. 그 사람을 제도권 밖의 사람이라고 보기는 어렵게 되었다. 이의 당연한 결과로 기업구조 내의 각 수준에서 의사 결정권을 갖는 사장, 전무, 이사, 팀장, 부장, 과장도 상당히 큰 사회적인 역할을 갖게 된다.

●제도권 지도자가 갖는 영향력은 입법, 행정 인·허가, 사법 등 분야에서 그가 갖는 권한이 남에게 금전적·신체적으로 가져다줄 수 있는 이익 또는 불이익에서 나오는 것이다. 그런 제도적 권한을 갖지 못하는 비제도권 지도자가 어떤 역할과 영향력을 갖자면 자연히 인격과 지식(정신적 지주와 같은 말이다)을 밑천으로 할 수밖에 없다. 그런데 그런 무형의 재산으로부터 누리는 영향력은 그가 높은 지명도를 누릴 때 비로소 가능하다. 오늘과 같은 마을 중심이 아닌 대중사회에서 금력과 조직 없이 청빈, 지조, 지성, 지식과 지혜와 같은 자질만으로는 대중매체의 관심을 끌 수 없으며, 잘 알려질 수가 없다. "비중이 큰 인물"이 되려면 역시 직함과 권한을 무기로 언론에 자주 나와 크게 보여야 한다. 오늘과 같이 물질 중심의 사회에서 인격이라든가 정신은 역사적 유물이 된 감이 있다. 그러니 순수한 비제도권 지도자는 점점 사라질 운명에 놓여 있다.

위에 든 목사의 예에서, 그가 신도 20여 명의 작은 교회를 거느린다면 자질이 있어도 유명해지기가 어렵다. 마찬가지로 큰 조직을 업지 못하는 지식인, 전문인은 계속 무명인일 수밖에 없다. 언론의 관심 밖에 있어 대중에게 닿지 못하기 때문이다.

작가, 음악가, 미술가, 조각가 등은 조직과는 관계없이 개인의 재능 하나로 유명해질 잠재력을 가진 사람이다. 그러나 같은 자질을 가졌어도 한 사람은 대학이나 해당 분야 힘이 있는 단체에 소속하기 때문에 알려지고, 다른 한 사람은 그렇지 못했기 때문에 "무명인"(nobody)이 되는 경우는 얼마든지 있다.

같은 음악인, 예술인이면서 명문대 음악대학장, 예술대학장 자리를 차지한 사람과 그렇지 못한 사람을 비교해보자. 음악대학장은 대학이라는 제도권에 속해 있다는 그 자체로 주어지는 품격 외에 그는 학교 입학정책이나 정부의 음악정책을 논함으로써 정부에 영향을 미칠 수 있다. 그는 강의와 교습을 통하여 많은 후진을 양성하게 되므로 그들을 통하여 영향력을 갖는다. 자연히 그는 다른 음악인보다 언론의 관심을 더 끈다.

지금으로부터 약 반세기 전에 농촌에서는 아무런 직함 없이 여러 분야에서 영향력을 발휘하던 어른들이 있었다. 더 오래 전에는 우리나라에 벼슬을 마다하고 초야에 묻혀 살면서도 사람들의 존경을 모으고 이름을 남긴 선비, 현인들이 많았다. 우리말의 스승도 그런 사람을 의미했다. 그리하여 과거에는 고위직에 있는 제자들이 자문을 받기 위해서 찾는 숨어사는 스승들이 있었다. 요즘 그런 사람들이 사라진 것은 강력한 대중매체의 출현과 전통사회의 몰락과 밀접한 관계를 갖는다고 본다. 이는 분명 대중매체의 역기능이다.

나는 가끔 우리나라에서 몇 안되는 한 길을 걸어온 학자, 또는 여러 공직을 거쳤으면서도 비교적 양심적이고 청렴한 인물로 알려진 70대의 원로 인사들 대부분이 직함은 커도 꼭두각시 노릇밖에 못할 정부 임명직에 불러만 주면 가는 것을 볼 때 아쉬운 생각이 든다. 직함 없이 집에 들어앉아 있으면 아무도 알아주지 않으니 그런 것 아닌가. 이들이 제도권 밖에서 그야말로 양심적인 원로로서 사회적 모델 역할을 할 수 있다면 얼마나 좋을까. 특히 국가 위기 때마다 대통령이 원로의 의견을 듣는다며 청와대로 초청되는 인사들의 면면을 볼 때마다 그런 생각이 든다.

한국에서 비교적 가까운 과거에 비제도적 지도자 역할을 한 인물을 찾으라면 지금은 모두 고인이 된 사회비평가 함석헌 씨, 농촌운동가 김용기 씨 같은 이를 들 수 있지 않을까 한다. 지금도 사회적으로 다소 영향력을 발휘하는 재야지도자, 일정 직위 없이 존경받는 자유기고가, 민족시인, 노동시인, 사회사업가, 작가, 평론가, 대중연설가가 없지 않으나 이 경우에도 다행인지 불행인지 매스컴의 관심을 끌 만한 극적인 사건과 계기(예컨대 운동권, 오랜 감옥 생활, 쇼맨십 등)가 있어 대중에게 이름이 알려졌기 때문이며, 그렇지 않았으면 무명인으로 끝나고 말았을 것이라고 생각된다.

영미 국가에서는 현장교육의 한 방법으로 멘터제도(Mentor system, mentoring)라는 것이 있다. 멘터는 고대 그리스의 작품 『오디세이』에 나오는 현인이다. 작품의 주인공 유리시스는 전쟁터에 나가면서 자식의 장래와 교육을 그에게 맡긴다. 여기에서 유래하여 지금은 각 분야 후진을 몸소 지도하거나 인격적 사표가 되는 인물을 말한다. 그리하여 멘터 시스템은 각 기능 분야의 대가나 스승을 모델로 하는 현장 직업교육이나 인격수양의 방법을 의미하게 되었다. MBC드라마 <허준>에서 유의태는 분명 허준의 멘터이다. 지금 우리나라에서 유의태와 같은 정신적 지도자로서의 멘터를 찾는다면 어디로 가야 할까?

구미식을 따라 우리나라에서도 많이 생겨난 무슨무슨 준정부 또는 민간 위원회의 위원 임명도 거의가 제도권의 일원으로 전·현직 직함소유자들로만 채우는 것이 관행이다. 멘터가 될 만한 사람도 직함이 없다면 제도권의 관심을 끌지 못한다.

요즘 우리나라에서 활발해진 시민운동은 "무명인"들이 목소리를 내기 위한 집단 노력이라 할 수 있다. 그런데 그 운동도 쉽지 않다. 이들이 감시해야 할 정부나 대기업으로부터가 아니라면 재원을 조달하기 어렵고, 시민운동 지도자가 유명인이 되면 어려운 민간운동 대신 제도권으로 자리를 옮겨가는 것을 보게 되기 때문이다. 또 이들 운동의 관료화에 대한 비판이 내부 인사들로부터 거론되기도 했다.

●여러 분야에 걸쳐 비형식적 지도자가 많고, 이들의 역할이 활발하다면 그 사회의 권력구조는 넓게 퍼져 있다는 증거이며, 그래서 민주적이라고 할 수 있다. 민주주의의 특징인 국민의 폭넓은 정치 참여를 위한 한 가지 조건을 다원주의(pluralism)로 보는 것은 이 때문이다. 다원주의는 정치적 권력 외에 자생적이고 자율적인 민간단체가 많고, 이들의 활발한 활동이 허용되는 사회를 의미한다.

그렇지 않고 권력구조 안에서 자리를 가진 일부 사람들이 역할을 독점하는 사회는 권력의 집중과 남용은 불가피하며, 그 권력은 독재로 바뀌고 만다. 북한은 전형적인 그런 사회이다. 한국은 북한 같지는 않지만, 누구든 일단 권력을 잡으면 수단과 방법을 가리지 않고 연장하려고 하는 것을 보면 제도권의 매력이 얼마나 큰가를 알 수 있다. 어제까지 요직에 있다가 오늘 떠나면 사람들은 쳐다봐 주지 않는다. 김대중 대통령은 정권에 연연하지 말고, 소신껏 정치를 해보고 안되면 물러나 국가의 원로로 남을 수 없을까 하는 아쉬움을 갖는 사람들이 있다. 그가 대통령 후보로 나서기 전에도 그런 생각을 하는 사람이 많았다. 그러나 그도 제도권 밖으로 처지면 아무런 역할을 가질 수 없다는 것을 잘 아는 게 아닐까?

"사회구조가 단순하고 정치구조가 비민주적이던 봉건시대에는, 뜻과 재능을 가진 사람이 이를 세상에 제대로 펼치기란 근본적으로 한계가 있었다. 그러나 정치가 민주화되고 사회가 다원화되면서 "뜻을 세우고 살아가려는 사람"의 외적 처신의 폭은 매우 넓어졌다. 비정부, 비정치 분야에서의 역할이 민주사회에선 훨씬 더 중요하다는 시민적 자각이 증대했다." 이는 어느 학자가 과거와는 달리 한국사회는 다원화되어 전통적인 권력구조 밖에서 할 일이 많아졌다고 말하고자 쓴 글의 일부이다. 그러나 그것은 이론이고 실제를 보면, 모든 민간부문에 미치는 관의 막강한 힘을 생각할 때 제도권 밖으로 밀려난 사람은 살기가 외롭다는 것은 부인할 수 없는 사실이다.

정부로부터 독립해서 자율적으로 활동하는 단체와 인물이 드문 것은 한 가지 그런 증거이다.

독립적이어야 할 연구소와 비슷한 기관들을 친여적인 사람이 차지한다. 그런 사회에서는 정부가 하는 일에 획일적 태도로 충성하는 것이 출세로 가는 길이다. 지방자치제도는 이런 중앙집권적 권력구조를 고치기 위한 한 가지 제도적 장치이지만 우리 사회가 이미 그렇게 되어 있으면 실효를 거두기가 힘들 것이다.

관과 민은 서로 상대적인 관계에 있으므로 관의 영향력이 크면 그만큼 민의 활동영역은 좁아진다. 제도적 지도자만이 판을 치는 사회에서는 어디에 쉽게 들러붙지 않는 독립적이고 자유주의적 성격의 소유자가 할 일이 드물다. 종친회장, 체육회장, 교우회장, 도민회장과 같은 순수 민간 및 친목 단체도 회원 중 국회의원, 전직 장관 등 재력과 이력으로 봐 정치적 힘을 빌어 돈을 긁어 모으거나 주머니에서 내놓을 수 있는 사람을 장으로 추대하는 것은 단체운영도 자율적으로 하기 어렵다는 우리의 현실을 그대로 반영하는 것이다. 이것은 민주주의의 이상과는 거리가 먼 현상이다.

●사람들이 제도권 밖의 지도자보다 제도권 내의 지도자가 되기를 원하는 이유는 이미 위의 설명에서 밝혀진 대로 그 쪽이 더 편하게 살 수 있는 길이기 때문이다. 제도권의 핵심인 관(官)의 매력을 이미 설명했다(제3장 주 4, 81쪽 참조). 그 특혜 리스트에 하나 더 추가할 것이 서훈(敍勳)이다. 직함소유자는 두 가지 이유에서 서훈에서도 특혜를 누리게 되어 있다.

첫째로, 역할을 갖는 직함소유자만에게 서훈의 대상이 될 실적을 만들 기회가 생긴다. 대학이사장, 대학 총장, 교장을 지낸 사람은 일생을 교육계에 헌신한 공로로 정부와 각종 민간단체가 주는 이름이 있는 훈장이나 포상을 여러 개 받게 되는 것이 보통이다. 그런데 재미있는 사실은 그 자리에는 이미 충분한 대가와 특혜가 주어지는데, 왜 헌신이라고 하는가이다. 충분한 자격을 갖고도 기회가 주어지지 않아 헌신하고 싶어도 못하는 사람이 많다고 생각할 때 그러하다. 관계, 경제계, 종교계, 사회 및 문화계 등 다른 분야도 마찬가지다. 교육자로서 국가훈장이나 대통령 표창을 받은 과거 대학 설립자, 언론사 사주, 문화재단 이사장들은 실은 진정한 의미의 교육자, 언론인, 문화육성인이 아니었다. 그들이 아니었다면 더 양심적이고 헌신적인 교육자, 언론인, 문화육성인이 배출되었을지 모를 일이다.

이는 직함에 따른 사회적 기회의 대단한 불균형으로 언론이 착안할 일이지만, 우리나라에서 문제제기가 된 적은 없다. 호주에서는 매년 1월 26일 건국일(Australian Day)에 각 분야에서 뽑힌 공로자들이 영국 여왕이 수여하는 훈장을 받는다. 어느 신문독자가 "수상자들은 이미 차지한 자리만으로도 충분한데 상까지 받아가야 하는가"라고 비꼬는 글을 읽은 기억이 난다.

둘째로, 관료와 재벌 중심으로 된 사회에서는 민간단체가 주는 영예의 수여가 정치적 실세나 돈을 많이 낼 수 있는 대기업에 대한 로비 수단으로 이용될 수 있다. 한국에서 대학들이 갑자기 "뜨는" 정치실세나 기업가들에게 명예박사 학위를 수여하는 관례는 그런 의구심을 갖기에 충분하다. 그러나 한국에서 언론이 아직까지 이런 시각으로 문제를 거론하는 것을 보지 못했다.

●각 사회에서 두 유형의 지도자가 갖는 역할을 알면 그 나라의 사회변화(social change)의 주체와 사회구조를 짐작할 수 있다. 불과 몇 사람의 권력 엘리트가 결정을 하고, 관료가 이끌고 가는 사회는 독재국가요, 많은 사람—국민, 민중, 대중, 민초 등 무어라고 불러도 마찬가지—이 이끌고 가면 민주국가이다. 사회변화가 다수의 비제도적 지도자 집단이라고 볼 수 있는 조용하고 현명한 대중(silent majority)의 참여로 이루어져 나간다면 그것은 정말 이상적인 민주주의 사회이다. 그런 의미에서 "누가 한국을 움직이는가"와 같은 여론조사결과를 언론이 보도하고 국민이 당연한 것으로 받아들이는 일은 잘 생각해봐야 한다.

●어느 사회이건 제도권과 비제도권 지도자 간 인격과 자질에 있어 완전 일치가 있을 수 없지만, 그 괴리가 어느 정도인가는 나라마다 다르다. 불행하게도 과거 한국은 괴리가 심한 쪽 극단에 있었다고 할 수 있다. 그런 사회에서는 직함소유자들은 국민으로부터 존경이 아니라 시기를 받으며, 그런 지도자가 이끄는 정부와 국민 간의 긴장과 갈등은 커 사회는 평온할 수 없었다.

오래 되었지만, 미국의 ≪U. S. and World Report≫는 미국의 각 분야에서 국민들로부터 존경을 받는 인사들을 조사하여 발표한 일이 있는데, 공공분야에서는 카터 전 대통령이 뽑혔다. 우리나라에서 대통령을 포함해서 오래 고위 공직자로 지내다가 시민으로 돌아간 사람 가운데 국민의 마음 속에 오래 존경을 받고 사회적 모델로 남는 인물이 몇이나 있는지 깊이 생각해볼 만하다. 생존한 전직 대통령들이 집에 앉아 자기를 추종하는 정치인들을 중심으로 파벌을 만들고 있는 것이 우리나라 현실이니 말이다.

●각 민족은 강점과 함께 취약점을 가지고 있는 것이 보통이다. 그것은 인종이 아니라 문화의 문제이다. 우리 민족의 취약점으로 여러 가지가 거론되지만 나는 가장 으뜸인 것이 응집력(cohesiveness, 결속력이라고 해도 된다)의 부족이라고 생각한다(제5장 128쪽 참조). 외국인들이 한국인은 개인으로는 강하나 모이면 약하다고 평하는 것은 어제오늘의 얘기가 아니다. "쪼개어 지배한다"(divide and rule)는 영어 속담이 있지만, 우리 민족은 자진해서 "쪼개져서 지배당하여" 왔다. 일본에 지배당한 과정, 남북한이 지금도 갈라져 싸우느라 국제사회에서 큰 봉 노릇을 하고 있는 것은 좋은 실례이다.

해외 한인사회를 보면 더욱 실감난다. 한국 사람의 수가 좀 늘면 어디에서나 같은 기능의 단체들이 여러 개가 생긴다. 그리하여 자원과 인력을 분산시키고 서로 경쟁을 하니 주재국 정부나 단체들을 상대로 힘을 발휘할 수도 없고, 인정을 받을 수도 없다. 해당 분야 무자격자와 확실한 소신 없는 사람이 설치고 제대로 할 수 있는 사람은 빠져나가니 더욱 그렇다. 일제시대 때 만주 등 해외에서의 한국인의 독립운동, 지금의 해외 한인회, 한인언론 현상이 모두 그러하다. 그러기에 도산 안창호 선생 이후 해외에서 "뭉치면 살고 흩어지면 죽는다"와 같은 구호에서 시작하여 지금까지도 국내외 어디를 가든 한국 사람이 모인 곳이면 일치단결, 단합, 화합과 같은 말이 약방 감초처럼 쓰여지나 그것은 말뿐 실천은 안된다.

이와 같이 우리끼리 단결과 화합이 잘 안되는 원인은 국민간 응집력의 부족인데, 이의 더 깊은 뿌리가 바로 지도자에 대한 존경심 부재에 있다(제5장 응집력, 128쪽 참조).

●직함에 대한 불신 및 경시 풍조는 자연히 전문성에 대한 경시를 낳게 된다. 오늘의 한국 사람들은 법, 금융, 의술, 회계 등 몇 개 프로페셔널 분야와 기술분야를 빼놓고는 자기의 전공과는 관계없이 자리를 차지하면 할 수 있다고 생각하며, 그것을 탐내어 암투를 벌인다. 그리하여 분수에 맞지 않는 자리를 좇아다니는 "야심가"가 한국과 해외에 너무 많다. 총칼로 정권을 빼앗고, 은행, 국영기업체, 대사 등 요직을 고급장교 출신 인원으로 채운 군사정권시절의 선례, 또 그때 한국을 겉만 보고 평한 일부 순진한 외국인들이 만들어준 "Can Do Spirit"(하면 된다)와 같은 구호가 잘못 해석되어 그런 풍토가 조성된 것이다.

군 출신만이 아니다. 언론인들이 정치와 고위 행정직으로 대거 변신하고, 앞서 언급한 고위공직을 떠나면서 그 영향력을 이용, 대학 자리로 옮겨가고, 정계를 떠나면서 할 일이 없으면 모아 놓은 돈으로 연구소를 챙기는 사례 등은 모두 자기가 갈고 닦아야 할 전문성과는 무관하게 "하면 된다"는 과욕의 발로인 것이다.

●한국에서 책이 "베스트 셀러"가 되는 과정을 보면 공통점이 있다. 얼마 전 잘 알려진 『맞아 죽을 각오를 하고 쓴 책—한국, 한국인 비판』을 예로 들어 얘기해보자. 저자가 책의 서문에서 밝힌 대로, 시작은 한 신문사 기자의 권고에 따라 그가 기고를 한 데서부터였다. "그 기사가 나가고 난 후 KBS에서 취재를 하고 싶다는 연락이 왔다." 방송 쇼에 나간 후 시청자들로부터 전화 세례를 받았다. 책을 낸 출판사는 신문사의 자회사인데(이름은 별도이니 밖에서는 잘 구별 못한다), 그 신문은 이 저자와 책에 대하여 여러 번 크게 기사를 냈다. 일본 사람이 쓴 한국인 비판서가 베스트 셀러가 되었다고 보도되니 다른 간행물과 텔레비전이 경쟁이나 하듯 저자에 대하여 보도를 했다.

이런 인기의 상승과정은 앞에서 소개한 "침묵의 나선형 모델"(제3장 81쪽 참조)에 비유할 수 있어, 나는 그것을 "인기의 나선형"(spiral of popularity)이라고 부르고 싶다. 신문, 텔레비전, 책, 잡지 간의 연쇄 보도대상이 된 사람은 가파른 인기상승곡선을 타고, 반대로 거기에 끼지 못한 사람은 빨리 묻혀버리고 마는 것이다.

오늘의 출판사들은 경영난에 허덕이고 있다. 책 몇 권 잘못 출판하면 문을 닫게 되는 것이다. 그러니 철저하게 상업주의가 될 수밖에 없다. 어떤 책이 유익한 책이냐 보다 어떤 책이(또는 어떻게 해야) 잘 팔릴 것인가만을 생각하게 된다. 많은 출판사가 베스트 셀러를 인위적으로 만들기 위해서 이 산업의 본래 의미와는 거리가 먼 잔꾀를 쓴다는 얘기가 파다하다. 잘 알려진 사람, 또는 좋은 소재를 가진 사람이지만 책을 쓸 능력이 없다면 대신 써주는데 그럴 때 내용을 부풀리는 것이 보통이다. 그리고 언론플레이까지 맡아 해준다. 출판사와 언론사와의 유착도 잘 알려진 비밀이다.

언론의 접근이 어려운 사람이 찾는 유일한 돌파구가 책 쓰는 일이지만, 이와 같이 심히 왜곡된 출판시장 구조를 생각할 때 이것도 대안이 되지 못한다. 정직한 마음과 올바른 내용으로 책을 내고, 그 책이 잘 팔릴 수 있게 하기가 힘들다.

"구조임무(rescue operations), 탐색임무(search operations)." 이는 미국에서 한 언론학 교수가 강의 도중 한 말이다. 언론은 묻혀 있는 중요한 사람들을 찾아 보도하는 일을 먼저 해야 한다는 뜻이다. 우리 언론은 알려진 사람만을 자꾸 알리려 한다. 물론 그렇게 되는 이유는 알고 있다. 인물을 연구하는 역사학계도 마찬가지다. 각 시기에 각광을 받았던 인물에만 관심을 갖는다.

얼마 전 나온 책『세상은 그들을 잊으라 했다』(김경재 외 3인, 1998)는 이 점에서 새로운 "어프로치"였다. 역사에서 외면당한 아웃사이더 "인걸" 11명의 남다른 발자취를 생생히 담았다는 이 책은 언론에서 평한바 "한국 현대사에 남다른 발자취를 남기고도 당대의 주목이나 평가를 받지 못하고 역사의 저편으로 사라져가는 그들의 정수를 되살려낸 것이다." 언론은 과거와 지금의 잘 알려지지 않은 제도권 밖의 지도자를 알리는 작업을 더 잘해야 할 것이다.

<hr>

주 8

노태우 씨가 남긴 역사적 교훈─지식인 사회도 물갈이가 필요하다

지난 10여 년 간 이래저래 매년 한국을 다녀왔으나 1988년의 한국이 특별히 머리에 떠오른다. 그때 한국은 매우 활기에 차 있었다. 그 해는 88올림픽이 있고 새 정권이 출범하기 때문이었다.

우리나라에서 정권 초기는 각별한 의미를 갖는다. 독재와 부정에 시달린 국민이 혹시나 하고 새로운 지도자에게 거는 기대 때문이다. 노태우 씨에 대하여도 "처음 민선 대통령" "보통 대통령"이니 "한국 민주화의 시작" 등 그럴듯한 말이 언론이나 사람들의 입에 단골 메뉴처럼 올랐다.

나는 그때 한국에 머물고 있으면서 여러 사람과 한국 정치 애기를 나눴지만 그 가운데 두 사람에 대하여 짧게 말해보고자 한다. 두 사람 모두 지금은 대학원장, 총장급으로 한국에서 쟁쟁한 학자들이었다. 하나는 나와 같은 대학을 같은 해 졸업해서 알고, 다른 한 사람은 타 대학이지만 같은 해 대학을 졸업해 친구를 통해 아는 사이다.

이분들에 의하면 한마디로 노태우 씨는 다르다는 것이다. 그는 전임자인 전두환 씨보다 인품, 정치적 비전 등이 훨씬 탁월하여 나라가 앞으로 잘될 것이라는 것이다.

그러나 내 생각은 달랐다. 정치는 혼자서 마음대로 하는 것이 아니지 않은가. 이미 단추가 잘못 끼워져 있다면 노태우 씨인들 별 수 없다는 생각이었다.

떡고물은 마약과 같다

불법, 부당한 방법으로 정권을 잡은 사람이 제일 먼저 쏟는 관심은 무엇일까? 당연히 그 불법 또는 부당한 정권과 그 세력을 어떻게 유지할까이다. 여기에 수단방법을 가릴 여지가 없다. 그는 주요 정부인사를 인격보다도 충성심을 기준으로 하게 되어 있다. 또 그는 정부예산에 없는 주머니를 따로 차야 한다. 그는 "지도자답게" 충성하는 부하에게 "수고했어, 자네만 믿어" 하면서 금일봉을 몰래 내줄 수 있어야 하기 때문이다.

뿐만 아니다. 그는 통치를 정직하게 하지 않았으니 퇴임 후를 대비해야 한다. 언젠가 들통이 나지 않게 손을 써야 하는데 이를 위해서는 많은 돈을 가져야 한다. 우리나라에서 통상적인 예를 보면 돈이 있으면 언론사의 입을 막을 수 있다. 사법처리도 피할 수 있거나 가볍게 넘어갈 수 있다. 한국인은 뭐니뭐니해도 돈에 가장 약한 민족이다. 돈을 뿌리면 웬만한 사람은 모두 쓰러져버린다.

그러므로 박정희 씨로 시작, 전두환 씨, 노태우 씨 모두 정치학 사전에도 없는 "통치자금" 제도를 만들고 정치와 사회를 썩게 한 것은 불가피한 일이었다. 전씨, 노씨가 마련한 천문학적 숫자의 비자금 액수를 알았다고 새삼스럽게 허탈감 운운하는 것이 오히려 이상한 것이다.

그런데 이 두 현학은 왜 그렇게도 앞을 못 본 것인가? 그런 정도의 실력도 없었다는 말인가? 나는 이 질문에 대한 답을 잘해야 노태우 씨의 스캔들로부터 우리 국민이 배워야 할 참 교훈이 무엇인가에 대한 정답이 나온다고 본다.

사람이 어떤 판단을 하는 것은 자유이다. 그런데 우리나라에서 그런 사상의 자유가 어려웠다. 독재정치였기 때문만은 아니다. 외부로부터 오는 이권과 특혜 때문이었다. 통치자금에서 나오는 촌지는 그 한 가지일 뿐이다. 그외 여러 형태가 있다. 그것은 마약과 같아서 사람의 판단과 감각을 흐리게 한다.

누가 봐도 안정기조정책이 절실히 필요한 때에 위정자의 뜻을 따라 가난을 나눌 수는 없지 않느냐며 성장정책을 옹호한 학자출신 관료가 있었다. 이런 경제정책에 대한 기회주의적 발언의 사례는 비교적 괜찮은 편에 든다. "후진국에서 군대의 지지 없이 정치적 안정은 없다" "개발을 위해서는 독재와 부정도 감수해야 한다" "서구식 민주주의는 한국에서 아직 이르다" "일본도 민주주의를 하는 데 오랜 시간이 걸렸다" "나라가 망해버리면 인권이 무슨 소용이냐"와 같은 강변으로 밀어서는 안될 정권을 옹호하고 다닌 학자들의 얼굴이 지금도 기억난다. 어제까지 대학의 강단에서 자유민주주의를 강의하던 학자가 오늘은 정부에 들어가 긴급명령이나 유신헌법을 정당화한 학자도 잊혀지지 않는다.

5·16 이후 정권에 합세한 지식인들이 그 정권을 국민이 지지하게 하도록(또는 적어도 반대하지 않도록) 짜낸 정책발언들의 사례는 이 외에도 많다. 그런 발언들에 대하여 그들도 나름대로 할 말은 있겠지만, 그것을 정직한 대답으로 받아들일 수는 없다. 그들은 이미 정권에 기생하여 떡고물을 챙긴 사람들이 아닌가.

도운 사람도 책임을 물어야 한다

요즘 5·18특별법을 제정하여 전, 노 전직 대통령을 처벌해야 한다는 여론이 드세다. 그들이 죄를 졌으면 마땅히 벌을 받아야 할 것이다. 그러나 원래 형벌은 왜 필요한가? 죄가 미워서가 아니다. 다시는 그런 죄가 일어나지 않게 사회를 개선하기 위해서이다.

그렇다면 전씨와 노씨에게 어떠한 가혹한 벌을 준다 해도 우리 사회는 크게 바뀌지 않을 것이다. 이 두 대통령의 독재와 부정은 두 사람만의 작품은 아니기 때문이다. 이들에게 지혜와 용기를 준 지식인들이 지금도 중요한 의사 결정권자 자리에 남아 있는 한 한국사회는 크게 달라지지 않을 것이다.

박정희 전 대통령은 가까운 부하의 총탄에 쓰러졌다. 그 부인도 비슷한 비운으로 쓰러졌다. 이러한 불행한 나라의 사건에도 불구하고 우리 사회가 바뀌지 않았던 것은 기회주의적 지식인들이 여전히 각계각층 요직에 앉아 주요한 결정을 하고 여론을 주도하고 있었기 때문이다.

박, 전, 노 정권 아래에서 떡고물을 받아 먹어온 각계 지식인들을 모두 처벌할 도리는 없겠다. 그러나 따가운 여론의 눈총으로 근신하게 하는 국민적 운동이 절대 필요하다. 언론은 노태우 씨가 어떤 사람이었는지, 그가 감옥에서 보리밥 한 그릇을 깨끗이 비웠는지 안 비웠는지와 같은 보도를 일삼지 말고 그런 "물갈이 운동"을 도와야 할 것이다.

비정치장관, 가능한가?

이때까지의 논의를 다른 측면에서 따져본다면, 잘못된 정권을 직접 창조한 사람은 그에 대하여 책임을 져야 하고, 이에 동조한 지식인은 도의적 책임마저도 지지 않아도 되는가가 된다. 더 구체적으로 말해서 쿠데타를 일으킨 사람은 나쁘고, 그렇게 해서 성립된 정권에 들어가 그것을 떠받들고 오래 유지되도록 지혜와 지식을 제공한 학자, 언론인, 지식인은 직책상 큰 과오를 범하지 않았으면 괜찮은가이다.

특히 외무부 장관, 과기처 장관, 교육부 장관, 문화부 장관, 환경부 장관과 같은 자리는 겉으로 보아 정치성보다 해당 분야의 전문성에 의해 임명된 자리 같아 정권의 본질과는 상관이 없는 것 같은 인상을 남기고, 실제 그들도 그렇게 행세하고 있는데 과연 그런 것인가?

그렇게 간단하게 볼 일이 아니다. 어느 나라에서나 각료인 장관은 몇 안되는 정치적 임명 자리이다. 행정관료가 아니다. 우리나라와 같은 강력한 대통령 중심제 정부의 경우, 그런 임명은 어느 부서든 전문성 못지않게 정권에 대한 충성심이라는 정치성이 제일 먼저 고려해서 결정된다. 과거 장관 자리에는 전직 대학총장, 인기를 얻고 있는 대학교수 등을 등용한 일이 흔했는데, 그때도 그런 임명으로부터 정부가 기대하는 것은 그들의 지식이나 경륜보다도 그들이 국민으로부터(또는 학생들보부터) 받고 있는 신임의 담보라고 해야 할 것이다.

과거 정권 아래 그 많은 장관과 고위 공직자가 너무 자주 경질된 것은 바로 그런 증거이다. 그렇게 흔한 개각이 필요했던 것은 처음에는 몰랐던 그들의 전문지식이나 자질의 취약점이 나중에 드러났거나, 일을 꼭 잘못했기 때문이 아니었다. 잘못된 정치에서 오는 위기를 넘기는 전술과, 또 새 장관 후보자들에게는 충성을 받아내는 수단으로 이용하느라 그렇게 한 것이 분명하다. 말하자면 이들을 정권유지를 위한 소모용 총탄처럼 썼다는 얘기다. 이런 전통은 특히 박 정권 때부터 단단히 굳혀졌는데, 그는 뛰어난 용인술로 명성이 높았다.

장관직이 이렇게 변질된 것도 한심하지만, 이른바 사회적 저명인사가 그런 자리를 탐내고 들어간 행위를 그 자리에 따르는 풍성한 이익 이외에 다른 무엇으로 설명하기 어렵다. 그리고 그런 사람들이 옷을 바꿔 입고 아직도 요소요소에 이 박히듯 박혀 있다면 최고지도자가 뭘 새로 어떻게 한다고 말한들 사회가 달라질 수 있을까?

(≪호주동아일보≫, 1995년 11월 25일자, 필자 기고)

제5장

정치인은 언론을 보고 정치를 한다-언론과 정치

의제(agenda)는 회의에서 토의할 안건이다. 어떤 회의든 회의는 일정한 시간과 토의할 안건을 정해 놓고 해야 한다. 그렇지 않고 하는 회의는 질서가 없어 혼란으로 끝난다.

범국민적으로 토의되어야 할 문제, 즉 국가적 현안문제를 우리말로 보통 의제라 부르지 않는다. 그러나 국가적으로 다뤄져야 할 문제도 누군가가 안건처럼 거론해주지 않으면 국가적 이슈(national issues)가 되지 못한다는 뜻에서 미국언론학은 이것을 의제라고 부른다.

언론이 보도와 해설, 그리고 비평 기능을 통하여 그런 국가적 안건인 의제를 제안(설정)한다는 것이다. 대통령 또는 국회의원 선거 때 각 정당이 내놓는 정책과 선거공약은 국가적 의제에 가까워지는 것이 보통이다. 그리고 이 의제는 언론이 설정한 의제와 대개 같다. 중요한 국가적 이슈를 보는 데 있어 서로가 엉뚱한 생각을 하고 있다면 곤란하다.

제1장 언론의 역할을 말하면서(국민합의 수단으로서의 언론, 24쪽 참조), 한 사회의 주요 문제가 해결되기 위해서는 먼저 문제 영역으로서 정부와 국민이 무엇에, 또는 어디에 관심을 두어야 할 것인가에 대한 발제가 있어야 한다고 했다. 언론의 보도 의제설정은 바로 이 단계를 말한다. 그렇다면 언론이 하는 이슈의 공론화와도 이와 크게 다르지 않다.

국가적 이슈는 당연히 공공문제 영역에 속하며 정치의 주요 대상이 된다. 언론과 정치가 밀접하게 교접하는 주요 접점이 바로 이 의제설정 과정이다. 언론을 이해하지 않고는 정치를 이해할 수 없다.

1. 보도의제의 설정 —언론은 인물뿐만 아니라 이슈를 부각시킨다

언론이 특정인을 골라 지면과 시간을 할애하여 보도하거나 대중 앞에 서게 함으로써 그를 중요한 인물로 부각시킬 수 있다면 그런 기능은 인물이 아닌 다른 보도 영역에서도 마찬가지다. 언론이 인물말고 그 많은 사회문제 가운데 특정한 문제와 사건을 크게, 자주 보도하고 논평한다면 그것이 다른 것보다 더 중요하다는 감각, 즉 "이것이 오늘 우리가 먼저 생각해야 할 문제"라는 감각과 인식을 우리 머리 속에 심어주는 일을 한다. 언론은 인물(personality)뿐만 아니라 이슈(issue)를 부각시키는 힘을 갖고 있다.

커뮤니케이션학은 언론이 하는 이런 일을 언론의 의제설정 기능(the agenda-setting function of mass media)이라고 부르며 중요한 연구분야로 삼고 있다. 특히 미국의 커뮤니케이션 학계는 이에 대하여 많은 연구를 해놓았다.

국가 활동 영역이 넓어지고 사회가 복잡해진 오늘, 국민이 생각해야 할 문제, 다시 말하면 국민적 관심이 되어야 할 문제는 너무도 많다. 사회, 정치, 경제, 안보, 과학기술, 교통, 윤리도덕, 범죄, 핵, 환경과 같은 굵직한 것부터 인구, 가정, 주택, 육아, 여가, 여성, 유행, 가치관, 청소년문제, 성, 보건, 교육 등 모든 분야에 걸쳐 일일이 나열할 수 없게 너무 많다. 각 국가는 그것들을 한꺼번에 해결하기는 물론, 거론할 수 없으므로 중요하고 긴급한 것부터 우선적으로 다뤄야 한다.

그러면 누가 오늘 이것이 현안의 문제 또는 국가적 이슈(national issues)—이것이 다른 것보다 더 중요하고 더 긴급한 이슈—라고 정해 주는가? 언론이 주로 한다. 신문이 어떤 문제를 어떤 지면에 어떤 크기와 배열로 다루어주느냐, 텔레비전과 라디오가 어떤 시간에 어떤 프로를 만들어 보여주고 들려주느냐에 따라 사람들의 문제에 대한 중요도 인식이 달라진다.

언론이 특정 사건, 문제에 대하여 지면과 시간을 많이 할애하고 여러 번 기사로 다뤄준다면 사람들은 그 문제가 더 중요하다는 감각을 갖게 된다. 가령 신문이 어떤 문제에 대하여 대문짝만큼 큰 제목을 달고 큰 사진과 함께 내용을 길게 다뤄준다든가, 또는 텔레비전이 골든타임에 그것을 우두머리 기사로 매일 집중적으로 다뤄 준다든가, 그것에 대하여 특집 프로를 만들어 요란하게 보도해준다면, 사람들은 이것이 "오늘의 이슈, 즉 우리가 먼저 생각해야 할 문제"(중요한 현안문제)라는 생각을 뇌리에 심게 되는 것이다.

이때 언론의 의제설정은 관심을 가져야 할 문제의 제기이지 문제에 대한 가치 판단의 기능은 아니다. 이 분야의 개척자에 속하는 막스웰 맥컴스(McCombs et al.,

1972)의 말을 빌리면 "언론은 보도를 통하여 수용자들로 하여금 어떻게 생각할 것인가 보다 무엇을 생각할 것인가에서 더 큰 힘을 발휘한다."

이 구별은 매우 중요하다. 돌이켜보건대, 나라 전체로 봐 몰라도 될 것이 크게 보도되어 국민적 관심사, 중요한 국가적 이슈로 등장하고, 진정 선급하고 중요한 문제는 뒷전으로 감춰져 그럼으로써 국가적으로 자원이 낭비되고 발전이 저해되었다고 봐야 할 사례가 많았다. 지금은 어떤가 한번 생각해볼 일이다.

나는 일부 이름없는 작은 간행물을 뒤적거리다가 적이 놀라는 경우가 한두 번이 아니다. 나의 생각으로는 이거야말로 큰 이슈가 될 사건의 단서들인데, 우리나라 주류 신문과 텔레비전은 왜 파고들려고 하지 않나, 모르고 지나쳐버리는 건가 아니면 일부러 모른 척해버리는 건가? 또 신문의 중요한 지면이 우리의 삶의 질을 크게 결정하는 실천적 문제들을 멀리하고 공허한 이념논쟁이나 담론으로 채우는 것을 볼 때도 그렇다.

그렇다면 언론이 정말 중요한 문제, 또는 더 중요한 문제를 채로 걸러내듯 먼저 찾아내고 덜 중요한 것은 버리게 하는 메커니즘은 무엇일가? 자유주의 언론체제에서 가능한 방법은 시장경제 원칙을 적용하는 것이다. 시장경제 아래 자유경쟁을 한다면 궁극적으로 열악한 상품은 도태되는 과정을 언론시장에도 적용하는 것이지만, 이것이 그렇게 만만치는 않다.

이론상 시장경제에서는 좋은 값과 우수한 품질의 제품만 팔려야 하지만, 이때도 시장에 나오는 상품의 종류가 너무 많고, 허위광고가 많으며, 얼굴을 봐서 갈아줘야 하는 이유 등 소비자가 언제나 최선의 선택을 한다는 보장이 없다.

국가적 이슈라는 특수 상품은 더욱 그렇다. 일반 상품처럼 언론 소비자가 눈으로 보아, 쉽게 볼 수 있게 진열될 수 없으며, 또 이들의 필요와 문제 인식은 서로가 달라 무엇이 더 중요하고 긴급한가에 대한 시각이 일치하지 않는다. 사람들은 전체이익보다 자기이익과 필요와 취향에 맞는 기사를 먼저 찾는 사정, 그리고 언론을 조직적으로 이용하려는 세력이 시장경제 원칙을 교란한다. 이 문제는 제12장(한국언론의 딜레마, 334-336쪽; 언론로비의 마술, 344쪽 참조)에서 더 다룬다.

2. 정부 공공문제를 언론에서 배운다―김정일에 대하여 사람들은 무엇을 어떻게 알게 되는가

인간은 홀로가 아니라 사회를 만들어 산다. 그러므로 우리의 삶은 사회가 주로 결정하며, 풀어야 할 문제도 사회가 결정한다. 그런 의미에서 사회문제의 중요성을 이미 제1장에서 지적했다(국민합의 수단으로서의 언론, 24쪽 참조). 언론이 의제설정 영역에서 독보적 기능을 하게 되는 이유는 바로 이 사회문제의 중요성에 있다. 이 점을 설명해보자.

●사회문제는 대개 그 근원을 따져 올라가 보면 어떤 형태든 정부 정책과 관련을 갖고 있어 공공문제와 같아진다. 공공분야에서 언론의 의제설정 기능이 절대적으로 큰 이유는 분명하다. 대중은 권력의 실세와 그들이 결정하는 중요 정책수립 과정에 직접 참여하지 못한다. 그리하여 이런 공적 영역에 대한 지식과 감각을 언론의 보도에 거의 의지하여 갖게 된다. 대부분의 국민은 우리나라 중앙행정관청 안에서 어떤 일이 어떻게 진행되고 있는지 언론의 보도가 아니면 알 도리가 없다.

●많은 시민이 대통령을 일생에 한번도 직접 만나보지 못한다. 그가 어떻게 생겼으며, 어떤 인물인가에 대한 일반 사람들의 감각은 대중매체가 그에 대하여 보여주는 이미지와 그에 대하여 쓰고 말한 것과 거의 같을 수밖에 없다. 북한의 김정일 국방위원장과 같이 베일에 가려진 권력자라면 물론이다. 그를 가까이 지켜보거나 자주 대할 수 있는 사람들은 극소수의 권력의 핵심 멤버와 수행원들일 뿐이다.

정부가 거의 완전 독점하여 언론마저 접근이 어려운 정보라면 정말 그렇다. 한국에서는 오래 동안 남북간 전쟁위기가 늘 큰 이슈로 부각되었다. 그런데 북한이 과연 전쟁을 일으키려고 하고 있는지 아닌지 일반은 알 수 없다. 실제 눈으로 확인하기 위해서 북한이나 휴전선에 가 보는 것은 불가능하지 않은가. 안보에 관한 한, 대중은 정부의 발표와 그에 대한 언론의 보도와 해설에 100% 의지하여 판단을 하게 된다.

언론이 전쟁발발 가능성을 크게 보도하고, 그럼으로써 이것이 긴급한 문제라고 말하면 그렇게 믿게 되는 것이다. 게다가 그런 가능성을 반박하거나 그와 상치하는 정보를 퍼뜨리면 불이익을 받는 분위기라면 더욱 그렇다(제1장 배양효과 이론, 33쪽; 제3장 침묵의 나선형, 81쪽 참조). 사실 1980년대 말까지 한반도의 전쟁위기와 반공은 정부, 언론, 국민의 최우선 서열의 국가적 의제가 되어왔다고 할 수 있다. 그 세대를 산 우리들 가운데 이런 전쟁 공포와 "반공정신"에서부터 자유롭고 독립적으로 생각하고 행동한 사람은 몇이나 되었겠는가.

북한 수뇌부의 이미지와 북한사회의 실상, 남북간 군사력 비교, 간첩 활동, 핵무기, 미사일 개발, 우리 권력의 내막, 쿠데타 음모, 외교교섭, 권력층의 스캔들, 정부 인사, 정부 예산과 외채 등은 모두 그런 분야에 속한다.

●복잡한 공공문제의 이해는 전문지식을 필요로 한다. 경제, 금융, 환율, 주식, 국제정치, 과학기술, 환경, 군사, 핵, 유전자, 식품위생, 교육 등은 좋은 예다. 일반인은

이에 대한 전문가의 해석과 의견을 들어야 한다. 언론이 이러한 필요에 응한다.

어느 나라에서든 정부 정책이나 전문문제에 대한 평가나 대안제시는 연구기관이 한다. 그런데 연구기관의 연구 결과나 발표는 언론을 통하지 않고는 대중에게 전달될 수 없다.

●볼 롤키치(Ball-Rolkeach et al., 1976)의 대중매체 의존이론(dependency model of mass communication effects)에 따르면 사람들이 어떤 지식과 정보와 판단을 위해 언론에 의존하는 정도는 해당 사회의 사회구조와 밀접한 관계가 있다. 사회가 거대하고 복잡하며, 사회변화가 빨라 불안정할 때일수록 사람들이 필요한 정보와 방향감각을 얻기 위해 대중매체에 의존하는 정도는 높아진다. 지금 우리가 바로 그런 사회에 살고 있다. 이 점 또한 대중매체가 의제설정 기능을 결정적으로 맡게 되는 이유이다.

3. 언론은 정보를 독점하는 정부에 매달리기 쉬워―"북풍", 안기부 돈 유입사건은 좋은 예

언론이 보도의제설정 기능을 통하여 국가적 이슈를 정해 나간다면 그런 관계는 "언론→의제설정→국가적 이슈"란 도식으로 표현될 수 있다. 그러나 다른 모든 사회현상과 마찬가지로 언론의 의제설정 과정도 실제는 그런 일방적이고 직선적인 관계일 수 없다. 위의 설명에서 짐작할 수 있듯이 이 과정에서 먼저 정부와 국민을 빼놓을 수 없다.

먼저 언론의 의제설정은 정부가 하는 일에 크게 영향을 받는다. 또 언론은 의제설정에 있어 국민이 무엇을 어떻게 생각할지를 전혀 의식하지 않을 수 없다. 그러니 의제설정 과정에 있어서 이 세 주체는 역시 밀고 당기는 복잡한 교호 과정을 거치게 된다.

저널리즘 연구의 한 가지 중요한 전통적 연구 영역은 정부와 언론 간의 관계이다. 그 관계는 크게 대등적 협조 아니면 적대관계로 나누어볼 수 있다. 언론을 제4의 권부라고 부를 때는 양자간 대등관계의 예이고, 미국에서 흔히 볼 수 있는 대로 언론이 헌법수정1조(The First Amendment)를 인용하면서 "국민의 알 권리"와 언론 자유를 강하게 요구하고 나서 행정부나 심지어 사법부와도 크게 마찰을 빚을 때는 적대관계의 예이다. 미국과 같이 언론 자유의 폭이 크고 정부에 대한 언론의 힘이 막강한 나라에서도 언론인이 국가기밀 누설죄 등의 이유로 투옥되고, 그럼으로써 양 세력간 팽팽히 맞서 긴장이 조성되는 일이 흔하다.

비교적 최근의 커뮤니케이션 연구 방법의 하나로 등장한 언론의 의제설정 기능 연구는 이와 같은 정언(政言)간 물리적 힘의 관계가 아니라 언론, 정부, 국민이 이슈 형성에 유기적으로 참여하는 과정을 종합적으로 분석하는 진일보한 접근방법이라고도 할 수 있다.

이 3자간 교호관계의 패턴—가령 어느 하나가 월등하게 작용하는가, 또는 서로가 비슷하게 주고받는가 등—은 각국의 정치적 사정에 따라 달라진다고 봐야 할 것이다. 가령 자유주의 또는 사회책임주의 언론 유형의 사회에서라면 비교적 "국민의 의제→언론의 의제→정부의 의제"식의 모델이, 권위주의와 공산주의 언론 유형의 사회에서라면 비교적 "정부 의제→언론의 의제→국민의 의제"식의 모델이 타당할 것이다. 정부가 언론을 직접 통제하지는 않지만 정부와 언론 모두가 사실상 제도권의 일부가 되는 나라에서라면 정부의 의제설정 기능은 여전히 클 것이다.

또 고도로 산업화되어 복잡하고 방대한 사회일수록 언론의 의제설정 기능은 커지고, 반대의 경우는 작을 것이라는 볼 롤키치의 가정을 따른다면, 지역 중심일 수밖에 없는 좁은 전통사회에서는 주민들은 중요한 사건과 이슈를 직접 보고 들어 언론 없이도 중요한 판단을 잘해나갈 수 있을 것이다. 그러니 언론이 엉뚱한 의제를 내세워도 쉽게 말려들지 않을 것이다.

이와 같이 언론, 정부, 국민 간의 삼각관계의 모형은 해당국가의 정치체제, 사회형태, 언론의 수준 등에 따라 달라지지만 한 가지 분명한 것이 있다. 어느 나라에서나 언론의 의제설정 과정에 음으로 양으로 가장 크게 작용하는 것이 정부다. 그렇게 되는 이유는 어느 나라에서든 정도 차이가 있을 뿐 계속 늘어나는 정부의 역할 때문이다.

독재국가는 말할 것 없고, 작은 정부를 지향한다는 민주국가에서도 국가가 돌봐야 할 영역은 날로 커지고 있다. 그리고 그런 책임을 질 수 있는 주체는 금융정책과 조세수입으로 막대한 예산을 만들 수 있는 정부밖에 없다. 그러므로 민주주의가 앞선 영미 국가에서도 행정위원회 등 정부가 준정부 기관을 만들어 공공성을 띤 사업을 늘리고 있는 추세이다.

그런 의미에서 정부는 국민의 삶을 직접 또는 간접적으로 가장 크게 좌우하는 주체이다. 따라서 정부가 하는 일은 늘 언론내용의 큰 비중을 차지한다. 또 바로 앞에서 말한 공공분야에서 언론의 의제설정이 월등해지는 사정도 이에 한몫을 한다. 정부는 민간단체가 접근할 수 없는 외교, 안보, 군사와 같은 굵직한 분야에서 정보를 거의 독점하다시피 하므로 뉴스를 좇는 언론은 정부에 매달리기(?) 쉽고, 이에 농락될 수 있는 가능성이 크다. 정부가 정직하지 않고 언론이 약체일 때는 더 말할 나위가 없다. 현 정권 출범 후 국정원(전 안기부)이 발표한바 선거에 앞서 이회창 후보 진영이 북한측에 판문점 총격을 요청했다는 이른바 "북풍"(北風) 사건, 안기부 돈 선거자금 유입 사건의 발표는 좋은 예였다. 대부분의 형사 사건의 경우에도 수사 권한과 충분한 취재 인력을 갖지 못한 언론은 보도에 있어 수동적이 될 수밖에 없다.

일선에서 뛰는 기자 쪽에서 보면 취재 현장의 사정도 한몫 한다. 그는 주요 취재원(news source)과 늘 껄끄러운 관계에 있다면 일을 제대로 해나갈 수 없을 것이다. 밤낮 부정적인 기사만 쓰는 기자에게 정부 기관과 공무원들이 협조적일 리가 없다. 또 출입기자도 인간이다. 오래 동안 만나면서 서로 불편하게만 지낼 수도 없는 일이다.

그간 우리나라의 정부와 언론의 관계는 정부가 언론의 보도의제설정 과정에 절대적인 영향을 미친 좋은 사례이다. 군사정치시기로 특징지어지는 1961~1992년간의 한국 사회는 "정부의 의제(policy agenda)→언론의 의제(media agenda)→국민의 의제(public agenda)"라는 국가적 의제설정 패턴이 거의 완전하게 성립된 시기였다.

4. 우리 언론의 의제설정 – 어제와 오늘의 사례

역사는 우리의 좋은 선생님이다. 과거 일어난 사건을 돌이켜보면서 무엇이 잘못되었는가를 찾아내는 데 있어 우리의 시력(hindsight, 과거 돌아보기)이 2.0-2.0(양쪽이 2.0)이라면 장래를 보는 시력(foresight, 앞을 보기)은 거의 0.2가 될까말까하다. 그 시력을 높이는 한 가지 방법은 과거에 일어난 사례를 돌아보는 것이다. 우리 언론이 과거 의제설정을 잘못해 사회발전을 가로막거나, 일시적으로나마 사회를 혼란에 빠뜨린 사례가 많은데 아래에서 중요한 것들을 몇 가지만 들어보고자 한다. 현재, 그리고 장래의 우리 언론, 우리 정부, 우리 사회의 큰 의제는 어떤 것이 되어야 할지를 알게 하는 혜안을 갖게 할 것이다.

1) 10·26 후 헌법논쟁 – 헌법조문이 그렇게 중요했을까?

1979년 박정희 대통령 시해사건 후, 한동안 우리 사회가 어디로 갈 것인지 매우 불투명하고 어지러웠었다. 그때 국민들 앞에 큰 이슈로 부각된 것은 새로 제정될 헌법이었다. 우리 언론이 헌법 개정문제를 몇 개월에 걸쳐 최대 국민적 이슈로 몰고 갔기 때문이다. 거의 매일 신문과 텔레비전에는 헌법학자, 변호사들이 나와 "새 헌법하에서 대통령의 임기는 4년이어야 한다" "아니다, 6년이어야 한다" "행정부와 국회의 권한분배는 이래야 한다, 저래야 한다"는 등 논쟁을 벌여, 온 국민의 정신은 여기에 팔려 있었다.

지금 생각해보면 참으로 어처구니없는 일이었다. 김재규 전 중앙정보부장의 대통령 살해 동기가 무엇이었든 간에, 그는 우리나라가 암울하던 한 시절에 종지부를 찍고 민주사회로의 물꼬를 틀 수 있는 몇십 년 만에 처음으로 온 절호의 찬스를 만든 것이다. 그런 불행하나마 좋은 기회를 잘 살리는 길은 헌법이라는 문서 조각을 고치는 것이 아니라 혼란을 막아 불순세력의 등장을 막고 앞으로 나갈 길에 대하여 국민적 합의를 도출하는 것이었다. 우리나라는 헌법조문이나 잘 만들면 되는 안일한 사회가 아니지 않았던가. 그런데 언론이 엉뚱한 것을 국민적 의제로 만들어 국민의 시선을 딴 곳으로 돌린 것이다.

임진왜란 직전, 사악한 일본 "사무라이"들이 한반도를 약탈하려고 밤낮으로 칼을 갈고 있는데 조정과 지식인, 양반은 사색당쟁(四色黨爭)을 일삼고, 일본 외교사절이 들어오면 어떤 대우를 해주어야 할 것인가와 같은 극히 실없는 이슈로 갑론을박하는 우를 범한 것과 비슷한 대목이었다.

왜 그랬을까? 이때 언론의 편집방향을 결정했던 언론사 간부들은 잘 알 텐데 지금쯤 어디에서 무엇을 하고 있는지, 설명을 듣고 싶다. 현재와 비교적 관계가 먼 과거 언론의 사례 연구를 하는 사람은 있어도, 지금의 우리 언론과 사회에 직접 연관을 갖는 불과 얼마 전의 중대한 언론 사례들을 어느 학자가 연구하고 있다는 말을 아직 들어보지 못했다.

2) "포항에서 기름이 나왔다"―그때 그 사람들은 지금 어디에서 무엇을?

박 대통령 말년 정부가 포항에서 유전이 발견되었다고 발표하자 모든 언론은 연일 관계 과학자와 전문가들을 초청, 기름이 나오는 것은 이미 기정 사실인 것 같은 분위기를 만드는 좌담회와 해설기사로 몇 주 동안 신문지면, 방송시간을 메워 온 나라가 흥분의 도가니였던 일이 있었다. 이들 기사 가운데는 산유국으로서의 장래 한국경제를 전망한 것도 있고, 심지어 긴 지면에 석유에 대한 역사 지식을 소개하기도 했다.

이렇게 잘못되고 황당무계한 언론의 의제설정이 세상에 어디에 있단 말인가. 그보다 몇 년 앞서 한국 연안을 탐사했던 미국의 석유회사들은 여기에 기름이 많이 있지 않고, 있더라도 상업성이 없다는 판정을 내렸던 것이다. 언론은 왜 이와 같이 무책임한 짓을 했던가? 당시 편집정책의 책임을 맡은 언론 경영인과, 편집인들은 지금까지 이에 대하여 해명하거나 참회하는 말 한 마디를 한 적이 없다.

3) 언론의 참여 없이 "평화의 댐"이 어떻게 가능했을까—텔레비전은 정권에
   아부 충성대회라도 하듯

"제5공화국 전두환 정권이 저지른 잘못 가운데 가장 큰 비극이 광주사건이라면 국민을 바보 취급하고 우롱했던 일은 국민성금 707억 원과 정부예산 1,294억 원 등 총 2,000억 원을 그대로 날려버린 "평화의 댐"일 것이다." 이것은 전두환 정부가 정권 말기인 1986년에 시작한 북한의 수공위협에 대한 방어책으로 건설하기로 한 "평화의 댐" 공사에 대한 서울 어느 중앙지의 논평이었다.

김영삼 정부 아래서 이 문제를 조사한 감사원 발표에 따르면 이 공사는 5공정권이 정권을 내놓지 않으려는 시나리오에 의해 각색된 것이며 당시 정부가 발표한 북한의 금강산 댐 규모는 상당히 조작된 것이었다. 그런데 "평화의 댐" 쇼는 이를 위한 언론의 의제설정 없이는 애당초 불가능한 일이었다. 정부의 장단에 맞추어 언론과 일부 학자, 예술가, 문필가들이 춤을 춘 것이다. 그러니 나라 전체가 이 문제로 들끓었던 것이다.

더욱이 당시 양대 텔레비전 방송국은 정권에 아부 충성대회라도 하듯 밤낮 없이 성금 중계방송을 하고, 재벌들은 이름을 크게 내주는 신문의 지원을 받아 성금 경쟁을 한 것이다.

4) 안보와 통일—국제정치학자가 판치는 나라

1960년대 초부터 한국정부와 언론(따라서 국민)의 의제는 크게 나눠 강력한 정부, 강력한 경제개발정책, 확고한 반공과 안보, 적극적인 통일외교로 압축될 수 있다. 서로 밀접한 관련을 갖는 이런 분야들은 언뜻 보아 우리의 삶을 일차적으로 결정할 것 같아 먼저 관심을 끌게 되어 있다. 강력한 정부가 강력한 경제정책을 가능케 하고, 강력한 경제가 강력한 군대와 대외관계의 기반을 만든다. 이렇게 나라가 튼튼해지면 북으로부터의 위협을 두려워할 필요가 없이 적극적인 통일정책을 펴나갈 수 있을 것이다. 이러한 논리가 기득권층의 이익과 들어맞아 군사정치의 장기화를 가능케 한 것이다.

그러나 이러한 분석은 외형적이며 물량 중심이 될 수밖에 없다. 사회현상을 외형과 물량으로 말할 때는 질 개념이 아니며, 그런 기반 위에 내세우는 정책은 구호에 지나지 않게 된다.

예를 하나 들어 설명해보자. 튼튼한 군대가 튼튼한 국방을 가능케 한다. 튼튼한 군대는 우수한 무기를 가져야 한다. 그러나 무기는 사람이 움직인다. 군인들의 사기가 떨어져 있다면 좋은 무기는 소용이 없다. 돈과 힘이 있는 집안 자식은 빠지는 그런

군대에 끌려간 군인들이 나라를 위해서 잘 싸워줄 것 같지 않다.

반공의 논리도 그렇다. 부익부 빈익빈으로 대중은 심한 소외감을 갖고 사는 사회에서라면 반공은 구호로 끝날 수밖에 없다.

국제관계를 힘의 관계로만 해석하는 국제정치학자들에 의하면 조선조 말기에 우리가 나라를 빼앗기는 비극을 맞고, 제2차세계대전 후 완전 독립을 회복하지 못한 이유는 우리가 국제사회에 대한 이해와 외교역량이 부족하여 급변하는 국제정세에 능동적으로 대처하지 못한 데 있다고 한다. 부분적으로 보아 맞는 견해다. 그러나 그런 설명은 왜 우리는 국제사회를 모르고 외교역량이 없었는가에 대한 더 근본적인 문제를 간과하고 있다.

조선조 말기의 우리나라의 사회구조와 일반 국민들의 행태, 그리고 해방 전후의 사회상과 일반 국민들의 행태를 생각해본다면 그런 지혜와 지도력이 나올 수 없었던 일이었다. 세도층은 놀고먹으며 서민을 착취하고, 서민은 미신이나 믿는 미개한 사회에서 그런 역량이 나올 수 없었다. 또 그렇게 미개하고 응집력이 없어 정세가 불안한 나라를 국제사회가 지지할 리가 없다. 그보다 자기들과 이해가 맞는 인접 강대국에 맡기려고 하지 않았겠는가.

통일문제도 마찬가지다. 한반도 문제가 주변국의 이해관계에서 결정되는 것은 사실이나 우리 사회가 국민간의 이질감과 마찰로 약체로 남아 있는 한 우리가 주변국가들과의 외교를 아무리 능숙하게 해도 통일은 안된다. 만약 우리 국민들간의 합의와 준비 없이 국제적 힘의 관계에서 타율적으로 통일이 이루어진다면 해방 후와 같은 사회혼란이 또 올 수 있다.

남한에서 정치가 아직도 지역감정에 기반을 두고 있고, 빈부격차에 따른 사회적 갈등이 심하며, 북한에서는 지도자에 대한 광적인 충성에서 볼 수 있는 이질체제가 건재하고, 그곳 사람들이 남한 사회에 대하여 갖는 증오감 등을 생각할 때 지금 통일이 된다 해도 걱정이다. 구 유고슬라비아 지역 내란과 같은 사태가 벌어질 수도 있지 않을까.

적어도 "문민정부" 시절까지 한국언론은 양적으로 본 발전을 구가하는 정부의 장단에 맞추어 춤추면서, 사회의 질적 측면을 도외시해왔다. 그리하여 언론은 정부가 지원하고 대부분 미국에서 공부한 경제학자와 국제정치학자들이 나와 외형을 중심으로 사회를 평가하는 그 많은 학술 세미나 내용들을 비판 없이 보도하는 데 일관해왔다.

이러한 물량주의와 껍데기 시각과 의제설정 분위기 속에서 관변 연구소가 북한을 흡수통일할 때 드는 돈 규모를 발표하고, 언론이 이를 그대로 보도함으로써 한때 국민들이 남한이 북한을 흡수하여 통일을 할 때가 온 것 같은 착각을 갖는 웃지 못할 일이 생겼었다.

5) 첫째도 경제, 둘째도 경제?—경제를 경제로만 풀 수 없다

경제 제일주의 또는 만능주의가 우리나라에서 마치 국시처럼 여겨지는 것 같다. 그러나 그 정책은 불가능하고, 또 경제는 경제만으로 이룩할 수 없다는 것이 나의 생각이다.

첫째로, 어떠한 경제정책으로도 모든 국민이 흥청망청 잘 살 수 있게 할 수 없다. 한국은 수출에 의존하여 경제를 성장시켜야 하는데 수출은 우리 마음대로 얼마고 늘일 수 있는 것이 아니다. 그러니 모두가 고르게 사는 길을 찾아야 한다. 그러지 못하면 사회는 약육강식의 장이 될 수밖에 없다.

둘째로, 경제를 경제로만 풀 수 없다. 경제를 키우기 위해서는 먼저 산업의 경쟁력을 높여야 한다. 경쟁력이란 무엇인가? 기술과 지력과 근면을 바탕으로 하는 국민의 힘이 모아질 때 생긴다.

이상의 문제들은 이미 경제문제가 아니다. 오늘 한국의 심각한 사회문제는 거의 모두가 경제성장 하나로 고칠 수 없는 것들이다. 오히려 "경제, 경제" 하는 데서 파생한 것들이다.

길게 보아 건전한 경제는 도덕성이 바탕이 되는 건전한 사회라야 가능하다. 그리하여 IMF 위기가 왔을 때는 모두들 이것은 하느님이 준 교훈이라는 말들을 했다. 그러므로 우리나라가 앞으로 또다시 과거 전철을 밟지 않으려면, 언론의 의제는 아무리 경제가 어려워도 국민이 고통을 분담하면서 먼저 경제위기의 주원인이 된 편법을 줄이는 쪽으로 초점이 모아졌어야 할 것이지만 그러지 못했다. 물론 실업자와 노숙자, 그리고 경제적 고난을 더 못 견뎌 자살이나 가정붕괴를 이끈 사람이 늘고, 또 가진 자의 돈을 마음대로 재분배할 수도 없는 상황에서 이의 실천이 어려웠을 줄 안다.

언론은 IMF 위기의 반성으로 사회개혁의 필요성을 부르짖는 외부 기고와 같은 논조의 사설들을 싣기는 했어도, 여전히 사람들의 경제적 고통을 부각시키고 "경제 살리기"를 가장 시급한 의제로 밀고 나갔다. "첫째도 경제, 둘째도 경제" "경제가 알파요 오메가다"와 같은 사설 제목이 그것이다. 우리 언론은 우리나라 사회문제의 펀더멘탈을 사설에서나 양념처럼 언급할 뿐 국민적 이슈로 대대적으로 밀고나간 적이 없다. 바꿔 말하면 언론은 정부와 재벌들과는 별도로 독자적인 의제설정을 강력하게 밀고 나간 적이 없는데 이번에도 마찬가지였다.

그리하여 정부는 경제가 먼저라며 사회정의를 회복하기 위한 기존의 정책마저 하나하나 헐어 내렸다. 어렵사리 시작된 금융실명제가 유야무야되어가고, 아파트 전매허용, 양도소득세 완화, 자금출처 조사완화, 부실기업에 대한 천문학적 액수의 공적

자금의 투입과 같은 조치들이 잇달아 발표되었다. 이것은 과거 재벌과 유착된 정부가 늘 재벌들의 요구사항을 들어 결국 경제를 망친 전철을 밟는 것과 같다. 정부가 "급할수록 돌아가라"는 선현들의 지혜를 버리고, 도의의 희생 아래 이루어지는 경제회복 정책을 채택함으로써 장래에 또다시 화를 가져올 씨를 이미 뿌렸다는 생각이었다. 정권의 종반과 내년 대선을 바라보면서 이런 추세가 더 뚜렷해지고 있다.

6) 제도와 과정 – 민주주의는 이론이 아니라 실천

사회를 거시와 미시로 보는 것은 제도와 과정으로 나눠 보는 것과 상당 부분 일치한다. 제도는 대개 법과 규정으로 정한 구도이고 과정은 현실적으로 실천으로 옮겨지는 상황이라 할 수 있다. 그러니 제도는 정적이고 과정은 동적이 될 수밖에 없다. 또 과정은 언제나 행태와 밀접한 관계를 갖는다. 실천은 사람의 행위를 전제로 하기 때문이다.

조직과 기구는 언제나 같은 말은 아니다. 조직은 기구의 뜻으로 쓰이기도 하지만 과정을 포함한 넓은 개념이다. 가령 사회조직(social organization)이라고 말할 때 그 조직은 기구나 도면상에 그려진 편제가 아니라 사회가 돌아가는 양식으로 사회관계에 가까운 말이다. 그것은 인간관계와도 같은 말이 되는데, 인간관계는 사회가 어떻게 짜여 있느냐에 따라 결정된다. 요즘 우리나라에서 "시스템"이라는 개념이 강조되는데(예컨대 정치가 시스템에 의하여 운영되어야 한다 등), 이 경우는 제도보다 조직의 의미로 쓰인다고 생각된다.

사회를 거시적으로 볼 때는, 대개 제도 중심이 되는 이유는 우선 곁에서 전체를 봐야 하기 때문이다. 민주주의를 예로 든다면, 삼권분립, 헌법, 사법부의 독립, 법치주의, 선거, 지방자치를 말한다면 제도의 문제다. 그런데 제도는 과정을 이끌어내기 위해서 만들어진 것이나, 제도가 그것을 반드시 보장하지는 않는다. 제도는 사람이 운영하기 때문이다. 법은 지켜져야 비로소 제도로서 기능을 할 수 있는 것과 같다.

민주주의를 과정으로 볼 때는 민주주의 내용이 현실적으로 구현되고 있느냐가 중요하다. 민주주의의 내용은 자유와 평등, 인권, 법치주의, 정의, 기회 균등과 같은 원칙의 실천이다. 앞에 말한 제도는 그런 내용을 실천에 옮기기 위한 장치에 불과하다. 그런 원칙과 내용이 실현될 수 있을지, 되더라도 어느 정도 잘될 수 있을지는 그 제도를 운영하는 사람에게 달려 있다. 그러므로 제도와 함께 인간을 연구해야 한다.

이때 민주주의를 제도를 기준으로 분석하는 것은 거시적 접근이요, 실천을 기준으로 분석하는 것은 미시적 접근이라고 할 수 있다(제2장 연구방법론, 59쪽 참조). 과거 우리의 경험을 돌이켜보건대 민주주의가 잘 안된 것은 우리의 헌법과 정부조직 등 제도와 기구에 결함이 있어서가 아니고 국민의 준법정신과 정의감의 결핍, 관(官)숭배 성향과 같은 전근대적 행태에 있었음을 알게 된다.

민주주의는 뭐니뭐니해도 영미 서구사회에서 우리가 들여온 수입품이다. 그러므로 우리 사회가 민주주의를 잘하려면 아무래도 영미사회와 영미인들의 행태에서 더 많이 배워 익혀야 한다.

특히 제도가 실천으로 옮겨지게 만드는 관행들이다. 한 가지 실례를 들어보자. 영미 국가 국민들이 관공서와 일을 처리하는 양식을 보면 우리와 크게 다른 점을 발견하게 된다. 간단한 민원은 우리처럼 창구를 찾아가 처리한다. 그러나 좀 더 복잡한 사항에 대하여 이의를 제기하기 위해서 상급자(기관)를 만나 문제를 풀고 싶다면 원칙적으로 서신으로 한다. 그런 서신이 제대로 쓰여졌다면 그에 대한 결정 또는 회답이 꼭 온다. 오지 않는다면 또 고충을 제기하는 다른 길이 열려 있다.

이런 관행이 국민과 관공서 간에 지켜진다면 국민들의 불편은 크게 줄어든다. 한국에서는 이것이 잘되지 않는다. 서민이 관청을 상대로 편지를 쓴다면 회답이 오지 않거나, 오더라도 아래 공무원 선에서 쓴 형식적인 것이 오므로 문제해결은 못한다. "손을 써야" 한다. 그러기 위해서 평소 힘있는 자리에 있는 사람들과 연줄을 만들어 놓아야 한다. 그러니 민주주의는 실천 면에서 이미 그만큼 현실과 거리가 멀어진다.

국민이 공복인 공무원과의 의사소통(커뮤니케이션)을 서류로 하는 것이 일반화되어 있으면 부정과 비리가 개입될 여지가 줄어든다. 부당한 청탁을 글로 써서 하는 사람은 없을 것이다. 또 정부는 누가 봐도 알 수 있게 글로 써서 제출된 용건을 공정하게 심사해서 이유가 있으면 그대로 처리하고, 이유가 없으면 그런 사유를 서신으로 밝히면 되는 것이다. 될 일은 되고 안될 일은 안되는 것이다. 그게 바로 민주주주의 기본 요건인 법치(인치가 아니라)인 셈이다.

나는 민주주의를 위해서 투쟁한다는 우리나라 야당 정치인, 언론인, 종교 지도자들에게 이런저런 이유로 편지를 해본 적이 있다. 어떤 때는 내가 쓴 칼럼 기사를 참고로 읽어보도록 보내기도 했다. 어느 경우든 아무에게도 회답을 받지 못했다. 내가 대통령이나 장관의 친인척이나 큰 직함소유자라면 어땠을까?

우리나라 국회의원은 여러 명의 비서들을 거느리고 있다. 이들은 영미사회 의원 비서들처럼 서민들로부터 오는 여러 가지 편지 내용을 검토하고 일일이 회답하는 일은 잘 안한다. 국회의원의 사사로운 "뒤치다꺼리"를 하는 데 시간을 더 보낸다. 결국 제도를 아무리 바꿔도 사회조직이 바뀌지 않으면 달라질 수 없음을 잘 알려주는 사례들이다.

앞으로 사회문제 해결과 관련, 우리 언론의 의제설정도 입법이나 도면에 그려진 제도보다 실제 돌아가는 사회조직, 달리 말하면 사회의 미시적 측면에 더 눈을 돌려야 할 것이다(제2장 거시와 미시, 59쪽 참조).

7) 응집력 — 공산주의자가 따로 있었나?

응집력(cohesiveness)은 결속력, 단결력 등과 같은 말이다. 영미의 사회분석가들이 사회를 제도가 아니라 과정의 면에서 설명할 때 잘 쓰는 개념이다. 따라서 바로 위 부분에 포함시켜도 되나 길이의 편의상 따로 다룬다.

한국인은 개인으로는 강하나 집단으로는 약하다고 한다. 모래알과 같이 응집력이 없어 그런 것이다. 응집력은 사회의 구성원들이 남의 이익과 내 이익이 따로가 아니라는 공동체의식, 즉 같은 배를 타고 있다는 감정을 가질 때 생긴다. 그렇다면 응집력은 구성원간 일체감이 있어야 생긴다. 국민이 그런 일체감이 없는데 단결되어 있다면 그것은 강요된 단결임에 틀림없다. 그런 단결은 강제하는 힘이 사라질 때 깨지고 만다. 고르바초프가 내세운 개방과 개혁정책의 물결 속에서 와해되어 버린 구 소련과 동구 정권들은 바로 그런 예이다.

자세히 따지고 보면 대부분 한국의 사회문제가 구성원들간 일체감과 응집력의 부족에서 출발한다. 해방 후부터 지금까지 우리 정치와 국민들의 삶에 가장 큰 영향을 미친 이슈는 반공이었다. 그런데 해방 후 우리나라 공산주의자는 별 게 아니고 사회로부터의 소외감(당시는 주로 지주에 대한 영세 소작인의 반감) 때문에 그렇게 된 사람들이 많다. 그렇다면 이 문제의 해결은 반공법으로만은 안된다는 생각을 하게 된다.

준법정신의 결핍, 한탕주의, 사기사건, 노사대결, 집단이기주의 등 우리 사회를 병들게 하는 사회문제 치고 그 원천을 따져 보면 이런 국민의 사회심리적 요소와 무관한 것이 없다. 일체감이 없는 사람들이 법을 잘 지킬 리가 없고 또 문제해결을 협조적으로 하려고 하지 않을 것이다. 남북통일의 선결조건은 민족간 심리적 통일이라는 주장이 이해가 간다. 이런 관점은 미시적이다.

발전의 척도로서 모든 나라가 국민소득의 크기를 든다. 그러나 국민소득은 거시적 개념이다. 국민소득이 아무리 커도 분배가 잘못되어 가진 자와 못 가진 자 간 계층의 격차가 커지면 이들간 일체감과 응집력은 상대적으로 취약해지며, 사회는 평화스러울 수가 없다. 이런 관점도 당연히 미시적이다.

구성원에 대한 불합리한 기준에 따른 차별이 일체감과 전체의 응집력을 저해한다. 대학에서 모교출신 교수들끼리, 군대에서 사관학교 출신끼리 똘똘 뭉치는 사회는 그런 한도에서 전체 교수와 군대 집단의 응집력을 약화시키다. 한국사회의 응집력 부족은 해외로 떠나오는 한국인들의 마음에서 잘 엿볼 수 있다. 요즘은 한국도 살기 좋아져 한국인의 이민 열은 과거 같지 않지만 유학과 일시방문으로 들어와 현지에 눌러앉는 길을 모색하는 사례가 아직도 많다. 일본에는 불법으로 들어와 일하면서 여러 가지 수모를 당하고 사는 한국 여성이 많다.

호주의 사례만 해도, 연 100명 이상의 한국인이 서울에서 비자를 받고도 시드니 공항에서 입국 거절을 당한다. 그 정도로 호주정부는 한국인의 입국 의도를 의심하는 것이다. 요즘은 덜하지만 해외에 나와 영주권을 얻으려는 사람들 가운데는 전직 기업체 과장이나 중고등학교 교사들도 섞여 있는 이유를 외국 사람들은 이해 못한다. 대부분 직장에서 지방대학 출신이어서 또는 연줄이 없어 손해보고 살았다고 말하는 사람들이다. 이것이 소외감 아니고 무엇인가.

언론이 우리의 사회문제 해결을 모색하면서 미시적 의제로 설정해야 할 또 다른 예이다.

8) 남북정상회담 — 국내문제가 잘돼야 남북문제도 잘된다

김대중 정부가 과거 정권들과 차별화되는 분수령은 뭐니뭐니해도 이른바 대북 "햇볕정책"일 성싶다. 정부가 내놓은 이 과감한 의제는 6·15남북정상회담의 성사로 한층 현실로 다가왔다. 그후 몇 차례에 걸친 이산가족상봉, 남북장관회담, 대북 경제원조와 군사협력을 위한 실무자 교류 등 과거 같으면 용공 및 이적 행위로 규탄받아야 할 사건과 언동들을 정당화하는 기사가 언론의 지면을 채우게 되었다. 그리하여 어느덧 남북간 화해와 협조는 가장 중요한 국가적 의제로 자리잡은 것이 사실이다.

물론 이런 과감한 대북포용정책은 북한에게 내주기만 할 뿐 상대로부터 그에 상응하는 변화를 얻어내지 못하고 있다는 보수주의 세력의 비난이 만만치 않고, 거기다가 미국의 부시 행정부의 새 대북정책 등을 고려할 때 앞으로 두고 볼 일이지만, 장래 통일을 위한 남북간 화해는 한민족의 지상과제이다.

그러나 정부가 주도한 이 거대한 의제를 수용하면서 간과해서는 안될 점은 대북관계도 하나의 외치(外治)로 본다면, 이 외치의 성패는 무엇보다 내치(內治)의 성패에 따른다는 사실이다. 국내문제가 잘되어야 남북문제도 잘될 수 있다는 말이다. 강경론자들이 오래 주장해오듯이 북한 노동당의 궁극적 목적이 한반도의 적화통일이라면, 남한 사회에 허점이 보이는 한 북한은 진정한 태세로 협상에 응하지 않을 것이다. 그러므로 진정한 화해는 누가 봐도 남한의 체제우위가 인정되고 북한의 적화야욕이 무모하다고 생각될 때 가능할 것이다. 또 그렇게 될 때 남한도 자신 있게 북한을 포용할 수 있을 것이다.

국가보안법 개정 논의는 좋은 사례가 아닌가 한다. 개정의 찬반 논란을 들어보면 이거야말로 끝이 날 수 없는 소모적 논쟁이라는 생각이 든다. 북한의 노동당 규약이 뭐라고 쓰여져 있든 남한이 북한의 어떠한 음모에도 위협을 느끼지 않을 만큼 정치 사회적으로 안정되어 있다면, 보안법은 있어도 그만, 없어도 그만이라는 것이 나의 생각이다. 우리 언론은 정부의 의제에 더하여 이런 면을 자체의 의제로 설정해나가야 한다고 본다.

5. 언론보도 의제설정의 몇 가지 비판

1) "냄비"식 보도의제 – 너무 빨리 바뀌어 생각할 시간이 없다

언론의 의제가 국민의 의제를 만들어나간다는 가정을 입증하기 위해서 쓰이는 연구방법론은 거의 일정하다. 먼저 설문조사를 통하여 시점 A(가령 2000년 1월 1일)에서 사람들이 중요하다고 생각하는 사회문제들을 중요도 순으로 정하고 나열해본다. 우리나라에서라면 경제문제(수출, 환율, 외환보유고, 시장개방, 금융개혁, 기업 구조조정, 공적 자금, 물가, 실업대책, 주가, 경쟁력 제고, 부동산 등), 빈부격차, 햇볕정책, 사정(司正), 남북간 경협, 이산가족상봉, 핵, 정치불신, 범죄, 대학입시제도와 고액과외, 환경오염, 시민운동, 부정부패와 사회도의의 회복, 공무원 기강, 각박해진 인간관계 등으로 나타나지 않을까 한다. 물론 시기에 따라 순서는 달라진다. 일정시간이 지난 다음 시점인 B(가령 2000년 12월 31일)에서도 같은 식의 조사를 해본다.

한편, 같은 두 시점에서 언론이 보도한 사회문제의 내용과 보도방식을 내용분석을 통하여 알아본다. 예컨대 2000년 1월 1일 언론이 보도한 문제의 우선순위가 무엇이었던가를 매체의 내용분석을 통하여 알아본다. 다음 그해 12월 31일 현재 같은 방식으로 조사, 양쪽을 시간적으로 서로 비교해본다.

그리하여 대중이 갖는 여러 사회문제에 대한 시각(사회문제의 내용과 중요도)과 같은 기간 언론이 다룬 사회문제의 시각이 시간적으로 서로 일치하면서 바뀌나갔다면 – 즉 양자간에 상관관계가 있다면 – 언론의 의제설정 기능에 대한 가정은 검증되는 것이다. 달리 말하면 두 시점간의 일반의 문제의식의 변천과정과 언론의 문제 보도방식의 변천과정을 조사, 비교해보고 이것이 같은 방향으로 변천했다면 언론의 의제설정 가정은 성립되는 것이다.

그런데 실제 사례를 보면 1~2년 동안에 언론의 의제에 상응하여 여론이 크게 바뀌어 나갈 때도 있었지만 그렇지 않을 때도 있었다. 1970년대의 월남전에 대한 미국민의 여론은 언론의 보도에 따라 결정적으로 그리고 매우 빨리 달라진 예이다. "미국은 텔레비전 때문에 월남전에서 졌다"라는 말이 실감난다. 앞에 든 과거 우리나라 언론의 잘못된 의제설정도 양자간 매우 높은 상관관계를 보인 사례이다.

김영삼 정권 때에 와서 북한의 핵무기 개발에 대한 국내·국제 보도와 함께 갑자기 커진 한반도 안보에 대한 국내 및 국제적 관심은 좋은 예였다. 그때 국내와 국외의 시각은 모두 언론의 보도에 따라 한반도의 큰 문제 하면 핵이라고 얼른 대답할 만큼 달라졌다.

그 다음 연이은 흉악 범죄가 언론에 크게 보도되면서 범죄에 대한 국민 공포감이 커지고 도덕성 회복의 필요성이 국가적 이슈처럼 거론되었다. 한 여론조사에 따르면 우리나라에선 92%가 "밤길을 다니기가 무섭다"라고 했다는데 이런 일반의 감각을 언론의 의제설정 기능을 떠나 설명할 수 없다. 대부분 국민이 범죄를 직접 경험한 것은 아니기 때문이다.

김대중 정부 아래 정부와 언론의 의제설정을 말하면서 빼놓을 수 없는 것은 남북정상회담과 그 결과 급격히 변한 북한 정치 지도층과 북한사회에 대한 우리 언론의 엄청난 양의 우호적이고 동정적인 보도다. 어떤 텔레비전 특집은 북한의 영화산업을 길게 보도하면서 과거 우리의 북한 인식은 왜곡되어 있었다고 시인하기까지 했다. 해괴한 일은 과거 북한 보도는 왜 왜곡되어 있었는지 설명이 없는 것이다. 2000년 6월 1월 15일이 후 한국인의 북한 인식은 180도 달라진 언론의 북한 보도로 180도 달라진 감이다.

그런데 이와 같은 언론의 의제와 국민의 의제 간의 높은 상관관계와 관련하여, 꼭 지적해야 할 점은 한국은 다른 선진국과 민주주의 역사가 짧은 데다가 전쟁, 쿠데타, 첨예한 남북대결 등에 따른 사회 혼란을 겪으면서 나라의 가장 기본적인 문제에 대한 해결책마저 가닥이 잡히지 않는 상황에서 언론의 의제설정이 과거나 지금 모두 "냄비"식이 되고 있다면 큰일이라는 것이다. 이런 큰 사회문제는 언론이 그 해결책에 대한 국민적 합의를 위해서 집요하게 밀고나가도 해결이 될까말까한데, 무엇 하나 국민이 시간을 두고 깊이 생각할 여유 없이 변덕스럽게 의제를 바꿔나간다면 어떻게 될까.[9]

2) 정치인은 국민이 아니라 언론을 향하여 정치를 한다 — 언론에 보도된 것이 다음날 국회의 주요 안건

민주주의의 기본은 주권재민(主權在民)이므로 민주주의는 국민에 의한 정치라고 하지만, 실제로는 정부와 국민은 직접 상대를 향하여 대화를 하지 않는다. 언론을 매개로 하여 한다. 정부나 국민, 어느쪽에서 보더라도 언론만한 대중전달수단이 없다. 국민은 문서로서 정부에 의사전달을 할 수 있지만, 그런 작업이 이뤄질 때까지는 언론에서 공론화되어야 하고, 그래야 정부도 그 문서에 눈을 돌리게 된다. 그런 의미에서 언론연구가 정치연구와 가장 밀접하게 접목되는 영역이 바로 의제설정이다.

정부가 언론에 대하여 크게 신경을 쓰게 되는 이유는 여러 가지지만 가장 중요한 것은 바로 이 의제설정의 기능 때문이라고 생각된다. 정부는 대국민 발표를 꼭 언론을 통해서 하게 된다. 정부가 무슨 새로운 일을 하자면 먼저 그것을 국민에게 알릴 의무가 있지만, 그게 그 이유의 전부는 아닐 것이다. 의제설정이라는 언론의 여과를 거쳐 그것이 중요한 이슈라는 인식과 감각이 널리 확산되어야만 비로소 국가 정책으로 채택될 수 있기 때문에 그러는 것이다. 이때 정부나 정부와 국민 간 커뮤니케이션 대행자 역할을 하는 언론이 얼마나 정직하게 이 역할을 수행하느냐에 따라 민주주의의 질이 결정된다.

정치인들은 언론에 보도된 문제가 바로 국민들의 문제의식이 된다는 것을 잘 알고 있다. 국회는 국민을 대표하여 국사를 논하는 곳이지만, 거기에서 주요 의제가 되는 내용의 대부분이 바로 언론이 전날 다룬 사건이나 문제인 것만 봐도 알 수 있는 일이다. 그런 언론을 정부와 정치인들이 가만히 놔둘 리가 없다. 나라에 따라 정도 차이가 있지만, 거기에 정부의 대언론 플레이가 꼭 있게 마련이다.

몇 가지 예를 들어보자. 정부의 정책발표나 정치인들의 언동은 국민보다 먼저 언론의 비위와 메커니즘에 맞추어 하게 된다. 정책의 내용마저 일부는 국민의 이익보다 언론의 필요와 형편을 고려하여 하게 된다. 내용과 발표시기 등이 그렇다. 큰 사건이 없는 날을 택하여 발표함으로써 내용이 신문지면과 텔레비전 시간에 크게 반영될 수 있도록 한다든가, 정부는 야당이 큰 행사를 계획할 때에 맞추어 충격적인 사건을 발표함으로써 언론의 지면과 시간을 분산시켜 상대방의 홍보를 봉쇄한다.

김대중 대통령의 "국민과의 대화"는 대중전달수단이 가져올 수 있는 장애를 극복하기 위한 노력이라고 할 수 있다(이 방법은 그의 발명품은 아니다. 내가 약 30년 전 뉴욕에서 공부할 때 당시 거기 존 린지 시장이 그런 방식을 매주 가졌던 일이 기억난다). 그런데 그런 "국민과의 대화"도 말이 국민과의 대화이지, 실은 텔레비전을 매개로 하여야 하니 연출이 되기 쉽다. 그 계획과 구성은 텔레비전이라는 기술매체와 방송사의 필요에 맞추어야 한다. 따라서 대화할 수 있는 범위와 시간 등 "대화"는 국민보다 언론의 입맛에 더 맞추어질 수밖에 없다. 그리하여 우리나라에서도 미국에서처럼 대통령이 텔레비전 화면에 실제보다 돋보이게 만드는 자문 일거리도 생겨났다.

정부 등 큰 조직은 물론, 개개 정치인, 고위 공직자, 유명인사들의 플레이가 언론의 의제설정 과정에 얼마나 크게 작용할지를 실감케 하는 예는 많다(제12장 언론로비의 마술, 344쪽 참조). 국정감사 때 많은 국회의원들이 텔레비전 카메라가 현장을 비추고, 기자가 지켜보고 있어야만 열을 올려 따진다. 많은 정치인들이 언론사 간부와 기자와 격의 없는 친구가 되고자 애를 쓰는데, 자기가 한 말, 한 행동이 한 줄이라도 더 기사화되어 나오길 바라서이다.

군사정권 시절, 대통령은 고위직 인사 선정에 있어 언론에 나타나 정권홍보를 잘할 수 있는 능력을 중요시했다. 쉽게 이해가 가는 일이다. 언론을 통해 국민에게 정부를 잘 방어하는 재간을 갖지 못한 장관은 대개 수명이 짧았다. 당연히 새로 취임하는 장관은 누구나 언론보도를 의식한 "한건주의" 행정과 "사이비성" 행사를 많이 벌였다. 그리하여 각 부 장관들은 기자실에 대하여 지대한 관심을 쏟았으며 행정은 대(對)국민이 아니라 대(對)언론 지향적이 되어버렸다.

그래서 약삭빠른 정치인은 언론인을 잘 다스리는 재간을 배우게 되고, 기자는 이들로부터 "무관의 제왕" 대접을 받게 된다.[10] 심지어 일부 큰 언론사의 사주가 "밤의 대통령"이라고 불리게 됐다. 결국 언론인이 받는 이런 특권은 그가 잘나서가 아니다. 알고 보면 국민으로부터 정부의 말을 충실히 전달할 임무를 위임받았기 때문에 그런 것인데, 그런 무거운 책임을 아는 언론인이 몇이나 될지.

정부는 어떤 정책을 채택하기 전에 그것이 언론(국민이 아니라)에 잘 받아질지를 먼저 테스트해본다. 이른바 "애드벌룬"을 띄워보는 것이다. 이때도 정부는 국익보다 언론사의 형편을 먼저 고려하게 된다. 민주주의는 국민을 위한 정치이고, 언론이 그런 민주주의를 가능케 한다는 전제를 실험할 수 있는 한 좋은 계기가 된다. 역설적인 말이지만, 어느 나라에서나 정치가 순리적으로 안되는 책임은 상당 부분 언론에 있다.

3) 여론조사 결과면 무엇이고 보도하는 우리 언론— 하나마나한 여론조사, 서울 시민 87%가 한강 다리 건너기 무섭다고

근래 한국에 생겨난 많은 여론조사 단체들이 흔하게 내놓는 조사 결과와 그에 대한 언론의 보도 방식이다. 여론조사는 미국을 위시한 민주주의를 한다는 구미 선진국가에서 꽤 오래 전부터 활발해왔으니 한국에도 도입될 것은 시간 문제였다. 그 이름을 보아도 한국 갤럽, 네일선, 코리아 리서치니 외국 냄새가 난다.

갤럽은 원래 미국인 George Gallup의 이름이며 그는 세계적인 조직망을 갖고 있는데 미국의 Gallup poll은 특히 잘 알려져 여론조사의 대명사로 쓰일 정도이다. 민주주의는 여론에 의한 정치이므로 정치인은 항상 여론의 향방을 정확히 파악하여야 하며, 여론조사는 사회문제를 과학적으로 분석하기 위한 기초자료를 제공하기 때문에 절대 필요하다.

그런데 각 여론조사는 큰 예산을 써가며 하는 것이므로 그렇게 할 만한 가치가 있는 것이라야 한다. 이런 조사가 왜 필요한가, 무엇에 쓰려고 하는가와 같은 의문을 남긴다면 곤란하다. 조사를 의뢰한 단체, 기관은 내 돈으로 하는데 무슨 소리냐고 할지 모르지만 그렇지 않다. 돈은 따져보면 나라의 재원이므로 잘 써야 하며, 조사 결과는 개인뿐만 아니라 전체 사회에 기여할 수 있어야 한다. 동기가 불순하거나 신빙성이 없는 조사는 사회에 누를 끼칠 수가 있어 안하느니만 못하다.

요즘 자주 발표되는 조사 가운데는 하나마나한 것들이 많다. 가령 "정부의 의제—언론의 의제—국민의 의제"의 모형이 지배하는 상황에서, 여론조사라며 무엇이든 묻는다면 그렇게 된다. 가령 대중이 보는 사회문제를 알아보려는 여론조사가 있다고 하자. 이 경우 질문이 그저 평면적으로 묻는 유라면 그 대답은 정부가 발표하고 언론이 보도한 방향과 거의 같아진다. 그것을 여론이라고 말해서는 안된다. 그런 점을 미리 감안해서 조사방법이 설계되고, 결과의 해석도 그렇게 해야 이용 가치가 있을 것이다. 그리하여 어떤 결과가 나왔으면 왜 그렇게 나왔으며, 그것이 무엇을 의미하는가에 대한 지식까지를 제공하도록 계획한 것이어야 한다.

실제 요즘 많은 여론조사기관이 조사해서 발표한 결과를 보면 국민들의 감각이 언론의 문제의식을 그대로 반영하고 있음을 알려줄 뿐 별로 의미가 없는 것들이 많다. 어느 날 아침 러시아워에 서울의 성수대교 일부가 내려앉았다. 그후 우리 언론은 연일 서울의 다른 주요 다리들의 부실공사와 위험에 대하여도 크게 보도하였다. 그런 가운데 한 여론조사기관이 실시한 조사결과는 서울시민 중 87%가 성수대교 이외에도 다른 교량이 붕괴위험이 있고, 63%가 한강 다리 건너기가 무섭다고 대답했다고 했다. 이런 조사 결과의 이용가치는 무엇인가? 특히 대교가 위험한지 아닌지에 대한 판단을 여론에 묻는 것은 무의미하다. 전문기관에 의뢰하여 판단할 일이다.

대통령의 해외 순방 후 여론기관이 조사해서 발표한 한 "인기도 82% 지지"와 같은 결과는 언론이 그 문제를 크게 잘 보도했었구나 하는 것을 알려줄 뿐이다. 우리 언론은 인물에 대한 사람들의 시각, 정치 지도자에 대한 지지도 조사결과 자료를 가끔 길게 보도하는데, 이 또한 같다. 국민은 언론이 잘 봐주는 사람은 좋게, 반대로 언론의 도마 위에 오른 사람은 나쁘게 이미지를 가지고 있는 것이 아닐까.

"누가 한국을 움직이는가"에 대한 여론조사의 가치와 의미 모두 아리송하다. 여기서 "움직이는" 사람은 권력의 실력자, 실세, 또는 막강한 힘을 가진 사람이라는 뜻일 터인데, 권력의 중심 밖에 있는 일반대중이 누가 그런 사람인가에 대한 판단을 어떻게 할 수 있겠는가. 이들의 판단은 분명 언론이 보도한 대로일 수밖에 없는데, 이런 정보의 가치는 무엇인가? 실세를 알아 줄을 대려는 사람을 돕기 위한 것인가. 이런 식의 여론조사는 여론을 정부의 정책에 반영시키기보다 오히려 정부와 언론의 의제를 국민의 의제로 둔갑시키는 역기능을 할 수 있다. 또 이미 지적한 대로(제4장 94쪽 참조) 한 나라를 몇 사람이 움직인다면 그것은 독재국가 또는 귀족국가이다. 그런 체제를 옹호하기 위한 여론조사인가?

어떤 조사들은 극히 평면적인 것이지만, 그래도 적어도 새로운 경향에 눈뜨게 하거나 유용한 정보를 제공하는 것이 있다. 가령 공무원과 늘 관계를 맺는 업자들을 상대로 공무원의 청렴성에 대하여 묻는 조사를 한다고 하자. 이런 조사 결과는 다른 방법으로는 얻기 힘들다. 이들만이 그런 숨은 실상에 대한 믿을 만한 정보를 알려줄 수 있는 지위에 있기 때문이다. 국가별 기업의 뇌물관행을 비교하기 위한 조사 또한 같은 방법을 택하게 되는데 그런 가치가 인정된다.

몇 년 전 일이지만 18세의 한 미국 소년이 싱가포르에서 스프레이 페인트로 자동차에 낙서를 한 죄로, 그 나라 법에 따라 곤장으로 엉덩이를 맞아야 했다. 미국의 시사주간지 《뉴스위크》는 여론조사를 통해 적지 않은 미국민이 이런 "야만적" 태형(笞刑)을 지지한 결과를 발표했다. 이런 자료는 인권을 중요시하는 미국민이지만 10대 범죄에 염증을 느끼고 있는 그들의 의식변화를 잘 반영한 것으로 가치있는 자료였다.

여론조사(opinion survey 또는 opinion poll)는 일반적으로 말해서 정책결정자나 기관, 더 크게는 국민에게 여론의 향방을 알리거나 기본 자료를 제공하려는 것이지 문제해결 방안을 강구하기 위한 것은 아니다. 국가 지도자, 대통령과 국회의원 입후보자 등에 대한 인기도(지지도 또는 신임도, approval rating) 조사, 중요 이슈에 대한 찬반 지지도 조사 등은 대표적 예인데, 여기에서 얻은 정보와 자료는 정부, 당, 선거 참모진, 또는 정책 수립자들의 전략을 위해서 참고자료가 될 뿐이다. 따라서 여론조사는 문제의 원인과 결과를 찾아보려는 설명적 연구와는 달라 고차원의 조사계획(research design)과 분석방법을 요하지 않는 것이 보통이다.

그렇더라도 이미 말한 대로 모든 조사는 큰 예산을 쓰고 하는 프로젝트이다. 거기에서 얻은 정보가 가십이나 흥밋거리의 가치로 끝나는 것이 되어서는 안될 것은 물론, 어떤 자료든 일회용이 아니라 장래 더 큰 분석적 연구에 통합될 수 있게 계획되어야 그 가치가 커질 것이다.

결국 여론조사는 후보자 지지도와 같이 당장 실천적 필요로부터 장래 문제해결형 연구를 전제로 사전자료를 모으기 위해서 하는 것까지 그 형태가 많을 것이나, 어떤 것이든 목적과 조사계획이 좋지 않으면 조사결과는 보나마나다. 요즘 조사기관이 많아지면서 조사의 가지 수도 많아졌다. 그 가운데는 샘플(sample) 크기가 200~300명 정도로 작은 데다가 그나마 어떤 사람들을 어떻게 골랐는지 알 수 없는 것이어서 그 결과의 신뢰성에 의심이 가는 것도 많다. 조사기관은 무엇이든 조사하고, 언론기관은 무슨 조사 발표든 의미있는 발견처럼 그대로 보도해서는 안될 것이다. 근래 우후죽순 (雨後竹筍)격으로 늘어난 여론조사기관과 정부와 언론이 매부 좋고 누이 좋은 식으로 서로 짜고 움직이는 것 같은 인상을 준다. 요즘은 언론사들이 상호 비방 목적과 자사 이익에 맞게 여론조사 결과와 통계수치를 골라 아전인수격으로 보도하는 경향도 매우 심각한 수준이다.

4) 연구발표의 신뢰성 – 재벌연구소가 내놓은 결과를 어디에 쓸 것인가

이미 지적한 대로 언론의 공공분야 의제설정을 잘하려면 해당 문제에 대한 전문지식을 풍부하게 가져야 한다. 그런데 언론은 연구기관이 아니다(요즘 언론사가 북한문제 연구소와 같은 것을 두는 사례가 많아졌지만 그런 연구는 시사적인 자료를 모으는 것 이상의 역할이 힘들 것이다). 결국 언론은 필요한 전문지식을 대학, 학술단체, 그외 전문 연구기관들이 내놓는 자료에 크게 의지하게 된다. 정부가 내놓는 자료도 대개 정부의 의뢰를 받아 연구기관이 한 결과물인 것이 보통이다.

그런데 그런 연구기관이 어용이든가 기타 이유로 그들의 연구를 신뢰할 수 없다면 어떻게 할 것인가. 우리나라는 선진국에 비하여 연구개발(R&D, research & development) 면에서 크게 뒤떨어져 있지만 특히 사회과학 분야에서는 연구다운 연구가 전혀 없다고 해도 과언이 아니다. 그 이유로서는 양적 성장에 급급한 정부가 과학기술과 경제개발만을 먼저로 하고, 또 정권유지에 급급해온 역대 정부가 국민들로 하여금 우리 사회에 대하여 비판적 시각을 갖게 하는 연구는 기피한 나머지 사회분야 연구는 등한시해온 편이었다는 점을 들 수 있다. 거기다가 한국의 취약한 사회과학 분야 연구 전통을 생각하면 더 그렇다. 우리나라의 연구소 분포와 인문분야 연구 현황에 대하여는 제12장(장사인가 사회문제의 해결인가, 376쪽 참조)에서 더 다룬다.

그나마 있는 이 분야 연구 가운데는 각종 기관과 단체의 부설 연구소가 한 것이 많은데 이런 연구 결과는 자체 로비용인 경우가 보통이다. 이런 연구가 정부정책에 영향을 미치기를 원하는 재벌 그룹들이 운영하는 연구소들의 연구 결과야말로 그럴 것 같다.

의제설정 과정에서 외부 자료를 인용하는 언론은 이 점에서도 큰 책임감을 가져야 한다. 언론은 다른 기관의 연구결과를 보도하는 전달 기능뿐만 아니라 잘 취사선택하고 해석하는 판단기능도 잘해야 할 것이다.

5) 사실보도와 진실보도-오보를 지적하기는 쉬우나

사실보도가 언제나 진실보도가 아닌 것은 언론의 의제설정 기능에서 잘 나타난다. 의제설정 과정에서 언론은 사실보도라는 원칙을 깨지 않으면서도 진실을 얼마든지 왜곡할 수 있다. 전체 그림은 보여주지 않고 일부분만 보일 때가 그렇다.

어느 나라에서나 신문과 텔레비전은 그 이용이 한정되는 비싼 자원이다. 그런 신문의 지면과 방송시간을, 사실이라고 해서 덜 중요한 내용으로 채운다면 국민들이 정말 중요한 이슈를 읽고 알며 생각할 기회를 박탈당하는 결과가 되는 것이다. 또 언론은 거짓말은 아니더라도 너스레를 크게 보도함으로써 진실이 감추어지게 할 수 있다.

우리 언론은 한반도 전쟁위기, 간첩사건, 정상외교, 스캔들, 대형사고, 올림픽 주최와 같은 분야에서 사실보도를 통해 진실보도를 회피한 경우가 허다했다. 주요한 텔레비전 시간대를 인기 있는 오락 프로그램으로 채운다면 그것도 같은 맥락으로 이해해야 한다. 이것은 과거 우리 언론이 독재정권의 하수인 노릇을 하면서 풍부하게 써온 전략이다(제8장 언론 이용 효과의 예측, 213쪽 참조).

편집국 내부에서 일어나고 있는 상황을 눈으로 보지 못하는 일반 언론 수용자는 이런 상황을 식별하기가 어렵다. 오보를 지적하기는 쉬워도 마땅히 크게 보도할 것을 빼놓거나 작게 보도하는 것을 밖에서 알아내기는 힘들다. 과거에 일어난 이런 사례들을 기자들이 실제 경험을 바탕으로 쓴 언론비판서인 『부끄러움을 보여드립니다』(전국 언론노동조합연맹간행, 1992)는 대통령의 구라파 순방외교, 일본 방문, 한국의 유엔 가입 등 의례적인 행사에 대한 언론의 과잉보도가 그보다 절박하고 중요한 문제를 가리는 데 얼마나 기여했는지를 자세히 폭로하고 있다.

김영삼 정부 때 일이지만 한 중앙지의 사설은 "뛰는 토끼를 쫓느라 지금까지 몰아붙이던 멧돼지를 슬그머니 잊은 척한" 언론의 촌극에 대하여 썼다. 정치인과 고위 관리 재산공개 조치가 발표되어 언론이 노출된 국회의원 재산을 따지고 나가려 하던

차에 정부가 딴 이슈를 터뜨리자 언론은 흩어지기 시작했다는 얘기이다. 멧돼지를 향해 쫓아 달리던 언론을 제어하기 위해서 정부가 토끼를 풀어놓으니까 예상한 대로 언론이 혼란에 빠지더라는 것이다. 이 얘기는 언론플레이의 좋은 실례가 될 뿐 아니라 언론은 사실이지만 진실이 아닌 보도를 얼마나 쉽게 그리고 흔하게 하게 되는가를 잘 보여준다.

1987년 대통령선거 때 언론이 네 선두 후보자에게 균등한 지면과 시간을 할애하고 같은 시각에서 보도한 것을 공정한 보도라고 부를 수 있을지는 의문이다. 이것도 사실보도지만 진실보도가 아닌 예가 아닌가 한다. 적어도 여당 후보는 정당성을 인정받을 수 없는 정치세력을 업고 있었던 것이다. 그런데도 언론은 이들을 모두 같은 대열에 올려놓음으로써 가장 중요한 진실을 가리는 일을 했다. "1노 3김"과 같은 그럴 듯한 말을 만들어 네 사람의 후보자를 동격으로 다루어 공정한 선거보도를 하는 것 같았지만 이미 예고된 어마어마한 불법 선거자금과 행정비리를 생각할 때 진실보도와는 너무도 거리가 먼 것이었다. 이것이 나의 편견이 아님은 나중에 노출된 전·노 전 대통령들의 천문학적 부정축재로 증명되었다.

사실이 진실을 가린 사례들을 과거 우리 언론에서 찾아 연구하는 일은 결코 헛된 일이 아니다. 앞으로 또 다시 우를 범하지 않기 위해서 말이다.

6. 언론의제설정 연구의 역사 –"머리 속의 그림", 1차적 및 2차적 현실

이론은 갑자기 생겨나지 않는다. 이미 있는 것 위에 벽돌 한 개씩 얹어 놓은 결과 건물이 세워지듯, 여러 이론가가 조금씩 연구결과를 보탬으로써 만들어진다. 언론의 의제설정 기능 이론도 마찬가지다.

언론의 의제설정 이론의 효시를 1972년 매컴스와 쇼(McCombs & Shaw)가 발표한 논문에 두는 것이 보통이다. 이 논문은 두 사람이 1968년 미국 대통령 선거중 노스캐롤라이나주(州) 차펠 힐 지역 주민을 대상으로 한 선거 이슈 전개과정에 대하여 연구·조사한 결과이다. 그러나 그들도 사실은 이에 대한 착상을 1962년 미국 정치학자인 코헨(B. Cohen)이 그의 저서 *The Press and Foreign Policy*에서 "언론은 무엇을 생각할 것인가 보다 무엇에 관하여 생각할 것인가에 대하여 지대하게 역할을 한다"라고 썼고, 그보다 40년 전 월터 리프만이 "머리 속의 그림"(the picture in our heads, Lippman, 1922)이라고 말한 데에서 얻은 것이다.

리프만의 말과 개념은 오늘의 여러 가지 언론이론의 뿌리가 되었다. 언론이 우리에게 전달하는 현실은 "2차적 현실"(secondhand reality)이다. 2차적 현실은 "1차적 현실"(firsthand reality)에 대응하는 말이 되겠는데, 1차적 현실은 우리가 직접 눈으로 보고 느끼며 경험하는 현실이고, 2차적 현실은 언론이 전달하는 대로 우리가 간접적으로 알고 인식하게 되는 현실이다(제11장 언론과 문학, 언론인과 문학인, 319쪽 참조). 후자의 개념이 리프만의 "머리 속의 그림"을 말하는 것이다.

이 이분법 개념은 물론 언론이 전달하는 현실과 실제의 현실은 정확히 같을 수 없음을 의미한다. 영화와 텔레비전을 보고 우리가 갖게 된 영화배우나 다른 인물에 대한 이미지는 그들과 사귀고 지내면서 가까이 보고 느끼는 실제와는 상당한 거리가 있을 수 있다. 텔레비전의 경우 어떤 현장을 보도하면서 나쁜 장면은 모두 빼고 좋은 장면만을 취사선택하는 편집을 했다면 물론 그런 괴리는 커진다. 같은 도시이지만 어떤 각도에 카메라를 놓고 찍느냐에 따라 도시가 깨끗하게 보이기도 하고 더럽게 보이기도 한다. 그런 의미에서 1차적 현실은 실제환경, 2차적 현실은 유사환경(pseudo-environment)이라고 부르기도 한다. 그렇다면 우리말의 실상과 허상이 여기에 해당할 것 같다.

언론의 의제설정 기능의 개념이 이렇게 오래되었지만 이 연구의 시초로 맥컴스와 쇼를 드는 이유는 아무래도 이들이 커뮤니케이션 학자의 입장으로, 그리고 앞에 언급한 바와 같은 실증적 방법으로 연구했기 때문이라고 생각된다.

맥컴스와 쇼의 연구 이후 미국에서만 200편 이상의 언론의 의제설정에 대한 연구결과가 발표되었다. 그러나 그 기본이론이 바뀐 것은 아니며 연구의 외연과 내연을 넓히려는 노력이었다고 말하면 맞다. 그런 예를 이 분야 연구를 개관한 미국 학자들의 심포지엄 발표 내용(McCombs et al., 1993)을 중심으로 들어보면,

●최근의 의제설정 연구는 "언론의 의제설정 – 국민의 의제설정"이라는 전체적 모형뿐만 아니라 이 전체 과정의 세부까지를 분석에 포함시키려 한다. 거시적 분석과 미시적 분석을 함께하는 것으로 언론의 의제설정 과정의 주요한 부분인 언론 내부의 의사결정 과정에 대하여도 분석의 눈을 돌린다. 언론의 의제와 국민의 의제 간의 상관관계뿐만 아니라 언론사 내부의 상황이 언론의 의제 형성에 미치는 영향까지를 분석의 대상으로 삼는다는 얘기이다. 이는 뉴스란 무엇이냐, 뉴스는 어떻게 해서 만들어지느냐의 문제이기도 한데 이에 대하여는 제6장(뉴스도 만들어진다, 174쪽 참조)에서 따로 다룬다.

●이 책의 여러 곳에서 강조하지만 언론연구의 궁극적 목적은 언론의 효과를 이해하기 위한 것이다. 언론에 관한 어떤 측면을 말하든 결국은 그 효과의 문제로 돌아간

다. 언론의 의제설정 기능은 바로 언론의 효과를 이해하기 위한 한 가지 접근방법이다.

언론의 의제설정 기능 이론은 언론 효과의 첫번째 요건으로서 적어도 문제가 이슈로 부각되고 그럼으로써 국민이 이에 대해 생각하기 시작해야 한다는 것을 의미한다. 언론이 무엇이 문제인가에 대한 물꼬를 튼 다음에야 그에 대한 사람들의 생각, 태도나 행위를 바꾸는 길이 열린다는 것이다(제6장 언론의 효과, 162쪽 참조).

언론 연구의 변천사를 보면 S - R 모델형으로 표시되는 초기 커뮤니케이션 학자들(제2장 주 3, 피하주사 바늘 모델, 64쪽; 제4장 주 6, S - R 모델, 106쪽 참조)의 "막강한 언론의 힘"의 이론에서부터 출발, "힘없는 언론" 이론으로 후퇴했다가 근래 다시 "막강한 언론" 이론으로 돌아왔다. 언론의 의제설정 이론은 "막강한 언론의 힘"의 과정을 분석하기 위한 새로운 이론적 접근의 하나로 등장한 것이다.

달리 말하면 언론의 효과로서 막강한 설득력, 즉 태도를 변화시키는 힘에 치중하던 전통적 언론관, 또는 언론연구 입장을 벗어나 언론의 효과는 그런 직접적 설득이나 태도변화가 아니라 인식적 변화를 통해서 사람들의 태도와 행태에 궁극적으로 변화를 가져온다는 입장으로 바뀐 것인데 "무엇에 대하여 생각할 것인가"는 언론에 의한 이런 인식변화를 설명하는 한 가지 방법이 되는 것이다.

그런데 초기 의제설정 이론은 언론이 사람들의 "무엇에 대하여 생각할 것인가"에 대한 인식변화에만 한정했었다. 이에 비하여 최근의 경향은 언론은 "무엇을 뿐만 아니라 어떻게 생각할 것인가"에 대하여도 의제를 설정한다고 보는 것이다. 언론의 의제설정 연구는 "무엇을 생각할 것인가"(What to think about)에서 "어떻게 생각할 것인가"(How to think about)에 대한 연구로까지 확대·발전하고 있다고 말할 수 있다.

언론은 어떤 사건과 이슈를 다른 사건과 이슈에 우선하여 보도할 수 있다. 그런데 언론은 그런 사건, 문제에 대하여 그것이 얼마나 중요한가에 그치지 않고 좋고 나쁘고 등 여러 가지 가치판단 작용을 할 수 있다. 기사를 어느 길이로 어떤 지위에 어떤 제목을 붙여서 내느냐와 함께 기사 속에서 무어라고 쓰느냐가 독자, 시청자의 의제설정에 큰 효과를 줄 것이다. 달리 말하면 언론은 취사선택(gatekeeper 노릇)만을 하는 것이 아니라 거기에 자기의 생각과 사상을 가미하는 것이다. 단순 보도기사가 아니라 논평, 해설 기사를 생각하면 당연히 그렇다. 이 부분도 의제설정 연구에 포함시켜야 한다는 것이다.

●내용분석 방법론에 속하는 문제이지만, 의제는 결국 몇 가지 범주(categories)로 정해진 개념으로 표시할 수밖에 없다. 그런 개념 범주는 늘 완전하지 못하다. 의제설

정 기능 연구자들이 쓰는 일상용어가 제한되어 있어 사람들이 생각하는 대로의 의제를 정확하게 나타내지 못할지도 모른다. 그들이 공공문제를 기술하기 위해서 쓰는 개념의 분류가 너무 광범위하거나 너무 경직되어 있어서 날로 바뀌는 현실 의제를 정확히 담지 못할 수도 있다.

예컨대 사회경제지표로 본 발전의 개념, 삶의 질, 사회정의, 경제난, 범죄, 환경 친화력, 정부의 신뢰도 부재, 도의타락 등의 개념과 용어는 더 정밀화시키고 세분화시킬 수 있지 않을까. 또 정치, 경제, 교육, 사회, 문화 등 토픽에 따른 분류가 너무 광범하거나 주관적일 수 있다. 어떤 사람에게 교육적으로 받아들여지는 내용이 다른 사람에게는 정치적일 수 있다. 유동적인 사회문제를 몇 개의 범주로 끼워넣을 때는 상당히 세심한 주의를 요한다. 정의감의 부재, 질서의식의 부재, 준법정신의 결핍, 더불어 살려는 의식의 결핍 등 언론의제 연구는 문제의 기술방식에 있어 더 세심하고 정확할 수 있어야 할 것이다.

국내문제 분야에서는 시민운동, NGO, 자원봉사, 안락사, 낙태, 성희롱, 가정붕괴, 교육개혁, 동성연애, 청소년 성매매, "왕따" 현상, 마약, 벤처 투자, 그리고 국제문제 분야에서는 반인권 범죄, 반인도주의 범죄, 지구온난화 등 비교적 새로운 이슈와 토픽의 사례를 들 수 있을 것이다. 이런 이슈도 여론조사에 있어서도 똑같이 새로 착안해야 할 사항이다.

주 9

언론의 의제─김영삼 이후

외세의 침략이나 독재정권을 국민들이 맨주먹으로 깨는 일은 계란으로 바위를 치는 것과 같지만 그래도 그 목표만은 투명하다. 그러나 외세나 독재를 물러나게 한 다음 무엇을 어떻게 할 것인가는 처음 목표만큼 투명할 수가 없다. 대변혁 후 힘의 공백 상태에서 이해가 엇갈리는 세력간 암투로 혼란을 겪는 것을 보게 된다.

제2차세계대전 후 식민지에서 벗어난 나라들이 그랬고, 해방 후 한반도와 6·25전쟁과 4·19혁명 후 한국의 상황, 군사정치 문화가 막을 내리던 시절이 그런 때가 아니었던가. 김영삼, 김대중 정권 아래 힘의 공백에 따른 무정부 상태는 일어나지 않았다. 그러나 바라던 대로 사회가 크게 바뀐 것은 아니었다. 독재정권 아래에서나 있던 비리와 부실은 그대로 이어졌고, 거기에 갑자기 경기침체가 겹치면서 경제 살리기를 위해서 도의는 당분간 뒷전으로 미루어졌고, 사회를 깊이 이해 못하는 국민 가운데는 과거 독재시절을 그리기도 하고, 심지어 군사정치시대를 연 박정희 씨를 새롭게 평가하는 아이러니도 생겼다.

민간 정부로의 이양 후 큰 사회적 혼란이 일어나지 않은 것은 양 김씨의 고도의 정치수완 덕이다. 그러나 언론이 만든 말대로 정치 8단, 또는 9단인 이들 정치인의 실력은 따져보면 타협과 절충의 기술이 아닌가. 타협과 절충은 쉽게 편법이나 불법으로 바뀔 수 있다. 원래 정치체제가 바뀌었다고 단번에 사회가 좋아질 수가 없는 것이지만, 정권이양 과정과 그 후 새 정권의 정착 과정이 이렇게 정치적 타협과 절충의 연속이라면 그 사회가 조금도 새로워질 수 없는 것이었다.

또 다시 독재로 돌아가는 것말고는 이런 상황을 막을 도리는 없었을지 모른다. 물론 그렇게 할 수는 없는 일이고 가능한 최선의 길은 장기적 해결을 위한 방향을 제시하는 일이고, 이에 대한 국민간 이해와 합의를 이룩하고, 그럼으로써 그들이 내일을 위해서 오늘을 희생하고 기다려 주는 것이었다.

나는 김영삼 정부와 김대중 정부 출범 초기 우리 언론이 내놓아야 할 의제가 바로 이것이었다고 지금도 굳게 믿고 있다. 그런데 "당근"에 맞들고 "냄비"식 보도에 젖은 우리 언론이 그런 고상한 일을 할 수가 없었던 것이다. 좀 지루할지 모르지만 양 김 정권 아래 일어난 사례를 대강 줄여 적어 보겠다.

1993년 2월 김영삼 씨의 "문민정부" 출범 이후 언론은 과거 어느 때보다 자율을 실천할 수 있는 좋은 여건에 처해졌지만, 이번에는 "매"가 아니라 "당근" 때문에 정부의 시녀 노릇을 할 가능성이 커졌다. 알려진 대로 김영삼 대통령은 언론의 취약점을 잘 알고 이용하는 재간이 있는 사람이다. 그도 지명도 있는 언론인들을 "해바라기"로 바꿔놓았다. 그들 가운데 여러 사람을 정부 쪽으로 쉽게 빼내갔다.

그는 언론을 향한 "깜짝쇼"를 연출하기 시작했다. 부정척결을 정책순위 제1번으로 하고 이를 위한 구체적 수단으로 채택된 공직자 재산등록, 금융실명제의 실시 등 굵직한 개혁 조치를 발표해 나갔다. 또 그는 집권 초기의 세를 몰아 고위 공직자의 부정을 들추어내고, 임명 몇 주 만에 비위 사실이 발견된 장관을 여러 사람 갈아치우는 등 전례 없이 과감한 조치를 취했다. 예상대로 흥분한 언론은 "냄비"식 사건 보도로 지면과 방송시간을 채웠다.

이런 조치들은 그 과감성에도 불구하고 근본적 문제해결을 위해서라면 그것만으로 될 일이 아니었다. 우리의 사회문화적 여건에 더 주목할 일이었다. 과거 새 정권이 들어설 때마다 비슷한 개혁정책을 내걸었지만 용두사미가 된 것을 생각하면 그러했다. 언론은 그런 장기적인 안목으로 무엇이 문제인가에 대하여 국민들을 경고하고 교육하는 데 의제설정의 초점을 맞추어 나갔어야 했지만 그러지 못했다. 그리고 국민도 사건들을 매일과 같이 떠들썩하게 크게 보도하는 언론에 박수갈채만 보내고 있었다

결국 지나고 보니 공직자 재산등록도 그 결과가 유야무야 처리되었고, 금융실명제는 오히려 큰 과오로 몰리는 괴상한 분위기가 지속되더니 나중 IMF 위기와 함께 사실상 원점으로 돌아가고 말았다. 그간의 큰 사건 폭로에 대하여도 시간이 지나면서 어떤 결말도 없이 언론도 정부도 흐지부지 발을 빼버리는 꼴이 되고 말았다.

두 가문간 불화

칩권 초가 지나 1994년 새해를 맞이하면서 정부는 새 카드를 들고 나왔다. 마침 시장개방으로 알려진 우루과이라운드 다국적 무역협정이 타결되어 정부는 국제화/세계화라는 의제를 갑자기 내걸었다. 그러자 언론은 금세 방향을 바꾸어 다른 것은 제쳐놓고, 약속이나 한 듯이 일제히 이 문제를 들고 나왔다. 연초 신문지면은 온통 이 문제에 대한 특집으로 덮여졌고, 이제는 국제화가 살 길인데 과거는 그리 중요하지 않다는 해괴한 분위기가 자리잡기 시작했다. 김영삼 씨의 전직 대통령 청와대 초청은 이런 국제화 바람 속에 국민들이 어리벙벙하고 있을 때 이루어진 것이다. 재치 빠른 언론은 어느새 이 전·현직 대통령 회동의 의미를 김 대통령의 작품이라고 부르고 국제화를 위해서 필요한 화해라고 의미를 붙이기까지 했다.

국제화, 세계화가 무엇인가? 과거 비리를 없던 것처럼 묻어 버리고 국제화 경쟁력 제고를 부

르짖는다면 그것은 될 일이 아니었다. 국제화든 아니든 새로운 출발은 정의의 원칙에 입각하여 국민들이 납득할 수 있는 과거 청산이 있은 다음 국민간 합심하여 일하게 될 때 가능하다.

새 해에 들어와 대통령의 한마디가 언론의 의제가 된 예는 또 있다. 그가 말한 생활개혁이라는 구호다. 이 생활개혁이라는 것도 알고 보면 이미 언급한바 사회개혁의 전제조건으로서 국민행태 개선이 선행조건이다. 이 중요성은 과거에도 표현만 달랐을 뿐 역설되어 왔으며 하나도 새로운 것이 아니다. 단지 실천이 되지 않았을 뿐이다. 그러므로 언론의 의제는 이런 말의 잔치가 아니라 실천을 위한 분석이었어야 할 것이다. 그러나 언론은 대통령의 철학을 여과 없이 보도할 뿐이었다.

이와 같은 무책임한 되풀이식 언론의 의제설정은 언론사들의 창의력 부족으로 너그럽게 볼 수도 있지만 어떤 것들은 참으로 해괴해서 "언론이 왜 또 이러는가" 하고 아연실색하지 않을 수 없었다. 연초 전·현직 대통령 회동을 보도하는 언론의 태도다. 이들이 벌여놓은 과거 정치는 너무 잘못되어서 화합이라는 말로 쉽게 지나쳐버릴 일이 아니다. 이 문제는 누구도 쉽게 대안을 내놓을 수는 없지만 적어도 본인들은 물론 국민 전체가 시간을 두고 깊이 생각할 문제였다.

그러나 언론은 그런 문제는 이미 끝난 듯 엉뚱하게 전·노 전 대통령간에 있어온 불화가 이번 회동으로 해소될 것인가와 같은 지엽적인 문제를 부각시켰다. 전·노 대통령의 두 가문간 갈등은 그들의 문제이고 국민이 알 만한 가치가 있는 사항은 아니었다.

더 해괴한 것은 청와대 회동의 결과, 새 정부 아래 부정의 원흉으로 찍혀 구속되었거나 해외도피중인 5공, 6공 인사들에 대한 관대한 조치가 내려질 것인가에 대한 언론의 무성한 추측이다. 이러한 추측보도가 정상적인 사회에서 어떻게 가능한지 모르겠다. 그것은 과거 군사정부 하에서나 하던 일이기 때문이다.

이러한 분위기가 조성된 다음 얼마 있다가 문제의 6공인사가 풀려나기도 하고 해외생활에서 귀국하기도 했다. 특히 모친상을 당하여 일본에서 귀국한 정치인을 보도하면서 언론들이 김 대통령이 빈소에 조화를 보낸 사실을 "부드러운 조치 시사" 등으로 해석한 것은 매우 한국적인 현상이었다. 이들 6공인사들은 언론이 보도한 대로라면 엄청난 부정을 저지르고 과거 우리 사회를 흙탕물과 같이 만들어놓은 장본인들이다. 그런 사람들을 정치인들이 모여서 화해를 하거나 어떤 합의에 이르면 무죄나 집행유예로 풀어줘도 된다고 언론은 믿은 것인가. 이런 사회 분위기 속에서 나온 전·노 전 대통령과 그후 김 대통령의 차남 김현철 씨의 감옥행은 언론의 좋은 메뉴가 될 수는 있을 뿐 실속 없이 끝날 것은 예측 가능한 일이었다.

재벌의 의제

1994년도 후반에 들어서면서, 언론은 김일성 주석의 사망 후 북한 정권의 후계자 문제와 이 정권의 붕괴 가능성, 북한 핵 문제, 북한과 미국과의 외교 교섭 등과 같은 "굵직한" 사건과 이슈들을 대대적으로 보도함으로써 과거청산과 같은 정치도의 문제는 뒷전으로 밀리게 되었다. 그후 성수대교가 무너지고 "세금도둑" 사건이 전국적으로 퍼지니까 사회도의 회복 문제가 다시 나왔다가, 11월중에 대통령의 APEC회담 참석 후 "세계화 구상"이 발표되자 언론은 부지런히 정부의 발표에 따라 의제를 바꿔나갔다.

1998년 출범한 김대중 정부는 우리나라 헌정 이후 처음 수평적 권력 교체로 이루어졌다. 그런 만큼 가장 도덕성을 갖춘 정권이 될 것이라는 국민의 기대와 마침 밀어닥친 국가부도 위기라는 강박감 속에서 출범해야 했다. 그러므로 이번에도 언론 의제의 초점이 경제 살리기와 사정(司正)의 두 분야 사이를 왔다갔다할 것은 미리 예측할 수 있는 일이었다. 문제는 두 가지는 상호배타적이 될 수 있어, 적어도 도의회복을 정책 우선순위 1번으로 해야 한다면 국민의 고통분담으로 경제적 회생의 감수는 불가피한 일이었다. 경제도 잘하고 사회의 기강도 잡을 수는 없는 일이었다. 잘못된 사회기강을 잡는 과정에 경기가 후퇴하는 것은 어쩔 수 없는 일이다. "경제를 먼저"라는 주장은 과거 재벌들이 늘 주도해온 의제가 아닌가. 과거 재벌은 경기회복을 빌미로 늘 정부 정책을 좌지우지해왔다.

이번에도 언론은 오늘은 도의회복과 사정을, 내일은 경제를 의제로 내세워 국민을 오도했다.

대통령의 "국민과의 대화" 때 무엇을 먼저 거론해야 할지를 묻는 조사에서 국민 대다수가 경제를 먼저로 했다는 사실은 언론이 무엇을 어떻게 했는지를 잘 말해주는 예였다. 그 결과 정부는 도의를 경제에 희생시키는 과거의 실수를 향하여 뒷걸음치게 된 것이다.

   그러면서 언론은 내각제 개헌, 새 정부 아래 노출된 주요 범법자 피의자들의 비호, 그외 수시로 터져 나오는 사건을 놓고 여당과 야당 간, 또는 각 정치세력간의 대립과 타협 과정을 미주알고주알 매일 알리거나 충격적인 보도라며 역대 대통령 회고록에서 과거 일어난 지금의 문제해결과 거리가 먼 사건 얘기로 된 의제설정을 해나갔으니 우리 사회가 직면한 위와 같은 근본 문제에 대한 꾸준하고 심도 있는 논의가 불가능했던 것이다.

주 10

무관의 제왕

   정치인이 자기 말을 의제화시키기 위해서 언론을 얼마나 절실히 필요로 하며, 그러기 때문에 기자를 어떻게 잘 모시는가에 대하여 어느 기고가가 실감 있게 묘사한 글 일부를 소개하고자 한다.

   "상임위 회의중 TV카메라가 들어갈 때는 좌석에 거의 빈자리가 없다. 회의도 아연 활기를 띤다. 고성이 오가고 장관을 질타하는 소리가 쩌렁쩌렁해진다. 그러나 카메라가 철수하면 금세 빈자리가 많아지고 파장이 되기도 한다. 심지어 기자들이 취재하지 않는 상임위에서는 의원들 스스로가 빨리 끝내자는 얘기를 하는 일도 있다.

   TV나 신문 기자들은 뉴스 시간대와 원고마감 시간대에 맞추기 위해 대표적 의원의 연설만을 녹화하거나 취재하고는 철수하는 일이 많다. 지난 15대 총선 때의 일인데, 신한국당 대구 모 지구당 개편대회가 진행되는데 대구 출신 이모 고문의 치사 차례가 되었다. 그런데 TV 카메라가 철수하려 하자 이 양반이 마이크에 대고 "내 얘기도 좀 듣고 가라"고 애원하다시피 말해 참석자들에게 쓴웃음을 짓게 한 일도 있다.

   정치인들이 기자를 모시는(?) 태도는 일반인의 상식을 초월할 정도다. 여기에는 여야 구별도, 경륜의 무게도 따로 없다. 조금 전까지 시뻘겋게 아랫사람을 혼내다가도 기자가 들어섰다 하면 이내 얼굴이 활짝 펴지면서 사근사근해진다"

(≪신동아≫, 1999년 6월호, 「박헌주가 털어놓은 정치판 뒷이야기」, 박헌주).

제6장

언론의 내용과 효과—무엇을 어떻게 쓰고 말할 것인가

"언론" 하면 먼저 머리에 떠오르는 것이 무엇인가? 거창한 신문사와 텔레비전 방송국 건물과 그 안에 있는 방대한 시설, 그리고 거기서 일하는 편집국 인원, 기자, 앵커맨, PD 등이다. 그러나 대중이 언론을 크고 중요하게 여기게 되는 것은 그런 물적·인적 조직이 아니라 그것이 개인과 사회에 줄 수 있는 이익과 불이익, 즉 효과이다. 개인과 사회를 바꾸는 막강한 힘이라고 말해도 된다. 그 힘은 뉴스, 사설, 논단, 다큐멘터리 등 신문, 잡지와 텔레비전의 내용에서 나온다. 언론이 대통령의 스캔들을 폭로하여 결국 그로 하여금 하야하게 한다면 그런 힘은 언론의 시설이나 조직이 아니라 그 사실을 알리는 언론의 내용에서 나오는 것임을 알 수 있다.

이 힘(영향력)을 언론(매스 커뮤니케이션)의 효과라고 부르는데 이것은 언론 연구의 핵심이요, 귀착점이 된다. 언론에 관련된 모든 연구는 결국 이 효과를 이해하기 위한 노력으로 집약된다. 이는 마치 거대한 비행장의 시설과 인원은 결국 비행기를 날게 하는 일에 모아지는 것과 같다. 그러므로 언론의 효과는 빼놓고 언론사의 인적·물적 조직에 대하여 하는 연구는 기업경영 연구이지 언론 연구라고 할 수 없다. 마찬가지로 요즘 언론학자들 가운데는 위성방송, 인터넷 매체 등 커뮤니케이션 테크놀로지를 논하면서 그의 사회적 의미에 대하여는 덮어두고 눈부시게 발전하는 기술적 측면에만 관심을 쏟는 사례가 흔한데, 그것은 언론 연구라고 할 수 없다.

언론의 효과는 주로 언론의 내용으로부터 나오는 만큼 언론의 내용 연구는 그 효과와 함께 하여야 한다. 그러나 어떤 내용이 어떤 효과를 내는가는 예측하기가 어렵다. 첫째로 언론의 내용은 천차만별이고, 또 그것들이 섞여져 있는 것이 보통이어서 도식화해서 말할 수 없다. 둘째로 언론의 내용은 언제나 전달자가 의도한 대로 효과를 내지 않는다. "내용=효과"라는 등식이 언제나 성립되지 않는다는 말이다. 커뮤니케이션 효과를 가져오는 커뮤니케이션 과정에 다른 요소가 개입하기 때문이다. 그 가운데 중요한 것이 수용자 쪽 사정이다. 그러므로 언론의 효과는 다른 조건이 같다면 내용에 따라 결정된다고 말해야 맞다.

여기서는 먼저 언론의 내용을 전통적인 방법에 따라 분류해보고, 그 효과가 어느 때 주로 일치하고 불일치하는가, 언론 내용은 어떻게 해서 결정되는가 등의 문제를 한국언론의 사례를 중심으로 다루어본다.

1. 언론 내용의 분류 -정보와 지식, 교육, 설득, 오락

신문, 책, 텔레비전, 잡지, 라디오, 비디오, 인터넷 등 대중매체를 통해서 전달되는 말과 글, 소리, 이미지가 언론의 내용이다. 이런 언론의 내용은 신문기사, 사설, 논단, 칼럼, 방송 뉴스와 프로로 엮어져 있다. 앞서 커뮤니케이션 과정을 도식으로 나타내면서 이 부분("무엇" 부분, 제2장 커뮤니케이션 이론, 44-45쪽 참조)을 메시지(message)로 통틀어 불렀다. 보통 "메시지" 하면 말과 글 등 기호로 되어 있는 것만으로 이해하기 쉬우나 커뮤니케이션 연구에서 말하는 메시지는 커뮤니케이션의 내용과 같은 말이므로 비기호 메시지(non-verbal message)가 여기에 포함된다.

원칙적으로 커뮤니케이션 효과는 커뮤니케이션 내용에 따라 일어난다. 서로 다른 커뮤니케이션 내용은 서로 다른 효과를 수용자에게 가져다주는 사실이 그것을 증명한다. 그러므로 커뮤니케이션 내용을 보고 커뮤니케이션 효과를 대충 예측할 수 있다. 언론의 내용과 효과를 같은 장에서 취급하기로 한 것은 이 까닭이다.

같은 커뮤니케이션 내용이 같은 효과, 또는 다른 효과를 가져온다는 얘기를 하자면 먼저 그 내용을 분류해야 한다. 같은 내용은 같은 범주로 묶는 작업이다. 언론은 커뮤니케이션 과정의 일부이므로 언론매체 내용의 분류방법은 커뮤니케이션 내용의 분류방법과 대부분 같을 수밖에 없다. 커뮤니케이션 내용의 분류법으로는 라스웰(Lasswell, 1948)과 라이트(Wright, 1960)의 것이 지금도 타당하다. 예컨대 슈람(Schramm, 1971; 1964)이 언론의 내용 및 기능을 정보, 교육, 설득, 오락으로, 또는 감시자 역할(the watchman role), 정책조성 역할(the policy role), 교사 역할(the teacher role) 등으로 나눈 것은 라스웰의 3분법(환경감시, 사회통제 및 조정, 문화의 전달)에다가 라이트가 후에 말한 오락 기능을 첨가한 것이다.

슈람의 분류를 받아들여 커뮤니케이션의 내용을 정보, 교육, 설득, 오락으로 나누고, "내용=효과"라는 등식을 여기에 대입해보면 정보적 내용이 정보습득의 효과를, 교육적 내용이 교육의 효과를, 설득적 내용이 설득효과를, 오락적 내용이 오락효과를 가져온다고 일단 말할 수 있다.

이 네 가지를 하나씩 검토해보자. 정보의 정의를 따로 내릴 필요가 있을지 모르겠다. 너무 흔히 쓰는 말이다. 언론이 전달하는 뉴스는 거의 모두 정보를 제공한다. 영어로 정보(information)와 지식(knowledge)은 같은 뜻으로 쓰여지는 경우가 흔하다. 지식이란 말을 머리 속에서의 인지상태(awareness, cognition)의 의미로 사용하는 때이다. 예컨대 "Without his knowledge"(그 사람 모르게)라고 말할 때 "knowledge"는 인지를 의미한다. "I had no knowledge of what was going on in the Korean

Army"(한국군 내부에서 무엇이 일어나고 있었는지 몰랐다). 5·16쿠데타 직전 상황에 대하여 당시 주한 미국대사가 이런 말을 했다는데, 이때 "knowledge"는 인지상태, 즉 정보를 말한다. 그러나 대부분 지식은 물론, 정보마저도 이와 같은 인지단계를 넘어 좀 더 체계를 갖춘 내용으로 되어 있다.

왜 사람들은 정보를 원하는가? 제1장(정보의 역할, 32쪽 참조)에서 정보의 역할을 개략적으로 논했는데, 여기서 더 자세히 다뤄보자. 로버트(Roberts, 1971)의 말을 인용해보면 정보란 각 개인이 처한 구체적 상황을 극복하는 데 도움이 되는 내용이다. 불확실한 상황 속에서 가장 유리한 선택을 가능케 하는 내용이다. 불확실성을 줄여 주는 내용이다. 스무고개 퀴즈에 대답하면서 질문자가 힌트를 한 가지씩 줄 때마다 응답자의 불확실성은 하나씩 줄어들며 정답에 가까워지는 것이다.

먼 곳을 가면서 길을 모르면 불확실하다. 모른다는 것은 정보가 없다는 말이다. 지금 세 갈래의 길인 A지점에서 어느쪽으로 가야 B지점에 도달할지 모른다고 하자. 이 불확실성을 해결하는 방법은 무엇인가. 남에게 묻거나 지도를 봐야 한다. 물어서 또는 지도를 봐서 알아낸 내용이 정보다. 취직, 학교 입학, 기후, 보험, 자동차, 각종 인·허가 신청에 대한 브러셔(안내서)는 정보의 좋은 예다. 이런 안내서를 읽어본 후에는 남에게 불필요하게 신세를 지지 않고 불확실성을 줄이며 원하는 결정을 할 수 있다.

그렇다면 정보는 불확실성과 이용의 영역에 따라 가장 간단한 것부터 가장 복잡한 것까지 광범하고 다양할 것이다. 그러므로 정보와 지식을 구별하여, 정보는 인지상태를 포함하여 그 내용이 파편처럼 조각인 쪽, 지식은 그것이 하나의 체계를 이루어 존재하는 쪽으로 정리하는 베레츠(Beretz, 1971)의 이분법은 매우 실용성이 있어 보인다. 이때 고급 지식은 이론과 거의 맞먹게 된다. 그렇다면 정보는 같은 대중매체 가운데서도 언론매체에, 지식은 책에 주로 잘 담겨질 수 있다고 볼 수 있다. 특히 뉴스는 대부분 정보적 내용이며, 그에 더하여 시사성(또는 속보성, 시한성)이 있어야 하는 것이 특징이다.

시사성이 있어야 하는 결과, 대부분 정보의 가치는 남보다 먼저 가질 때 생긴다. 모든 사람이 갖게 될 때는 이미 그 정보의 가치는 없어진다. 신문이 시간이 지나면 "구문"이 되는 것은 그 까닭이다. 일기예보, 행사예보, 주가, 부동산정보, 시장정보, 산업정보, 사건 뉴스, 중요한 정부 결정과 정책에 대한 정보는 시간이 지나면 정보로서의 가치를 상실한다.

어떤 정보는 시간이 지나도 이용가치가 있다. 그런 정보는 대개 대중매체 가운데 책의 형식으로 전달·보존된다. 출판사는 이용가치가 오래 가지 않을 정보를 책으로 펴내려 하지 않는다. 여행 및 관광 안내책자의 내용은 이용가치가 비교적 오래 가는 정보의 한 가지 예이다. 이런 정보를 정리하여 이론화하면 베레츠가 말하는 지식이 된다.

학교에서 교과과목과 그외 전문 직업훈련의 일부로 배우는 내용은 전형적 지식의 예이다. 법학지식을 배워 놓으면 일생을 두고 이용할 수 있다. 교과서 지식(textbook knowledge)과 학문적 지식(academic knowledge)이 대개 그런 것이다. 단편적 정보와 학문적 또는 체계적 지식이란 두 극단 사이에 여러 가지 형태의 지식과 정보를 생각해 볼 수 있다.[11]

정보와 지식의 효과는 그 내용과 비교적 잘 일치한다. 내용을 보아 효과를 쉽게 예측할 수 있다는 뜻이다. 이때 효과는 일차적으로 수용자에게 전달되어 그의 머리 속에 저장된 정보와 지식의 내용이다. 그가 습득하고자 하는 충분한 의욕이 있고, 그가 내용을 이해하는 데에 어려움이 없다면 그 효과는 발생한다. 한 기업가가 물가, 시장 동향에 대한 정보를 얻어 기업전략을 짜고 있다면 정보 습득의 효과는 발생한 것이다. 한 대학생이 심리학에 대한 글을 읽고 많은 새로운 지식을 배웠다고 말한다면 효과는 발생한 것이다.

정보와 지식 습득의 정도는 어느 정도 수량화가 가능하므로, 그 효과측정도 그리 어렵지 않다. 선생이 강의한 내용을 학생이 얼마나 배우고 알고 있는가를 알려면 시험을 치러보면 된다. 책을 읽고 얻은 지식의 내용과 양을 알아보고자 한다면 몇 가지 테스트를 해보면 된다. 이때 머리에 주입된 정보와 지식의 내용과 양이 효과이다. 또 배운 정보와 지식을 얼마나 오래 머리 속에 기억하는가를 측정할 수도 있다.

배우고자 하는 의욕은 동기의식이다. 동기의식은 대개 필요로부터 나온다. 취직시험을 봐야 할 사람은 이에 대비, 공부를 열심히 하게 되는데 필요가 그렇게 만든다. 이에 대하여 제8장(필요와 욕구충족 이론, 193쪽 참조)에서 더 자세히 다룬다. 일반적으로 말해서 사람들은 전쟁, 천재지변, 대형사고 같은 이른바 긴급 또는 위기 뉴스(crisis news)는 당장의 필요와는 관계없이 빠뜨리지 않고 보고 읽고 기억한다. 이런 큰 사건이 일어났는데 "나하고는 상관없어" 하며 무심코 앉아 있을 사람은 드물다(제7장 뉴스의 전파, 187쪽).

정보와 지식 가운데는 노력하지 않아도 자연스럽게 배우게 되는 것이 있는데, 그렇게 배우는 과정을 "부수적 학습"(incidental learning)이라고 부른다. 텔레비전을 보면서 자연히 배운 사람 이름, 상품 이름, 역사적 사실, 연대, 관광지, 지명, 유행 등은 그런 예이다. 어린아이들이 텔레비전을 보면서 배우게 되는 대부분 내용이 그런 예이다.

교육적 내용은 슈람의 대중매체 내용 분류에 따른 것으로 정보와 지식, 그리고 설득과 구분하여 여기서 다루지만 사실은 이들 서로간 선명한 구분이 점점 어려워지고 있다. 이미 설명한 대로 대중매체의 모든 내용이 궁극적으로 인간 행태에 영향을 미치며, 그 효과는 넓은 의미에서 모두 교육적 효과이기 때문이다. 그러므로 여기 교육은 협의의 교육이라고 말한다면 무난할 것이다.

우리 사회에서 대표적 교육기관은 학교이다. 학교에서 쓰이는 교과서에 담긴 내용은 대부분 전문지식이며 거의 전부 교육적 내용이다. 그러나 학교는 학생들의 전문지식 교육뿐만 아니라 사회화 교육도 맡는다. 사람들은 학교를 떠나 사회에 나와서도 더 많은 전문지식과 사회화 교육을 받는다. 평생교육이란 말이 쓰일 정도다. 그런 교육수단 가운데 가장 중요한 것이 대중매체이다.

교과서 및 학문적 지식은 서적이 더 잘 담고 전달할 수 있으나 언론매체도 그 역할을 분담하게 되는데, 그럴 만한 이유가 있다. 첫째로 각 신문과 방송매체는 그 자신의 수용자(독자, 청취자, 시청자)를 갖고 있으며, 그들의 상당수가 책을 볼 시간이 없으므로 이런 사람들을 위해서 그렇게 한다. 이 경우 언론매체의 기능은 수용자에게 정보뿐만 아니라 지식에 대한 접근 가능성(accessibility)을 높여주는 것이다(제8장 매체의 이용이 쉽고 편한가, 200쪽 참조). 둘째로 언론은 어떤 큰 사건과 계기가 생길(또는 올) 때마다 독자와 시청자들에게 현실문제와 관련성(relevancy)을 갖는 범위 내에서―달리 말해서 시사성이 있는 한도 내에서―체계적 지식을 제공하기 위해서다.

광복절, 4·19, 5·16, 5·18과 같은 역사적 사건이 일어났던 날이 오면 사람들은 그때를 회상하거나 그와 관련된 일을 떠올리게 된다. 언론은 수용자의 이런 심리적 또는 실용적 필요에 착안(또는 이것이 언론의 책임이라고 믿어서라고 할까), 매년 이때가 되면 그에 관련된 특집을 만든다. 8·15와 6·25를 돌이켜보는 텔레비전 다큐멘터리 또는 신문 연재물, 광주항쟁 20주년 기념 대토론 생방송 중계, <동학 100년>시리즈, <사쓰마야끼>, 한국도예 400년 기념축제(일본) 해설 같은 것들을 교육적 내용으로 칠 수 있을 것이다. "부처님 오신 날" "법의 날" "어린이날" "건강의 날" "바다의 날" 등 특별한 날에 나가는 특집 등으로 관련 지식을 새롭게 알려준다면 교육의 범주에 들어가야 할 것이다.

얼마 전(1998년)에는 건국 50년을 기념하는 여러 행사가 한국에서 있었고, 이와 때를 맞추어 신문과 텔레비전 매체가 특집을 마련하였는데, 대부분 교육적 내용에 포함시켜야 맞을 것들이었다. 가령 "우리에게 미국은 무엇인가"라는 제목으로 한미관계를 역사적으로 개관한 텔레비전 특집은 국민의 교육 및 계몽을 위한 것이었다고 생각된다. 또 세계적으로 유명한 사상가, 작가, 예술가의 탄생일이 가까워지면 그것을 계기로 그와 관련된 교과서적 지식을 언론이 소개하는 것도 같은 맥락이다. 오래된 물건을 먼지를 털어 진열장에 다시 놓는 격이라고나 할까.

사계절이 확실한 한국에서는 계절이 바뀔 때마다 사람들이 생각하고 준비할 일이 있다. 봄이 오면 텔레비전, 신문, 잡지들은 정원을 어떻게 가꿀 것인가에 대하여, 여름과 겨울이 오면 특정 질병 또는 난방기구 손질에 대하여, 입시철이 되면 자녀 입시준비에 대하여 관련 실용적인 지식을 모아서 교육한다.

어떻게 살 것인가라는 문제는 물질과 정신 양면으로 나눠볼 수 있다. 물질문화와 관련된 교육은 물론 물질세계만큼 다양하고 많다. 주택, 음식, 자동차, 각 산업, 각종 제품 및 상품 등 무한하다. 신문, 잡지, 텔레비전은 새로운 조세제도, 요리법, 부동산관리, 자동차관리 등에 대한 새로운 지식을 꾸준히 제공한다. 각종 직업교육, 전문교육 또한 그런 부류에 속한다. 언론은 계기가 있을 때마다 이런 로저스가 말한바 방법론 지식(how-to-do knowledge; 주 11, 177쪽 참조)을 전달하는데, 이것이 모두 언론의 교육적 내용에 속한다. 자연의 섭리와 동물의 세계를 보여주는 텔레비전 다큐도 시청자들의 취미와 함께 생태에 대한 지식을 넓혀준다는 뜻에서 교육적 내용이라 할 수 있다.

교육 가운데 중요한 것이 이미 언급한 사회교육이다. 도의와 윤리 교육, 인성교육, 정서교육과 같은 말은 모두 같은 것을 뜻한다. 우리나라 언론매체의 내용 가운데는 이런 교육을 위한 것이 특별히 많다. 언론이 대중계도 책임을 크게 진다는 증거이다. 스님, 목사, 철학자, 원로들이 등장하는 인생 칼럼, "마음의 양식" 또는 사색적 내용이라고 분류할 수 있는 생활 수필, 체험기, 수기 등이 그런 것들이다. 신문말고도 ≪샘터≫ ≪삶과 꿈≫ ≪리더스 다이제스트≫와 같은 이름이 붙는 잡지, 종교지, 문예지에 그런 종류의 글이 많다.

대중매체의 사회교육 효과를 예측하기는 어렵다. 그 효과는 수용자가 배웠느냐가 아니라 배운 것을 실천하느냐를 기준으로 결정해야 하기 때문이다. 이 문제는 이 장의 뒤에서 따로 논한다(제6장 알면 행하는가, 164쪽 참조).

언론의 설득기능에 대하여 이미 제1장(설득과 태도변화, 33쪽 참조)에서 논하였다. 설득의 효과가 태도변화(감동 감화와 그에 따른 행동)라고 한다면, 이미 지적한 대로 그런 효과는 궁극적으로 모든 대중매체의 내용이 가져오므로 이것이 설득적 내용이다라고 꼬집어 말하기가 점점 어려워지고 있다. 대부분의 정보와 지식과 교육적 내용이 머리속의 기억으로 남아 있다가 여건이 오면 구체적 행동으로 옮겨질 수 있다. 또 사실의 전달이 금방 수용자의 태도와 행동의 변화로 바뀔 수 있는 경우가 허다하다(제6장 3단계설, 160쪽 참조).

그런 의미에서 설득적 내용은 수용자로 하여금 기존의 생각, 태도, 감정과 행태의 변화를 노골적으로 호소하고 당장 그런 결과(효과)를 추구하는 메시지라고 말해두어야겠다. 언론매체에 나오는 상품광고나 독자로 하여금 어떤 행동으로 나오도록 선동하는 사설 내용은 대표적이다. 상품광고는 소비자로 하여금 당장 특정 상품을 구매하도록 하거나 상품 브랜드 A 대신 B를 사도록 태도를 바로 바꾸도록 유도하는 커뮤니케이션 내용이다. 유권자가 국회의원 입후보자 A씨에 한 표를 던지도록 호소하거나 목사가 예수를 믿으라고 외치는 방송 설교도 그런 내용이다.

오락적 내용에 대해서는 긴 설명이 필요 없을 것이다. 오락적 내용을 읽고 보고 재미있게 시간을 보냈다면 오락적 효과는 발생한 것이다. 오락적 기능 또는 오락적 목적을 위한 언론매체의 이용에 대하여는 제8장(203-204쪽)에서 주로 다루게 된다.

2. 내용과 효과의 일치 －"내일 비가 온다"는 메시지의 의미는 누구에게나 같다

이때까지의 설명에서도 알 수 있듯이 많은 메시지가 대충 전달자가 말하거나 적은 대로(전달자가 의도한 대로) 효과를 낸다. 여기서 "대충"이란 말을 특별히 쓰는 이유는 이 경우에도 "내용＝효과"는 수학적인 일치가 아니기 때문이다.

"내일은 비가 온다"는 메시지를 예로 들어 "내용＝효과"의 등식을 설명해보자. "내일"이나 "비"란 말의 이해와 해석에 전달자와 수용자 간에 별 차이가 있을 수 없다. "비"란 누구나 경험하는 매우 간단하고 구체적인 현상이다. 또 이 메시지의 목적이 일기의 예보라면 그것을 신문에서 보든지, 텔레비전에서 듣든지 수용자에게 일어나는 정보습득 효과는 같다. 어떤 사람이, 어떤 매체, 어떤 장소에서 읽었느냐, 들었느냐가 효과를 다르게 하지는 않는다. 커뮤니케이션 과정에 다른 변수가 개입하여 효과가 달라질 가능성이 적다.

다만 그때 처해 있는 상황에 따라 어떤 수용자는 우산을 들고 밖에 나갈 것이다. 어떤 사람은 평소와 달리 걷지 않고 차를 타고 나갈 것이다. 야외행사를 계획하던 단체는 그것을 취소하든가, 또는 대비책을 마련하기 위해 관련자들을 불러 상의할 것이다. 그러나 "비가 온다"란 메시지의 효과는 "비가 온다"는 정보의 전달이다. 그 후 일어나는 일은 별개의 문제이다.

대학입시나 행정고시의 합격자 발표는 분명 커뮤니케이션의 내용이다. 합격된 사실을 신문에서 알게 되든, 전갈로 알게 되든, 그외 어떤 기분이 좋지 않은 방법으로 알게 되든 효과는 거의 같다. 직접이 아니라 간접적으로 들어 알았다고 덜 기쁜 것은 아닐 것이다. 정보습득 효과에 관한 한, 내용과 효과 간의 불일치는 잘 생기지 않는다. 전달자가 의도한 대로 정보는 수용자에게 대개 전달된다.

물론 이때에도 수용자가 어떤 상태에 있느냐에 따라 정보습득+알파의 결과로 정보에 더하여 일어나는 정서적 반응은 크게 다를 수 있다. 가령 그가 이미 타대학 입학통지를 받은 후라든가, 미국 유학의 길이 열려 있는 사람이라면 그렇지 않은 사람의 경우에 비하여 감격은 훨씬 적을 것이다. 그러나 그 부분의 효과는 전달자가 알 바 아니다. 관청에서 불특정 다수 또는 특정인에게 보내는 공고문, 특정인에게 보내는 통지서가 대부분 그러하다.

3. 내용과 효과의 불일치 –"아 다르고 어 다르다"

"나라와 민족의 장래를 확신하는 까닭은 한국 사람이 기와 세가 솟고 뻗치는 미래관을 갖게 되었기 때문이다." 이 문장은 우리나라 어느 논객의 글에서 인용한 것인데, 위에서 예로 든 메시지 "내일 비가 온다"와는 다르다. 다루는 메시지 내용도 그보다 훨씬 복잡할 뿐만 아니라 문장은 멋을 부리고 있다. 기와 세는 기세(氣勢)로서 "기세를 몰고 가다"와 같은 말에 익숙한 우리에게 전혀 외람되지는 않으나, 그것이 "솟고 뻗치는 미래관"은 "비가 온다" 만큼 그 의미가 모든 사람에게 투명하지는 못하며, 독자들의 해석이 달라 그들의 인식체계에 남는 효과에도 많은 차이가 나게 되어 있다. 이때는 정보와 지식의 전달자와 수용자 간의 의미(또는 효과) 전달에 있어 상당한 괴리가 일어날 수 있는 예이다.

우리 신문에 소개된 최근 새로 나온 책 내용에서 문장 하나를 더 골라 소개해본다. "오늘의 시점에서 한국사회가 요구하는 다양한 진보의 내용을 민족사적 과제를 기준으로 설정하는 것은 한국사회의 역사진보의 독자성과 특수성을 잘 반영시킬 수 있는 유용한 방법론이다." 이해가 되는 것 같기도 하고 안되는 것 같기도 하니, 이 문장은 독자의 인식체계에 따라 여러 가지 다른 해석을 가져오거나 심지어는 아무런 전달효과를 가져오지 못할 수도 있다.

인문·사회과학 분야의 책이나 학술 논문에서 가끔 만나게 되는 문장 스타일이다. 번역서의 경우는 우리말로 옮길 때의 어려움 때문에 더하다. 내가 대학을 다니던 시절에는 국내 저자가 쓴 인문분야 학술서적이 없어 번역서를 많이 읽어야 했다. 그런 책으로부터 무엇을 배웠는지 지금 생각해봐도 막연하다. 과거에 비하여 많이 나아지기는 했지만 요즘도 많은 사회과학 번역서가 직역을 한 결과, 독자가 오랜 시간 읽고 나서도 내용의 대부분을 흡수하지 못하고 마는 사례가 적지 않다.

그러나 내용과 효과 간의 정말 큰 괴리가 일어나는 분야는 설득분야인데, 그 이유는 분명하다. 설득의 효과는 커뮤니케이션의 결과 상대방의 태도와 행동에 변화가 일어날 때 비로소 발생하는 것인데, 그 과정은 전달자 못지 않게 수용자 측의 사정에 따라 결정되므로 그런 것이다.

A씨가 "다음 월요일 12시에 우리집에서 점심이나 같이 하게 꼭 오세요"라고 쓰인 초청장을 B씨에게 보냈다고 하자. 초청장의 목적은 단순히 정보의 전달이 아니라 수용자의 행동이므로 넓게는 설득이라고 보아야 한다. B씨가 이를 기쁘게 받아들일 것인가, 더 나아가서 참석할 것인가는 초청장 속에 쓰인 메시지의 표현 방법과 평소 두 사람을 둘러싼 다른 여러 가지 여건이 결정할 것이다.

초청 받은 자가 초청장에 사용된 존칭에 기분이 상하여 안 갈 수도 있다. 호칭은 한국인의 기분을 크게 결정하는 요소이다. "말로 천냥 빚을 갚는다"라든가 "아 다르고, 어 다르다"라는 우리말은 이런 사정을 잘 설명하고 있다.

부모가 자녀에게 하는 훈계(설득)가 잔소리로밖에 안 들리는 일은 흔하다. 부모와 자식 간 대화가 중요하다고 하지만, 그 대화가 까딱하면 본래 목적과는 달리 갈등으로 번질 수가 있다. 남편이 어떤 오해를 풀기 위하여 아내와 대화한다면 그 효과는 천차만별이다. 마찬가지로 대부분 언론의 설득적 내용의 효과는 예측 불허이다. 이 문제는 제8장(언론 이용 효과의 예측, 210-212쪽 참조)에서 더 자세히 다룬다.

이상 몇 가지 비슷한 예를 봐서도 알 수 있듯이 커뮤니케이션 효과는 내용만으로 예측이 가능한 때와 그렇지 않은 때가 있다. 그러나 이미 지적한 대로 과거의 언론 연구는 "내용=효과"라는 안일한 전제를 깔고 온 결과, 그 접근방법도 내용분석이 위주였다. 내용을 알면 효과를 안다는 입장이다. 신문과 잡지의 지면과 도서의 종류를 정치, 경제, 사회, 문화, 과학, 건강 등으로 분류하고, 또 뒤에서 보는 바와 같이 언론의 내용과 효과를 보도, 교육, 설득, 오락 등으로 평면적으로 나누어 살펴보는 전통적 방법들은 모두 내용과 효과는 일치한다는 생각에 따르고 있다(제2장 주 3, 64쪽 참조).

아래에서 이 문제를 ① 수용자의 머리, ② 비슷한 경험, ③ 수용자의 마음, ④ 설득의 모델, ⑤ 알면 행하는가?의 다섯 가지 제목으로 나누어 다뤄보면 전체 윤곽이 잘 드러나리라고 본다.

1) 수용자의 머리-쉽게 쓰는 것이 더 어렵다

정보와 지식의 전달과 교육을 위한 커뮤니케이션의 경우 내용과 효과 간에 일어나는 불일치의 폭은 내용의 난이도와 수용자의 인식능력에 따라 크게 달라진다. 그 폭은 기술(describe)할 내용과 그것을 기술하기 위해서 쓰여진 말과 글이 비교적 쉽고 명확할수록, 그리고 수용자가 기술한 개념들을 이해할 수 있는 지적 능력(수용자의 머리 속에 만들어져 있는 기존의 인식체계 또는 지식세계의 크기와도 같다)과 그 개념들을 기술하기 위해서 쓰여진 말과 글을 **흡수**할 수 있는 언어능력이 클수록 적어질 것이다. 즉 언어와 인식능력(linguistic and cognitive skills)이다. 위에서 든 두 문장은 좋은 사례가 된다. 인식체계에 대하여 이 장의 뒤에서 더 자세히 다룬다(태도변화의 3단계설, 157-159쪽 참조).

우리나라 언론도 기사를 쉽게 풀어써서 전달자의 의미가 수용자에게 잘 전달되게 하고 있으므로, 기사를 읽고 잘 이해 못하겠다는 독자는 드물다. 그러나 칼럼, 시평, 학술, 문예 면 등의 경우는 그렇지를 못하다. 멋을 부리느라 일부러 난해하게 사용해, "쉽고 정확한 전달"은 뒷전으로 밀리는 때가 허다하다.

문장의 중요성을 의미전달의 효율성에 둔다면 잘 쓴 글과 못 쓴 글, 잘하는 말과 못하는 말의 기준은 멋이나 화려함이 아니라 전달자와 수용자 간 전달 내용의 불일치를 최소화하는 정확성(accuracy)과 명료성(clarity)에 두어야 한다고 본다. 그러기 위해서는 될수록 쉽고 정확한 단어와 표현을 골라 쓰고 개념간의 연계(linkage)를 분명하게 해야 한다. 쉽게 풀어쓰는 글이 그런 일을 할 수 있다.

"글을 쉽게 쓰는 것이 어렵다"(Easy writing makes hard writing). 미국에서 저널리즘 교육을 시키면서 곧잘 인용되는 말이다. 문장을 남이 이해할 수 있게 쉽게 쓰는 일이 난해한 글을 쓰는 일보다 실은 더 어렵다는 뜻이다. 미국의 ≪뉴욕 타임스≫는 기사를 평이하게 쓰기로 이름이 나 있다. 쉬운 문장을 쓰면서도 미국과 세계 여론을 이끌어 나가는 권위지가 되고 있다는 점은 우리나라 논객들에게 시사하는 바가 크다.

자연과학 분야에서는 인문분야에서와는 달리 전달자와 수용자 간 커뮤니케이션의 내용과 효과가 불일치할 폭은 적다고 봐야 한다. 과학은 사유가 아니다. 이 분야 논문은 변수간의 관계를 실증적으로 기술해야 하는 만큼, 표현은 기교와 수식 대신 쉽고 구체화될 수 있는 용어를 사용해 사실과 사실 간의 관계만을 정확히 나타내는 것이라야 하기 때문이다. 그런 글쓰기 스타일을 기술적 글쓰기(技術的, technical writing)라고 부른다(제12장 장사인가 사회문제의 해결인가, 377-378쪽 참조). 성격상 과학적 글쓰기라고 부르면 더 좋을 것이다. 비자연과학 분야에서도 실증적으로 과제를 다뤄야 하는 사회과학에서라면 될수록 그런 글쓰기 방식을 권장해야 할 것이다.

2) 비슷한 경험 – 비행기를 보지 못한 사람과 비행기 얘기를 나눈다면

커뮤니케이션의 한 가지 정의는 "당사자간 생각과 감정을 교류하는 행위"이다. 그

런 정의에 따르면 커뮤니케이션은 "경험을 나누는 행위"이며, 서로 비슷한 인식과 경험 체계를 가진 사람끼리 잘 된다. 그렇지 못한 사람끼리는 메시지의 의미의 일치가 잘 이루어지지 않는다.

비행기를 보지 못한 사람과 비행기에 대하여 대화를 한다면 어떻게 될까. 과거 비행기를 본 사람은 그것이 어떻게 생겼는지 안다. 이때의 비행기는 비행기라고 불리는 말의 대상, 즉 지칭대상(referent)이다. 비행기를 보지 못한 사람에게 비행기의 지칭대상이 확실할 수는 없다. 그러므로 커뮤니케이션의 전달자가 말하는 내용(비행기)과 수용자가 받아들이는 내용(비행기)이 일치할 수가 없다.

비행기는 극히 간단한 예이고, 실제 우리 생활에서 대화의 지칭대상은 그런 단순하고 구체적인 것으로부터 추상적이고 복잡한 것까지 무한하다. 단순하고 구체적인 것은 눈에 쉽게 보이며 따라서 누구나 이에 대한 같은 경험을 갖고 있어, 그 대상을 지칭하는 데 차이가 나지 않는다. 주택, 결혼, 물가, 바람, 죽음, 개, 음식, 자동차, 옷, 신발과 같은 말은 그런 예이다. 같은 준거기준(frame of reference)에 따라 대상을 이해한다는 뜻이다. 준거기준은 사물과 현상을 이해하고 해석하는 틀이라고 할 수 있다. 전달자가 주택이라고 하면 수용자는 주택을 금방 머리 속에 떠올린다. 주택이라는 개념이 그대로 수용자에게 전달되는 것이다. 나는 이것을 경험의 보편성이라 부르고자 한다.

지칭대상으로서 추상적인 개념은 대개 그렇지 못하다. 눈으로 쉽게 보고 만져볼 수 없고, 또 그렇지 못한 경우에도 투명하여 머리 속에 그려볼 수라도 있으면 좋은데 그렇지 못하기 때문이다. 문학가가 묘사하는 섬세한 감정, 학자가 말하는 가지가지 사상, 목사가 말하는 신앙, 동양 철학자가 말하는 개념 등은 대개 그런 예가 된다. 이런 개념이나 현상에 대하여 대화를 나눌 때, 수용자와 전달자의 경험에 더하여 언어와 인식 처리능력까지가 다르면 같은 사물과 현상을 같은 준거기준으로 이해하지 않으며 양자간 커뮤니케이션(의미전달)의 불일치는 대단히 커진다.

초등학교 학생 정도의 지식체계를 가진 사람 또는 평소 농사짓는 일 이상 생각해 보지 않은 사람과 어려운 제목으로 토론을 벌인다면 잘되지 않는다. 로저스가 말한 효과적인 커뮤니케이션의 전제로서 전달자와 수용자 간의 동질성, 이질성을 의미하는 호머피리와 헤트로피리의 개념(제3장 유유상종, 74-79쪽; 제9장 양키 고 홈, 244쪽 참조)은 여기에도 타당하다.

3) 수용자의 마음 – 메시지의 의미도 마음속에 있다

사람의 인식체계를 "머리"로 부른다면, "마음"은 심리체계(또는 심리구조, 정서)가 된다. 정보와 지식의 전달(또는 습득)을 위한 커뮤니케이션은 주로 머리의 문제가 된다. 정서의 전달이나 태도변화를 위한 커뮤니케이션의 효과를 결정하는 요인이라면 수용자의 마음이 중요하다. 문학가는 뭐라고 할지 모르지만, 나는 시(詩)란 최소의 글자를 써서 어떤 사상뿐만 아니라 감정(감흥)을 전달하려는 것이라고 정의하겠다(제11장 언론과 문학, 언론인과 문학인, 313-314쪽 참조). 그런 시를 읽고 어떤 감정을 느낄 것인가는 상당 부분 읽는 사람의 심리적 구조 또는 상태에 달려 있다. 이 경우 메시지의 의미는 상당 부분 독자의 마음속에 있다고 말해야 한다. "행복은 마음속에 있다"라는 이치와도 같다.

수용자가 메시지를 받아들인 후 그에 따라 실천을 해야만 비로소 효과가 일어나는 설득 커뮤니케이션의 경우는 특히 메시지보다 그 사람의 마음이 대단히 중요하다. 설득의 효과를 예측하기 어려운 이유가 그것이다. 사람의 마음은 머리보다 예측하기가 어렵다. 앞의 점심 초대의 경우 이에 응할 것인가 말 것인가는 그 시점에서 피초청자가 처해 있는 마음에 따라 크게 달라진다. 커뮤니케이션의 본래 정의에는 앞서 지적한 대로 "상대방을 어떻게 한다"는 일방적 의미가 들어 있는데(제1장 설득, 33쪽 참조), 상대를 "어떻게" 하려면 상대의 마음을 빼놓고 엿장수 마음대로 할 수 있는 것이 아니다(제2장 주 3 피하주사 바늘 모델, 64쪽 참조).

이미 언급한 대로 커뮤니케이션 연구에 있어 수용자의 마음 연구(심리학 연구)가 중요한 위치를 차지하는 이유, 커뮤니케이션 이론이 제2차세계대전중 미국이 적국에 대한 심리전 또는 선전(propaganda)을 효과적으로 수행할 필요에 따라 한 심리학자들의 연구에 의하여 크게 발전된 사정이 쉽게 이해된다(제2장 커뮤니케이션 연구, 50쪽; 제6장 설득의 모형, 161쪽; 주 3, 64쪽 참조).

이와 관련하여 한 가지 지적하고 싶은 것이 있다. 요즘 단체, 집단 또는 특정인의 잘못을 거론하는 사설, 칼럼, 그외의 글 속에서 흔하게 발견할 수 있는 공격적인 말과 표현이다. 예컨대 "파렴치한 작태다" "소아병적 행위다" "언어도단이다" "어설픈 정치적 술수다" "그 정도의 상식도 없는가" 등이다. 우리나라 정당의 대변인 성명은 그런 표현으로 가득 차 있다. 이런 글이나 발언의 목적이 상대에게 상처를 입히거나 보복을 하기 위한 것이라면 몰라도, 그게 아니고 설득(상대의 태도, 사고방식, 소신 변화, 기존 이론의 수정 등)이라면 상대의 마음에 반발만 일으킬 뿐 목적을 달성하지는 못한다. 비꼬는 말도 그렇다. 설득의 목적은 상대의 마음을 움직이려는 것인데 그런 공격과 비아냥거림으로 설득이 가능할까? 그런 글과 말과 성명서를 보면 시간과 돈 아깝다는 생각이 든다. 설득 또는 교육 등 건설적인 목적으로 글을 쓰는 사람은 "할 말을 다 하되 공격하지 말고 하라"(Be assertive without being aggressive)는 영미인들의 지혜를 참고할 필요가 있다.

4) 설득의 모형 – 윤보선 씨는 왜 박 후보의 전력을 터뜨렸던가?

정보 및 지식 내용과 설득 내용 간에 명확한 선을 긋기가 어렵다는 사실은 행태변화 과정(설득 과정)을 설명하는 이론 모델인 "인지적 변화(cognitive change) - 태도변화(attitudinal change) - 행태변화(behavioral change)"의 3단계설을 봐도 알 수 있다. 이 도식은 생각(thinking) - 느낌 또는 평가(feeling, evaluation) - 행위(conation)의 3단계로 나타내기도 한다.

모든 분류, 도식, 모형은 분석을 위한 현상의 단순화 작업이므로 실제와 기계적으로 맞아떨어지지는 않는다. 그러나 현상의 설명을 위해서는 반드시 필요하다. 위 도식도 마찬가지인데, 아래에서 설명해보면 알게 된다.

인간의 행동은 인식작용에서 비롯된다. 사람의 행동은 머리 속의 생각에 따른다는 뜻이다. 그러므로 행동이 바뀌어지려면 먼저 생각이 바뀌어져야 한다. 실제 사람이 무언가 새로운 것을 배우면 그의 태도와 행동이 바뀌게 되는 것을 보게 된다. 3단계 모형은 그런 전제 아래 설득은 갑자기 일어나는 것이 아니라 먼저 인지적(인식적) 변화가 있고, 이에 따라 태도변화가 일어나고, 그 결과 행태변화가 일어나는 일련의 과정을 제시하고 있다. 교육과 계몽으로 개인과 사회를 바꿀 수 있다고 보는 일반의 시각도 바로 이런 모형에 합치한다.

인지적 변화란 머리 속에 있는 생각의 변화, 즉 인식 또는 지식 체계(cognitive system)의 변화다. 인식체계란 머리 속에 있는 생각의 체계인데, 그것은 한 학자의 표현대로 "머리 속에 있는 세상 지도"(mental map of the world)라고 할 수 있다. 우리가 4,600만 인구 가운데서 어떻게 특정인들만을 골라 친구 관계를 유지하며 지낼 수 있는가? 그들의 이름, 얼굴, 자질, 성격 그리고 그들이 사는 곳을 적은 지도가 머리 속에 있기 때문에 가능하다.

인간의 머리는 이런 친구, 거리, 위치 등 간단하고 기초적인 사항부터 매우 복잡한 사항까지를 자세히 적은 여러 차원의 많은 지도로 가득 차 있다. 그러기 때문에 이 복잡한 사회를 헤쳐 살아나갈 수 있는 것이다. 그 가운데서 인생을 어떻게 살 것인가를 안내해주는 지식체계는 고차원의 지도에 속한다. 태도, 인생관, 주관, 가치관 등 무어라고 하든 모두 같다. 머리 속에 있는 자신을 둘러싼 자연환경과 인간사회에 대한 하나의 지식이 이런 판단에 대한 지침을 주는 것이다. 이런 지식의 체계가 태도와 전혀 별개일 리가 없다.

태도는 좋아하고 싫어하고, 옳고 그르고, 호의적이고 비호의적이고 등의 차원이다. 그렇다면 태도는 의견(opinion), 신념(faith), 믿음(belief system)과도 비슷한 말인데, 이들도 머리 속에 있는 인식체계와 별개일 수가 없다. 가령 A라는 친구에 대한 좋고 나쁜 태도는 그에 대하여 알게 된 일련의 지식에 따라 정해진다. 그러므로 이런 인식과 가치관의 일련의 체계가 바뀜으로써 사람의 행태는 바뀐다(설득의 효과가 일어난다). 그러므로 태도변화는 어느 날 갑자기 설득의 결과로 온다기보다 오랜 시간을 두고 생각이 바뀌어 그 결과에 따라 일정한 순서에 따라 온다고 보는 것이다.

인식, 태도, 행동이 이와 같이 서로 밀접하게 연결되어 있다면 이들간 선명한 선을 긋기는 불가능하다. 앞서 언급한 대로 언론의 내용을 정보와 지식, 교육적 내용, 설득적 내용, 오락적 내용으로 나눈 분류법이 완전할 수 없는 이유다.

가족계획 운동을 예로 들어 설명해보자. 과거 가족계획의 캠페인 슬로건으로 "딸이면 어떤가. 하나로 끝내자"라는 것이 있었다. 이 호소에 감명을 받아 당장 산아제한을 실시하기로 했다면 설득 커뮤니케이션의 효과는 그대로 발생한 것이다. 그런데 대개 그렇게 되지 않는다. 젊은 부부들은 오랜 기간 여러 가지 경로를 통하여 핵가족의 가치, 자녀 양육의 부담, 새로운 사회의 가치관과 함께 가족계획의 필요성에 대한 지식을 머리 속에 저장하게 된다. 다른 사람이 어떻게 하는가에 대해서도 듣게 된다. 그 결과 자녀와 가족에 대한 옛 관념을 서서히 버리게 된다. 여러 가지 새로운 피임 방법에 대하여도 배우게 된다. 그렇게 되면 점차 이 문제에 대한 이들의 생각은 바뀐다. 가족계획을 수용하는 쪽으로 정서와 태도가 바뀌게 된다. 그러다가 기회가 오면 실천으로 옮기는 것이다.

판매원의 세일즈는 커뮤니케이션학 입장에서 말한다면 설득의 전형이다. 세일즈에 관련된 영어 가운데 "hard sell"과 "soft sell"이란 말이 있다. 보험판매원이 찾아와 보험이 얼마나 필요한가에 대하여 열띤 강의를 하면서 "하나 가입해달라"고 밀어붙인다면 hard sell이다. 이때 고객이 이에 바로 응해주었다면 설득을 위한 커뮤니케이션(persuasive communication)은 성공한 것이다.

그렇지 않고 판매원이 고객에게 보험의 개념과 필요성을 자세히 안내하는 책자를 보내고, 그후 만날 때마다 보험에 대한 얘기들을 들려주었다고 하자. 그런데 어느 날 그 고객이 보험에 가입하고 싶다고 연락을 해왔다면 이는 soft sell이 성공한 예이다. 이 경우는 정보와 지식이 태도변화로, 그리고 태도변화가 행동으로 이어진 것이다.

위와 같은 예를 생각할 때 커뮤니케이션에 따른 태도변화는 단기와 장기로 나누어 생각해봐야 할 것 같다. 이때 설득이 바로 태도변화를 가져왔다면 효과는 단기적으로 일어난 경우이며 가히 설득이란 말이 매우 적절하다. 그러나 대부분의 경우 언론의 효과로서의 행태변화는 설득에 따라 곧바로가 아니라 오랜 기간을 거쳐 형성되는 지식체계에 따라 온다. 이 경우 커뮤니케이션의 기능 가운데 정보와 지식의 전달, 교육, 설득 간 서로의 구분이 모호해진다.

제2장(주 3, 64쪽 참조)에서 지적한 대로 대중매체의 효과 이론이 그간 "언론의 막강한 힘"과 그것을 부인하는 "힘없는 언론" 간의 양 축을 오고간 이유는 바로 위에서 말한바 언론의 효과를 단기적으로 보느냐 아니면 장기적으로 보느냐에 따라 오는 차이 때문이었다고 생각된다. 긴 세월을 두고 볼 때 대중매체가 사회에 남기는 효과는 막대하다는 데 의심의 여지가 없다.

근래 매스 커뮤니케이션 연구는 언론의 효과로서 사회화 기능(제1장 사회교육 교사로서의 언론, 30쪽; 제1장 설득과 태도변화, 33쪽 참조)을 점점 중요시하는 추세임을 지적했는데, 이때 사회화 기능은 대중매체가 가져오는 장기효과와 같이 봐도 될 것이다.

3단계 모형의 이론적 근거는 평형의 유지 또는 내적 일관성 또는 비일관성의 이론 (consistency theory 또는 dissonance theory; Osgood et al., 1955; Festinger, 1957; Heider, 1958)에 있다. 이 이론에 따르면 인간은 마음속에 인식의 일관성을 확보하려는 속성을 갖고 있다. 이 일관성이 깨지면 마음속에 형평을 잃으며 내적 불안, 말하자면 갈등을 겪게 된다. 나는 빗속을 걷고 있으면서 "나는 물에 젖어 있지 않다"라고 말한다면 인식체계에 괴리(cognitive dissonance)가 일어난 예이다. 어느쪽이든 하나를 버려 마음의 형평을 되찾아야 한다.

양심의 가책 또한 그런 예이다. 사람은 자기의 지식 또는 신념 체계와 다르게 행동할 때 마음이 편치 못하다. 기독교 신자가 10계명을 위배하여 간음을 하고 있다고 하자. 그가 제대로 된 신자라면 고민할 것이다. 그리하여 그런 행동을 그만두고 회개하든지 믿음을 버리든지 양자택일해서 내적 일관성을 찾아야 한다.

사람이 커뮤니케이션을 통하여 설득되는 이론적 근거가 여기에 있다. 위의 논리에 따른다면 새로운 지식을 배운 개인은 그에 맞게 태도와 행동을 고치든지 아니면 아예 배척함으로써 내적 일관성을 고수해야 한다. 이때 태도와 행동을 고쳤다면 커뮤니케이션의 효과는 발생한 것이다.

이미 말한 대로 3단계 모형은 어디까지나 모형이므로 실제에 있어 예외가 있다. 태도변화는 이 모형과는 반대 순서로 일어나기도 하는데, 이때도 평형유지의 원칙은 그대로 적용된다. 평소 아시아인들에 대한 강한 인종적 편견을 갖고 있는 백인이 아시아인을 아내로(또는 남편으로) 맞이했다고 하자. 그가 인종차별 감정을 버릴 가능성은 크다. 이미 유색인종과의 결혼이라는 행동을 한 다음에는 그에 맞게 태도와 인식체계를 바꿀 확률이 크다.

한 여성이 어쩌다가 "정숙하지 못한" 생활을 해왔다고 하자. 그는 틀림없이 여성해방이나 성개방 철학을 내세움으로써 자신의 행동을 정당화하려고 할 것이다. 기독교 신자들이 처음부터 교리를 알아 믿게 되기보다는 어떤 계기로든가 교인이 된 결과, 이에 맞게 교리를 배우는 경우가 허다하다.

박정희, 전두환 정권 때 그들의 심복으로 일하고 그 밑에서 팔자에 없는 출세를 한 사람들이 지금도 대부분 살아, "박정희 사람들"과 "전두환 사람들"답게 말하고 행동한다. 이미 한 행동에 대하여 일관성을 유지하기 위해서 그런다고 봐야 한다. 해방 후 오래 반공과 극우 보수세력으로 알려졌던 이른바 유명인사들 가운데 지금은 시대착오가 아닐 수 없는 보수사상을 당당하게 옹호하는 말과 행동을 바꾸지 않는 것도 역시 "일관성"을 위한 심리적 필요 때문이라고 보여진다.

어떤 때는 인식과 태도변화가 결합된 상태로, 또는 동시적으로 일어나며 곧바로 행동으로 옮겨간다. 1963년 윤보선 대 박정희 후보의 대통령선거 대결은 군정이냐 민정이냐를 판가름하는 역사적 대사건이었다. 선거운동 막판에 윤 후보측은 박 후보의 과거 "친좌익 행각"을 폭로했는데 이때 그쪽이 노린 것은 이런 새로운 정보를 폭로함으로써 유권자가 후보자 선택을 곧바로 바꿀 것을 노린 것이었다. 새로운 중대 정보를 제공함으로써 국민이 박 후보에 대하여 갖는 "인식-태도-행태" 체제를 한꺼번에 깨려고 한 것이다. 40여 년이 지난 오늘에도 그런 선거전략은 그대로이다. 16대 총선 때도 대부분 후보자의 선거전략이 상대후보에 대한 비위 폭로에 집중되었다.

인생을 사는 동안 예기치 않은 큰 시련을 겪은 다음 기독교인이 되는 사람들이 있다. 이들이 원래 예수를 믿지 않은 것은 기존의 인식체계에 맞지 않기 때문이었다. 그러나 인생의 큰 변화를 만나 그런 체계가 깨지면서 태도가 달라진 것이라 해석할 수 있다.

기존의 인식체계에 변동 없이 설득을 수용하는 경우는 새로운 설득적 메시지가 기존의 지식과 태도에 합치하니까 그릴 것이므로 이때에도 내적 일관성의 원칙은 그대로 타당하다. 이때는 내적 일관성이 유지되는 한도 내에서 설득이 수용되었다고 말할 수 있다.

아래에서 설득 메시지의 효과는 수용자의 마음이 결정한다는 전제와 관련해 생각해볼 만한 몇 가지를 적는다.

●위에서 말한 내적 일관성을 유지하려는 심리적 욕구를 생각할 때 언론의 효과에 대한 또 하나의 가설이 가능하다. 사람들은 자기가 원래 갖고 있던 생각과 태도에 맞는 언론 내용을 선호해서 받아들이고 그와 반대되는 언론 내용을 기피한다. 가령 특정 종교의 신자는 그 종교를 옹호해주는 메시지에 더 관심을 갖는다. 충효사상을 강하게 제창해온 사람은 틀림없이 그런 사상을 정당화하는 글이 있다면 먼저 읽는다. 그런 생각을 배척하는 글이나 말은 기피한다.

학자들은 이런 커뮤니케이션 또는 매체 내용의 선택적 이용행위를 선별적 노출(selective exposure)이라고 부른다. 사람들은 커뮤니케이션 내용의 노출에 있어 선별적일 뿐만 아니라, 그 내용의 해석에 있어서도 자기 생각에 맞게 왜곡하는 성향이 있으며(선택적 지각, selective perception), 더 나아가 자기의 생각에 부합하지 않는 언론 내용은 잘 기억하지 않는다(선별적 기억, selective retention)는 것이다.

선택적 매체노출과 지각행위 때문에 언론은 사람들의 기존 태도를 바꾸기보다 강화시키고, 개혁보다 보수주의, 체제유지 또는 현상유지(status quo)에 더 기여한다는 가정도 여기에서 유래한다(제8장 언론 이용 효과의 예측, 213쪽 참조). 언론이 사회개혁을 못한다는 비관론도 일부 여기에서 나온다.

요즘 교회의 비리를 폭로하는 충격적인 기사가 심심치 않게 언론에 보도되지만, 신자들은 이것을 믿음이 약한 사람들의 행동으로 돌려버린다. 그들은 늘 박해를 당하는 것이 기독교라는 생각을 더 굳히게 된다. 이것은 선택적 지각의 예이다. 역사적으로 볼 때 종교가 박해를 당한 결과, 그 종교는 지하로 들어가 더 번창했던 사실도 같은 맥락이다.

언론의 선택적 이용이나 해석과 관계가 있는 것이 자기방어의 심리구조(defense mechanism)가 아닌가 한다. 토론 때 내심 상대방의 주장을 수긍하면서도 방어심리 때문에 생각과는 달리 말하고 행동하는 사람들을 흔히 보게 된다. 열등감 있는 사람을 남이 보는 앞에서 가르치려고 한다면 반발을 산다. 역시 방어적 심리구조 때문에 그렇게 되는 것이다.

선택적 지각은 사물을 자기이익 중심으로 보는 인간의 본성 때문에도 그럴 것 같다. 부동산을 많이 소유한 사람은, 부동산투자란 자본형성을 위한 건전한 수단이며 경제발전을 위해서 유익한 일로 지각한다. 외국에 살다가 한국으로 귀국을 결정한 사람은 대개 외국 사회의 부정적 측면을 주로 찾아 지적하는 경향이 있다. 반대로 외국에서 살기로 한 사람은 현지 사회의 좋은 사례를 찾고, 고국 사회의 부정적 측면을 보도하는 기사에 더 관심을 갖는 것을 보게 된다.

●설득의 결과, 개인의 신조, 가치, 상품 구매행위를 쉽게 바꿀 것이냐 아니냐는 그

에 대하여 평소 가져온 태도나 선호도의 강약(强弱)에 따라 크게 달라짐은 물론이다. 평소 그것이 약할 때, 그는 설득을 쉽게 수용, 태도를 바꿀 가능성이 크다. 약하다는 것은 이래도 좋고 저래도 좋다는 말이다. 예컨대 기존에 쓰던 상품을 특별히 좋아하지 않았을 때, 기존에 믿던 신앙이 특별히 뜨겁지 않았을 때, 그는 새로운 광고를 보거나 남의 권유에 따라 쉽사리 다른 상품 브랜드로 바꾸거나 개종을 하게 된다. 무슨 일이든 골수분자의 마음을 바꾸게 하는 것이 어렵다는 것쯤은 상식적으로도 알 수 있는 일이다. 이는 감정, 집념, 호감, 혐오감 등 태도의 강도에 따른 문제(high or low involvement; Krugman, 1971)로서 다음 장에서 매체를 논하면서 더 설명하게 된다 (제7장 설득력, 189-190쪽 참조).

●설득 또는 태도변화의 전략으로서 위와 비슷한 개념 가운데 "물줄기 따돌리기"(canalization)라는 것이 있다(Lazarsfeld & Merton, 1948). 큰 물줄기를 돌리는 것은 쉽지 않다. 그러나 이미 돌려진 큰 물줄기를 일부 따돌리는 것은 그보다 쉽다. 대세가 바뀌어진 후 거기에서 약간 방향을 바꾸는 일은 쉽다. 칫솔의 사용이 이미 일반화된 소비자 대중에게 기존의 브랜드 A에서 B로 바꾸게 하는 것은 물꼬 돌리기에 해당한다.

약간 차원을 달리한 다른 해석도 가능하다. 상대의 태도를 한꺼번에 바꾸려면 어렵다. 큰 물줄기를 한번에 따돌리는 것이 어려운 것과 같다. 그보다 물꼬 일부를 조금씩 따서 서서히 따돌리게 하는 것이 더 효과적이다. 사람의 태도변화도 마찬가지다. 예를 들어 문화나 종교가 크게 다른 사회의 구성원들의 태도를 한꺼번에 바꾸려 하면 큰 저항을 받게 된다. 시간을 두고 조금씩 공략해야 한다.

대부분의 경우 남의 태도를 한꺼번에 바꾸려 하면 어렵다. 선거에 있어서도 골수 야당 지지자를 한꺼번에 여당 지지자로 바꾸려 하는 것은 무모하다. 그래서 선거 때마다 각 정당과 입후보자는 먼저 부동표를 잡으려 머리를 쓰는 것이다. 반대편을 지지하는 골수분자에 대하여 태도를 일시에 바꾸려 해서는 안되며 시간을 두고 할 수밖에 없다. 매 선거 기간과 중간 기간에 조금씩 바꾸어 나가도록 해야 한다. 야당은 이번 선거에서 승리하지 못하더라도 약간의 지지자 수를 늘리도록 하고, 매번 선거를 거쳐 그런 노력을 되풀이한 결과, 몇 년 후 대선에서 집권하게 되는 것이다.

●설득에 관한 연구는 설득 효과를 높일 수 있는 여러 가지 중간(모개) 변수를 들고 있다. 그 가운데 하나는 공포감이다. 설득 메시지를 수용자의 마음속에 공포감을 야기시키는 말을 곁들여 보내는 것이다. 정치 지도자가 어떤 중대 조치를 발표하면서, 만약 국민이 이를 거부한다면 전쟁 상태에 돌입할 것이라고 말한다면 한 가지 예가 될 것이다. "하나님이 지켜보고 있다"고 말하면서 어떤 행동을 촉구하는 종교적 메시

지도 그렇다.

수용자의 기분 또한 그런 변수이다. 인간의 마음은 간사하다. 그는 기분이 좋은 상태일 때 더 잘 설득된다고 한다. 비즈니스 상대에게 어떤 어려운 부탁을 하고자 할 때 분위기 좋은 술좌석을 택하여 한다면 성공할 확률이 높아질 것이다. 음악을 수반하면서 설득적 메시지를 전달한다면 더 효과적이다. 영화의 배경 음악도 그런 예이다.

설득 또는 태도변화의 가능성은 수용자의 성격에 따라서도 크게 달라질 것이다. 기분파, 고집쟁이, 지능이 높은 사람과 그렇지 않은 사람, 어느쪽이 설득에 더 약할까? 설득 대상이 되는 내용에 따라 달라질 것이다.

설득 과정에서 수용자의 마음에 크게 영향을 미치는 변수로서 사회적 압력을 빼놓을 수 없다. 앞서 언급한 대로(제3장 정보와 영향력 흐름과 사회구조, 75-76쪽 참조) 언론의 효과는 사회구조 또는 사회적 관계 속에서 일어난다. 언론으로부터 개인이 받는 영향은 언론과 수용자 개인 간의 관계에서만이 아니라 친구, 직장동료 등 총체적 사회 역학관계에서 일어난다. 사람은 고립되어 살지 않으며 늘 다른 사람들과 교류하는데, 이들 가운데는 평소 그가 좋아하며 행동의 기준으로 삼는 이른바 준거집단(reference group)이 있다. 그리하여 이들은 그 집단의 생각과 행동을 따르면서 그 집단에 속하고자 한다. 젊은이들은 이런 소속집단으로부터의 압력을 누구보다 크게 받는다. 청소년들이 그 행동에 있어 같이 어울리는 친한 친구로부터 받는 영향을 또래집단 압력(peer group pressure)이라고 부를 정도이다. 청소년들이 언론의 설득에 순응하느냐 순응하지 않느냐도 이런 집단압력의 영향을 많이 받는다.

언론의 설득적 효과는 언론과 함께 수용자가 속하는 집단과 조직의 영향을 받는다면 그 효과의 극대화 방안이 명백해진다. 가족계획 운동의 경우, 이미 가족계획을 실천한 준거집단에 속하는 사람들과의 모임을 갖고 얘기를 듣게 한다면 그 효과는 배가된다. 라자스펠트는 이런 개인간 커뮤니케이션 과정을 통하여 일어나는 상호지원 효과를 보강효과(supplementation)라고 불렀다. 공산주의 사상으로 인구 12억이 넘는 중국을 지배한 모택동이 이런 커뮤니케이션 전략을 사용했다. 북한사회에서 주민들 간에 오래 실시해온 사상교육 모임, 엠에이 등 단계적 소모임 조직을 통한 판매전략 모두 같은 사례이다. 대중매체와 개인 네트워크를 결합, 설득효과를 높이는 방식을 포럼(forum)이라고 부르기도 한다.

언론의 설득적 효과는 설득 내용과 상반되는 내용이 없을 때 더 크다고 가정할 수 있다. 획일적 사회(confirmist society)는 그런 곳이다. 그런 사회에서는 대세에 따라 행동하지 않으면 손해를 보게 된다. 그렇기 때문에 언론의 효과는 의도한 대로 일어난다. 앞서 언급한 침묵의 나선형 이론(제3장 76쪽 참조)은 그런 예이다.

북한사회에서 국민들이 정부가 가르치는 사상과 정책을 유일한 것으로 믿게 되는 한 가지 이유는 그와 상반되는 의견과 사상에 접하지 못하기 때문이다. 즉 정보의 독점(monopolization) 때문이다.

전체주의 국가에서 청년들을 전선에 투입할 때, 의용군을 모집할 때, 그외 범국민적 궐기대회에 대중을 동원할 때는 대개 이상 언급한 설득의 효과적인 여러 가지 전략을 동시다발적으로 활용하는 것이 보통이다. 대중매체에 의한 보도, 대중연설, 궐기대회, 군가, 음악, 시 낭송, 매스 게임, 무용 등을 병합 이용함으로써 분위기 조성에 있어 상승작용을 일으키는 것이다. 특히 음악은 사람의 비판능력을 마비시켜 설득 메시지에 쉽게 굴복하게 한다. 사람들은 "음악에 매혹된다"고 하지 않는가. 이성을 잃게 한다는 뜻도 된다. 북소리는 사람들을 흥분하게 만든다.

5) 알면 행하는가? – 한국은 기독교와 거리가 먼 기독교 국가

앞에서 설명한 설득의 모형대로라면 사람은 아는 것을 행동으로 옮기지 모르고서는 못한다. 그러나 그가 아는 것(배운 것)을 모두 행동으로 옮기느냐 하면 그렇지도 않다. 왜 그런가? 이에 대한 대답을 알면 그것이 바로 한국이 지금 앓고 있는 대부분의 한국병에 대한 처방이 된다. 여기서 행동은 실천 또는 실행과 같다. 설득의 효과는 실천이 있을 때 비로소 발생한다고 이미 언급했다. "알겠다" "그렇게 하겠다" "그게 맞다"라고 말로만 하는 것은 행동으로 나타난 실천이 아니다. 설득 커뮤니케이션이 다른 커뮤니케이션과 다른 점은 바로 이것이다.

대부분 영미학자들이 "행태"라고 할 때는 태도와 행위를 망라하는 게 보통이다. 대개 태도와 행위는 일치하기 때문에 그럴 것이다. 그러나 여기에 불일치가 일어나는 것을 생각해보면, 일부 학자가 굳이 행태를 "말로 나타난 태도"(verbal attitude)와 "밖으로 나타난 행태"(overt behavior)로 굳이 나누어 설명한 이유가 이해된다. 3단계설 가운데 "행태"는 이 "밖으로 나타난 행태"이다. 커뮤니케이션의 궁극적 목표인 행태변화의 행태도 물론 이것이다.

그러면 사람이 어느 때 배운 것, 또는 아는 것을 "밖으로 나타난 행태"인 행위 또는 실천으로 옮기고 어느 때 하지 않는가? 달리 말해서 3단계설 가운데 둘째 단계와 마지막 단계 간 불일치를 의미하는 "말로 나타난 태도"와 "밖에 나타난 행위" 간의 불일치(attitude-behavior inconsistencies)는 어느 때 일어나는가? 이를 결정하는 요인은 하나의 매개변수가 되겠는데, 나는 그것을 자기이익(사익, 이해관계)이라고 본다. 언행 불일치 현상에 대한 실증적 연구는 꽤 오랜 역사를 갖고 있다. 사회학자 라피에 (LaPiere, 1934)는 한 중국인 부부로 하여금 미국 전역에 있는 250개 호텔과 레스토랑을 자동차로 방문, 투숙하거나 식사를 하도록 했다. 그후 그들 호텔과 식당의 지배인들을 대상으로 "중국인들이 찾아오면 고객으로 받겠는가"를 묻는 조사를 실시했는데, 대답은 대부분 "아니오"였다. 그러나 실제는 그게 아니었다. 그들은 찾아온 중국인 손님을 거절하지 않고 받았던 것이다. 아시아인에 대한 인종차별적 감정이 드셌던 1930년대의 분위기와 자기들의 한 말과는 다르게 행동한 이유를 자기이익 아닌 다른 무엇으로 설명할 수 있을까.

라이츠맨(Wrightsman, 1968)의 조사는 1968년 미국의 대통령선거 때 "법과 질서"(law and order)를 큰 이슈로 내건 후보를 지지한 사람들이 법과 질서를 더 잘 지키는 성향을 가졌는가를 알아보았는데, 결과는 그게 아니었다. 이들 지지자들은 오히려 반대로 행동하는 것으로 나타났다. 그런 언행의 불일치의 배후에는 자기이익이 작용한 것이다. 그 후 여러 문헌조사(Wicker, 1969; Fishbein et al., 1972)가 비슷한 결론을 지지하였다.

나의 과문일지 몰라도, 이 문제를 설명하기 위해서 "이익/불이익"의 변수를 언급한 연구로서는 반드라(Bandura, 1965)의 모방학습 이론(imitation, modeling, 또는 observational learning; 제4장 주 6, 105쪽 참조)이 가장 고전적이고 또 유일한 것이 아닌가 한다. 반드라는 모방학습의 과정을 다음 4단계로 나눴다. ① 주의(attention, 학습하는 사람이 학습대상에 주의를 기울여야), ② 기억(retention, 그 대상을 기억해야), ③ 모방능력(motoric reproduction, 그 대상을 모방할 수 있는 신체적·정신적 능력이 있어야), ④ 동기부여(incentive and motivational factors, 기억하고 모방한 대상을 실천으로 옮기게 하는 동기가 있어야, 실천하면 이익이 된다고 생각해야). 마지막 단계가 배운 것을 실천하게 또는 않게 하는 결정적 변수다.

여기 실천의 전제로서 자기이익은 결국 제4장(주 6, 106쪽 참조)에서 교육의 결정 이론으로 자세히 설명한 상벌 가운데 상과 같아진다고 생각한다. 거기에서 상은 이익, 벌은 불이익으로 바꿔 말했었다. 그러므로 거기에서 설명한 사항들은 여기에 그대로 적용된다.

거기에서 나는 우리 사회에서 대부분 전문지식 분야에서 배운 것을 실천하면 이익이 되나 도의와 윤리 분야에서는 그런 기약이 없는 점을 지적했었다. 거기서 또 대다수 한국인들이 "법대로 살면 손해다"라고 믿는다는 대홍기획의 조사결과를 인용하면서, 법을 지킨 사람은 손해고, 지키지 않은 사람이 오히려 이익을 보는 사회라면 아무리 법을 지켜야 한다라고 가르치고(또는 배워) 그렇게 믿어도 사람들은 그대로 실천하지 않는다고 했다. 기회주의는 나쁘다는 것을 알면서 기회주의적으로 사는 사람이 한국에 많은 이유는 그런 사람이 손해보는 사회가 아니기 때문이다. 자기이익이 태도와 행동의 불일치를 일으키는 중요한 변수임을 보여주는 구체적 사례이다. 지금 우리 사회가 당면한 만연된 비리와 사건은 흔히들 말하는 도덕적 해이나 안전에 대한 불감증도 아니고, 지식과 이론의 부재는 더군다나 아니다. 바로 위에서 지적한 바 올바르게 행동하지 않는 사람이 오히려 이익을 보는 사회풍토가 문제인 것이다.

서울의 주요 일간지 한 면을 펼쳐보면 하루도 빠짐없이 사회를 걱정하여 정부 지도자, 정당, 단체장, 실무자, 개인의 각성을 촉구하는 글로 차 있다. 정치타락, 사회정의의 함몰, 향상되지 않는 국제경쟁력, 지역감정, 금융비리, 과욕, 집단이기주의, 흉악범죄, 빈부의 격차, 환경파괴, 그 어느 문제 영역도 빠지지 않고 골고루 잘 지적한다. 이런 비위를 제어하기 위한 법령도 잘 정비되어 있다. 그런 언론 내용의 대부분이 이들에게 "마이동풍(馬耳東風), 우이독경(牛耳讀經)"으로 끝나고 법규정은 사문서로만 남아있는 이유는 무엇이겠는가?

유교의 영향을 받은 우리나라에는 서양 사회에서 찾아볼 수 없는 멋진 교훈적 문구가 많다. 살신성인(殺身成人)과 같은 말은 좋은 예이다. 각양각색의 화려한 구호가 관공서 입구나 거리에 나붙어 있다. 그런데 그런 문구와 구호를 잘 쓰지 않는 서양 사람들보다 실천에 있어서는 우리가 더 못한 이유는 무엇일까. 어떤 학자는 너무 답답하다는 듯 "말귀 못 알아듣는 사람들"이라는 제목의 글을 썼지만, 우스운 소리다. 그들이 어디 말귀를 못 알아들어 실천하지 않는 것일까?

한국은 전 인구의 4분의 1이 크리스천임을 자랑하는 대단한 기독교 국가이다. 5대 전국 신문 중의 하나는 기독교계 자본으로 운영되는 신문이다. 그 매체는 종교적으로 사람의 마음을 감화시키는 메시지로 가득 차 있다. 기독교와 천주교가 운영하는 방송도 있다. 그러나 한국의 사회상은 기독교 윤리와 너무 거리가 멀다. 기독교인들이 성경을 읽고 주일마다 듣는 설교대로 세상의 "소금과 빛" 역할을 한다면 우리 사회가 지금과 같지는 않을 것 아닌가.

근래 한국에서는 큰 돈을 들여가며 우리의 과거, 현재의 사회문제를 토론하는 학술 세미나들이 무성하다. 그리하여 그 내용들이 언론에 요란하게 소개된다. 발표되는 내용을 보면 모두 이미 알려진 문제를 학술적 개념을 빌려 저마다 멋지게 묘사할 뿐이다. 마치 "문제묘사의 백일장"을 방불케 한다. 이런 지식들이 문제해결에 조금이라도 기여를 할까. 이전에 미처 몰랐던 일은 아니니 말이다. 지금은 문제의 묘사보다 왜 우리는 아는 것을 실천하지 않는가에 대한 사회과학적 연구결과를 놓고 토론하는 학술 발표가 필요하다.

오늘 우리 언론과 언론학자들이나 각 분야 사회과학자들이 정말 해야 할 일은 언론에 나와 "이것이 오늘의 문제다" 또는 "과거의 문제였다" "이래야 한다" "저래야 한다"고 쓰고 발표할 것이 아니라 왜 사람들은 아는 것을 실천하지 않는가에 대한 체계적인 연구를 많이 해야 한다. 그런 연구에서 얻은 지식을 바탕으로 국민 계몽운동을 벌일 수 있어야 한다.

지식과 행태 간의 불일치의 근저에는 자기이익이 있다는 전제 아래 다음과 같은 몇 가지를 연구과제로 남기고자 한다.

●사람들은 이익이 되면 실천하고, 불이익이 되면 실천하지 않는다는 전제 아래, 실천 또는 비실천을 예측하는 방정식을 만들어보았다. 우리나라의 도의회복과 사회개혁을 위한 좋은 전략 모델을 제공하리라 확신한다.

공직자는 직무를 성실히 수행할 책임을 갖는다. 그러므로 그는 직무유기로 이어질 뇌물을 받아서는 안된다. 그런데 공직자가 그런 일탈에 빠지지 않고 정도를 걷게 되는 조건은 무엇인가? 이에 대한 대답을 한 가지 가상 사례를 들어 설명해보자. 사례는 청와대 실력자인 A씨가 모 건설업자로부터 공사 수주를 위한 압력을 서울시에 가해주는 대가로 현금 3억 원을 주겠다는 제의를 받았다는 가정이다. 이때 그로 하여금 이 매력적인 뇌물 유혹을 뿌리치도록 만드는 조건, 좀 더 구체적으로 제어장치(deterrent)는 무엇인가? 몇 가지 시나리오가 가능하다.

첫째는, 양심이다. 양심의 가책 때문에 이 제의를 뿌리칠 가능성이다. 이는 앞에서 말한 내부적 일관성을 확보할 필요성이 뇌물의 매력보다 클 때이다.

둘째 조건은, 법의 제재이다. 공무원법은 뇌물수수를 엄격히 처벌할 것을 규정하고 있다. 3억 원은 큰 유혹이지만 그런 돈을 받으면 감옥에 가게 될 확률이 크다면, 다시 말해서 이 돈을 받으면 돈에 비할 수 없는 가혹한 대가를 치르게 된다면 그는 그 유혹을 뿌리친다. 몇 년간의 감옥생활은 3억 원과 바꿀 수 없는 큰 육체적·정신적 고통과 명예의 상실이다. 중국과 같은 나라에서는 총살형에 처해질 수 있으니 그거야말로 엄청난 대가이고 억제력이다.

셋째는, 여론에 의한 제재다. 법을 어기고 사회에 누를 끼친 공직자는 그 사실이 이심전심으로 반드시 밖에 알려지게 되고, 그 결과로 대가를 톡톡히 치른다면(예컨대 밖에 나가 고개를 들고 다닐 수 없게 된다든가 자손만대에 불명예로 남는다면) 그것도 큰 제지력이 될 수 있다.

넷째는, 유혹을 뿌리친 사람을 사회가 대대적으로 인정해주고 격려를 해주어 당사자가 이익을 "희생"한 대가로 그에 상응하는 보람을 느낄 수 있다면 그것도 큰 억제력이 될 수 있다.

이상의 요소들이 규합하여 비리에 대한 억제력이 될 수 있다면 이들을 가지고 윤리도덕 원칙의 실천 여부를 예측하는 다음과 같은 방정식이 가능하다.

$$\frac{\text{효용1(이권 또는 개인이익/금전과 기타)} + \text{효용2(청렴에 대한 사회적 인정} + \text{명예})}{\text{비실천 비효용(법률상 제재} + \text{여론의 제재} + \text{양심(심적 불편))}} = \text{실천}$$

이 방정식의 의미는 분명하지만 굳이 풀어서 말해보면 이러하다. ① 효용1-뇌물의 액수가 클수록 유혹에 빠질 확률이 커진다. ② 법률상 제재-뇌물을 받으면 붙잡힐 확률과 처벌로 받게 될 형량이 크면 클수록 유혹을 뿌리칠 확률은 커진다. ③ 여론의 제재-뇌물을 받으면, 적어도 그 사실이 반드시 밖으로 알려지고 그에 따른 명예 손상이 크면 클수록 유혹을 뿌리칠 확률은 커진다. ④ 양심(심적 불편)-양심의 가책 때문에 느끼는 심적 불편이 클수록 뇌물을 뿌리칠 확률이 커진다. ⑤ 효용2-뇌물을 뿌리친 사람에게는 아무나 못하는 행위로 사회가 특별히 인정하고, 그럼으로써 그에 상응하는 정신적 이익을 느낄 수 있게 된다면 그런 결단을 내릴 사람이 많아질 것이다. 이 경우 ②, ③, ④가 뇌물 유혹을 억제하기 위한 소극적 수단이라고 한다면 ⑤는 뇌물 배척을 장려하는 적극 수단이라고 할 수 있다.

이 방정식을 한국사회의 구체적 상황에 관련시켜 논평을 해본다면 아래와 같다.

먼저 양심에 대하여 말해보자. 사람들은 뇌물수수가 반도덕적이고 반직업윤리적임을 잘 알고있다. 그러나 우리나라 상황에서 3억 원이란 돈은 양심의 가책(내적 평형성의 상실에 의한 심적 불안)을 보상하고도 남는 충분한 액수의 돈이다. 오늘의 한국인들에게 양심의 가책은 그리 대단한 억제력이 못된다는 말이다. 이는 이미 우리나라의 많은 정치인이나 공무원들의 행태, 요즘 급격히 늘어난 사기사건 하나로도 충분히 입증된 것이다. 그러므로 나는 준법정신이나 윤리의식은 정신적 감화를 통하여 높여야 한다고 하는 종교가나 교육자의 주장은 지당하지만, 오늘의 사회문제를 개선하는 데는 크게 기여하지 못한다고 본다.

다음은 법적 제재이다. 사람들은 뇌물수수가 형법에 의한 처벌 대상임을 잘 알고 있다. 하지만 그것을 겁내야 할 나라와 그렇지 않을 나라가 있다. 이때까지 우리나라 사회의 실제를 말한다면, 뇌물을 받은 공직자가 발각될 가능성이 낮고, 또 발각되어 기소까지 되었어도 돈과 연줄과 비호세력이 있으면 형벌을 면하거나 가볍게 받을 수 있는 것이 현실이다. 앞으로도 경제사범들에 대하여는 더 그럴 것 같다. 재력있는 경제사범들은 대개 형을 받고도 집행유예 등으로 풀려나고, 유수한 법률회사들이 자꾸 늘어나는 큰 경제비리 사건들에 대비하여 퇴직하는 "유능한" 법관들을 스카웃 하는

라 바쁘다는 보도만 보더라도 그렇게 생각된다. 유전무죄, 무전유죄라는 말은 절대 빈말이 아니다.

요즘 부패방지의 한 가지 방법으로 조직 내에서의 내부고발을 장려하는 입법이 제안되기도 하지만, 고발된 사람이 쉽게 풀려나오는 상황이라면 그 안도 별로 실효를 거두지 못할 것이다. 조직의 내부에서 은밀히 진행되는 치부를 까발려 "이단자" 취급 받는 것부터가 엄청난 용단을 필요로 하는데, 그 결과가 예측 불허라면 아무도 그런 일을 하지 않으려 할 것이다. 과거 정권 때 이따금 조직 내의 엄청난 비리를 폭로하는 이른바 양심선언 사례가 여러 번 있었지만 결과적으로 그렇게 한 사람이 손해를 보았다.

그 다음 방어벽인 국민은 어떤가? 여론에 의한 심판인데, 비리가 드러난 사람은 창피하여 고개를 들고 다닐 수 없게 만드는 것이다. 그러나 아직 그런 상황이 우리 사회에서 일어나지 않고 있다. 마땅히 감옥에 가 있어야 할 사람이 아무 일도 없었던 것처럼 정치판에 나와 떠들어대도 그만이다. 어느 외국인이 지적한 대로 한국에서는 뇌물죄로 감옥에 갔다 온 정치인은 "전과자"로 여겨지지 않는다. 범법자가 받게 되는 정신적 불이익의 수위를 높여야 하는데, 그렇게 하려면 불의를 미워하는 시민의식의 수준을 높여야 한다. 근래 이름을 밝혀 구체적 비리를 들어 규탄하는 시민운동이나 인터넷을 통한 폭로가 늘고 있어 앞으로 이 점에서 우리 사회가 어떻게 달라질지 두고 볼 일이다.

마지막으로 명예 실추가 비리에 대한 한 가지 억제책이라면, 반대로 명예의 부여가 정의에 대한 장려책이 될 수 있다. 공직자가 뇌물을 받지 않는 것은 당연한 일이므로, 이에 대하여 금전적 보상을 줄 수는 없는 일이나 정신적 보상은 가능할 것이다. 서훈이 그 일을 일부 할 수 있지만 우리나라에서 상장은 의미를 상실한 지 오래다. 가장 실질적인 정신적 보상은 사회적 인정과 대접이다. 뇌물을 뿌리친 사람을 모든 사람이 알게 크게 대접해주는 것이다.

우리나라에서 교사가 촌지 받는 문제가 늘 숨은 커다란 사회적 이슈로 되어 왔다. 이 악습을 근절하는 길은 물론 촌지를 받는 행위를 단속하는 것이나, 그와 함께 그런 유혹을 뿌리친 숨은 사람을 찾아내어 보상하는 것이다. 현실은 그렇지 못하다. 못 먹는 사람은 못 난 사람이다. 촌지를 받아 돈을 모으지 못하는 교사는 "주변머리가 없다" "유도리가 없다"와 같은 표현으로 가족을 포함한 사회로부터 오히려 배척받아 왔다. 그러니 아무리 촌지를 근절하자고 외쳐도 바뀌지 않는 것이다.

이상 우리나라 현실과 관련하여 실천·비실천의 방정식에 대한 설명은 우리 사회의 비리를 없애기 위해서 지금부터라도 처음 단추를 어떻게 꿰어야 할지를 잘 가르쳐준

다. 그러나 그 일이 잘 되도록 이끄는 일은 언론의 몫이다. 언론 없이는 국민은 모래
알과 같다.

●사람은 배운 것을 주어진 상황(이익/불이익)에 따라 행동으로 옮기기도 하고 하지
않기도 한다는 말은 정보와 지식을 머리 속에 오래 저장해두었다가 장래 여건이 무
르익으면 그것을 실천으로 옮길 수 있음을 의미한다. 달리 말하면 정보와 지식에 따
르는 행태적 변화효과는 잠재성을 갖는다는 말이다.

해방 직후 반일감정이 한창인 시기에는 일본말을 쓰고 일본인처럼 행동하면 불이
익을 당했다. 그러므로 길거리에서 일본말을 쓰는 사람이 드물었다. 요즘은 일본어를
잘하는 사람이 대접을 받는 시대다. 서울의 지하철 전동차 안에서 일본어 책을 열심
히 보는 사람과 일본말로 자랑스럽게 대화하는 60대, 70대를 흔히 보게 된다.

같은 논리로, 사람들이 오늘 배운 지식을 장래 실천에 옮길지 아닐지는 지금이 아
니라 주어진 시점의 상황에 따라 결정된다고 봐야 한다. 그 시점에서 가서 이익이 되
면 실천하고 아니면 하지 않는다. 이 점은 오늘 우리의 청소년 교육과 관련하여 시사
하는 바가 크다. 오늘 나라의 장래나 사회문제를 걱정하면서 어릴 때부터의 도의교육
의 중요성을 역설하는 학자들이 많다. 그리하여 사람들은 "세 살 버릇 여든까지 간
다"라는 우리나라 속담을 인용하기도 하고 어머니의 역할을 강조하느라 "유태인 어
머니"(Jewish mother)의 일화를 들면서 나라의 장래가 가정과 어머니들에게 달려 있
다고 주장한다. 옳은 말이다. 그러나 도의와 윤리 분야에서의 교육의 효과는 지식의
전수가 아니라 행동으로 나타나는 실천이며, 그 효과는 사회적 여건이 결정한다고 생
각할 때 그저 교육만 잘하면 사회는 좋아진다고 말할 수 없다. 먼저 좋은 사회를 만
들어야 교육의 효과를 기대할 수 있다. 물론 이 논쟁도 "계란과 닭"의 순환논리에 빠
지고 마는 것을 안다.

지금의 젊은 층이 앞으로 10년 또는 20년 후 어떤 사람이 될 것인가는 그들이 지
금 무엇을 배우느냐 못지 않게 10년 또는 20년 후 우리 사회가 어떤 상황에 놓여 있
느냐에 따라 결정된다. 우리나라에 4·19세대, 6·3세대, 386세대란 말이 있다. 이들의
공통점이 무엇이기에 그렇게 특별하게 부르는가. 이들 가운데 학생 때 내세우던 주장
과는 달리 사회에 나와서는 기성세대에 흡수되고 그들보다 더 한 기회주의자가 된
사례가 많다. 권력층 실세이던 한 저명인사가 사석에서 농담조로 한 "대학 때 데모
안한 놈 바보, 사회에 나와 반정부 운동하는 놈 바보"라는 말이 실감난다. 이러한 말
은 우리나라의 기회주의적 사회풍조를 잘 입증하는 한편, 어려서 교육을 잘 받은 사
람도 사회에 나와서는 여건에 따라 전혀 딴 사람이 될 수 있음을 잘 보여준다.

과거 우리나라에서 전도유망한 많은 젊은이들이 유학으로 떠나 외국의 좋은 문물

을 배우고 돌아왔다. 외국에 있을 때는 고국의 부조리와 기회주의를 신랄하게 비난하던 사람들이다. 그런데 이들이 고국에 돌아와 요직에 앉으면서 철저히 옛날 사람으로 바뀌어 버린 사례들은 어떤가.

운전규칙을 잘 안 지키기로 유명한 서울 사람들도 바로 같은 시내에 있는 미8군 영내에 들어가면 달라진다고 한다. 이것도 윤리도덕 분야에 관한 한, 교육의 효과는 교육의 내용보다 주어진 상황에 따라 결정됨을 보여주는 예이다.

한국의 관료조직을 이끌어온 엘리트들 가운데 상당수가 유복한 가정에 태어나, 유치원으로부터 일류대학까지 어려움 없이 거쳤고, 어려서부터 피아노와 미술 레슨 등 다른 선진국에서도 일반화되지 않은 이른바 정서교육을 개인적으로 받은 사람들이다. 유아세례를 받은 교인인 경우도 많다. 그들이 철저한 이기주의자가 되어 나라에 누를 끼쳤다면 그들의 과거 교육이 잘못되어 그랬다고 말할 수 있을까?

"돈 주면 받아야죠, 어른 닮아가는 청소년" 제하의 신문기사(16대 국회의원 선거관련) 또한 이미 여러 곳에서 지적한 대로 사람들의 도덕적 자질은 학교교육보다 사회교육으로부터 더 강한 영향을 받게 된다는 점을 잘 말해주고 있다. 이들 청소년 학생들은 학교에서 윤리와 도덕 교육을 충분히 받아 무엇이 올바른가에 대하여 잘 알고 있지만, 사회의 대세에 맞추어 그렇게 대답한 것이다.

이러한 사례들을 생각할 때, 학자들이 젊은이들의 도의회복을 위한 방안으로 막연히 인성교육의 필요성을 강조하거나, 도의회복이 잘 안되는 이유를 윤리교육의 취약성과 윤리 교사의 부족에 돌리거나, 대학총장이 대학생들에게 『명심보감』을 읽히게 하는 안을 내놓고 그것이 무슨 큰 개혁 아이디어인 것처럼 받아들여지고 보도되는 것을 보면 한국의 사회과학계나 언론이 얼마나 무책임한가 생각하게 된다.

●지식과 실천의 불일치 및 교육 효과의 잠재성은 고등교육의 보편화에 따라 장래 사회의 전망이 밝다고 보는 견해에 대하여 한번 생각하게 한다. 점점 많은 한국사람들이 대학 이상의 교육을 받게 되면서 민도도 높아져 사회가 개선되어 갈 것이라고 말하는 사람들이 많은데, 과연 그럴까? 그것만으로는 충분하다고 할 수 없다.

교육의 개념은 넓다. 똑같이 교육이라고 불리지만, 학교교육과 도의교육은 꼭 정(正)의 상관관계를 갖지 않는다. 학교교육을 많이 받은 사람, 즉 고학력자가 저학력자보다 언제나 더 인간적으로 더 나은 사회인이 된다고 말할 수 없다는 뜻이다. 오히려 그 반대일 수 있다. 그럴 수 있는 이유는 지금과 같이 학교교육이 출세의 수단으로 전락된 상황에서는 사람들은 많이 배울수록 더 이기주의 성향을 갖게 될 것이기 때문이다.

여기에서 우리나라 대학생들의 얄팍한 공부 풍토도 언급할 만하다. 한국인들의 공부는 주로 일류대학에 들어가기 위해서이고, 들어간 다음에는 공부는 뒷전으로 미루거나 취직 준비만 위해서 하는 것이니 건전한 사회 구성원으로서의 자격을 갖추기 위한 사회화 과정에 별로 도움이 되지 않는다. 오히려 역행한다고 할 수 있다.

한국인의 뜨거운 교육열은 세계적으로도 유명하다. 외국에서 살다가 들어오면 금방 그것을 체감할 수 있다. 별의별 이름의 과외 학교로 아동들을 실어 나르는 "밴" 자동차들을 길거리에서 수없이 보게 된다. 이러한 교육열과 교육의 결과가 장래 건전한 사회를 기약한다고 보기 어려운 이유는, 이 교육의 내용들을 잘 따져보면 부모들이 자기 자녀들이 극심한 경쟁에서 이겨 출세할 수 있도록 "특수" 날개를 달아주기 위한 것이기 때문이다. 이런 지나친 출세지향적 경쟁을 가열시키는 교육은 인성교육의 핵심인 "더불어 사는" 가치에 배치된다.

또 출세와 물질에 대한 매력이 그 어느 때보다 커진 오늘, 일반적으로 지능이 높은 사람이 그렇지 못한 사람보다 살아가는 데 있어 더 이기주의적이고 타산적일 것이라는 가정도 타당해 보인다. 이 점에서 우리나라는 좋은 사례를 남겨놓았다. 우리나라의 각 분야 고위직은 누구나 잘 아는 일류고등학교와 일류대학을 졸업한 "수재"들(그 가운데 상당부분은 사법고시, 행정고시 합격자)이 대부분 차지했는데 이들의 두드러진 특징 하나는 누구에게도 지지 않는 강한 출세욕이다. 출세욕 그 자체에 잘못은 없지만, 그것이 철저한 이기주의와 기회주의로 변질하여 전체의 이익과 배치될 때 사회에 큰 피해를 끼치게 되어 있다.

이러한 판단은 여러 사람들의 평을 들어봐도 근거가 있음을 알게 된다. 한참 전에 신문에 보도된 일이지만, 서울법대 출신 한 사람이 동창회보에 기고한 글에서 "5공 시절 법대 출신의 상당수가 권력에 야합, 사회와 역사를 어지럽히는 과오를 범했다"고 질타했다. 또 법대와 서울대 출신 관료와 법관에 대한 또 다른 노골적인 비난이 바로 같은 과 출신 인사의 입에서 나왔다. "박정희 시대가 가고 12·12 전두환 보안사령관이 정권을 잡자 서울에는 한때 "법대 위에 육사 있고, 육사 위에 이순자 여사가 있다"는 얘기가 떠돌았다. 이승만 정권, 박정희 군사정권, 전두환 무단정권을 지나면서 좁게는 서울 법대, 넓게는 서울대 졸업생들이 그때그때 정권을 잡은 독재자들을 도우면서 이 나라의 국정을 맡았다. 어찌 보면 서울 법대 나온 사람들은 서울대 다른 동문들과 같이 역대 정권의 하수인 노릇을 해왔다고 해도 틀린 말이 아니리라"(이동호, 1998, 『개인만 있고 국가는 없다』, 한국경제 간).

서울 법대를 포함한 서울대 출신이라면 우리나라 머리 좋은 사람들 집단의 대명사이다. 머리가 좋아 판검사가 된 사람들이 법과 정의를 지키는 마지막 보루가 되기는커녕 거꾸로 독재정권과 부자들의 심부름꾼이 되어 선량한 국민의 고통을 더하는 데 참여했다면 그 이유를 출세욕 아닌 다른 어디에서 찾을 수 있을까? 우리나라에는 어느 선진국에 비하여 불로소득을 의미하는 각종 투기를 일삼는 층이 많은데 이들은 대부분 무식군들이 아니다. 오히려 많이 배운 사람들이라는 사실도 같은 맥락으로 이해해야 한다.

영미인들과 한국인들을 비교해보면 인성교육에 관한 한, 학교교육보다 사회의 영향이 더 크다는 것을 실감하게 된다. 통계수치를 내놓을 수는 없으나 우리 사회에서 대학과 대학원 진학률은 모두 영미사회에서보다 높다고 생각한다. 그러나 영미인들의 시민의식, 민주주의, 법과 질서, 선거와 같은 문제에 대한 이해와 실천력은 우리보다 훨씬 깊고 확고하다. 호주의 한 시골에서 사는 한 교포의 경험담이 재미있다. 중학교밖에 안 나온 청소부들도 얘기를 해보면, 한국에서 대학 나온 고위 공직자보다 더 예의 바르고 경우가 밝다는 것이다.

이런 가치의 내면화 과정은 학교보다 오히려 사회생활을 통해 일어나기 때문에 그렇다고 말해야 할 것이다. 서양에서는 할머니들도 모이면 정치, 교육, 사회 등 공공문제에 대하여 조용히 토론하고 의견을 나누는 것을 쉽게 보게 된다. 한국인들은 그런 시간에 놀이를 더 즐긴다. 파티에서 식사가 끝나면 거의 예외 없이 유흥을 벌이는 것은 좋은 예이다. 서양인들은 우리보다 불법과 불의에 대해 더 민감하다. 대졸 학력을 가진 대부분 한국 사람들의 독서나 대중매체 이용의 경향을 봐도 그것을 알 수 있다. 사회를 깊이 이해하려고 책을 읽는 사람이 드물다. 주부들도 자녀들을 좋은 학교에 넣기 위해서라든가 육아, 건강 등 직접 자기이익이란 좁은 범위에서 알려고 하는 편이다. 한국에서 잘 팔리는 여성잡지의 내용은 이런 필요에 잘 맞게 꾸며져 있다.

엄한 시어머니 밑에서 고생을 한 며느리가 나중에 시어머니가 되었을 경우 며느리에 대하여 더 관대할지 아닐지는 적어도 두 세대를 거치는 실증적 연구, 조사를 해봐야 안다. 군대의 경우를 보면 이에 대한 약간의 예측이 가능하다. 심한 기합을 받고 지낸 고참병이 신병에게 더 혹독해지는 것이 보통이다. 오늘의 젊은 세대는 과거 세대보다도 이기주의, 기회주의, 편법주의, 연고주의, 출세지향의 가치관을 많이 익히면서 성장하지 않았나 생각된다. 고등교육에도 불구하고 이들은 장래 사회에 나가 이러한 가치관을 과거 세대보다 더 철저하게 실천에 옮길 가능성이 크다. 언론에 보도된 대로 한때 거창한 붐을 일으켰던 벤처산업이 젊은 기업가들의 편법 머니 게임의 온상이었다든가 한 대학교에서 치러진 총학생회장 선거에서 출마한 사람에 대한 몰표가 그가 속해 있는 단과대학에서 나온 얘기는 좋은 예들이다.

●제1장(비전은 멀리가 아니라 가까이, 24쪽 참조)에서 언급한 언론의 "마취적 역작용"(Lazarsfeld et al., 1948)도 언론의 설득적 메시지와 효과 간의 불일치를 일으키는

한 가지 큰 요인이다. 요즘 한국의 언론매체에는 매일 무언가를 폭로하고 질타하며 행동을 촉구하는 메시지로 차 있지만 사람들은 무감각해하며 행동하지 않는다. 그런데도 효과에 대하여는 아랑곳없는 우리 언론은 엄청난 돈을 없애면서 메시지만을 쏟아낸다.

이때까지 말한 것을 결론으로 정리해보면, 메시지의 효과는 메시지 그 자체보다도 사회라는 전체 컨텍스트 속에서 결정된다. 메시지의 수용자는 진공관 속이 아니라 사회라고 하는 역동적인 복잡계 속에서 움직이며, 그 사회의 가치 속에서 메시지를 이해하고 해석하며 그에 대한 행동을 결정하기 때문에 그런 것이다.

그런 의미에서 언론의 효과라든가 사회개혁을 위해서 언론이 할 수 있는 역할을 언론학자와 이 분야에 종사하는 사람들의 지식만으로 충분히 이해할 수 없다. 여러 사회과학분야 전문가가 지식을 제공하고 함께 두뇌를 짜는 종합적 또는 통합적 접근(multi-disciplinary approach)이 필요하다. 그러나 우리나라 언론계나 학계에 그런 안목을 가진 사람이 드물다.

4. 뉴스도 만들어진다? – "게이트키퍼" 연구, 언론사회학 연구

언론의 내용 가운데 가장 많은 부분을 차지하는 것이 뉴스(news)이다. 뉴스에는 사건, 행사, 이슈를 단발용으로 사실 그대로 짧게 알리는 스트레이트 뉴스(straight news), 스팟 뉴스(spot news), 그런 사건, 행사와 이슈들을 종합해서 그 배경 설명까지 겸하는 해설 기사(interpretative stories), 그리고 사건과 문제의 원인을 일부 분석하고 해결방안까지 제시할 만큼 총체적으로 다루는 심층보도(in-depth news stories)가 있다. 심층보도 가운데는 숨겨진 사실을 대대적으로 들추어내는 추적 또는 폭로 중심의 기사(investigative stories 또는 expose-style stories) 등 기자가 취재 대상을 정함에 따라 여러 가지가 있을 수 있다.

뉴스란 사람들이 필요로 하는 시사성이 있는 정보적 내용이라고 말할 수 있다. 하지만 실제에 있어서 그런 모든 정보가 뉴스가 되는 것은 아니다. 지금과 같은 사회를 살아가면서 사람들이 알아야 할 것과 알고 싶어하는 것은 많으나 그것을 전부 알릴 도리는 없다. 첫째로, 공익을 위해 존재하는 비싸고 한정된 자원인 대중매체가 모든 뉴스를 다룰 수 없다. 둘째로, 시간과 체력 면에서 제약을 받는 수용자도 그 많은 정보를 모두 소화할 수가 없다.

따라서 누군가가 이 많은 세상사 가운데 더 중요하고 필요하다고 생각되는 것을 먼저 골라 전문적으로 전달하는 사회적 기능을 맡아야 한다. 언론은 알고 보면 그런 기능을 전문적으로 할 책임을 맡은 기관이다.

그런 의미에서 대중매체가 외면하는 사항은 뉴스가 아닌 셈이다. 여기에서 언론의 책임을 또 한번 실감하게 된다. 언론은 그 많은 기사거리 가운데 정말 수용자에게 중요하고 필요한 것이 뽑히도록 우선순위를 잘 정하고 보도해나가야 하는 것이다.

여기서도 이상과 실제 사이에 늘 괴리가 생긴다. 다소 못한 것이라도 기자가 마음을 결정, 취재해서 쓰고 녹음하고 카메라로 찍은 것을 신문, 잡지, 텔레비전, 라디오가 받아들여 지면과 전파로 내보내면 뉴스가 되고, 역으로 훌륭한 기사감이라도 기자가 묵살해버리면 기사가 되지 않는 것이다. 극단적인 경우 언론이 멋대로 뉴스를 정할 수 있다. 오죽하면 "뉴스는 만들어진다"(News is manufactured)라는 풍자적인 뉴스의 정의까지 등장할 정도다.

언론 종사자의 뉴스감의 취사선택 역할을 언론학은 게이트키핑(gatekeeping, 우리말로 수문장 또는 문지기 역할이라고 부름), 그런 역할을 맡는 언론사 인원을 게이트키퍼(gatekeeper)라고 부르며 이에 대한 연구가 많이 되어 있다. 언론은 무엇을 기준으로 뉴스를 취사선택하는가, 어떤 과정을 거쳐 뉴스는 죽기도 하고 살기도 하는가를 연구하는 것이 게이트키퍼 연구의 핵심이다.

결국 게이트키핑은 편집기능(editing)을 학술적으로 표현한 용어라고 할 수 있는데, 이 분야 연구의 선구자 한 사람은 화이트(White, 1950)이다. 그는 그의 실증적 연구의 대상으로서 편집국 외신담당자를 택했다. 편집국에 밤낮으로 들어오는 그 많은 외신 기사 가운데 대부분을 버리고 일부만 골라 써야 하는 외신 편집자는 게이트키퍼 가운데 아주 깐깐한 게이트키퍼이다.

앞서 "뉴스는 만들어진다"라는 말은 뉴스선택 과정에서 게이트키퍼의 역할을 강조한 것일 뿐, 실제에 있어 뉴스는 무턱대고 만들어지지 않는다. 언론사에는 오래 지켜온 뉴스 선택의 관행이 있으며 기자들은 기사를 취재하고 쓰는 데 있어 거기에서 크게 벗어나지 않는 것이 보통이다. 그들은 무엇이 기사인가를 말로 딱 꼬집어서 말하지는 못해도 뉴스를 고를 줄 안다. 뉴스 가치 또는 뉴스 감각(news value 또는 news sense)이 그것이다.

미국의 한 조사 연구는 한 지역의 6개 신문을 골라 일정 기간 1면에 난 기사를 15개 범주로 나누어 서로 비교한 결과 상당한 일관성을 발견했다. 한국의 언론을 대상으로 조사를 한다면 그런 경향은 더 뚜렷해질 것이다. "그 신문이 그 신문, 그 방송이 그 방송"이라는 말을 자주 듣는 것을 보면 그렇다.

이런 뉴스 감각, 또는 뉴스 선정의 관행은 언론사를 둘러싼 내적·외적 세력 관계에서 결정되는 것이며, 이러한 뉴스 결정 요인을 총체적으로 분석하고자 하는 노력이 게이트키핑 연구이다. 또 언론과 언론의 내용을 지배하는 사회적 여건을 분석한다고 해서 언론사회학(media sociology)이라는 말을 쓰기도 한다.

여기 언론사회학의 한 실례를 상정해서 그려보자. 뉴스는 기자가 취재해서 쓰지만 전적으로 그의 작품이라고 할 수 없다. 언론은 시장경제를 무시할 수 없는 사기업이다. 기자는 뉴스를 좇으면서 뉴스의 소비자를 심중에 두어야 한다. 그러나 그것이 전부는 아니다. 편집국의 사정도 생각해야 한다.

그는 평소 근무를 통하여 어떤 기사를 써야 하는지, 또는 써서는 안되는지에 대한 감각을 가지고 있다. 또 기사취재에 앞서도 상급자인 부장과 상의를 거쳐서 한다. 뉴스의 매니저격인 부장과 그 위인 편집국장은 언론소유자인 발행인과 사장의 의도를 잘 알고 있으며 이에 따라 중요한 편집 방향을 평소 지시한다. 박 정권 시절 우리 기자들은 외국 인사들을 찾아 그들이 친한적인 발언을 하면 이것을 즐겨 기사화했다. 당시 외국의 눈치를 살펴야 하는 정부와 이에 협조하는 언론의 정책을 반영한 것이다. 이러한 취재 습성이 지금도 남아 있다.

기자는 쓰고 싶고, 또 쓸 수 있는 권한이 주어졌다고 해서 무엇이고 쓸 수 있는 것이 아니다. 취재원이 협조해주어야 한다. 소스 쪽의 영향을 받는 것이다. 그외 매체의 제작기술에 따른 제한을 받는다. 신문은 하루 기준으로 나와야 하기 때문에 그에 맞추자면 기자들은 한 가지 기사를 가지고 많은 시간을 보낼 수 없다. 이런 사정이 기사의 성격을 결정한다.

이런 예를 들자면 한이 없겠는데 종합해서 말한다면 기사는 기자가 가진 지식과 경험과 판단, 사내 안팎의 여건 등이 복합적으로 작용한 결과 만들어진다. 따라서 뉴스란 기자의 자질과 환경적 여건이 균형을 이루는 곳에서 결정된다고 말할 수 있다.[12]

뉴스를 결정하는 외부 및 내부적 여건에도 불구하고 기자는 뉴스의 선택 및 형성 과정에서 가장 중요한 지위를 차지한다고 봐야 한다. 브리드(Breed, 1955)의 편집국 연구는 이 점을 지적한 것으로 유명하다. 그에 따르면 아무리 상급자가 감독을 심하게 한다 해도 기자는 어느 정도 자기 재량을 가지게 마련이다. 상급자는 기자가 하는 일을 모두 간섭하고, 또 그가 쓴 기사의 표현 하나하나를 모두 고치지 못하기 때문이다. 따라서 기자는 외부로부터의 간섭을 심하게 받는 경우에도 기계처럼 시키는 일만 하는 기술자는 아니다. 주어진 여건하에서 자기 생각을 반영시킬 여지가 늘 있다. 그런 의미에서 기자는 어떤 언론통제 아래에서도 남에게 생색을 낼 수 있는 자리이다.

주 11

지식과 정보의 종류

학자들은 지식을 여러 가지로 분류했는데 이에 대하여 알아보면 지식과 정보가 무엇인가에 대한 더 깊은 이해를 갖게 될 것이다. 일부 학자들은 필요와 응용을 기준으로 지식을 학문적 지식(academic knowledge)과 일상생활 지식(useful 또는 life knowledge)으로 구분했다(Robinson, 1972). 전자는 당장이 아니라 길게 보아 필요하고 유용한 지식이고 후자는 일상생활을 해나가는 데 당장 필요하고 유용한 지식이다. 학문적 지식은 당장이 아니라 오랜 세월을 두고 잘 쓸 수 있다. 의학을 공부해서 의사가 되면 그 지식의 효용은 일생을 간다.

일상생활 지식에 속하는 것으로는 recipe knowledge(요리 지식은 가장 비근한 예, 응급치료 지식 등), survival knowledge(생존을 위해 필요한 기초지식, 예컨대 어떤 직업을 택할까, 시장은 어디에 있으며 쇼핑은 어떻게 하는가 등의 생활정보를 여기에 포함시킬 수 있다), maintenance knowledge(자녀들 교육을 어떻게 해야 하나?)가 있다.

다음 지식의 존재양식에 따라 나눈다면 지식은 체계를 이룬 상태로 전달되어야 하는 것과 그렇지 않은 것이 있다. 도나휴(Donohue, 1972)는 이런 기준에 따라 지식을 "knowledge of"와 "knowledge about"로 구분했다. of와 about의 차이는 지식의 심도(depth), 또는 체계성의 문제이다. 전자는 정보를 귀로 들어서 아는 정도이고 후자는 그에 관하여 깊이 아는 것이다. 아무래도 책을 읽어서 자세히 알아야 하는 경우라고 말할 수 있다. 그의 설명을 직접 옮겨보자.

한 문제와 사항에 대하여 "안다"(knowledge of)는 것은 그에 대하여 듣고 알고 있다는 정도이다. 그 이상은 아니다. 한 문제와 사항에 대하여 "잘 안다"(knowledge about)고 할 때는 그에 대하여 깊은 지식을 갖고 있다는 말이다.

이 구분의 뿌리를 미국의 고전적 심리학자 제임스(William James, 1890)의 "knowledge of acquaintance"와 "knowledge about"의 이분법에 찾을 수 있다. 그는 "눈으로 보아 푸른 것을 알고 물건들을 만져보고 서로가 어떻게 다른가를 안다. 그러나 그들이 왜 서로 다르며 그들간의 관계는 무엇인가를 아는 것은 다르다"라고 설명한다.

로저스(Rogers, 1983)는 지식을 인지적 지식(awareness knowledge), 방법론적 지식(how-to-knowledge), 이론적 지식(principles knowledge)으로 나누었다. 인지적 지식은 사실을 인지하고 있는 정도의 지식이다. "당신 그 사람이 온 것 알고 있었어?" 하고 묻는다면 그가 온 사실을 인지(알고)하고 있는가를 묻는 것이다. 신문광고를 보고 어떤 사실을 알았다면 대개가 인지적 지식의 예이다. 도나휴의 "knowledge of"와 거의 합치한다. 방법론적 지식은 실제 문제를 해결하는 절차, 방법에 대한 지식이고 이론적 지식은 그 절차, 방법, 원칙의 이론적 바탕을 설명하는 지식이다. 방법론적 지식은 응용과학 및 기술적 지식, 이론적 지식은 순수 학문 이론에 가깝다고 할 수 있다.

애트킨(Atkin, 1974)과 제노바(Genova, 1977)는 뉴스 내용과 관련, 지식을 사실적 지식(factual knowledge)과 구조적 지식(structural knowledge)으로 구분했다. 러시아 심리학자 비요트스키(Vyotsky, 1962)가 지식을 순간적 지식(spontaneous knowledge)과 체계적 지식(scientific knowledge)으로 나눈 것도 이와 비슷하다. 제노바의 설명을 여기 옮겨보면 이 구분을 쉽게 이해할 수 있을 것이다.

"사실적 지식은 독자가 어떤 사건과 문제와 관련해서 아는 이름, 지명, 시기, 사실, 숫자 등에 대한 지식이다. 구조적 지식은 이러한 사실들간의 관계, 전체에 대한 이해, 즉 그런 사건이나 문제가 왜, 그리고 어떻게 일어나는가에 대한 체계적 지식이다." 결국 사실적 지식, 또는 순간적 지식은 요즘 객관식 취직 시험에 나올 만한 상식문제들에 대한 지식이다.

브레츠(Bretz, 1971)의 정보(information)와 지식(knowledge)의 구분 방법도 위의 2분법과 궤

를 같이한다고 보아진다. 브레츠의 정보와 지식의 차이는 그의 존재, 전달 양식에 있다. "대부분 정보는 분산된 상태로 존재하며 부분간에 존재하는 체계를 문제삼지 않는다. 이러한 조각으로서의 정보는 기존의 지식의 체계를 바탕으로 머리 속에 간직하게 되며 지식의 일부로 발전될 수가 있다." 전자는 단편적 지식, 후자는 통일된 지식의 체계로 이해할 수 있다. 물의 끓는 온도는 몇 도인가를 아는 것 자체는 앞의 것에 속한다. 왜 그렇게 되는가를 설명하기 위해서는 체계적 지식과 이론이 필요하다.

이상 여러 형태의 지식들을 나는 단순, 구체적 지식(simple and concrete knowledge)과 복잡, 추상적 지식(complex and abstract knowledge)으로 크게 재정리 해보고자 한다. 전자는 사물, 개념에 대한 외형적 지식으로서 쉽게 머리 속에 정리할 수 있는 지식이다. 후자는 사물, 개념에 대한 내면적·추상적 지식으로 쉽게 머리 속에 정리되지 않는 지식이다. 앞에서 life knowledge, factual knowledge, recipe knowledge, spontaneous knowledge는 전자에, academic knowledge, structural knowledge, principles knowledge, scientific knowledge는 후자에 통합시킬 수 있을 것이다.

지식을 복잡과 단순의 두 차원에서 보는 사람들은 정보처리(information processing) 과정을 인식작용(cognition)으로 이해하는 인식심리학자(cognitive psychologists)들이다. 정보처리란 각 개인이 정보와 지식을 받아들여 처리하고 전달하는 과정이다. 이들의 견해에 따르면 인식적으로 복잡한(cognitively complex) 사람은 사물, 현상을 보고 어렵고 추상적인 측면을 흡수하고 머리 속에서 처리하며, 반대로 인식적으로 단순한 사람(cognitive simple)은 쉽고, 피상적인 측면만을 먼저 흡수 처리한다.

인식적으로 복잡한 사람이 인식적으로 단순한 사람과 대화를 하면 커뮤니케이션이 잘될 수가 없다. 후자가 전자의 복잡하고 미묘한 생각을 소화할 수 없기 때문이다. 박사논문 등 학술논문은 현상에 대한 사실을 나열·기술하는 것도 있지만 그보다도 그런 현상을 설명하는 이론적 모델(theoretical models)을 담고 있는 것이라야 한다. 모델은 복잡한 지식 체계이다.

주 12

뉴스의 결정 요인

뉴스를 결정하는 복합적 요소를 데이비슨(Davison et al., 1982)이 정리한 것과 저자의 관찰을 토대로 간략히 정리해본다.

1. **사회환경적 요건**—언론사가 위치하는 나라의 정치적·사회적·경제적 여건을 말한다. 독재정권이 집권하고 있는 나라와 민주국가에서의 기사취재와 쓰기가 어떻게 달라질지 상상하는 것은 그리 어렵지 않다(제3장 참조). 인구가 밀집하고 산업화된 대도시에는 소도시 또는 농촌사회에 비하여 뉴스가 많아 읽을거리, 볼거리가 많게 마련이다. 지정학적 위치와 역할도 중요하다. 인구도 많고 국력이 강하여 각 분야에서 세계를 이끄는 나라의 언론이라면 뉴스의 내용도 세계적 관심사를 끌게 될 것이다. 미국은 강대국일 뿐만 아니라 거기에 유엔을 위시하여 여러 가지 국제기구가 있다. 그만큼 미국에서 일어나는 일이 큰 뉴스 가치를 갖는다.

뉴스망의 발전도 뉴스의 종류와 심도를 결정한다. 인구가 많고 뉴스가 많으며 따라서 뉴스망이 잘 발달된 사회에서는 언론사는 직접취재에만 의존하지 않고 뉴스 보급사들의 뉴스를 쓸 수 있어 언론의 내용은 그만큼 풍부해진다. 통신사는 주요한 뉴스 보급원이다. 미국에서는 신문기사, 칼럼, 피처(feature stories), 텔레비전 다큐멘터리를 전문적으로 만들어 언론사에 공급하는 신디케이트 뉴스 서비스(syndicated news service)가 잘 발달되어 있다. 이런 신디케이트물은 통조림처럼 보관해두었다가 필요할 때 쓸 수 있다고 해서 canned piece(또는 item)이라고도 부른다.

이런 뉴스보급 산업망을 일컬어 뉴스 인프라(news infrastructure)란 말을 쓰기도 한다. 뉴스 인프라가 잘 발달된 사회에서 언론사는 뉴스 선택의 폭이 커져 언론제작이 용이하며 그만큼 좋은 언론을 만들 수 있다. 반대로 뉴스 인프라가 취약한 신흥 국가 또는 지역에서 신문사, 방송국을 만들면 있는 지면과 시간을 좋은 기사로 채우지 못하는 문제가 금방 대두된다. 뉴스의 선택이 제한되면 언론의 질은 떨어진다.

서로 다른 사회는 서로 다른 가치관, 세계관, 문화를 가지고 있다. 문화가 다른 나라가 언론의 내용이 같을 수 없다. 예컨대 남녀관계가 비교적 개방적인 사회, 근대화 이전의 전통적 사회, 이슬람 중심의 사회 등 각각 다른 문화에서 보는 기사 가치가 서로 다르지 않을 수 없다. 부유한 나라로서 언론이 사기업으로 조직되는 선진국가와 그렇지 않은 나라 언론의 뉴스 선택이 서로 다르다. 언어 구조도 뉴스의 내용에 차이를 가져오는 요인이다. 나라마다 차이가 있지만 정부의 역할이 취재에 주는 영향은 크다.

2. **언론사의 소유주, 경영주, 편집 진용**－언론사 사주는 물론, 그를 대신하여 경영을 맡는 사람이 뉴스의 내용에 영향을 줄 것은 물론이다. 그들의 뉴스관은 기자의 경우와 마찬가지로 그들이 가지고 있는 가치관, 지식 수준, 경험과 주변 여건에 따라 결정된다.

그러나 그들은 최고경영인으로서 기자와는 다른 정책 우선순위를 갖고 있다. 기업이윤, 타사와의 경쟁, 정부와의 관계에 대한 고려 등이 순수한 기사선정 기준에 우선할 수 있다. 한국언론은 재벌이 소유한 결과, 언론의 기업 또는 이윤적 측면을 두드러지게 강조하는 편이다.

편집권의 독립이 늘 운위되나 어느 나라에서든 편집인을 고용하는 소유주의 영향력은 크다. 우리나라 대부분의 언론사는 가부장적 인물인 사주가 편집정책을 정해왔다.

언론 소유주, 경영인, 긴부는 기자를 향하여 직접적인 편집 간섭을 하지 않는다 해도 인사정책을 통하여 기자들을 길들일 수 있다. 재치있는 기자는 자기가 쓴 기사가 상사로부터 환영을 받는가 아닌가를 알아차리게 되며 스스로 취재 태도를 바꿔나간다.

큰 언론사일수록 분업과 전문화가 잘 되어 있어 한 사람이 혼자서 군림하는 식의 운영은 하지 못한다고 보아야 한다. 영미 국가의 경우 소유자와 경영인 자신이 조직에서 오는 여러 가지 제한을 우리보다 더 받는 편이다. 언론사의 주식소유가 투명하고, 언론사는 주주총회를 거쳐 전문경영인을 둔다. 언론의 공익성에 대한 사회적 인식 등이 그렇게 만드는 것이다. 그런 나라에서 언론 경영인은 일반 여론, 고용인, 광고주, 압력단체의 동향을 염두에 더 두어야 한다.

3. **언론산업의 관행과 전통**－기자를 위시한 편집국 직원이 하는 일은 모두 기사를 취사 선택하는 일이다. 그들은 이런 역할을 어떻게 하는가? 첫째, 그들도 개인으로서의 가치관과 취향을 가지고 있어 이것이 기사 선택에 꼭 반영된다. 그들은 무엇이 기사인가, 어떤 기사가 독자들에게 잘 먹히는가에 대한 나름대로의 판단을 가지고 있다. 여기에 기사 취재와 선택의 편집과 관행이 작용한다. 훈련과 경험을 거쳐 그것을 알게 된다. 그들은 또 자사의 정책과 소스를 염두에 두고 또 편집국 내 상급자, 하급자, 동료들과의 관계를 고려하게 된다.

제7장
매체론 — 인쇄매체는 사양화될 수 없다

요즘 사람들은 책을 읽기보다 텔레비전을 보는 데 훨씬 많은 시간을 보낸다. 또 인터넷과 시간을 많이 보내는 사람이 늘고 있다. 그러나 어떤 사람들은 아직도 책을 많이 읽는다. 어떤 사람들은 텔레비전과 신문, 잡지와 책에 비슷한 시간을 보낸다. 모두 그럴 이유가 있다.

인쇄매체에서 볼 수 없는 내용을 텔레비전에서 볼 수 있기 때문에(반대로 텔레비전에서 볼 수 없는 것을 인쇄매체에서 볼 수 있기 때문에), 같은 내용이라도 텔레비전에서 보거나 배우는 것이 더 편하거나 쉽기 때문에(반대로 인쇄매체에서 보거나 배우는 것이 더 편하고 쉽기 때문에) 그럴 것이다. 인터넷에 대하여도 같은 말을 할 수 있다.

이 경우 서로 다른 전달수단(매체, 미디어, 채널과 같음)은 서로 다른 특징을 가지고 있는 것이 분명하나, 어느 전달수단이 다른 전달수단보다 우수하다(또는 열등하다)고 말해서는 안되며 기능상 비교우위에 따른 이들간 분업이 거기에 이뤄져 있다고 봐야 할 것이다. 또 이 경우, 언론의 내용과 수용자 외에 전달수단 자체가 언론의 효과에 상당 부분 기여하고 있다고 보지 않을 수 없다.

텔레비전을 바보 상자(idiot box)라고 부른다든가 공부하는 자녀를 둔 가정에서 텔레비전을 아예 없앴다는 얘기를 듣게 된다. 그런데 텔레비전의 내용과 기능이 모두 부정적인 것은 아닐 것이다. 이 문제를 이해하려면 전달수단으로서 서로 다른 매체의 특징은 무엇이며, 사람들이 한 매체를 다른 매체보다 더 이용한다면 왜 그런가를 알아보아야 한다. 왜 그런가(매체이용행위)에 대하여는 다음 제8장에서 따로 보기로 하고, 여기서는 매체(전달수단)의 일반적 특질과 그에 따른 효과의 예측을 살펴본다.

1. 매체가 곧 마사지이다? ―긴급기사는 방송매체가, 분석기사는 인쇄매체가

대중매체를 서적, 신문, 잡지 등 글자와 정지된 그림으로 된 인쇄매체와 텔레비전, 라디오, 비디오 등 전파나 케이블로 된 방송매체(전파매체와 영상매체), 케이블을 이용하는 인터넷으로 나누어볼 수 있다. 이것은 매체의 기술적 특징과 그에 따른 메시지 제작과 전달방식의 차이를 기준으로 한 구분이다.

대중을 향한 메시지는 서로 기술적으로 다른 대중 전달수단에 맞게 구성되어야 한다. 예컨대 글씨와 그림으로 된 메시지는 종이에 인쇄하고, 소리만은 전파에 실려 스피커에, 소리와 움직이는 이미지는 스크린에 나타나는 것을 전제로 제작되어야 한다. 그럴 때 같은 메시지일지라도 서로 다른 전달수단과 그에 따른 제작 포맷의 차이가 커뮤니케이션의 효과를 적지 않게 변질시키리라는 생각을 할 수 있다.

서로 다른 매체에 따른 서로 다른 커뮤니케이션 효과는 내용과 효과 간의 불일치를 일으키는 또 하나의 요인을 의미한다. 내용과 효과 간의 불일치를 일으키는 주요 요인, 특히 수용자측 사정에 대하여는 다른 곳에서 지적한 대로다(제6장 내용과 효과의 불일치, 152쪽; 주 3, 64쪽 참조). 이에 대하여는 다음 제8장에서도 더 자세히 다루게 된다.

매체(채널)에 대하여는 두 가지 상반된 견해가 있다. 매체를 단순히 메시지를 전달하는 수단으로 보는 것이 그 하나이다. 이 견해는 매체의 내용이 상품이라고 친다면 매체는 이것을 운반하는 자동차나 선박, 전기를 전달하는 전선줄과 같다는 것이다. 물건을 담는 그릇에 비유할 수도 있다. 담겨진 물건이 중요하지 그릇은 중요하지 않다 고 보는 것이다.

다른 한 가지는 매체가 메시지와는 무관하게 독자적인 역할을 가진다고 본다. 물건 못지 않게 그릇이 중요하다는 말이다. 지금은 고인이 된 맥루언(Marshal Mcluhan, 1964)은 그런 견해를 내세운 대표적 학자이다. 그는 이 점을 역설한 나머지 "매체가 곧 메시지다"(The medium is the message), 후에 익살스럽게 메시지를 마사지로 바꾸어 "매체가 마사지다"(The medium is the massage, 매체가 사람을 주무른다)라는 유명한 말을 남겼다. 메시지 못지 않게 매체 자체가 인간 문화의 방향을 정한다는 맥루언의 예언적 견해는 참으로 귀담아 들을 만하다.

활자문화의 출현으로 인류 역사가 달라졌고, 영상문화로 학생들의 문장력과 대중의 취미는 계속 저하되고, 인터넷의 급속한 확산으로 사회가 또 다시 대변혁을 겪고 있다고 모두가 느끼고 있으니 매체 자체(전달형태)도 인간과 사회에 상당한 영향을 미치고 있는 것이 틀림없다.

위 두 가지 입장과 관련, 어느 한쪽으로 치우치지 않은 태도가 좋을 것이다. 메시지 없이 매체 자체가 어떤 효과를 낼 수 없는 반면, 메시지 자체가 매체와는 독립적으로 효과를 낸다고 볼 수도 없을 것이다. 매스 커뮤니케이션 효과는 이 두 요소(물론 그 외에 다른 요소도 작용하여)가 결합, 복합적으로 발생한다고 볼 수 있다. 또는 이렇게 봐도 될 것이다. 서로 다른 매체는 형태와 제작 기술 면에서 서로 다른데, 이들은 각자 기술적 우위에 따라 특정 내용에 특화함으로써 결과적으로 서로 다른 영향을 가져온다.

이 분야에 대한 연구와 지식은 많지 않다. 여기서는 각 매체의 특질에 대한 고전적인 이론을 중심으로 어떤 매체가 어떤 내용(메시지)을 더 잘 전달하는가에 대한 예측을 해보고자 한다. 언론연구가 실천적이라고 이미 말했지만 채널에 대한 이런 지식은 홍보, 선전, 또는 교육 등 구체적 커뮤니케이션 목적을 위해서 어떤 매체를 하나 또는 여러 개를 섞어 쓰는 것이 좋은가와 같은 실천적 과제에 해답을 준다.

2. 인쇄매체와 방송매체 – 공간 중심과 시간 중심

매체의 종류는 여러 가지지만 여기서는 늘 우리와 가깝고 전통적으로 우리의 삶에 가장 큰 영향을 끼쳐온 두 가지 대표적 대중매체인 신문과 텔레비전을 중심으로 먼저 인쇄매체(인쇄매체는 활자매체보다 넓은 뜻이다. 인쇄물에는 활자 외에 그림 등 정적인 이미지가 들어 있기 때문이다)와 방송매체의 특성을 들어보기로 한다.

● 전파를 이용하는 텔레비전은 시간을 중심으로(time organized) 메시지를 구성, 전달해야 하는 매체이다. 시간의 제약을 받아야 하는 매체이다. 그 결과 수용자의 입장에서 본다면 메시지는 녹음을 해놓지 않는 한, 단 한번 듣고 보고 읽을 수 있을 뿐이다. 한번 지나가면 그만이다. 또 그 메시지는 제자리에 있지 않고 지나가 버리므로 수용자가 듣고 읽고 보면서 충분히 생각할 시간을 주지 않는 것이 특징이다.

인쇄매체는 공간을 중심으로(space organized) 메시지를 구성·전달해야 하는 매체이다. 공간의 제약을 받을 뿐 일단 지면에 인쇄되어 옮겨진 메시지는 시간에 얽매이지 않으니 독자는 언제든 원하는 때와 원하는 속도로 읽고, 또 필요하면 한번 읽은 것을 뒤로 몇 번이고 반복하여 읽을 수 있는 이점이 있다. 이 차이는 테크놀로지의 혁신에도 불구하고 그대로 남을 것이다. 도서관에는 책, 신문, 잡지의 역할을 대신할 새 매체인 비디오, 필름, 마이크로 피쉬, 인터넷 등의 비중이 늘고 있지만 인쇄매체는 역시 가장 중요한 지식 전달과 보관 수단이다.

●텔레비전과 라디오가 중심인 방송매체는 전파와 시간의 제한을 받아 위에서 말한 취약점이 있는 대신, 메시지는 송출과 동시에 수용자들에게 가닿는 이점이 있다. 그것은 빛과 같이 빠른 전달속도이다. 이때 전파를 이용하는 텔레비전은 메시지로서 영상과 소리를 함께, 라디오는 소리만을 전달한다. 이에 반하여 인쇄매체는 소리와 영상 없이 종이 위에 인쇄된 글자(기호, symbol)와 움직이지 않는 이미지로만 전달한다. 이미지는 주로 사진과 그림이다. 그리고 그 종이는 어떤 방법으로든 운반되어 가정으로 배포되거나 독자 스스로가 신문 판매대를 찾아가 구입해야 한다. 잡지의 경우는 우편으로도 배달된다. 그만큼 시간이 걸리고 불편하다.

●전달수단으로서의 매체를 말하면서 수용자가 메시지를 받아들이는 과정에서 어떤 감각기관을 활용하느냐를 아는 것이 매체의 특질을 이해하는 또 다른 방법이다. 인쇄매체는 눈(시각)을, 라디오는 청각(귀)을, 텔레비전은 시청각(눈과 귀)의 활용을 요한다. 개인간 대화에서는 당사자의 5감(5 organs of sense)이 모두 동원된다. 이때 현장감(social presence)은 자연 그대로 완전히 전달된다.

커뮤니케이션 과정에 활용되는 감각기관의 범위와 그에 따른 현장감의 문제는 비기호적 커뮤니케이션이란 개념과 밀접한 관계가 있다. 커뮤니케이션의 내용인 메시지는 말과 글이 전부가 아니다. 얼굴 표정, 몸짓, 손짓 등 비기호적 의사와 감정 표시 방법도 중요한 메시지이다. 이미지와 현장감의 대부분이 비기호적 메시지이다. 인쇄매체의 경우, 수용자는 인쇄화된 메시지만을 눈으로 읽고 보아야 하므로 그 과정에서는 대부분 움직이는(살아 있는) 비기호적 이미지는 빠져버리게 된다. 그만큼 현장감은 줄어든다.

텔레비전은 개인간 접촉 다음에 현장감을 가장 잘 살려 전달하는 매체라고 말할 수 있다. 그러나 앞서 말한 이점 때문에 깊고 분석적인 지식을 전달하는 데 인쇄매체를 능가한 매체가 없다. 빨리 지나가는 영상이나 소리로 된 매체는 그런 일을 잘 못한다. 또 깊고 분석적인 지식을 전달하는 데는 추상적 개념을 써야 하고, 개념간 관계를 추상적으로 설명해야 하는데, 장면과 이미지가 위주인 텔레비전은 그 일을 못한다.

●커뮤니케이션의 내용 가운데 설득을 위한 것은 물론이고, 단순한 지식과 사상의 경우에도 감정을 함께 넣어서 전달되어야 효과적이다. 감정의 전달은 비기호적인 메시지 없이 잘 되지 않는다. 문학작품은 대개 기호로만 감정을 전달하지만 그 대신 감정 묘사를 위해 섬세한 용어를 많이 써야 한다. 개인간 커뮤니케이션은 감정이 가장 완전하게 전달되는 경우이다. 그 다음은 보고 듣는 텔레비전, 듣기만 하는 라디오, 그리고 읽기만 해야 하는 인쇄매체의 순서가 될 것이다.

결론적으로 이 두 가지 매체를 비교한다면 현장감이 중요시되는 구체적 물건과 사건

과 행사를 다루는 커뮤니케이션을 위해서는 텔레비전이, 이들 현상의 배경이 되는 사회
조직과 이론적 구조를 설명하는 커뮤니케이션을 위해서는 인쇄매체가 더 우수하다 할
수 있다. 그러므로 이상적인 대중매체 환경은 양자간 역할분담이 잘될 때 가능하다.

3. 정보와 지식의 전달 — 백문(百聞)이 불여일견(不如一見)

내용 분석을 따로 해보지 않아도, 언론 내용 중 양적으로 가장 큰 비중을 차지하는
것이 정보와 지식이다. 정보 가운데 가장 일반적인 것은 "알리는"(to inform) 일이다.
그 효과는 "알려진 상태" 또는 "인지상태"(being informed of, 또는 awareness)이다.
뉴스의 대부분은 그런 정보이다. 이에 대해서는 제6장(언론 내용의 분류, 146-147쪽 참
조)에서 설명하였다. 그런 정보 가운데 물가, 섬머타임제 실시와 같이 짧고 간단하며
긴급을 요하지 않는 내용이라면 신문, 텔레비전, 라디오, 인터넷 어느 매체든 큰 차이
가 나지 않는다. 그러나 아직은 텔레비전과 신문이 라디오 인터넷보다 수용자 규모로
보아 가장 중요하다.
태풍주의보, 도피중인 살인범 출현, 화재 등 대형사고 위험을 경고하는 긴급 뉴스
는 빨리 알릴수록 가치가 크다. 그런 뉴스를 알리는 데는 당연히 신문보다 텔레비전
이 우수하다. 많은 "스팟 뉴스"가 그런 내용이다.
간단한 정보일지라도 수치, 주소, 이름 등 메모를 필요로 하는 내용이 들어있다면
방송매체보다 인쇄매체가 더 좋다. 여러 가지 경제지표, 행사예보와 새 열차시간표 내용
을 알리는 뉴스는 그런 정보의 예이다. 수치가 들어 있거나 비교적 복잡한 내용으로 된
기사를 방송으로 내보낼 때는 신문보다 간소하게 처리해야 한다. 그러니 방송매체가 다
루는 뉴스의 심도는 대개 인쇄매체에 비하여 떨어진다.
대부분 사람들이 큰 관심을 갖는 사건과 행사 등 그 내용이 장면이나 이미지로 잘
전달될 수 있는 뉴스라면 속도와 현장감의 면에서 월등히 우수한 텔레비전이 다른
매체들보다 더 효과적으로 전달할 수 있다. 그러나 이때도 장래 이용을 위한 기록과 보
관을 생각한다면 인쇄매체의 중요성은 여전히 크다. 몇백 명이 몰살되는 비행기 추락,
아파트 붕괴, 천재지변 등 대형사고에 대하여 텔레비전 뉴스를 본 사람들이 더 자세한
내용을 알기 위해서는 신문과 잡지를 뒤져야 한다. 선거결과를 분석하기 위해서는 방
송 뉴스만으로는 어렵다. 이런 경우 방송과 인쇄매체는 상호보완적이라고 할 수 있다.
지식 전달과 교육에 대하여는 이미 여러 곳에서 언급한 구체성과 추상성의 개념(제
2장 연구방법론, 61쪽; 제5장 제도와 인간요소, 126-127쪽 참조)을 가지고 설명하면 편리하

다. 눈으로 보고 만질 수 있는 것은 가장 구체적인 예이다. 그런 구체적인 사물과 현상에 대한 정보와 지식의 전달은 그 형체와 이미지를 카메라에 담아 텔레비전 스크린에 그대로 보여준다면 가장 효과적이다. "백문(百聞)이 불여일견(不如一見)"(Seeing is believing)이기 때문이다. 캥거루는 어떻게 서식하는가를 가르치는 데에 텔레비전 다큐를 보게 하는 것만큼 효과적인 것이 없을 것이다. 생태계의 실상을 알리는 교육 프로 대부분이 그러하다. 모방교육(제4장 주 6, 105쪽 참조)으로 잘 배울 수 있는 실기교육에는 장면을 골라 보게 하는 텔레비전이 효과적이다. 각종 요리법, 공산품 제조 공정, 수술, 인공호흡 방법 등 로저스가 말하는 방법론 지식(how-to-do knowledge, 제6장 주 11, 177쪽 참조) 교육이 또한 그런 예가 된다.

텔레비전 보도와 교육 프로는 언제나 설명을 수반하는데, 이때도 내용의 구체/추상, 및 단순/복잡의 정도에 따라 구성이 달라질 것이다. 가령 화재, 비행기 추락 같은 사건 보도는 장면만으로도 어느 정도 자명해지므로 그 기사와 화면 포맷 모두 비교적 일률적이 될 수 있다. 그러나 행사와 사건 보도일지라도 이슈 중심으로 계획한다면 그 와는 다르다. 보도의 초점이 문제해결에 있다면 더욱 그렇다.

가뭄의 피해, 범죄 사건, 대형 비행기 사고를 예로 들어보자. 텔레비전은 가뭄의 피해를 입은 농촌 현장을 갈라진 땅과 시들어버린 앙상한 농작물, 뜯어먹을 풀이 없어 죽은 가축들을 보여줌으로써 현실을 있는 그대로 전달할 수 있다. 범죄에 대하여는 경찰에 체포되어 온 범인, 폭행을 당한 피해자의 모습 등을 찍어 보여줄 수 있다. 그리고 그런 현장 이미지는 수용자의 머리 속에 오래 강하게 남는다.

그러나 이런 문제들은 왜 반복되며 해결책은 무엇인가를 찾는 보도나 교육 프로라면 현장 뒤에서 작용하는 사회적 역학관계를 깊게 분석해야 한다. 학술적으로 말하자면 많은 관련 사회적 변수간의 관계(제2장 연구방법론, 53-55쪽 참조)를 분석하고, 그에 따라 해결책을 위해서 관계 정부기관, 단체와 개인의 구체적 행동을 촉구할 수 있어야 한다. 이런 분석과 대안 제시는 구체적 장면을 보이는 것으로만 할 수 없다. 그 분석은 개념적으로(머리 속 분석으로) 해야 한다. 어려운 말을 사용해 추상적으로 설명해야 한다는 말이다. 이 일을 위해서는 인쇄매체가 더 좋다. 수용자의 입장에서 보더라도 마찬가지다. 분석을 요하는 어려운 내용을 빨리 지나가는 텔레비전 화면에 나오는 사람의 말이나 도표로 소화할 수 없다. 전문지식의 전달도 마찬가지다.

어떤 문제는 사실 보도(지적이나 폭로)만으로도 해결로 이어지는 것들이 있다. 그것은 어떤 사실이 숨겨져 있거나, 숨겨진 것은 아니나 정부나 관련 기관, 그리고 일반의 관심을 끌지 못했기에 그런 것이어서 언론이 보도해서 의제로 설정해주면 달라지는 경우이다. 미국과 호주의 텔레비전 탐사보도 <식스티 미니츠(60 Minutes)>의 포맷을 모방한 우리나라 텔레비전 다큐 <추적 60분> <그것이 알고 싶다> <PD 수첩> <이제는 말할 수 있다> 등에 나오는 이슈 가운데 그런 류가 많다. 기억나는 대로 몇 개를 예로 든다면, 「뇌사 판정과 장기이식」「환경호르몬의 실태」「생활정보지 이용 범죄」「왕따가 늘고 있다」「화장인가 매장인가」「핵 쓰레기 문제 현황」「KAL은 안전한가」「농협개혁 왜 필요한가」「가정폭력 방지법 현주소」, 「재생비누와 환경」과 같은 토픽으로 다룬 다큐들이다. 이와 같은 이슈들은 대중이 모르고 있어 그대로 있었던 문제들이기에 일단 알려지면 어떤 구체적 제안을 하지 않아도 입법조치, 행정조치, 관련 단체의 자체 내 조치, 일반의 태도변화 등의 효과가 따르는 경우가 많다.

이런 이슈 보도라면 현장을 빠르게, 그리고 절대적으로 많은 대중에게 동시에 가 닿게 만들 수 있는 텔레비전만큼 효과적인 매체가 없다. 보도 대상이 충격적인 스캔들이라면 특히 그렇다. 그렇기 때문에 텔레비전의 기능이 점점 돋보이기는 하나, 대부분의 큰 사회문제는 그런 폭로저널리즘 하나로 해결될 간단한 것들이 아니다. 이는 텔레비전의 위력이 아무리 커져도 인쇄매체의 역할과 가치가 줄어서는 안되는 이유이다. 특히 책의 경우가 그렇다. 맥루언의 매체의 문화결정론을 굳이 인용하지 않더라도 책이 아니면 사회가 잘될 수 없는 이유를 쉽게 알 수 있다.

4. 현장감 – 직접 보는 것이 텔레비전으로 보는 것보다 나은가

텔레비전이 보여주는 현장은 현실에 가까울 뿐 현실은 아니다. 그것은 2차적 현실이며, 이때 수용자가 보는 것은 간접 경험이다(제5장 우리 언론의 의제설정, 139쪽; 제11장 언론과 문학, 언론인과 문학인, 319쪽 참조). 볼쇼이 발레, 권투 경기, 올림픽 행사를 텔레비전이 현장 중계를 해준다면 안방에 편히 앉아서 구경할 수 있다. 그런데도 비싼 입장료를 내고 또 멀리까지 어렵게 가서 보려는 사람들은 왜 그런가? 그것은 물론 1차적 현실과 2차적 현실과의 차이 때문이다.

강연장이 만원일 때 안에 들어가지 못한 사람을 위해 영상 스크린을 밖에 설치해 놓는다면 한 가지 대안이지만 안에 들어가 보는 것만은 못하다. 녹음된 음악 또한 생음악(live music)만 못하다. 이렇게 간접적으로 보여주는 것은 1차 경험에 다음가는 대안이어서 현장감은 그만큼 줄어드는 것이다. 더 중요한 차이는 많은 경우 텔레비전 필름은 편집되어 방영된다는 사실이며 그러기 때문에 수용자가 보는 것은 전체 그림이 아니라 재구성된 일부 그림이라는 것이다. 따라서 시청자가 텔레비전 보도를 보고 얻게 되는 전체적 이미지는 실체와는 거리가 멀 수 있다.

또 한 가지 차이는 텔레비전을 통한 간접경험의 경우 수용자는 수동적으로 보고 듣기만 하지 참여할 수가 없다는 점이다.

반면 텔레비전 필름은 편집할 수 있어 교육이나 오락과 스포츠 관전을 위해서는 매우 긍정적인 이용이 될 수 있다. 교육 목적으로 텔레비전 화면이 보여주는 수술 과정을 지켜보는 의과대학 학생, 화면으로 골프를 배우는 사람, 운동경기 중계를 보는 텔레비전 시청자는 일반이 접근할 수 없는 장면을 가까운 각도에서 더 확실하게 볼 수 있다. 필요하면 동작을 확대해서, 반복해서 또는 느린 속도로 볼 수도 있다. 바로 그런 기술의 덕택으로 개인용 텔레비전이라 말할 수 있는 비디오는 교육용으로 널리 이용된다. 이때 현장감은 줄어도 직접 눈으로 볼 때보다 더 효과적이다.

또 텔레비전 녹화는 사물의 자연성을 그대로 담지는 못하나 현장을 기계적 정확성과 정밀성으로 기록할 수 있는 기능 때문에 수사를 위한 기록과 증거보존을 위한 훌륭한 수단이 된다. 얼마 전 클린턴 미국 대통령의 섹스 스캔들과 관련, 그가 연방대심원에게 한 증언의 녹화방송은 세기적인 사건이었다.

비디오의 출현으로 범죄의 은폐가 어려워지고 있는 것도 새로운 추세이다. 로스앤젤레스 흑인 폭동을 가져온 경찰의 로드니 킹 구타 사건은 아마추어 비디오 애호가가 현장을 찍어 놓았기 때문에 그 진상이 명백하게 드러난 것이다. 우리나라에서 기소 대상이 되는 불법 데모나 불법 건물침입 사건의 물적 증거로 비디오 화면이 점차적으로 많이 이용되는 추세이다.

5. 뉴스의 전파―"비행기가 떨어졌다"

사람들은 자기가 알게 된 중요한 뉴스를 다른 사람들에게 공짜로, 그리고 묻지 않아도 알려준다. 이는 오늘과 같은 이기주의 세상에서 드물게 볼 수 있는 이타주의의 사례이다.

뉴스 가운데서도 긴급 뉴스의 경우는 특히 그렇다. 가까운 곳이라면 말할 것도 없고, 먼 곳에서라도 큰 전쟁이 일어났다는 소식을 듣게 되면 사람들은 즉시 이웃을 찾아, 또는 전화를 걸어 다른 사람들에게 알려주려고 한다. 가만히 앉아 있지 않는다.

전쟁말고 그런 긴급 뉴스의 예로는 많은 사상자를 낸 비행기 추락, 성수대교와 삼풍백화점의 붕괴와 같은 대형사고, 콜레라 등 전염병의 만연, 국가원수의 암살, 폭동, 내란, 지진, 큰 스캔들 등이 있다.

그래서 이런 종류의 뉴스는 대중매체 없이도 입과 입을 통하여 대중에게 빨리 전파되는데, 대중매체가 개입하면 당연히 그 속도가 빨라진다. 특히 텔레비전은 이런 뉴스를 스팟 뉴스로 대중에게 시시각각 알리고, 이렇게 해서 알게 된 사람이 다른 사람에게 바로 입으로 옮기기 때문이다.

지난번 걸프전쟁이 일어났을 때라든가, 북한의 김일성 주석이 사망했을 때, 그 뉴스가 전파된 과정은 좋은 사례 연구가 된다. 사람들이 전쟁이 일어났음을 처음 어떻게 알게 되었나를 알아본다면 틀림없이 텔레비전과 주위에 있는 사람으로부터 들어서가 으뜸이 될 것이다.

대선 결과, 태풍주의보, 화폐개혁, 주가, 물가변동, 범죄사건 등 일상생활과 직결되는 비교적 급한 뉴스도 텔레비전과 입을 통하여 빠른 속도로 확산된다. 신문의 호외가 긴급 뉴스를 위해 발행되나 텔레비전만큼 빠를 수는 없다.

뉴스 전파(news diffusion)에 대한 연구는 뉴스의 확산 과정을 파악하려고 하는 것이다. 조사 대상자를 찾아 특정 사건을 알고 있는가, 알고 있으면 처음 어디에서 그것을 알게 되었는가를 물어나가는 것이다. 그런 연구는 정부, 광고 또는 홍보회사의 매체전략을 위해서 유용한 지식을 제공한다.

6. 설득력 – 두뇌기능의 2분법, 논리와 정서

대부분의 경우, 상대방의 마음을 움직이게 하는 데는 개인적으로 만나 대화(직접 설득)로 하는 것이 가장 효과적이다(제3장 오피니언 리더, 74쪽 참조). 편지보다 얼굴을 맞대고 부탁하면 대개 더 잘된다. 술 한 잔 사면서, 그리고 상대방의 기분을 맞춰 가면서 하면 더욱 그렇다. 같은 이유로, 편지보다 전화로 직접 부탁하는 것이 대개 더 빠르고 효과적이다.

자선단체가 모금운동을 할 때, 직원이 개인을 직접 찾아가서 호소하는 것과 신문에 광고를 내서 하는 것과는 결과에 있어 큰 차이가 난다. 얼굴을 맞대고 말할 때 서로가 갖는 친밀감, 또 상대의 요구를 피하기 어려워지며, 상대가 대화에 참여함으로써 더 협조적이 되는 등의 환경적 변수가 작용하여 설득 효과를 높이는 것이다.

같은 이유 때문에 라디오보다 텔레비전에 실린 메시지가, 또 인쇄매체보다 라디오나 텔레비전에 실린 메시지가 더 설득력을 가질 것이라는 견해가 있다. 더욱 텔레비전은 기술을 활용, 거기에 나오는 사람을 실체보다 돋보이게 만들 수 있어 그렇다.

또 텔레비전을 볼 때는 글을 읽을 때처럼 수용자가 내용에 대하여 분석적이고 비판적이 될 수 없기 때문에 인쇄매체의 경우보다 더 쉽게 설득 당한다는 이론도 있다.

대부분 사회 현상은 매우 복잡하여 깊은 지식과 분석 능력 없이 정확히 분별하기 어렵다. 그러기 때문에 사회문제에 대하여 논쟁을 할 때 논리가 맞지 않아도 말 잘하는 사람의 의견이 더 설득력 있게 들린다. 귀에 걸면 귀걸이고 코에 걸면 코걸이라는 말이 그런 사정을 잘 말해준다. 짧은 시간에, 그것도 말하는 상대방을 코앞에 놓고 집중이 잘 안되는 상황에서 방대하고 복잡한 사회문제를 제대로 분석할 수가 없다. 텔레비전 중계로 전국적으로 방영된 전두환, 노태우 정권을 공개 토론하는 이른바 5공과 6공 청산, 한빛은행 대출외압 등의 청문회가 목소리 크고 말 잘하는 사람들이 난국을 잘 빠져나가는 잔치가 된 것을 지켜보지 않았는가.

그러나 요즘 학설은 이 견해에서 진일보하여 사안의 내용에 따라 다르다고 말한다. 단순한 내용의 설득에는 텔레비전이, 복잡한 내용의 설득에는 인쇄매체가 더 효과적이라는 것이다. 이에 대한 설명은 이러하다. 설득은 수용자가 그 내용을 이해했을 때 가능하다. 수용자가 이해하지 못한 내용으로부터 감화받을 수 없기 때문이다.

외국에서 보는 대통령 후보의 텔레비전 토론을 생각해보면 일리가 있는 주장이다. 어려운 이슈를 들고 나와 말을 어렵게 말하는 후보보다 쉬운 이슈를 가지고 쉽게 말하는 후보가 점수를 더 얻는다. 그러므로 정당이나 입후보자는 전문 용어를 사용해 분석적으로 설명해야 하는 정책 설명을 위해서는 말보다 책자를 이용하게 된다.

지능(intelligence)이 높을수록(또는 낮을수록) 언론의 설득적 메시지에 쉽게 설득 당한다는 설이 있다. 지능이 높은 사람은 메시지를 쉽게 이해함으로써 쉽게 설득을 받아들일 수 있을 것 같기도 하고, 반대로 웬만한 메시지에 쉽게 설득 당하지 않을 것 같기도 하다. 어쨌든 메시지의 이해 없이 메시지의 효과는 없다는 전제가 받아진다면, 복잡하고 어려운 내용에 관한 한, 설득 효과는 어느 매체를 이용하든 그 복잡한 내용을 소화할 수 있는 식자층 수용자에게 먼저 발생할 것이다.

메시지의 단순/복잡도와 관련 커뮤니케이션 효과의 문제는 제6장에서(162쪽 참조)에서 거론한바 설득효과는 설득의 대상인 수용자가 갖는 태도와 믿음의 강약의 차이에 따라 달라지는 문제와 밀접한 관련을 가질 것 같다. 아주 좋아하는 태도(또는 싫어하는 태도), 아주 강하게 믿는 사항을 바꾸게 하는 사항은 아무렇게나 해도 좋은 사항보다 설득이 그만큼 어렵다. 전자의 경우 언론의 수용자는 태도를 바꾸기까지는 많은 고심을 하게 되며 그만큼 그는 필요한 정보와 지식을 모색하게 된다. 이런 사람을 설득의 대상으로 하는 전달자는 간단한 메시지만으로는 안되므로 인쇄매체의 이용이 필요해진다. 골수 공산주의자와 기독교 신자의 마음을 바꾸게 하는 일은 그런 예에 속한다.

이 문제는 사항의 이해관계가 큰가 작은가로 바꾸어 말해도 된다. 가령 200원짜리

치약 한 통 정도의 상품구매를 결정하는 일이라면 소비자는 품질이 비슷한 한, 메이커가 A든 B든 크게 상관하지 않는다. 텔레비전 광고를 보고, 또는 친구의 권유로 A에서 B로 제품을 쉽게 바꿀 수 있다. 자동차, 주택, 건강식품 등 값이 비싸고 오래 쓰는 상품의 경우는 이와 다르다. 고객이 구매 결정할 때까지는 해당 상품에 대한 충분한 정보를 모색한다. 이런 정보를 제공하고 태도변화를 가져오게 하는 일은 글로 (설명서, 책, 신문광고 등의 인쇄매체) 하는 것이 더 효과적일 것이다.

이 차이는 인간 두뇌기능의 2분설과 관계가 있다. 인간의 두뇌는 왼쪽 반쪽과 오른쪽 반쪽이 서로 다른 기능을 하는데 좌뇌는 인간의 이성적 사고와 분석을 우뇌는 정서를 담당한다는 것이다. 좌뇌는 지식과 정보의 분석과 이해, 우뇌는 즉흥적 반응과 상상력을 의미한다.

이 이론을 언론을 이용한 정보와 지식의 전달과 설득 과정에 적용해본다면 다음과 같이 정리할 수 있다. 분석적인 정보와 지식의 습득은 좌뇌가 맡는다. 이런 분야의 설득은 인쇄매체를 동원, 좌뇌를 공략해야 한다. 간단하고 단편적인 지식, 이미지, 감정을 받아들이는 기능은 우뇌가 담당하며 이를 위해서는 영상매체를 동원해야 한다.

두뇌의 이 두 가지 다른 기능은 앞서 다룬 바 교육과정으로서 행태적인 것과 인식적인 것의 두 차원(제4장 주 6, 사회적 모델, 106쪽 참조)과도 일치한다. 행태적 학습은 외부로부터 받는 물리적 자극에 의하여 조건 반사적으로 일어나는 행태변화이다. 텔레비전이 즐겨 쓰는 15초 간격 상품광고 CM은 바로 이런 효과를 노리는 것인데 어떤 이미지를 짧게 반복적으로 보여줌으로써 우뇌를 통한 행태변화를 가져온다는 것이다.

7. 오락지향적 매체 – 액션 중심이라면 텔레비전이 최고

수용자의 처지에서 본 오락을 위한 대중매체 이용은 잊고, 놀고, 즐기고, 숨돌리기 위해서 읽고 보고 듣는 행위이다. 그 이용은 여가(레저)를 위한 것이며, 문제해결형은 아니다.

이 문제는 어차피 다음 장인 제8장에서 충분히 다룬다. 인쇄매체와 텔레비전 매체는 다같이 연성형 내용을 담고 있는데, 연성형 내용은 대개 액션 중심이며 그런 커뮤니케이션을 위해서는 외모를 그대로 재현할 수 있고, 또 수용자가 큰 노력을 들이지 않고 이용할 수 있는 시청각 매체인 텔레비전이 인쇄매체보다도 훨씬 더 우수하다. 운동경기, 각종 쇼, 영화, 드라마, 노래자랑을 안방에서 보는 데는 텔레비전을 따를 만한 것이 없다. 텔레비전은 근본적으로 오락매체라는 말이 그래서 나왔다.

민간 텔레비전은 수입의 전부를 광고에 의지해야 한다. 텔레비전 광고는 매체 자체가 아니라 개개 프로의 인기(시청률)를 고려해서 낸다. 이 점 또한 텔레비전을 오락매체로 만드는 요소이다.

8. 미디어 믹스-위스키를 많이 마시고 나면 정종을 더 못 마시는 것과는 다르다

각 매체는 그가 갖는 특성 때문에 각기 특정 영역에서 기능적으로 비교적 우위를 갖는다-그렇기 때문에 이들간 분업이 가능하다, 또는 필요하다-는 사실은 선전·홍보 담당자, 광고담당자 등 커뮤니케이션 실무자들에게 중요한 의미를 갖는다. 그들은 선전, 광고 등 특정 커뮤니케이션 목적을 위해 어떤 매체를 어떻게 이용할 것인가를 생각해야 한다. 또 어떤 메시지를 어떻게 꾸밀 것인가는 어떤 매체를 어떻게 이용할 것인가에 따라서 많이 달라진다. 이상 말한 매체의 특성으로 보아, 일반적으로 현장감과 이미지를 강조해야 할 상품 또는 사항이라면 텔레비전(인쇄라면 컬러사진을 써야)이, 이론과 사상의 주입 또는 설득이 목적이라면 인쇄매체가 더 좋을 것이다.

어느 경우에나 예산이 허용한다면 한 가지보다 여러 가지 매체를 섞어서, 반복하여 이용한다면 효과를 극대화할 수 있다. 여러 가지 약을 섞어 조제하거나, 여러 가지 종류의 술을 섞어 칵테일을 만들면 효과가 커지는 이치와 같다.

연구에 따르면 매체간 이용행위는 상호배타적이 아닌 것이 보통이다. 한 가지 매체를 보는 사람은 동시에 다른 매체도 본다는 뜻이다. 신문을 보는 사람 가운데 잡지도 보고 텔레비전도 보는 사람이 많다. 사람들은 텔레비전에서 들은 사건을 신문이나 잡지를 보아 더 자세히 알고자 한다. 위스키를 마시고 나면 정종을 더 마시지 못하는 것과는 다르다. 홍보전략으로서 미디어 믹스(매체 혼합이용, media mix)는 이 점을 잘 이용하는 것이다. 각 매체의 수용자가 다르니 원하는 수용자를 찾아서, 또는 최대 공약수의 수용자 확보와 효과 극대화를 위한 것이다.

텔레비전 시청자는 신문의 경우처럼 매체의 내용 전체를 훑어볼 수가 없다. 전체가 아니라 대개 특정 프로만을 골라서 보게 된다. 그러므로 기업은 매체 전체가 아니라 특정 프로의 인기도, 시청률(viewing rating)을 보고 그 프로에 광고를 낸다. 신문의 독자는 전체 지면을 훑어보게 된다. 따라서 광고주는 매체 자체에 대한 평판을 고려해 광고를 낸다. 각 매체의 독자, 시청자, 청취자의 크기와 성격을 조사하는 것은 매체 선택뿐만 아니라 매체 혼합의 전략을 위해서도 필요하다. 이는 수용자 연구의 주요한 몫이다.

제8장
사람들은 왜 텔레비전을 보는가

지난 30여 년 간 외국과 한국 어디서나 크게 달라진 것 하나는 월등히 커진 텔레비전의 위력과 그에 따라 달라진 우리의 문화와 생활 양상이다. 거의 어느 집에나 적어도 텔레비전 한 대는 있어 남녀노소를 막론, 이 전자 박스 앞에서 웃고 울며, 생각하며 보내는 시간이 엄청나게 많아졌다. 언론 테크놀로지가 화면의 질을 더 화려하게, 그리고 보여주는 내용을 더 다양하고 재미있게 만들고 있어 텔레비전은 앞으로 우리 생활을 더 철저히 지배할 것이다.

텔레비전을 얼마나 많이 보는가에 대한 조사결과가 나라마다 다르지만 한국은 결코 선진국에 떨어지지 않는다. 하루 24시간중 잠자는 시간과 그외 꼭 필요한 일을 하는 시간을 빼고 나면 남는 시간은 많지 않은데, 그 시간의 대부분을 텔레비전이 빼앗아 간다. 그 자체만으로도 텔레비전이 우리의 생활에 미치는 효과는 지대하다.

텔레비전의 영향은 성장과정에 있는 아동들에게 가장 크다. 환상(fantasy)을 즐기는 아동들에게 텔레비전은 안성맞춤이다. 그러나 그 영향이 어떤 것인가에 대하여 아는 것보다 모르는 것이 더 많다. 텔레비전을 탐닉하는 아동들을 걱정하게 되는 이유가 여기에 있다.

커뮤니케이션 효과는 커뮤니케이션 수용자의 마음에 일어나는 변화이므로, 수용자의 마음을 모르고 그 효과를 알 수 없다. 그런 마음의 분석으로서 가장 중요한 방법이 각 수용자가 특정 커뮤니케이션을 추구하는 동기를 알아보는 것이다. 예컨대 어떤 사람이 특정 텔레비전 내용을 볼 때, 그가 무엇을 거기에서 얻는가, 어떻게 달라지는가를 알려면 그 내용을 추구하는 이유, 즉 왜 보는가를 분석해보아야 한다. 제6장에서 언론의 내용이 언론 효과의 바탕이 되는 문제를 다뤘다. 그런데 그 효과를 결정하는 데 있어 내용 못지않게 크게 작용하는 것이 수용자 측 사정이다. 여기 제8장은 이 문제를 다룰 차례이다. 그 분석을 위하여 일반의 이용폭이 넓은 텔레비전을 주로 사례를 들어보고자 한다.

대중매체의 내용을 4분법에 따라 정보, 교육, 설득, 오락으로 나눌 때도 서로간의 구별이 분명할 수 없는 어려움을 지적했었다. 이 구분을 내용이 아니라 수용자의 이용 동기를 기준으로 바꾼다면 크게 문제해결과 오락의 두 가지로 줄여 정리할 수 있으며, 그런 모델에 따라 언론의 효과를 예측한다면 매우 유용한 결과를 가져올 수 있다. 이 두 가지는 간단히 말해서 일하는 것과 노는 것의 구분과 같다. 같은 텔레비전 프로를 봐도 영어를 배우기 위해서 본다면 일하는 것이다. 교육텔레비전은 대개 이런 이용을 겨냥하고 있다. 대부분 텔레비전 쇼는 머리를 식히기 위해서 보니 놀기 위한 이용이다.

노는 것은 언제나 낭비라고 말할 수는 없다. 휴식, 여가 선용, 오락은 영어로 레크레이션(recreation)이라고 불리듯 더 많은 일을 하기 위해서 필요하다. 그러나 놀기만 하고 일은 하지 않는 개인과 사회는 망한다. "개미와 베짱이"의 우화 속의 베짱이 신세가 된다. 텔레비전의 역기능이 바로 여기에 있다.

일하는 것은 성취와 관계가 있다. 사람들은 내일의 성취를 위하여 오늘의 쾌락을 버리고 일을 한다. 성취욕은 개인의 성격, 성장과정, 가정환경, 그리고 사회환경과 관계가 있다. 사회경제적으로 상위권에 있는 집안 자녀들이 그렇지 않은 경우보다 성취욕이 강하다는 관찰이 있다. 물론 예외가 있다.

위에 말한 동기에 따른 텔레비전 이용의 이분법(dichotomy)을 모든 매체이용행위에 적용한다면 여러 가지 형태로 쏟아져나오는 엄청난 양의 언론 내용을 판단하고 정리하는 좋은 기준이 된다. 가령 그 많은 간행물들, 신문, 잡지의 기사들이 언론이라는 꼬리표를 달고 나오는데 과연 어느 것을 언론이라고 부르고 어느 것을 오락이라고 불러야 하는가? 수용자의 이용행위, 즉 이용의 동기를 알면 이에 대한 답이 나온다.

1. 필요와 욕구충족 이론 - "구하라 주실 것이니"

어떤 사람은 신문보다 텔레비전을 보는 데 시간을 더 많이 보낸다. 어떤 사람은 신문의 내용 가운데 정치면 또는 경제면을 먼저 본다. 어떤 사람은 여러 가지 텔레비전 프로 가운데 역사 드라마만을 즐겨 본다. 어떤 사람은 《동아일보》보다 《한겨레신문》이 더 좋다고 말한다. 어떤 사람은 건강에 관한 기사를 주로 읽는다. 이와 같이 특정 매체와 매체 내용을 선택하여 이용하는 행위를 설명하는 좋은 방법은 무엇일까?

이 문제에 대답하기 위한 한 가지 총체적 접근이 필요와 욕구충족 이론(the uses and gratifications approach)이다. 이 이론과 모형의 핵심은 이러하다. 각 개인의 필요 또는 욕구(needs, wants)가 수용자의 커뮤니케이션 이용행위(communication use behavior)를 결정한다. 그러므로 각 개인의 필요와 욕구의 크기와 성격을 알면 그가 어떤 매체 또는 매체내용을 좇을 것이며, 그 이용을 위해서 얼마만한 수고를 감수할 것인가를 예측할 수 있다. 그리고 그런 매체이용 동기와 이용방식을 알면 거기서 그가 얻는 것 또는 받는 것, 즉 커뮤니케이션 효과를 예측할 수 있다.

사회과학 이론의 바탕은 언제나 우리의 생활 속에 있다. 먼곳에 있지 않다. "필요와 욕구충족" 이론도 그렇다. 잡지를 구독하는 여성은 남자에 비하여 거기에서 어떤 내용을 더 찾아 읽을까? 아무래도 요리, 식품, 육아, 화장, 패션, 실내장식과 같은 토픽에 먼저 관심을 갖는다. 여성의 역할과 책임이 그런 필요를 낳기 때문이다. 노년층이 젊은층보다 건강과 장수에 관련된 기사를 더 많이 읽는다. 직업을 찾는 사람은 구직관계 기사를, 해외이민을 갈 사람은 외국 사회를 알리는 글을, 돈과 시간이 많은 사람은 여가이용에 대한 기사를 먼저 찾지 않겠는가.

이때 필요는 동기(motivation)와 거의 같다. "구하라 주실 것이오"라고 한 성경구절 (「마태복음」 7장 7-8)은 먼저 구해야 얻는다고 가르친다. 교육의 첫째 조건은 여기에 있다. 배우고 싶어하지 않는 사람을 가르칠 도리는 없다. 가르쳐도 효과가 나지 않는 다. 언론 이용행위의 효과도 마찬가지다. 수용자가 특정 언론 내용을 구하고 받아들 이는 만큼 효과가 발생한다. 즉 수용자의 동기가 효과를 결정한다.

매체 이용행위의 동기로서 취미(interest)와 습관을 들 수 있는데, 이 또한 필요 및 동기와 밀접한 관계를 갖는 것이 아닌가 한다. "저 사람은 독서가 취미다"라고 할 때 다분히 필요가 그 취미의 배후에 숨어 있다. 습관 또한 마찬가지다. 어떤 사람은 습 관적으로 아침 화장실에 신문, 아니면 "구문"이라도 가지고 들어간다. 그런 습관은 왜 생긴 것일까? 무엇인가 그럴 이유가 있어 그럴 것이다. 적어도 심리적 필요와 욕 구를 충족해주기 때문에 그런 습관을 갖게 되었을 것이다. 술과 담배를 습관적으로 애용하는 경우와도 같다.

이러한 접근방법을 택한다면 필요, 동기, 취미, 습관과 그외 여러 가지의 언론 이용 행위에 대한 총체적 설명이 가능하다. 앞장에서 언급한 수용자의 "내부적 일관성 및 균형을 위한 선택적 언론의 노출행위"(예컨대 자기 믿음에 일치하는 언론 내용만을 선택 적으로 추구하는 행위; 제6장 161쪽 참조)도 여기에 포함시켜 설명할 수 있을 것이다. "내부적 일관성을 확보"(제6장 3단계 모형, 159쪽 참조)할 필요도 역시 사람의 심리적 욕구라는 말이다. 카츠(Katz, 1968)의 말대로 "수용자는 특정 메시지를 자기의 인생 관, 우주관에 합치하는 한도에서 필요하고 또 재미있다고 느낀다."

프리드만(Freedman et al., 1965)과 시아스(Sears, 1968)는 수용자는 내부적 심리와 일치하는 정보만(내 생각과 맞는 주장, 사상, 정보, 또는 나에게 호의적인 발언 등)을 추구 한다는 선택적 노출의 이론은 근거가 희박하다고 주장하면서 "상충되는 정보라도 자 기에게 이해관계가 있어 필요하거나 새롭고 흥미로우면 회피하지 않는다"라고 말한 다. 적과 싸우려면 적을 알아야 한다는 손자병법대로, 필요할 때는 적에 대해서도 알 아야 하는 것처럼 마음에 내키지 않는 언론 내용도 필요하면 읽고 보지 않을 수 없 을 것이다. 이때에도 필요와 욕구충족 이론은 여전히 타당하다.

학자들은 이 연구를 처음 어떠한 방법으로 시작했을까? 이에 대하여 간단히 소개 해보면 그 이론 배경을 이해하는 데 도움이 될 것이다. 인간의 필요와 욕구는 다양하 고 무한하다. 따라서 각 개인이 신문, 라디오, 텔레비전을 보는 이유도 천차만별이다. 필요와 욕구충족 연구는 이러한 인간의 필요와 욕구를 찾아 먼저 분류하고, 다음 이 것과 매체 이용행위와의 상관관계를 찾아보는 것이다.

26년 전 그린버그(Greenberg, 1974)는 영국의 9~15세의 학교 아동을 상대로 "나는 왜 텔레비전을 보는가"라는 제목으로 글을 쓰게 하여 그 속에 나타난 이유를 조사해 본 결과, 다음 여덟 가지로 종합해볼 수 있었다. 즉 ① 편하게 쉬게 해준다, ② 혼자 있을 때 친구가 되어준다, ③ 세상사를 배우게 된다, ④ 습관일 따름이다, ⑤ 시간을 보내는 데 좋다, ⑥ 나 자신을 배우게 된다, ⑦ 신이 나게 한다, ⑧ 걱정을 잊게 한다 등이었다.

그린버그 이후 최근까지 많은 학자들이 비슷하거나 약간 다른 방법으로 텔레비전을 보는 이유뿐만 아니라 신문, 잡지를 읽는 이유, 라디오를 듣는 이유를 알아보았다. 다른 방법이란 대개 사람들의 경험담을 듣고 또 과거 조사와 문헌을 참고하여 중요한 이유가 될 만한 것들을 나열한 설문지를 만들어 각 응답자가 자기에게 해당하는 것들을 중요도순으로 표기하게 하는 것이다.

예컨대 신문의 경우, 외로움을 잊게 한다, 세상 돌아가는 것을 알게 해준다, 남들은 어떻게 사는지를 알게 해준다 등 20여 가지를 열거하고 괄호 안에 번호를 매겨나가게 하는 것이다. 그리하여 여러 사람이 중요하다고 말한 이유를 종합해보면 사람들이 신문을 읽는 이유를 알 수 있게 된다.

카츠(Katz et al., 1973)는 35가지 인간의 욕구를 찾아 나열하고 그 가운데 신문, 라디오, 텔레비전, 개인간 커뮤니케이션이 특별히 충족시켜 주는 것이 어떤 것인가를 이스라엘 국민을 대상으로 물어본 결과, 다음 여섯 개가 가장 중요한 것으로 나타났다. ① 재미와 위안을 준다, ② 긴장을 풀어준다, ③ 집에 있을 때 고독감을 해소해준다, ④ 가족과 함께 집에서 시간을 보내게 해준다, ⑤ 정부가 해나가는 일을 알게 해준다, ⑥ 내가 지낸 과거를 다시 경험하게 한다.

그외에도 많은 조사가 있으나 질문서에 쓰인 표현의 차이일 뿐 대동소이하다. 사람들은 구체적인 필요와 욕구를 충족하기 위해서 대중매체를 이용한다는 가정, 즉 필요와 언론 이용행위는 바로 상관관계에 있다는 가정과 그것을 검증하는 일이다. 그러기 위해서 한쪽으로는 그런 언론이 충족해주는, 또는 언론을 찾게 하는 인간의 필요와 욕구를, 다른 한쪽으로는 그것을 언론의 이용행위를 관찰, 서로를 연결시켜 보는 작업을 하는 것이다.

그런 이용행위의 정리 및 분류법은 학자에 따라 여러 가지가 있지만 여기서는 텔레비전 프로 이용에 대한 맥퀘일(McQuail et al., 1972)의 조사 결과, 도출한 4분법을 소개해보겠다. 그 하나로도 독자들은 이 이론에 대한 많은 지식과 감각을 갖게 될 것이다. 맥퀘일의 네 가지란, ① 오락 및 기분전환(diversion), ② 대안(代案) 인간관계(personal relationships), ③ 자아의 발견과 확인(personal identity), ④ 환경감시(surveillance)이다.

오락과 기분전환을 위한 대중매체의 이용은 오락 쪽에 가까우며 뒤에 나오는 환경 감시를 위한 이용과 대조적이다. 영어로 "diversion"은 "divert"(딴 데로 돌리다)의 명사(주류에서 벗어나는 것, 탈선)로 기분전환 또는 기분풀이의 뜻이며, 그 점에서 현실도피(escape) 또는 오락(recreation)과 통하는 말이다. 그러나 맥퀘일은 이것을 일상생활의 억압으로부터의 도피 또는 해방(escape from the constraints of routine), 문제로부터의 도피 또는 해방(escape from the burdens of problems), 감정의 발산(emotional release) 등으로 나누어 설명하는 면에서 뒤에 말하는 현실도피나 오락의 개념보다 정교하다고 말할 수 있다.

맥퀘일의 분류도 몇 가지 텔레비전 프로그램을 대상으로 앞서 말한 이용의 동기에 대한 실증적 조사를 토대로 정한 것인데, 일상생활의 억압으로부터의 도피는 "일상생활의 단조로움에서 탈피시켜 준다"(It helps you escape from the boredom of everyday life)와 같은 항목에 찍힌 많은 "가"(可)표로 확인 된 것이다.

문제로부터의 도피는 "근심, 걱정을 잊어버리게 한다"(I completely forgot my worries)는 문항에서 밝혀진다. 감정의 발산은 시쳇말로 스트레스의 발산이라고 봐도 될 것이다.

대안 인간관계를 위한 이용은 오락이나 환경감시의 경우만큼 그 윤곽이 확실치는 않다. 하지만 나름대로 설명은 가능하다. 이렇게 설명할 수 있다. 인간은 사회적 동물로서 다른 사람들 속에 섞여 살아야 한다. "나는 고독을 즐긴다"라고 말하는 정도로 아주 예외적인 경우말고는 인간은 늘 친구 등 동반자(companions)를 필요로 한다.

그런데 현대인은 그렇게 하고 싶어도 사실상 못하는 때가 많다. 서양 노인들의 외로운 생활은 좋은 예이다. 국토에 비하여 인구가 적은 나라의 대부분 지역 사람들이 서로 멀리 떨어져 산다. 자녀들이 출가한 집에는 노인 혼자 아니면 부부만 있다. 이들에게 텔레비전에 나오는 사람들이 대리친구(substitute companions)가 되는 것이다.

텔레비전 시청자가 갖는 이런 대체 인간관계는 연속 드라마나 쇼에 나오는 그가 좋아하는 배우나 그밖에 인기 연예인, 사회자, 특별프로 담당자 가운데서도 발견할 수 있다. 이용 동기 조사에 나타난바, "이 배역들은 내게는 친한 친구와 같다"(The characters have become like close friends to me)라든가 "같은 프로를 듣는 다른 청취자가 느끼는 것을 나도 함께 느끼게 해"(It gives me something in common with other 'the Dales' listeners)와 같은 항목에 대한 반응이 그것이다. 여기서 "함께 느끼게 한다"도 홀로가 아님을 원하는 심리적 욕구의 충족이라고 할 수 있다.

호턴(Horton, D and Wolhl, R., 1956)이 말했듯이 매체이용을 통한 직접이 아닌 간접 경험으로서의 인간관계 또는 유사 인간교류(para-social relationship)도 거의 같은 것을 가리킨다.

일하러 나가는 부모가 어린아이를 집에서 봐줄 사람, 아이들과 함께 놀아줄 사람이 필요하다고 하자. 그런 목적으로 고용된 사람을 영미사회에서 베이비 시터(baby-sitter, 아이 보는 사람)라고 부른다. 요즘은 텔레비전이 중요한 베이비 시터이다. 텔레비전에 나오는 재미있는 아동 프로가 그런 역할을 한다. 영미 지역에 이민간 한국인 부모들은 대부분 생계를 위하여 어린 자녀들을 집에 놓아두고 나가 있어야 한다. 이 때 텔레비전이 아이들의 친구가 되어 준다.

사람들은 아침 직장에 출근하여 동료들과 만나서, 주말에 친구들과 등산을 하면서, 골프를 치면서 거의 예외 없이 대화를 나누는데, 그 대화의 소재(topics of conversation)를 생각해보면 재미있는 사실을 알게 된다. 지난 밤 텔레비전 화면에서 본 재미있는 장면, 신문에 나온 주요 뉴스, 사건인 것이 보통이다. 그렇다면 사람들은 남과의 교류 때 대화를 잘하기 위해서도 (그런 대화에 빠지지 않기 위해서) 신문과 잡지를 읽고, 텔레비전을 본다는 것을 알게 된다.

여러 학자들이 대중매체가 독자, 시청자, 청취자로 하여금 다른 사람과의 화젯거리를 제공하는 기능을 지적하였다(Atkin, 1972). 그런데 맥퀘일은 이런 사회적 교류를 위해서 하는 매체의 이용을 "사회관계를 위한 이용"(social utility)이라고 부르고 대안 인간관계의 범주에 포함시켰는데, 이 이용 또한 고독보다도 적극적인 인간관계를 구축하고자 하는 필요에 따른 것으로 봤기 때문이라고 할 수 있다.

대중매체 가운데 텔레비전, 영화, 비디오 등 여러 사람이 함께 프로를 시청할 수 있는 매체의 경우, 프로 내용 자체의 이용뿐 아니라 그에 따르는 사회관계 또한 중요하다. 우리들은 어려서 시골에 살면서 어쩌다 면사무소 소재지에 들어온 이동 영화를 보기 위해서 가족이 함께 모여 갔던 추억이 있다. 그때 우리의 마음을 설레게 한 것은 영화 프로만이 아니다. 홀로가 아니라 좋아하는 사람들이 같이 가, 그들 속에 함께 있다는 즐거움이 있었다. 여기에는 집단에 소속하고 싶어하는 욕구가 들어 있다. 매체이용행위의 동기에는 이런 사회성을 위한 욕구도 포함시켜야 하는 것이다.

맥퀘일의 조사에서는 "나는 가족들과 함께 문제를 풀어보는 것이 좋다"(I like working together with the family on the answers), "가족원간 같은 취미를 서로 나눔으로써 일체감을 더 갖게 한다"(It bring the family together sharing the same interest)가 그것이었다.

자아의 발견과 확인을 위한 텔레비전 프로의 이용도 실은 인간의 사회성 때문에 온다. 인간은 자기의 행위를 다른 사람과의 관계—즉 같은 입장에 있는 다른 사람들은 어떻게 하는가, 다른 사람들은 자기의 행위를 어떻게 보는가—에서 평가한다. 그러기 위해서는 "내가 생각하고 행동"하는 일이 남들이 하는 것과 같은가 아닌가를 늘 확인해야 한다. 우리는 살면서 부모, 친구, 주위의 사람들과의 접촉을 통해 늘 그런 과정을 거치고 있지만 대중매체에 나오는 다른 사람들을 대하면서도 그렇게 한다.

또 신문 소설을 읽고, 텔레비전 영화를 보고 자신이 겪고 있는 일들에 대한 인식을 새롭게 한다든가, 삶의 진실을 돌아보게 된다면 이것도 여기에 포함시킬 수 있다. 사람들은 모두 자기가 믿고 있는 가치관, 또는 인생에 대한 태도가 있다. 대중매체 속에 나오는 남의 경험은 이런 가치관을 재확인하는 중요한 기회가 된다. 공감대의 형성이란 인간으로서 자기 자신의 발견, 자기 개선 노력이라고 하겠다.

맥퀘일은 이런 목적을 위한 텔레비전의 이용을 "인간생활의 대조"(personal reference)라고 부르고, 이것을 "시청자가 그의 삶이나 현실적 상황에서 중요하게 여기는 일의 의미를 새롭게 찾아보고, 곱씹어보면서" 보는 프로라고 설명했다. 여기에 동원된 조사 문항들은 "이 프로를 보면 내가 지금보다 더 잘못될 수도 있었다는 것을 알게 해준다"(The programme reminds me that I could be worse off than I am), "그간 내 생애에 일어난 일들을 상기시켜 준다"(It reminds me of things that have happened in own life), "내가 아는 사람들의 기억을 되살리게 한다"(It sometimes brings back memories of certain people I used to know) 등이다.

사람들은 자신이 겪는 불행을 남과 비교하면서 위안을 찾는 것이 보통이다. 그러기에 "고생스럽게 사는 사람들을 위로하기 위해서 위를 보지 말고 아래를 쳐다보라"든가 "더 못한 사람들을 봐라"와 같은 말을 하는 것을 들을 수 있다. 삼풍백화점 붕괴 사고, 백발이 되어 북한에서 돌아온 국군 포로에 대한 텔레비전 뉴스를 보고 사람들은 무엇보다 먼저 자신이나 가족이 그런 불행을 면한 것이 얼마나 다행인가를 생각하게 된다. 위의 세 문항 가운데 첫번째는 이런 상황을 점검하고 있는 것이다. 많은 텔레비전 뉴스와 프로에 나오는 다른 사람들의 세상 살아가는 얘기가 자기의 삶을 재점검하게 해준다.

우리나라 월간 잡지를 보면 사람들이 지나간 얘기를 즐겨 읽는다는 것을 알게 된다. 그것은 "과거 내 생애에 일어났던 일을 상기"하고 과거를 경험하고 싶은 심리적 욕구 때문이라고 생각된다. 이런 욕구는 장래보다 과거 지향적이 될 수밖에 없는 노년층일수록 더 큰 것 같다. 6·25전투에 참전한 70대, 군사정권 아래 관직을 지낸 60대 사람들이 당시를 회고케 하는 텔레비전 기록 다큐멘터리, 역사적 사건과 실화를 토대로 한 연재 드라마 프로(예컨대 MBC 드라마 <제3공화국>, 요즘 흔한 회고록)등을 즐겨 읽고 보게 되는 것은 그런 예이다.

맥퀘일은 자아의 발견과 재확인 속에 두 가지를 더 포함시켰는데, 현실의 탐색

(reality exploration)과 가치관의 재확인(value reinforcement)이 그것이다. 요즘 한국에서 시청률이 높은 연속 홈 드라마를 보는 가정 부인들이 서로 하는 말을 들으면 그 프로가 오락이 아니라 실생활에 매우 유익하다는 것이다. 그들은 거기에서 고부간 또는 부부간 관계에서, 또는 자녀들을 대하면서 몸소 경험하는 문제에 대한 해답과 여러 가지 아이디어를 얻는 것이다. "현실의 탐색"을 위한 이용의 사례들이다.

이에 대한 조사문항들은 "이 프로에 나오는 사람들이 갖는 문제는 내가 겪는 어려움과 비슷하다"(The people in the programme sometimes have problems that are like my own), "그 프로는 내 자신의 문제를 이해하는 데 도움을 준다"(It sometimes helps me to understand my own problems) 등이다.

가치관의 재확인은 시청자들이 평소 가지고 사는 가치, 신념, 믿음을 옹호해주는 인물이나 사례를 텔레비전 프로에서 발견하는 일이다. 대부분 홈 드라마는 거기에 나오는 인물들이 배역을 통하여 개성을 나타내게 되어 있다. 그 개성이란 어떤 가치, 생활신조, 생활양식을 일관성 있게 주장해나가는 것이다. 다음과 같은 피조사자들의 응답 사항이 그것이다.

"아직도 데일즈 가정과 같은 가정들이 있다는 것은 참 다행이다"(It's nice to know there are families like the Dales around today).

"그 프로는 가정이란 어떤 것이어야 하는가에 대한 그림을 그려준다"(It puts over a picture of what family life should be like).

환경감시란 원래 라스웰(Lasswel, 1948)이 쓴 말이다. 생존을 위해 필요한 정보 욕구라고 하면 될 것이다. 언론 본연의 기능인 보도와 비판에 대응하는 이 기능에 대하여는 누구든 설명이 다를 수 없으며, 앞서(제2장 41쪽; 제6장 146쪽 참조) 설명하였다. 다만 맥퀘일의 조사 응답의 몇 가지 예를 들어보면:

"텔레비전은 오늘 하루 일어난 중요한 사건들을 알려준다"(It tells me about the main events of the day).

"나는 텔레비전 뉴스를 자세히 듣기 때문에 오른 물가나 관련 문제에 대하여 몰라 실수를 하는 일은 없다"(I follow the news so I won't be caught unaware by price increases and that sort of things).

"텔레비전 뉴스는 내가 계획을 세워나가는 데 큰 도움을 준다"(Television news helps me to make my mind up about things).

결국 이렇게 언론을 통한 필요 충족을 대별해보면 어느 정도 제6장에서 검토한 언론의 내용의 분류와 전혀 무관한 것이 아님을 알 수 있다. 예컨대 환경감시 기능에 들어가는 언론의 내용이 수용자의 환경감시적 필요, 오락 내용이 오락의 필요를 충족해준다. 그러나 내용으로 본 분류는 전달자의 입장이고 필요로 본 분류는 수용자의 입장이다.

앞의 경우는 전달자가 의도한바 내용으로 본 평면적인 분류이고, 뒤의 경우는 수용자가 실제 매체와 내용을 어떻게 활용하며, 그것을 가지고 무엇을 하느냐의 입장에서 본 분류이다. 문제는 전달자가 수용자에게 의도한 이용은 수용자가 실제로 한 이용과 일치하지 않는 경우가 많다는 점이다.

2. 매체의 이용이 쉽고 편한가? – 뉴미디어의 발전 방향은 이용의 용이성 제고

필요는 매체이용행위를 예측하는 중요한 변수이지만 그 전부는 아니다. 이 예측에 필요와 함께 사용해야 할 또 하나의 중요한 변수는 매체 또는 그 내용의 이용이 얼마나 쉬운가 또는 어려운가이다.

매체 접근의 용이도인데 매체를 이용하는 데 치러야 할 대가나 같은 말이다. 매체 이용의 가능성(accessibility)이란 말도 쓰인다. 그런 대가는 경제적인 것과 정신적 및 신체적인 것으로 나누어볼 수 있다. 전자는 매체 또는 메시지를 이용하는 데 드는 금전적 비용이고, 후자는 그런 이용에 드는 육체적·정신적 수고이다.

텔레비전 수상기 한 대 값이 주택 값과 같다면 어떻게 될까. 대부분 사람들이 텔레비전 없는 가정에 살고 있을 것이다. 이들은 텔레비전을 보기 위해서 남의 집이나 특정 장소에 가야 하며 그만큼 덜 보게 된다. 한국에서 텔레비전 값이 저렴하다고 할 수는 없으나 한국의 가정에서 거의 전부가 적어도 수상기 한 대씩을 갖고 있다. 텔레비전 값이 지금보다 반으로 내려간다면 한 집에 여러 대를 놓는 사람이 많아질 것이고 접근의 용이도는 그만큼 높아진다. 부모 방에 있는 텔레비전 외에 자기 방 침대 옆에 있다고 한다면 더 자주 볼 것이 아닌가. 이상은 금전적 비용이 텔레비전의 이용을 어렵게 또는 쉽게 만드는 예이다.

일반적으로 방송매체가 인쇄매체보다 신체적으로 접근이 용이하다. 침대 머리맡에 있는 텔레비전이라면 누워서 스위치 하나 누르면 된다. 지금은 리모트 컨트롤(원격조종) 장치를 쓴다. 신문은 그렇게는 안된다. 매번 볼 때마다 찾아서 펴야 한다. 잠자리에 누워 보기가 쉽지 않다. 이불을 더럽힌다. 보고 나서 치워야 한다. 그러나 여행중이라든가 화장실에서라면 텔레비전보다 책과 신문이 더 편리하다.

정신적으로 접근이 쉽다는 것은 텔레비전의 경우, 나오는 말을 듣고 화면을 듣고 봐서 이해하는 데 어려움이 없다는 말이다. 신문, 잡지라면 문장이 재미있고 읽기 쉽다는 말이다. 글이 난해하면 사람들은 잘 읽지 않게 된다. 그만큼 노력을 기울여야 하기 때문이다. "머리가 아프다" "글이 딱딱하다" "길고 지루하다" 등의 말은 모두 정신적으로 이용이 어렵다는 말이다.

한국의 한 조사에 따르면 청소년 가운데 "글자가 크고 시원한 책" "그림이나 화보가 많은 책"이 잘 읽히고 "빽빽하게 글자로만 편집된 책"은 극소수만이 읽는 것으로 나타났다. 책이 힘 안 들이고 읽을 수 있어야 잘 읽힌다는 얘기이다. 남의 나라 글로 쓴 경우라면 더 말할 나위가 없다. 우리가 영어 책과 신문을 읽을 때 영어가 어려워 이해가 잘 안되면 책을 접게 된다.

이렇게 볼 때 매체와 그 내용의 이용을 예측하는 방정식에는 필요의 크기뿐만 아니라 그 필요를 충족시키는 데 소요되는 노력의 크기를 넣어야 한다. 각 개인의 매체 이용행위는 이 두 가지 상반된 요인이 균형을 이루는 점에서 결정된다. 이 방정식에 따르면 매체이용의 필요가 큰 반면, 그 이용에 소요되는 경제적·정신적·육체적 노력과 고통이 적을수록 그 이용행위는 커진다. 물론, 반대의 경우는 반대의 결과가 온다. 앞으로 뉴미디어는 말할 것 없고 모든 매체의 한 가지 기술개발 방향은 분명 이 접근의 용이성을 높이는 쪽으로 갈 것이다.

3. 필요의 사회심리학 — 술, 마약, 여자, 운동, 영화와 텔레비전

필요는 발명의 어머니라는 말이 있듯이 대부분 인간 활동의 기초가 된다. 앞서(제1장 24쪽; 제5장 117-118쪽 참조) 사회문제에 언급하면서 인생이란 문제를 풀어가는 과정이라고 말했는데, 그럼 문제란 무엇인가? 인간의 필요(또는 욕구)와 그것을 충족 못 시키는 현실과의 괴리라는 생각이 든다. 그런 필요와 욕구는 크게 보아 모든 사람에게 공통적이다. 첫째, 육신을 타고난 인간은 누구든 의식주라는 생존을 위한 기본 욕구가 있다. 다만 오늘과 같이 고도로 발전한 사회에서 의식주는 생존만을 위하지 않는다. 기본 수준을 지나면 재산으로서 소유욕과 성취욕의 대상이 된다.

둘째로, 인간은 물론 명예욕, 정복욕, 애욕, 성취욕 등 심리적 및 정신적 필요와 욕구를 가지고 있다. 이런 심리적 필요와 욕구도 어느 정도는 육체적 욕구와 결부되어 있어 모든 사람에게 공통적인 면이 없지 않지만 육체적 욕구보다 개인의 성격과 그가 처해 있는 사회경제적 환경에 따라 많은 차이를 보인다.

같은 명예욕이라고 할 때도 성격이 꼼꼼하고 정직한 사람은 한 분야에서 오래 갈고닦아 전문인이 되어 성취하려고 할 것이다. 호탕한 성격과 능숙한 처세술을 밑천으로 인생을 쉽게 살아나가는 사람들은 대개 그 반대다. 대부분 정치인, 대기업가, 부자가 그러하다. 이들 두 모형의 사람들은 생활양식이 다른 만큼 추구하는 욕구와 필요의 양상도 다르다.

개인의 필요를 결정하는 사회경제적 또는 환경적 여건으로서 중요한 것은 재력, 사회적 직위, 직업, 나이, 성, 가정 등이다. 재력은 대부분(전부는 아니더라도)의 인간의 필요와 욕구를 채워주며 그럼으로써 문제를 덜어주는 중요한 수단임에 틀림없다. 그러니 가난한 사람과 부자가 느끼는 필요와 욕구 또한 달라서 그에 따른 필요 추구 행위도 다를 수밖에 없다. 남자와 여자, 지식분야 종사자와 노동자 및 농민 간의 생활양식은 다르며, 그에 따라 그들이 느끼는 필요도 여러 면에서 다르다.

사람의 필요와 욕구는 신체적 조건에 크게 영향을 받는데 나이는 이런 조건을 크게 변화시키는 요인이다. 70대 노인이 좋아하는 것, 하고 싶어하는 것과 젊은 사람들이 좋아하고 하고 싶어하는 것은 다르다.

대중매체의 이용행위도 당연히 수용자의 사회경제적 여건에 따라 크게 달라진다. 필요는 이 상관관계를 설명하는 매개변수로 볼 수 있다. 이에 대하여 뒤에 더 자세히 다룬다.

인간의 필요와 욕구충족과 대중매체의 이용을 연구할 때 고려해야 할 또 한 가지 중요한 점은 대중매체가 충족해주는 필요와 욕구는 그 많은 인간의 필요와 욕구 가운데 일부일 뿐만 아니라, 대중매체가 충족해주는 필요와 욕구를 다른 것이 충족시켜줄 수 있다는 것이다. 필요의 충족수단간에 서로 대체 또는 호환이 가능하다는 말이다.

대중매체가 대체해주는 필요와 욕구 가운데 그런 대체 가능 폭이 큰 분야는 오락과 레저 등 기분전환 활동(diversion)이다. 가령 외로움을 달래기 위해서 보통 오후 한때를 텔레비전 드라마를 보면서 지내는 한 노인이 대신 산악회 회원들을 따라 등산을 하기로 했다면 양자간에 대체가 일어난 경우이다. 레저 목적을 위한 매체이용과 경쟁관계가 될 수 있는 활동은 만화 읽기, 당구 치기, 전자오락 놀기, 파티 모임, 외식, 등산, 데이트, 운동, 바둑, 낚시, 영화, 연극과 그외 각종 이벤트 관람, 다방, 가라오케, 노래방, 비디오, 독서, 그림 그리기, 서도, 다도, 교실강의, 강연회, 토론, 수면 등 아주 많다.

위 경쟁 또는 대체 관계는 대개 하나를 하면 다른 하나를 포기해야 한다는 말이다. 그러나 어떤 것은 두 가지를 겸할 수 있다. 상호보완적이라는 말이다. 술과 마약을 하면서 동시에 텔레비전이나 비디오의 관능적 프로를 보면서 쾌락을 극대화한다면 그런 예이다.

이와 같은 폭넓은 기능적 대안(functional alternatives)들간에 어떤 선택을 하느냐를 결정하는 요소 가운데 중요한 것이 역시 사회경제적 여건이다. 대중매체의 이용을 통한 오락은 비용과 시간을 줄이면서 이용할 수 있는 기분전환 방법이다. 텔레비전 채널 하나를 돌리면 된다. 외식, 술, 여자, 마약, 담배는 돈이 든다. 서민들이 상류층 사회의 파티에 초대되는 일은 흔하지 않다. 운동, 낚시, 영화관람은 먼 곳으로의 여행을 필요로 한다.

사람들은 물론 타인과의 접촉과 대화에서 귀한 정보를 얻고 배우고 설득되고, 외로움을 달래고, 인생을 배운다. 요즈음 인터넷이 이 개인간 접촉을 급속히 대체하고 있다.

이상에서 든 사례들은 한 사람의 필요와 욕구충족을 위한 매체의 이용은 인간의 사회심리적 욕구와 그것을 충족시켜 주는 수단 전부를 포함시킨 총체적 관계 속에서 이해되어야 함을 의미한다.

4. 슈람의 2분법 – 현실과 환상, 일하는 것과 노는 것

위에서 말한 필요와 욕구에 따른 여러 가지 매체이용행위를 현실적(reality oriented use)이용과 환상적 이용(fantasy oriented use)의 두 가지 형태로 크게 통합·정리한 학자가 있다. 바로 슈람(Schramm, 1961)이다. 내가 볼 때 이 이분법은 언론과 커뮤니케이션 연구를 위해 획기적인 의미를 갖는데 왜 그런가를 설명하기 전에 먼저 개념부터 소개해보자.

우리의 삶은 문제를 풀어가는 과정이라고 말했었다. 언론의 현실적 이용은 일상생활에서 부딪히는 현실문제를 해결하기 위한 목적으로 특정 매체와 매체 내용을 찾아서 읽고 보고 듣는 행위이다.

내일 이사를 앞두고 일기예보를 방송으로 듣는다면 언론의 현실문제 해결을 위한 이용의 비근한 예이다. 대학진학 시험공부 때문에 교육텔레비전에 나오는 수학 강좌를 듣고 있다면 이것은 분명히 문제를 풀기 위한 매체이용행위이다. 환경감시 및 정보의 수집을 위한 매체의 이용은 거의 모두가 현실적 이용이다. 정상적인 상황에서 정보를 재미로 수집하는 사람은 드물다. 어떤 문제와 관련해서 구체적 필요가 있어 그런 것이다.

그런 매체이용은 당연히 목표지향, 실리지향 행위이다. 위의 예도 이미 그런 것들이지만 몇 가지 더 예를 들어보자. 정원을 잘 가꾸기 위해서 정원과 원예에 대한 책,

또는 신문의 그런 난을 열심히 찾는다면 그것은 실리를 좇아 매체를 이용하는 행위이다. 거기에는 실용이라는 목표가 있다.

환상은 이와는 반대되는 개념이다. 환상은 현실이 아니고 꿈이다. 환상적 이용은 현실을 직면하고 문제를 해결하려는 것이 아니라, 문제가 귀찮아 회피하기 위한 이용이다. 그러기 때문에 현실 도피를 위한 이용(uses for escape purposes)이다.

오락적 이용은 대개 여기에 속한다. 그런 활동은 문제를 직면하는 것이 아니고 잠깐이나마 회피하는 것이다. 잊어버리고자 하는 것이다. 공부에 지친 사람이 텔레비전이 중계하는 농구시합을 보면서 쉰다면 잠깐이나마 현실을 도피하고 있는 것이다.

그렇다면 현실적 이용과 환상적 이용은 일하는 것(work)과 노는 것(play)의 구별과 같아진다. 일하는 것은 정신적 또는 육체적 노력을 의미한다. 대개 스트레스를 가져오는 활동이다. 어려운 이론 서적, 공법을 설명하는 기술 문서, 정책 보고서를 읽는 것은 모두 현실의 구체적 문제를 해결하기 위해서, 또는 구체적 목표를 달성하기 위해서 하는 일에 속하며 노는 것만큼 재미가 없다. 어려운 새 정책, 새 법령에 대한 신문의 해석 기사를 읽는다면 그것도 마찬가지다.

노는 것은 고통이 아니며 재미가 있다. 텔레비전 쇼를 구경하고 연애소설을 읽으며, 노래를 부르며, 마약을 먹고, 이성과 즐기는 일을 하면서 스트레스를 느끼는 사람은 드물다. 술을 마시는 것은 전형적인 예이다. 사람들이 술을 마실 때는 일을 놓았을 때이다. 일을 하려고 술을 마시지 않는다.

대중매체의 내용을 강성과 연성으로 나누어 말하는 방식이 우리나라에서도 널리 쓰이고 있다. 강성은 딱딱한(hard) 내용, 연성은 부드러운(soft) 내용이다. 딱딱한 내용을 심각한(serious) 내용으로 표현하기도 한다. 모두 영미언론에서 유래했다고 보아지는데, 곧 뒤에서 지적하는 대로 메시지의 내용과 이용은 같은 개념이 아니지만 강성 기사(내용)의 이용은 현실적 이용(일하는 것), 연성 기사의 이용은 환상적 이용(노는 것) 쪽일 공산이 크다.

필요와 욕구충족 이론은 텔레비전에만 한정되는 것이 아니다. 또 텔레비전은 어린이들만이 보는 것도 아니다. 그러나 슈람이 영국 어린이들의 텔레비전 이용행위를 대대적으로 조사·연구하는 과정에서 이런 이론을 발전시킨 것은 우연이 아니었다. 아동들의 텔레비전 이용은 매우 분명하다. 학습을 위한 것이 아니라면 거의가 환상적 이용이다.

그러면 먼저 질문으로 돌아가 이러한 구분법이 왜 특별히 중요하고 유용한지를 설명해보자.

전달자 중심과 수용자 중심의 언론 내용 분류를 이미 소개했지만, 어느쪽이든 그것을 이론이 아니라 실제에 적용할 때는 여간 어려운 일이 아니다. 가령 제6장에서 지적한 대로(146쪽 참조) 언론 내용을 정보, 교육, 설득 등으로 구분한다 해도 실제는 그게 선명할 수가 없다.

수용자 입장인 필요에 따라 여러 가지로 나눈 매체의 이용의 구분도 만만치 않다. "남들은 어떻게 사는지를 알고 싶은" 필요는 환경감시의 필요와 어떻게 구별할 수 있을까? 또 "공감대의 형성"과 "인간관계의 모색"은 환경감시 필요에 따른 것인가, 또는 오락적 필요에 따른 것인가 분명하지는 않다. 필요의 종류도 가지가지여서 그것 자체로는 구분을 짓기가 어렵다.

슈람의 2분법은 이런 구분 문제를 실제적으로 극복하는 좋은 대안이다. 그의 이론은 수용자의 모든 언론 이용행위를 현실에 대한 도전과 현실로부터의 도피라는 두 가지 동기로 크게 정리함으로써 이 구분을 훨씬 쉽게 만든다. 수용자는 구체적 이용의 동기 또는 필요를 누구보다도 자신이 정확하게 밝혀낼 수가 있다. 겉으로 나타난 내용의 분류를 놓고 크게 고심할 필요를 덜어준다.

또 수용자의 매체이용의 동기가 두 가지 가운데 하나로 비교적 확실하게 정해짐으로써 그에 따른 효과의 예측이 쉬워진다. 하나는 일하는 것이니 생산적이고, 다른 하나는 노는 것이니 소비적인 것으로 크게 나누어볼 수 있다. 국가발전의 전략으로 대중매체의 중요성을 강조할 때는 분명 이 생산적 이용을 전제로 한다고 봐야 하다. 국민 대다수의 대중매체이용이 동기로 보아 놀기 위한 것이라면 큰 일이다.

5. 대중매체이용 패턴의 예측 – 덜 배운 사람이 텔레비전을 더 본다?

필요와 욕구충족 이론은 일차적으로 개인의 필요와 그 개인의 언론 이용행위 간의 상관관계를 찾는다. 이 관계가 증명되면 그 외연을 확대, 필요의 원인을 분석하고 이것을 매체이용의 동기에 결부시키고 이를 더 확대하여 효과를 예측하는 총체적 모형을 생각해보는 것이다. 즉 "인간의 필요 분석 – 필요와 매체이용행위 간의 상관관계 – 효과의 분석"의 모형이다.

그러나 이 이론은 아직 그런 정밀화된 단계에 와 있지 않다. 필요가 언론 이용행위를 결정한다는 가정이 일반적으로 증명된다 하더라도 어떤 구체적 필요가 어떤 매체 또는 구체적 매체내용의 이용행위로 어떻게 이어지는가를 총체적으로, 그리고 정밀하게 설명하는 방법론이 마련되어 있지 않다. 앞에서 필요의 사회심리학적 고찰을 약간 했지만 이에 대한 지식이 아직 유치단계에 있다. 따라서 이론이라기보다 접근이라는 표현이 더 적절하다는 주장도 있다.

그런 의미에서 이 분야는 앞으로 더 많은 연구를 필요로 한다. 현재로서 할 수 있는 일은 앞에서 말한 인구학적 여건을 바탕으로 서로 다를 것으로 보이는 필요를 나누고, 거기에다가 수용자의 습관, 각 매체의 특질, 주요 매체가 갖는 내용의 특질, 이용의 용이도 등을 고려하고 이것들과 전술한 언론 이용의 두 가지 패턴간에 존재하는 상관관계를 대강 연결시켜 보는 것이다.

여기서는 주요 인구학적 변수와 언론 이용행위 간의 상관관계만을 보고자 한다. 수용자가 처해 있는 여건이 그의 언론 이용행위에 어떻게 연결되는가를 알아보는 것이다. 앞서 말한 대로 이때 필요는 사회경제적 요인과 이용행위 간의 상관관계를 매개하는 변수가 된다.

인구학적 여건 가운데 가장 중요한 것들이 사회경제학적 변수이다. 대표적인 것이 직위와 직업이다. 직위는 역할과 책임을 의미한다. 역할과 책임을 가진 사람은 현실 문제해결형 언론 내용을 더 읽고 볼 확률이 크다. 그 직책을 잘 수행하기 위해서, 그 자리를 유지하기 위해서, 그 분야에서 전문인으로서 성취하기 위해서 관련 전문지식과 정보를 좇아야 하기 때문에 그런 것이다. 그가 결정권자라면 결정을 내리기 위해서 필요한 지식과 정보를 넓게 가져야 한다. 사회의 흐름을 늘 알고 있어야 한다.

그런 사람은 텔레비전 매체보다 인쇄매체를 더 잘 이용한다. 제7장 매체론에서 논했듯이 전문적이거나 분석적이고 체계적인 지식과 정보는 영상매체가 아니라 인쇄매체에 더 많이 있기 때문이다. 학자, 과학자, 의사 등 전문인은 학술지와 전문지를 늘 봐, 해당 분야가 어떻게 돌아가고 있는지 알고 있어야 한다.

많은 조사가 학벌과 사회적 지위가 낮은 사람일수록 텔레비전을 많이 보는 경향을 알려준다. 영상매체의 특성, 이들이 하는 일과 직업의 성격, 생활양식으로 보아 이해가 가는 일이다. 그들은 대개 전문지식과 공공문제에 대한 지식을 늘 추구해야 할 특별한 이유가 없다.

교육수준이 높을수록 서적, 신문, 잡지 가운데 난해한 내용 또는 깊고 분석적인 내용을 많이 읽는다. 필요만이 그 요인이 아니다. 배운 사람일수록 지식에 대한 욕심이 크다. 그는 이미 가진 지식에 힘입어 새로운 지식, 어려운 지식을 쉽게 소화한다. 독해력이 높다고 말할 수도 있다. 또 그런 이유 때문에 다른 사람보다 지식에 대한 애착을 더 갖는다고 봐진다.

나이에 따라 인간의 필요가 달라진다. 그에 따라 매체이용 패턴도 달라진다. 많은 조사에 따르면 환상이 많은 소년기와 사춘기에는 텔레비전을 많이 보고 한참 일할 나이인 30~40대는 인쇄매체를 더 읽고, 노년기에는 다시 텔레비전과 라디오로 돌아가는 경향이 있다. 노년기에는 시력의 약화와 기력의 쇠퇴가 일부 그런 경향을 가져온다. 청소년, 학생층, 중년, 노년층이 갖는 독서 취향이 각각 다르다. 노년층이 젊은 층보다 건강과 과거 회고적인 내용을 더 읽고 본다. 뉴미디어인 인터넷 이용은 나이와 재력과 직업과 가장 큰 상관관계를 가질 것으로 생각된다. 여성이 남성보다 더 가정과 육아에 관한 내용을 더 찾는다.

일반적으로 교육과 지위와 부는 서로 상관관계를 가지고 있다. 고학력자는 전문분야 직업인이며 고소득이다. 예외도 물론 있다. 학교시절 공부 잘한 사람보다 못한 사람이 사회에 나와 더 잘 산다는 관찰이 있듯이 교육수준이 낮아도 사회적 지위를 누리거나 부자가 되는 사례가 많다. 특히 과거 급격하고 무질서한 경제성장 과정에서 우리 사회가 팔자에 없는 출세나 벼락부자가 되는 기회를 풍부하게 제공했기 때문이다.

원래 학구적도 노력형도 아닌 데다가, 재력과 시간 여유가 있어 안일하게 살려는 사람이 앞에 말한 두 가지 유형 매체 이용행위 가운데 어느쪽을 택할지를 짐작하는 것은 쉽다. 그런 사람들은 여가 이용(예컨대 관광, 운동, 골프, 식도락 등)과 건강 관련 정보를 전문으로 하는 매체를 주로 찾을 것이다.

사람들이 필요를 충족하기 위해서 특정 매체(또는 매체의 특정 내용)를 이용한다면 그들은 자기가 필요로 하는 매체와 매체 내용을 어떻게 알게 되는 것인가? 대개 평소의 경험을 토대로 어떤 매체가, 그리고 그 매체의 어떤 부분이 자기가 필요로 하는 내용을 많이 담고 있는가에 대한 예측, 또는 기대를 갖게 된다고 대답할 수 있다. 가령 시청자는 텔레비전에는 재미있는 프로가 많다는 것을 평소 경험으로 알게 된다. 텔레비전의 경우 초저녁 시청률이 높은 시간(prime time)에는 긴급 뉴스와 인기 오락 프로가, 10시 이후에는 다큐와 영화 프로가 있고, 전국지 1면에는 주요 정치 뉴스가, 그 다음 페이지부터는 기타 주요 뉴스, 섹션 면에는 분야별 정보가 있음을 대부분 사람들은 알고 있다.

그들은 자기의 필요를 충족하기 위한 매체(또는 내용)선택을 위한 매체(또는 내용) 평가를 학술적 이론이 아니라 일상 경험을 통하여, 나름대로의 지식을 갖고 하게 된다. 이러한 기대는 알고 보면 일부 이미 7장에서 논한 매체의 특징, 제6장에서 논한 언론의 내용에 대한 경험을 통하여 얻은 지식을 따르고 있음을 알 수 있다.

6. 대리만족 – 영화는 인간의 환상을 먹고사는 산업

사회경제적 여건이 좋지 못한 인구층이 환상적 목적으로 텔레비전을 많이 이용하는 이유를 설명하는 중요한 개념이 대리만족이다. 환상이 갖지 못한 것에 대한 필요와 욕구의 결과라면 그런 결핍감은 사회경제적으로 불우한 사람에게 더 클 것이다. 텔레비전의 현실도피적 내용은 이런 사람들에게 대한 좋은 대안이 된다.

꿈은 여러 가지 의미로 쓰이지만 대개 현실사회에서 이루지 못하는 바람이다. 따라서 현실사회에서 기회가 박탈된 사람일수록 그런 꿈을 많이 갖게 되며 그런 꿈의 대안으로 환상 매체인 텔레비전을 많이 이용하게 된다는 가정을 할 수 있다. 노래를 못하는 사람일수록 노래를 잘하는 꿈, 가난한 사람일수록 부자가 되는 꿈, 못 생긴 사람일수록 잘 생긴 사람이 되는 꿈을 더 꾸게 될 것이다.

현실사회를 볼 때 많이 소유하고 성취한 사람은 대리만족을 위해 텔레비전에 의존할 필요가 덜하다. 왕족이나 고위층 인사는 참석해야 할 화려한 파티, 행사가 많다. 교류해야 할 인사도 많다. 그런 사람에게 대리만족을 위해서 텔레비전 앞에 앉아 보낼 시간이 많지 않다. 반대로 가난하고 소외된 노인층, 무기력감에 빠진 운명론자, 장래에 큰 기대를 갖지 않는 가정부, 막일 노동자들이 텔레비전을 많이 보게 될 확률이 크다. 이들에게 텔레비전은 참으로 좋은 대리만족 수단이다.

영화는 전형적인 환상 매체로서 이러한 인간이 갖는 대리만족의 필요를 먹고사는 산업이다. 로맨스, 전쟁, 폭력 어느 것을 소재로 하던 영화는 이론으로 몰라도 현실적으로 일어날 수 없는 사건과 이야기로 되어 있다. 픽션이다. 거기에 나오는 사랑의 주인공은 남녀 모두 이 세상의 최고 미인이다. 그런데 현실사회에서는 그렇게 미인끼리 만나게 되지 않는다. 각 개인으로 보면 그런 일이 올 찬스가 없다.

명화 <사운드 오브 뮤직(The Sound of Music)>은 처음부터 끝까지 낭만으로 꽉 차 있다. 그러나 현실사회에서 그렇게 현모양처형인 여성이 미모와 음악 재능을 갖추는 일이 드물다. 남자 주인공은 충직하고 신사적이며 남성답게 잘 생겼는데 거기다가 부유한 생활을 영위하고 있어 남자로서 가질 수 있는 것은 모두 갖춘 셈인데 현실사회에 그런 사람이 어디 있는가. 작품이 아니고서야 그런 남녀가 만나게 되지 않을 뿐더러 그렇게 멋있게 서로 사랑에 빠지고, 그리고 아슬아슬하게 "해피 앤딩"으로 이어질 수 없다.

사회적 기회의 박탈(deprivation)과 대리만족을 위한 대중매체의 이용을 연결시켜 일찍이 설명한 고전적 학자로는 로젠그렌(Rosengren et al., 1972)을 특기하고 싶다.

7. 언론 이용 효과의 예측 –아무리 폭로하고 질타해도 달라지지 않는 사회문제

"필요와 욕구충족" 이론을 중요시해야 하는 이유는 대중매체의 효과를 이해하는

데 큰 도움이 될 가능성 때문이다. 그런데 이미 지적한 대로 그것은 가능성이지 체계화된 이론은 아니다. 앞으로 더 많은 연구를 필요로 하는 분야다. 여기서는 기존의 지식을 토대로 한 효과 예측 연구에 도움이 될 수 있는 몇 가지 개념과 착안점을 말해 두고자 한다.

●슈람의 대중매체이용의 2분법은 두 가지 상반된 효과, 즉 현실문제 해결을 위한 이용은 유익하고 실용적이며 생산적인 결과를, 현실도피 이용은 비실용적이고 소모적인 결과를 상정하고 있다.

그런데 현실적 이용과 현실도피 이용 어느 쪽이든 이용가치가 있으니까 이용하게 되는 것이고, 그 가치는 바로 효용이다. 이때 효용은 노력을 들여(또는 돈을 써가며) 이용함으로써 얻는 대가(또는 보수, return)인데, 그 대가를 슈람은 시간의 개념을 도입, 현재 또는 당장의 대가와 장래의 대가의 두 가지로 나누어 설명한다.

장래에 대한 대가는 오늘을 회생하면서 노력하고 기다린 결과 오는 것이므로 크다. 그 대가는 일회용이 아니고 지속적으로 생긴다. 대학 학위는 좋은 예이다. 대학 4년 과정을 마치고 석·박사 과정을 밟는 것은 여간 고생일 뿐만 아니라 돈과 시간 면에서 큰 희생이다. 그런데 사람들은 왜 오늘의 안일과 기쁨을 포기하고 이런 고생과 희생을 택하는가 하면, 장래 기대되는 대가가 지금의 희생을 보상하고 남을 만큼 크기 때문이다. 비싼 학비와 긴 세월 동안 각고의 노력으로 의과, 치과 등의 공부를 마치고 의사가 되면 여생을 편히 살 수 있는 것이다.

현재의 대가는 일회용이다. 쾌락은 좋은 예이다. 쾌락에서 오는 대가는 빠르다. 즉시 발생한다. 그러나 그 대가는 오래 가지 않는다. 일시적이며 순간적이다. 투입된 노력이 크지 않은 당연한 결과다. 앞의 예에서 의학 공부를 하지 않고 일찍부터 이성과 사귀면서 노는 생활을 해왔다고 한다면 장래 기다릴 것은 별로 없다. 즐거움은 한때로 끝난다.

슈람은 이 두 가지 중 짧은 대가를 즉시적 대가 또는 보수(immediate reward), 길게 가는 대가를 지연된 대가 또는 보수(deferred reward)라고 불렀다. 전자는 즉시 얻는 대가이고 후자는 오늘의 대가를 뒤로 미룬(지연시킨) 결과 얻어지는 대가란 말이다. 버로(Berlo, 1960)가 쓴 소비적(consummatory)과 실용적(instrumental) 커뮤니케이션의 이용도 같은 개념을 말하고 있다. 소비적은 소모적인 것이다. 한번 쓰면 없어진다. 향락은 물론, 대개의 재미있는 일들은 한번 즐기면 없어진다. 실용적인 것은 그렇지 않고 그 효과가 장래를 두고 오래 간다. 부모들은 자녀들을 향하여 놀지 말고 공부를 하라고 한다. 공부가 아니더라도 다른 더 유용한 일을 위해 준비하라고 한다.

왜 그런가가 자명해진다.

이상 두 가지 상반된 효과와 대가의 성격을 생각한다면 앞서 말한 두 가지 다른 형태의 언론 이용으로부터 기대되는 효과에 대한 해답이 저절로 나온다. 환상적 또는 문제 기피적 언론의 이용에서 수용자가 얻는 대가와 효과는 즉시 발생하나 오래 가지 않는다. 효과가 단기적이란 말이다. 흥미성 잡지 기사나 텔레비전 연예 프로로부터 얻는 것은 오래 가지 않는다. 흥미성 중심의 책, 신문, 잡지, 텔레비전의 내용을 교육적이 아니라고 하는 이유는 바로 여기에 있다.

문제해결적 또는 실리적 언론 이용에 따르는 대가, 즉 효과는 장기적이다. 그러므로 더 실용적 또는 실리적이다. 정책결정자인 직장인이 아침 출근길에 신문을 훑어 얻은 정보가 그 날 중요한 결정에 큰 도움을 주었다면 그 언론 이용 효과는 생산적인 예이다. 실업가가 독서를 통하여 교양도 높이고 유익한 정보도 얻어 사업을 일으키는 데 큰 도움이 되었다고 한다면 그가 독서에서 얻는 일차적 대가와 효과는 재미가 아니라 사업의 성공이며 긴 기간 동안의 이윤이다. 그 점에서 그의 언론 이용은 문제해결적이고 효과는 오래 가고 생산적이다.

● 필요와 욕구충족 이론은 언론의 효과를 결정하는 요인으로 수용자를 중요시하는 "새 언론관"(제2장 주 3, 피하주사 바늘 모델, 64쪽 참조)에 따른 대표적 접근법이라고 할 수 있다. 이에 따르면, 같은 내용의 메시지라도 이를 이용하는 수용자의 필요가 다르면 그 효과가 전혀 다르게 일어날 수 있다. 똑같은 외국 영화를 한 사람은 순전히 오락 목적으로 보는가 하면, 다른 한 사람은 영어회화 연습을 위해서 관람할 수 있다. 이때 같은 영화를 보았어도 얻는 효과는 다르지 않을 수 없다. 전달자가 의도한 메시지 내용은 분명 오락일지라도 수용자의 필요가 실용적(현실적)이라면 그런 효과를 낼 수 있다.

학자는 강의 준비와 연구에 쓰일 사례나 자료를 찾기 위해서 대중소설을 열심히 읽을 수 있다. 정치가, 목사, 사회평론가는 대중잡지를 읽어 사회개혁을 위한 현실 감각을 얻어낼 수 있다. 이 경우 같은 메시지로부터 이용자는 이용 목적에 따라 다른 효과를 얻게 된다.

해외 한인들은 한국에서 제작된 연속 드라마를 즐겨 본다. 그래서 비디오 가게가 잘 된다. 나이 든 1세들은 주로 오락 목적으로, 젊은 세대들은 한국어와 한국사회를 배우기 위해서 보기도 한다. 해외에서도 한국어 소설을 쓰는 작가들은 드라마에서 분명 소설 구성을 위한 아이디어를 찾게 된다. 이런 사례에서 볼 수 있듯이 똑같은 매체 내용일지라도 이용에 따라 그야말로 약이 될 수도 독이 될 수도 있다.

이런 언론 효과에 대한 관점은 요즘 우리나라 언론의 공공문제 보도와 관련 많은 것을 시사한다. 무엇보다 겉으로 보아서는 분명 공공문제를 다루는 "심각한" 언론 내용처럼 보이지만 수용자의 이용은 그게 아닌 기사가 많다는 점이다. 우리 신문에는 매일과 같이 대형 비리와 스캔들에 대한 기사가 크게 보도되지만 독자의 이용은 흥미 이상이 아닌 것이 보통이다. 그리하여 요즘의 수용자들은 앞서 언급한바 메시지 홍수 속에서 일어나는 무감각증과 함께 사회문제 해결을 위한 참여자가 아니라 구경꾼으로 바뀌고 있다. 수백 억 대의 대규모 부정부패 사건 보도에 매일 노출되는 국민은 웬만한 부정에 대하여는 "그까짓 걸 가지고"와 같은 태도를 갖게 된다.

어떤 경우는 그 정도가 아니다. 공공보도를 자처한 기사가 문제해결은커녕 문제를 더 악화시킨다. 가령, 겉으로 봐서는 청소년 성매매, X양의 "풀 버전", 티켓 다방 등 윤락산업의 실상을 폭로하고 규탄하기 위한 듯한 신문, 잡지와 텔레비전의 심층보도가 그런 비리에 대한 사람들의 호기심을 자극하고 예전에 몰랐던 정보를 제공함으로써 오히려 그것을 조장하는 결과를 가져오기도 한다. 요즘 주부 1,000명 대상 조사결과라며 "몇 프로가 결혼 후 남자 친구 사귀었다"와 같은 기사를 쓴다면 그 사회적 효과는 어떨까. 그런 생각을 하지 않는 주부마저 들뜨지 않을까. 지나치게 흥미 중심으로 자세하게 알려주는 범죄 보도가 범죄 수법을 가르치는 효과를 가져온다는 비난은 꽤 오래 전부터 있어 왔다.

과거 쿠데타를 음모한 장군, 부정의 대부라고 할 만한 정치 실세들의 숨은 과거 얘기들을 "인물탐구" "인물평" "남성탐구" "진상" 등의 이름으로 신문과 잡지가 연재로 싣는데, 무슨 목적으로 그러는지 알 수 없지만 그런 보도의 효과는 독자들의 마음에 "정치는 으레 그런 것"이라든가 "그들은 그래도 큰 인물이다"라는 그릇된 인식을 심는 엉뚱한 효과를 가져온다.

공공성을 빙자하지만 실은 처음부터 수용자의 흥미성과 선정성을 자극하기 위한 것이 많다. 선거 보도는 민주정치 과정의 중요한 부분으로서 이에 대한 언론의 보도는 분명 언론 본연의 영역인 공공이슈 보도에 속한다. 그러나 우리나라 텔레비전과 신문의 보도는 매번 선거 과열을 부추기는 이른바 "경마 저널리즘" 실력을 유감 없이 발휘했다. 이런 상황에서는 입후보자들이 참여하는 텔레비전 토론 프로를 보는 시청자들도 이들이 정말 무엇을 말하는가보다는 어떻게 말 펀치를 날려 상대를 넘어뜨리는가에 더 관심을 갖게 된다. 그럴 경우 공공문제를 다루는 텔레비전 다큐나 시사 프로도 시청자에게 미치는 효과로 봐서는 오락 프로보다 더 나을 게 없다.

이런 추세가 잡지, 서적, 인터넷 신문에도 그대로 확산되고 있다. 특히 지금의 우리나라 대표적 월간지의 주요 지면은 오락화되고 스포츠화된 공공문제 보도로 꽉 차 있다. 권력의 핵심, 남북관계, 외교비사 등 외견상 공공이슈를 다루는 것 같지만 내용을 잘 분석해보면 대부분 흥미를 좇는 독자가 읽도록 꾸며져 있다. 출판사도 그런 "소재"를 찾느라 혈안이다. 성공사례로 꼽히는 인터넷 신문의 내용을 분석해보면, 다른 매체가 못하는 비리 폭로의 기여를 빼놓을 수 없지만 욕설과 비아냥으로 불만 토로를 추구하는 무책임한 독자들에 영합함으로써 문제해결보다 구성원들간의 갈등을 증폭시키는 역기능 또한 크다는 생각을 하게 된다.

요즘 우리나라도 그렇고 외국에서도 그런데, 언론이 공공문제의 보도와 비평에 할애하는 지면과 시간은 엄청나지만 사회가 크게 바뀌지 않는 이유가 바로 여기에 있다고 본다. 앞으로 언론학도들이 수용자들이 왜 언론의 공공보도를 읽고 보며, 거기에서 무엇을 얻으려 하는가를 분석해보는 연구를 해볼 만하다.

●잘된 기사의 평가기준으로 영미언론은 보통 "정보가 풍부하고"(informative), "교육적이며"(instructive), 그리고도 "재미가 있다"(entertaining)를 든다. 이 묘사를 언론 이용의 2분법을 기준으로 정리한다면, 정보와 교육은 문제해결형이고, 재미는 문제도피형이다.

문제해결적이어서 유익한 책일지라도 재미가 없고 어렵기만 하다면 잘 읽히지 않을 것이므로 유익하면서도 재미가 가미될 수 있다면 금상첨화이지만 이 조건은 맞추기 어려운 주문이다. 복잡한 사회 이슈를 분석하고 대안까지 제시하는 글을 재미있고 읽기 쉽게 쓴다는 것은 불가능하다. 토막 지식이나 오락관련 정보가 아닌 "심각한 언론"을 이른바 "인포테인먼트" 또는 "에듀테인먼트"(information＋entertainment, education＋entertainment)로 다룰 수가 없다. 대부분 흥미가 지나치면 반교육적이 되고 만다. 비교적 읽기 쉽게 쓸 수 있을 뿐이다. 그것마저 어렵다고 읽지 않는다면 지식산업의 장래는 어둡다.

불행하게도 바로 그것이 요즘 우리나라 출판 시장의 여건이 아닌가 한다. 출판사들은 학생들이 학점을 따기 위해서 당장 필요한 전문서적, 그외 일반인의 경우에도 구체적인 필요 때문에 봐야 하는 각종 시험 준비서, 각 분야 실무와 실기 교육용 책(워드프로세서 사용법, 카피라이터 지식 입문서, 꽃꽂이 교습, 요리법 등)이 아니라면 흥미와 호기심을 유발하거나 어떤 유행의 덕을 볼 수 있는 류라야 잘 팔린다는 것을 잘 안다. "정보-교육-흥미"의 순서가 바뀐 감이다.

우리나라에서 위에 말한 당장 실용적인 것을 뺀 주요한 도서출판 분야는 문학, 교양, 취미 등이다. 요즘 나오는 이런 분야의 책들의 제목과 내용은 선정적인 것이 특징이다. 어떤 것은 선정적이다 못해 아주 저질스럽기까지 하다. 그리고 많은 그런 책들이 일견 정보와 지식을 빙자하지만 잘 팔리도록 재미있게 꾸미다보니 내용이 과장되고 무책임한 것들이 많다. 가령 일본을 마구 때리는 책들이 잘 팔린 때가 있었는데, 그 내용이 흥미를 위해서 대부분 각색된 결과 사실보다 픽션에 가깝다. 더욱 출판사가 인기 연예인 등 "반짝 뜨고 있는" 저자로부터 소재만 받아다가 내용은 다른 사람이 재미있게 "창작"하는 사례가 많아져 더 그러하다.

이런 풍토에서 오랜 기간 많이 팔리고 오래 서가에 보관될 전문서적이 나올 수가 없다. 요즘 우리나라의 교회 부흥설교, 정치 강연, 각종 행사 주제 강연 내용과 양식도 흥행 쪽으로 바뀌고 있다. 이와 같은 지식산업의 퇴행은 틀림없이 한국사회의 장래에 심대한 영향을 미치게 되어 있다.

●이른바 정보폭발 현상에도 불구하고 사회계층간 격차 때문에 늘어나는 지식과 정보 소유의 격차를 제3장에서 다뤘다(지식과 정보에도 부익부 빈익빈, 77쪽 참조). 요즘 대중화된 텔레비전의 이용이 이런 지식격차 가정에 어떤 관련을 가질 것인지는 생각해볼 만하다. 배운 사람 못 배운 사람, 가진 사람 못 가진 사람 구별 없이 텔레비전은 모두가 많이 보는 매체이다.

그러나 이용자 입장에서 보면 텔레비전은 대체적으로 오락 지향적 매체이고, 이 매체가 가르치는 교육적 내용은 교육텔레비전을 빼고는 단편적인 정보 중심이므로 지식격차 이론은 지금도 타당하다고 생각된다.

우리나라 대학들의 취직 시험 대비와 암기 중심의 교육, 우리 사회의 취약한 토론문화, 흥미 중심의 독서 풍토, 유흥문화의 발달, 요즘 신세대의 특징으로 꼽히는 장래보다 현재를 중요시한다는 가치관 등을 고려하면서, 지식 습득 격차 가설을 우리나라와 선진국과의 관계에서 검증하는 연구를 누군가 하면 좋은 박사논문감이 될 것이다.

외국에서 살다가 한국에 와서 많은 사람들과 대화를 해보고 느끼는 점 하나는 대부분 한국인들이 사회문제에 대하여 비상한 관심을 표명하거나 크게 불평은 해도 문제의 원인을 알기 위한 진지한 노력은 하지 않는다는 것이다. 시간이 나면 깊은 토론과 대화보다 먹고 마시는 신나는 유흥이나 "이벤트"로 보내기를 훨씬 더 좋아한다. 그러니 어려운 책은 인기가 없다. 한 칼럼의 제목 "술 권하는 사회, 책 권하는 사회"가 생각난다.

●사람들이 메시지를 선택적으로 대하는 성향 때문에 언론의 사회적 효과는 현상타파가 아니라 현상유지(status quo) 쪽이라고 지적했다(제6장 설득의 모형, 161쪽 참조). 이런 언론의 현상유지 추세는 대중의 대중매체, 특히 텔레비전의 환상적 이용에 의하여 더 강화된다고 가정할 수 있다. 앞에서 언급한 대로 대중은 대체로 무기력한 운명론자들로서 이 매체를 현실 체념과 도피의 수단으로 이용하기 쉽다.

박정희 정권 시절 외국인 식자들이 한국사회에 대하여 갖는 한 가지 큰 수수께끼는 이런 것이었다. 남북간의 전쟁위기, 긴급한 국내 문제 등을 이유로 정부가 국민에게 가한 혹독한 정치적 통제와 그에 따른 긴장된 사회 분위기가 텔레비전과 오락산업이 만드는 자유분방하거나 일부 문란한 사회 분위기와 어떻게 공존할 수 있는가였다. 이에 대한 대답으로는 당시의 정권은 정치적 목적을 위해서 이 두 가지를 적절히 섞어 활용할 필요가 있었다고 말해야 한다. 정권유지를 위해서 정부는 대중을 통제하고 억압하는 한편, 그들로 하여금 관심을 딴 데로 돌려, 저항하지 않고 현실을 도피하는 길을 열어주어야 했던 것이다. 이런 과거 정권의 언론정책이 한국인의 텔레비전에 대한 인식과 이용 패턴에 큰 영향을 미쳤다. 대중이 텔레비전 오락에 빠져 있다면 그 효과는 분명 현상타파와는 거리가 멀다.

8. 개미와 베짱이 —두 개의 가치관과 생활양식

근면과 내핍을 권장하고 안일과 사치를 죄악시한 "개미와 베짱이"의 우화는 유명하다. "개미"는 열심히 사는 사람이다. 그는 장래를 위해서 오늘을 희생하고 준비하는 사람이다. 그는 현재보다 장래를 중요시하는 사람들의 가치관을 대표한다. 베짱이는 물론 그 반대다. 베짱이는 개미가 수고하고 일하는 여름 한철 동안 춤추며 노래 부르며 즐겁게 지냈다. 여름이 가고 추운 겨울이 오니 그는 배고프고 헐벗게 되었다.

개미와 베짱이의 비유는 이미 진부하게 들릴지 모르지만 인간은 삶을 어떻게 살아야 할 것인가에 대한 산 교훈으로 영원히 남을 만하다. 우리는 예나 지금 어려운 사회에 살고 있다. 주위에서 고달프게 사는 많은 사람을 보면 알 수 있다. 자신의 처지가 편하다고 해서 만족하지 않고 전체 사회를 위하여서도 걱정하고 노력할 수 있어야 한다.

개인 차원에서도 마찬가지다. 극히 일부를 제외한 대부분의 사람들은 늘 다른 사람과 극심한 경쟁을 하면서 살아가야 한다. 그들은 나름대로 성취해야 할 목표가 있다. 성취는 반드시 경쟁을 통해서 이루어진다. 그런 경쟁의 본질은 오늘 쾌락을 버리고 장래를 준비하는 것이다. 자본주의 사회는 이런 성취욕과 경쟁과 노력을 통해서 발전하는 사회다.

그러므로 개미의 가치관은 바로 자본주의 사회의 일에 대한 태도(work ethic)이다. 『성취하는 사회(The Achieving Society)』를 쓴 맥클레랜드(MaClelland, 1961)는 일본을 발전케 한 원동력을 성취욕에서 찾았다. 영미사회를 선진국으로 올려놓은 원동력역시 청교도식의 철저한 근면 정신이었다. 한국이 한동안 발전을 한 것도 한국인의 유교적 근면과 성취욕 때문에 가능했던 것이다. 개인의 성취와 성공도 마찬가지다. 남에게 지지 않게 열심히 노력한 결과 얻어진 것이다.

언론이용의 두 가지 형태는 위에서 말한 두 가지 인간의 기본 생활태도와 맞아떨어진다. 개미의 언론이용은 현실문제 해결 지향적이고, 베짱이의 언론이용은 현실도피 지향적이다. 베짱이의 이용은 쾌락을 위한 이용이다. 개미의 언론이용은 물론 합목적적(goal oriented)이다.

9. **계급적 가치관** – 성취욕과 명예욕, 계급의 세습화

명예욕은 다른 사람들로부터 인정을 받고 싶어하는 인간의 심리적 욕구이다. 그렇다면 남이 무엇을 인정해주는가가 명예의 내용이 된다.

우리나라에서 장관, 국회의원, 대사, 교수가 되면 분명 개인과 그 집안의 명예라고 여겨진다. 그런 직위, 재력, 명성 없이도 외로이 남을 위해서 헌신한다면 분명 가치 있고 명예스러워야 할 일인데도 현실은 그렇지 않다. 과거에는 가난하면서도 명예를 남긴 사람이 많았던 것 같다. 뿐만 아니라 돈과 명예는 양립될 수 없는 것처럼 받아지기도 했다.

요즘에 가난은 어떤 변명을 해도 불명예이다. 어떻게 벌었든 큰 돈을 가지고 사회적으로 영향력을 발휘할 수 있으면 명예로 받아진다. 노동은 신성하다고들 하지만, 막노동을 하는 사람, 농사를 짓는 사람을 사회가 별로 인정해주지 않는다. 부와 직위의 성취가 사회로부터 인정받기 위한 전제조건이라면 명예욕은 그런 목표를 쟁취하기 위한 노력과 거의 동일 개념이 되고 만다.

현실사회를 보면 부와 사회적 지위의 분포는 고르지 않으며, 그 결과 가진 집단과 못 가진 집단 간의 현격한 차이가 생겼다. 그리고 이 두 집단은 서로 다른 생활양식과 서로 다른 현실인식을 갖고 사는 것이 사실이다. 그렇게 볼 때 표현만 다를 뿐 계급은 어느 사회에서나 존재한다. 한국 사람들에게 계급은 유쾌한 말이 아니다. 한국에서 공산주의자들이 이 말을 흔하게 썼고 한국인은 공산주의를 무조건 혐오하도록 배우며 자랐기 때문이다.

계급 대신 계층이란 말을 쓸 수 있다. 그러나 무슨 용어를 쓰든 마찬가지다. 어느 사회이든 정도차가 있을 뿐 사회의 좁은 상층부는 좋은 자리를 차지하고 잘 사는 집단, 넓은 하층부는 그 반대의 삶을 사는 집단으로 되어 있다. 그렇다면 사람들이 성취하고자 하는 목표는 사실상 이 피라미드의 하층에서 상층으로의 이동임을 부인할 수 없다. 지위 또는 신분 상승(social upward mobility)이란 말이 그것을 의미한다.

계급구조를 분석하는 것은 한 사회의 구조를 분석하는 것과 같다. 신분상승의 기회, 과정 또는 분포 자체가 한 사회의 단면도이기 때문이다. 중세시대의 서구사회에서 계급 및 신분은 가문에 따라 결정되었다. 귀족의 자녀는 당연히 귀족이 된다. 조선조도 그런 사회였다. 양반계급과 상인(常人)계급은 출생하면서 결정되었다.

그런 사회에서는 태어나면서 당연히 편히 살게 되어 있는 집단과 아무리 노력을 해도 잘 살 수 없는 집단이 따로 있다. 지금의 구미와 우리 사회에서 귀족과 신분상에 따른 제도적 차별은 없으나 실제적으로는 그런 계급을 심화시키는 요인이 많다. 고액 과외를 받을 수 있는 고위층과 부유층 자녀들에게 유리한 일류대학 진학, 이들 가문간 선택적 혼사, 출세를 돕는 이들 부모의 연줄과 영향력 등이 계급화 현상을 심화시킨다.

그러나 서구의 이론 가운데는 두 집단간에 존재하는 성취에 대한 가치관의 차이가 계급을 심화시킨다는 가정이 있다. 중상층 가정이 자녀들에게 주입하는 가치관은 교육, 근면, 성실, 성취이고 하류층 가정이 자녀들에게 남기는 가치관은 그렇지 못하다는 관찰이다.

이 계급적 가치관의 차이는 개미와 베짱이의 가치관 차이와 일맥상통한다. 상류층의 가치관은 미래지향적이고 하류층의 가치관은 현재지향적이다. 하나는 미래를 위해서 오늘의 낙을 뒤로 미루고, 다른 하나는 미래보다 오늘을 더 중요시한다.

이런 하층적 가치관의 사례는 서구사회의 빈민촌, 미국 도시의 흑인 빈민촌(ghettos), 호주의 원주민 사회에서 잘 볼 수 있다. 술과 마약에 빠져 어렵게 사는 이들 부모들이 자녀들 교육에 제대로 신경을 쓸 수 없다. 자녀들도 그런 생활양식을 답습한다. 학교에 잘 가지 않으면 낙제하기 쉽다.

이런 계급간의 가치관 차이는 매체 이용행위에도 그대로 나타난다는 것이다. 상류층 가정의 자녀들의 매체 이용은 현실문제 해결형이다. 하층계급 가정의 자녀들의 매체 이용은 현실도피형이다. 쉽게 말해서 못 사는 집 아이가 부자 집 아이보다 텔레비전을 더 많이 보며 프로도 내용 면에서 연속 드라마, 재즈 음악, 스포츠 등 재미있고 신나는 오락적인 것을 더 본다. 물론 예외가 있다. 어쨌든 사회분석을 위한 좋은 통찰력을 제공한다.

10. 텔레비전이 한국사회를 바꾸고 있다

이때까지 "필요와 욕구충족" 이론을 텔레비전 이용의 사례에 치중하여 설명했다. 인터넷의 출현으로 장래를 예측하기가 어려워졌지만, 대중의 현실 감각과 몇 가지 분야 여론조성에 관한 한, 아직은 텔레비전이 우리 사회를 지배하고 있는 것 같다. 아래 텔레비전과 우리 사회에 대한 나의 관찰은 단편적이지만 이 매체에 대한 이해를 깊게 하는 데 도움이 될 것이다.

1) 겉치레, 놀이와 물질에 흐르기 쉬운 텔레비전 문화─차기 대통령은 박찬호, 차범근?

텔레비전의 기능은 다양하나 매체론(제7장)에서 지적한 대로 이미지와 소리와 액션을 더 잘 전달하고 보일 수 있는 특성과 그 특성을 활용하여 시청률 높이기에 급급해 하는 매체 경영자들 때문에 이 매체는 압도적으로 오락 지향적이 되게 마련이다.

오락의 속성은 재미다. 재미있기 위해서는 내면보다 외면, 정신보다 육체, 정지해 있는 것보다 액션이 있는 것, 검소보다 풍요에 역점을 두어야 한다. 이 말이 맞는가를 검증하려면 우리의 눈길을 끄는 텔레비전 장면이 대개 어떤 것들인가를 떠올려보면 된다. 그런 것들을 몇 가지 사례로 나눠보면 ① 풍요와 사치(비싼 의상, 고급주택, 고급가구, 거부의 결혼식, 상류층 파티, 보석, 고급차, 고급 만찬, 왕족의 생활, 고급 장식, 화려한 정치 행사, 종교의식), ② 인간의 외형미, 육체미와 건강미(보디 빌딩, 모델, 패션산업, 미스 코리아 대회), 아름다운 소리(노래, 음악, 콘서트), 젊음과 율동미(각종 춤, 발레, 무용, 매스 게임, 피겨 스케이팅), 유흥(코미디, 버라이어티 쇼), 묘기(각종 탤런트 쇼), ③ 힘과 박동감(복싱, 각종 운동, 불꽃놀이, 무력 시위, 심지어 폭력)이 된다.

텔레비전이 보여주는 이런 화려한 이미지와 역동성이 우리 개인과 사회에 압도적으로 남기는 효과는 외형 문화이다. 외형 문화에 빠질 수 없는 것이 놀이 문화와 과소비이다. 텔레비전은 분명 우리 사회를 "바람난 사회"로 만든 일등공신이다. 모두가 많이 쓰고 많이 놀 수 있다면 좋은 일이다. 문제는 우리사회에는 아직도 어려운 사람들이 더 많다는 사실이다.

텔레비전은 화려한 외관을 잘 보여주는 대신 사물의 본질적 가치를 가린다. 오늘의 젊은이들이 지능적이기보다 관능적이어서 깊이 생각하기를 싫어하며, 장래보다 오늘을 더 중요시한다는 데 바로 영상문화의 영향이 아닌가 한다.

재능과 특기는 극소수가 갖는 특권이다. 부와 마찬가지로 그런 것들을 누구나 소유할 수 있다면 이미 거기에 매력은 없으며 대중의 선망과 꿈의 대상이 될 수 없다. 현장을 보여주는 데 탁월하여 재능과 특기를 특별히 돋보이게 하는 환상 매체인 텔레비전이 그런 선택된 사람들의 가치를 실제보다 몇 배 이상으로 높인다. 그것은 텔레비전의 장점인 동시에 사회적 역기능이 될 수 있다. 북한 정권이 뛰어난 예능인들을 공훈배우, 인민배우 같은 칭호를 주어 파격적으로 대접하고, 정치 커뮤니케이션 수단으로 이용할 때 텔레비전만큼 효과적인 대중 전달수단이 있을까?

언젠가 월드컵 예선에서 차범근이 이끄는 한국축구 국가대표팀이 승전을 거듭하는 장면을 지켜보던 관중이 "차기 대통령은 그가 되어야 한다"고 외쳤다는 얘기, 세계 정상급 골퍼가 하나 나오면 한국이 세계를 제패한 것으로 착각하는 일부 사람들의 국수주의 감정을 텔레비전의 역기능을 이해하지 않고는 설명할 수 없다. 역대 독재정 권들이 대중의 관심을 텔레비전의 스포츠, 연예 프로에 돌리게 하여 이들의 정치의식 을 무디게 만들었던 사실도 같은 맥락에서 이해해야 한다.

획일적인 인간을 대량으로 생산하는 군국주의, 독재주의, 공산주의 사회는 사람들에 게 이성보다 감성을 불어넣어줌으로써 가능하다. 그것은 비판능력을 제어하는 수단이 된다. 그런 감성을 불러일으키는 데 음악, 매스 게임, 무용, 대중연설, 시 낭독을 따라갈 것이 없고, 이런 감성적 메시지를 확대 생산 및 전달하는 데 텔레비전만한 것이 없다.

2) 텔레비전과 선거 — TV시대의 정치타락

텔레비전이 정치를 크게 변질시킨다. 정치가 잘되려면 사회문제에 대한 전문적 지 식과 함께 도덕성이 철저한 생각하는 사람이 정치에 많이 입문하고 그들의 활동이 국민에게 투명하게 비춰어질 수 있어야 한다. 그런데 텔레비전 매체의 특성은 이런 필요에 역행하기 쉽다.

요즘 누구도 텔레비전을 잘 타지 못하는 사람은 정치에 발을 디딜 수가 없고, 들어 온 후에도 성공할 수 없다. 속보다 다 겉을 잘 보이게 하는 텔레비전에 잘 나와 대중 에게 점수를 따는 정치인은 깊이 생각하는 사람보다 말 잘하는 사람, 재치있는 사람, 잘 생긴 사람이다. 시청자에게는 무엇을 생각하느냐보다 어떻게 말하느냐가가 더 중 요하다. 텔레비전에 나서는 사람은 이슈를 깊이 있고 심각하게 다루는 것이 아니라 가볍게 재치로 다뤄야 한다. 텔레비전의 보편화가 바로 위에서 언급한 정치의 피상화 와 오락화 현상을 촉진하고 있다.

우리나라에서 앵커로 잘 알려지기만 하면, 또는 평소 정치와 사회에 대하여 특별한 관심이나 신념이 없던 사람도 TV를 통하여 인기 스타가 되었기 때문에 국회의원이 되는 현상은 틀림없이 TV가 가져다주는 정치 타락이라고 아니할 수 없다. 정치는 연 극이 될 수 없지 않은가.

김대중 씨를 대통령으로 뽑은 지난번 대선이 과거와 달랐던 몇 가지 점이 있었다. 그 하나는 선거유세가 대부분 텔레비전 토론으로 이루어졌다는 것이다. "TV정치"라 는 말은 절대 과장이 아니었다. 한국은 바람, 대세, 유행 등의 말로 표현될 수 있는바 어떤 말 표현, 옷치장, 화장법, 아이디어, 행사 등이 대중의 호응을 받는가 싶으면 너도나도 따라 한다. 이미 이 책에서 여러 번 언급한 "들쥐 근성"이라고나 할까. 텔레비전 토론도 마찬가지였다. "돈 선거"의 폐단을 없애기 위한 대안으로 한 신문사가 과거의 선거유세 대신 텔레비전 토론회를 제안하고 방송국과 제휴하여 그런 토론을 주관하여 환영을 받자 모든 언론사와 단체가 따라 나섰다.

통계를 댈 수 없으나 그때 4대 주요 후보자를 초청하여 한 텔레비전 토론회는 주 평균 2~3일에 한번꼴이었다고 생각되니 가히 과잉이라고 불러도 될 것이다. 각 정당의 정책이나 정당을 대표하여 나온 후보의 생각을 알기 위해서 말로만 하는 토론에 거의 전적으로 의지하는 것이 현명한가 의문을 갖게 했다.

텔레비전과 이 매체 시청자의 특성상 후보자는 시청자에게 점수를 따기 위해서 매끄럽게 얘기해야 한다. 분석은 그리 중요하지 않다. 상대 후보가 하는 일은 이 쪽도 질세라 같이 따라 해야 한다. 공약(公約)은 나중에 피해나갈 구멍이 있는 일반론으로 말해야 한다. 그래서 공약(空約)이 된다. 결국 텔레비전 토론은 얄팍한 말솜씨, 지략, 위트, 외관, 목소리로 겨루는 쇼가 되기 쉽다.

미국의 선거가 TV선거라고 해서, 한국도 선거를 텔레비전 행사로 치러도 된다고 보지 않는다. 미국과 한국의 정치 현실은 서로 크게 다르기 때문이다. 2대 정당제도로 정치가 운영되는 미국과 대부분 다른 구미 선진국들은 정당과 후보들 간의 정강정책과 쟁점에 큰 차이가 없다. 정당간에 교체가 여러 번 있었고, 또 각 정당은 집권을 위해서 국민 여론을 좇아 정직하게 오래 노력해온 결과 서로 근접해져서 그런 것이다. 그러므로 선거는 이슈보다 후보가 말을 잘하는가, 젊고 박력이 있는가, 얼굴이 잘 생겼는가와 같은 인물의 이미지를 중심으로 결정되어도 큰 실수가 없다고 본다.

구미국가에서도 선거는 이미지로 본 인물(personality)보다 정책(issues)을 중심으로 결정되어야 한다는 점이 늘 강조되지만, 위에서 지적한 이유 때문에 나무에 비한다면 뿌리가 아니고 가지에 불과한 비교적 사소한 이슈를 내놓고 싸우는 것을 볼 수 있다. 가령 이들 국가들에서의 선거 쟁점을 보면 낙태(abortion), 동성연애(homosexuality), 매춘(prostitution), 포르노(pornography), 안락사(anatheisia)를 인정할 것인가 말 것인가, 왕정을 공화정(republicanism)으로 바꿀 것인가 말 것인가(호주의 경우)와 같은 쟁점은 일부 관련 층의 큰 이해관계 사항이지만 사회 전반의 근본을 좌우하는 사항은 아니다.

우리의 경우는 그와 크게 다르다. 전쟁과 오랜 독재정치의 후유증으로 나라가 보통 어려운 게 아닌데 선거결과가 후보자의 외모나 말재주로 결정되어도 될까. 뿌리가 크게 흔들린 사회의 기강을 바로 잡는 일은 개혁이며, 엄청난 정치적 결단을 필요로 한다. 그런 국가적 이슈를 한 지역구에서 5~6명의 후보들이 난립하는 상황에서 제한된 시간에 이들에게 한마디씩 물어봐 대답하게 하는 토론으로 유권자들에게 무엇을 알린다는 말인가.

또 과거가 밝혀진다면 감옥에 가야 할 후보를 다른 후보들과 동격에 놓고 말솜씨와 재치로 승부로 겨루게 만들어준다면 그 결과가 어떻게 될까.

3) 텔레비전과 폭력 — 폭력을 상품으로 판다

텔레비전 폭력(television violence)은 텔레비전 연구의 중요한 영역이다. 특히 텔레비전의 환상적 이용에 빠진 아동들에게 폭력 장면은 어떤 효과를 가져올 것인가가 큰 사회적 이슈로 되어 있다.

텔레비전 폭력의 효과에 대하여는 예측이 엇갈려 있다. 그간의 많은 연구가 분명한 결론을 내리지 못했다. 많은 연구결과가 그런 것처럼 여기서도 결론은 "상황에 따라" 폭력 장면은 폭력을 조장할 수도 있고 그렇지 않을 수도 있다.

일반적으로 말해서 원래 난폭한 성향을 가진 아이는 텔레비전 폭력에 자주 접함으로써 더 난폭해질 수 있다. 이들에게 폭력이 용납되는 상황을 보이는 것은 절대 도움이 안된다. 또 난폭한 소질을 가진 사람은 폭력 장면을 즐겨 찾을 것이므로 더 난폭해질 가능성을 이미 지니고 있다고도 볼 수 있다. 그렇다면 열악한 가정의 아이들이 텔레비전 폭력으로부터 더 많은 부정적 영향을 받을 것이라는 가정도 가능하다.

텔레비전 폭력의 부정적 영향은 아동의 지능에 따라서도 달라질 것이다. 환상과 현실의 세계를 잘 구분하지 못하는 저능한 아이라면 폭력 장면을 보고 영향받는 부정적 효과가 클 것이다. 전쟁 영화를 보면 대개 악한 놈(bad guy)과 선한 사람(good guy) 간의 싸움인데 이 선량한 역을 하는 사람은 현실적으로 살 수 없는 상황에서도 살아난다. 폭력도 마찬가지다. 그렇게 맞고는 살아날 수가 없는데 살아난다. 과거의 영화 주인공으로 배트맨, 스파이더맨, 슈퍼맨, 람보는 다 그런 사람들이다. 모두 환상적인 인물이다. 현실사회에는 존재하지 않으면서 공상 속에서만 있다. 지능이 낮은 아동은 이 점을 잘 모르고 텔레비전에서 본 것을 실제 행동으로 재현해보고자 할 수 있다.

반대 예측도 가능하다. 폭력은 분노와 스트레스가 표출되는 상태인데 텔레비전의 폭력 장면을 보면서 이런 심리적 갈등을 날려보낼 수 있다는 것이다. 카타르시스(catharsis)란 그런 뜻이다. 이 또한 인간의 환상적 요구를 충족시켜 주는 대리만족의 일종으로 볼 수 있을 것 같다.

텔레비전 폭력과 관련, 여기서 거론한 여러 가지 예측과 가정을 검증해보고자 하는 실증적 연구는 어떤 확고한 결론에 이르지 못한다 하더라도 해볼 만한 연구제목이다.

인간은 참으로 모순 덩어리다. 폭력을 미워한다고 하면서 폭력을 구경하기 좋아하고, 그러하기 때문에 폭력 장면을 상품화하는 산업이 건재한다. 상업주의의 극치인 텔레비전은 시청률을 높이는 데 급급하다. 이런 매체가 장면을 보여주는 데 탁월하다면 폭력을 팔지 않을 수 없게 된다.

영화와 만화치고 성과 함께 폭력 장면이 빠진 게 드물다. 총을 쏘거나 무엇을 힘껏 때리는 오락장이 잘 되며 목표물을 쳐부수는 전쟁놀이 컴퓨터 게임이 인기다. 술과 담배가 건강에 나쁘지만 있어야 하는 것과 같은 이치다.

4) 텔레비전과 서양화 – 서구 물질문화 도입의 효자

화려한 외관을 있는 그대로 전달할 수 있어 물질위주의 가치관을 확대·재생산하는 것이 텔레비전이라면 그런 매체는 소비 중심의 서구문화를 도입해오는 첨병이 되기 쉽다.

모든 매체가 그랬지만 특히 텔레비전은 우리 사회를 서구화(주로 미국화)와 일본화하는 데 지대한 공헌을 했다. 텔레비전의 이런 역할은 물론 그것이 기술 중심의 매체여서 기술이전이 빠르고 쉽다는 것과 관계가 있다. 필름으로 된 외국의 영화, 다큐멘터리, 그외 외국의 보도 내용에다 자막이나 육성을 끼워넣으면 곧 우리가 시청할 수 있는 것은 그 한 가지 예다.

우리나라 텔레비전에 일반화된 토크 쇼(Talk Show), 연예인 행사 쇼, 추적 60분, 스포츠 중계, 광고 아이디어 등을 보면 거의가 그 이름과 구상 모두 외국으로부터 모방이다.

앞으로 위성방송과 뉴미디어의 발전에 따른 국제간의 전파수단의 발달은 이런 경향을 더 심화할 것이다. 이 문제는 제9장 국제언론에서 더 자세히 논한다.

5) 텔레비전은 언제나 나쁜가? – 노는 것도 생산적일 때가

지식인이건 아니건, 또 텔레비전 애호가이건 아니건 이 매체를 낮추어 말하는 것이 유행처럼 되어 있다. 텔레비전을 독서와 같은 차원에 놓고 예찬하는 사람은 하나도 없다. 이때까지 설명한 텔레비전의 오락지향성을 생각하면 수긍이 간다.

그러면 오락은 언제나 나쁜 것인가? 언제나 비생산적인 건가? 물론 그렇게 말할 수는 없다. 영어의 레크리에이션이라는 단어가 시사하듯이 오락은 정력의 재충전을 의미한다. 사람이 쉬지 않고 일만 한다면 건강을 해치고 능률도 감퇴한다. 또 달리다가도 쉬고 돌아보는 지혜가 있어야 한다. 과로사란 쉬지 않고 일만 하다 피로를 못 이겨 죽는 경우를 말한다.

그런 뜻에서 노는 것, 잊어버리는 것도 유익하고 합목적적이다. 카네기(D. Carnegie)는 저서 *How to Stop Worrying*(『걱정을 어떻게 극복할 것인가』)에서 걱정을 줄이는 최상의 방법은 문제의 해결책을 빨리 찾아 시도해보고, 그 다음은 잊어버리는 것이라고 했다. 최선을 한 다음은 현실을 도피하라는 말이다. 이때에는 현실도피 행위가 생산적이다.

그렇다면 일하는 것은 유익하고 노는 것은 무익하다고 한 전제와 노는 것도 유익하다는 주장이 모두 양립할 수 있는 조건은 무엇인가? 그에 대한 대답은 여기서도 균형이다. 일을 할 만큼 하고 나서 필요한 만큼 논다면 그 균형은 이뤄진다. 할 일, 배워야 할 일, 해결해야 할 일이 많은데 놀기만을 한다면 균형은 깨진다. 우리나라 텔레비전의 문제는 바로 여기에 있는 것이 아닌가 한다. 평소에 별로 머리를 쓰지도 않고 알려고 하지도 않으면서 그나마 남는 시간을 텔레비전을 통한 현실도피에 주로 소모하는 사람이 많다면 사회는 어찌되겠는가.

선진국 텔레비전에는 야구, 경마, 카지노 등 스포츠와 레저, 그리고 엔터테인먼트의 비중이 크다. 그렇다고 우리도 똑같이 흉내를 내야 하는 것은 아니다. 한국의 국민소득이 이들 국가에 비하여 아직 적기 때문에만 그런 것이 아니다. 한국이 100년을 지나도 일본을 따라잡을 수 없는 이유를 말한 일본 사람이 있다지만, 한국은 국토분단 아직도 심각한 사회문제를 생각할 때 그러하다.

6) 교육텔레비전 – 잘 보면 정보상자

이때까지 텔레비전이 개인과 사회에 미치는 효과를 논하면서 부정적 측면을 더 강조한 편이다. 이것은 물론 텔레비전의 무한한 잠재력을 생각할 때 공정한 평가는 아니다. 텔레비전은 제작과 이용에 따라 부정적 효과 못지 않게 무한한 긍정적 효과를 가져올 큰 잠재력을 지니고 있다.

그런 가능성 가운데 제일 먼저 꼽아야 할 것이 교육 수단으로서의 활용이다. 텔레비전은 우선 외관과 이미지를 잘 보여주는 바로 그 속성 때문에 탁월한 시청각교육 수단이 된다. 이른바 교육텔레비전(educational television)이 그것이다.

텔레비전은 먼저 원격교육(distance education)에 훌륭한 수단이 된다. 커뮤니케이션 테크놀로지의 발달이 학교에 꼭 나가지 않아도 원하는 교육을 받을 수 있는 기회를 넓히고 있다. 그 가운데 텔레비전은 으뜸이다. 요즘에는 인터넷이 점차적으로 그것을 대신한다.

전파매체를 이용한 시청각교육에 가장 적합한 대상은 구체성을 갖는 모든 자연과 사회 현상이다. 이에 대하여 제7장에서 자세히 다루었다.

텔레비전 교육 프로를 생각할 때 "잘 보면 정보상자, 잘못 보면 바보상자"란 텔레비전에 대한 평은 참으로 적절하다. 앞에 든 언론 내용 2분법에 따르면 교육텔레비전은 환상적 이용이 아니라 현실적 이용이며, 그런 내용은 분명 높은 프로, "좋은 프로"이다. 교육이란 말이 바로 그런 의미를 갖고 있다. 그러나 대부분의 현실적 내용이 그런 것처럼 교육텔레비전 프로의 시청률은 환상적 이용을 위한 시청률만큼 높지 못하다. 대중은 디 프러워의 말대로 저속하기 때문이다. 텔레비전에 대한 대중의 필요는 교육이 아니다.

이윤의 원칙을 따라 운영되며, 따라서 시청률에 민감한 상업방송의 경우 교육텔레비전 프로는 시장경쟁력이 없다. 대부분 이런 프로는 공익자금으로 방영되어야 할 내용이다. 교육을 장사에 맡겨 할 수 없는 사정과 같다.

교육텔레비전은 공영텔레비전이 되어야 하는 이유가 이것이다. 그런데 각국의 실제를 보면 공영방송이 원래 목적대로 모두 잘 되고 있는 것은 아니다. 공익자금의 조성은 공법(公法)의 제정을 필요로 한다. 그러나 법이 어떻게 규정하든 영미와 그외 서구 선진국 이외의 대부분 제3세계 지역에서 공영방송은 정부의 홍보수단이 되기 쉬운 것이 현실이다.

제9장
세계 언론을 모르고 세계화를 할 수 없다

신문에는 외국 사정을 알려주는 외신 페이지가 있다. 안방 텔레비전 앞에 앉아 세계 뉴스, 외국의 사회와 생활상을 소개하는 다큐멘터리와 외국 영화와 연예 프로를 듣고 볼 수 있다. 잡지를 보면 외국에 대한 얘기와 외국에서 일어난 일에 대한 보도가 꼭 있다. 외국어를 잘하는 사람은 ≪타임≫ ≪뉴스위크≫ ≪리더스 다이제스트≫ ≪월스트리트 저널≫ ≪이코노미스트≫ 등 외국에서 오는 국제 잡지를 직접 구독해서 읽기도 한다.

이런 간행물과 영상매체가 전달하는 세계 뉴스와 현장 이미지, 국제문제에 대한 논평과 해설, 외국의 풍물을 보이는 다큐멘터리, 해외여행 기사의 내용은 어떤 것인가? 이것을 알면 우리의 국제감각을 알 수 있다. 외국에 대하여 읽고 본 것이 대개 우리의 국제사회에 대한 지식과 감각이 되기 때문이다. 반대로 외국인들은 우리나라를 다룬 외국어 간행물, 카메라에 담겨 전달되는 장면을 보고 한국을 알게 된다.

물론 해외에서 오래 산 사람, 지금과 같이 해외여행 기회가 늘어나 외국을 돌아본 사람은 직접 눈으로 보고 몸소 경험해 봄으로써 외국에 대한 지식과 감각을 갖게 된다. 그러나 그 수나 경험할 수 있는 기간, 내용에 있어 제한되어 있다. 역시 우리가 외부세계를 알 수 있는 주요 수단은 대중매체이다.

지금은 이른바 세계화 시대인데, 세계 언론과 세계 커뮤니케이션을 모르고 세계화를 말할 수 없다.

1. 지구촌이라는데, 글쎄? - 세계 커뮤니케이션구조를 보면 아직 멀었다

한 나라, 한 국민의 존재는 다른 나라와 다른 나라 사람들을 떠나서 생각할 수 없게 되었다. 근래에 와서 한 나라의 경제와 문화가 국제사회로부터 떨어져 존재할 수 없어 더욱 그렇게 느끼게 된다. 정치적으로는 더 그러하다. 국가간의 관계란 협조적이 아니라면 적대적이 되기 쉬워, 고립되면 국가안보가 위태롭게 된다. 따라서 우리는 국내사회 못지 않게 남의 나라와 국제사회를 알아야 하고 어떤 형태로든 유대를 맺어나가야 한다.

국제관계도 국내관계와 마찬가지로 커뮤니케이션의 존재를 전제로 한다. 한 나라 안에서 사람들의 관계가 모두 커뮤니케이션 관계인 것처럼 국가 및 정부 간, 또는 서로 다른 국민간의 관계도 커뮤니케이션 관계이다. 외교 교섭은 전형적인 예이다. 한 가지 다른 것이 있다면 국제 커뮤니케이션은 국내 커뮤니케이션에 비하여 더 많은 제약을 받는다는 것이다.

국가간 자유로운 통행을 막는 지리적 거리와 국경선, 민족간 자유로운 의사소통을 막는 이질 언어와 문화는 그런 예이다. 이런 제약 아래 이루어지는 국제 커뮤니케이션이 국내 커뮤니케이션과 같을 수 없다.

국경선과 같은 정치적 장벽이 아니더라도 거리는 교류에 대한 큰 경제적 제약으로 작용한다. 가령 언론은 남의 나라의 사정, 국제사회의 이슈에 대하여 보도하기 위해서 자사의 특파원을 외국에 상주시키거나 수시로 보낸다. 그런데 실제를 보면 큰 언론사도 비용 때문에 세계 여러 곳에 충분한 인원을 두지 못하고 있다. 어느 나라건 언론사는 그런 경제적 여유가 없다.

대신 그들은 내 나라 것이 아닌 국제통신사망을 통하여 들어오는 기사와 해설에 더 의지한다. ≪로이터(Reuter)≫ ≪AP≫ ≪AFP≫ 등으로 알려진 국제통신사는 세계 각국에 국제 뉴스를 파는 특수 언론사이다. 이들이 전달하는 외국 보도가 남의 나라의 필요와 사정에 맞게 되어 있을 리가 없는 것이다.

근래 커뮤니케이션 테크놀로지 혁명으로 국가간 공간적 거리가 좁혀졌다고들 한다. 인공위성에 의한 국가간 텔레비전 동시 방영, 인터넷, 이메일과 팩시밀리를 통한 기사 전송, 사진 전송을 생각해보면 그러하다. 하지만 그것은 정도 차이일 뿐 제약은 여전하다.

2. 세계여론은 있는가? — 미국민의 5%만이 "코리아"를 조금 알고 있다

여론은 국내사회에서 뿐만 아니라 국제사회에서도 중요하다. 국내건 국제사회건 여론은 언론과 커뮤니케이션을 떠나 생각할 수 없다. 세계 여론은 당연히 국제 언론 (international media)과 국제 커뮤니케이션(international communication) 연구의 중요한 분야이다.

과거와 현재 국제사회의 가장 큰 이슈는 전쟁 방지와 평화 유지, 그리고 경제, 문화 등 모든 분야에서의 국제 협력이다. 국제 경제협력은 국가간 인력과 자원의 효율적 교류와 이용을 통하여 전체의 생산성을 높여 모든 국민이 고르게 잘 살 수 있기 위해서 필요하다.

그런데도 과거와 현재 이런 이상이 잘 안된 이유는 국제사회는 주권을 중심으로 운영되고 각 국가는 전체 이익보다 국가 이익을 우선시하기 때문이다. 그러므로 이 문제를 개선하는 길은 세계 각국의 국민들이 국제 여론을 형성함으로써 국가이익밖에 모르는 독선적인 정부를 견제하는 것이다.

국제사회는 그런 목적을 위한 집단기구로서 과거는 국제연맹, 현재는 국제연합을 만들었지만 저간의 사정을 보면 이상과 현실 간의 괴리가 큰 것이 사실이다. 앞으로도 뾰족한 수는 없겠지만 이 분야에서 기대해볼 만한 한 가지 견제 세력은 국제 여론이다.

걸프 전쟁, 나토(NATO)의 유고슬라비아 공습, 러시아의 체첸 공화국 공격, 유엔 다국적군의 동티모르 주둔의 경우처럼 근래의 전쟁이나 그외 무력행사는 과거와는 다른 여러 가지 새로운 양상을 보여주었는데, 그 가운데 하나는 사람들이 안방에서 상당 부분 그 현장과 진행과정을 지켜볼 수 있게 된 점이다. 이라크나 유고슬라비아가 적국인 미국의 CNN 방송 기자들이 거기에 상주하여 피격 당하는 현장을 생방송으로 밖으로 중계하도록 하고, 외국언론인들을 초빙하여 공습으로 파괴된 지역을 답사하도록 한 이유는 분명하다. 군사비밀이라며 감추기보다 공개하여 세계 여론에 호소하는 것이 상황극복을 위해서 유리하다고 판단하기 때문이다.

각 나라가 평소 국제사회를 향하여 국가 홍보를 하는 것도 국제 여론을 의식하여 하는 것임은 물론이다. 특히 미국의 외교정책은 국내 여론에 크게 영향을 받는데, 그 여론은 국제 여론의 영향을 받지 않을 수 없다.

그러나 앞서 언급한 국제간 커뮤니케이션의 제약 때문에 여론은 과연 존재할 수 있는가, 또 존재한다 하더라도 각국의 주권을 중심으로 운영되는 국제사회에서 그 실효성이 어느 정도인가 의구심을 갖지 않을 수 없다. 제3세계 국가들이 인권 문제, 핵무기 개발과 판매 계획과 같은 주요 국제 이슈와 관련, 늘 국제 여론의 압력을 받아

왔지만 국내 사항을 이유로 해당 정부들이 수용하지 않은 것은 좋은 예이다.

데이비슨(Davison, 1973)은 국제 여론의 성립 요건으로 아래 세 가지 기준을 들었다. 그 세 가지란 ① 여러 국가의 국민들이 같은 이슈에 대하여 같은 시기에 관심을 가져야 한다, ② 그들간 생각과 의견을 서로 교류할 수 있는 매체와 수단이 존재하여 그럼으로써 이슈에 대한 공통적인 견해와 태도가 이루어져야 한다, ③ 이러한 견해와 주장을 가지고 국민들끼리 서로 접촉함으로써 행동으로 옮기는 메커니즘이 있어야 한다는 것이다. 이상 세 가지 기준을 차례로 지금의 상황을 검토해보자.

첫째 기준에 대하여 말한다면, 각 나라 사람들은 지리적으로나 사회경제적으로 서로 다른 여건에서 살고 있으므로 그들의 관심 사항들이 다를 수밖에 없다. 사람들은 누구나 자기와 가까운 이해관계가 있는 일에 먼저 관심을 갖는다. 그래서 같은 나라 안 사람들의 경우도 서로 이해가 다르면 관심사가 다르다. 다른 나라 사람들간의 경우라면 말할 나위가 없다.

국제분쟁의 소용돌이 속에 있는 유고슬라비아와 팔레스타인 같은 지역은 한국에서 거리가 멀다. 이 지역과 직접 관련을 갖는 소수 외무 공무원, 학자, 무역거래가 있는 기업인들이 아닌 일반에게는 불타는 발칸은 강 건너 불일 수밖에 없다. 대부분 한국인들은 전쟁의 참혹상을 알고 충격을 받기는 해도 이 지역 분쟁의 복잡한 배경이나 해결책을 알고자 고심하지 않는다.

이에 대하여 알고 있는 것이 없고 알고자 하지도 않으니 이 문제에 대한 국제 여론 형성에 기여하지 못한다. 한국 문제에 대한 다른 많은 나라 사람들의 인지도, 이해도와 참여도에 대해서도 똑같은 말을 할 수 있다.

서로 다른 나라에 살고 있는 사람들이 같은 문제 또는 의제에 대하여 갖는 관심도를 알아보는 한 가지 방법은 각국의 언론의 내용을 분석, 이들이 같은 국제 이슈를 동시에 취급한 정도를 조사해보는 것이다. 국내 이슈도 그렇지만 국제 이슈라면 그 지식은 대부분 언론을 통해 알게 되므로 각국의 언론이 같은 이슈에 대하여 얼마만큼 그리고 어떻게 보도했느냐를 알면 이에 대한 각국 국민의 인식과 태도를 짐작할 수 있다. 이 경우, 언론의 국제보도는 지리와 사회경제적 차이로 파편처럼 흩어져 있는 사람들을 묶는 역할을 한다고 간주하는 셈이다.

과거의 조사들은 일정 기간 동안 일어난 주요 국제 문제를 고른 다음, 그 문제들을 동시에 취급한 서로 다른 국가의 매체 수를 알아보는 방법을 썼는데, 그 결과는 별로 고무적이 못되었다.

각국의 매체가 해외 문제에 대하여 갖는 관심이 다른 예는 내가 오래 산 호주의 언론의 예만을 보더라도 쉽게 알 수 있다. 호주언론은 같은 영미문화권에 속하는 영국과 미국에서 10여 명의 인명피해사고가 나면 아시아 지역에서 몇 백 명이 죽었을 때보다 크게 보도한다. 한국에서 10여 명이 죽는 열차사고가 일어났다면 텔레비전만이 조금 비추는 정도이다. 영국에서 비슷한 사고가 일어났다면 전혀 다르다. 한국에서 일어나는 사건이 미국언론에 보도되는 것을 봐도 그것이 미국인의 생명과 재산, 그리고 자국의 힘의 관계에 직접 관련을 갖는 범위로 한정되어 있음을 알게 된다.

국제 문제에 대한 각국의 언론보도 양식이 그러하고, 그것마저 외국 관계 기사는 국내 기사만큼 잘 읽히지 않는다면 이것 역시 같은 이슈에 대한 여러 나라 사람들의 관심집중을 어렵게 만드는 요소이다. 오래된 이야기지만 로빈슨(Robinson, 1967)의 조사에 따르면 미국민의 거의 3분의 1정도가 외신 보도를 읽지 않고 있었다. 꽤 세월이 지난 한국무역협회 조사에서 미국민의 5%만이 한국에 대하여 "어느 정도 잘 알고 있다"고 대답했다는 이야기도 참고할 만하다. "진정한" 한국을 말한다면 지금도 그럴 것이다.

인터넷의 사용인구가 급속히 늘고 있지만 여론 형성에 크게 기여하지 못할 것으로 생각되는 이유는 대다수 네티즌들이 크고 넓은 이슈가 아니라 개인의 필요에 따른 좁은 정보를 쫓기 때문이라고 보아진다. 우리나라의 큰 신문 5개가 독자들을 5개 군으로 분산시킨다는 사실(신문 독자들은 대부분 가정에서 배달을 받는 정기 구독자이어서 더 그렇다)도 여론의 형성을 어렵게 만든다. 가령 ≪동아일보≫가 다룬 큰 이슈를 나머지 4개 신문의 독자들은 읽지 않을 확률이 크다.

각국 국민들이 같은 이슈에 대하여 같은 관심을 동시에 가졌을 때도 그에 대한 해석이 서로 다르다면 여론 형성은 어려워진다. 앞에 언급한 대로 서로 다른 국민들은 서로 다른 배경과 이해관계 때문에 관심 대상이 다를 뿐 아니라 서로 다른 국가의 국민들은 같은 문제를 같게 보지 않는다. 똑같은 이유로 각국의 언론은 같은 문제를 같은 관점에서 보도하고 해석하지 않는다. 그러니 이슈의 초점이 흐려지고 만다.

둘째 요건인 여러 국민들간의 교류를 가능케 하는 전달 수단에 대하여 말한다면 사정은 더욱 나쁘다. 국제간 대중 커뮤니케이션은 국제적으로 널리 읽히고 시청되는 대중매체에 크게 의지한다. 그렇다면 국제 여론은 그런 국제매체의 분포와 역할에 따라 결정되는 것인데, 이 역시 원활하지 않다.

인공위성을 이용한 세계 각 지역으로의 텔레비전 동시방영은 이 분야의 지평을 넓히며, 새로운 기대를 갖게 한다. 세계 인구 60억 중 절반이 같은 사건, 현장을 동시에 지켜볼 수 있고, 또 같은 이슈로 포럼을 펼 수 있다면 국제 여론 형성에 대한 효과는 클 것이지만 텔레비전을 통한 국제간 커뮤니케이션은 그런 단계에 와 있지 못하다.

각국의 주류 텔레비전은 주요 국제 이슈에 국내 문제만큼 시간을 할애하지 못하는 것이 큰 이유이다. 방송의 프로그램 제작은 시청률이 높아 광고가 따라줄 때 가능하다. 그런데 국제적 중계를 가능케 할 정도의 광고 스폰서를 찾으려면 세계 올림픽, 유명 스포츠 경기, 세계 미인대회와 같은 국제적으로 시청률을 높일 수 있는 행사 프로그램이어야 한다. 정작 여론 형성을 필요로 하는 국제 이슈 프로그램에 그런 광고를 끌어낼 만한 시청자 인구가 없다. 그러니 텔레비전으로 보도되는 국제 뉴스는 사건과 액션 중심의 토막 뉴스가 되기 쉽다.

교통사고로 사망한 영국의 왕세자비 다이아나의 장례식을 180개국 25억의 세계인구가 동시에 텔레비전으로 지켜본 사실을 언론은 지구촌의 예로 보도했지만 그것이 국제 여론과 관련해서 어떤 기여를 하는지는 모르겠다. 중계된 내용은 인류와 국제사회의 중요한 이슈와는 별로 관계가 없는 이벤트 현장중계였기 때문이다.

근래 전세계적으로 넓게 네트워크를 갖춘 CNN 케이블 텔레비전 채널이 국제 이슈들을 놓고 세계 지도자와 시청자들을 전화와 이메일로 연결, 토론의 광장 프로를 마련하고 있으나 시청자가 영어사용 인구로 제한되고 질문과 응답은 간략하게 해야 하는 TV 포맷의 제약 역시 크다.

세계적으로 읽히는 신문, 잡지가 국제 언론매체의 역할을 한다. 한국에 들어오는 국제적 간행물로 영문·국문판 《뉴스위크》, 영문·국문판 《리더스 다이제스트》, 영문판 《이코노미스트》, 영문판 《뉴욕 타임스》 《아시안 월드 스트리트 저널》 등은 그런 예이다. 그러나 구독자는 역시 언어와 비용 면에서 제한될 수밖에 없다.

셋째(그리고 마지막) 조건은 국제 여론을 실천으로 옮길 수 있으려면 여러 나라 사람들간에 서로 직접 교류하는 메커니즘이 있어야 한다는 것인데, 그렇게 하려면 이들이 세미나와 국제회의 참석, 위성중계를 통한 화상 토론, 서신 교환 같은 방법에 의한 접촉을 빈번하게 해야 한다. 이것도 만만치 않다.

이미 언급한 국제간 여행이 국내여행만큼 쉽지 않다는 사실말고도 표현의 자유에 가해지는 정치적 통제도 그런 기회를 어렵게 만드는 요인이다. 여론은 사람들의 판단 작용을 전제로 한다. 따라서 여론이 건전하려면 여론의 대상이 되는 사항에 대한 사람들의 판단이 건전해야 한다. 건전한 판단은 물론 관련 문제에 대한 충분한 정보와 연구활동과 함께 표현의 자유가 보장되어야 한다. 국제사회의 경우, 그런 여건은 나라와 지역마다 천차만별이다.

표현의 자유가 비교적 잘 보장된 미국과 그외 서방 국가에서 늘 볼 수 있는 반전시위(대월남전쟁, 대이라크전쟁), 인권 시위, 핵시설 설치 반대, 무역자유화 반대시위 같은 집단행동이 국제문제에 대한 국민들의 한 가지 의사표시 방법이 되지만 제3세계 국가에서는 관제 데모는 있어도 순수한 민간단체에 의한 의사 표출이 어렵다.

언론의 자유를 존중하지 않는 나라 정부는 국내 사정뿐만 아니라 외국 사정에 대해서도 정보를 통제한다. 또 민주국가, 권위주의 국가를 막론, 각국 정부는 자국의 이익이 걸린 사항에 대하여는 과장된 정보를 내보낸다.

그러나 장래 전망은 그렇게 나쁘지만은 않다. 인터넷의 출현으로 개인과 민간단체 차원에서 통제 받지 않는 쌍방 커뮤니케이션의 기회는 지금보다 크게 늘어날 것이다. 또 국제 여론이 무력한 것은 주로 국가간의 이익이 크게 상충되는 정치와 경제 분야에서고 과학, 기술, 행정, 인구, 환경, 범죄, 전신전화, 테러 등 국가간 협력이 서로의 이익이 되는 몇 개 전문분야에서는 매우 효과적이다.

이는 전문인들 대다수가 외신 뉴스의 독자, 시청자, 청취자라는 사실도 이와 관련이 있다. 한 인도의 조사에 의하면 일반 신문 독자의 80%가 국내 뉴스, 8%만이 외신을 읽는 한편, 학력이 높은 독자층의 23%가 국제 뉴스에 높은 관심을 갖고 있는 것으로 나타났다. 전문인들 가운데 해당 분야 이슈에 대하여 국제 여론이 비교적 쉽게 형성되는 일부 이유이다.

3. 국가간 이해 증진 – 이해와 지각의 불균형

국가간 이해와 평화의 증진(promotion of international understanding and peace). 이는 국제관계와 관련, 우리가 귀에 못이 박히게 들어온 말이다. 국제간 오해가 국제 마찰로 이어지고 결국에는 전쟁으로 치닫는 것을 생각해보면 이해가 간다.

그러면 국가간 이해의 증진이란 무엇인가? 나의 이익만이 아니라 상대의 이익에 대해서도 이해하고 공동이익을 추구하는 배려라고 대답할 수 있다. 그렇게 하려면 상대방 사회와 문화, 그리고 그 사회가 처한 깊은 문제를 이해할 수 있어야 한다. 여기에도 커뮤니케이션이 절대적인 전제가 된다. 국제간 이해의 부족, 또는 몰이해는 바로 상대국에 대한 무지 또는 잘못된 인식을 뜻하며, 이는 바로 국제사회간 불충분한 커뮤니케이션 때문에 일어나는 것이다. 물론 국제간 마찰의 근본적 원인은 이해관계 차이에 있지만 상호간 이해와 해석의 준거기준에 차이가 크면 그만큼 마찰은 심화된다.

아래에서 기존의 연구와 나 나름대로의 관찰을 통해서 국제커뮤니케이션 환경이 그러한 잘못된 인식 및 지각으로 구겨지며 이것이 상호간 이해의 큰 걸림돌로 남는 이유들을 몇 가지로 나누어 검토해보고자 한다.

1) 정보유통의 불균형 - 여기서도 미국이 큰 형님

국제사회에서 정보의 유통은 그 방향이 선개발국에서 후개발국 및 제3세계 지역으로 흐르고 있는 패턴을 보인다. 각 국가는 국토, 인구, 경제, 자원, 과학기술, 군사, 문화 등 대부분의 분야에서 차이가 있어, 강대국과 약소국, 부자 나라와 가난한 나라들로 크게 구별된다. 그럴 때 정보는 전자에서 후자 나라로 흐른다. 물이 높은 곳에서 낮은 곳으로 흐르는 이치와 같다.

이를 실증적으로 증명한 커뮤니케이션 분야 연구가 많다.[13] 그러나 그런 연구 없이도 상식적으로도 이 관계를 알 수 있다.

왜 한국은 미국에 대한 정보를, 미국이 한국에 대한 정보를 알아야 하는 것보다 더 필요로 하는가? 한국은 원래 대외관계에 민감해야 생존할 수 있는 나라인데, 지금의 대미관계를 보면 금방 알 수 있다. 한국의 안보는 미국의 방위정책과 직결되어 있다. 미국은 우리에게 제일 큰 수출 시장이다. 자본과 기술이 주로 미국에서 도입된다. 따라서 미국의 외교정책과 경제동향은 우리의 생존과 직접 연결되며, 미국 행정부뿐만 아니라 미국 국민이 무어라고 하느냐, 무슨 생각을 하느냐에 늘 귀를 기울여야 한다.

세계의 경제, 산업 기술, 무역, 군사, 외교, 교육, 문화 중심지가 국제 뉴스와 국제 커뮤니케이션의 중심지가 된다. 그런 중심지가 워싱턴, 뉴욕, 런던, 파리, 제네바, 도쿄 같은 곳이다. 지난 50년 동안 이 중심이 유럽에서 미국으로 옮겨간 것이 사실이다.

그간 전세계적으로 미국의 정치적·경제적·군사적·문화적 지위가 월등히 커졌다. 그 결과 각국의 외교가 미국과의 관계에서 펼쳐지는 느낌이다. 각국의 정치 지도자는 워싱턴에 가서 미국 대통령과 정치 실력자들을 만나야 하고 그것이 뉴스의 초점이 된다. 또 국제연합 본부가 미국에 있어 국제정치에 관한 전세계 국민의 관심이 자연히 이 나라에 모아진다. 미국에서 일어난 일이 다른 지역에서 큰 뉴스 가치를 갖는다. 따라서 국제 뉴스의 흐름도 유럽 중심으로부터 미국 중심이 되고 있다.

여러 연구는 국가간의 뉴스와 정보의 흐름의 양과 경제교류의 증가 간에 밀접한 관계가 있음을 발견했다. 대개 한 나라의 외국 보도는 그 국가와의 경제협력 증대에 비례하여 늘어났다는 것이다. 이에 대한 몇 가지 실증적 연구는 일정 기간 관련 국가들간의 경제협력의 양과 상대국에 대한 보도의 양이 비례하여 증가하는가를 알아보는 것인데, 대체로 그런 경향이 있음이 증명되었다. 즉 상업 관계 교류와 커뮤니케이션 교류는 같은 방향으로 간다. 앞으로 성장 지역은 아시아라고 하니 정보의 흐름에도 어떤 변화가 일어날지 두고 볼 일이다.

우리나라와 경제협력 관계가 많은 나라는 미국, 일본, 중국, 유럽, 기타 아시아 지역 순이다. 우리 언론사의 특파원 분포도 대개 이 패턴을 유지하고 있다. 거의 모든 우리의 일간지와 방송국은 워싱턴에, 그리고 상당수가 뉴욕, 도쿄, 베이징, 유럽의 주요 도시에는 특파원을 상주시키고 있다. 그 당연한 결과 미국관련 기사가 일면에 자주 오른다. 외신 난에도 미국 관계 기사가 압도적으로 많다.

근래 구미 선진국가들이 극동지역으로의 경제협력 진출을 적극 꾀하고 있다. 따라서 이들 국가들의 언론에 일본, 중국, 한국, 대만, 싱가포르, 홍콩 지역에 관한 기사가 늘어났다. 한국의 해외시장은 미국, 일본, 중국, EU 지역 순으로 되어 있다. 한국언론의 외신비중이 미국, 일본, EU의 순으로 되어 있는 것도 우연이 아니다.

대부분 미국언론은 한국에 상주 특파원으로서 자국인을 두지 않고 있다. 미국의 최대 일간지들도 서울에 한국인 비상임 특파원을 두고 있는 정도이다. 국제 언론매체라 할 수 있는 ≪뉴욕 타임스≫ ≪뉴스위크≫ ≪타임≫ ≪이코노미스트≫ 같은 매체도 마찬가지다. 큰 사건이 터질 때마다 도쿄, 홍콩 등에 나와 있는 자사 특파원이 급파되는 실정이다. 미국의 3대 방송국 또한 마찬가지다. CNN 케이블 텔레비전 방송이 몇 년 전 서울지국을 열었을 뿐이다.

다음 세계 뉴스의 수집과 배포를 전문으로 맡으며 넓은 세계 뉴스망을 가진 국제통신사는 선진국에 본부를 두고 이들 국가의 자본이 모두 장악하고 있다. 영국의 ≪로이터≫, 미국의 ≪AP≫, 프랑스의 ≪AFP≫ 통신사가 그렇다. 이들은 세계 각국에 보도망을 갖고 있지만 자연히 자기 나라, 자기 세력권에 있는 나라에 대한 보도를 월등히 많이 한다.

따라서 이들이 선진국 통신사라는 사실은 정보의 흐름이 선진 지역에서 후진 지역으로라는 것을 의미한다. 또 우리나라 언론에 실리는 외신 보도의 대부분이 그들이 공급한 것이라는 사실은 우리 독자들의 국제 인식이 그들의 인식에 따르게 됨을 의미한다. 텔레비전 사건보도 필름과 다큐멘터리와 같은 외국의 제작물을 공급받아 방영하는 경우는 더욱 그러하다.

이에 비하여 우리 쪽에서 밖으로 나가는 통신은 미약하다. 전술한 3대 세계통신사의 기자 대부분이 현지인들이고, 이들이 기사를 모국어가 아닌 외국어로 써야 하는 조건이 더욱 그렇게 만든다. 우리나라 대표 통신사인 연합뉴스가 영문기사를 해외로 공급하지만 외국의 매체에 널리 실리는 편이 아니다. 케이블 텔레비전인 아리랑 뉴스가 일부 해외지역에 방송되지만 시청자가 클 수 없는 실정이다.

국제매체들이 1997년 말에 시작된 한국의 외환위기 동안 국내경제 상황에 대하여 한 보도는 양에 있어 앞서 말한 패턴에 예외적이었다고 할 수 있다. 이들 매체들이 상주 인원과 따로 보낸 특파원을 통하여 보도한 것, 외신을 전재한 것 등 모두 합하여 볼 때 그 양이 엄청나게 컸다. 미국, 일본 등 자본 수출국들은 한국에 빌려준 외채에, 그리고 호주 등 자원 수출국들은 한국의 수입시장 동향에 비상한 관심을 쏟게 된 결과 그렇게 된 것이다. 선진국에서 후진국으로의 기사 흐름의 방향의 전도라고까지는 할 수 없으나 적어도 이변이었다 할 수 있으며, 위에서 본 바 뉴스의 흐름이 경제적 이익과 얼마나 밀접한 관계를 갖는가를 잘 보여주는 예이다. 그러나 이들 기사 가운데 심층적이고 분석적인 것은 대부분 우리가 아닌 외국 기자들에 의하여 쓰여진 만큼 우리보다 그들의 관점을 반영한 사례가 많다.

  2) 세계 뉴스의 양과 질－정보과잉이란 말이 맞는가?

  앞에서 지적한 대로 외국에 대한 우리의 지식과 감각은 대중매체나 남의 얘기 등 간접 경험을 통하여 갖게 되는 것이 보통이다. 그 지식은 한정되게 마련이다. 영상 미디어인 텔레비전, 비디오가 보여주는 외국은 대개 이미지이다. 책이 알려주는 외국에 대한 지식의 분량은 엄청나지만 대개 시사성이 떨어진다.

  신문과 잡지가 그런 간격을 메우지만 불충분한 게 사실이다. 책과 다른 간행물들이 쏟아져 나와 "정보 폭발"(information explosion) 또는 "정보 과잉"(information overload)이란 말이 잘 쓰이는데, 충분하지 못하다니? 그러나 잘 분석해보면 정보는 중복되기 때문에 그렇게 많아 보인다. 이미 있는 정보는 너무 많고, 없는 것은 어디에 가도 없다. 또 어떤 정보는 과잉이라고 해도 파편과 같아 이용가치가 덜하다. 그러므로 정보 과잉은 질이 아니고 양에 있어 그렇고, 종류에 따라 그렇다고 말해야 옳다.

  이미 있는 것이 너무 많은 예를 가까운 데서 찾아보자. 관광 목적으로 미국을 알려고 하면 안내 자료가 너무 많다. 그러나 그보다 고차원적인 목적을 위해서 미국 사회와 미국인을 깊이 알려고 하면 자료가 드물다. 한국에 대한 정보도 그렇다. 역사적으로 다룬 책과 논문은 많다. 그러나 지금의 한국사회와 국민행태를 종합적이며 심도 있게 분석한 자료는 거의 없다. 교보문고의 넓은 공간에는 책이 빼곡이 차 있다. 신간이 매일 쏟아져 나온다. 그러나 이 많은 책들도 범주별로는 몇 가지 안되고, 각 범주는 엄청나게 많아도 내용은 대동소이하다. 해외유학 안내, 취직시험 준비서, 영어 공부 참고서 등이 좋은 예이다. 유학 안내 코너에 가면 어떻게 하면 유학을 갈 수 있는가를 안내하는 책만이 산더미 같이 쌓여 있다. 그외는 없다.

  뉴스와 해설도 마찬가지다. 우리나라 신문의 경우 더욱 그렇다. 하나를 보면 더 볼 필요가 없다. 사정이 그렇다면 국제 뉴스는 더하다. 어느 나라에서든 국제 뉴스는 몇 가지 특징을 갖게 된다. 남의 나라 얘기에 너무 큰 지면과 시간을 할애하지 못한다.

이는 물론 먼 나라에 대한 취재는 비용이 크게 들고 먼 나라 일에 대한 수용자의 관심이 클 수 없는 현실을 반영한다.

그러니 국제 뉴스는 언론이 지각하는바 국가이익에 관련을 갖고 있어 대다수 국민의 관심을 갖는 분야, 대개 힘의 국제관계—예컨대 전쟁, 국제 분쟁, 군사력 동향, 핵, 국제 경제 등—로 모아진다. 시청률에 민감한 텔레비전의 경우는 여기에 흥미라는 요소가 가미된다. 구미언론의 한국 보도를 예로 들어본다면, 평소 한국의 사회상에 대하여 깊이 분석하는 기사는 거의 안 나오는 반면, 대형사건, 격렬한 데모, 소요사건이 일어나면 경쟁이나 하듯 연일 보도한다. 한때 북한 핵사찰 문제로 한반도에 전운이 감돌자 외국 매체들은 거의 매일과 같이 그 문제를 머리로 다루었다. 김대중 대통령의 노벨평화상 수상 보도도 그런 예였다. 수상 소식이 발표된 날(2000년 10월 12일) 전후 이스라엘-팔레스타인 간 유혈 충동이 계속되고 예멘에서 미군 해군 함정이 피습 당하는 사고가 발생하면서 사건 중심인 CNN 텔레비전에 노벨상 수상 뉴스는 뒷전으로 밀려났다.

전쟁, 폭력, 대형사고는 많은 사람의 생명과 재산을 빼앗고 국내든 해외든 관계없이 사람들의 관심사가 된다. 전쟁 또는 전쟁위협은 외국에서 보아도 국제간 힘의 균형을 깨고 국제평화를 위협하므로 얼른 그 여파가 멀리 떨어진 자국민에게 와닿을 수 있으며 자국의 이익에 직결되는 문제이다. 부와 경제력 또한 마찬가지다. 한국에 대한 미국의 언론보도가 자국민의 생명과 재산에 관련을 갖는 한도에 머물고 있다는 관찰과 같은 맥락이다.

이러한 보도성향 때문에 일정 기간을 두고 보면 해외 한국 보도의 내용은 서로 비슷하며 되풀이되는 것이 특징이다. 따라서 외국 사람들은 한반도가 남북으로 갈라져 참혹한 전쟁을 치렀고, 지금도 서로가 대치관계에 있다가 조금씩 달라지고 있다는 사실 정도만을 잘 알고 있다. 그외 자세한 한국사회의 실상은 모른다.

인류사회의 불행인 국가간 힘의 대결이 아니라 근본적인 원인을 찾아서 정의롭고 평화로운 해결책을 찾으려고 한다면 이와 같은 겉으로 나타난 힘의 관계나 국가이익의 관점을 떠나 그런 사태를 불가피하게 만드는 눈에 쉽게 보이지 않는 국제와 국내 세력들 간의 역학 관계에 대하여 국민들이 정확하고 깊은 지식을 가져야 한다.

언론은 많은 나라 국민들이 자기 나라뿐만 아니라 남의 나라 문제의 실체를 잘 알 수 있도록 보도해야 할 것인데 이런 국제 뉴스의 분량은 "정보과잉"에도 불구하고 참으로 미미하다.

한국에 대하여 비교적 관심 있게 보도하는 국제매체로는 미국의 《뉴욕 타임스》 《뉴스위크》, 영국의 《더 타임스》와 《이코노미스트》를 빼놓을 수가 없을 것이다. 누군가가 이들 매체의 한국 보도를 일정한 기간을 두고 분석해보면 재미있는 사실을 발견할 것이다. 시간, 장소, 주인공의 이름만 바꾸면 그대로 써도 될 정도로 내용이 같고 피상적이다.

국제 문제에 대하여 비교적 많이 그리고 깊이 있게 다룬다는 매체가 그러하다면 일반의 외국에 대한 지식이 한정적인 것은 당연한 일이며, 따라서 국제간의 이해가 넓고 깊어질 수가 없다.

3) 세계화와 국제보도 – 수박 겉핥기가 되기 쉬운 까닭은

문민정부 시절 김영삼 대통령의 말 한마디로 국제화/세계화가 무슨 국시나 되는 것 같은 착각을 일으키게 했다. 그렇게 불이 붙은 국제화는 예상대로 정권 말기가 가까워지자 식어버렸다. 그러나 국제화는 누구 때문에 갑자기 기세를 더하거나 덜 해야 할 성질의 것이 아니다.

김 대통령 당시 예상대로 이 용어를 놓고 개념 풀이를 일삼는 학자들이 많았다. 어떤 이는 국제화와 세계화의 차이에 대하여 장황하게 썼는데, 국제화를 뭐라고 정의하든 그것은 용어의 문제일 뿐, 그 실체는 한국이 모든 분야에서 세계적 수준을 목표로 나가는 프로그램이어야 한다고 본다. 세계적 수준은 선진국 수준과 같은 뜻이 된다고 보는데, 누구나 국제화를 말하면서 그 모델로서는 필리핀이나 파라과이가 아니라 미국, 일본, 영국, 독일과 같은 나라를 의중에 둘 것이기 때문이다. 그런 의미에서 국제화는 선진화와 같은 말이라고 생각한다.

국제화가 그런 것이라면 그것은 한국의 국제 커뮤니케이션 체제(international communication system)와 밀접한 관계를 갖는다. 한국이 선진국의 수준에 맞추어나갈 수 있으려면 외국에 대한 지식과 정보를 충분하고 정확하게 배워 알아야 하고, 반대로 한국에 대한 지식과 정보를 해외 사람들에게 충분하고 정확하게 알려야 한다. 이런 전제조건을 만족시켜주는 게 국제 커뮤니케이션 체제이다. 더 정확하게는 국제 커뮤니케이션의 질이다. 그러므로 앞장에서 논한 정보와 지식의 양과 질과 밀접한 관계를 갖는다.

한국 쪽에서 본 국제 커뮤니케이션의 질은 두 가지 측면에서 평가할 수 있다. 하나는 하드웨어, 즉 시설 쪽이다. 한국은 이 면에서는 선진국 수준에 와 있다. 시설 면에서 세계 수준인 3대 텔레비전 방송과 다양한 케이블 텔레비전 채널이 위성중계로 오는 세계 뉴스와 다큐를 계속 보도·방영한다. 많은 전국 일간지, 지방지, 잡지의 체제도 잘 되어 있어 외신을 받아, 또는 자체 특파원의 보도를 이용하여 세계가 돌아가는 사정을 보도한다. 그외 통신사와 인터넷 신문망 등 외부 세계를 잇는 뉴스 인프라가 잘되어 있다.

다른 하나는 소프트웨어 쪽이다. 여기 소프트웨어는 국제 뉴스 보도와 다큐멘터리 제작에 종사하는 인원이다. 이 인원의 자질과 그런 자질과 근무 태도를 결정하는 언론사의 정책과 조직의 질이 떨어진다면 한국의 국제문제 보도는 우수한 시설에도 불구하고 빛 좋은 개살구가 될 수밖에 없다. 그렇게 되면 한국의 국제화는 절름발이가 된다. 불행하게도 그게 현실이 아닌가 한다.

내가 사는 가까운 곳에서부터 사례를 들어 설명해야겠다. 그간 한국 텔레비전 방송국의 해외 보도 활동의 일환으로 호주에도 취재팀이 여러 번 왔었다. 한국도 잘 살게 되어 과거와는 달리 이들은 출장비로 쓸 외화와 기재도 충분히 가지고 왔다. 그러나 그게 전부는 아니다. 이들 보도 인원이 한국과 어떤 관련성을 갖고 호주를 보도하느냐, 달리 말해서 호주의 무엇을 어떻게 찍고 돌아가서 보이려고 하느냐에 따라 한국의 국제화에 대한 기여가 달라진다.

보도는 당연히 행사보도와 이슈보도로 나뉘는데, 운동경기는 행사다. 호주의 경치와 호주인들의 생활상을 보이는 것도 크게 보아 행사보도이다. 이런 보도는 비교적 쉬운 보도에 속한다. 액션 있는 장면을 잘 골라 찍고 짜임새 있게 편집하면 된다. 분석은 별로 필요 없다. 이 보도에서 호주의 낭만적인 장면을 골라, 그것을 한국의 시청자에게 보여준다면 그들에게 이 나라는 아름답다는 인상을 강하게 남기며, 가보고 싶다는 충동을 받게 될 것이다. 그리하여 호주로 가는 한인 관광객 수가 늘게 될 것이다. 이것이 국제화의 전부가 아님은 물론이다.

우리나라가 국제화를 위해서 호주사회에서 배울 수 있는 것이 무엇인가라든가, 또는 문제를 찾아 그 해결책을 제시하는 보도를 구상한다면 이슈 중심이 되지 않을 수 없다. 이런 보도라면 먼저 충분한 자료조사를 통하여 이 사회에 대한 깊은 지식을 가져야 한다. 또 교과서적 지식의 전달이 아니라 보도가 되자면 지식만으로는 안되고 뛰어다니며 현지 취재를 잘 해야 한다.

그러나 이 두 가지 모두 쉽지 않다. 국내 취재와는 달리 여러 가지 어려움이 따른다. 언론사들은 일부 해외지역에만 자사 특파원을 겨우 하나 두는데, 그 넓은 지역과 영역을 제대로 감당하기 어렵다. 국내에서 취재팀이 나갈 때는 짧을 수밖에 없는 체류 기간, 그리고 국내와 다른 현지 여건과 언어 때문에 활동은 큰 제약을 받게 된다. 그러므로 그 취재와 보도는 자연히 수박 겉 핥기가 되지 않을 수 없다.

이런 어려운 여건에서도 보도가 최선의 것이 되려면 언론의 창의력과 열의가 필요한데, 그렇지를 못하다. 주요 해외 지역에는 어느 곳에나 교포사회가 있으며, 거기에는 이미 현지 사회를 연구하는 개인이나 단체가 있으므로 언론사 팀은 취재 전 이들과 공동으로 사전 자료준비와 연구를 하고, 더 나아가서는 이들의 지원을 받아 취재 활동을 한다면 매우 이상적일 것이다. 그런데 그런 일이 드물다. 결국 취재는 자기들만의 고유의 기능이고 외부 사람의 동등한 참여를 허용하지 않는 경직된 관료주의 태도와 그렇게 해도 되는 안일한 언론 환경이 문제다.

한국에는 언론사가 수적으로 많아 이들간 경쟁은 극심한 것 같지만 그것은 뒤에서 더 다루지만(제12장 그놈이 그놈이다, 337쪽 참조) 기사의 질을 놓고 하는 경쟁이 아니다. 해외취재로 나오는 기자들을 보면 알 수 있다. 현지 한국 대사관, 영사관, 무역관, 국내 대기업의 지사를 먼저 찾아 얘기를 듣거나 만날 교민을 천거받게 되는데, 이들은 대부분 자기들에게 협조적인 사람일 뿐 실정을 잘 알고 있거나 국익을 위해서 정직하게 말을 할 수 있는 사람들이 아니다.

대통령 해외 방문은 물론, 국제회담에 참석하는 장·차관이나 그외 사절단 등을 수행하여 기자들이 밖에 나오는 경우가 흔한데, 그들이 보낸 기사를 읽어보면 왜 비싼 여비를 들여 나왔어야 하는가 의문을 갖게 된다. 그 정도라면 외신을 전재해도 될 테니 취재차 여행은 순전히 명목적임을 알게 된다.

한국이 국제올림픽을 개최한 해인 1988년, 시드니에는 적어도 1천여 명의 한국인이 새로 들어와 비자 기간을 넘긴 채 체류하고 있었다. 호주가 건국 200주년(Bicentenial)을 맞아 불법체류자를 적법으로 바꿔주는 사면령을 내릴 것이라는 루머가 한국에 퍼져 브로커들에게 돈을 주고 들어온 사람들이었다. 이들 몇 사람을 만나 들은 얘기는 심각했다. 어떤 사람은 사채로 빌린 돈 1,000만 원을 브로커에게 주고 왔는데 사기라는 것을 뒤늦게 알고 땅을 치기도 했다. 그는 서울의 한 다방에서 여권을 건네 받았을 뿐 상대방의 신분을 알고 있지 않았다. 어떤 사람은 신학교 졸업장을 가지고 가면 영주권을 쉽게 받을 수 있다고 해서 700만 원에 하나 만들어왔다고까지 실토했다. 이런 상황은 서민이 당하는 고통의 문제이기도 하지만, 국제사회에 노출되는 우리 사회의 치부라는 점에서 언론이 한번쯤은 종합적으로 보도할 만한데, 기사를 써줄 수 있다고 제의해도 관심이 없다.

해외 한인사회는 한국 전체에 비하면 매우 작은 공동체이다. 그러나 이들 해외 사회의 문제는 한국사회의 연장이며, 국제화를 위한 교두보로 잘 육성해야 한다는 점에서 이들 사회에 대한 실체를 파고들어 고국에 정확히 알리는 것은 매우 중요하다. 해외에서 경험하는 두 문화간의 마찰, 여러 가지 비리와 사기 사건, 불법체류자에 얽힌 문제, 한인사회가 주재국 사회로부터 받는 대접과 전망, 이런 문제들을 극복하고 건전한 성장을 이끌 수 있는 정책과 비전(한국정부와 교민 차원) 등이 그런 영역인데, 한국 내에서 한번도 충분하게 보도된 적이 없다. 일부 돈 번 "자랑스러운" 교포와 아니면 고달프게 사는 교포의 이분법에 따른 극적인 묘사가 단골 메뉴이다.

근래 해외 이민 붐이 일자 방송사들은 캐나다 등 이민 대상국가에 취재팀을 보내어 현지 상황을 보여주는 다큐를 내보내기 시작했다. 그런데 그 내용과 보도 방법은 과거에 읽고 본 것과 다르지 않다. 따라서 시청자가 거기에서 얻을 수 있는 지식과 현실 감각 또한 새로울 수가 없다. 우리에게 익숙한 해외 한인들의 얼굴과 삶의 현장, 이민을 잘 왔다거나 잘못 왔다고 말하는 두 그룹의 언제 들어도 똑같은 얘기다. 더 깊이 파고들어 잘못 온 사람은 왜 그런가를 따져보면 여러 가지 제기해야 할 정책 문제가 많은데, 보도는 거기까지 가지 않는다.

1997년 IMF 경제위기 때는 어려운 사람들의 국외 탈출이 이어졌다. 1988년과는 달리 한국의 텔레비전 방송사가 취재진을 보내 밖에서 발이 묶인 동포들의 실상을 알리는 연재 프로를 만들어 내보냈으나 이 또한 같은 식이었다. 어려움만을 피상적으로 보여주는 감상적인 프로에 지나지 않았다. 동족을 더 적극적으로 수용하지 못하는 해외 한인사회를 나무랐으나 그렇게 밖에 될 수 없는 한인사회의 취약점에 대한 분석은 전혀 없었다.

4) 국제간 언어와 교육구조 – 왜 서양인 앞에서 기를 못 펴는가?

국제 언론 또는 커뮤니케이션의 장애물 가운데 가장 큰 것은 뭐니뭐니해도 서로 다른 언어이다. 국가간 커뮤니케이션은 영어 아니면, 한두 개 강대 국가의 언어를 매개로 하여 이루어지는 것이 현실이다. 각국 국민들이 각자 원어를 가지고 동등한 위치에서 의사소통을 하는 것이 불가능하다.

한국인 외교관, 학자 기타 전문인이 같은 분야의 영어사용 국가 사람들을 상대로 자기 입장을 설명하거나 따질 때는 영어로 말하고 써야 한다. 한국말로 하면 소용이 없다. 그러나 미국 사람, 영국 사람 또는 그들 정부는 우리와의 관계에서 저들의 말인 영어로 해도 된다. 우리는 짧은 영어실력을 동원하여 그것을 풀이하고 응답해야 한다. 그것은 쉬운 일이 아니다. 이러한 현 국제 언어구조 아래에서는 우리가 불리하게 되어 있다. 그들은 그들의 주장을 우리에게 쉽게 잘 전달할 수 있으나 우리는 그렇게 할 수 없어 말의 대결에서 밀린다.

영어가 국제어가 되고 있는 것이 사실이다. 모든 서방 국가들의 공용어가 영어가 아니나 영어에 비교적 가까워 한국인들보다 영어를 쉽게 배우고 잘하게 되어 있다. 어떤 지역은 영어사용 국가의 과거 식민지여서 영어를 잘한다. 어쨌든 학자들의 말대로 국제사회는 불평등 언어구조(linguistic disparity)로 되어 있다.

언어적 불평등은 문화적 불평등과 밀접한 관계를 갖는다. 언어는 커뮤니케이션 수단이면서, 문화적 산물이다. 그러기 때문에 영어로 커뮤니케이션을 하는 사람은 영어라는 언어뿐만 아니라 영미 문화를 잘 알아야 한다. 상대국의 언어와 함께 문화 속에서 생각하고 대응해야 하는 처지가 또 불리한 커뮤니케이션을 하게 한다.

대체적으로 한국 사람들은 영어를 사용하는 백인들과 무슨 일을 하게 되면 주체의식이 없고 비굴하게 굴어 그런 현상을 사대주의라고 하지만 알고 보면 우리말이 아닌 그들의 언어로 의사소통을 해야 할 뿐만 아니라 그들의 문화에 맞추어 행동해야 하니 그렇게 되고 마는 것이 아닌가 한다.

한편 불평등 언어구조가 앞에서 논한 정보의 흐름에 있어서의 선진국/후진국간 불균형을 심화시킨다. ≪로이터≫ ≪AP≫ 등 우리나라에 지국을 갖고 있는 영어사용국 국제통신사들의 직원들은 거의 전부가 현지인 한국 사람들이다. 그외 한국에서 외국 언론사를 위해 통신원 자격으로 기사를 보내는 사람들도 거의가 한국 사람이다. 외국어로 기사를 내보내는 연합뉴스 국제부 또한 문장을 감수하는 외국인을 빼놓으면 전원이 한국인이다. 이들이 기사를 모국어가 아닌 영어로 써서 보내야 하는데, 이 점 또한 우리 사회에 대한 실상을 충분하게 밖으로 전달하는 데 큰 제약으로 작용한다.

한국에서 일어나는 큰 사건에 대한 비교적 심층적인 외신보도는 대부분 현지에서 근무하는 한국인 인원이 아니라 본사나 다른 지역에서 일이 터질 때마다 급파되는 외국언론인이 쓰는 것이 보통이다. 2000년 6월 15일 남북정상회담 취재차 서울에 대거 몰려온 외국기자들은 좋은 예였다. 이들은 언어 구사에는 어려움이 없을지라도 남의 사회에 대한 깊은 이해가 없어 멋대로의 기사를 쓰는 일이 흔하다.

5) 공감대―"양키 고 홈"

남의 나라 사회를 잘 알기가 어렵다. 한 나라, 한 사회는 복잡한 많은 부분으로 되어 있는데 이런 부분이 모여 만들어진 전체를 제대로 이해하는 일이 쉽지 않다. 이 전체의 근간을 이루고 움직여나가는 것은 인간이다. 그러므로 국제적 이해의 증진의 전제로서 남의 사회를 이해하는 길은 그 사회의 사람들을 이해하는 것이다. 이 사람들의 마음이다. 이게 어렵다.

남의 나라 사람들의 마음속을 어떻게 알 수 있는가? 책을 읽고 얘기를 들어보면 도움이 되겠지만 그보다 그들의 삶의 현장(1차 집단)에 들어가 그들의 마음 속을 헤아려볼 수 있어야 한다. 찰스 쿠리(Charles Cooley)의 "자신의 거울 상"(looking glass image)이라든가 조지 미드(G. H. Mead)의 "남이 보는 나의 이미지에 대한 나의 인식과 판단"을 통하여 그들(남)의 마음을 알게 되는 것이다.

커뮤니케이션은 이 과정에 절대적 역할을 한다. 다른 사람이 나를 어떻게 보는가를 알기 위하여 상대방의 마음 속에 들어가는 일은 커뮤니케이션을 전제로 한다. 커뮤니케이션 학자들은 이런 과정을 공감대의 형성 또는 감정이입(empathize)이라고 부른다.[14] 이미 언급한 준거기준의 차이도 실은 일부 공감대의 차이일 수 있다. 그런데 여기에도 역시 언어와 문화 배경이 다른 사람간의 커뮤니케이션이 어려운 것이 문제다. "호머필리"와 "헤테레오피리"(Rogers, 1982; 제3장 78쪽; 제6장 비슷한 경험, 155-156쪽 참조)의 문제다.

결국 언어와 문화적 배경이 다른 이(異)민족간 또는 이(異)문화 간에는 서로가 각별한 노력을 하지 않는 한 공감대 형성이 어려워, 이해의 간격이 크다. 특히 서양 사람과 동양 사람과의 관계는 일반적으로(전자가 후자보다) 후자가 전자를 더 필요로 하는 관계이어서 상대를 알려는 노력이 쌍방적이며 등가적이지 못하는 것이 현실이다.

미국인과 한국인이 서로 교류한 역사는 짧지 않지만 미국인들이 한국 사람의 실체라든가 한국사회의 고민을 잘 모르는 것은 이 때문이다. 해방 후 미국은 세계 여러 곳에 군대와 민간인을 상주시켜 세력권을 확장해왔지만 거의 어디서나 "양키 고 홈!"(Yankee go home!)에 부딪혔던 이유의 일부가 바로 여기에 있다고 생각된다. 그들은 어디에서나 자기들대로 주거 지역을 따로 정하고 자기들대로의 생활양식을 지탱하였다. 경제적 우위와 자기들의 가치와 문화에 대한 우월감 등이 그렇게 만든 것인데 이러한 상황에서 주재국 주민들과의 뜻깊은 교류와 공감대 형성은 불가능했다. 당연히 우리도 저들의 깊은 마인드를 이해할 수 없었다. 한국 사람들이 여러 경우를 통하여 경험한 미국인들에 대한 평을 들어보면 천차만별이다. 미국 사람들은 친절하다 아니다, 인정이 없다, 후하다 아니다, 짜다, 사려 깊다 또는 일방적이다, 자기이익밖에 모른다 등이 그것이다. 평소 잘 안다고 생각했던 미국인도 같이 일을 해보면(또는 살아보면) 새로운 면을 늦게 알게 된다. 모두 그들의 마음 속을 들여다보지 못하는 데서 오는 결과이다.

4. 커뮤니케이션과 문화 침투 – 신세대란 누구인가? 우리 언론은 사대주의와 모방문화의 주범이다

오늘날 한 나라가 남의 영토를 강점하는 일은 드물게 되었다. 얼마 전 이라크가 쿠웨이트를 침략, 점령하는 사건이 생겼으나 이것이 미국의 개입을 불러들여 걸프 전쟁으로 확대되고 이라크의 참패로 끝났다. 무모한 침략은 유엔의 이름으로 강대국들의 간섭을 초래하게 되어 있다.

또 그런 침략은 일시 성공한다 해도 피침략국의 오랜 독립투쟁을 유발, 길게 볼 때 승산이 없다. 영국, 프랑스 등 과거 이름난 식민 국가들이 힘으로 얻은 영토를 하나 둘씩 내놓는 예라든지, 최근 소련 연방이 해체된 과정만 봐도 그것을 쉽게 알 수 있다.

그러나 국제정치학자들이 말하는 대로 각 국가는 힘을 키우고 그 힘을 어떤 형태든 밖으로 확장하고자 하는 속성을 갖고 있다. 오늘의 국제사회를 볼 때 선진 강대국은 영토적 침략은 하지 않는 대신, 경제와 문화 침투를 통한 보이지 않는 식민주의 정책을 오히려 강화한다.

한때 경제 이익만 찾아 밖으로 뻗어간 일본을 경제적 동물(economic animal)이라고 불렀다. 그렇다면 문화적 동물이란 말도 쓸 만하다. 지난 40여 년 간 한국이 거친 발전과정의 특징은 서구화(westernization)이다. 이 서구화는 미국—근래에 와서는 인접 국가인 일본—에 대하여 경제와 문화적으로 의존하는 과정이었다. 이른바 미국화(americanization)이다.

"외국 문화의 수입은 왜 나쁜가"라는 질문에 쉽게 대답할 길은 없다. 각국은 전통 문화를 갖고 있는데, 이것이 언제나 모두 합리적이고 좋은 것만은 아니다. 무엇이 좋고 나쁜가를 아는 것은 또 하나의 문화인 외국 문화를 보고 비교해봄으로써이다. 이때 자기 나라 문화가 전부 나쁠 수 없는 것처럼 외국 문화가 다 좋은 것은 아니므로 나쁜 것은 버리고 좋은 것은 받아들여야 한다.

분별 있는 외국 문화의 수용이 필요하다. 그렇지 못할 때 주체성 잃은 외국 문화의 수입, 문화적 식민주의, 사대주의 현상이 일어난다. 우리가 염려하는 문화적 침략 또는 문화적 제국주의(cultural invasion, cultural imperialism)의 기준은 여기에 두어야 할 것이다.

한때 "미국 것은 똥도 좋다"는 속된 말이 유행할 정도로 한국인은 미국의 문화라면 무엇이든 동경하던 때가 있었다. 요즘 이따금 젊은이들이나 일부 인사들의 반미감정이 거론되는 일도 생겼으나 미국문화의 지배 현상은 더하면 더했지 덜하지 않다. 해외에서 사는 사람으로서 나는 우리 언론에 흔히 실리는 한국 신세대 예찬론을 읽게 될 때마다 낯 뜨거워지는 일이 한두 번이 아니다. 거기에 지적되는 신세대의 특징이라는 것들이 모두 서양, 특히 미국 젊은이들의 생활양식을 모방한 것 외에 다른 것이 없기 때문이다. 한 한국의 신문기사는 젊은 여성들이 내복(메리야스 티셔츠) 바람으로 길에서 빨대로 주스를 마시며 걸어가는 것을 "주변 눈치 안 살피는" 신세대의 가치관으로 묘사했다. 또 "무스머리, 팔찌, 선글라스, 벨트색 등 신세대 부부의 패션은 기성세대로 인식되어지는 것을 거부한다"라는 캡션도 달아놓았다. 한국정부나 여러 단체가 새로운 아이디어나 운동으로 벌이는 이벤트들 대부분이 알고 보면 대부분이 서방사회에서 오래 전부터 해오던 것들임을 알게 된다.

한 국민이 이와 같이 외국문화에 압도되어 있을 때 자기와 자기 나라의 이익이 무엇인가를 알기도 어렵고 안다고 해도 이것을 내세우기가 어렵게 된다. 대부분 한국의 정치인, 관리, 학자들이 미국인 파트너를 대하면서 떳떳하지 못했던 것은 이런 데에 원인이 있는 것이다.

1960~1970년대의 한국사람들의 "불필요한" 미국 이민 러시도 마찬가지다. 여기서 "불필요한"은 이민 안 나가도 될 사람이 외국에 대한 허상과 동경심 때문에 나갔다는 뜻이다. 요즘도 정치인들이 국내에서 일이 잘 안되면 예외 없이 미국 또는 일본 등지에 몇 개월 또는 1년씩 외유(外遊)를 나가는 기현상도 우리가 그만큼 문화적으로 침략을 당한 탓이 아니겠는가. 미국이나 일본의 정객이 어디 한국으로 외유하러 오는가.

선진국들은 문화협력을 시장 침투의 고차원적 수단으로 쓴다. 경제가 먼저인지 문화가 먼저인지를 따지는 것은 무의미하다. 경제적 침략과 문화적 침략은 동전의 양면일 따름이다. 경제적으로 예속되면 문화적으로도 그렇게 되고, 반대로 문화적으로 예속되면 경제적으로 예속된다. 오늘날은 과거 어느 때보다 전통적 수출상품말고 문화 그 자체가 외화를 돈을 벌게 한다. 한국이 영화수입이나 유학으로 미국에 지불하는 달러 액수 하나만 봐도 금방 알 수 있다.

문화적 침략은 커뮤니케이션을 떠나 생각할 수 없으며, 국제여론과 마찬가지로 국제커뮤니케이션 연구의 중요한 분야이다. 문화적으로 침략을 당한다는 것은 본래 자기의 가치와 생활양식을 버리고 대신 남의 것을 받아들이고 배우는 것을 말하는데, 이는 태도와 정서의 변화를 전제로 하며 그런 변화를 가져오게 하는 것이 커뮤니케이션이다.

위에서 말한 한국인의 미국화가 어떤 과정을 거쳐 일어났는가를 따져보면 쉽게 이해할 수 있다. 먼저 해방 후 홍수처럼 밀려들어온 할리우드 영화를 빼놓을 수 없다. 60대의 한국인들 가운데 영화에서 본 화려하고 풍요한 미국의 이미지를 머리 속에 그려놓지 않은 사람은 드물다.

다음 풀브라이트 장학금(Fullbright Scholarship) 등 미국 정부 지원으로 추진된 국내 지식인들의 미국유학이다. 누구나 받을 수 없는 이런 장학금 혜택을 받고 미국에서 교육을 받고 돌아와 그 학력을 인정받아 각 분야 요직에 앉게 된 사람은 미국 문화에 대한 긍지도 크고 그들이 남기는 문화이식효과도 그만큼 클 수밖에 없는 것이다.

1950~1960년대 미국 정부는 기술원조계획의 일환으로 대부분의 우리나라 고위 행정관료, 언론인, 학자, 고위 군장성들을 장단기로 미국유학을 시켰다. 미국 정부는 한국과 같은 사회에서는 고급관리와 지식인말고도 군인이 장차 중요한 국가결정권을 갖는 자리에 오를 것을 알았던 것이다.

텔레비전은 문화를 가장 빠르게 이전시키는 매체다. 우리나라 텔레비전이 사회에 미치는 영향력이 압도적으로 커지면서 미국문화 수입이 매우 빨라졌다. 영상매체가 미국의 전유물은 아니지만, 필름 제작기술과 작품 아이디어 면에서 앞서 있는 미국의 기재 수입에 딸려 들어오는 것이다. 또 미국은 넓은 국내 시장을 통해 다른 나라보다 경쟁력 있게 제품을 만들 수 있어 미국의 문화권에 있는 나라는 거의 모두 높은 비율의 미국 프로를 수입하여 방영하고 있다.

강현두 교수(1987)가 "현대의 한국의 대중문화는 전통문화의 대중문화가 아닌 미디어와 함께 수용된 외래성 문화다"라고 한 것은 타당한 말이다. "외래의 대중미디어를 도입할 때 언제나 미디어와 테크놀로지와 함께 그 제도와 가치가 함께 들어오게 마련이다. 테크놀로지가 강하게 지배하는 미디어일수록 더욱 그러하다."

한국전쟁 이후 주둔해온 미군과 함께 존속해온 미군 방송인 AFKN 채널, 몇 년 전 한국으로 들어온 미국의 CNN 채널이 영어를 배우는 한국인들 가운데 크게 환영을 받는 사실도 이에 크게 기여한다.

대중매체를 앞세워 하는 선진국의 문화침략은 한국의 언론 학자와 지식인들에게도 큰 관심사가 되고 있다. 또 요즘 한국언론은 이따금 "한국인에게 미국은 무엇인가"와 같은 특집을 만들어 주체의식을 강조하고 우리의 문화적 예속성을 경고하는 보도를 늘이고 있다. 그러나 여기서 우리가 주목해야 할 사실은 알게 모르게 국민에게 사대주의 가치관을 심고 선진국에 의한 우리 문화의 침략을 자진해서 돕고 있는 장본인이 우리 언론이다. 이 또한 제12장에서 다룰 우리 언론의 이중성(야누스 언론, 368쪽 참조)의 한 가지 좋은 예이다. 아래에 사례 연구가 될 만한 것들을 들어보면 무슨 얘기인가를 알 수 있을 것이다.

● 우리나라 주류 신문에는 어느 누가 외국의 대학, 전문기관, 또는 국제회의에 초청을 받아 가게 되었다는 기사가 유난히 많다. 우리나라가 선진국으로부터 학술과 과학기술을 들여올 뿐만 아니라 국제교류를 통하여 발전을 하는 나라이기 때문에 해외지향적이 되는 사정을 이해한다. 그렇다손 치더라도 학자, 장관, 연구원장, 은행장 등이 초청받아 그런 곳을 다녀오는 것은 그 자리에 당연히 따르는 일상 업무이다. 왜 지금도 그것이 기사가 되어야 하는가? 이는 분명 언론이 지금도 외국의 큰 단체나

이름난 사람과 무엇을 한다면 사족을 못 쓰며, 그럼으로써 사대주의 풍조를 선도하고 있는 구체적 예이다. 이와 같이 외국과 관련을 갖고 하는 일은 홍보 프리미엄을 갖게 되니, 홍보를 노리고 하는 대개의 국내 학술대회, 세미나, 심포지엄, 워크숍, 포럼, 컨퍼런스 등 행사가 알려진 외국의 단체와 제휴하거나 외국 학자와 저명인사들을 불러서 열게 되며, 그렇게 하면 내용이야 어찌되었든 보도는 따놓은 당상이다. 그야말로 사이비적 행사이면서 사대주의의 표본인 셈이다.[15]

이 문제를 영미 선진국 쪽에 서서 바라보면 불합리성은 한층 분명해진다. 거기 학자들이 교환교수 계획에 따라 서울대학교나 KDI 등의 초청을 받아 갔다면 해당 대학의 학보에는 몰라도 주류 신문에 보도되지 않는다. 특강을 하러 미국의 하버드대학에 간다면 물론 그것도 뉴스가 되지 않는다. 학자와 중요한 공직을 가진 사람은 수시로 그런 오퍼를 받게 되어 있다. 오히려 받을 수 없는 사람이 받았다면 기사가 될 수 있다.

영미 국가에서 공부해본 사람은 다 아는 일이지만 명문이건 아니건 대학의 강의는 학교의 전임교수가 다 맡아 하지 않는다. 교과나 세미나의 일부로 외부 사람을 많이 참여케 하므로 웬만한 학자들은 그런 기회를 갖게 된다. 대부분 한국에서 하는 국제행사가 저쪽에서는 조용한데 이쪽에서만 난리를 치는 꼴이다. 영미언론보도는 외국 또는 외국인이 하는 행사라고 해서 우리처럼 따로 의미를 주지 않는다. 오히려 반대다.

● 해외지향적인 우리 언론은 외국 정부나 단체가 우리나라에 와서 벌이는 각종 연예 음악 콘서트, 서커스 공연, 상품전시 등 이른바 문화교류와 경제협력 행사와 활동을 거의 전부 보도해준다. 모든 신문이 만들어놓은 국제, 문화, 기획 등의 이름의 넉넉한 지면이 이런 목적에 쓰인다.

그런데 왜 이것이 문제인가? 영미 국가의 대표적 신문과 텔레비전은 60~70명 대단원으로 구성된 우리나라 고전무용단 또는 여러 교수 성악가로 구성된 이른바 문화사절단이 찾아와 공연을 하거나 민간통상사절단이 와 상담을 벌여도 기사로 단 한두 줄밖에 내지 않는 것이 보통이다.

나는 편협한 국수주의자가 아니다. 이들이 그러니 우리도 그래야 한다는 단순한 논리를 내세우고자 하는 것이 아니다. 관건은 균형감각이 아닌가. 이런 식의 짝사랑이 바로 우리가 오래 익숙해진 선진국과의 불평등 관계, 그리고 불필요한 미국 숭배(또는 영국 숭배, 프랑스 숭배)의 뿌리이며, 문화상품 분야에서의 만성적 무역불균형의 원인이라는 것이다. 내가 사는 호주에도 민간 문화교류란 이름으로 한국으로부터 화가, 미술가, 성악가, 피아니스트, 민속 예술가, 풍물패, 명창 등이 끊임없이 찾아와 행사를 벌이지만 현지 큰 신문과 텔레비전에 기사가 나는 일이 매우 드물다. 그러니 행사 장은 공짜로 돌리는 표로 참석하는 교포가 아니라면 썰렁하다. 한국에 들어와 성황리에 행사를 마치고 푸짐한 달러를 벌고 돌아가는 외국의 오페라단, 피아니스트, 테너 가수, 소프라노 가수와 그외 여러 가지 흥행가들의 사례와는 비교가 되지 않는 것이다.

한국의 경제가 커지고 시장규모도 커졌다. 이 시장을 노리는 서방 선진 수출국들이 이러한 한국언론과 국민의 정서를 시장침투 전략으로 쓰고 있는 점도 우리가 알아야 한다. 이들 나라들은 한국에서 무슨 나라 "위크"(예컨대 캐나다 위크) 등 자기 나라 홍보를 위한 특별 행사를 개최하는데 대개 해외시장 개척의 책임을 맡는 외교통상부의 돈으로 하는 사업이다. 이들 나라에는 한미, 한호, 한캐나다 재단 또는 협회, 무슨 경제 또는 문화 협력위원회를 만들어, 우리나라에서 "뜨고 있는" 문학가, 예술가와 그외 전문인, 사계 인사를 골라 비용을 대주어 자기 나라의 알려진 대학이나 다른 단체에 가서 특강을 하는 기회를 마련하거나, 역으로 자기 나라 유명인사들을 한국에 오게 하고 있다. 또 이들 정부와 일부 대학들은 자기 나라 물건을 많이 사갈 수 있는 대기업 총수, 자기 나라 홍보를 잘해줄 수 있는 언론사 사장 등을 골라 명예박사나 국가유공훈장을 수여하는 것을 보게 된다.

이들은 한국사람이 외국정부로부터 대접을 받았다면 국내 언론의 푸짐한 보도 대상이 되는 것을 잘 알고 있는 것이다. 또 잘 알려진 자기 나라 인사가 한국에 오면 언론의 관심을 끈다는 것도 잘 알고 있다. 그런데 우리가 알아야 할 중요한 사실은 자기들 나라에서는 그게 전혀 언론의 보도거리가 아니라는 것이다. 우리 쪽에서만 야단법석이다.

지난번 엘리자베스 2세 영국 여왕의 한국 방문 때 일이 생각난다. 나는 그를 귀한 외국 손님으로서 정중하게 대접하는 것은 예의요, 마땅히 할 일이라고 생각한다. 그러나 그 엄청난 언론보도의 양과 여왕은 한국에 도저히 올 수 없는 귀한 사람인데 왔다는 식의 논조는 역시 언론이 국민을 서구문화와 권위에 예속시키는 데 선봉장이라는 생각을 또 한번 하게 했다. 여왕의 한국 방문도 영국의 상업적 이익과 전혀 무관할 수는 없다. 우리 언론은 이런 측면은 전혀 비추지 않는다.

이 나라들이 경제외교의 일부로 문화외교를 강화하기 훨씬 이전에도 우리 언론은 사람들로 하여금 미국과 유럽의 문화적 유산을 동경케 하는 보도를 즐겨 해왔다. 과거에 비하여 지금은 덜하지만 돈을 들여 자사 특파원을 유럽 지역에 보내 연재로 고전 작가의 고향, 작품, 사상 등을 너무 헤프게 큰 사진과 지면을 할애, 보도해온 것이다. 이런 특집기사 가운데는 상대국이 돈을 써가며 관광홍보용으로서 실어야 할 성질의 것도 많다.

미국에서 한국 특파원이 보내는 미국 대통령 부인의 얘기를 포함하여 미국사회의 사건은 아무리 시시콜콜해도 대부분 크게 보도된다. 미국 일변도의 언론과 언론인들의 시각이 이렇게 되면 국민 역시 같아진다.

이런 사정을 잘 아는 미국정부는 우리나라에 미국문화원(USIS)이라는 것을 일찍 두어 미국에 대한 기삿거리를 우리나라 언론사에 끊임없이 제공해왔다. 그후에도 대사관 안에 여러 이름의 홍보팀을 두어 언론 섭외를 맡게 했다. 거기다가 외국에서 공부했거나 다녀온 우리나라 학자, 고급공무원, 문화계 인사들이 친미적인 글을 쓰고 언론이 이것을 크게 실어주니 미국 홍보는 절정을 이루는 것이었다.

● 구미언론에는 촌지라는 것이 일반적으로 없다. 그러나 기업인이 기자들을 저녁이나 점심식사에 초청하는 일은 흔하다. 이때 기업인의 호의가 기자의 보도에 전혀 영향을 미치지 않는다고 장담할 수 없다. 그렇다면 촌지와 식사의 차이는 무엇인가. 더욱 기자가 기업 또는 다른 나라 정부로부터 비행기표와 체류비를 지원을 받아 취재여행을 했다면 이 지원과 촌지의 차이는 무엇인가.

구미의 메이저 언론사는 대개 직원이 외부 단체로부터 재정지원을 받아 취재여행을 하는 것을 금한다. 외국에서도 이름없는 언론사들은 이게 덜 엄격하다. 과거 한때 한국언론인들은 외국 정부, 단체의 지원을 받아 외국에 나갔다 오는 것을 하나의 자랑처럼 여겼었다. 뿐만 아니라 그런 호의에 보답하기 위해서 여행을 다녀와 기사로 그 나라를 후하게 소개하는 것이 보통이었다. 이러한 관행은 재정이 취약한 한국의 군소 언론사, 규모가 작은 전문지, 특히 관광잡지의 경우 지금도 그대로이다. 초청받아 다녀와서는 그 나라 관광, 풍물, 유적지, 사회제도 등 골라 기사를 크게 써준다. 그리하여 한국의 매체들 가운데는 외국(특히 관광청)의 국내 홍보 대행을 하고 있는 느낌을 주는 사례가 많다.

이와 관련, 불과 얼마 전 신문을 보고 안 사건을 거론하고 싶다. ≪동아일보≫(2001년 3월 3일자)에 난바, 이 신문의 기획취재팀이 시티은행이 주는 언론인상을 받았다며 수상자들 사진과 함께 자랑스럽게 나온 기사이다. ≪동아일보≫와 같은 큰 신문의 기자들이 영업을 위해서 한국에 들어와 있는 일개 외국기업으로부터 상장(아마도 부상도?)을 받아도 되는가, 잘 판단이 안 간다.

한국도 여러 준민간단체를 통하여 외국언론인들에게 여비를 대주어 초청하는 등 다양한 해외 홍보활동을 하는 프로그램들이 있다. 그러나 이런 우리 노력에 대하여 선진국의 주류 언론들은 우리 언론처럼 호락호락하지 않다. 그 점은 큰 차이이다. 호주의 경우 <60 Minutes(60분 보도)> <The World Around Us(우리 주변의 세계)>

<Foreign Correspondent(외신특파원)> 등 주류 텔레비전사들이 다큐멘터리 시리즈에 한국 관계 프로를 할 때는 자기들 비용으로 제작팀을 한국에 보내지만, 한국측에서도 극진한 대접을 한다. 그런데도 거기에 나오는 한국특집에는 격렬한 학생 데모, 남북간 전쟁위기, 노사분규 등 사회적 위기감을 남기는 것들이 주였다. 그러니 우리 관광산업의 계속적인 국제수지 역조는 당연한 논리적 귀결이 아닌가.

●우리 언론에는 국내문제에 대하여 우리 자신이 더 잘 알거나, 우리 자신이 해답을 찾아야 할 우리의 문제에 대하여 외국인 학자를 찾아가 묻고 단독 인터뷰 또는 대담이라는 큰 특집을 만들어 싣는 일이 흔하다. 그런데 이들 외국인들은 대개 자기 분야에서 석학이라고 할지라도 우리의 문제를 전혀 모르고 있거나 특별한 관심이 없어 답을 줄 수 있는 처지가 아니다. 굳이 물으니까 대답하는 것이다.

한국을 방문하러온 외국 정치인, 실업가들에게 한국의 인상을 물으면 경이적인 경제발전, 활기 있는 국민 등 좋은 말을 골라 하지만 그들의 임무는 외교 아니면 비즈니스이므로 겉치레 발언일 뿐이다. 실제에 있어서도 그들은 한국사회에 대하여 깊이 생각해보는 사람들이 아니다. 자기 나라에 돌아가면 생각조차 하지 않는 사람들이다.

●연례행사처럼 된 주한 미국대사와의 인터뷰도 마찬가지다. 외교적 발언일 뿐 하나도 알맹이 없는 것을 당연한 의무처럼 문답식으로 한 말 그대로 큰 지면을 할애, 길게 내주는 것도 한국언론의 기현상이다. 더군다나 이런 보도 가운데는 귀한 외부재단의 "협찬"을 받아 하는 특집들도 있다. 구미언론은 현지에 와 있는 우리나라 고위 관리와 "저명인사"에게 말썽이 된 사건이 아니라면 그런 지면과 방송시간을 내주지 않는다. 우리나라에서 대학총장급 학자들이 학술과 문화 교류차 호주에 여러 번 왔다갔지만 이들에 대한 인터뷰 기사는 물론, 한 줄짜리 짤막한 동정기사 한번 큰 현지 신문에 난 적이 없다.

사주나 경영책임자가 예방해온 외국대사와 환담하는 사진을 내는 신문사가 한국에 아직도 많다. 구미 국가에 주재하는 우리 대사들은 거기 주류 신문의 사주는커녕 편집국장도 특별한 이유 없이 만나기 어려운 것은 물론, 만났어도 내방인사 보도 같은 것은 있을 수 없다. 해외 주요 도시에 나가 있는 해외공보관은 현지 주요 언론사의 간부들을 만나는 일을 해야 하는데, 그게 쉽지 않다. 선약을 하려고 전화를 하면 상대가 용건이 무엇인가 묻는다. 다시 말하건대 국수주의자이어서 이런 지적을 하는 것이 아니다. 외국에 대한 언론의 짝사랑 보도가 바로 사대주의를 선도한다는 점을 다시 한번 강조하기 위한 것이다.

●우리나라 관리가 서양 지도자를 만난다는 것이 언론의 엄청난 관심대상이 된다. 1993년, 1994년, 1999년 미국, 인도네시아, 뉴질랜드에서 열린 APEC(태평양 각료 회

의)에서 우리나라 대통령이 미국의 대통령과 일본의 총리와 나란히 친구처럼 앉아 담소하는 장면이 한국에서는 굉장한 기사로 다뤄졌는데, 이런 얼른 보아 당연한 것 같은 보도 방식도 우리 언론과 정부 모두가 얼마나 깊은 강대국 콤플렉스에 빠져 있는가를 잘 보여준다. 그러니 국민의 시각도 그럴 수밖에 없다. 청와대, 중앙관서, 주요 단체들의 홍보팀은 장(長)이 해외에 나가 외국의 인사를 만나거나 국제회의에서 기조연설을 했다면 그 장면 사진이 매체에 나오도록 섭외하고 다녀야 한다. 영미 국가의 경우를 본다면 장의 당연한 직무에 속하는 그런 일이 언론에 나도록 비싼 봉급을 받는 공무원이 좇아다니지 않는다.

금년 초 30여 명의 우리 국회의원이 부시 미국 대통령 취임식에 자비로 참석하고자 부산을 떨었다는 보도도 같은 맥락이다. 신문 독자란에 쓴 한 시민의 지적대로 이들은 새 대통령과 함께 찍힌 사진을 개인 홍보용으로 쓰려고 그랬다는 비판이 그럴 듯하다.

●한때 한국에 유리한 한국 관계 기사가 이름 있는 외국매체에 보도되면 국내 언론은 이에 큰 뉴스 가치를 부여하고 거의 예외 없이 되받아 크게 보도하는 것이 상례였다. 이들 언론사의 해외 현지 특파원은 그런 외국보도를 부지런히 찾아보내느라 늘 바빴다. 독재정권의 유지를 위해 미국을 포함한 외국정부와 국민의 눈치를 크게 봐야 했던 박정희 정권 시절에 특히 그랬다. 이런 상황을 역이용, 홍보가 필요한 재치있는 정부 고위관리나 대기업 중역들이 원하는 기삿감을 국내 언론이 아니라 외국 언론에 먼저 주는 희한한 관례가 생겼다. 이런 상황에서 권위와 전통 모두 신임이 가지 않는 미국의 잡지가 한국의 누구를 아시아 지역 또는 세계의 몇번째 기업인 또는 파워엘리트로 선정, 발표했다면 국내 모든 신문에 보도되는 우스운 일이 보통이 됐다.

나는 1970년대 중반에 《기자협회보》에 글을 써 이런 국내 기사의 외신 의존 또는 국내 기사의 "역수입" 현상의 문제를 경고했다. 이 글은 한국에서는 거의 최초로 그런 문제를 논의한 사례가 아닌가 생각한다. 주 16에서 그 주요 내용을 소개한다. 20년이 더 지난 오늘 우리 신문이 얼마나 달라졌나를 생각해볼 수 있는 좋은 기준이 될 수 있다.

과거 외국신문이 흔하게 한 한국 특집도 그런 목적에 맞게 계획된 것이었다. 일반 지면과는 달리 추가로 지면을 꾸며 한국에 대하여 전반적으로 보도하는 이런 특집은 한국기업으로부터 받는 푸짐한 광고가 있어서 하는 일종의 신문사 사업이다. 외국언론사가 이런 광고를 얻어내는 데는 한국정부의 도움이 있었다. 이런 난은 광고 성격을 띤 유료기사와 비슷하여 독자들도 한 단계 접어놓고 보는 것이다. 지금은 부실기업이 된 대부분 우리나라 재벌들이 한때 이런 수법을 썼다.

5. 이문화(異文化)간 커뮤니케이션의 문제 - "한국인은 고양이를 먹는다"

앞에서 국제커뮤니케이션을 제약하는 요소로서 서로 다른 언어와 문화를 이미 들었는데 이것은 이질문화 집단간 커뮤니케이션 연구의 대상 영역이기도 하다.

커뮤니케이션은 서로 경험을 나누는 행위이기 때문에 그런 경험의 격차가 큰 사람끼리는 의사소통이 원활할 수 없고 커뮤니케이션 효과가 왜곡될 수 있다고 이미 지적한 바 있다(제6장 언론의 내용과 효과, 155쪽 참조). 이 점은 서로 언어와 문화와 경험을 달리하는 이(異)민족, 이(異)문화 간 커뮤니케이션의 경우 가장 확실하다.

잘 알다시피 커뮤니케이션은 말과 글로 하는 기호적 메시지로만 하는 것이 아니다. 몸짓, 눈짓, 복장, 분위기 같은 비기호적 메시지가 이에 못지않게 커뮤니케이션 효과를 낸다. 이런 비기호적 메시지는 커뮤니케이션 과정에 개입하는 한 가지 중요한 문화적 또는 상황적 변수가 된다.

서로 다른 사회의 구성원간의 커뮤니케이션을 단지 언어에 치중해서 본다면 이중언어간 커뮤니케이션(bilingualism 또는 bilingual communication), 문화에 치중해서 본다면 이(異)문화간 또는 이중문화간 커뮤니케이션(intercultural communication)이라고 불러야 할 것이다.

오늘 한국인이 갖는 이(異)문화간 커뮤니케이션은 지역으로 보아 국내와 국외에서 일어난다. 국내는 한국에 일시 또는 장기 거주하는 외국인과의 관계에서, 국외는 한국인이 해외에 취업 또는 여행으로 나가 있을 때, 그리고 해외 한인사회를 이질문화 집단으로 볼 때 이들이 주재국 국민과 교류할 때 일어난다. 해외여행과 이민은 앞으로 계속 늘어날 추세이다. 이민에 따른 역이민도 당연히 늘고 있다. 한국의 국제화는 어제오늘의 얘기는 아니지만 시장개방조치로 외국 기업인의 국내 거주가 많아지고 있어 우리나라에서도 이(異)문화간 커뮤니케이션의 연구는 이론뿐만 아니라 실제 면에서도 매우 필요한 분야가 되었다.

한국인이 다른 영미인들을 대할 때(커뮤니케이션을 할 때) 문화적으로 어떻게 다르게 해야 하는가, 그렇지 않으면 어떤 문제가 생기는가를 다룬 책이 많다. 한국인들은 상대방에게 정색을 하고 미안하다고 분명히 말해야 할 때 같은 뜻으로 수줍게 웃는 일이 흔하다. 서양인들에게 그렇게 하면 큰 오해를 산다. 또 한국사람들은 "노"라고 해야 할 때도 예우로, 또는 상대의 기분을 존중하느라 솔직하게 말하지 않고 "예스"라고 대답하는 수가 흔하다. 이런 문화적 차이가 서로간의 커뮤니케이션을 엉뚱한 결과로 이끌 수 있는데 모두 이 분야의 연구 대상이 된다.

이(異)문화간 커뮤니케이션도 대중매체와 개인 간 접촉의 두 차원으로 나누어 여러 사례를 들어 검토해볼 수 있으나, 이 책에서는 한국에서 발간되는 영어판 신문과 책자, 해외 한인사회에서 나올 현지어(한국어가 아닌) 언론, 해외 한국인의 매체 이용행위와 현지 적응의 문제만을 골라 다루어본다.

1) 한국의 영자신문과 영문서적 — 세계화에 걸맞게 커야 하는데

우리나라에서 외국인을 대상으로 하는 영어 매체로는 영어로 된 일간지, 텔레비전, 통신 서비스, 각종 정기간행물과 서적, 비디오 필름 등이 있다. 영어로 된 일간지로는 ≪The Korea Herald≫와 ≪The Korea Times≫, 그외 ≪연합뉴스≫가 해외지역으로 영어로 내보내는 뉴스 서비스, 국내와 일부 외국지역 외국인 시청자를 위한 아리랑 텔레비전, KBS 국제(영어, 일어, 중국어, 서반아어 등) 라디오 방송 등을 들 수 있다. 이 가운데 영자신문은 가장 중요하다고 볼 수 있다. 뉴스와 정보, 그리고 오락 외에 이슈 중심의 심층보도와 한국의 실정에 대한 심도 있는 해설과 논평을 함으로써 앞서 지적한 우리와 선진국 간 존재하는 정보유통의 불균형을 좁히는 기능을 가장 잘할 수 있는 매체는 아무래도 신문이라고 보기 때문이다.

이들 영자신문은 한국인 인원이 한국에 대하여 외국인 수용자를 대상으로 외국어로 보도한다는 뜻에서 이중언어 또는 이중문화 언론(bilingual or intercultural media)이라고 부를 수 있고, 한국인이 외국어로 언론을 한다는 뜻에서 외국어 저널리즘(foreign language journalism)이라고 할 수 있다. 그런 의미에서 여기에 종사하는 한국인을 외국어 언론인이라고 부를 수 있을 것 같다.

이들 국내 외국어 매체의 현황은 어떤가? 누구나 금방 짐작할 수 있는 일이지만, 한 마디로 활발하고 수준이 높다고 말할 수 없다. 외국어로 내야 하는 매체여서 제작비가 높은 데다가 그 시장은 우리말 언론과는 비교가 안되게 작기 때문이다.

영자매체는 대부분 우리들의 관심 밖이다. 그런 매체에 대하여 장황하게 쓴다면 외람되이 보인다. 하지만 그래야 할 충분한 이유가 있다. 뉴스라고 불려지는 언론 내용 가운데는 비교적 단순한 것과 복잡한 것이 있다. 그날그날 일어나는 사건이나 행사를 보도하는 이른바 스트레이트 뉴스는 전자의 예이다. 외국인들은 한국에 대한 단편적이거나 교과서적 지식은 비교적 잘 알고 있는 편이다. 그것은 우리나라 영자신문이 이런 뉴스를 잘 전달하고 또 한국 밖에서 나오는 매체에서 한국 관계 기사를 읽고 들어 그러하다. 그외 한국정부나 일부 단체들이 낸 영문 책자들이. 한국에 대한 교과서식 지식을 제공한다.

외국기업가들에게 이해관계가 큰 기업정보에 대하여는 내국인보다 더 자세히 알고 있는 경우도 많다. 특수 정보를 좇는 외국 기관, 외국 통신사, 외국 특수매체가 현지에 사람들(대개 한국인)을 두고 정보수집을 하고 있기 때문이다.

그러나 외국인들은 구체적인 개인의 필요를 위한 지식뿐만 아니라 한국사회 전체에 대하여도 깊은 이해를 가질 필요가 있다. 우리나라 대다수 국민이 겪고 있는 어려움과 고민, 그 역사적 배경 등은 그런 것들이다. 그렇지 않고는 사회정의에 입각한 국제문제의 해결은 어렵다.

오늘날 한국인이 안고 있는 많은 사회문제는 국제사회의 현실과 무관하지 않다. 우리 혼자 만든 문제가 아니라는 말이다. 따라서 우리의 사회문제는 국제사회의 구성원들이 국제사회문제의 일부로 이해하려는 노력 없이는 해결이 불가능하다.

외국과의 관계에서 늘 우리 입장을 잘 정리해서 전달해야 하는 영역이 무역, 인권 정치체제, 사회문제, 빈부격차, 인간관계, 고유 문화와 가치관 등이다. 영자신문은 정부의 선전용 간행물이 아니므로 이런 문제에 대한 정부 입장만을 대변할 필요는 없다. 그런 일은 정부가 막대한 예산을 들여 하고 있기 때문이다. 그보다 사설이나 피쳐 기사, 학자, 전문가, 지식인들의 기고 등을 통하여 현실을 더 깊게 그리고 진실되게 알릴 수 있어야 한다.

대(對)외국관계를 중요시해야 하는 한국정부는 밖에서 큰 문제가 터질 때마다 이를 급히 막기 위한 외교를 벌여왔다. 그런데 외교는 외교술 하나만으로는 잘되지 않는다. 장기적인 안목과 이론이 있어야 하고, 또 국민 여론에 따라 정치가 이루어지는 미국을 향하여 하는 외교는 이런 우리의 이론을 미국민과 국제사회에 설득력 있게 전달할 수 있어야 한다. 영자신문이 이런 목적을 위해서 잘 활용될 수 있는 것이다.

한국에서 나오는 영자신문의 구독자는 해외에 별로 없다. 그러나 그 매체는 한국에서 "리스닝 포스트"(listening posts, 정보수집책) 임무를 띤 외국 정부와 단체의 책임자와 전문인들 거의 전부가 이용하며, 또 거기에 나오는 수준 높은 의견이나 주장은 외국통신사나 외국매체의 현지특파원을 통하여 널리 해외로 전파될 수 있다.

그런데 이 신문의 질은 과거나 지금이나 그런 임무를 잘할 수준에 와 있지 않다. 우리 영자신문의 취약점은 언어와 내용 모두에서 나타난다. 물론 양자는 밀접한 관계를 갖는다.

우리나라 영자신문 논조에 대한 외국인들의 평에 한결같이 국수주의적이라고 하는 말에 귀를 기울일 필요가 있다. 한 나라가 국가관계에서 국가이익을 먼저로 하는 것은 잘못이 아니다. 그러나 애국이라며 배타적인 말을 하는 것은 국익이 아니다. 그런 감상적이거나 낡은 우리식 논리로 논의를 전개하다보면 설득력도 없고 질이 얕다는 평만을 듣게 된다. 영어로 쓴다면 더 그렇다.

1970년대 박 대통령 정부가 미국 정부와 국민으로부터 심한 비난과 압력을 받을 때 유정회 국회의원들과 어용학자들이 영자신문에 기고한 글들은 전형적으로 그런 예였다. 휴전선을 옆에 두고 북한이 호시탐탐하는 상황에서 독재정치와 인권박탈은 불가피하다는 식의 논조가 그것이다.

영어로 된 일간지의 이러한 취약점을 보강해줄 수 있는 것이 외국어로 된 한국 관계 서적이지만, 여기에서도 문제는 같다. 우선 나온 책의 종류가 많지 않다. 외국 학자 외에 한국에서 특파원으로 오래 일한 후 돌아간 외국인들이 한국사회에 대한 책을 쓰는 바람에 그 레퍼토리가 늘었지만 여전히 제한되어 있다.

많은 시간과 노력을 요하지만 팔릴지 모르는 이런 유의 책을 특별한 외부지원 없이 쓸 사람은 드물다. 따라서 이 분야에서도 깊이 있는 이론서가 아니라 상업성이 더 있는 관광안내 책자, 한국에 대한 백과사전식 안내 핸드북과 문학번역서 정도가 대부분이다.

또 외국에서 사는 외국인은 말할 것 없고, 한국에 사는 외국인의 경우도 대개 한국어를 못할 뿐만 아니라 한국인과 깊이 교류를 하지 않아 한국사회의 실상을 제대로 파악 못하고 있는 것이 보통이다. 한국에서의 삶을 바탕으로 비교적 자세히 한국사회에 대하여 쓴 몇 안되는 영어 책 가운데 *Korean Patterns*가 있다. 저자 폴 크레인(Paul Crane) 씨는 의사 선교사로서 오랫동안 전주에서 살았다. 그의 글 속에는 호의를 베푸는 한국사람을 늘 조심하라는 내용이 있다. 많은 한국사람들이 서양인이라면 대가를 바라지 않고 친절을 베푸는 사례는 언급하지 않고 있다. 이미 오래된 이 책은 한국에 새로 오는 외국인, 한국사회를 이해하려는 외국인의 필독서가 되다시피 했는데, 부분적인 사건을 일반화한 사례를 많이 담고 있다. 아직까지 한국에서 이 책을 반박한 글이 우리말, 영문 어느쪽이든 한번도 나오지 않은 사실도 주목할 만하다.

한국을 아는 외국인들, 특히 한국문제 권위자로 알려진 외국인의 한국에 대한 지식이 얼마나 깊고 정확한 것인지 알아볼 필요가 있다. 그런 연구조사가 없지만 내가 아는 외국인, 외국인이 쓴 한국문제에 대한 글을 볼 때 그리 만족할 만한 것이 못된다. 한국에서 이런 저런 혜택을 받고 편히 산 사람 또는 사업을 잘 하여 떠난 사람은 한국이 잘 되고 있는데 일부 국민이 시끄럽게 한다던가, 그 반대로 푸대접을 받고 간 사람은 반대의 극단적인 견해를 갖고 있다.

이때까지 우리나라의 영어로 된 신문과 간행물은 우리가 추구하는 국제화 추세에 걸맞지 않게 크게 발전되지 못했으며 그럼으로써 우리가 잠재적으로 입는 손해가 크다는 것을 시사했다. 그럼 왜 그렇게 될 수밖에 없었으며, 앞으로 전망은 어떤가?

영자신문의 취약점에 대한 설명은 이 산업의 내재적 및 외재적 여건으로 나누어 해야 한다. 내재적인 여건은 언론 환경에 속하는 일인데, 첫째로 열악한 시장이다. 국내의 외국어 신문은 당연히 구독자가 적고, 따라서 광고가 적어 우리말 간행물보다 수익률이 낮을 수밖에 없다. 그러나 제작은 영어로 해야 하니 돈은 더 든다. 두 가지 언어를 구사할 수 있는 기자를 채용하고 훈련시키는 일도 그렇다.

"무관의 제왕"이란 말을 이미 썼지만, 우리나라에서 언론을 하는 맛은 월급에만 있지 않다. 과거에 흔했던 촌지, 향응, 이권개입과 같은 노골적인 보상은 줄었다 해도 남에게 이익과 피해를 모두 줄 수 있는 매체의 취재인원들은 지금도 눈에 보이지 않는 혜택을 누리는데, 영자신문 기자들은 매체의 성격상 그런 대열에 끼지 못한다.

영자신문은 관의 비리 사건을 보도해도 우리말이 아니니 감독기관의 눈에 얼른 띄지 않으며 일반이 모른다. 비리를 폭로하거나 자세히 보도하면 오히려 우리 사회의 치부를 외국인에게 알리는 반역자 대접을 받기 십상이다.

한때 우리 신문기자들은 해외 유학을 다녀오면 신문사로 돌아오지 않는 것이 상례였다. 비교적 영어실력이 좋은 영자신문 기자들이 유학을 많이 나갔는데 이들은 돌아오지 않았거나 돌아와서도 모두 다른 분야로 간 것은 너무도 당연한 일이었다. 그러니 이 산업의 전문인 양성은 어려웠다.

외재적 여건은 공익자금 지원 여부이다. 시장경제에만 맡길 수 없는 공익성을 띤 산업은 국가의 특별지원을 받아 발전될 수밖에 없는데 우리나라 영자 저널리즘은 그러한 행운아도 못됐다. 국가정책이 정치적 편의에 따르는 한국적 상황에서는 정부의 자원배분은 장기적인 국가이익보다 힘의 관계에서 결정된다. 힘이 없고 정치권의 관심밖에 있는 이 언론은 정부 지원을 크게 받아본 적이 없다.

그리하여 반관영(과거 문공부장관이 발행인을 임명)이던 ≪코리아 헤럴드≫는 정부의 입노릇을 했으나 제대로 지원을 못 받고 거액의 적자를 안은 채 1978년 한국무역협회로 넘겨졌다. 거기에서도 큰 귀염을 못 받은 탓인지 (주)대농재벌 산하에 팔려갔으나 몇 년 전에 또다시 다른 대기업 소유로 넘어갔다.

한국일보 그룹에 속하는 ≪코리아 타임스≫는 살아남기 위한 비상수단으로 경영방식을 독립채산제로 바꾸었고 인원을 대대적으로 감축했으니 신문의 질은 더욱 저하될 전망이다. 언론의 경우 수지개선 압박은 인원감축 외에 편집을 광고에 예속시키는 결과를 가져왔다. 그리하여 이들 두 신문은 살아남기 위해서 기업으로부터 광고를 받아 하는 특집판 제작에 열을 올리고 있으니 신문의 질은 계속 떨어지고 있다.

문제는 돈인데, 참으로 한심한 얘기이다. 국제외교, 국제친선 및 문화협력, 해외 학술대회 지원 등 명목으로 나가는 막대한 돈은 결국 나라 돈인데, 한두 개의 영자신문이 돈이 없어 잘 만들지 못한다면 말이 안된다.

2) 해외 한인사회의 현지어 저널리즘 — 2세와 1.5세

한국인이 이민을 많이 나간 결과, 해외 여러 곳에 한인사회가 산재해 있다. 이 가운데 이민 역사가 짧을 뿐만 아니라 지금도 이민자가 유입되고 있어 1세 중심인 서방 지역의 한인사회에는 예외 없이 한국어 매체가 많다. 그리고 자기 민족집단을 넘어서 현지 전체 사회를 대상으로 하는 현지어(가령 영어, 서반아어, 일어 등) 매체가 극히 일부 지역에서 나오고 있거나(한국어판 신문에 들어 있는 영문 페이지 포함하여) 아직 그런 매체가 없는 곳에서도 그 필요가 대단히 크다.

해외 한인사회에서 그 구성원들을 대상으로 나오는 우리말 매체를 제작하는 행위, 그리고 그것을 이용하는 행위를 이(異)문화간 대중커뮤니케이션으로 봐야 할지 분명하지 않다. 그렇다고 순수한 국내 언론이라고 볼 수 없는 것은 제작과 이용 모두 한국 사람이 한국어로 한다고 하더라도, 이들은 한국이 아닌 외국이라는 이질문화 속에서 살기 때문이다. 그러나 외국에서 한인들이 일부 자민족과 전체 사회(현지 외국인 사회)를 대상으로 내는 현지어(외국어) 매체 행위는 당연히 이(異)문화간 대중커뮤니케이션의 범주에 넣어 다뤄져야 할 것이다. 해외에 있는 우리말 언론은 다음 제10장에서 따로 다루므로 여기서는 후자(현지어 매체)에 대하여만 설명해보기로 한다.

이 문제를 잘 다루기 위해서는 먼저 해외 한인사회가 현지어(외국어) 매체를 가져야 할 이유, 달리 말해서 그런 매체가 없을 때 아쉬운 것이 무엇인가를 생각해봐야 한다. 그러기 위해서는 먼저 해외교민사회, 해외에서의 한인 민족집단은 무엇인가에 대하여 말해봐야겠다.

미국, 캐나다, 남미, 호주로 간 한국 사람들은 그 나라에 정착하여 살기로 했으므로 그들은 미국, 캐나다, 남미, 호주 사회의 구성원이다. 그럼에도 불구하고 거기에서도 한인사회가 만들어지고, "우리"와 "저들"과 같은 대명사를 사용해 구별하게 되는 것은 우리는 미국, 캐나다, 브라질, 호주의 법에 따라 살고 법적으로 그곳 시민이 되어도 아직은 현실적으로 우리가 아메리칸, 캐나디안, 브라질리안, 오스트레일리안이 아니기 때문이다.

우리가 미국 사람과 똑같이 말하고 행동하며 마음 속으로 "나는 아메리칸"이라는 정서를 가질 때(미국 사람과 모양도 같아지면 더 그렇겠지만 이는 불가능함) 한인회도 필요 없고 "코리안"이라는 형용사가 붙는 그 많은 단체, 교회, 사업이 필요 없게 된다. 그러나 현실적으로 그렇지를 못하다. 우리는 당분간 미국인처럼 될 자신도 없고, 설사 그렇게 되더라도 그들은 우리를 아메리칸이라고 부르지 않는다. 여전히 코리안이라고 부른다. 우리가 잘못하면 코리안이 잘못했다고 하지 아메리칸 또는 오스트레일리안이 잘못했다고 하지 않는다.

결국 이들 현지 외국인들과 우리는 한 지붕 밑에 살면서도 크게는 몰라도 작게는 여러 면에서 서로의 이익이 일치하지 않는다. 그러기에 우리는 현지에서 전체 사회의 이익과 상충되지 않는 범위 내에서 우리대로 공동전선을 펴나갈 필요가 생기는 것이다.

해외 한인사회가 거기에서 갖는 현지어 매체는 이런 공동목표를 실천해나가는 수단이 된다. 한 예로 위에서 말한 대로 한인사회가 공동목표를 갖는다면 그런 목표와 실천 방법에 대하여 먼저 구성원들을 계몽해야 하고, 그 다음 그런 목표의 실천을 위해서 현지 주류사회를 향한 커뮤니케이션이 절대 필요한데, 전자를 위해서 한국어 매체가, 후자를 위해서 현지어 매체가 유효한 수단이 되는 것이다.

우리 한국인이 개인이나 집단으로서의 이익방어나 주장을 한국어가 아니라 현지어로 주류사회를 향하여 마음대로 못하기 때문에 억울한 일을 당하고도 참고 살아야 하는 일을 많이 경험하게 된다. 또 주류사회 구성원들이 우리말을 못하기 때문에 우리 사회의 실정이나 문제를 정확히 알지 못함으로써 서로간 협조가 제대로 안되는 것을 보고 참으로 답답하게 느끼는 일이 한두 가지가 아니다. 나는 호주 시드니에 오래 살면서 교민들의 생활을 늘 지켜봐 왔기 때문에 그런 사례를 누구보다도 자세히 들 수 있다.

영미사회에서는 분쟁은 법원으로 가서 해결하는 것이 원칙이다. 그러나 외국과 우리나라가 마찬가지로, 그것이 비용 면에서 쉬운 일도 아니고, 그렇게 해서 모든 분쟁이 원만히 해결되는 것도 아니다. 특히 문화나 언어 장벽 때문에 일어나는 오해와 분쟁은 미디어를 통한 이슈의 공론화와 상호간 이해증진으로 예방하는 것이 훨씬 더 효과적이다.

한번은 이런 일이 있었다. 불법체류하는 한 한국인이 이민부 직원의 호출을 받아 찾아갔는데 추방을 시킬 줄 알았으나 친절한 안내를 해주어 너무 고마워 그에게 점심이나 하라고 몇 푼의 돈을 봉투에 넣어 내밀었다가 뇌물공여죄로 고발된 것이다. 그는 영어가 짧아 자기 의사를 충분히 말할 수 있는 형편도 아니어서, 우리 식으로 고마움을 표시하고 싶었던 것뿐이었다.

미국, 캐나다, 호주 등 영미 국가들이 동양인 이민을 받는 것은 자선이 아니다. 자국의 이익을 위한 정책이다. 사업이민과 같은 이민 종목의 경우를 보면 더욱 명백해진다. 이민자는 상당액의 자금을 가지고 들어와서 청소업과 같은 현지인이 잘 안하는 이른바 3D사업을 차려 그 나라 경제구조의 밑바닥을 채우고 떠받쳐주는 것이다. 그 외에도 인구고령화 해소책과 내수시장을 늘일 필요 등 여러 가지 이유가 있다. 이런 사정을 모르는 백인들은 눈에 잘 띄는 동양인들을 보고 이들 때문에 살기가 어려워진다고 툭 하면 야단들이다.

해외 한국인들은 이민역사가 짧아 아직 현지인들이 잘 이해 못하는 우리대로의 가치관을 지니고 있다. 또 외국이라는 불리한 여건에서 사업을 하자니 더 많은 시간 일하고도 소득은 적다. 한국의 습성대로, 또는 비용을 아끼느라 현지인들처럼 회계 직원을 고용해 장부정리를 철저히 하거나 세법에 맞게 비용처리를 못하여 탈세로 적발되는 예가 적지 않다.

영미 세법은 접대용 식사를 기업 비용으로 인정하지 않는다. 그러나 한국인들끼리 하는 사업 치고 그렇게 해서 될 것이 하나도 없다. 그리하여 탈세 잘하는 집단으로서 오해를 받고 사는 현실을 부인할 수 없다. 이런 사례들은 상당 부분 문화차이에서 오는 것으로서, 세법의 예외 적용을 요구할 수는 없지만 고려사항은 될 수 있을 것이다. 그런 고충이 세무당국에 영문 문서로 전달되고 우리가 운영하는 현지어 매체를 통하여서도 다뤄진다면 불이익은 훨씬 덜 당할 것이다.

해외에서는 거주국 언론들이 한국과 한국인을 잘못 이해한 글도 자주 나온다. 한국 사람은 모두 고양이를 잡아먹는다는 기사도 가끔 나온다. 개고기 먹는 문제는 늘 거론 되어왔다. 또 거주국 주류언론이나 사법당국이 한인관련 범죄사건을 인종적 편견을 갖고 취급한다는 울분이 한인들간에 일어난 적도 많다.

이런 현지 사회의 반(半)이민 정서와 이질집단간 마찰이나 오해에 대하여 개인 차원에서 단발적으로, 그리고 감정적으로 반응을 보이는 것은 별로 문제해결에 도움이 안된다. 한인사회에 현지어 신문이 있다면 사설이나 해설기사를 통하여, 또 현지 주류 신문의 독자란 같은 곳에 글을 써 이에 대한 방어를 한다면 더 효과적일 것이다. 영미 사람들은 대체적으로 우리보다 합리적이다. 설명에 이유가 있다면 듣는다. 그런데 한인사회가 이런 일을 잘 못한다. 기껏 현지 우리말 신문에 뭐라고 쓰는 게 보통이니 안 보이는 곳에서 우리끼리 눈 흘기기가 될 뿐이다.

해외 한인사회는 주재국 정부와 단체를 대상으로 로비를 벌여야 할 정책사항도 많다. 그런 일은 구체적 문서로 시작하되 역시 현지어 매체를 통하여 전체 사회에 알릴 때 성공할 확률이 크다. 그것도 잘 안되고 있다.

왜 그런가? 한국의 국제화를 위해서는 이에 대해서도 이해가 절대 필요하므로, 이에 대하여도 아래에 좀 자세히 쓰고자 한다.

아마도 중국 연변을 제외하고는 해외에서의 외국어(현지어) 매체를 내기가 어려운 이유는 한국에서 외국어 매체를 내기가 어려운 이유와 거의 같은데, 그보다 몇 갑절 더 악조건이라고 할 수 있다.

구미 지역 한인사회에서 나오는 현지어 매체의 수용자는 현지 외국인이 아니라면 현지 문화에서 자란 2세 한인이어야 하는데 그 수가 많을 수가 없다. 연변 지역과 L. A, 뉴욕 등을 제외하고는 각 지역 전체 교민 인구가 3～10만 정도 아니면 그 이하이다. 그런 정도의 교민사회라면 정치세력이나 구매력으로 보아 대단치 않으니 이런 커뮤니티를 알기 위해서 매체를 찾는 현지 외국인이 많을 리가 없다. 이 지역의 한인 2세들은 학교 공부에 바빠, 자기 사회의 문제를 따로 알려고 하지 않으니 그런 매체를 특별히 필요로 하지 않는 것이다.

대부분 이 지역에서 현지 전문언론인과 같은 수준으로 현지어로 글을 쓸 수 있게 한인을 양성할 수가 없다. 왜 그런가는 여기 한인들을 1세, 1.5세, 2세로 나눠 설명해야 한다. 1세의 경우 한국에서 배운 모국어와 교육과 쌓은 경력이 해외에 나와 아무 소용이 없게 되는 것은 일반적인 현상이다. 언론을 우리말이 아니라 현지어로 해야 한다면 말할 것 없다.

현지 한인들의 문제를 현지어로 잘 다루고 표현할 수 있으려면 영어와 한국어를 완전하게 구사하고 두 문화에 익숙해야 하는데 교포 2세, 또는 1.5세대가 그렇게 될 수가 없다. 2세 교민은 영어를 잘하지만 우리말이 약하다. 10대 중반에 이민 온 1.5세 한국인 젊은이는 우리말이 좀 낫지만 그만큼 현지어가 약하다.

또 영어를 잘하고 우수한 2세들은 부모의 여망에 따라 의과, 상과, 법과, 컴퓨터학과와 같은 장래 취업과 소득 전망이 좋은 분야로 진출한다. 이것은 한인에 관한 한, 국내외 모두 같다. 서양사회에서 동양인이 인문분야에서 출세하기 어렵다는 생각 때문에 더하면 더했지 못하지 않다.

해외에서 자란 한인 젊은이들 가운데 현지어로 신문기자 수준의 글을 쓸 수 있는 사람은 아주 드물다. 이것은 한국인 부모들이 잘 모르는 일이다. 우리나라 글도 여기에서 대학을 나왔다고 모두 글을 잘 쓰는 게 아니지 않는가. 역시 특별한 훈련과 경험이 필요하다. 장래 전망이 나쁜 이런 직종을 위해 해외에서 훈련받을 한국인이 드물다.

영어 때문에 현지 적응에 어려움을 느끼는 1.5세대 한인자녀들은 외국에 살면서도 현지 주류사회로의 진입을 회피하고 오히려 더 익숙한 한국문화 속에 숨는 경향이 있다. 이들간 활발한 한국문학작품 활동, 한인교회 활동이라든가 단체를 만들어 한국

문화의 계승을 위한다는 잔치나 행사들은 그런 예이다. 또 여가이용에 있어서도 한국식 노래방, 한국식 모임, "가라오케", 한국식 당구장 등을 즐기는 것을 볼 수 있다.

나의 생각으로는 해외에서 자라는 1.5세대, 2세대 모두 한인으로서 세계 무대에 긍지를 가지고 진출하려면 먼저 두 언어와 문화 속에서 지식인으로서 불편 없이 살 수 있어야 한다. 그래야만 이들이 우리의 문화와 처지를 더 넓은 세계로 향하여 이해시킬 수 있는 능력을 갖추게 되고 우리나라의 세계화 구상과 관련, 큰 자산이 될 수 있기 때문이다. 한국 자본으로 나오는 현지어, 특히 영어 매체는 그런 목적을 위해서도 절대적으로 필요하다.

해외에서 청소년 지도는 이런 데에 초점이 모아져야 하지만 그렇지를 못하다. 현지에 나와 있는 공관, 현지 한인사회, 고국 정부나 단체 어느쪽에서 봐도 관심 밖이다.

3) 커뮤니케이션과 문화적 동화─"내 나이에 무슨 동화냐"

한국인이 이민 또는 다른 장기 거주 목적으로 외국에 살게 될 때, 외국인이 우리나라에 와서 살게 될 때, 한국인 이민 또는 기타 이유로 외국에 오래 살다가 한국에 돌아올 때 문화적 적응의 문제가 생긴다. 문화적 적응(cultural adjustment 또는 acculturation)과 동화(assimilation)는 꼭 같은 개념은 아니다. 문화적 적응은 동화의 전 단계라고 보면 된다. 외국인이 현지 사회에 동화되는 과정은 첫째, 문화적으로 현지인과 같게 되고, 둘째, 현지인과 잘 섞이며, 마지막으로 마음으로도 현지인과 일체감을 느낄 때 완전하게 되는 것이다. 그러므로 동화는 학문적으로 말한다면 문화적, 사회적, 그리고 심리적의 세 가지 차원의 적응을 거쳐 완성된다. 그러나 이민자를 받는 나라에서는 이런 세분 대신 일상용어로는 현지 사회로의 통합(integration)이란 말을 잘 쓴다.

여기서의 주요 관심은 동화 자체가 아니다. 문화적 적응, 동화, 통합 등 뭐라고 부르든 남의 나라의 문화를 배우고 남의 사회에 적응하는 과정에 커뮤니케이션이 절대적인 역할을 한다는 점이 중요하다.

외국인이 현지 사회에 적응하기 위해서는 무엇보다 현지인과 교류하고 그들의 생각과 행동을 보고 배워야 한다. 이것 또한 커뮤니케이션 문제이다. 하네만(Hanneman, 1975)은 사람끼리 하는 일은 무엇이든 커뮤니케이션이라고 했다. 또 외국인은 현지 사회와 문화를 텔레비전과 비디오를 보고 신문을 읽으며 라디오를 들으며 배우게 된다. 그럼에도 불구하고 과거 동화의 문제는 커뮤니케이션이 아니라 인류문화학과 사회심리학 영역으로만 다루어진 것은 커뮤니케이션 연구의 짧은 역사 때문이리라.

여기에서는 내가 호주 한인들을 대상으로 해본 이민자의 매체이용과 문화적응과정에 대한 연구(Kim, 1985)의 일부를 소개해볼까 한다. 이 연구는 다음 몇 가지 가정을 전제로 하였다.

● 여기 쓰인 동화는 행태적 변화(behavioral change)로서 문화적 동화와 같은 개념이다. 그것은 이민자가 현지 사람처럼 생각하고 행동하게 되는 과정이다. 이 과정은 먼저 현지 사람들이 어떻게 생각하고 행동하는가에 대하여 배워서 익힘으로써 가능하다. 바꿔 말하면 새로운 사회의 문화와 가치관을 배움으로 가능하며, 외국 문화의 습득(cultural learning) 과정으로 바꾸어 말해도 된다.

● 배우는 것과 커뮤니케이션 과정은 거의 같은 과정이다. 커뮤니케이션의 결과 인식변화(cognitive change)가 온다. 그런 의미에서 동화는 커뮤니케이션 연구 분야에 속한다.

● 모든 커뮤니케이션 내용이 동화를 돕는 것은 아니다. 현지 사회의 문화와 가치관을 가르쳐주는 내용이어야 한다. 그렇게 볼 때 현지인(외국인)과의 교류(현지인과의 대면 커뮤니케이션)와 현지(외국어) 대중매체와의 접촉이 가장 큰 동화촉진 효과를 갖는다. 그렇다면 해외에서 한국어로 나오는 우리말 매체는 현지 사회와 새 가치관에 대하여 교육하는 한도 내에서 동화를 촉진하며, 그외 내용은 동화 억제 효과를 갖는다고 할 수 있다.

이 문제를 다루기 위해서 13개의 관련 변수를 골라 커뮤니케이션 이용과 동화 과정의 모델을 제시하고 이를 시드니 교민 샘플 300명을 대상으로 검증하려 하였다. 이 모델은 먼저 앞에서 소개한 "필요와 욕구충족" 이론(제8장 192쪽 참조)을 전제로, 이민자가 주재국 사회에 빨리 동화, 적응하고자 하는 의욕이 크면 클수록 현지인과 교류를 더하고 현지 매체를 더 이용하며, 뿐만 아니라 그런 커뮤니케이션 가운데서도 동화와 직결되는 내용에 일부러 더 노출할 것이라고 보았다. 그럼으로써 동화가 빨라질 것이고 반대로 그런 의욕이 적을수록 동화 속도는 느려진다고 가정했다.

아무리 여건이 좋아도 배우고자 하는 의욕(motivation)이 없으면 배우지 못한다. 이민자 동화의 경우도 이민자가 새로운 사회나 그 문화를 배우기를 원하고 또 그런 쪽으로 노력해야 그것이 가능하다. 이민해오는 노인들이 새로운 것을 배우지 못하고 외국 생활에 잘 적응 못하는 중요한 이유의 하나가 그런 의욕 부족이다. "내 나이 ……인데 이제 배워서 무엇에 쓰겠는가" 등의 말을 우리는 주위에서 곧잘 듣게 된다. 이 변수는 개인이 느끼는 문화적 동화에 대한 필요도(the perceived need to acculturate)

를 물음으로써 측정했다.

동화에 관련된 커뮤니케이션 이용행위를 예측하는 또 하나의 변수는 언어구사력(여기서는 영어, English communication skills)이다. 언어는 학습의 주요 수단이다. 배우고자 하는 동기가 아무리 강해도 지식습득 수단이 결핍되어 있으면 많이 배울 수 없게 된다. 그러므로 문화습득은 이에 대한 동기가 클수록, 그리고 현지 언어 구사력이 좋을수록 빨리 이룩할 수 있다는 가정을 했다.

의욕, 동기의식, 성취욕, 취미, 필요 등은 서로 밀접한 관계를 갖는 개념이다. 취미가 있으므로 의욕을 갖게 되고, 필요하니까 취미를 갖게 되는 것이 아닐까. 동화의 경우도 마찬가지다. 외국의 문화와 관습을 배우는 것이 재미있어 할 수도 있지만 배우면 그만큼 이익이 되고 그러기 때문에 필요하다고 느낄 수 있다. 동화에 대한 필요도는 바로 그런 것이다.

일반적으로 이민자가 현지 생활에 만족한다면 현지 사회를 좋아하게 되고 그럼으로써 더 현지 문물을 더 의욕적으로 받아들일 것이라는 가정이 있다(Richardson, 1968). 이민생활의 만족은 대개 이민자가 이민해온 것을 다행으로 생각할 때, 더 구체적으로는 이민생활의 장래 전망이 밝을 때 더하다고 볼 수 있다. 그러나 나는 그런 이민생활 만족도 보다 오히려 필요가 동화의욕과 동기를 결정하는 가장 중요한 요인이라는 입장을 취했다. 가령 한국인이 외국에 이민 와서 현지 사회에 대하여 큰 만족을 느끼지도 못하고 따라서 현지 사회와 문화를 별로 좋아하지 않지만 생계의 필요 때문에 문화적 적응에 더 관심을 기울여야 하는 경우는 얼마든지 있을 것이다.

보텀리(Bottomley, 1979)의 연구는 시드니에 사는 그리스인들이 생활이 안정되고 삶을 즐길 수 있게 되자 호주식보다는 그리스식으로 돌아가는 경향을 발견했다. 요즘 온 재력 있는 한인 이민자 가운데 오히려 주류 문화에 구애되지 않고 옛날과 같은 사고와 생활양식을 따라 살기 원하는 것을 볼 수 있었다.

다음 "개인이 느끼는 동화에 대한 필요도"와 언어 구사력을 결정하는 변수로서 인구학적 요인을 분석해보았다. 두 변수는 분명히 교육과 사회경제적 여건과 밀접한 상관관계를 보였다.

이 이론적 모델을 검증하기 위해서 한국인 이민자의 커뮤니케이션 이용 패턴을 조사하면서 나는 이들 가운데 가장 동화하지 않는 단계로부터 가장 많이 동화되는 단계까지 네 개의 서로 다른 집단을 발견할 수 있었다. 그 네 집단이란,

● 첫째는 전혀 동화되지 않는 집단이다. 외국에 살더라도 한국인으로 그대로 남는 사람들이다. 그들은 현지 언어와 문화를 잘 모를 뿐만 아니라 배울 의욕도 없다. 그

들은 독서를 하지만 취미와 소일을 위해서이므로 한국 서적, 한국에서 오거나 교민사회에서 발간되는 신문, 잡지를 주로 본다. 힘들이지 않고 재미있게 볼 수 있는 한국 텔레비전 프로는 해외에 흔치 않으므로 한국에서 수입해온 비디오를 빌려다가 본다(요즘 서울에서 오는 한국어 라디오 방송과 인터넷 방송 등이 여기에 추가되어 한국어 매체이용의 기회를 더 늘리고 있다). 외국인과의 깊은 접촉은 거의 없는 대신 등산, 노인회 모임, 바둑 등을 통해 다른 한국인들과 어울려 대부분 시간을 보낸다. 한인이 모이는 한인교회와 한인 행사에 열심히 나간다.

이들은 누구인가? 말할 것도 없이 대부분 노년층으로서 자녀와 함께 여생을 보내기 위해서 해외에 나왔기 때문에 현지 적응에 큰 기대나 필요를 느끼지 않는 한국 사람이다. 음식, 기타 생활양식을 한국식으로 하며 여행은 한국으로 간다.

●두번째는 30~50세 연령층으로 단순 노동 또는 기능직 분야에서 일하는 집단으로 생계를 위해서 필요한 만큼 현지 문화와 사정을 익히고 현지인과 교류를 하는 사람들이다. 통계 수치를 댈 수는 없으나 해외 한인들은 타이민자 그룹에 비하여 자기 사업을 하는 비율이 높다. 이런 한인들을 여기에 포함시킬 수 있다. 외국에서 장래에 큰 신분상승을 기대하지 않으나 경제적으로는 안정된 사람들이다. 다른 동포들과 주로 어울리며 사업과 기타 이유로 필요한 정보를 좇아 외국사람을 만나고 현지 매체에 접촉한다. 이민자들의 다수가 여기에 속하는데 생업에 필요한 일정 수준만큼 동화가 되는 집단이라 부를 수 있다.

●세번째 유형은 학벌이 높고(국내 학위에 더하여 외국대학 학위가 보통), 영어를 잘하며 교육과 경력에 꼭 상응하지 않으나 나름대로 괜찮은 전문직에서 종사하는 사람들이다. 자기 분야에서 잘 해나가기 위해서는 항상 현지 사정을 알아야 하며 현지인과 섞이려 하며 현지 대중매체를 열심히 이용한다. 그리고 독서와 언론매체이용은 오락 추구보다 현실문제 해결지향적이다. 현지 텔레비전의 오락 내용도 많이 이용하나 영어와 현지 문화를 배운다는 뚜렷한 목적의식을 갖고 있다.

●마지막 유형은 학벌, 영어실력, 성취욕 등에서 앞의 집단과 비슷하나 아직 자기 분야에서 자리를 못 잡은 사람들이다. 직업은 가졌으나 경력에 맞지 않아 만족하지 않으며 장래 자기 운명을 바꾸고자 온갖 힘을 다하는 사람들이다. 이들 가운데는 현지에서 소용이 없게 된 과거 한국에서의 경력을 제쳐두고, 새로 현지 사정에 맞는 교육과정을 시작하는 사람들도 많다. 그러기 때문에 현지 언어와 사정을 배우는 데 열의가 있으며, 동포들과 어울려 많은 시간을 보내지 않는다. 성공을 위해서 오락적인 생활을 뒤로 미루는 사람들이다. 그들은 현실주의자이며 운명론자가 아니다. 매체의 실용적 이용이 뚜렷하다. 한국어 매체에 많은 시간을 보내지 않는다.

최근 이민 온 사람, 이민 와서 새로 학위 과정 또는 각종 직업훈련 과정을 밟고 있거나 마친 사람, 이민자가 아닌 유학생, 상사 주재원 등 해외 임시거주자들은 위 어느 유형에 속할까? 임시 장기거주자들 가운데는 한국적인 것을 잊어버리지 않는 반면 해외에 있는 동안 영어도 배우고 외국의 문화도 배워 가고자 하는 사람도 있고 거의 한국식으로 세월을 보내다가 가는 사람도 있으므로 이상의 네 가지 유형이 혼합된다고 봐진다. 한국과 호주를 동시에 대상으로 일해야 하는 파견 근무자들은 세계인(cosmopolitan)이란 모형에 넣어야 할 것 같다.

이런 유형은 분석을 위한 편의이고 실제에 있어서는 어느 누구도 이런 유형에 꼭 들어맞게 산다고 볼 수는 없다. 하지만 이런 분류는 이민자들의 매체이용과 현지 적응환경을 연구하는 데 절대 필요하다. 앞으로 누군가 이런 문제를 더 깊이 연구해야 할 것이다. 또 이러한 이론은 한국에 와 있는 외국인, 역이민으로 본국에 돌아온 한국인, 외국생활을 오래하다 돌아온 유학생과 제2세 한국인의 한국화 과정 연구에 적용될 수 있다.

6. 우리 언론의 기사쓰기의 미국화 – 기사 스타일이 빠르게 바뀌고 있다

어느 분야든 보고서와 다른 프리젠테이션을 위한 글쓰기에는 어떤 형식과 관행이 있다. 쓰는 사람의 편의뿐만 아니라 읽거나 듣는 사람의 필요와 사정을 고려, 일정한 길이나 포맷에 맞게 써야 하기 때문이다.

기사와 방송 프로라면 제작 스케줄과 기술적 요구에 맞추어야 하고, 길고 재미없으면 읽지 않는 바쁘고 선택적인 독자, 청취자, 시청자를 생각해서 원고를 써야 한다. 스트레이트 기사의 경우는 "누가 어디서 무엇을 누구에게 어떻게, 그리고 왜"라는 6하원칙(6W)에 따른 정보를 꼭 넣되 문장은 간결하고 명료하게 써야 하는 관행이 있다. 그 결과 기사와 그외 대부분의 언론 내용은 매너리즘에 빠지기 쉽다.

여기서 지적해둘 것은 우리가 채용하고 있는 이런 기사 작성의 관행과 그에 대한 이론은 주로 미국 저널리즘 교육과 실무에서 알게 모르게 도입해온 것이라는 점이다. 이는 현대적 의미의 우리 언론은 구미, 특히 미국 저널리즘을 모델로 하고 있는 당연한 결과이다.

미국언론이 기사작성과 표현을 포함한 우리 언론의 전체 스타일에 막대한 영향을 미쳐온 과정은 여러 가지다. 우선 지금 세대의 한국 기자들은 미국의 저널리즘 입문서를 읽었거나, 미국에서 신문학 공부를 한 교수 밑에서 이 분야 기본 지식을 배운 경우가 대부분이다. 상당수의 언론사 간부들이 미국에 가서 이 분야 연수를 해온 사람들이다.

또 우리 언론은 외신 기사난 대부분을 세계 통신사가 보내는 영어 외신 뉴스를 우리말로 번역하여 채우는데, 이 과정에서 은연중 미국식 개념과 표현이 우리 기사쓰기에 흘러들어오고 있는 것을 부인할 수 없다. 약 10년 전 ≪중앙일보≫는 ≪뉴스위크≫ 한국판을 시작했는데, 이 잡지는 미국판 기사를 거의 그대로 한국어로 옮기며 지면 구성도 그대로 옮겨 쓰고 있어 우리 언론의 기사 스타일과 표현의 미국화에 상당한 영향을 미치고 있는 사실을 ≪중앙일보≫ 내용 하나만 봐도 알 수 있다.

미국에서 교육을 받은 여러 인문분야 학자들이 우리 언론에 기고를 하는 양이 절대적으로 많은 사실도 이런 추세를 부추긴다. 이들은 늘 미국의 서적, 신문, 시사 주간지들을 비교적 많이 접촉하며, 그럼으로써 글쓰기에 있어서 미국식 논법과 문체에 익숙해진 사람들이다.

근래 우리나라 매체의 수가 급격히 늘어나면서 극심한 경쟁을 해야 하는 신문, 잡지들이 편집, 용어사용, 헤드라인과 기사 스타일 등 변화를 위해서 안간힘을 쓰는 과정에서 별수 없이 미국과 일본 매체의 모방이 급속화되고 있다. 편집 쪽을 보자. 우리 신문이 섹션화니 뭐니 하면서 지면 구성과 신문의 얼굴을 바꾼 것도 모두 미국 신문을 본 떤 것이다. 시사주간지들의 편집 포맷이나 기사 취재방향은 동종의 미국의 주간지를 꼭 닮았다. 기사 면을 압도할 수 있게 사진을 시원스럽게 크게 쓰는 것, 한 기사가 너무 길지 않게 여러 개로 쪼개어 본 기사 외에 몇 개 박스 기사로(box story 또는 sidebar, 상자 기사라고 번역하여 쓰기도 함) 처리하는 것, 눈에 얼른 들어오게 잘 처리된 통계표 및 일러스트레이션을 사용하는 것, 여러 가지 활자를 섞어 쓰고 기사 지면 배경에 서로 다른 색깔을 깔아 단조로움을 피하는 등 제작 기술은 우리 나름대로의 발명이 아니다. 그외 그래픽 등 예를 들자면 많다. 기술매체인 텔레비전의 경우야 더 말할 나위가 없다. 외래어 도입은 빨라 국어 순화는 어림도 없는 소리다.

아래에서 구체적 사례 몇 가지를 들어보고자 한다. 지금의 우리나라 신문기사를 이해하는 데 도움이 될 것이다.

● 기사가 읽기에 단조로워지지 않게 여러 가지 기교를 쓰는 것은 미국언론의 특징이다. 그러기 위해서 음식에 양념을 첨가하듯 기사 속에 될수록 맛(flavor)과 유머감각을 넣으려 한다. 그런 노력 가운데 하나가 이른바 신조어와 은유(metaphor)의 사용이다. 이런 새로 만들어낸 표현이나 은어는 수용자들에게 실감과 신선감을 더해주고, 같은 내용을 전달하는 데 있어 언어를 절약(언어의 경제, the economy of words)하게

해주어 글을 힘있게 해준다.

이런 기법이 우리 언론에 급속도로 확산되고 있다. 그리고 미국언론에 잘 쓰이는 용어들이 어느덧 우리 것으로 바뀐 사례가 날로 늘고 있다. 다음은 내가 보아온 그런 예들이다.

조율(fine tuning, 내용조율, 관계조율 등), 채찍과 당근(stick and carrot), 푸른 불 또는 청신호, 빨강 불 또는 적색 신호(green light, red light), 뜨거운 감자(hot potato), 병목 현상(bottleneck), 폭탄선언(bombshell announcement), 언론 두들겨 패기(media bashing), 재벌 두들겨 패기(chaebol bashing), 반김 정서(anti-Kim sentiment), 반일 정서(anti-Japanese sentiment), 국민 정서(national sentiment), "KT" 정서, "돈 세탁"(money laundrying), 마녀사냥, 빨갱이 사냥(witch hunt), 공공연한 비밀(open secret), 보수적 추정(conservative estimate), 피갈이, 수혈론, 젊은 피, "새 피"(new blood), 행간에 숨어 있는 뜻(read between lines), 환자가 의사를 장보러 다닌다(shop around), 회화적으로(graphically), "TV의 문법", "정치의 문법"(the grammar of television, the grammar of politics), 간판의 사회학(the sociology of signs), 술의 사회학, 영화의 언어, TV의 언어(the language of TV), 계산(calculated)된 의도, 거품 경제(bubble economy), 먹이 사슬(food chain), 지적 자극(intellectual stimulation), 빅뱅(제2의 빅뱅 등), 마지막 카드(last card), 공은 저쪽으로 넘어 갔다, 미국 쪽에 공을 넘겨, 공은 러시아로(the ball is now in the other court), 아킬레스의 건(the Archiles heel), 난상토론(brainstorming), 황금알을 낳는 거위(goose that lays golden eggs), 무서운 아이들(street kids, Hollywood kids), 협상테이블, 정치테이블(the negotiating table), 핵 투명성(nuclear transparency), 태풍의 눈(eye of the storm), 뉴스 뒤에 뉴스(news behind the news), 전부 아니면 전무(all or nothing), 틈새시장(niche market), 환경친화적(environmentally friendly), 손목 비틀기(twisting the arm), 이제 잔치는 끝났다(The party is over), 삶의 질(quality of life), 공공연한 비밀(open secret), 최악의 시나리오(the worst scenario), 산업의 공동화(industrial hollowing), 무노동, 무임금(no work, no pay), 월남 공동체(the Vietnamese community), 기업공동체(business community), 새 틀(new framework)을 짜다, 안전망 또는 안전그물(social safety net), 찻잔 속의 폭풍(a storm in a teacup), 대안교육(alternative education), 대안학교, 대안생활양식(alternative lifestyle) 믿거나 말거나(believe it or not/이것은 오역이다. "믿으실지 안 믿으실지 모르지만 사실이다"라는 뜻으로 사용되어야 한다. 영미 사람들은 상대방이 믿거나 말거나, 무슨 말을 안한다─필자 주), 관광상품(travel products), 밀고 당기는 협상(push and pull), 불황의 터널 끝(the end of the tunnel), 끝이 보이지 않는다(no end in sight), 북한의 미사일 도박(missile gambling), 양쪽이 마주 달리는 열차의 위기를 맞고 있다(running on the collision course), 성벽(sex barrier), 빈 둥지(empty nest), 부자 클럽(the club of the riches), 무임승차자(보험료를 내지 않고 실업급여를 받아 가는 등 얌체, free roader), 풀뿌리(grass-roots democracy), 박정희 현상(Park Chung Hee syndrome), 게임의 법칙(rules of the game).

이상의 예 가운데 어떤 것은 이미 보편화되어 과연 외래어인가 분명하지 않다. 독자들의 판단에 맡길 수밖에 없는 일이다. 그러나 과거 언론에 잘 쓰이지 않았던 것만은 사실이다.

같은 식으로 우리 언론이 외국 스타일을 따라 자체적으로 만들어낸 은유와 표현도 많다. 예컨대 박태준 우산, 화해의 손짓, 화려한 변신, 손을 들어주다, 고무줄 행정, 외기러기 교실, 나 홀로 상품, 사탕발림, 철새 정치인, 막판 뒤집기, 감정의 골 등이다. 이러한 예는 한없이 많은데 계속 늘어날 전망이다.

● 기사 안에 남이 한 말이나 표현을 따옴표를 써 그대로 옮기는 부분이 현저히 많아진 현상도 분명 미국언론의 영향이다. 미국 저널리즘에서는 적어도 기사라면 창작이 아니라 현장에 나가 직접 취재한 내용이 많은 것을 쳐준다. 그러기 때문에 기자는 기사 속에 그런 노력을 과시하고 현장감과 생동감을 주기 위해서 될수록 많은 만난 사람의 이름과 한 말을 인용하는 것이 관행으로 되어 있다. 특별히 개성있는 표현이나 발언을 골라 인용한다.

또 우리 언론의 기사에도 보통 문장에서라면 잘 안 쓰는 통속적인 표현(colloquial expressions)과 구어체가 점점 많이 쓰이는데, 미국언론의 기사쓰기를 닮아가는 현상이라고 생각한다. 언론이 대중에게 더 가까워지고, 기사의 맛을 더 잘 내기 위한 기교를 우리 언론도 발 빠르게 받아들이고 있다. 이런 표현 가운데 글로 잘 안 쓰이는 아주 심한 구어체(국어사전에 없을 정도이면 당연히)는 따옴표로 표시해 쓴다. 구세대에 속하는 나에게 어떤 표현은 과연 글로 써도 되는가 하는 의아심이 생긴다. 이런 표현들도 사용이 빈번해지면서 따옴표 없이 쓰이고 우리의 언어체계에 통합되고마는 것이다.

● 미국언론에서는 피쳐 기사의 머리를 특정인을 기명하면서 실제 일어난(또는 일어나고 있는) 사건이나 사례의 얘기(anecdotes)로 시작하는 기법이 즐겨 쓰인다. 미국 일간지로는 ≪월 스트리트 저널(The Wall Street Journal)≫ ≪뉴욕 타임스(New York Times)≫ ≪리더스 다이제스트(Readers Digest)≫가 꽤 오래 전부터 써오던 용법인데 우리 언론에도 요즘 현저하게 늘어났다. 먼저 가까운 우리 기사에서 예를 몇 개 들어보자.

　　(예 1) "프랑스 파리에 살고 있는 화교 오영명 씨의 하루. 오퍼상인 오씨는 출근하자마자 홍콩에 사는 사촌에게 전화를 걸었다. 얼마 전 부탁한 중국제 장난감 수입건 때문이다. 중국 광동성 경제특구 심천에 장난감 공장을 차려 놓은 오씨의 사촌은 3월까지 틀림없이 선적하겠다고 약속했다……(이하 생략).
　　중국인이라는 혈맥을 커넥션으로 하는 경제. 화교가 경제로 세계를 뒤덮는다. 이른바 대중화경제권 또는 화상경제권이다.

전세계 오지까지 빠짐없이 흩어져 사는 화교는 줄잡아 6천만 명. 이들이 동원할 수 있는 현금만 3천억 달러……(이하 생략)."

(예 2) 올해 전문의 자격 시험에 합격한 강모(34, 내과) 씨는 지난 해 여름 지방 C병원으로 "레지던트 과정을 마치면 같이 일하자"며 "입도선매"(立稻先賣) 제안을 받았다. 그러나 최근 C병원은 "병원 형편이 어렵다"고 하며 "1년만 무급으로 일해 달라"고 말을 바꿨다.

강씨는 "취업, 개업이 어려워진 의사들의 현실을 악용하는 듯한 병원 측의 처사는 밉지만 무조건 뿌리치기도 힘들다"며 곤혹스러워했다.

취업에 관한 한 "선망의 대상"이던 의사·치과 의사, 간호사 등 의료 인력들이 유례 없는 실업대란을 겪고 있다……(이하 생략).

(예 1)의 경우, 중국이 해외에 사는 화교들의 덕택으로 수출을 많이 한다는 보도를 하고자 하는 것인데, 파리에 사는 한 화교상의 사례를 실감나게 소개함으로써 독자로 하여금 현장감과 흥미를 갖고 읽어나가게 하는 것이 이 기법의 장점이다. 약 20년 전만 해도 수필이라면 몰라도 신문기사를 그렇게 쓰는 예는 많지 않았다. (예 2)의 기사는 리드(lead, 기사 머리)를 사례로 시작한 것말고도 생생한 인용을 많이 사용한 좋은 예가 된다.

또 요즘 월간 잡지에 실리는 심층보도 기사를 쓰면서 당사자를 찾아가는 과정과 처음 만났을 때의 분위기 등 현장묘사 등으로 시작하는 것도 외국의 잡지가 많이 이용하는 기법으로 우리나라 잡지 언론에 유행하고 있는 것을 볼 수 있다. "기자는 ……목격했다" 또는 "내가 거기에 있었다"(I was there……)와 같은 미국식 서두로 시작함으로써 현장감과 기사의 신뢰성을 확실히 하는 사례가 우리나라 기사에도 갈수록 늘고 있다.

약 10년 전 한국의 한 언론인이 내가 쓴 글을 보고 "영어 냄새가 펄펄 난다"고 평한 어느 인사를 기억한다. 그가 지금 우리 신문과 잡지의 문체와 표현들이 미국식으로 바뀐 것을 안다면 격세지감을 느낄 것이다.

여기에서 나는 이런 남의 나라 글의 경향을 도입하는 것이 나쁘다고 말하고자 하는 것이 아니다. 언어는 항상 변한다는 점을 명심하자는 것이다. 남의 글을 만져야 하는 편집자가 늘 유념해야 할 점이다. 적어도 외형에 관한 한 우리나라 저널리즘의 국제화는 매우 빠른 셈이다.

●영어 문장에서 단어들간의 관계는 단어의 위치가 결정해준다. 주격, 목적, 소유격과 같은 문법 용어를 쓸 때 격(case)은 바로 그런 위치 개념이다. "I love you"(나는 당신을 사랑한다)라는 문장에서 "I"는 주격이다. 문장 가운데 단어 위치만으로 어느 것

이 주어인가가 밝혀진다. 그래서 영어에서는 "I"(나) 다음에 우리말 "……은"에 해당하는 토씨가 없이 구문이 가능하다.

위 문장에서 "you"(당신)는 목적격이다. "love"(사랑한다)라는 타동사에 대한 목적, 대상이 되는 자리라는 뜻이다. 이 자리 때문에 "……을"이라는 토씨 없이도 당연히 "……을"이라는 관계를 알 수 있는 것이다. 이것이 우리말과 영어의 차이 가운데 하나다.

격 가운데는 동격(appositive)이라는 것이 있다. "Hongkong, a British colony for more than 150 years, returns to China"(150년 이상 동안 영국 식민지였던 홍콩이……)라는 문장에서 홍콩과 영국 식민지는 동격이다. 위치가 이 두 명사의 관계를 밝히고 있으니 "……였던"으로 따로 밝힐 필요가 없게 된다.

영어에서 단어의 위치는 문장 안에서 뿐만 아니라 문장간의 관계에서도 중요한 역할을 하는데, 이런 구문을 뉴스 기사의 머리 부분에서 이용하는 기법이 우리 신문의 기사에도 점차 도입되고 있는 것을 볼 수 있다. 다음 예를 들어 설명해보겠다.

(예 1) <u>An unsung hero</u> has emerged from the ashes of last month's fire which claimed the lives of 19 children.
She is not a firefighter, nor one of the teachers who rushed into the flames to save the toddlers, but a mother of three welfare division of the Hwasong local government.
For months, <u>Ms Lee Chang Deok</u>, 40, refused to bend to demands allegedly made by superiors at Hwasong, about 60 kilo meters from Seoul, to give approvals for the Sea Land summer camp which burnt to the ground last month.
<u>소리없는 영웅</u>이 19명의 생명을 앗아간 지난달 일어난 화재의 잿더미 속에서 나타났다. 그는 소방서원도 아니고 어린 학생들을 구출하기 위해서 불 속으로 뛰어든 선생님이 아니고, 화성군 여성복지계에서 근무하는 세 자녀의 어머니이다.
몇 달 동안 <u>이창덕(40) 씨</u>는 그 상사로부터의 요구에 굴복하기를 거부하고……(이하 생략).

이 기사에서 영웅(hero)과 그녀(she)와 세 자녀의 어머니와 이창덕(Lee Chang Deuk) 씨는 동일인이다. 우리말 기사를 이런 식으로 쓰면 독자는 한참 앞뒤 관계를 더듬게 된다. 기사의 어느 부분에서든가 "그 주인공은 바로 이창덕 씨"라든가 "그는 다름아닌 이창덕 씨"라는 식의 말로 위아래 관계를 밝혀주어야 한다.

(예 2) "우리나라 교육을 좌지우지하는 윗분들이 문제예요. 교육을 정치논리로 대해서는 안되죠." 그는 만나자마자 "윗분들"에 대한 성토부터 시작했다.
서울대 교육과 4학년 <u>이선숙(22) 씨</u>. 그가 교육에 뜻을 둔 것은 아주 오래 전이다.

요즘 우리나라에서 흔한 기사 스타일이다. "그"는 "이선숙 씨"이다라고 할 것을 그렇게 약하여 하는 기법이며, 독자가 이해하는 데 불편을 겪을 확률은 낮다. 이미 그런 표현 방법에 익숙해 있기 때문이다. 그러나 이 문장 부분을 "서울대 교육과 4학년 이선숙(22) 씨가 교육에 뜻을 둔 것은 아주 오래 전이다" 식으로 바꿀 날도 멀지 않은 느낌이다.

다음 우리 언론에 나온 기사는 이미 그렇게 된 영미식의 예이다.

(예 3) 어느 날 TV에 이웃집 아줌마 같은 수더분한 외모의 <u>여강사</u>가 나왔다. <u>그녀는</u> 다짜고짜 은밀한 성(性)이야기를 폭포수처럼 쏟아냈다. <u>구성애(42) 씨</u>의 "아우성"(아름다운 우리들의 성을 위해서)은 이렇게 다가왔다. 걸쭉한 "아줌마 입담"으로 TV화면을……(이하 생략).

위의 예에서 여강사와 그녀는 바로 구성애이다. 또 비슷한 예 하나를 최근의 신문 기사에서 소개해보자.

(예 4) 싸우지 않고도 자기를 방어할 줄 알고, 공격하지 않고도 상처를 입히는 동물이 있다. 외부 세계의 공격에 대한 <u>고슴도치</u>의 대처 방법은 몸을 공처럼……(이하 생략).

(예 5) <u>현직 공무원</u>이 조선시대의 상소문 형식을 빌려 김대중 대통령을 "구중궁궐에 갇힌 외로운 늙은이"로 표현한 글을 실명으로 청와대 홈페이지에 올렸다.
경남 진해시 선거관리위원회 <u>석종근 지도계장</u>은 11일 청와대 홈페이지 자유 게시판에 올린 "신단성소"라는 제목의 글을 통해 "국정이 무너지고……"(이하 생략).

이와 같이 위치로 앞뒤 관계를 알아차리는 영어 문체의 이점은 "그러나" "따라서" "그러면"과 같은 연결어를 훨씬 덜 쓰게 해주는 것이다.

●기사의 시제(time frame)에 관한 것인데, 과거 일어난 일이지만 현재형 동사를 쓰는 스타일이 영어 기사에서 흔하다. 우리 언론에서도 인물 프로필을 쓸 때 등 종전에 비하여 쓰이는 빈도가 높아지고 있음을 알 수 있다. 예컨대 "4·19 직후 정군 운동을 주도하다가 두 차례 투옥 끝에 강제예편당한 뒤 석달 만에 5·16을 주도한다"라든가, "떠났다" 대신 "떠난다"라고 쓰는 것이 그것이다.

주 13

세계 정보질서

요한 갈퉁(Johan Galtung, 1980)의 국가간 관계 분석은 이 점에 대한 대표적인 가설이 되고 있다. 그는 현 국제사회 체제 아래에서 국가간 관계 및 교류를 아래와 같은 간단한 도표로 그리고 있다.

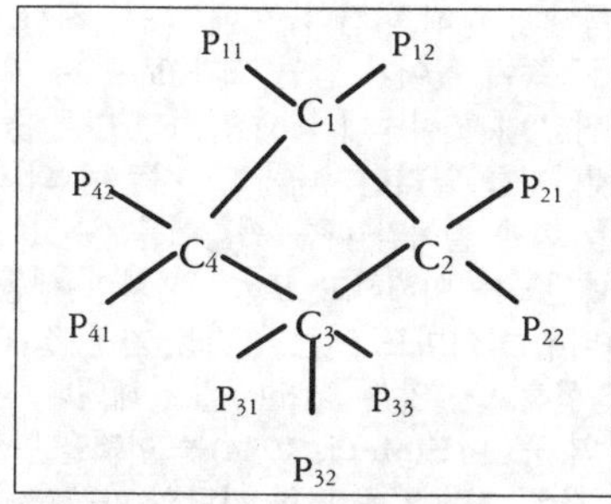

갈퉁의 구조적 모델

그림 속의 $C_{1, 2, 3, 4}$는 국제무대의 중심을 이루는 세계 선진공업국군(群)으로 중심국가라고 칭할 수 있다. $P_{11} \sim _{42}$는 그 변방 국가들로서 제3세계 국가군이다. 갈퉁은 이런 현 국제사회체제를 "봉건적 체제"(feudal system)라고 부른다. 국가간 교류는 중심국가 내부 또는 그들과 그들의 변방 국가간에 주로 일어나기 때문이다. 여기서 중요한 것은 각 중심국가의 세력권에 있는 변방 국가군 서로간에 교류가 없다는 점이다. 이는 국제관계를 남북(南北)관계로 보는 것으로 북의 중심 국가군이 남의 변방국가 군을 지배하고 있음을 뜻한다. 이러한 이해는 분명히 국제관계에 대한 식민주의 사관이라고 할 수 있다. 즉 국제간의 정보 흐름의 구조는 국제사회의 힘의 구조와 같다는 말이다.

국내사회와 마찬가지로 국제사회간의 교류와 관계는 자연히 커뮤니케이션 관계이다. 이상의 국제관계의 위상을 커뮤니케이션 유통 과정으로 바꾸어보면, 국가간 뉴스와 정보의 흐름은 갈퉁이 그린 봉건적 국제관계를 따라간다는 결론에 이른다. 이 가정에 따르면 과거 아프리카 식민지 국가들은 그들의 과거 지배국들이 운영하는 국제 통신사가 보내는 기사를 많이 받아들이게 되어 있다. 영국계인 로이터 통신사의 뉴스는 과거 영국 식민지 지역에 널리 퍼지게 되어 있다. 마찬가지로 프랑스계의 AFP는 과거 프랑스령 식민지역을 석권하게 되어 있다.

이른바 신 세계정보질서(New World Information Order; NWIO) 제창자들이 주장하는 것은 바로 이런 식민주의적 국제 커뮤니케이션 관계의 종식이다. 갈퉁의 모델은 국제 뉴스 흐름 구조에 있어서의 중심국가와 변방국가군들 간에 수직적 관계의 존재를, 반대로 변방국가들간에 수평적 관계의 부재를 의미한다.

갈퉁의 남북간의 정보유통에 관한 가정을 어느 정도 잘 실증적으로 증명한 최근의 것은 윌리암 마이어(W. Meyer, 1991)의 연구다. 그는 사하라 지역 프랑스 세력권 국가들간, 남미 미국 세력권 국가들과 영국 세력권 국가들에 있어서의 정보 흐름의 양과 방향을 조사, 비교한 것이다. 갈퉁이 주장한 신식민주의적, 남북간 수직적 국제 커뮤니케이션 패턴은 현실을 반영한 것이었음이 증명되었다.

주 14

엠파티

학자들이 쓴 "엠파티"에 대한 우리말은 감정이입(感情移入)과 공감대이다. 이 개념을 잘 이해하려면 초기 미국 사회학자인 쿠리와 미드(Cooley, 1909; Mead, 1934)에 거슬러 올라가야 한다.

이들의 사상을 간단히 설명해보자. 사람은 자기 행동의 기준을 "다른 사람이 나를 어떻게 보는가에 대한 나의 판단"을 통해서 정해 나간다. 이때 "다른 사람이 나를 어떻게 보는가"에 대한 올바른 판단은 내가 남의 마음속에 들어가 남인 그가 보는 나 자신을 생각해봐야 한다. 직장에서의 대인관계를 예로 든다면, "내가 이렇게 처세를 하면 다른 동료들이 나를 어떻게 볼까", 받아줄 것인가 또는 배척할 것인가를 알려면 "내가 그 사람이 되어 그가 보는 나"를 생각해봐야 한다. 다시 말해서 남의 마음 속에 들어가 나를 꿰뚫어볼 수 있어야 한다. 이런 과정을 거쳐 사람들은 한 사회 사람들의 마인드를 이해하고 또 그 사회의 행동 기준을 배우게 된다.

남의 배역을 해내는 영화배우는 아마도 이런 능력을 가장 잘 타고난 사람이 아닌가 한다. 영화배우는 여러 가지 몸소 경험해보지 않은 역(role)을 잘해낸다. 예컨대 소박을 당한 이혼녀, 부모의 상을 당한 자식, 깡패 역 등. 미드(Mead, 1934)는 이것을 "role-taking"이라고 불렀다. 이들이 이런 역을 해낼 수 있는 것은 그런 일을 당한 사람의 마음속에 들어가 볼 수 있는 능력 때문이다. 작가가 소설을 쓰는 것도 같다. 남의 입장이 되어 사물을 볼 수 있는 능력이 있기 때문이다. 엠파티에 대하여 공감대 또는 "공감대를 형성한다"(empathize)라는 말이 여기에서 나온 것이다.

사람은 어떻게 남의 마음속에 들어가 남의 마음을 읽을 수 있는가에 대하여 두 가지 상반된 견해가 있다. 애쉬(Asch, 1952)에 따르면 사람은 자신의 경험을 통해서 남의 마음 속을 헤아릴 수 있다. 예컨대 사람이 화가 나면 책상을 치는 수가 있다. 나는 내 경험에 미루어 다른 사람이 그렇게 책상을 칠 때 그가 어떤 기분일까를 안다. 이에 대하여 미드는 사람은 자기가 직접 체험하지 않아도 남의 심리를 알 수 있는 능력을 가졌다고 본다. 부모가 죽었을 때 얼마나 슬픈가를 자기가 당해보지 않아도 마음 속에 상상해볼 수 있다. 결혼해보지 않고도 결혼의 기쁨을 그려볼 수 있다.

주 15

"사이비적 행사 또는 사건"(pseudo-event)이란 말을 부스틴(Daniel Boorstin, 1961)이 썼다. 의사(擬似)사건이라고 부르는 사람도 있다. 언론사의 눈길을 끌며 보도가치가 있다고 믿게 꾸며진 행사 또는 사건이다. 언론플레이 기술 중 하나이다. PR회사, 홍보담당자는 모두 이런 아이디어를 잘 구사하는 전문가라 해도 과언이 아니다. 언론의 내용이 이 때문에 많이 왜곡된다(제12장 언론 로비의 마술 344쪽 참조).

주 16

국내문제의 외신의존 경향

국제간의 커뮤니케이션 흐름에 있어서도 선진국과 후진국 사이에 불균형이 있음은 여러 학자들이 지적한 바이다. 미국에서 일어난 일-주로 긍정적인 내용-을 한국 미디어가 보도하는 양은 그 반대의 경우보다 월등히 많다는 것은 그 한 예이다.

같은 현상이 취재에서도 일어나고 있다. 한국에서 일어난 일이 흔히 미국 기자에 의하여 먼저 취재되고 미국언론에 보도되면 그것을 다시 국내 매체가 옮겨 보도하는 것이 그것이다.

이것은 심한 불균형의 사례가 아닐 수 없다. 왜냐하면 미국에 있는 우리 특파원이 미국 기자가 알지 못하는 자료를 먼저 입수해서 특종으로 보도하고 미국의 신문이나 방송들이 이를 받아 보도하는 일이란 거의 없기 때문이다.

생각건대 이러한 불균형의 원인 중에는, 미국이란 나라가 강대국이고 미국의 정치가 한국에 미치는 영향이 크다는 사실 외에 다음과 같은 잠재적 요인들을 들 수 있다.

첫째로, 주요 국내 뉴스원이 되는 정부 및 기타 단체들이 외국의 매체를 우대한다. 그리하여 국내 언론에는 보도 관제하는 내용을 특정 외국 매체에 주는 경우, 고위 관리들이 외국 기자에게만 단독회견 등 특혜를 제공하는 경우가 그것이다.

이와 같은 사례는 지난번 포드 대통령 방한시 국내 기자들에 의하여 지적되고 불평을 산 바 있다.

둘째로, 외국 기자에 의하여 확인되고 소위 외국의 권위지에 실린 것은 더욱 신빙성이 있으리라고 믿게 된 우리 언론인과 국민의 습성이다.

셋째로, 국내 언론에 수반되는 제약 때문에 여기서는 독자적으로 취재할 수 없고 외신이 이미 보도한 것을 인용·보도해야 하는 사정이다.

대개 이러한 요인이 결합된 결과 국내에서 일어난 사건일지라도 외신에 의존하는 경향이 커가고 있지 않나 한다.

내용이 새로운 기사라면 그 출처가 해외이건 아니건 관계없이 보도하는 데는 문제가 없다. 그러나 개중에는 외국의 매체에 실렸다는 것 이외에는 새로운 가치가 없는 기사가 흔히 국내에서 재탕되는 것이다. 예를 하니 들어보지. 며칠 전 모 신문에 워싱턴 발(發)로 실린 리드 기사(lead story)는 "≪워싱턴 포스트≫지는 한국의 야당인 신민당이 2월 국민투표를 보이콧할 것임을 발표했다고 31일 보도하였다"라고 보도했다.

이러한 내용은 국내에서도 이미 발표가 되었거니와, 경우를 바꾸어 미국의 민주당이나 일본의 자민당이 발표한 정책이 한국의 신문에 실려서 다시 그 나라 신문이 받아 보도하는 것을 생각할 수 있겠는가. 더욱 생각해볼 필요가 있는 것은 국내 신문의 특파원 이름이 붙은 기사 가운데 "○○일자 ××신문이 한국의 ××에 관하여 상세히 보도" 운운하는 경우다. 이러한 보도의 내용에는 새로운 것이 하나도 없다.

문제는 외신 기사의 선택 및 평가에 있어서 기준, 그리고 신문과 방송의 지면과 시간의 경제성으로 요약된다. 국제 여론에 민감하다는 ≪뉴욕 타임스≫가 지면의 약 20% 내외를 외국 관계 기사에 할애하는데 그것도 많다고 하여 줄여야 한다는 논의가 있었던 것을 알고 있다. 한국언론의 경우 이미 압도적으로 많은 국제문제에 대한 외신 기사에 국내문제에 관한 별로 알 가치가 없는 해외보도의 옮기기를 합하면 순수하게 국내에서 발굴되는 기사의 비율은 어느 정도 일지?

(≪기자협회보≫, 1975년 3월 7일자, 필자 기고)

제10장
해외에도 우리 언론이 있다

　대부분 지역의 해외 한인사회에는 한국어 신문과 방송이 있다. 여기 한인들은 1세 중심이며 고국과의 교류가 많으며 외국에서도 한국말을 더 쓰고 간행물을 더 읽는다. 소련, 중국, 일본과는 달리 이 지역은 계속 이민을 받고 있어 이런 추세가 바뀌지 않는다.

　교포신문들은 규모와 인력 면에서 취약한 것이 특징이다. 독자 인구에 비하여 그 수가 너무 많아 자원을 쪼개기 때문이다. 난립이란 말이 맞다.

　이에 비하여 한국어 텔레비전과 라디오는 채널의 소유가 제한되어 있고 상업성이 신문만큼도 없어 더 취약하다. 남의 채널을 빌려서 방송해야 하므로 제한된 시간에만 방송한다(한국에서 오는 위성중계 라디오 방송은 약간 예외다). 그런 방송에 시청자가 불어날 수 없다. 그러니 한국과는 달리 방송보다 인쇄매체의 역할이 크다.

　인구가 많은 몇 지역을 제외하고는, 한인사회에서 나오는 신문은 수입을 광고에 전적으로 의지하는 주간지가 대부분이다. 넓은 지역으로 흩어져 있는 교민들에게 배달이 어렵고, 그런 비용을 보상할 구독료를 내고 볼 독자가 많지 않기 때문이다. 그렇다고 광고비를 비싸게 책정할 수도 없다. 언론은 자본과 노동 공히 집약적인 산업인데 사정이 그렇다면 아무리 경영을 잘 해도 그 질은 보나마나이다.

　해외 한인들이란 마이너리티이다. 그리고 고국을 떠나있는 존재다. 그런 주변적인 집단에 대하여 뭐 그렇게 중요하게 다룰 필요가 있는가라고 물을 사람이 있을 줄 안다. 그러나 그렇지 않은 이유가 많다.

1. 한국언론의 영역은 한반도에만 한정되지 않는다 - 교민 600만은 핀란드, 뉴질랜드, 아일랜드 인구보다 많다

한국의 언론에 속하면서도 일반대중은 말할 것 없고 언론학자, 언론사, 언론인의 관심밖에 있는 언론의 장르가 있다. 다름 아닌 해외교포언론이다. 이들이 바다 건너 멀리 떨어져 있어 "우리와 관계없는" 일로 받아들여질 수 있지만 그렇지 않다. 그 이유를 들어보면;

● 해외에 나가 사는 한국인의 수는 600만에 근접한다. 이는 한국 전체 인구의 10%보다, 그리고 일개 독립국가인 싱가포르나 뉴질랜드, 과거 영국 식민지였던 홍콩의 인구보다 더 많다(이보다 인구가 적은 나라가 56개에 달한다). 그리고 그 수가 계속 늘고 있다. 이만한 크기의 교민사회는 한국의 국익과 큰 관련을 갖게 되어 있다.

해외에 나가 있는 교민들은 일시 체류자와 영주권자는 말할 것 없고, 시민권자일지라도 "코리안"이다. 자신들이 그렇게 생각하건 안하건 현지 사람들이 그렇게 부른다. 한국에 와보지 않은 대부분 외국 사람들은 이웃에 사는 이들을 대해보고 한국인과 한국사회에 대한 지식과 이미지를 갖게 된다. 한국정부는 해외에서 국가 홍보를 위해서 막대한 돈을 쓰는데, 나가 있는 한인사회가 잘못하면 그런 노력의 효과는 상쇄되고 만다.

해외교민들은 어디에 살든지 고국을 위해서 기여할 수 있는 큰 잠재력을 가지고 있다. 그런 기여를 위해서 얼른 거론되는 분야가 자본투자, 무역, 관광, 송금, 고급두뇌이다. 좁은 국토와 인구과밀이라는 숙명을 타고난 한국인에게 이민은 흔히 영토확장에 비유되기도 한다. 해외 한인사회는 분명 한국의 세계화를 위해서 좋은 교두보가 될 수 있다. 한국정부가 해외교포를 큰 자산으로 여긴다고 말하는 이유가 그것이다.

● 나는 여기에 정신적 및 행태적 기여를 하나 더 추가하고 싶다. 해외 한국인들은 모범적인 세계 또는 민주주의 시민으로 고국의 민주주의 발전과 통일을 위한 건전한 제3의 가디언과 같은 세력이 될 수 있다.

물론 이것은 잠재성이지 현실적으로 그렇게 되고 있다는 뜻은 아니다. 그런 잠재성이 현실로 나타나려면 각 지역 교민사회 별로, 더 나가서는 범세계 한인 차원에서 발전을 이끄는 지적 구심점(intellectual leadership)이 있어야 한다.

그런 지적 구심점이 없다면 해외 한인사회는 외국에서 이른바 게토(ghetto, 빈민촌)로 전락되기 쉬우며, 그럴 때 해외교포 600만은 자산이 아니라 부채가 될 수 있다.

이민자란 애당초부터 주재국의 "주변인간"으로 머무를 소지를 안고 있다. 이들이 정체성을 잃지 않으면서도 주류사회의 일원으로 당당하게 살아나갈 수 있으려면 우리대로의 철학과 발전전략을 가져야 한다.

그런데 해외 한인사회는 어디든 이런 수준에 와 있지 않다. 그러니 잘못하면 물질적·정신적 모두에서 한국에서보다 더 낙후된 집단이 되기 쉽다. 벌써 한참 되었지만 로스앤젤레스 폭동 때 그곳 한인사회가 흑인들의 공격의 대상이 된 이유에 대해서는 여러 가지 추측이 무성하다. 어느 것이 이유라고 꼬집어 말할 수는 없으나 한 가지 분명하다고 생각되는 것이 있다. 그곳 한인사회가 강력한 지적 리더십과 정책 아래 건실하게 성장하고 지역발전에 기여해왔더라면 그렇게 안되었을 것이다.

그러면 어떻게 해야 집단을 이끌어나갈 지도력과 구심점이 생길 수 있을까? 국내 한국사회가 그런 것처럼 해외 한인사회도 건전한 언론을 떠나서는 생각할 수 없는 일이다. 언론과 사회발전 간의 밀접한 관계를 이미 논했지만(제3장 언론과 사회, 66쪽 참조) 이 관계는 좁은 한인사회에서 한층 더 극명해진다.

●교포언론은 한국언론의 연장이며 축소판이다. 거대한 사회 속에서 무수한 세력들과 얽히고 설키는 한국언론보다도 그 축소판을 분석하는 것이 훨씬 용이하며, 그런 연구는 한국언론과 한국사회의 이해에 좋은 자료와 지식을 제공할 수 있다. 시쳇말로 교포언론을 알면 한국언론이 더 잘 보인다고 말할 수 있다. 이에 대하여는 이 장 끝부분에서 더 언급하게 된다.

두 말할 것 없이 교포언론의 분포는 교민사회의 분포를 따라가는데 그 수가 모두 얼마나 될까? 이것을 정확히 파악하기는 어렵다. 수시로 많은 매체가 생기고 없어지고 할 뿐만 아니라 어느 것을 교민언론으로 볼 것인가를 정하기가 어렵기 때문이다. 회보 수준을 넘지 못하는 간행물도 언론을 자처한다.

여러 자료를 참고로 할 때 150~200의 수준이 아닌가 보아진다. 그러나 여기에서 교포언론의 분포상황이나 수가 몇 개인가는 그리 중요하지 않다. 약간의 개인차에도 불구하고 해외교포언론에 공통된 특질과 문제를 찾는 일이 더 중요하다.

커뮤니케이션 과정으로서의 언론은 사회현상만큼 복잡하다 함은 작은 교민사회의 언론에도 그대로이다. 여기서는 해외교포언론의 특정 측면이 아니라 공통문제에 대한 몇 가지 관찰과 그에 따른 구체적 제안을 해볼까 한다. 물론 실증적 연구 결과가 아니다. 그러나 교포언론에 대한 관심을 일으키고 또 언론학도들의 장래 연구방향을 위해 도움이 될 줄 믿는다.

논의대상을 교포언론 가운데 구미지역의 인쇄매체만을 대상으로 하기로 한다. 해외 한인사회에 대한 연구는 이민역사 배경과 현재의 여건이 크게 다른 중국, 일본, 러시아 지역 한인사회와 미국, 캐나다, 호주, 남미 등의 서방지역의 한인사회를 구분하여

해야 할 것이다.

형성과정이 비슷한 중국, 일본, 러시아 지역 한인사회도 지금에 와서는 서로 다른 양상을 띠고 있다. 가령 중국 연변지역에 주로 모여 사는 한인들은 거의 중국어와 우리말을 동시에 쓰면서도 한국인으로서 고유문화를 잘 간직한 채 살고 있다. 일본의 경우는 다르다. 1세는 거의 죽고, 일부 조총련계가 아닌 2, 3세 교포는 대개 현지 사회에 통합되어 한민족으로서의 정체성과 언어마저 잃어버려 교포언론의 수용자가 될 수 없는 처지이다.

또 인쇄매체로 한정한 이유는 해외 한인사회에서는 채널의 제약으로 방송매체는 인쇄매체만큼 활발히 보도와 비판 기능을 수행 못하고 있기 때문이다.

2. 교포언론의 기능—매년 낚시를 하다 죽는 교민

신문은 사회에 어떤 영향을 주는가? 이것은 신문의 사회적 기능 및 효과의 문제로서 이를 알아보는 한 가지 방법은 이미 다룬 필요(또는 이용)와 욕구충족 이론(제8장 192쪽 참조)을 따라 사람들은 왜 신문을 보는가를 따져보는 것이다.

제8장에서 다룬바 신문으로부터 기대하는 필요충족 항목이 일반적인 독자를 중심으로 추출된 것이라고 한다면, 이민자는 그와 다른 특수한 상황에 놓여 있는 특수집단(여기서는 해외한인들)으로서 일반인구와 다른 특수한 필요를 갖고 있다고 생각된다. 그것들은 무엇인가? 누군가가 이런 연구 조사를 해본다면 재미있는 사실을 발견하게 될 것이다.

불행하게도 그러한 조사는 내가 알기에 한국은 물론 해외에도 거의 없다. 누구나 이민자가 되는 것이 아니며, 해외 한인이란 세계적으로 볼 때 그야말로 힘없는 소수에 지나지 않아 정부나 학술단체 차원에서 관심을 끌지 못하기 때문이다. 하지만 그런 연구 없이도 일상 경험을 통하여 그들의 언론이용의 동기라든가 언론에 대한 기대를 추측할 수는 있다.

아무래도 교민들은 교민신문을 보고, ① 해외라고 하는 달라진 여건 속에서 생존하기 위해 필요한 정보를 얻고, ② 외국의 생활방식 및 문화를 알고 배우고, ③ 자신뿐만 아니라 자녀의 학교교육, 자녀의 가치관, 자녀의 장래 진로를 위한 정보와 지식을 얻고, 또 그 신문이 ④ 구성원으로 하여금 한국인으로서의 일체감을 확인하고 고유문화를 계승하게 하며, ⑤ 소수민족 집단인 교민사회의 발전을 위하여 사회 통합·조정 기능을 해주기를 기대하며, ⑥ 자기 사회와 거주국 전체 사회와의 다리 역할을 해주기를 바라는 것으로 정리해서 말할 수 있다.

해외 한인들에게도 오락과 여가에 대한 필요와 욕구는 크다. 그러나 그 욕구는 언어를 몰라도 어느 정도 보고 즐길 수 있는 외국 텔레비전을 이용하기도 하고, 교회, 등산, 골프 등 여러 모임과 네트워크를 통하여 다른 교민들과 어울려 지냄으로써 충족하게 된다. 그러므로 이 목적을 위한 언론 이용이 언어 때문에 크게 지장을 받는다고 볼 수는 없다. 한국에서 오는 오락용 비디오를 보는 데 교민들이 오히려 시간을 너무 많이 소비하는 편이다. 해외 한인사회에는 어디든 예외 없이 가라오케 술집과 비디오 가게가 널려 있다. 그러므로 오락 목적을 위한 신문의 이용은 상대적으로 미약하다. 따라서 여기에서는 이 필요충족을 위한 신문 이용의 문제는 제외하기로 한다.

①의 생존을 위해 필요한 정보는 환경감시 기능에 포함해 생각할 수 있다. 대부분 이민 나간 한인들은 현지에 도착하자마자 생계 수단을 찾아나서야 하며 이를 위해 부단히 정보를 좇아야 한다. 이미 생계 수단이 마련된 경우에도 이것을 잘 유지하고 발전시켜 나가기 위해서 정보가 필요하다. 해외 한인들은 이런 정보를 상당 부분 교민신문을 통하여 추구하게 된다.

환경감시 기능은 동물사회에도 있다. 기러기는 떼를 지어 논에 앉아 모이를 주워먹을 때도 한 마리의 파수병을 세워놓는다. 오늘날과 같은 문명사회에서 "남이 나를 죽이려고" 쳐들어오는 일은 없지만 외국이라고 하는 갑자기 달라진 상황에서 몰랐기 때문에 생명을 잃거나 손해를 보는 일은 얼마든지 있다. 전쟁, 내란, 천재지변 같은 비상사태는 말할 것도 없겠지만, 그렇지 않을 때도 직업훈련, 은행 이용, 긴급의료 서비스 이용, 교통규칙, 안전에 대한 일반 지식 등 새로 알아야 할 긴급 생활정보가 그것이다. 특히 안전문제는 좋은 예이다. 시드니에서는 한인 이민자들이 바다 낚시를 하다가 파도에 휩쓸려 익사한 사건이 거의 매년 발생했다. 여기는 해변이 많아 낚시를 좋아하는 한국 사람들을 늘 유혹한다. 그러나 이 바다는 한국의 바다와 다르다. 갑자기 산더미 같은 파도가 들이닥친다.

얼마 전 「불타버린 아메리칸 드림」이란 제목의 한국 텔레비전 다큐는 집에 불을 질러 자신의 딸을 살해한 죄로 형을 살고 있는 미국의 한 교포에 대한 심층보도였다. 또 다른 프로는 고국을 도와 간첩활동을 한 혐의로 구속된 교포를 다뤘다. 두 사람 모두 혐의를 부인하고 억울함을 주장하는 만큼 이들 다큐의 공통된 초점은 미국 사법당국의 수사와 판결이 인종적 편견에 따라 공정하게 이뤄지지 않았을 가능성이다.

그럴 수도 있겠지만, 해외에 살고 있는 사람으로서 나의 생각은 다르다. 그들이 정말 억울하게 죄명이 씌워졌다면 인종차별보다도 현지 사정과 관습을 잘 몰라 사건 당시와 그후 수사와 판결 과정을 미숙하게 대처한 때문이라고 느껴진다. 거기다가 현지인들이 이 지역 한인들에 대하여 평소 갖는 오해가 불리하게 작용했을 수도 있다. 이 점을 생각하면 교포언론의 중요성은 더욱 분명해진다. 언론이 교민들로 하여금 현지 법이나 관습을 잘 몰라 불이익을 당하지 않도록 주의를 환기시키고 현지 주민들에게 집단으로서 좋은 평판을 얻도록 교육하는 것은 분명 여기 환경감시 기능에 속한다.

②의 외국의 문화와 생활양식을 알고 배울 필요는 모든 이민자에게 공통적이지만, 좋은 직업을 얻고 주류사회에 진입하고 문화인으로서 대접을 받고 살고자 하다면 크다. 많은 해외교포들이 언어와 문화적 장벽 때문에 현지인과 같이 행세하지 못하여 학위와 경력에 상응하는 직장을 구하지 못한다고 말한다. 이 점은 고급 직종일수록 더하다. 그렇게 볼 때 앞에서 말한 ②도 생각에 따라서는 ①의 범주에 넣을 수 있으나 따로 항목을 정한 이유는 문화적 적응은 이민자들만이 갖는 특이한 필요이기 때문이다.

3. 로마에 가면 로마사람처럼 -내 나라가 있다는 자긍심

③의 "자신뿐만 아니라 자녀의 학교교육, 가치관 교육, 장래 진로 지도를 위한 지식을 얻을" 필요도 환경감시를 위한 정보의 필요나 문화적 적응의 필요와 완전 별개는 아니다. 이것을 별도 항목으로 정한 것은 한국인 이민자들이 자녀 때문에 이민을 결정했다고 할 정도로 자녀교육을 중요시하기 때문이다. 문화가 다른 남의 나라에서 자녀를 어떻게 교육할 것인가와 같은 문제를 마음내키는 대로 정할 수는 없다.

해외에 처음 이민 나온 한국인들은 준법정신, 가치관, 매너, 생활양식 면에서 현지인들과 달라 마찰을 빚는 일이 흔하다. 이것은 문화적 마찰(cultural clashes)의 문제다. 덧붙여 그들은 자녀들과 세대간의 마찰(generation gaps, generational clashes)을 겪게 된다.

"로마에 가면 로마 사람처럼 행동하라"(In Rome, do as the Romans do)는 말은 이미 진부하게 들린다. 그런데 이 주장은 주의를 요한다. 미국, 캐나다, 호주 등에 사는 한국인이 이 나라 사람처럼 행동할 때, 그 나라를 좋아하며 마음에서 우러나와서 그런 경우와 밖으로만 그렇게 보이게 하는 경우가 있을 것이다. 후자의 경우에 그는 한국인으로서의 정체는 그대로 지닌 채 필요에 따라 그렇게 한다고 할 수 있다. 어느 경우에나 한인 이민자들은 우리의 고유문화를 져버리지 않고 계승해야 할 필요가 있다. 한민족으로서 일체감 및 민족문화 계승을 위한 필요가 여기에서 나오며 언론이 그런 일을 맡아서 한다.

　현지 사회의 가치관을 배우고 익혀 그 사회에 빨리 적응해야 하는 것과 고유의 문화를 유지해야 하는 것은 분명 서로 상충되는 필요와 욕구이다. 이 두 가지 전제를 어떻게 할 것인가는 말이 쉽지 실제로는 매우 어려운, 해외교민들의 영원한 숙제이며, 교민신문과 같은 매체나 연구기관이 주관하여 끊임없는 토론과 이론 제시가 있어야 한다. 우리대로의 교육기관이 드문 교민사회에서 이런 문제에 대한 철학과 방향을 제시하고 우리 고유의 언어와 문화를 다음 세대들에게 전승시키는 데 있어 교포신문만큼 중요한 것이 없다.

　해외에서 자기 모국어로 되어 있는 신문이 소수민족에게 주는 심리적 효과 또한 무시할 수 없다. 이스라엘 국민을 상대로 한 신문의 "필요와 충족"조사 가운데 나타난 재미있는 항목은 신문이 "우리가 국가를 갖고 있다는 것을 느끼게 한다"는 것이다. 한때 나라 없이 뿔뿔이 흩어져 산 이스라엘 국민의 심리적 욕구를 여기에서 볼 수 있다. 이것은 소수 민족이 언론으로부터 얻는 일체감, 민족적 긍지에 대한 심리적 욕구충족의 예라 할 수 있다.

　⑤의 사회의 통합·조정이란 여론형성의 기능이라고 할 수 있다. 이미 지적한 대로 소수민족으로서 해외 한인들은 그들끼리 해나가야 할 일들이 있다. 집단 차원의 정책이 있어야 한다는 말이다. 정책을 만들기 위해서는 구성원들간에 생각과 행동을 조정하는 기능이 있어야 한다. 그 기능을 언론이 한다.

　정책의 실천은 커뮤니티의 울타리를 넘어 전체 사회를 향하여 하는 커뮤니케이션을 필요로 한다. ⑥의 이 기능은 앞서 논한 대로 한인사회가 갖는 현지 외국어 매체의 몫이 된다.

4. 영세성의 문제 —광고와 기사의 구분이 어렵다

　해외교민들의 언론에 대한 필요와 욕구충족에 대하여 논의함으로써 자연히 해외교포언론의 이상형(ideal type)이 밝혀진 것이다. 그러나 이것은 글자 그대로 이상일 뿐 현실은 아니다. 왜 그런가? 한두 개 지역을 빼고는 해외교포신문은 독자 시장이 너무 작아 구멍가게 식으로 운영될 수밖에 없는 실정이다. 언론은 레스토랑과는 다르다. 영세 규모의 레스토랑이 맛깔스러운 음식을 만들어내는 것은 가능하나 영세규모의 언론이 제 기능을 발휘하기는 어렵다.

　해외 교포언론은 도시 중심으로 운영될 수밖에 없는데 로스앤젤레스, 뉴욕, 토론토, 상파울로 등 몇 개 지역을 제외하고는 한인 인구가 5만 명 이하이다. 따라서 교포신문의 규모는 원초적으로 작다. 그러나 이것이 영세한 이유의 전부가 아니다. 더 심각한 이유는 작은 시장을 대상으로 너무 많은 간행물이 생겨 경쟁을 벌이다보니 광고 가격이 생산비 이하로 떨어지고, 그럴수록 각 언론사는 광고에 허덕이는 "장사"가 되고 마는 것이다.

내가 사는 시드니의 예를 들어보자. 한인 인구는 겨우 4만 명 정도인데 10개 이상의 정기간행물이 나오고 있다. 이들 전부가 언론이냐를 따지는 것은 무의미하다. 모두가 한정된 광고시장에 숟갈을 똑같이 들여놓는다는 점에서 모두 교포언론의 운명을 결정한다.

일본인 상주 인구는 우리보다 훨씬 작다. 하지만 시드니 일본 교민사회는 연 60만 명이 넘는 일본 관광객 때문에 구매력이 몇 갑절 크다. 오랫동안 타블로이드 월간 일본어 신문 하나가 있어 오다가 최근 한두 개가 더 생겼을 뿐이다. 이들의 광고료는 한인 매체의 수준에 비하여 10배 정도 더 높다. 교포언론매체의 광고료가 얼마나 낮은가를 잘 보여준다. 이것은 시드니의 사례인데 미국, 캐나다, 남미의 중소 도시에 있는 한인사회에 그대로 적용될 수 있다고 본다.

앞서 논의한 대로 해외교민언론은 성격상 특수 전문지이다. 이들의 존재 이유(레종데타; raison d'etre)는 이민자 커뮤니티라는 특수 필요와 욕구를 가진 수용자에게 봉사하는 것이다. 전체 사회를 대상으로 하는 주재국 사회의 대중매체가 그런 일을 하지 않기 때문에 분업의 원칙에 따라 교민언론이 전문적으로 그것을 맡아서 해야 한다.

이런 전문적 역할을 잘 수행하기 위해서는 교포언론은 나름대로의 확고한 편집정책과 웬만한 시설과 인적 조직을 갖추어야 한다. 또 여기에서 일하는 언론인은 전문지식에 더하여 외국어도 잘해야 한다. 국내 언론인보다 자질이 낮아도 되는 것이 결코 아니다.

그런데 현실은 정반대다. 영세규모와 낮은 이익률에 따르는 낮은 급여, 나쁜 근무조건, 전문기자의 부족 등 열악한 조건에서 나오는 교포신문의 내용이 어떤 모양새로 나올지는 짐작할 수 있는 일이다. 몇 가지만 적어본다.

첫째가 편집 비용을 대폭 줄이기 위한 궁여지책으로 지면의 대부분 또는 상당 부분을 한국의 간행물에 난 기사를 무단 전재하여 채우는 관례다. 그런 기사는 위에 말한바 교포언론의 존재 이유와 거리가 멀다.

물론 이런 전재 기사가 안 읽힌다는 뜻은 아니다. 고국의 간행물 가운데서도 흥미성 높은 기사를 골라 전재하니 잘 읽힌다. 더욱 공짜라면 그렇다. 문제는 한국에서 나오는 거의 모든 잡지가 해외로 들어오고 있으니 흥밋거리를 원하는 독자는 그것들을 사보면 될 일이고, 작은 한인사회에서 나오는 광고로 어렵게 만들어지는 교포언론이 그런 일을 맡아 하지 않아도 된다는 것이다. 또 남의 간행물을 무단 전재하는 행위는 적법, 위법을 떠나 타의 모범이 될 일이 아니다.

둘째로, 교민신문의 지면을 자세히 보면 외부 기고, 영업 홍보를 필요로 하는 사람이나 단체를 홍보해주는 기사, 그리고 교민 행사기사, 그리고 홍보가 필요한 자영업자들이 보내는 기고 등으로 주로 채워지는데, 경영 면에서만 본다면 매우 우수한 편집제작이다. 외부 기고에 대하여는 고료가 전혀 없거나 있어도 아주 소액이다. 그래도 글을 쓰는 이유는 판촉이 필요해서, 또는 개인 얘기를 하고 싶어서 하는 게 많다. 과연 기고가 가운데는 회계사, 변호사, 한의사, 그리고 컴퓨터, 여행, 부동산, 그외 새로운 서비스 분야 대표 등 고객을 좇는 사람이 많다. 인물이나 회사 프로필은 신문사로 봐서는 지면도 채우고 광고주가 될 만한 사람들에게 호의를 베푸는 일도 돼, 일거양득이 된다.

고료 없이 쓰는 외부 기고물도 정보제공 기능을 하지만, 원래 글쓰는 동기가 그렇고 내용에 대한 엄격한 통제(고료 안주는 기사 내용을 편집하기는 어렵다)가 어려워 대다수 독자의 이익을 위하는 대원칙을 벗어나기 쉽다. 홍보 및 광고와 기사를 구별한다는 것이 쉽지 않은데, 대개 글을 쓴 동기가 자기이익을 위하는 쪽이라면 홍보 또는 광고 쪽이라고 봐야 한다. 그런 글은 독자의 이익과 필요를 깊이 생각하고 쓰는 것이 아니므로 내용이 충분한 리서치에 의하지 않고 공정하지도 않은 게 특징이다.

이런 유의 편집이 한국에서 재정적으로 비교적 튼튼한 군소 간행물에 의해서도 갈수록 더 활용되고 있음을 발견할 수 있다. 여행, 전자 등 각 산업별로 나오는 영세한 이른바 전문지들의 경우는 아주 심하다. 영업적인 이유로 해당 분야 기업체나 단체에 대한 좋은 기사를 써주거나 쓰도록 하고 있다는 인상을 강하게 받게 된다.

셋째로, 이렇게 궁여지책을 써서 하는 언론이라면 수입의 주 원천이 되는 광고 세일즈를 어떻게 할지는 짐작하기 어렵지 않다. 국내와 해외 모두 우리 언론의 수준을 가늠하는 중요한 기준은 그 언론이 광고주와의 관계에서 얼마만큼 독립성을 견지할 수 있는가이다.

큰 광고 고객이 될 기업이나 단체로 하여금 홍보용 기사를 쓰도록 하거나 이들을 위해서 대신 써준다면 언론이 자진해서 독립성을 희생하는 사례가 된다. 이런 언론사들이 큰 광고를 주는 대신 특정 기사를 크게 써달라든가 반대로 쓰지 말아달라는 기업의 제의를 받으면 어떻게 대응할지는 알아보나 마나이다. 모든 언론을 광고주의 압력에 가장 약한 것부터 가장 강한 것까지의 연장선상에 놓고 본다면 교민언론은 불행하게도 가장 약한 쪽에 속할 수밖에 없다.

해외 한인사회 구성원간의 관계는 대개 합리성보다 정으로 묶여 있다. 고국에 떠나 해외에서 외롭게 살아야 하니 더 그렇다. 인간관계 패턴에서만 본다면 서방 속의 한 인들은 가장 근대사회 속에서 어쩌면 가장 전근대사회의 삶을 살고 있다고 말할 수 있다. 그 관계는 서로 밀착과 반목의 교차이다. 이 점은 교포신문의 성격에 큰 영향을 미친다. 한 교포신문사가 교민의 호응을 받느냐, 그리하여 광고를 더 잘 얻게 되느냐는 그 언론이 한인사회 전체에 얼마나 많은 기여를 하고 있느냐보다 그 신문사의 발행인, 종사자와 교민과의 친분관계, 기사가 자기들의 조그마한 이익을 위하는가 아닌가에 따라 더 결정된다.

국내, 해외 모두 한인사회가 풀지 못하는 가장 큰 문제는 정의와 원칙을 살리는 일이다. 해외에 사는 한인들이 법을 어기면 물론 현지법에 따라 제재를 받는다. 그러나 한인끼리 일어나는 마찰이나 분쟁의 해결을 모두 법에 맡길 수도 없는 일이다. 그보다 교민사회의 여론으로 다스리는 것이 바람직한 경우가 많다. 광고주와의 의리에 매달리는 약체 교포언론은 그런 기능을 잘 못한다. 뿐만 아니라 몇 푼의 광고 때문에 공정성을 잃어버리는 교포언론은 오히려 교민사회의 분열과 갈등의 씨앗이 된다.

이런 사례를 보면 과연 언론은 있는 것보다 없는 것이 더 사회에 도움이 된다는 역설적인 말이 이해된다. 한국의 언론에도 그대로 적용된다. 이에 대하여 제12장 자기 이익을 논하면서 더 자세히 다룬다.

5. 한국으로부터의 간행물 – "한국의 대통령은 교포 2세 가운데서 나와야 한다"

해외에는 로스앤젤레스처럼 교민 인구가 많은 대도시는 물론, 대부분 지역에 고국의 신문이 배포된다. 고국에서 오는 신문을 교포언론으로 볼 수는 없으나, 대부분 일간지의 경우 그 보급을 맡는 현지 지국이 서울에서 나오는 원판을 받아, 광고란을 현지 것으로 교체하는 한편 현지 기사를 첨부해서 내고 있어 조금 헷갈린다. 어쨌든 한국의 내용일지라도 독자가 해외라고 하는 달라진 환경에서 보고 해석하고 애용한다는 점에서 교포언론 현상에 포함시켜도 될 것이다.

해외 한인들의 고국 신문의 이용은 대체적으로 과거지향, 고국지향이라고 봐야 한다. 특히 은퇴한 노년층 이민자들은 대개 과거에 묻혀 살게 된다. 고국에서 오는 신문과 잡지 외에 비디오가 그런 목적으로 인기이다. 우리나라 신문과 잡지 내용에는 지나간 얘기 등 과거를 회상하는 글이 많아 적격이다.

한국으로부터 오는 매체가 다른 인구층에도 그런 과거지향적 효과를 가질 수밖에 없는 것은 그 내용이 대부분 현지 생활과는 직접 관련이 없기 때문이다. 이에 대한 예외라면 공관원, 상사 파견원, 유학 등 장기·단기로 해외에서 거주하는 한국인과 그 가족이다. 이민사회학 문헌에 따르면 이들은 현지에 정착할 사람이 아니고 임무가 끝나면 고국으로 돌아갈 사람이므로 행태 면에서 이민자와는 다른 점이 많다. 이들의 한국 신문과 간행물의 이용은 당연히 일반교포들에 비하여 더 현실문제 해결적이며 합목적적일 것이다. 장래 돌아가야 할 고국의 사정에 대비, 이에 대한 정보를 더 좇는 편이다. 하지만 그들의 매체이용과 그에 따른 효과도 교포언론에 통합해서 고찰할 수 있다.

한국으로부터의 매체가 영어사용 국가에 사는 교민들에게 주는 행태적 영향은 일반적으로 무엇일까? 이에 대한 연구가 물론 없지만 몇 가지 예측은 할 수 있다.

첫째로, 과거지향적 매체의 이용은 향수를 달래고 외로운 시간을 보내기 위한 이용으로 볼 수 있다. 따라서 현실도피적 언론의 이용의 범주에 넣어야 할 것이며, 그 이용이 많다면 비생산적이라고 봐야 할 것이다. 해외에서는 주말이 시작되는 금요일 밤 부인들 가운데 수십 개의 비디오 테이프를 빌려와 날을 샌다는 사례가 많다. 외국에서 본국의 신문과 비디오를 보지 않기로 한 사람의 변을 들어보면 실감이 난다. "신문 보느라 밤잠을 설쳤다" "과거를 생각하면 뭐 하나. 마음만 아프다"와 같은 것이다.

둘째로, 교민들의 현지 동화 및 적응 속도를 늦춘다. 현지 사람과 접촉할 기회도 없고 현지 매체를 잘 이용하지 않는 사람이 한국에서 오는 신문과 책과 비디오, 그리고 우리말 방송만을 주로 읽고 보며 들으며 과거 속에 묻혀 산다면 그 효과는 현지 사회로의 적응은 그만큼 지연될 것이라는 짐작을 할 수 있다. 특히 한국에서 방영되는 텔레비전 오락 프로의 복제인 비디오의 이용이 미치는 효과는 그러하다. 유학생들의 경우를 보자. 이들이 그 많은 시간을 비디오에 보낸다면 쏟아져나오는 학교 숙제를 해낼 시간이 없다. 일시 나와 있는 유학생은 물론, 현지 교포들도 서울에서 유행하는 노래와 유행어에 민감한데 나오자마자 수입되는 비디오의 효과라고 봐야 한다. 해외 한인사회에는 한국 비디오 가게가 식품점만큼이나 많으며 모두 잘되는 편이다. 이용이 대대적이라는 증거다.

결국 해외 한인들의 한국 매체의 이용 효과는 이들이 해외에 나와 있어도 본국에 있는 한국인과 서로 비슷한 현실 감각(perception)을 갖게 하는 것이다. 그것은 한국의 감각과 가치관을 해외로 연장시키는 효과라 할 수 있는데 이 효과를 어떻게 평가해야 할지 쉽지 않으며 앞으로 연구할 만한 과제이다. 많은 해외 한인들이 현지에서의 생활을 현지 기준이 아니라 고국의 기준으로, 달리 말하면 몸은 해외에서 있으면서 마음과 관심은 고국에 두고 있음으로써 갈등을 느끼고 산다.

한참 된 일이지만, 잘 알려진 학자로서 한때 정치판에도 나섰던 한 인사가 미국을 방문하여 교포 젊은이들을 모아놓고 한 말이 기억난다. 앞으로 한국의 대통령과 정치인은 교포사회에서 나와야 한다는 것이다. 한국사회에서 태어나, 그 교육을 받고 그 가치관을 물려받은 사람이 한국의 사회를 개혁할 수 없다는 뜻이었다.

경제를 으뜸으로 내세우는 한국사람들은 해외 동포들이 고국을 위해 기여할 분야를 주로 물질적 관점에서 보지만, 내 생각은 다르다. 도덕적 행태 분야도 못지않게 중요하다. 선진사회에 사는 한인들이 거기에서 배운 인류에게 보편타당한 가치를 고국의 동포들에게 옮기는 일이다. 그런 가치로는 준법정신, 근검한 생활태도, 질서의식, 책임감 등을 들 수 있다.

그러나 앞서 지적한 대로(제1장 주 1, 37쪽 참조) 한국과 해외교포사회의 관계를 잘 분석해보면 영향력의 흐름이 철저히 후자에서 전자로 향하고 있음을 알게 된다. 해외의 한국인들의 매체이용이 그런 흐름의 패턴을 돕는다. 한국에서 나오는 매체의 내용은 해외교포사회로 큰 물줄기로 흘러 들어간다. 그러나 반대의 경우는 잘 일어나지 않는다.

6. 한국인은 왜 언론을 누구나 하고 싶어하는가 – 해외 한인사회는 우리의 행태를 비춰보는 거울이다

한국은 인구당 신문의 수가 많은 편에 든다. 해외 한인사회는 더하다. 서방지역의 한인사회에는 다른 주요 소수민족 집단인 이태리, 그리스, 레바논, 중국, 월남 커뮤니티에서 보다 인구에 비하여 훨씬 더 많은 신문이 존재한다. 교포언론의 난립이다. 이런 표현을 써야 하는 이유는 전공, 과거 경력, 평소 신념 등으로 봐 하지 않아도 될 사람들이 언론을 쉽사리 함으로써 언론뿐만 아니라 사회를 어지럽게 만들 수 있기 때문이다.

왜 한국인은 언론을 좋아하는가? 누군가 이 문제를 더 깊이 연구해본다면 해외 한인사회뿐만 아니라 한국 사회와 언론, 한국인이 안고 있는 심각한 문제를 이해하는 데 큰 도움이 될 것을 의심치 않는다.

언론의 난립은 선거 때 후보의 난립과 마찬가지로 그 뿌리를 따져보면 한국인 특유의 지위의식과 잘못 받아들여진 "하면 된다"(Can Do Spirit) 정신에 있다. "하면 된다"는 이미 언급한 대로 그간 잘못 받아들여져 우리 사회의 전문성 경시와 목표는 수단, 방법을 가리지 않고 일단 달성하면 된다는 사상을 만연시켜 놓았다.

"하면 된다"가 건전한 의미의 적극성과 자신감, 또는 성취욕 등 좋은 의미로 받아진다면 좋은데, 그렇지를 않고 분수에 맞지 않는 자리나 일확천금(一攫千金)을 좇는 과욕을 정당화한다면 큰일이다. 불행하게도 우리 사회의 과거가 그랬다.

제11장에서 언론의 전문성을 논하면서 지적한 대로(주 18, 324-325쪽 참조) 의학, 법, 회계학 등 자격증 없이는 안되는 몇 개 분야를 빼놓고는 오늘 대부분 한국사람들은 "나라고 왜 못하나" 하는 생각을 하게 되었다. 그런 풍토는 군사정권 시절에 더 굳건히 우리 사회에 자리잡았다. 군사정권 아래에서 정부와 국영 기업체의 요직으로 옮긴 많은 군의 고급장교들이 흔히 하는 불평이 가관이었다. "아무개 동료가 장관인데, 내가 이것을 해야 하는가." 대부분 영어를 좀 하는 영관장교들은 당연히 대사가 되기를 바라고 있었다. 우리 사회가 그런 전통을 이어받았으니 자질이 되든 안되든 할 수 있다면 언론을 해보려고 하는 사람이 많은 것은 놀랄 일이 아니다.

국내와 해외, 한국인이 다른 나라 사람들에 비하여 언론 사업에 특별한 매력을 느끼는 이유에 대하여 좀 더 써보겠다.

● 한국인이 서방지역으로 이민을 나오면 경제적으로는 몰라도 사회적으로는 지위가 격하되는 것이 보통이다. 그리하여 잃어버린 지위와 긍지를 회복하고자 애쓰게 된다. 야심가들이 언론에 매력을 느끼는 이유도 여기에 있다. 웬만한 자체 조직과 수용자를 갖고 있다면 언론은 오너와 종사자에게 상당한 지위와 힘과 품격을 부여하게 되어 있다.

해외 어디든 한인사회에서 교회의 성장은 가히 폭발적이다. 원래부터 소명의식 때문에 목회의 길을 택하는 사람들이 있음을 인정하지만, 목회를 하고 싶어하는 사람이 그렇게 많은 현상 역시 한국인의 지위의식을 빼고 설명하기 어렵다. 언론 못지않게, 또는 그 이상으로 지성인으로서의 품격과 사회적 역할이 인정되는 직업이 목사이다.

지위의식으로 말한다면 일본 사람들도 우리와 같다. 그런데도 해외의 일본인의 구매력이 우리보다 많은 지역에서 일본어 신문이 훨씬 적은 이유는 하나다. 그들은 과분한 지위를 탐내지 않는다. 뭐든지 "하면 된다"고 생각하는 사람이 드물다. 또 직함보다도 자기 분야를 충실히 지키는 장인들이 더 많다.

● 우리나라에서 권력과 부를 떠나 명예로 받아지는 유일한 직업이 선비가 아니었나 생각된다. 선비는 배운 사람이며, 대개 통념적으로 글을 잘 쓰는 문장가이다. 조선조에서 벼슬의 길인 과거(科擧)의 시험과목이 문장력이었던 전례도 그런 인식을 사람들 마음속에 심는다.

역사적으로 선비는 이러한 사회적 인식 때문에 곧 관료가 될 수 있는 잠재력을 인정받아왔다. 오늘날에도 대학교수가 쉽게 고위 관직으로 발탁되어가는 사례도 이와 관계가 있어 보인다.

지식과 문장력이 기본인 언론(특히 인쇄매체의 경우)은 이런 선비 및 지식인 집단의 이미지를 늘 지니고 있다. 한국과 해외에서 다른 비즈니스로 돈을 벌어 지성인의 품격과 이미지가 필요한 사람들 가운데 언론을 시작하는 사례가 많다.

통계를 댈 수는 없지만 외국에 비하여 우리나라에는 문학 지망생 및 애호가들이 참 많다. 우리나라 정기간행물에는 단편소설, 연재소설, 수필, 시 등 문학작품이 많이 실리고, 언론이 주최하는 문예 현상모집에 응모하는 사람이 많고, 출판물 가운데 수필집과 시집이 아주 많은 것만 봐도 안다. 물론 시인 등 문학가에 대한 존경심도 대단하다. 선비사상 아니고는 설명할 수 없는 일이다.

● 작은 인쇄매체는 누구든 소자본으로 시작할 수 있다. 특히 일간지가 아닌 주간지나 월간지라면 그렇다. 또 지금은 우리나라도 그렇지만, 영미 국가에서는 정기간행물 발간에 정부의 규제가 거의 없다. 명예훼손 제소가 아니라면 두려워할 외부 간섭이 없다. 거기다가 PC 컴퓨터 워드프로서의 발달로 몇 사람의 편집자와 식자 인원으로 조그만 신문을 낼 수 있다. 이 사정 또한 간행물의 난립을 부추긴다.

● 한국에서 신분상승의 기회는 좋은 자리에 있을 때 그 자리를 어떻게 잘 "활용"하느냐에 따라 결정된다. 과거 한국의 언론인들의 정(政)·관계 진출은 한 가지 좋은 예이다. 권력자나 그외 견제세력과 타협을 필요로 하는 사람에게 언론은 절묘한 무기가 된다. 우리나라의 대기업이 언론을 갖고 싶어하는 이유를 금세 알 수 있다. 과거 한국의 한 지방 신문사 사주가 언론을 하면서 했다는 얘기가 실감난다. "신문들에게 뜯기기보다는 그 돈으로 차라리 내가 하나 내는 것이 낫겠다."

해외 한인사회에서는 한국에서처럼 줄을 대거나 언론으로부터 돈을 뜯길 만한 일은 없다. 그러나 언론을 가지고 있으면 이모저모 무기로 쓸 수 있는 일이 많다.

이때까지 교포신문의 난립 현상을 중심으로 해외 한인들의 행태에 대하여 쓴 셈이다. 그 행태가 부정적이라면 그 뿌리는 고국인 한국에 있다. 한국에서 배운 한국적 행태가 해외라고 하는 바뀐 환경을 만나 더 극명해지는 것이다. 그러므로 그것은 해외 한인들만의 문제로 돌릴 일이 아니며, 한민족 전체의 틀 안에서 이해해야 대안이 나온다. 그렇게 볼 때 해외로 나와 교포언론의 취약성을 보고 남의 일인 양 손가락질하는 일은 손으로 해를 가리는 것과 같다. 제3장에서 자세히 다룬 대로 언론은 사회의 산물이며, 얼굴이다. 한민족이 우수하고 잘 하고 있는데, 그리고 그 일부가 해외에 나가 잘 하고 있는데, 언론만이 잘못할 수 없다는 것을 이해하여야 하고, 거기에서 배우는 것이 있어야 한다.

7. 공익자금 – 신바람 나는 것 아니면 돈 안 걷혀

해외 한인사회의 여건을 생각할 때 한두 개 지역을 제외하고는 교포언론이 시장경제원칙에 따라 건실히 자랄 수 있는 가능성은 매우 희박하다. 그렇다고 해서 이들의 언론에 대한 필요가 덜하냐 하면 오히려 반대다. 이것은 1세 해외 한인들이 처한 아이러니가 아닐 수 없다. 그렇다면, 무엇을 어떻게 해야 할까? 빠르고 쉬운 처방전은 없다. 그러나 다음과 같은 제안과 사항들을 의제로 내놓을 수는 있다. 첫째로 지금의 교포신문은 공영방송과 같은 이념에 따라 교민사회 자체와 기타 재원에서 나오는 기금으로 교육기능을 위주로 하는 공영매체가 되는 안이다.

그런데 그 가능성도 지금은 희박하다. 교민사회에 그런 돈이 꼭 없어서가 아니다. 한인사회의 발전이란 말은 무성해도 그런 목적을 향한 모금운동에는 선뜻 돈을 내놓는 사람이 드물다. 그러니 해외 한인사회는 어디를 가든 전체 이익을 위하는 장기적 정책이나 사업이 아주 드물다.

어디선가 돈이 나와 성황을 이루는 것은 "한국의 밤" "교민체육대회" "전교민골프대회" "교회부흥성회" "×××박사 건강 세미나"와 같은 일과용 이벤트뿐이다. 그 이유는 아무래도 신바람 나는 행사나 당장의 개인적 필요를 충족시키는 사업이 아니면 관심을 보이지 않는 우리 민족의 취약점 때문이다. 이런 행사들은 그럴 듯한 목적에도 불구하고 따져보면 친목이나 놀이 활동을 넘지 못한다. 이 또한 우리 사회에 대한 좋은 연구 과제가 된다.

해외 각 한인사회에는 꼭 한인회가 있다. 한인회는 한인사회의 대표기관 격이지만 공권력이 없어 회비를 징수할 수 없고, 그렇다고 다른 방법으로 기금을 조성해놓고 있는 것도 아니다. 사무실을 유지하면서 존속할 뿐 집단을 이끌고 갈 장기적인 철학과 정책마저 정해놓지 않고 있는 곳이 더 많다. 대부분의 한인회는 고국에서 찾아오는 실력자나 공관의 들러리 노릇이나 하는 것이 고작이니 교민들의 정신적 지지나 신임을 받지 못한다. 그런 한인회가 교포언론 육성에 아무런 도움을 주지 못한다.

그러면 한국정부가 지원해야 할 것인가? 국내, 국외 어디에서나 한인 단체들이 어떤 문제와 관련, 고국 정부에 하는 건의가 자금지원이다. 나는 모든 해외 커뮤니티와 단체의 문제는 자체 돈과 노력으로 해결하는 방안이 옳다고 생각한다. 그러나 그게 어려울 때, 고국 정부는 한인사회를 위해서 쓸 수 있는 예산이 얼마라도 있다면, 이런 자체 노력을 유도하는 데 먼저 써야 할 것이다. 또 한인 사회와 단체 자체적으로 소요자금의 반을 조달하면 나머지 반을 정부가 대주는 이른바 매칭 펀드(matching fund) 방식으로 그런 프로젝트를 촉진하는 방안도 있을 것이다.

근래 한국경제가 커지고 국제교류가 많아지면서 학술, 문화, 친선 교류란 이름으로 설립된 여러 단체들이 외국의 단체를 지원하기도 하고, 각종 전시회, 콘서트, 공연 등 해외에 나와 돈을 쓰며 하는 행사가 많아졌다. 또 한국의 여러 재단은 해외에 사는 외국인, 한국인 학자들을 비용을 대주어 정기적으로 한국으로 초청, 학술대회와 세미나를 개최하는 사례도 많아졌다. 이런 돈은 어디에서 나오든 한국의 돈이다.

교민언론도 어떠한 형태가 되든 일부 이런 혜택의 대상이 되어야 하는데 그런 생각을 하는 사람이 없다. 해외 한인사회의 발전의 초석이 될 각 지역 교포언론 한두 개를 건전하게 키우는 일이 흔해빠진 일회용 학술 또는 문화 행사만 못하다는 것인지 알 수 없는 일이다.

지원하는 방법은 돈뿐만이 아니다. 고국의 큰 언론사, 언론연구단체가 잠재력 있는 교민신문사를 골라 기술 지원을 할 수도 있을 것이다. 소속 기자를 한국에 불러 단기 훈련을 시켜주는 것도 한 가지 예이다. 그런 프로그램이 있다면 교포언론 기자의 자질향상뿐만 아니라 그들의 사기를 향상시키는 면에서도 큰 도움이 될 것이다.

과거 정부의 대(對)해외교민 언론정책은 교민의 이익보다 정권유지 차원에서 짜여졌다고 본다면 맞다. 해외교민들이 친북이 되지 않게 감시 또는 유도하는 것이 전부였다. 그렇기 때문에 자연히 남북한 정부가 첨예하게 대치했던 일본, 미국에 있는 일부 친한 또는 반한 언론사의 동향에만 신경을 썼다고 할 수 있다. 정부가 바뀌고 남북화해의 시대에 들어선 지금은 다르지만, 아직도 교민사회의 이익이 장기적으로 본국의 이익이라는 안목에서 해외교민언론을 새롭게 평가할 기미가 보이지 않는다.

대교민정책과 관련, 정부를 대표해서 각 지역에 나와 있는 공관의 장과 직원들의 근무태도에는 좀처럼 바뀌지 않는 공통점이 하나 있다. 임기 동안 말썽 없이 지내면서 다음 좋은 보직을 바라는 이들은 본부의 지시와 한국에서 찾아오는 고위 인사들만을 꼼꼼히 챙긴다. 장기적인 한인사회의 이익(그것이 바로 한국의 이익)이란 입장에서 현지 교민사회의 문제를 깊이 알려고 하거나 그 개선을 위해서 무엇을 할 수 있을까 고민하는 사례가 드물다. 어느 공관이 고국 정부에 대교민정책과 관련, 어떤 새로운 제안을 했다는 사례가 없다. 지금의 우리나라 공무원 세계의 분위기로는 그런 일은 긁어 부스럼을 내는 격이 되기 때문에 하지 않는다. 이런 해외 공관의 틀에 박혔거나 안일무사한 근무환경은 본국 정부가 바뀌지 않고는 달라지지 않는다.

8. 교포언론 연구, 한국언론의 연구 - 교포언론의 문제를 알면
한국언론을 알 수 있다

70여 개 대학에 언론학과가 있는 우리나라에는 언론 관계 학자와 종사자들이 많으나 교민언론은 이들의 관심 밖이다. 정부가 그러하기 때문이다. 그러니 일반국민은 말할 것 없다. 입만 열면 모두가 세계화를 부르짖고 세계를 향하여 나가야 한다고들 말하는 것과는 딴판이다. 앞으로는 언론에 대한 관심과 연구도 한반도에서 한민족으로 확대되어야 한다. 한민족은 남한(또는 한반도)에 사는 한국인만이 아닌 당연한 귀결이다.

서두에서 언급한 대로 해외교포언론과 해외교민사회의 비교연구는 한국언론의 학술적 연구에 큰 도움을 줄 수 있다. 해외교민사회와 그 언론은 그 모체인 한국사회와 언론의 축소판이다. 인구 4,600만에 무수한 단체와 집단이 상호교환하는 사회 안의 언론보다 가령 3만 명의 인구와 불과 몇 십 개의 교회와 단체로 되어 있는 해외 한인사회의 언론을 분석해보면 여러 가지 새로운 지식을 갖게 된다.

몇 가지 가능성을 예시해본다. 첫째로 슈람(Schramm, 1957)의 지적대로 언론의 수준은 언론 종사자, 정부, 국민의 삼위일체의 산물인데, 우리는 과거 불행한 정치 경험 때문에 언론의 취약점에 대한 책임을 정부의 통제로만 돌리는 데 익숙하다. 이것이 얼마나 타당한 가정일까? 교포언론 환경의 분석은 이 가정을 검증하는 한 가지 좋은 방법이 된다. 정부의 간섭 또는 영향력이라는 변수가 자연히 빠져 있어(통제되어) 분석이 그만큼 용이하기 때문이다.

적어도 영미 국가에서 나오는 교포신문의 경우 주재국 정부나 그밖에 외부세력으로부터 간섭을 받는 일은 없다(명예훼손을 이유로 피해자가 소송을 걸어오면 손해배상 문제가 생길 뿐이다). 그러므로 교포언론의 질과 수준은 주로 언론의 주체와 수용자와의 관계에서 결정된다는 전제 아래 연구를 계획할 수 있다.

둘째로, 언론과 사회와의 교호관계(제3장), 언론의 효과(제6장), 뉴스의 전파과정(제7장) 등을 훨씬 선명하고 객관적으로 관찰할 수 있다.

그 가운데 뉴스전파과정을 알아보는 것은 매우 재미있는 연구가 될 것이다. 작은 교민사회에서 나오는 교민신문은 그 배포가 빠를 뿐만 아니라 신문의 내용이 입에서 입으로 빨리 전파된다. 교민들의 뉴스 인지도 조사를 통하여 어떤 뉴스가 어떤 경로를 통하여 전파되어가는가에 대한 연구를 한다면 기존의 채널 연구에 기여할 수 있다.

교포신문은 각 지역 한인사회별로 대부분 일간지와 주간지로 발간되는데 교회, 식품점, 식당 등 교민이 잘 모이는 곳에 놓여 있어 유료, 또는 무료로 가져가게 되어 있다. 교민 네트워크(친구 저녁초대, 구역 예배, 동창회 모임, 계 모임, 운동회, 한국의 날, 노인 잔치 등)를 통한 상호간 접촉이 많아 매체에서 얻은 정보와 정서가 개인간 채널을 통하여 쉽게 옮겨간다. 이 점에서 해외 한인사회는 이미 언급한 대로 현대사회 속에 존재하는 전통사회이다. 한 사회 안에서 누가 누구를 어떻게 만나는가를 추적하는 소시오메트리(sociometry) 방법을 작은 한인사회에 응용해보면 많은 새로운 지식을 얻게 될 게 틀림없다. 그 과정에서 언론의 효과 연구를 위한 새로운 분석 방법을 찾아낼 수도 있다.

위에서 언급한 교민사회의 특수 구조와 교민들의 뉴스 선택이 제한되어 있다는 점을 감안할 때, 이 안에서의 유익한 정보와 빅 뉴스는 입으로 빨리 그리고 거의 전체 구성원에게 전달되는 것이 특징이다. 이런 정보와 뉴스를 대상으로 정보의 2단계 또는 다단계설(제3장 74쪽 참조)을 쉽게 검증해볼 수 있다.

1979년 박 대통령 시해사건이 있었을 때, 1990년 걸프전쟁 때, 1990년 중반 북한의 핵 문제로 한반도에 전쟁위기가 감돌았을 때, 김대중 씨를 대통령으로 뽑은 지난 대선 때는 해외한인들이 한국의 뉴스를 시시각각으로 좇았는데, 현지어를 잘 모르는 교민들은 어떻게 빨리 뉴스를 입수하였을까. 현지어(외국어) 매체에 수시로 접하는 유식한 교민에게 전화하여, 또는 그들을 직접 만나 얻어듣는 뉴스전파 패턴이 주된 경로였을 것이다.

여기서 유식한 교민이란 현지에서 교육을 많이 받고 영어를 잘하며 호주사회를 잘 아는 전문인으로 교민사회 안에서의 오피니언 리더 노릇을 하는 사람들이다. 그들은 자연히 뉴스전파과정에서 다른 사람에게 영향력을 미친다. 해외 한인사회라는 특수집단 안에서 오피니언 리더의 역할은 전통사회에서처럼 특별히 크다고 보여진다. 이미 지적한 대로 언론의 효과를 측정하려는 연구가 우리나라에서 드물다. 교포사회를 대상으로 그런 시도를 한다면 여러 가지 새로운 지식을 얻을 수 있을 것이다.

사회학, 사회심리학, 인류문화학, 커뮤니케이션학 분야 실증적 연구로 학위 공부를 하는 우리 유학생들이 비교적 접근이 쉬운 현지 한인사회를 자료로 삼는 일이 흔해진 것은 좋은 일이다. 연구의 제목과 계획을 어떻게 정하느냐에 따라서는 한인사회 집단은 훌륭한 이론 검증을 위한 다른 곳에서 구할 수 없는 훌륭한 자료가 될 수 있다.

애석한 점은 한인사회문제 전문가가 될 수 있는 이들이 공부를 마치고 돌아간 후에는 관심을 버리고 마는 것이다. 학위를 따기 위한 공부였을 뿐 더해 봐야 도움이 안돼 그런 것이다.

9. 범세계적 교포언론 –우선 사이버 공간을 이용한다면

해외교민사회가 세계적으로 널리 흩어져 있어 교민신문은 지역 단위로 읽힌다. 따라서 각 지역사회를 묶는 대중매체는 없는 셈이다. 그런 매체가 앞으로 한국이나 큰 한인사회가 있는 로스앤젤레스 같은 곳에 정부나 어떤 재단의 지원으로 생겨나야 할 것이다. 근래 문이 열린 중국과 소련 등지의 한인사회를 포함한 세계 전체 한인사회의 공동 관심사가 없지 않을 수가 없기 때문이다. 또 해외교민사회가 따로 하는 것보다 함께 하면 더 잘 되는 일이 많을 것이다.

사이버 공간이 그것을 한층 현실에 가깝게 만들고 있다.

제11장

언론인의 질과 수준

언론의 중요성을 말하기는 쉽다. 하지만 그런 중요한 기능은 질과 수준이 높은 언론만이 할 수 있다. 그런 언론은 일정한 조건이 충족될 때 비로소 가능하다. 그 조건을 실현하는 일은 언론의 중요성을 말하는 것처럼 쉽지 않다. 그 조건들은 무엇인가? 이 장에서 여러 가지로 나눠 설명하려고 하지만, 이들은 일부 서로 겹친다.

언론의 여러 가지 조건 가운데 가장 중요한 것은 역시 언론을 만드는 사람이다. 언론인의 전문성과 언론인의 창의와 능률을 결정하는 편집국의 조직에 대해서 여기서 논한다.

다른 아시아 여러 나라처럼 우리나라 언론의 초기 발전 단계에서 문학가의 역할이 컸다. 이러한 과거의 전통말고도 문학과 저널리즘이 쉽게 접목될 수 있는 성격을 갖고 있어 지금도 문학인이 언론인이 되거나 언론인이 문학인이 되는 것을 흔히 볼 수 있다. 이 문제를 이 장 마지막에서 다루었는데, 언론인의 자질과 특성을 이해하는 데 도움이 되리라고 봤다.

1. 언론의 조건 –언론을 잴 잣대가 없다

언론에 대한 여러 가지 논의는 어떤 것이든 결국 언론의 효과와, 그것을 결정하는 언론의 질 문제로 귀결된다. 언론의 자유와 사회적 책임, 언론의 교육 기능, 언론인의 전문성과 자질, 언론의 공정성 등 언론의 주요 이슈는 어느 것이든 언론의 질과 수준을 높이기 위한 전제로서만 의미가 있다.

모든 사물은 질이 가장 나쁜 것으로부터 가장 좋은 것까지 연장선상에 놓고 볼 수 있다. 언론도 이런 선상에 놓고 본다면 양극 사이에 여러 질의 많은 언론과 매체가 위치하고 있음을 알게 된다.

그러나 이때 비교는 한 언론이 다른 언론보다 낫다는 개념, 더 정확하게는 비교우위의 감각을 주는 것이지 매체의 질을 절대적으로 나타내는 기준은 되지 못한다. 그러기 위해서는 한 매체의 내용, 거기에 쓰인 문장의 수준, 기자의 자질, 그 언론사를 둘러싼 여러 가지 측면 등 많은 요소를 모아 지수로 만든 잣대가 있어야겠는데 그런 것이 아직 나오지 않았다. 따라서 눈으로 쉽게 알 수 있을 만큼 현저히 낮은 수준의 언론을 제외하고는 우열을 판가름하기가 어렵다.

하물며 국제간 기준이 서로 다른 언론의 질을 과학적으로 비교하기는 더 어렵다. 가끔 일부 언론학자, 또는 언론연구소가 세계 10대 또는 20대 권위지를 선정하여 발표하는 것을 볼 수 있는데 대개 심층보도가 많은가, 행사기사보다 이슈기사가 많은가, 국제 뉴스를 얼마나 분석적으로 보도하는가 등을 몇 가지 기준으로 내용을 검토해보고 결정하는 것인데 매우 주관적인 판단을 면치 못한다.

앞으로 언론 학계가 국제 언론간, 또는 국내 언론간 질과 수준을 좀 더 과학적으로 비교하게 하는 방법론의 연구를 시도해야 할 것이다. 그런 방법론 없이 언론의 질 비교를 지금처럼 말로만 한다면, 지금의 우리나라의 상황처럼 언론매체에 대한 평가가 저마다가 될 수밖에 없다.

언론의 궁극적 목적은 대다수 국민의 이익이다. 그렇다면 그 목적에 가장 잘 맞게 만들어진 언론이 가장 높은 질과 수준의 언론이요, 매체이다. 그러나 이는 가장 좋은 정부는 어떤 것인가라는 질문에 대하여 국민에게 가장 잘 봉사하는 정부라고 말하는 것과 같다. 답 자체에 잘못은 없으나 무엇이 국민을 잘 봉사하는 것인가에 대한 자세한 설명이 결여되어 있어 실용가치가 없다.

그러므로 어떤 언론이 우수한 것인가를 묘사하는 대신 무엇이 언론을 우수하게 만드는가를 따져보는 것이 실제적으로 더 유익할 것이다. 가령 수준 높은 언론의 한 가지 기준은 분명히 공정한 보도를 하는 일이다. 그러나 그렇게 말을 하는 것보다 어떤 조건 하에서 공정한 보도가 가능한가를 논하는 것이 실천적 가치가 있다. 다음은 그런 좋은 언론의 조건들이다.

1) 언론종사자의 전문성과 교육훈련 – 언론인은 기술자나 막노동자가 아니다

어느 직종과 분야를 막론, 그 분야가 잘 되려면 거기 종사하는 사람이 잘해야 한다. 막노동이 아니고 전문분야라면 종사원이 전문지식을 가져야 한다. 언론의 경우는 이에 더하여 풍부한 실무경험과 사회적 책임감이 요구된다.

언론인의 전문성, 능률, 자질, 그리고 이들을 결정하는 조건들은 어차피 바로 뒤의 여러 제목을 다루면서 설명하게 되므로 여기서는 생략한다. 언론인의 교육, 훈련과 윤리적 자질에 대하여는(주 18, 언론인 교육과 자격인정, 325-328쪽 참조)에서 자세히 논한다. 또 제12장(한국의 언론인, 그는 누구인가, 350쪽 참조)에서 언론인의 자질에 대하여 더 다룬다.

2) 자원 또는 재원 – 사명감으로만 언론을 할 수 없다

자원은 사실상 돈과 같다. 언론은 인적 자원과 물적 자원(시설)으로 되는데, 이 두 가지 수준을 높게 유지시켜 주는 것은 돈이다. 언론의 인적 자원은 전문성을 가진 인원의 확보를 의미한다. 전문인을 양성하거나 이미 양성된 인원을 채용하려면 적절한 보수를 줄 수 있어야 한다. 그렇게 확보된 인원은 평생 자기 자질향상을 위해서 갈고 닦는 노력을 게을리 하지 않아야 한다. 금전적 보수로 본 장래 전망이 나쁘면 그게 불가능하다. 자본주의 체제 아래서는 사명감이나 자원봉사 정신에 호소해서 전문인을 양성할 수는 없다. 그런 의미에서 언론기업의 이윤과 공익성은 이율배반적이 아니다.

언론사가 충분한 인원을 고용하지 못하면 기자 각자에게 돌아가는 작업량은 많아져 책 읽고 연구하며, 취재할 시간이 없어진다. 그런 작업 환경에서 나오는 언론 작품은 보나마나다. 그렇게 되면 기자는 직업에 대한 긍지를 잃게 되며, 전문성은 의미를 상실한다.

하이테크 시대인 오늘날, 언론 제작의 능률을 높여주는 기술투자는 막대한 자본을 요한다. 그래도 그런 투자액은 고정적이어서 예측이 가능하나, 소프트웨어를 의미하는 전문 언론인의 확보에 드는 비용은 선을 그을 수가 없다. 질을 높이자면 돈은 얼마고 들어간다.

3) 직업의 만족도 ─ 기자가 광고수주에 동원된다면

전문인이 능률을 발휘할 수 있는 조건은 이미 위에서 지적한 대로 상당 부분 돈이 만든다. 그런데 돈이 만들어주는 이런 능률 극대화의 조건은 직업의 만족도 면에서도 설명할 수 있다. 다만 돈은 직업의 만족도의 조건으로서 전부는 아니다. 그에 못지 않게 중요한 것이 자율성이다.

지식산업으로서 언론과 학문은 많은 공통점을 갖고 있다. 능률을 위해서 두 분야 모두 자율성이 중요시된다는 점이다. 자율성은 자신이 하는 일에 간섭을 받지 않고 자기 책임 하에 최선을 다하는 것을 말한다. 언론의 자율성은 대체로 편집 제작의 자율성이다. 그런 자율성과 창의성이 무시된 채 심한 간섭을 받으며 일을 해야 한다면, 다른 조건과 대우가 좋아도 언론인은 긍지를 잃게 되며 직업의 만족도는 줄어든다.

언론사가 재정적으로 튼튼해도 편집정책과 인적 조직이 잘못되어 있으면 자율성은 크게 제약을 받게 된다. 편집국장은 사주로부터, 부장은 편집국장으로부터, 일선 기자는 부장으로부터 취재 방향과 기사 내용 모두를 일일이 간섭을 받는 것은 대표적인 예이다.

회사의 시책에 따라 기자가 광고를 따내기 위한 수단으로 기사를 써야 하거나, 쓴 기사를 윗사람이 마음대로 수정하는 사례는 우리 언론에 흔한 일이었다. 대부분 한국의 언론사들이 언론의 이름으로 부수적인 사업을 벌이고 있는데, 이런 사업 목적을 위해 기자와 편집부 간부가 관공서관련 민원해결이나 찬조금 걷기에 동원되는 경우도 보통이다. 한때 편집국을 포함한 전직원이 신문부수 확장 운동에 나서는 일이 다반사였다. 그런 편집국의 분위기에서 편집국장은 언론인과 "마당발" 자질을 겸한 사람이 등용되었다. 지금도 큰 신문사에서 부회장, 부사장, 편집부국장과 같은 언론인 직함을 가진 사람들이 실은 대외섭외와 광고판촉 업무를 띠고 있는 예는 흔하다. 한국언론은 경영으로부터 편집권의 독립을 운운하지만 그 실천은 요원한 숙제로 남아 있다. 1997년 이후 이번에는 경영난을 구실로 사정은 더 나빠지고 있다.

언론인의 직업 만족도에 기여하는 또 다른 요소로 이 직업에 대한 장래 전망과 사회적 인식을 들 수 있다. 이때 장래 전망은 말년에 가서의 자리 보장과 타분야로의 진출 기회다. 일반적으로 기자직의 전망을 보면, 초년 시절부터 차장까지는 그런 대로 잘 나가다 부장급에 올라가면서 갑자기 위가 막힌다. 편집국 최고층이래야 편집인, 편집국장과 논설위원 몇 자리이다. 신문사 58세 퇴직의 관례가 늘고 있다. 관에 오래 있다가 떠나는 사람들은 대개 산하 단체나 기업체로 재취업되는 일은 흔하나, 언론을 떠나는 사람에게는 그런 행운이 드물다.

이런 현실과 전망은 약삭빠른 언론인으로 하여금 일찍부터 현직을 출세도구나 장래에 나아갈 길을 닦는 발판으로 여기게 만든다. 이 책의 여러 곳에서 언급한 언론인의 정치인으로의 변신과 취약한 사회적 책임감은 이와 무관하지 않다(제3장 변신한 언론인 174명, 71쪽; 제3장 주 4, 관의 매력, 81쪽; 제11장 주 17, 321쪽; 제11장 자기이익, 309쪽 참조). 이런 식의 언론인의 이직은 언론사의 정체현상 해소에 도움을 주었을지 모르나, 언론의 독립성과 발전을 크게 저해했다.

일반인이 갖는 언론인의 "쟁이" 이미지에 대하여 이미 앞에서 언급하였다(제3장 쟁이 이미지, 67쪽; 제11장 주 18, 언론인 교육과 자격인정, 325쪽 참조). 한편 언론인 출신으로 출세한 사람이 많아 언론계가 인재풀로 비치는가 하면, 언론인 출신 실업자는 아무도 잘 써주지 않는다니 언론인의 이미지는 들쭉날쭉이다.

4) 편집국의 조직—기자 조로증을 고칠 수 있는 대기자 제도

위에서 말한 언론인의 자율은 언론사의 재원이 아니라면, 편집정책이 결정한다. 정책은 인적 조직을 수반한다. 정책을 실천에 옮기려면 그에 맞게 인원을 배정해야 한다. 지휘를 맡을 사람과 그에 따라 움직일 인원의 역할분담이다. 결국 편집정책을 논하자면 편집국의 조직에 대하여 논해야 한다.

신문과 방송사 모두 조직은 편집국(보도국), 광고 또는 영업국, 기술 및 생산국의 세 가지 부서로 크게 나뉘어진다. 그 가운데 가장 중요한 것은 편집국이다. 언론의 최종 상품인 매체 내용이 여기에서 결정되기 때문이다. 다른 부서는 편집국을 지원하기 위해서 존재한다고 해도 과언이 아니다.

앞에서 언론의 공익성과 이윤은 이율배반이 아니라고 했지만, 양자가 상충할 때 어떤 식의 절충을 선택할지가 각 언론사 편집정책의 핵심이 된다고 생각된다. 언론도 기업인만큼 이윤을 무시할 수는 없지만 손익분기점을 넘었을 때도 공익을 이윤에 희생시키는 경우와 그와는 달리 이윤을 약간 희생하고도 공익을 위하는 경우가 생길 것이다. 전자의 경우에는 편집권의 독립이 오너의 욕심에 의하여 침해되게 마련인데, 이 문제에 대하여는 제11장(자기이익, 300-303쪽 참조)에서 더 자세히 다룬다.

지금은 전문인 경영시대라고 한다. 경영은 자본과 분리되어 전문인에게 맡기는 시대라는 뜻이다. 그러나 우리나라에서 전문인 경영은 형식으로만 존재하지 대부분의 대기업은 실질적으로 가족 소유로 되어 있어 중요한 결정은 오너가 한다. 명색 전문 경영인은 지시받은 사항을 집행하거나 일상적인 사항에 대하여만 결정하는 것이 보통이다.

일반 기업의 문화가 그랬으니 언론의 경우는 더 말할 나위가 없다. 권력지향적인 언론은 하기에 따라서는 큰 이권을 누릴 수 있는 사업이다. 이런 사업을 우리나라의 기업문화에서 사주가 고용원에 지나지 않는 편집인 또는 편집국장에게 중요한 인사권과 편집권을 맡겨 운영할 리가 없다. 그러니 한국의 언론사 편집인의 인선은 앞서 언급한 마당발 자질에 더하여 사주에 대한 충성심이 전제가 된다.

한국의 3대 방송 가운데 한국방송공사(KBS)와 문화방송(MBC)은 공영방송이고 민간방송은 방송법에 따라 그 공정성이 보장되고 있으나 이 3개 방송사의 최고경영인과 보도국 주요 책임자가 과거 이래저래 정부의 입김으로 결정된 것이 사실이었다. 이런 언론 환경과 경영인 밑에서 일하는 보도국 간부들이 직장에서 어떤 쪽으로 사회화되어 갈지는 불문가지였다.

모든 조직의 형태는 크게 민주형과 권위주의형으로 나누어볼 수 있다. 군대조직은 권위주의형의 대표적 예다. 전자는 인원간의 관계가 수직적이며 후자는 수평적이라 할 수 있다. 기자는 편집국 계층조직에서 가장 아래를 구성하지만 기사의 취재와 보도를 일차적으로 담당하는 언론의 기간 요원이다. 편집국의 조직이 권위주의형이어서 이들에게 주어지는 역할과 책임의 범위가 좁아 창의와 자율성을 발휘할 수 없다면 그들의 능률은 크게 저하될 수밖에 없다.

대개 이것이 우리 언론사의 현실일 것이다.[17] 지금은 언론사에 따라 차이가 있고 과거에 비하여 많이 달라졌지만, 편집국의 책상 배치는 물론, 책상과 의자의 크기까지 편집국장, 부장, 차장, 기자 간 계층관계 식별에 역점을 두게 해놓았다. 이런 자리 배치는 언론사도 행정관청이나 군대처럼 상하간 지휘명령, 그리고 내실보다 형식에 더 머리를 쓴다는 증거가 된다. 실제 편집국의 운영을 보면 직원간 의사전달은 철저히 이 선을 따라 내려간다. 국장은 일선기자에 대한 지시를 부장을 거쳐 한다. 사주와 경영인의 의사를 전달하는 중요한 루트인 편집회의는 간부를 중심으로 열리며 노사간 교섭을 뺀다면 언론 소유주, 경영인, 편집국 간부, 기자가 서로 의견을 교환하는 협의체는 없다. 데스크 서로간의 협의도 별로 없다. 당연히 하의상달이나 수평적 커뮤니케이션이 원활할 수 없다.

이런 편집국의 조직에서는 기자는 작업량은 많이 주어져도 결정권은 적어 자기 역할에 긍지를 가질 수 없다. 우리나라 언론에는 아직도 고위 관직자나 저명인사의 인터뷰 때 대화는 부장이 맡고, 대화 내용을 적고 기사쓰기는 배석한 기자가 하는 일이 예사다. 우리 언론이 즐겨 하는 대학교수와 저명인사들을 초청하여 하는 좌담회 취재도 그렇다. 사회는 간부가 맡고 기자들은 뒷전에서 기사를 정리하는 일거리가 주어진다. 다소 전문성을 요하는 문제가 생기면 기자로 하여금 대학교수에게 연락하거나 찾아가 "전문가의 의견" 또는 "특별기고"를 받게 한다. 모두 편집국 인원간의 불필요한

계층적 역할분담의 예가 된다.

대학교수 이야기가 나왔으니 말이지, 사실 후진국이 아니라면 한국에서처럼 대학교수면 무조건 특권을 누리는 나라도 드물다. 어제까지도 언론사 말단에서 "별볼일" 없었던 사람도 오늘 교수가 되면 전문가로서 학교 안과 밖에서 화려한 역할이 생기고 언론의 관심을 끈다.

기사를 쓴 사람의 이름(byline)을 내면서 활자 크기를 직위에 따라 차별을 두는 지금의 관례도 이런 편집국의 계층적이고 관료적인 분위기와 시각을 잘 보여준다. 기자가 쓰거나 정리한 기사이면 내용과 길이에 관계없이 그 말미에 이름이 아주 작은 글자로 나간다. 사장이나 고급간부의 글이면 특별하게 편집을 하고 굵고 큰 글씨로 이름이 나간다.

우리 기자들 가운데 좋은 글을 쓰는 일보다 진급, 이권, 출세 기회에 연연해하는 사람이 많은 것은 이때까지 말한 편집국의 조직과 분위기와 관계가 있다. 또 과거 유학하고 돌아온 기자들의 타분야(특히 학계)로의 이직 현상 또한 마찬가지다. 그러니 우리나라에서 존경받는 진정한 대기자의 출현이 어렵다. 이러한 언론의 취약점을 개선하는 길은 언론사에서 직위보다 실적을 더 높이 평가해주는 제도와 관례를 만드는 것인데, 쉽게 이뤄질 것 같지 않다.

5) 언론의 자유 - 정부가 한사코 언론을 유린하려 한다면

지식산업인 언론은 학문과 마찬가지로 자율성이 허용될 때 능률의 극대화가 가능하다고 말했다. 이 자율성은 대충 개개 언론 종사자의 직업만족도 차원에서 말한 것이다. 이 자율성을 언론산업 또는 기업이라는 조직 차원에서 말한다면 언론의 자유가 된다.

같은 개념이지만 학문에 대하여는 사상과 표현의 자유란 말이 더 잘 쓰이고 언론에 대하여는 지식과 정보 유통의 자유 또는 자유시장(free market in the flow of knowledge and information)이라는 표현이 흔히 쓰인다. 같은 지식산업이지만 학문은 연구, 언론은 보도에 더 치중하기 때문에 그러리라고 생각된다.

이런 원칙이 존중된다면 그만큼 국민이 선택하여, 이용할 수 있는 질 높은 정보와 사상의 폭은 늘어나고, 그럼으로써 진실이 밝혀져 전체의 이익이 되는 것이다. 그런 면에서 언론의 자유는 국민의 알 권리와 직결된다. 알 권리가 가장 잘 실현되는 길은 언로(言路)를 넓히는 것이고, 언로를 넓히기 위한 전제가 언론의 자유이다.

언론의 자유를 가로막는 요인은 한두 가지가 아니지만 역사적으로 봐 정치적 통제

가 가장 컸다. 그러기에 민주주의와 언론을 논하는 정치학자와 언론학자, 헌법의 언론조항을 연구하는 법학자들의 관심은 으레 여기에 쏠려 왔다.

그런데 오늘날 정부가 언론에 미칠 수 있는 통제는 언론 관계 입법과 정책과 같은 직접적이고 제도적인 것보다 눈에 보이지 않는 간접적이고 비제도적인 것이 더 중요하다. "There is more to it than meets the eye"(그 문제에 관한 한, 눈에 보이는 것은 약과다, 눈에 보이지 않는 것이 더 심각하다)라는 영어 표현이 상황을 잘 설명해준다. 언론 탄압이라는 비난을 피하면서도 교묘히 언론을 길들여야 하는 한국정부는 정도의 차이가 있을 뿐 이와 같은 눈에 안 보이는 고단수의 언론정책을 늘 고수하여, 이 분야의 노하우에서는 타의 추종을 불허했다.

그리하여 한국정부가 언론을 거의 완전히 장악하고 있던 시절에도 한국에는 언론 자유가 있다고 믿는 외국사람들이 있었다. 그들은 정부를 꽤 신랄하게 비난하는 기사가 실리는 것을 보고 그렇게 느낀 것이다. 그러나 언론 자유 문제가 언론에 실리는 일부 기사를 보고 말할 수 있는 성질의 것은 아니다. 전체 그림을 볼 수 있어야 한다. 정부는 정권을 위태롭게 할 수 있는 큰 스캔들이나 진실보도는 완전 봉쇄하면서도 일부 덜 중요한 사항에 대한 비난은 일부러 방임했었다. 외국인들이 이 구별을 하기는 어려웠다.

제3장에서 정부가 간접적으로 언론에 영향을 줄 수 있는 예로 조세율, 관세율, 우편요금 등의 인상, 정보의 독점 등 여러 가지를 들었는데, 이밖에 머리 쓰기에 따라서는 얼마든지 있다. 한국에서는 오랫동안 간행물허가제가 있어 아무나 간행물을 쉽게 낼 수 없었고, 이것이 정부의 언론통제 방법으로 이용되었다. 그러다가 몇 년 전 이것이 철폐되자, 간행물의 난립과 이들간 극심한 광고경쟁을 유발하여 언론은 더 취약해지고 결과적으로 정부와 산업에 예속되는 결과를 가져왔다. 정부는 한때 텔레비전의 대중화 현상을 음으로 양으로 부추겨 엘리트 신문의 사양화를 재촉했다. 이런 사례들만 보더라도, 정부가 정권의 이익을 위해서 한사코 언론을 장악하려고 한다면 언론탄압 소리를 듣지 않고도 할 수 있는 길은 무한하다.

6) 언론의 사회적 책임 – 언론의 자유는 스스로가 좀먹을 수 있다

언론의 자유는 언론의 독립성과 결국 같아지는 개념이다. 바로 위에서 본 대로 언론의 자유는 외부, 특히 정부로부터의 간섭 배제를 의미하는데, 그것은 바로 독립성의 문제이다. 그리고 언론의 자유와 독립성은 "알 권리"와 공정보도를 위한 전제 조건이 된다.

그런데 과거 우리 언론을 지켜보면서 알게 된 사실은 언론의 자유나 독립성은 외부 못지않게 내부 사정으로 스스로 버리는 경우가 많다는 것이다. 나라의 침략은 외부가 아니라 내부의 적으로부터 당할 수 있는 이치와 같다. 언론이 자유만 챙기고 책임은 지지 않는다면 그렇게 된다.

여기에서 언론의 자유와 함께 언론의 사회책임론이 대두하게 된 것이다(제3장 네 개의 언론체제 유형, 69-70쪽 참조). 자기이익과 책임이 충돌할 때 일어나는 언론의 문제는 사회책임론말고도 "이해의 상충"(conflict of interest)과 직업윤리와 같은 제목으로도 요즘의 연구 대상이 되고 있다.

돌이켜보건대 과거 어느 독재정권도 언론을 힘으로만 다스리지는 않았다. 힘으로 누르면서도, 필요할 때는 언론사와 언론인들에게 미끼를 던져주며 회유했다. 미국언론은 그런 언론 컨트롤을 "채찍과 당근"(stick and carrots)으로 다스린다고 말한다. 떼쓰는 말을 회초리와 당근을 번갈아 활용하면서 길들이는 것이다. 당근은 물론 이권에 대한 유혹인데, 유혹은 강압이 아니다. 이에 무릎을 꿇을 것인가 아닌가는 선적으로 언론사와 언론인의 자발적인 결정이므로, 나는 그것을 언론의 자유를 스스로 저버리는 내부적 사정이라고 부른다.

언론통제가 극에 달했던 5·16군사쿠데타 직후와 유신정권 시절, 그리고 전두환 정권 시절에 비하면 지금의 언론 자유 상황은 분명 크게 신장했다. 그런데 언론 자유의 신장이 언론의 질적 향상으로 이어져왔느냐 하면 그렇지를 못했다. 오히려 그 반대였다고도 할 수 있다. 나는 그에 대하여 늘 생각하는 게 있다. 우리 언론사와 언론인이 언론의 자유라는 특권을 자기이익과 교환하기 때문이라고 보는 것이다.

당근에 이미 익숙해진 언론이 경제성장과 풍요가 주는 먹거리를 두고 언론의 자유가 주어졌다고 언론의 정도만을 걷기가 힘들 것이다. 뒤에서 더 다루지만 경제발전은 언론으로 하여금 양적으로는 눈부신 성장을 가능케 했지만, 정신적으로는 오히려 퇴보의 길을 걷게 했다고 생각한다. 물질과 성장에 맛을 들인 언론은 특권층과 부유층의 이익을 대변함으로써 진실을 왜곡하고, 사회문제 해결에 기여를 못하는 점은 과거보다 더하다고 보여진다.

내가 이런 얘기를 한다면, 많은 언론인들이 호랑이 담배 피던 시절 얘기를 하고 있다며 화를 낼 수도 있다. 그러나 그치지 않고 들리는 얘기는 그게 아니지 않은가?

불과 얼마 전, 현 김대중 정권 아래 이른바 정부 "언론대책문건"이란 사건이 있었다. 정부의 언론통제 방법을 건의한 문서를 모 언론사 현직 기자가 비밀리에 작성했다는 보도가 터지자 일어난 난리법석이다. 신문은 이 사건을 조사하는 검찰 기사로 지면을 한동안 도배했다. 미주알 고주알 매일 같이 보도해서 뭘 어떻게 하겠다는 건지, 참 답답한 일이었다.

정부가 언론을 통제하기 위해서 어떻게 했다던가, 하려 한다는 것은 이미 뉴스가 아니다. 미국언론에서 잘 쓰이는 말대로 개가 사람을 물면 뉴스가 아니다. 그러나 사람이 개를 물면 그것은 빅 뉴스다. 정부를 감시하기 위해서 존재하는 언론의 핵심 멤버가 언론을 다스릴 방안과 지혜를 정부에 가르쳐주었다면 말이다. 그러나 우리나라 상황에서는 그것도 뉴스가 아니다. 그 많은 간판급 언론인들이 관에 추파를 던져 거기에 들어가 그런 일을 하고 출세를 해왔기 때문이다. 더 중요한 점은 언론이 언론의 자유를 스스로 포기하는 전통은 지금도 건재함을 시인하는 일이다.

언론에 대한 당근의 유혹에 대하여는 바로 아래에서 자기이익이라는 제목으로 더 자세히 다룬다.

7) 자기이익(개인이익, 자사이익) – 관으로 영전한 174명의 전직 언론인

과거에 비하여 물질적으로 풍요해지고 모든 분야의 지식과 기술이 크게 향상되어도 우리 사회의 문제는 더 늘고 있는 까닭은 무엇일까? 이 책의 여러 곳에서 시사하는 바이지만, 그렇게 발전한 사회가 사람들로 하여금 자기이익을 더 챙기도록 만들기 때문이다.

오늘의 화폐경제 시대에 자기이익은 대개 돈으로 구체화된다. 우리나라 사람들이 탐내는 "자리"는 돈과 꼭 관련이 있다. 그 자리가 빈곤을 의미한다면 탐을 낼까? 경제발전은 돈의 매력을 과거 어느 때보다 크게, 그리하여 사람들로 하여금 돈 앞에 맥을 못 추게 만들어놓았다. 사람들은 그 귀한 지식과 양심을 돈과 바꿔버리니 사회문제는 갈수록 심화되는 것이다. 나는 전문지식이 실천으로 옮겨지지 않는 이유, 즉 언행의 불일치의 원인을 자기이익에 돌리면서, 사회문제의 해법이 거기에 있음을 이미 지적했다(제6장 알면 행하는가, 166쪽 참조).

우리 언론도 거듭난다고 늘 입버릇처럼 말하면서 달라지지 않는 가장 중요한 이유는 바로 자기이익에 있다고 생각한다. 우리 언론의 사회적 책임과 실천을 가로막는 가장 큰 장애물이 자기이익이다. 아래에서 언론을 유혹하는 자기이익이 어떤 것들인가의 구체적 사례를 언론 소유주, 광고와 기사, 촌지, 출세기회 등으로 나눠 살펴보고자 한다.

언론 소유주

언론사 자체가 자기이익에 약하다. 자사 이기주의다. 언론사업은 대자본을 필요로 하고 금방 이익을 낼 수 있는 사업이 아니어서 아무나 쉽게 못한다. 그 때문에 우리

나라에서 신문은 언론의 전통과 무관한 돈 많은 족벌이나 재벌이 이끄는 대기업의 일부가 되어왔다. 이런 신문 오너들은 영미 국가의 순수 언론자본과는 달리 언론을 그 그룹 전체의 이익을 보호하기 위한 방패로 쓰게 된다. 그런 상황에서 정부가 언론을 자기편으로 끌어안기 위해서 접근해오면 솔깃해지게 마련이다. 정경(政經)유착과 마찬가지로 관언(官言)유착은 너무도 당연한 귀결이었다. 과거 정부는 언론기업 소유주에게 금융, 세제, 수입권, 각종 인허가 등 여러 가지 형태의 특혜를 주어왔다. 우리나라 언론사들은 수익을 올리기 위해서 언론과 무관한 많은 기업을 자회사로 거느리고 있고, 각종 문화산업 명칭으로 수익사업을 벌이고 있어 더 그렇게 된다.

이런 점을 생각하면, 관존민비 사상을 주도하는 언론의 대정부 "해바라기" 보도, 권력의 실세, 정치인, 의사 결정자, 판사, 검사 등 지배층을 포함한 보수세력에 영합하는 보도, 직함 중심의 보도 모두 무단히 그렇게 한 것이 아님을 알게 된다. 가난하고 힘없는 서민은 덜 중요하다. 우리나라에서 정(政)과 관(官)과 유착해온 대기업들이 그렇지 못한 기업을 앞질러 급성장했다. 언론도 예외가 아니다. 그러니 매번 정부가 바뀔 때마다 우리나라 대표적 언론사들이 몸조심을 하는 것을 보고 뒤가 흐리기 때문이라는 일반의 의구심은 근거가 있다.

자기이익에 약한 언론을 타락시키는 상대는 정부뿐만 아니다. 이윤을 쫓는 일반기업들이야 말할 나위가 없다. 어느 재벌이 어느 신문사를 거액의 광고나 기타 은밀한 방법으로 지원하고 있다는 소문이 허다했다. 정부나 재벌 그룹으로부터 이런 은혜를 입은 언론사는 그런 주체와의 관계에서 공정보도를 할 수 없다.

언론 본연의 업무에만 전념하지 않고 군더더기 부대 수익사업체를 운영하고, 또 문화사업이라는 이름으로 수익성 행사를 사고(社告)로 버젓이 광고하며 벌이는 것은 영미 국가와 크게 다른 한국 신문사들의 한 가지 관행이다. 그런 사업과 행사와 관련, 언론은 공정보도를 하기가 어렵다. 신문지면을 자세히 보다가 "과연!" 하고 탄성을 지르게 되는 때가 많다. 언론사가 개최하는 행사의 개막식 기사에는 사진과 함께 참석한 저명인사들의 이름이 들어 있다. 어떤 때에는 전직 대통령 부부 등 유명인사가 연극(또는 음악회)을 관람하고 있는 장면이 사진과 함께 큰 신문의 주요면에 나는데, 이것이 무슨 일반대중이 알아야 할 뉴스인가 하고 사진 설명을 자세히 읽어보니 그 언론사가 주관하는 행사이다. 보도를 빙자하여 수익사업 광고를 하는구나 하는 생각을 안할 수 없다.

언론사들은 다른 단체나 기업들이 문화 또는 공익이란 명목으로 주관하는 행사에 "협찬"을 한다. 주관사들이 협찬자로서 언론사를 필요로 하는 이유는 간단하다. 그 이름과 홍보수단을 빌려 행사를 성공시키기 위해서이다. 협찬을 하는 언론사는 이들로부터 협조금을 거두어들인다. 이런 식으로 매체가 수익사업에 동원되는 한도에서 그 매체는 공정성을 잃게 마련인데, 우리나라의 큰 언론사 거의 전부가 사업부(또는 영업부, 기획실 등)라는 담당부서까지 두어 그렇게 하고 있다.

국내, 국외의 한국인이 경영하는 많은 군소 매체들이 큰 언론의 이런 경영 모델을 답습, 언론 본연의 기능인 보도는 제대로 못하면서 하기 쉬운 "문학현상모집" "마라톤대회" "작가초대전" "웅변대회" 등 직접 행사 주관 또는 후원 등, 이른바 문화사업에 더 열을 올리는 것을 볼 수 있다.

한국의 일간신문사 거의 전부가 수익사업으로 출판사를 가지고 있다. 또 월간지와 주간지들을 내고 있다. 이 신문들은 자사 출판사가 낸 책을 기사로 교묘히 판촉을 벌인다. 어떤 큰 신문사는 새로 나온 책에 대하여 "관가에서 열독하는 책이 되어 부처별로 사가고 있다"는 기사를 한번 냈고, 곧이어 저자와의 인터뷰 기사를 거의 한 면 전부를 할애하여 냈다. 그 다음 "명사와 책"이라는 난에 당시 국무총리의 독서생활을 다루어, 그가 이 책을 탐독하며 한 말을 인용하고 있다. 그런데 이 출판사는 별개 이름과 법인으로 되어 있지만 실은 이 신문사의 자회사이다.

물론 관련 신문사는 두 경우 모두 그럴 만한 기사 가치가 있다라고 반론을 제기하겠지만, 자사의 이익이 직접 관련되어 있다면 누가 그 말을 믿겠는가. 자매지인 잡지를 내고 있는 신문들이 그 잡지가 발간될 때마다 거기에 무슨 특종이 실렸다는 보도를 하는데, 이것 또한 같은 얘기가 된다.

군소 잡지와 방송국의 경우라면 이런 일은 다반사이다. 어떤 출판사를 겸한 잡지사는 "출판계의 새바람"이란 제목의 자비출판 경향을 보도하고 다른 지면에는 자비출판을 받는다는 광고를 버젓이 싣고 있다. 큰 제목을 단 잡지 기사 가운데는 보도 형식을 취하여 분쟁관계에 있는 사안에 편을 들거나 대중의 비난 대상이 된 특정 인사를 대변하고 있는 것도 있다. 이런 보도들은 틀림없이 회사의 이익과 관계가 있는 것으로서 기자 마음대로 쓴 것이 아닐 것이다.

한국의 주류 신문들의 "오피니언 지면"은 지면 본래의 목적과는 달리 남의 입을 빌려 자사가 지지하는 프로젝트와 주장, 그외 자사의 이익을 옹호하는 데 이용되는 것을 엿볼 수 있는데, 또 다른 자사이기주의의 사례이다. 요즘 일부 신문사들이 상호 비방하는 과정에서 자사에 이익이 되는 기사와 의견을 크게 싣고 불이익이 되는 것은 전혀 안 싣는 관행이 보통이 되어 버렸다.

재벌회사 총수가 낸 자서전에 대한 화려한 서평이나 그가 어느 대학에 가서 연설한 교과서와 같은 내용을 거의 전문 보도하는 것, "특정 인사"의 일을 보도하면서 별로 그럴 것 같지도 않은데 "화제의 논문"이니 "관심을 끌고 있다" "눈길을 끌고 있다”는 따위의 보도방식이 그러하다. 평소 보통 사람이 기고를 하면 보도할 가치가 없다며 거들떠보지도 않을 만한 내용도 특정 단체나 개인이 관련되면 특집이 되어 나오는 것을 보게 된다. 이런 지면 할애가 언론사의 이해관계나 언론 “로비”와 무관하게 되었다고 보기는 어렵다. 특히 언론이 신화적 존재로 내세운 대기업 총수들이 운영하던 기업이 나중에 부실기업이나 비리의 대표적 사례가 된 점을 생각하면 더 그렇다. 이 문제는 제12장(한국언론의 딜레마, 332쪽; 언론로비의 마술, 344쪽 참조)에서 더 다루게 된다.

우리나라 모든 신문사들이 창간기념 리셉션이나 기타 행사에 고위 공직자와 저명인사들을 초청함으로써 자사 홍보를 하는 관례에 대하여 이미 언급했다(제4장 93쪽 참조). 창간일을 기념하여 신문사들은 특집을 내는데, 그 내용 가운데는 자사가 위촉한 학자 또는 여론기관을 인용, 자기 매체의 인기가 높았음을 보이는 장황한 자료와 해설이 들어 있다. 이럴 경우 고료와 대외홍보 모두 놓치기 어려운 일거리를 받은 학자나 기관은 독립적 평가기구가 아니므로 조사결과에 신빙성을 주기도 힘들다. 특집판에는 분명 신문사의 부탁을 받아, 언론학자가 언론문제를 개관하는 척하면서 그 신문을 추켜세우는 칼럼이 실리는데, 이도 잘 생각해보면 얌체다. 해당 언론사는 홍보 효과를 위해서 명망 있는 학자를 택하고, 학자는 개인홍보와 함께 언론사와의 “친선관계”를 위해서 응하는 것이니 그 글은 읽어보나마나가 아니겠는가. 나는 영미언론에서 이런 아전인수격인 창간일 특집을 본 기억이 없다. 신문의 기능은 보도와 비평이다. 그리고 언론의 수준은 지면과 프로 속에 나타나 있으므로 그것 자체가 홍보이다. 굳이 자화자찬을 해야 하는 우리네 언론들은 자랑할 만큼의 수준이 아니고, 언론도 동대문시장의 일반 장사와 다르지 않다는 것을 스스로 인정하는 결과가 아닐까 한다.

기사인지 광고인지

언론사가 이해의 상충을 가장 먼저 느끼는 분야가 광고이다. 자기이익에 약한 언론은 젖줄인 광고에 당연히 약할 수밖에 없다. 이때 약하다는 말이 적절한지 모르겠다. 언론은 광고주가 되는 기업을 종종 때려, 또는 때리기 전에 타협이 이루어져 광고를 짜내는 사례가 많기 때문이다.

요즘 우리 언론은 이 광고 전쟁에서 좀 더 고도화된 테크닉을 사용하고 있다. “위장광고”(camouflaged advertisement) 또는 “애드버토리얼”(advertorial)이라 불려지는 새 광고 “모드”인데 지면 상단에 광고라는 표식을 달지만 그외에는 내용과 편집 면에서 일반 기사와 거의 같게 처리한 상업광고가 그것이다. 또 대개 상품과 서비스에 대하여 쓰는 기사 속에 광고가 될 수 있도록 관련 기업체 이름과 전화 연락처 등을 넣는 관행이 갈수록 일반화되는 현상도 새로운 광고 형태로 취급되어야 할 것이다.

한 언론학자가 부른 대로 하나는 기사성 광고, 다른 하나는 광고성 기사인데, 얼른 봐서는 진보 같지만 언론 본연의 기능 면에서 퇴보가 아닌가 우려해야 할 변화이다. 광고를 신문기사처럼 보이게, 또는 기사가 광고를 겸하게 만들어주니 그런 관행으로부터 이익을 보는 광고주는 좋아하겠지만, 그만큼 언론의 질과 신뢰성과 권위는 희생되는 것이다.

위에서 말한 두 가지 가운데 기사성 광고는 글과 활자체와 지면 구성을 일반 기사와 똑같게 편집하여 얼른 보아 일반 기사와 구별하기 힘들게 만드는 것이다. 제품의 경우로는 한국에서는 컴퓨터, 사무용 기계, 새 주택단지, 식품, 서비스의 경우로는 영어학습, 연예, 관광여행, 대학교 소개 등 교육과 레저 분야에 그 예를 흔히 보게 된다.

사람들은 매체에 실리는 뉴스를 신뢰한다. 그 신뢰는 물론 그들이 매체에 대하여 갖는 신뢰성으로부터 나온다. 광고에 대하여는 그런 신뢰를 갖지 않는데, 그 이유는 광고는 돈만 내면 실어주는 광고주의 메시지이기 때문이다. 그렇다면 매체가 거기에 실리는 광고를 매체의 기사와 혼동할 수 있게 하여, 말하자면 기사의 형태를 도용함으로써 광고의 신뢰성을 부당하게 높이려는 수법은 문제가 안될 수 없다. 언론사가 오래 구축해놓은 신뢰성을 깎아먹는 이런 관행을 허용하는 이유는 간단하다. 광고 지면을 더 비싸게 팔기 위해서가 아니면 광고 얻기가 힘들어 광고주의 요구를 들어주다보니 그렇게 되는 것이다.

그러나 이 과감한 변화도 알고 보면 우리의 언론의 창작은 아니다. 구미언론의 모방이며, 거기에서 구실을 찾는 것으로 볼 수 있다. 미국 간행물에 꽤 오래 전부터 나타나기 시작한 애드버토리얼(advertorial)과 피처 애드버타이징(feature advertising)이 그 뿌리일 것 같다. advertorial은 advertisement(광고)와 editorial(주관이 섞인 글, 설득 또는 선전용 기사)의 합성어로 내용과 지면 편집 모두 일반 기사와 같이 처리된 상업용 광고이며, 다만 독자가 일반 광고와 혼동하지 않게 지면 위쪽에 advertorial이라는 표시를 넣어주는 방식이다.

feature advertising의 경우 피처(feature, 또는 featurized)라는 말이 붙는 이유는 광고는 설득적이어야 하므로 문장은 길이와 스타일 면에서 피처를 닮게 제작되기 때문이라고 생각된다. "advertorial"의 바로 전 단계, 그 아이디어를 잉태한 단계가 미국, 영국, 호주의 주류 신문과 잡지들이 본지의 일정 지면을 특별히 할애하거나 또는 그 안에 별책을 끼워넣는 특집(supplements, inserted sections)이 아닐까 한다. 이런 특집은 본지와 여러 면에서 다르다. 무엇보다도 이윤을 위한 특별 프로젝트이어서 그 부분 제작비를 메우고도 이익이 나올 광고가 있어야 하게 되는 것이다. 마치 텔레비전의 특정 프로그램 방영이 그 프로에 붙는 상업광고, 즉 이른바 스폰서가 있어야 나가는 것과 같다.

기업은 신문에 광고를 낼 때는 텔레비전 프로와는 달리 매체 전체를 보고 광고를 낸다고 말했다. 여기 특집은 그런 원칙에 대한 예외가 되는 셈이다. 여기에 광고를 내는 광고주는 이 지면이 자기 나라, 자기 산업, 자기 상품의 고객이 될 "타깃" 독자층을 좋아하게 되는 것이다. 그러기 때문에 신문사는 특집의 테마(topic)를 그런 인구층을 향한 국가와 지역, 산업, 상품, 서비스 또는 이슈 별로 좁게 정하고, 발행 시기는 수시 또는 연 1회 등 정기적으로 하는 경우가 많다.

여기서 지적해야 할 중요한 점은 광고 스폰서는 자기 쪽에 불리한 기사를 쓰는 특집 면에 광고를 주지 않을 것이므로 그 특집 기사는 자연히 광고주의 필요나 요구에 맞게 꾸며질 숙명을 안고 있다는 것이다. 특히 이미 말한 대로 특집은 이윤을 위한 별도 사업인데, 그 특집에 광고가 넘치는 것이 아니라면 더 그렇게 된다. 특집을 시작할 때 광고 판매원들은 보통 특집 아이디어를 가지고 광고 세일즈를 하는 사정만 생각해보아도 이 점을 쉽게 알 수 있다.

여기서 한 발 더 나아가 어떤 기업체, 단체, 정부는 광고를 직접 주거나 알선해주고 자체 PR 면을 위한 특집 기사가 나가도록 하는 방식도 생겨났다. 가령 과거 한국 정부가 외국 신문에 기업의 광고를 몰아주어 정부에 유리한 한국 특집이 나가게 한 것, 한국에 나와 있는 외국 대사관이 자국의 국경일을 맞이하여 우리나라 신문에 일부 자국과 관계가 있는 국내기업의 광고 지원을 일부 받아 자국을 홍보하는 특집을 내게 하는 것이 그 예이다. 결국 advertorial 형태의 광고는 이런 과정에서 파생한 것이라고 생각되는데, 우리나라에서 수익을 올리기 위한 경영합리화 정책으로 지금은 거의 대부분의 신문과 잡지가 실행하고 있다.

미국에서도 초기에 이에 대한 논의가 많았고 연구·조사도 적지 않다. advertorial을 "정보오염"(information pollution)의 주범이라고 부른 카멜론(Cameron et al., 1996)의 조사에 따르면 advertorial에 대하여 문제를 거론하는 쪽은 당연히 편집국 인원이지 광고 담당자들은 아니다. 우리나라에서는 한두 번 언론학자에 의하여 논의되었을 뿐 이에 대한 이렇다할 시비가 없다. 여기서 정보의 오염이란 물론 순수해야 할 정보 메시지가 돈을 받고 만들어진 정보 메시지에 더럽혀진다는 말이다.

미국의 잡지인협회(The American Society of Magazine Editors)는 애드버토리얼의 부작용을 줄이기 위해서 회원들이 지켜야 할 가이드 라인을 정해놓고 있는데, 그 주요 내용인즉, 광고임을 명시한 표식을 눈에 쉽게 띄게 각 지면 상단에 보통 기사의 제목 두 배 크기로 하고, 지면의 구성과 디자인, 그리고 기사 제목은 보통 기사 지면의 것과 다르게 하라는 것 등이다. 또 광고주의 이름을 밝혀야 한다는 사항도 들어 있다.

한국에서는 신문과 잡지 면에 나타나는 기사성 광고 꼭대기에 전면광고라는 표식을 달기도 하지만 그것이 잘 보이지 않는 작은 글씨로 되어 있고 문자 활자체도 일반 기사의 것과 다르지 않은 경우가 허다하다. 또 전면광고 대신 기획광고, 스폰서 특집, Sponsored Page와 같은 알쏭달쏭한 제목을 구석에다가 작게 달고 헤드라인과 글 내용도 일반 기사와 똑같이 보이게 해놓은 경우가 많은데, 독자가 이 구별을 잘 못할 것이다.

다음, 광고성 기사(기사성 광고의 반대)는 일반 기사로 쓰여졌으나 그 내용이 음식, 레저, 연예 등 대부분 제품과 서비스 등 대중의 소비와 직접 연관을 갖는데다가 관련 기업의 이름과 연락처 등 상업적으로 이용될 정보가 들어가 있어 뉴스와 광고의 구분이 어려워 이 역시 정보오염을 일으킬 가능성이 크다. 가령 요즘 흔히 볼 수 있는 연휴일, 또는 방학에 앞서 가볼 만한 곳을 소개하는 기획기사에서 그쪽으로 단체여행 상품을 파는 여행사 이름과 연락처를 알려준다면 이게 순수한 보도인가의 논의가 가능하다. 이 경우는 돈을 받고 하는 보통 개념의 광고는 물론 아니며, 광고 효과는 관련 기업체의 이름과 연락처를 기사 안에 밝힘으로써 반사적으로 파생하는 것이다. 그리고 그런 정보가 독자의 필요에 따라서는 유익한 생활정보가 됨을 부인할 수 없다. 또 신문사와 잡지사 얘기를 들어보면, 이런 기사에 대하여는 나중에 걸려오는 독자들의 문의 전화에 일일이 대답하기 힘들어 연락처를 넣는다.

그러나 관광휴양지 안내 기사와 같은 지면에 관광회사의 광고를 싣는 경우를 볼 때 언론사들의 설명을 그대로 믿을 수도 없다. 더욱 우리나라의 거의 모든 큰 신문과 잡지들이 두고 있는 외국어 공부 칼럼(예컨대 World Cup 영어 한마디, 아무개 씨 영어, 일본어 뱅크 등)은 어떤 기준으로 보아도 납득이 가지 않는다. 정말 외국어 공부가 목적이라면 이렇게 조각으로 나가는 칼럼보다는 하나로 모아 만들어진 책이 훨씬 편리하고도 효과적일 것이며, 신문이 굳이 이런 일을 하지 않아도 된다. 그 칼럼 끝에는 기업체인 외국어 학원과 그 책임자인 개인의 이름과 전화번호가 나와 있으니 이거야 말로 고등 광고가 아닌가 한다. 거대한 우리나라 영어 광고 시장을 생각할 때 그것은 엄청난 특혜인데, 언론사는 그 수혜자를 어떻게 정하는지 궁금하다.

과거 일부 우리 언론사들은 광고성이 짙은 사항은 기사보다도 유료광고를 내도록 유도했었다. 그리하여 광고가 나가는 같은 날 판에는 관련 기사를 싣는 것을 피하는 배려까지 했었다. 나는 그런 관례는 지금도 지켜져야 한다고 생각한다.

생활의 영역이 급속히 확대되고 사회가 소비 중심으로 바뀌면서 과거에 비하여 상품과 서비스의 안내성 기사의 종류와 양이 크게 늘어났고, 그런 기사가 소비자를 향하여 광고 기능을 하게 되는 것은 어쩔 수 없는 일이다. 구미 신문과 잡지의 경우 음식, 여행, 건강, 법률 등 소비자 전문기자(food writer, travel writer)가 생겨 음식란, 여행란, 건강란, 상품란을 쓰고 있는 형편이다. 좋은 식당과 음식, 가볼 만한 여행지, 신제품과 브랜드 네임(자동차, 사무기계 등)을 소개하거나 안내하면서 기자는 기사쓰기 원칙의 6W 가운데 중요한 요소인 기업 이름, 제품 이름, 지역 이름을 빼고 하기가 힘들 것이다. 결국 이 문제 역시 제12장(언론로비의 마술, 344쪽 참조)에서 더 자세히 다루는데, 언론 공간을 이용하려는 세력과 언론인의 전문성과 직업윤리 간의 균형이 이루어지는 선에서 결정될 일이라고 생각된다. 한국의 풍토에서 이 균형점 형성이 공정하게 될 소지가 적다.

자본주의 사회에서 돈 있으면 법의 보호를 더 잘 받을 수 있는 것처럼 신문의 지면과 방송시간도 돈 있으면 더 잘 쓸 수 있는 모순을 해결할 도리는 없는 것 같다. 이 문제 또한 제12장(언론로비의 마술)에서 더 다룬다.

촌지가 없어졌다고?

제3장에서 이미 시사한 대로 출입처(미국언론 용어로 beat)별로 만들어져 있는 기자단과 기자실의 실상은 한국언론을 구미언론과 구분짓는 큰 차이점이다. 기자실과 기자단의 존재 이유는 물론 출입기자들의 취재를 위한 장소와 편의를 제공하고, 그리고 회원들의 권익 보호와 친목을 위한 모임이다.

이 목적 자체에 잘못은 없다. 그러나 문제는 "중이 염불보다 젯밥에 더 눈독을 들이는" 것처럼 한국 기자들은 기자실을 오래 촌지(寸志)수수의 거점으로 활용해온 것이 사실이다.

촌지는 "작은 성의"란 뜻이므로 한때 기자들간에 우스갯소리로 "little sincerity"라고 부른 때가 있었다. 외국언론은 우리나라 촌지를 "white envelope"이라고 번역하여 비아냥거리기도 했다. 기자들에게 뇌물용으로 주어지는 촌지는 보통 흰 봉투에 넣어서 전달되기 때문이다. 흰 봉투 안의 현금은 소액인 것이 보통이다. 요즘은 금전수수 수단이 발달되면서 돈은 사과궤짝이나 눈에 보이지 않는 "온라인"으로 보내지고 있으므로 그 액수도 커져 이제 흰 봉투란 말은 사라질 것 같다.

촌지든 뇌물이든 그것이 의미하는 것은 무엇인가? 뇌물이 관행으로 되어 있는 사회에서는 공직자는 직권을 남용, 특정인에게 특혜를 줄 때는 말할 것 없고, 직책에 따르는 당연한 의무를 이행할지라도 그것이 남에게 이익이 될 때는 반대 급부를 음성적으로 요구한다. 그런 부패행위의 주체는 대개 관(官)이다. 그러나 그런 비리가 일반화된 사회에서 언론만이 예외일 수는 없다.

형태가 다를 뿐 언론은 관(官) 못지않게 다른 사람에게 이익, 불이익을 줄 수 있는 입장에 있다. 언론은 어떤 기사를 확대, 축소, 왜곡보도함으로써, 심지어는 사실대로 보도하거나 아니면 아예 보도를 하지 않음으로써 특정 관(官), 단체, 또는 개인에게 특혜를 주거나 손해를 입힐 수 있다. 언론은 민(民)이 아니라 관(官)으로부터 뇌물을 받을 수 있는 유일한 집단이기도 하다.

기자들의 이권개입은 기사만으로가 아니다. 과거 경찰, 법조계 출입기자는 피의자들을 위해서 계류중인 사건에 개입하고, 인·허가권을 가진 행정부서 출입기자는 업자들을 대신하여 민원을 해결해주고, 경제부 기자는 관계기관으로부터 미공개 정보를 받아 유리한 재테크로 이익을 챙기는 등 그 방법은 광범했다.

한국의 기자단은 늘 회원가입 자격을 일정 언론사에 제한하는 관례를 오래 엄격히 지켜 왔다. 그리고 과거 기자실 출입구에는 꼭 "회원 외 출입을 절대 금함"이라는 살벌한 경고판이 붙어 있었다. 그리고 그것이 엄격하게 지켜져 왔다. 주무부서 과장 이상 자리 책상에는 개인 얼굴 사진이 들어 있는 출입기자 회원명단 카드가 놓여 있었다. 기자단과 기자실의 운영이 그렇게 베일에 가려지고 배타적이어야 할 이유가 무엇이었을까? 긍정적인 대답을 생각해낼 수가 없다.

나는 뉴욕에서 공부를 할 때, 그 교과과정의 일부로서 유엔 본부와 뉴욕 시청을 몇 달씩 취재하러 다닌 적이 있다. 거기에도 기자실들이 있는데, 한국에서처럼 문 앞에 회원 외 출입을 금지한다는 푯말은 물론, 외부인이 들어와도 어느 언론사에서 왔느냐고 묻는 사람을 보지 못했다. 촌지와 같은 비리가 아니고 취재 편의를 위한 장소라면 기자실을 그렇게 다른 사람이 접근할 수 없는 비밀스럽고 으시으시한 통제구역으로 만들 이유가 없을 것이다. 취재할 필요가 없는 사람이 여기에 들어올 리도 없고 또 들어오더라도 거기에 잃어버릴 물건이나 서류가 놓여 있지 않을 것이므로 내버려두어도 된다. 한국의 관청 출입구에는 대부분 경찰이 경비를 서 있어 기자실의 치안이 걱정되는 것도 아니다. 또 미국의 기자실에는 중요한 외부 인사와의 기자회견이 있을 때가 아니라면, 기자들이 웅성웅성 모여 앉아 있는 것을 잘 보지 못한다. 과거 한국에서처럼 거기에서 여러 기자들이 짝을 지어 장기 두고 있는 장면은 더더욱 없다.

시드니에는 호주 외교통상부 주관의 국제미디어센터(International Media Centre)라는 곳이 있다. 외국 특파원들의 취재 편의를 돕기 위한 여러 가지 시설로 되어 있는데 외신기자클럽 회원과 취재차 방문하는 외국언론인에게 개방되어 있다. 언론인임을 증명하는 소속사 편지 한 장이면 회원이 되고 출입을 마음대로 할 수 있다. 회원끼리 음성적인 거래로 이권을 나누어 갖기 위한 것이 아니라면 "회원 외 출입금지"
라는 표식이나 회원수의 관리가 중요하지 않다는 것을 보여주는 또 다른 사례다. 근
래 조직적인 촌지제도는 크게 줄거나 없어졌다고 한다. 기자실에 "회원 외 출입금지"
라는 경고판도 없어졌다. 그러나 요즘 각 기자단은 인터넷 신문기자들의 기자실 출입
요구를 거부하고 있다니, 그 귀추가 주목된다. 어쨌든 우리나라에 비리가 건재하는
한, 언론종사들에게 대한 음성적 촌지는 없어지지 않는다. 촌지는 보이지 않게 건네
는 한, 가장 부담 없이 받을 수 있는 뇌물이다.

출세 기회

기자가 이권을 챙긴 사실이 알려지면 창피스러운 일로 받아진다. 예외가 하나 있
다. 언론인의 정부 고위직으로의 발탁이다. 그것은 오히려 명예로 받아진다.

한 분야 종사자가 다른 분야 좋은 직책에 발탁되어 간다면 보통 영전이라고 부르
는데, 나는 왜 언론인의 "영전"을 여기에서 이권 또는 외부 유혹의 차원에서 말하려
하는가? 이것을 설명하기 위해서는 불행한 우리나라의 근대 정치를 알아야 한다.

과거 역대 정권 아래 많은 학자와 언론인들을 정부가 대거 영입해간 것을 선진국
에서 가끔 학자와 언론인이 정부 고위직으로 발탁되어 가는 것과 동일시한다면 그것
은 논리의 큰 비약이다.

그들이 들어간 정부는 그들이 학자나 언론인으로서 합세해서는 안될 정권이었다.
그 정권은 국민의 지지기반 위에 세워진 민주정권이 아니었다. 그 정권은 부당한 권
력을 공고히 하기 위해서 지식인들을 변절시켜 정부 쪽으로 끌어들여야 했던 것이다.
더욱 그 정권 아래서 억울하게 희생된 그 많은 생명과 인권과 인생의 기회들을 생각
하면 그러하다. 결국 그들은 저항해야 할 정권을 도운 대가로 출세와 상당수 축재를
한 것이니 어떻게 그게 명예가 될 수 있는가.

정부는 그런 미끼를 아무에게나가 아니라 이용가치가 있고 정부에 적극 "협조"했
거나 앞으로 "협조"할 언론인에게만 베풀었던 사실만 보더라도 알 수 있는 일이다.
언론인 영입이 국민의 지지기반이 약한 정권의 유지에 기여할 수 있는 길은 여러 가
지다. 언론인은 언론을 통하여 국민에게 널리 알려지고 그럼으로써 국민의 신망과 인
기를 얻고 있는 것이 보통이다. 정부는 이런 언론인을 정부 쪽에 서게 함으로써 정권
의 신임을 강화할 수 있었다.

또 독재정권은 언론을 어떻게 다스릴 것인가에 대한 지혜를 제공하고, 언론에 쉽게
접근하여 그런 지혜를 실천에 옮길 수 있는 "인재"로서 전직 언론인들을 필요로 했
었다. 그들에게 현직 언론사 중역과 편집 책임자는 과거 동료이거나 선후배이다. 그

들간 서로 긴밀한 유대와 "협조"가 잘 이루어질 것은 너무도 당연한 일이다. 그런 정책은 주효했다.

이러한 판단은 정부에 발탁되어간 전직 언론인들을 출신사별 분포를 분석해봐도 타당하다고 믿어진다. 이미 언급한 정부에 영입되어간 그 많은 언론인(제3장 한국언론의 좌표, 71쪽 참조)은 대부분 메이저 언론사 출신이었다. 경제지, 영자지, 그외 큰 영향력을 갖지 못하는 마이너 언론사 출신은 정부로부터 오퍼를 받지 못했다. 대부분 능력이 아니라 소속한 언론사의 이용가치 때문에 발탁되어갔다는 얘기가 된다.

그런데 더 불행한 것은 이런 해괴한 언론 환경은 오랫동안 당연하게 받아져 언론인들의 영전은 동료 언론인들의 부러움을 받기까지에 이른 것이다. 그리하여 똑똑한 언론인은 이런 출세의 기회를 좇아 신조를 변질시켜 친정부적이 된 것이다. 심지어 실세 과거 언론인 가운데는 특정 정당이나 대권을 좇는 사람의 "장학생"이라고 불릴 정도로 특정 정치세력과 내부적으로 유착되었던 사례도 많았다.

8) 수용자로서 국민 – 언론 바로 세우기 운동

이때까지 말해온 수준 높은 언론의 조건들은 말 그대로 조건일 따름이다. 조건은 실현되지 못할 때 의미가 없다.

언론은 뉴스라는 상품을 팔아 운영되는 사기업이므로, 이론상 언론개혁은 언론 소비자의 몫이라고 할 수 있다. 그러나 언론은 여러 면에서 권력과 비슷하다. 권력에 대하여 국민을 소비자에 비유할 수 있지만, 그 소비자는 때때로 모래알과 같아 무력하다.

뒤에서 따로 다루는 대로 우리나라 언론은 시장경제에만 매달리는 기업이 아닐뿐더러 언론의 대중적 소비자는 건전하지도 현명하지도 않다(제12장, 332-337쪽 참조). 그렇다면 시장경제는 언론개혁을 위한 충분조건은 아니다. 언론에 관한 한, 정치에서처럼 그냥 소비자가 아니라 조직화된 국민 감시가 필요하다. 그간 우리나라에도 언론을 감시하기 위한 시민운동단체들이 많이 늘어났다. 앞으로 더 늘어날 것이다. 고무적인 일이다. 그러나 그런 운동이 성공적이기 위해서는, 단체를 이끄는 사람과 참여하는 사람들이 책임 있는 감시를 펼 수 있어야 한다.

책임 있는 감시를 위해서는, 이 책의 머리말에서 제시한 전제로 돌아가, 첫째로, 감시자가 언론과 사회에 대하여 깊은 이해를 가져야 하고, 둘째로, 개인과 집단이익이 아니라 전체의 이익을 위할 수 있어야 한다. 그렇지 않고 감시만 하겠다면 혼란만 더해질 뿐이다.

2. 언론인에게는 라이선스가 없다 - 그 많은 대학 언론학과는 왜 존재하는가,
경찰이 총만 잘 쏘면 되는 게 아닌 것처럼

무릇 전문성의 외형적 조건은 보통 정규 교육 또는 훈련, 실무 경험과 경력을 토대로 주어지는 자격인정(qualification recognition)이다. 대개는 해당 분야 대학과정을 마친 것을 증명하는 졸업증서와 그에 더하여(또는 그와 관계없이) 동종 분야에서의 일정기간 근무경력, 또는 국가나 단체가 실시하는 시험 합격을 조건으로 받게 되는 자격증 혹은 면허증(라이선스)의 소지가 그것이다.

적어도 대학을 나오고 일정한 훈련과 경력을 거쳐야 비로소 전문성이 인정되는 분야를 영어로 프로페션이라고 한다. 그런 의미에서 언론은 프로페션이다. 그런데 언론은 전문성 인정을 위한 자격증은 말할 것 없고, 대학의 해당 학과나 심지어는 대학교육마저 거치지 않아도 고용만 되면 할 수 있게 자격을 따지지 않는 어쩌면 유일한 전문분야다.[18] 이 문제에 대하여 주 18에서 자세히 다루었으니 참조하기 바란다.

어떤 분야 자격은 정규교육과는 관계없이 까다로운 실기와 이론 시험을 거쳐 인정되고, 그 결과 수여된 자격증이 없으면 그 분야에서 종사할 수 없을 정도로 자격이 엄격히 지켜지지만, 프로페션 대신 그보다 낮은 격인 트레이드 또는 크래프트(skills, trade, craft)라고 불린다. 목수, 요리사, 선반공, 용접 기술자, 자동차 정비공, 간호원, 병원 방사선 기술자 등이며, 우리말로라면 기술자 또는 기능공(skilled workers, technicians, tradesmen) 분야가 될 것이다.

미국 공군은 100여 가지 이상의 기능을 분류해놓고 이에 따라 병사들을 교육, 훈련시킨 다음 각기 특기를 부여한다. 우리 공군도 기능 분류와 훈련 제도를 도입, 이런 직종을 특기(specialty), 기술 또는 기능(skills)이라고 하지 프로페션이라 부르지 않는다. 여기서 이런 구분에 주목해본다면 언론의 전문성에 대한 더 깊은 이해를 갖게 된다. 제2장(낡은 패러다임, 43쪽 참조)에서 이미 시사한 대로 언론은 프로페션과 트레이드의 두 면을 모두 가지고 있다. 그러면서도 프로페션과 트레이드 어느 면에서도 자격증 제도가 확립되어 있지 않은 특이한 분야다.

프로페션과 트레이드는 서로 어떻게 다를까? 나는 그 차이를 각 분야 전문인이 되기 위해서 거치는 교육과정의 성격, 해당 분야에서 기대되는 보수 수준, 해당 분야 전문인이 누리는 사회적 지위와 품위에서 찾으려고 한다. 교육과정의 경우, 아무나 원하면 들어갈 수 있는가, 교육기간이 오랜 세월을 요하는가, 그 과정을 누구나 하면 쉽게 이수할 수 있는가를 본다.

의사와 법관이 되는 길은 먼저 의과대학과 법과대학을 들어가는 것이다. 이것이 낙

타가 바늘구멍에 들어가는 만큼 어렵다. 전국적으로 공부를 잘했다는 사람들이 모여드는 시험에서 극히 일부만이 뽑힌다. 법관의 경우 사법고시를 합격해야 한다. 그러니 이들은 글자 그대로 극소수라는 의미의 엘리트인 셈이다. 이런 사람들이라면 기억력, 사고력, 판단력, 성취욕, 순발력 면에서 특출한 수재에 속한다. 외국의 경우, 의과와 법과는 다른 대학 과정보다 2~3년이 더 길다는 사실도 이 분야 교육에 주어지는 무게를 알 수 있다. 대학교수의 경우, 요즘 박사학위 소지가 거의 필수이므로 교육기간과 노력의 면에서 모두 의사나 법관보다 덜하다고 할 수 없다.

기능공의 경우는 그렇지 못하다. 기능과 기술을 가르치는 곳은 종합대학이 아닌 전문학교나 직업기술학교로서 웬만한 사람이면 입학이 되고 6개월에서 길게는 2년 과정으로 끝낼 수 있다. 더러는 현장교육 이수와 간단한 테스트를 거쳐 자격을 인정받을 수 있다. 그런 뜻에서 엘리트가 아니다. 이러한 차이는 그들이 받는 보수와 사회적 인정에 있어서도 큰 차이로 나타난다.

법관, 의사, 변호사, 교수, 엔지니어, 과학자들은 교육에 오래 투자한 당연한 결과로 전기 수리공, 미장이, 요리사, 벽돌공, 제과 기술자보다 더 높은 보수와 대접을 받는 것이 보통이다. 그 보수에는 월급 외에 수당 등 부수적 혜택(fringe benefits, 이것은 나라에 따라 크게 차이가 난다)이 포함된다. 대접은 높은 사회적 인정이다.

그런데 자세히 따져보면 이 높은 보수와 사회적 대접은 그 직종의 고유한 특성이 아니라 수요공급의 결과가 만드는 희소가치에 기인함을 알 수 있다. 우리나라에서 만약 의사와 변호사가 너무 많아져 여행사 직원이 고객을 좇아나서듯 환자와 고객을 찾아다녀야 하고, 주 6일 일하고도 최저생활밖에 못한다면 그 직업도 3D직종으로 전락되고 말 것이다. 지저분한 환자의 몸과 분비물을 다루는 의술은 이미 인술이 아니며, 이 직업에 대한 사회적 이미지는 지금과 같지 못할 것이다.

이러한 관점에서 볼 때, 여러 나라에서 의사협회, 변호사협회와 같은 협의체를 만들어 자격을 규제하거나 이들의 로비 압력을 받아 정부가 법과대학과 의과대학의 정원 규제, 사법고시와 자격시험의 합격기준 강화 등으로 법관, 변호사, 의사들의 공급을 규제하는 정책에 주목할 필요가 있다.

한국언론의 경우는 반대다. 언론인 자격이 제도적으로나 실질적으로 규제가 전혀 없어, 자본만 댈 수 있다면 웬만한 간행물을 만들어 자질이 모자란 사람을 아주 열악한 보수와 작업 조건으로 고용하고도 언론인이라고 부르니 이 직업 전반에 대한 사회적 인식은 낮아질 수밖에 없다.

마지막으로 한 가지 지적하고 싶은 것은 프로페션과 트레이드의 경계선이 점차 애매해지고 있는 요즘의 추세에 대해서이다. 이런 추세는 첫째로, 양적으로 비대해진 대학들이 취업 전망이 좋은 분야의 직업교육 중심 학과를 새로 신설하고 있기 때문이다. 대학에 간호학과, 관광학과, 호텔경영학과, 디자인학과, 사진학과, 연극영화학과, 모델학과, 화장학, 미용학, 비주얼 커뮤니케이션학과 같은 낯선 학과들이 생겨 사진작가, 만화가, 모델, 영화배우, 미용사, 와인 전문가 등 실무인들이 교수 자리로 영입되는 것을 보게 된다.

둘째로, 일부 대학들이 경영합리화를 추진하면서 시장 전망이 좋아 학생들의 수요가 높은 이런 산업분야의 직업학교를 흡수, 통합하는 현상을 볼 수 있다. 일부 이런 새 분야는 구미 국가의 경우는 물론, 우리나라에서도 보수율에 있어 기존의 프로페션 분야보다 앞서거나 같아지고 있어 그런 개편은 가속화되고 있다. 그리하여 "신지식"이라는 신생어의 유행에서 알 수 있듯이 돈벌이가 되지 않는 순수 인문학은 덜 중요하다는 인식마저 일부 퍼져, 이른바 인문학의 위기론까지 대두되었다. 다만 제2장(낡은 패러다임, 43쪽 참조)에서 일부 지적했지만, 우리나라 대학 언론학 교육은 인문과 실무 어느쪽에도 특성화되지 않는 상태에 있다고 할 수 있다.

3. 언론과 문학, 언론인과 문학인 – 미분화는 근대화 초기의 잔재

미국에서 공부할 때 어느 교수가 한 말이 생각난다. 저널리즘은 "포에트리"(poetry, 詩)라는 것이다. 시와 언론은 서로 무슨 관계가 있어 그렇게 말했을까? 시는 작가의 사상과 감정을 독자에게 전달하므로, 넓게는 커뮤니케이션 과정의 일부인 메시지임에 틀림없다.

물론 이 교수는 그런 의미로 언론과 시를 거론한 것이 아니었다. 저널리즘에서도 시에서와 마찬가지로 문장과 표현이 정교해야 한다, 따라서 문장력 또는 문장의 질(quality of writing)로 말하자면 기사도 시만큼이나 정성을 들여 다듬어야 한다는 뜻이었다.

글과 말재주가 언론의 본질은 아니며 글과 말 속에 담긴 내용이 더 중요하지만, 내용을 담는 그릇이 조잡하면 전달이 효과적일 수가 없다. 문장이 고급스러워 품위가 있어야 독자를 끌 수가 있다. 음악과 소리의 차이는 무엇일까. 음악이 아름답게 들리는 이유는 소리를 일정한 박자와 선율에 따라 잘 정리해서 내기 때문이다. 질서가 있기 때문이다. 그렇지 않은 소리는 소음이다. 글과 말도 마찬가지다.

그러기에 언론의 전문성, 또는 수준을 말할 때는 글쓰기와 말하기의 기술적 측면을 빼놓을 수 없다. 저널리즘교육 과정에 기사쓰기, 사설쓰기 연습이 들어 있는 것은 이 때문이다.

문장 면에서 우수한 기사, 논평, 칼럼, 사설의 한 가지 조건은 언어의 경제성이다. 50개의 단어 대신 열 개를 써서 같은 사상과 감정을 훌륭히 표현했다면 언어의 경제성은 높아진다. 문장이 너절하다든가, 군말이 많다든가, 간결하지 않다고 말할 때는 언어를 경제적으로 쓰지 못했다는 뜻이 된다. 표현이 전문적이고 효과적이 못된다는 말과 같다.

시는 대중 커뮤니케이션을 위한 메시지 중 언어의 경제성 원칙을 가장 잘 지킨 예이다. 시인은 최소의 글과 말로 최대의 사상과 감정을 전달하려고 단어 하나하나의 선택에 온 정성을 쏟는 예술이다. 그렇다면 시인 등 문학가는 글을 경제적으로 쓸 수 있는 기술과 함께 현장과 감정 묘사를 누구보다도 잘할 줄 아는 전문가이다. 용어 선택의 전문가이다. 여기에 더하여 그는 같은 내용을 독자가 싫증나지 않도록 재미있게 쓸 줄 안다.

이런 전제가 받아들여진다면 자연히 문학가는 언론과 사촌간이 될 수밖에 없다. 언론인이 하는 일은 현실세계를 될 수 있는 한 그대로 수용자에 전달하는 것이라면 문학가는 픽션의 영역에서 같은 일을 한다. 더군다나 언론인과 작가는 그런 역할을 하는 과정에서 모두 언어와 문장 스타일의 발전에 기여하게 된다.

우리나라의 초기 언론에 문학인이 대거 참여했고, 양자간 역할의 구별이 때로는 지금도 어려운 것은 이 때문이다. 요즘도 신문, 잡지의 상당 부분 중요한 기사를 문학가에게 맡기는 관행이라던가 신문, 잡지는 물론 텔레비전 기사의 문장에 쓰이는 표현이 문학으로부터 절대적인 영향을 받고 있는 사실은 이와 관계가 있다.

우리나라 언론의 여명기에 문학인이 언론에 대거 참여한 데는 이런 문학인의 뛰어난 글쓰기 재능 외에 또 다른 사정이 작용했다. 그런 사정을 일찍이 미국학자가 자세히 관찰하고 지적했다. 허버트 팻신(Herbert Passin, 1963)이 말한 것을 여기에 요약해서 소개한다면 우리 언론을 이해하는 데 큰 도움이 될 것이다.

●아시아 지역 초기 근대화 과정에 있어 작가의 역할이 컸다. 글을 쓰는 작가는 근대화를 위한 대표적인 지식인으로서 민중계몽과 정치적 과정에 자연히 참여할 기회가 주어졌다. 작가와 언론인의 구분도 어려웠다.

근대화 과정은 새로운 사상과 정서를 표출할 수 있는 새로운 언어를 필요로 한다. 근대화 운동에 대중을 동원하기 위한 언어다. 문학가는 이런 일을 잘 하게 되어 있다. 이것이 바로 정치와 문학과 저널리즘이 서로 교차하는 접점이 되었다. 작가, 언론인, 정치인 모두 대중 계몽 사업을 그들의 임무로 보는 한도에서 그들의 길은 일치하였다. 이들에게 언론은 바로 정치적 활동의 무대였다.

●근대화 초기 지식인들은 서로 기능적 분화가 이루어질 만큼 큰 집단이 아니었다. 배운 사람에게는 한 분야가 아니라 여러 분야의 문이 열려 있었던 것이다. 지식인인 시인, 작가, 예술인은 정치, 행정, 교육에 참여했다.

한편 이 시절 문학과 저널리즘 모두 영세산업이었다. 문학과 언론의 분리가 시작된 것은 교육이 일반화되어 문학 독자층이 늘고 저널리즘과 출판이 모두 전문화·상업화 단계에 들어선 때부터이다. 이 분리, 분화의 정도는 국가에 따라 다른데 미국이 선두 주자였다. 각 사회에 따라 직업으로서 작가의 지위가 다르지만 대개 작가가 작품 활동 하나만으로 생계를 유지할 수 없었다. 작품 활동을 주업으로 하되 다른 부업을 가져 수입을 보충해나가야 했다. 작가가 언론에 대한 기고가, 교사, 영화, 라디오, 텔레비전 스크립터로, 출판사 편집인 등으로 일해야 했다.

이와 같은 경제적 이유말고도 언론은 작가의 재능을 필요로 하고, 작가는 언론에 발표함으로써 지명도를 높일 수 있어 양자의 필요가 잘 맞아떨어져 밀접한 교류가 이루어졌다.

●일반적으로 전통사회일수록 유럽의 영향을 많이 받아 문학과 저널리즘 간의 구분이 모호하다. 일본은 좋은 예다. 문학은 일본 언론 속에 중요한 자리를 차지한다. 일본 언론의 문학 기고물에 대한 의존은 대단하다. 작가가 방송매체에 제공하는 것까지 합하면 그 분량은 엄청나다. 기고 내용은 문학작품 외에 문학비평, 정치, 사회, 문예논평 등이 포함된다. 언론은 이들에게 보도와 사회문제 해설 임무를 맡기기도 한다.

오늘의 한국언론은 팻신이 말한 이런 전통을 일본을 통하여 이어받고 있다. 근대적 의미의 언론이 한국에 처음 들어온 것은 일본의 식민지 통치 하에 있었을 때였으며, 한국은 당연히 그 영향을 크게 받은 것이다.

요즘도 우리 언론과 일본 언론 모두 이미 많은 독자를 확보한 작가에게 큰 지면을 할애하여 특집 보도를 맡기는 관례가 그러하다. 최근의 예로는 북한 문화 유적 및 관광지 탐험 보도를 잘 알려진 문학인에게 위탁하여 연재로 싣는 것을 들 수 있다. 우리나라 간행물에 보도가 아니라 글이라고 불러야 할 내용과 문학작품의 비중이 큰 것도 일본 영향의 잔재라고 생각된다.

나는 문학과 언론의 접목에 대하여 반대하지 않지만 다음과 같은 몇 가지 문제가 고려되어야 한다고 믿는다.

●문장력, 표현력은 언론인의 자질 가운데 중요한 일부일 뿐 전부는 아니다. 언론인은 글을 잘 쓸 수 있기 전에 사회문제에 대한 넓고 깊은 지식과 이해, 그리고 사회

적 정의감을 가져야 한다. 문학 수련이 이런 자질을 보장한다고 할 수는 없다. 그런 의미에서 작가의 자질=언론인의 자질이 될 수 없으며 작가의 언론 참여는 일정 영역에 머물러야 한다고 생각한다.

언론의 보도 영역은 사실보도와 분석보도로 나눌 수 있다. 전자는 사건, 사실, 현장, 문제 등을 있는 그대로 수용자에게 전달하는 보도라 할 수 있다. 사실보도 가운데는 대중이 직접 가보지 못하는 현장, 직접 경험해보지 못하는 현실을 독자, 청취자, 시청자를 대신하여 읽고 듣고 보게 해주는 보도가 있다. 많은 방송 다큐멘터리가 한 가지 그런 예이다.

현실을 묘사하는 능력이 탁월한 문학가가 이런 보도를 잘해낼 수 있다. 우리나라 신문, 잡지의 큰 지면을 차지하는 현장보도 중심 기사의 상당 부분을 사외의 작가가 맡는 것을 이미 흔하게 본다. 역사와 사건의 현장, 여행 및 순례, 자연, 특정 고장에 대한 보도가 잘 알려진 작가의 이름과 함께 나오는 것이 그런 예이다. 그럴 때 언론은 많은 독자를 확보하는 이점도 갖는다. 미국의 문학 언론(literary journalism)이나 이른바 르포(reportage)가 그런 것이다. 문학인의 재능과 지명도가 결합된 결과 나오는 언론 작품이다.

분석보도는 이와는 다르다. 이슈보도라고 할 수 있는 그런 보도는 단순한 현장이나, 사실의 전달이 아니고 사회문제 해결이란 사명을 띤다. 시시비비를 가리는 논설은 아닐지라도 가치판단이 개입될 수밖에 없는 보도이기 때문에 보도자가 사회과학적 지식을 결여하고 있다면 곤란하다. 문학인의 사회참여는 여기에서 한계를 드러낸다고 본다.

언론에 실리는 문학인들이 쓴 사회문제에 대한 칼럼의 특징은 대개 리얼하긴 해도 문제의 묘사에 그치는 것임을 알게 된다. 그런 글은 문제에 대한 사람들의 관심을 일으키는 데 탁월하나 해결에 직접 기여하지 못한다. 이런 내용이 많은 것은 한국언론의 특징인데, 사회문제에 대한 논의는 많으나 개선이 없는 한 가지 이유가 아닌가 한다.

● 문학의 주요 영역인 창작의 경우, 작가는 주인공을 통하여 사회상을 리얼하게 나타내고 풍자하고 규탄하면서 개혁을 부르짖을 수 있다. 그럼으로써 작가의 사상, 철학, 이데올로기를 독자에게 불어넣어 줄 수 있다. 시의 경우라면 그런 생각과 감정을 더 정교하고 농도 깊게 표현한다. 그러나 여기에서도 작가가 하는 일은 사회의 고발과 문제제기로 끝날 공산이 크다.

문학은 이성보다 감성에 호소한다고 한다. 이 점 역시 작가의 사회문제 해결을 위한 역할의 한계가 아닌가 한다. 시, 미술 작품, 음악, 안무, 연극, 퍼포먼스가 정치적 또는 사회적 메시지를 대중에게 전달하고 그들로 하여금 어떤 인간의 고뇌와 사회의 문제에 대한 강한 감정과 자극을 일으킨다 하더라도 그런 효과는 일회용 카타르시스로 끝나는 것을 늘 보게 된다.

과거에 비하여 오늘의 사회는 매우 복잡하다. 대중의 강한 열기 하나로 해결될 수 있는 사회문제가 드물다. 그간 남북한의 체육인이나, 음악인들이 여러 계기로 국내·국외에서 상봉하게 되면 목이 터지도록 "통일의 노래"를 부르고, IMF 국난을 만나 가수들이 "지금 다시 하나되어"와 같은 "국민가요"를 만들어 부르기도 했다. 특히 한국인의 통일 열기는 대단하였다. 남북 음악회를 보도하면서 "음악으로 하나가 되다"와 같은 제목으로 신문에 대서특필된 일도 한두 번이 아니었다. 그리고 한국인치고 통일을 거론하지 않는 사람이 있는가. 그러나 이런 정열과 관심이 통일로 가는 길을 조금도 앞당긴 것 같지 않다. 통일은 우리 민족의 결집을 어렵게 만드는 사회문화적 여건과 국민행태를 분석하는 것부터 시작되어야 할 것이다. 그것은 문학으로 될 일이 아니다. 지금 한반도에 평화가 유지되고 있다면, 그것은 우리들 자신의 지혜와 결속으로가 아니라 미군의 주둔 등 타율적인 힘에 의하여 그렇게 되고 있지 않나 한다.

"다시 하나 되어" "독도는 우리 땅"과 같은 노래도 마찬가지다. 전국민이 이 노래를 부르고 다닌다면 국민들의 정서가 그런 쪽으로 모아지겠지만 그게 무슨 소용이 있을까. 경제를 일으키는 일, 독도를 지키는 길은 이론과 실력의 배양밖에 없다. 또 기독교인들이 구국 기도, 통일을 위한 기도를 위한 큰 모임을 갖지만 참석자들은 잠깐 열을 받았다 식어버리는 행사, 희망과 염원을 표시하는 일회용 행사로 끝나고 마는 것이다. 그보다는 실천으로 옮겨갈 수 있는 구체적인 방법이 필요한데 그것은 사회과학의 몫이다.

●사회문제 해결에 기여할 수 있으려면 그 사회에 대한 지식과 함께 정의감을 가져야 한다. 이 두 가지 가운데 하나가 결여되면 절름발이가 되기 쉽다. 정의감이 결핍된 지식인은 지식을 남용함으로써 사회에 누를 끼친다. 반대로 정의감이 강하고 양심적인 사람도 사회를 잘 모르기 때문에 서서는 안되는 쪽에 서는 경우를 본다.

문학인은 음악인, 연극인과 같이 남이 갖지 못하는 대중적 전달수단을 소지한 특기자이다. 그들은 대중의 심금을 울릴 수 있다. 그런 재능을 권력의 유지를 위해서 또는 시장을 장악하기 위해서 대중을 조작(?)해야 하는 독재정권과 대기업이 가만 놓아둘 리가 없다. 이때 이들이 재능만 있지 사회에 대한 이해와 정의감 모두 박약하다면 어떻게 될까? 재능은 이미 재능이 아니라 사회의 해독이 될 수 있다.

6·25때 남한을 석권한 공산정권은 먼저 문학인과 연예인을 정치적 선전에 동원했다. 북한에서 문학은 정부의 대중조작을 위한 주요 수단이다. 북한의 새 통치자인 김

정일 국방위원장의 통치력을 논하면서 그가 "선전선동의 주요 수단인 문학예술 부문"에서 탁월한 점을 지적한 한 평론가의 견해, 또 북한에서 탤런트들을 인민배우, 공훈배우 등 칭호를 주고 국가가 특별히 대접하고 관리하는 사실은 시사하는 바 크다.

물론 북한은 사람들이 개인의 의사대로 살 수 있는 사회가 아니다. 하지만 자유가 주어져도 이들 재능인들의 속성으로 봐 권력에 이용되지 않는다고 볼 수 있을까. 짧은 우리 근대 정치사를 봐도 정부가 정치적 목적을 위해 문학인과 예술인을 돈과 여러 가지 미끼로 동원한 예는 많다.

일제하 잘 알려진 일부 우리 문인들이 일본의 식민정책의 수단으로 이용된 일이 친일행위로 지금도 종종 인용된다. 그때는 소수 지식인 집단으로 쉽게 노출되는 문인들이 잔악한 군국주의자들 앞에서 침묵할 자유마저 없었다면 어쩔 수 없는 일인지 모른다. 그러나 군사정권 시절 권력자와 돈 많은 재벌 총수를 미화시키는 글을 쓴 일부 문인들은 그것도 아니다.

●과거에 비하여 오늘의 한글 문장이 현저하게 달라진 점 하나는 한문에서 온 단어 대신 순수 우리말을 쓰는 사례가 늘어났다는 것이다. 기사에는 이에 더하여 구어체의 선호 현상이 월등히 늘어났다.

이렇게 되기에는 아마도 미국 저널리즘과 한국 문학으로부터의 영향이 크다고 생각된다. 미국 신문에서는 독자대중에게 친숙하도록 기사는 서민들이 쓰는 통속적인 말(colloquial expressions, colloquialism)을 많이 섞은 채 될수록 평이한 문장으로 쓰는 것이 관례가 되어 있다. 이에 대하여 제9장(우리 언론의 기사쓰기의 서양화, 262쪽 참조)에서 언급했다.

그런 문장의 스타일을 따르는 과정에서 자연히 문학에서 즐겨 쓰이는 표현들의 신문 문장으로의 침투가 계속 이루어지고 있음을 알 수 있다. 그러나 이런 변화에 대하여는 적어도 두 가지 조심할 것이 있다고 생각한다. 하나는 신문 문체의 저속화 현상이다.

언어는 크게 문장체와 구어체로 나뉘는데, 말로는 괜찮지만 글로 써서는 안되는 것들이 많다. 그 기준은 어디다가 둘 것인가. 가령 요즘 문장 속에 이따금 나오는 "개판이다" "조지다" "까발리다" "멋대로 짖고 까불어" "홀라당 까먹다"와 같은 표현을 내가 대학을 다닐 때 썼더라면 교수는 틀림없이 이게 뭔가라며 야단쳤을 것이다.

언어는 정체하지 않고 변한다. 하지만 유행에 너무 민감한 우리가 주체성 없는 언론을 더 저속하게 만들지 않을까 염려된다.

언론과 문학의 교류 과정에서 경계할 다른 하나는 기사쓰기와 표현에 대한 문학으로부터 오는 압력이 조장하는 과장된 보도 현상이다. 기자들은 같은 내용이라도 단조롭지 않게 기사를 쓰고자 한다. 그런 과정에서 자연히 문학에서 풍부한 어휘를 빌려 쓰게 되는데, 이때 과욕을 부리면 실수가 된다. "……라고 말하다"가 더 정확한데 "……라고 못 박았다" 또는 "잘라 말하다"라고 하고 또 "부인하다" 정도면 되는데 "손을 내저었다" 또는 "혀를 내두른다"라고 하는 것은 매우 사소한 예이다. 너무 자주 기계적으로 쓰여지는 "크리셰"(cliche)와 같은 맥락에서 생각할 일이기도 하다. 인물보도에 너무 헤프게 쓰이는 "외유내강" "뚝심장관"과 같은 표현도 그런 예들이다.

나는 여기에서 또 한번 직접 경험과 간접 경험의 문제를 거론해야겠다. 나는 앞에서 보도의 우열을 결정하는 한 가지 기준을 실제와 보도 간의 간격을 얼마나 줄일 수 있느냐에 둘 수 있다고 말했다(제5장 의제설정 연구의 역사, 139쪽; 제7장 현장감, 186쪽 참조). 글이 얼마나 재미있게 쓰여졌나가 아니라 글이 현실을 얼마나 정확하게 묘사하는가에 따라 결정되어야 한다는 뜻이다. 보도란 결국 직접 경험을 할 수 없는 사람에게 그 대안으로서 간접 경험을 하게 해주는 것이다. 그렇다면 우수한 언론의 한 가지 큰 기준을 그 언론이 하는 보도가 1차적 현실에 얼마나 근접해 있느냐, 즉 양자 간의 거리를 얼마나 잘 좁힐 수 있었느냐에 두어도 된다는 것이 나의 생각이다.

요즘 신문 사진 설명(caption, 캡션)을 "곤혹스러운 표정을 하고 있다" "나 어때요?" "아직도 곱죠?" "단일화 잘해봅시다" 등 사진의 주인공 마음속을 기자가 적당히 헤아려 붙이는 사례가 유행인데, 너무 자의적이어서 이 또한 과장보도로 봐야 할 것 같다.

독자가 사진의 내용을 설명과 연결짓는 것은 어렵지 않지만 과연 주인공이 곤혹스러워한 것인지, "나 어때요?" 하고 있었는지 어떻게 겉모양만 보고 판단할 수 있는가. 이 역시 문학에서 영향 받은 기사의 픽션화가 아닌가 한다. 신문에서 본 그런 예를 더 들어보면 "선생님, 정말 그러셨나요" "연설 잘하세요" "안 떨려요" "무대에선 자신 있어요" "이만큼 예쁜 여우 봤나요" 등이 있었다.

●전문성의 차원에서 본 문학과 저널리즘이다. 오늘 사회의 특징은 세분화와 전문화가 아닌가 한다. 경제학이라고 부를 수 있는 큰 분야가 이론경제학, 경영학, 기업경영, 재무관리, 회계학, 마케팅 등으로 나뉘어 전문적 연구와 훈련의 대상이 될 수 있는 것은 한 가지 그런 예이다.

물론 전문화라고 해서 자기 분야 외에는 쳐다보지 말라는 뜻은 아니다. 오히려 반대이다. 한 분야를 잘하려면 인접 분야에 대하여도 잘 알아야 한다(사람의 능력에는 한계가 있기 때문에 분업의 원칙에 따라서 편의상 분야를 나눠 전문화를 추구해야 할 뿐 궁극적으로는 통합되어야 한다. 사물은 독립하여 존재하지 않기 때문이다). 그런 한도 안에서 전문화는 절대 필요하다.

문학과 언론이 명백히 구분되지 않은 근대화의 여명기의 관행이 오늘과 같은 전문
화의 시대에 그대로 남아 있을 수는 없다.

주 17

기자의 위치

편집제작은 주로 보도와 기사쓰기(reporting/writing), 편집, 제작 기술(인쇄, 카메라 촬영, 필름
편집, 녹음, 방영)로 되어 있다. 이 가운데 언론인의 기능으로 가장 지적이고 중요한 부분은 보
도와 쓰기이다. 여기 보도와 쓰기는 취재, 편집, 보도, 논평을 포함한다.

그런 의미에서 편집국 소속이지만 남이 쓴 기사를 지면에 배치하는 일만 하는 편집자, 다른
사람이 취재, 편집한 것을 읽기만 하는 방송 아나운서가 하는 일을 편집 기능에 포함시킬 수 있
는가를 묻게 된다. 우리나라에서는 취재 방향을 정하고, 기사를 감수하는 명실공히 편집을 맡는
사람과 기사의 배열을 다루는 사람을 다 같이 편집자(editor)라고 부르지만 양자의 기능은 다르
다.

영미언론에서는 이를 구별하기 위해 후자를 레이아웃 편집인(layout 또는 make-up editor)이
란 말을 쓰기도 한다. 또 아나운서 일만 하는 사람을 뉴스 리더(news readers)라고 부르기도 한
다. 남이 쓴 원고를 읽는 일 자체는 보도 기능은 아니다. 근년 아나운서 대신 앵커맨(anchorman)
또는 앵커라는 미국 텔레비전 저널리스트 개념이 우리나라에도 도입되어 일부 아나운서는 읽기
만 하지 않고 여러 곳에 나가 있는 특파원을 이어가면서 질문도 하고 자신의 의견도 덧붙임으로
써 언론인으로서의 역할이 더 분명해졌다. 앵커맨이 기자 출신이면 더욱 그러하다.

카메라맨에 대하여도 마찬가지다. 포토 저널리즘(photo journalism)이란 영어 표현이 말해주듯
이 사진을 찍는 것은 이제 기술자만의 기능이 아니다. 특정 어떤 장면을 찍을 것인가 말 것인가,
또 어떻게 찍을 것인가는 분명 게이트키퍼 기능이다. 텔레비전의 경우라면 이는 더 명백해진다.
텔레비전의 제작과정을 보면 카메라맨은 일반 취재기자, 또는 PD가 현장에 나가, 이미 정해진
계획에 따라 촬영하는 것이 보통이다. 그러나 어떤 장면을 어떻게 찍느냐는 전적으로 그의 판단
에 의한다. 다큐멘터리 프로덕션회사의 경우처럼 카메라맨이 취재와 촬영을 동시에 한다면 그의
게이트키퍼 기능은 더 확실해진다.

기자, 경제부장, 특파원, 언론인, 신문인, 방송인, 저널리스트 등은 결국 이런 게이트키퍼 기능
을 하는 언론사 인원들이며, 편집국 또는 보도국에 속한다. 이들 다양한 용어 사용법을 음미해
보면 언론사에 대하여 더 깊은 이해를 갖게 된다.

기자는 주로 편집국 조직에서 제일 하위직이라는 뜻으로 쓰인다. 기자는 각 데스크 부장(정치
부장, 경제부장, 사회부장, 문화부장, 국제부장, 스포츠부장, 특집부장 등) 밑에 배치된다. 기자와
부장 사이에 부 차장이 있다. 신문의 경우 그 위에 편집부국장, 편집국 차장, 편집국장이 있다.
방송의 경우에는 기자, PD, 보도국 각부 차장과 부장, 보도국 차장과 국장, 본부장 등의 직급으
로 계층 조직을 이루고 있다. 그리고 편집국장(부장급도 있음)과 비슷한 직급인 논설위원, 해설

위원, 논설실장, 주필 등이 있고 이들 편집 쪽 인원 전부와 편집정책을 총체적으로 관장하는 편집인(사에 따라서는 편집이사, 편집상무)을 두는 신문사가 늘어났다.

기자는 편집국의 계층 및 서열상 하위에 있지만 제일선 취재를 맡는다. 최전방 게이트키퍼이다. 언론의 핵심은 보도 기능에 있으므로 직급을 떠나 역할을 생각한다면 기자는 편집국의 핵심층이라고 볼 수 있다. 그러나 위에 말한 편집국의 피라미드 조직과 지위의 고하를 먼저 따지는 한국인들의 태도를 생각할 때, 핵심이란 말은 어울리지 않는다. 기자는 밖에 나가 중요한 취재와 보도를 맡아 하지만, 그 일은 부장과 편집인의 지시에 따라 한다. 부장과 편집인은 기자가 쓴 기사를 취사선택하고 감수한다. 군대에 비유한다면 기자는 사병이고 간부는 장교라는 관념이다.

기자 단계를 거쳐 편집국의 부장과 그 이상의 자리에 오르면 밖에 나가 취재를 하지 않는 우리 언론의 관례도 바로 계층 중심의 편집국 조직의 부산물이다. 각 데스크 부장은 취재 지시와 기사 감수를 할 뿐 기사는 거의 쓰지 않는다. 그외 편집국 간부는 보도가 아닌 논설이나 칼럼을 쓴다.

각 주무관서와 기관에 기자실이 있고 취재는 거기에 배치된 이른바 출입기자가 전담으로 하는 우리나라의 보도 관례에서는 출입처가 없는 다른 편집국 직원이 직접 취재와 보도를 하기가 어렵다. 그러나 이것만이 간부가 되면 취재 임무를 졸업하는 이유가 아니다. 상급자가 밖에 취재하러 다니는 것은 직위에 걸맞지 않고 점잖치 않다고 보는 한국인 특유의 지위의식 때문이다. 간부 언론인이 취재를 위해서 외부인을 만나고자 할 때는 대개 해당 부서 출입기자가 면접을 알선하며 그가 안내하는 것이 통례이다. 편집국 간부가 기자실에 나타나는 일은 물론, 필요한 부처 관리를 출입기자 모르게 전화하여 취재하는 것도 관례에 어긋나는 일로 받아들여진다. 그러니 현안 이슈를 가지고 글을 써야 하는 논설위원, 편집위원들은 출입기자들보부터 귀동냥을 해서 현실 감각을 가져야 하는 것이다. 우리나라 언론의 사설 가운데 보도 내용을 반복한 다음 약간의 논평을 가함으로써 끝나는 유가 많은 이유가 일부 그런 데에 있을 것이다. 그러나 뒤늦게나마 일부 우리나라 언론사가 과거 편집국 조직을 바꿔 이슈부를 신설한다든가 취재영역을 "팀 체제"로 나누어 하는 안을 시도하고 있다니 이 분야에도 약간의 변화는 일어나고 있는 듯하다. 그러나 아직까지 신문에 나타나는 바로는 이 부서는 일부 신문사가 둔 대기자와 박사 출신 전문기자 제도와 마찬가지로 이슈를 골라 칼럼을 쓰는 수준을 넘지 못하는 것 같다. 또 근래 여러 사람의 공동취재로 된 기사가 부쩍 늘었으나 대부분 그런 기사가 길이와 내용으로 봐 한 사람이 써도 될 그런 수준이다.

언론의 역할은 뭐니뭐니해도 보도이다. 간단한 뉴스라면 몰라도 수준 높은 보도는 적어도 서너 가지 요건이 결합되어 가능하다. 취재, 문장력, 지식과 판단력이다. 기자는 "발로 쓴다"고 할 때는 취재를 말한다. 한편 아무리 발로 부지런히 뛰고 사람을 만나 물어봐도 사회 경험이 짧고 공부를 하지 않아 이론이 없다면 질 높은 기사가 나올 수 없다. 또 글은 수단일 뿐이다. 보도 기능(취재와 판단 기능)이 약하면 글은 별 소용이 없게 된다.

기자가 수준 높은 보도 능력을 갖게 되는 때가 올챙이 기자 시절을 거쳐 편집국 간부가 될 무렵이다. 기자 때 특정 분야에 쌓은 경력과 전문성을 토대로 정말 심도 있는 기사를 쓸 수 있는 성숙된 단계다. 그런데 이런 고급 인력이 쓰는 일을 멈춰야 하니 큰 손실이 아니겠는가.

해외에서 살다가 한국의 은행이나 관공서에 일을 보러 가면서 늘 보게 되는 것은 일선 창구에서 폭주하는 작업량에 눈코 뜰 새가 없는 여사무원들이다. 그 뒤에 큰 책상을 놓고 버티고 앉아 있는 계장, 과장들은 쳐다만 보고 있고 이따금 이들이 올리는 서류나 형식상 결재한다. 권한과 역할 이양을 늘리고 그럼으로써 과장, 계장, 말단 할 것 없이 모두가 고객의 직접 서비스의 참여 폭을 넓힌다면 능률은 훨씬 높아질 텐데 하는 생각을 늘 했었다. 언론의 경우도 이 점은 비슷하다고 생각된다.

편집국 간부가 되면 기사를 쓰지 않는 현 제도는 언론사 고비용, 저효율의 주된 원인이며, 분명 서방 언론과 비교하여 한국언론이 갖는 하나의 커다란 취약점이다. 우리나라 언론에 질 높은 심층보도가 드문 이유, 또 대기자 또는 전문기자 제도가 늘 운운되지만 실천되지 않는 이유가 모두 여기에 있다.

뿐만 아니다. 편집국에는 취재를 졸업한 간부급 언론인을 흡수할 자리가 모자라므로 이들은 자연히 몇 안되는 고위 간부 자리를 놓고 암투를 하게 마련이고 영리한 중간 간부는 그런 암담한 말년이 오기 전에 떠날 마음을 갖게 되는 것이다. 이 책의 여러 곳에서 지적하듯이 양심적인 중견 언론인의 이직 현상은 우리나라 언론의 질적 발전을 막는 가장 큰 요소다.

언론인의 정의-언론인, 기자, 저널리스트, 프리랜서

언론인 본연의 임무는 보도이고, 기자란 말은 취재하고 쓰는 사람이라는 뜻이므로 언론인은 모두 기자인 셈이다. 말하자면 대학의 총장, 학장, 교무처장은 그 보직에 앞서 교수인 것과 같은 이치이다. 실제 과거 우리나라 언론사 편집국 간부 가운데는 자기 명함에 직위를 기자라고 명기하는 진보적인 사람들이 더러 있었다.

언론인에 꼭 맞는 영어가 저널리스트(journalist)다. 그런데 우리나라에서 언론인하면 적어도 편집국의 현직 중견 간부급 이상, 또는 그런 직위를 지낸 사람을 지칭하는 것이 보통이다. 2~4년 된 초년 기자를 언론인이라고 잘 부르지 않는다.

그런 용어사용법을 따르면 취재와 쓰는 일을 활발하게 할 뿐만 아니라 언론인으로서는 손색이 없는 기자가 빠지는 반면, 언론사의 최고 경영인이나 편집국 간부이지만 글 한 줄 쓰지 않은 사람이 언론인 대접을 더 옹골지게 받는 모순을 가져오게 된다. 이 점 또한 대학에 자리를 잡은 사람이면 모두 학자로서 대접을 받는 것과 좀 다르다. 이런 모순을 해소하기 위해서도 편집국 내 기자의 책임, 역할과 지위가 커져야 하겠고, 그럼으로써 이들에 대한 인식도 달라져야 할 것이다.

이와 관련, 영미인들의 용어 사용은 우리보다 앞서 있는 것 같다. 기자 또는 보도하는 사람이란 뜻으로 "reporter"라는 말을 쓰기도 하지만 취재, 보도, 편집을 맡는 인원 모두를 저널리스트 –비교적 초보단계에 있는 인원을 초급 저널리스트(junior journalist), 오래된 상급자 언론인을 고참 저널리스트(senior journalist)–라고 일괄해서 부르는 것이 그것이다. 이런 관례에 따라 우리도 기자와 언론인은 같은 의미로 써야 할 것이다. 방송국에서 일하는 언론인을 모두 방송인이라고 부를 수 있는 것과 같다.

기자든 그 위의 편집국 간부든 이때까지 말한 언론인은 제도적 의미의 언론인, 즉 기업으로 조직된 언론사에 소속하여 고정 월급을 받는 사람이다. 그것은 직함을 중심으로 본 언론인이다.

그러나 언론사에 자리를 갖고 있지 않아 직함은 없어도 그들보다 더 우수한 자질을 갖고 실질적으로 언론인으로서 더 기여하고 있다면 그런 사람을 무어라고 불러야 하는가? 이들에 대한 칭호는 영미 국가에서는 "freelance journalist", "syndicated columnist"(프리랜서들을 묶어 조직을 만들어 칼럼을 파는 회사가 생겼는데, 이 기업조직이 신디케이트이다), 우리말로는 프리랜서, 자유기고가 또는 칼럼니스트가 고작이다.

이런 두 유형의 언론인 개념은 제4장에서 직함과 인격(또는 자격)을 기준으로 구분한 두 유형의 지도자(주 3, 107쪽 참조)와 비슷하며, 이 두 분야를 비교해보면 재미있는 관찰을 할 수 있다. 첫째로, 지도자의 경우처럼, 자질 면에서 우수한 비제도권 언론인이 제도권 언론인이 될 수 있다면 우리 언론의 전망은 그만큼 밝다. 언론사에서 중요한 직책을 차지하고 있어 외견상 언론인으로서 손색이 없는 것 같으면서 사이비 언론인이 있는가 하면, 언론사 밖에 있어 무명인이면서도 더 높은 자질과 품격을 가진 언론인이 많을 수 있기 때문에 그런 생각을 하게 된다.

둘째로, 한국의 언론을 개혁하는 한 가지 길은 신디케이트 등 외부 기고가의 참여를 늘리는 것이라고 생각한다 언론은 많은 인원을 필요로 하는 산업이다. 인간의 머리가 하는 취재와 기사쓰기를 테크놀로지가 대신하지 못하기 때문이다. 이에 비하여 언론사가 재정적으로 고용할 수 있는 인원은 극히 제한되어 있다. 그 간격을 메우는 방법이 외부인원의 활용이다. 큰 언론사들이 외부인에게 할애하는 지면과 시간을 대폭 늘리고, 기사 선택도 주관적이 되기 쉬운 기고가의 지명도 중심에서 내용 중심으로 전환할 때 비로소 유능한 비제도적 언론인의 배출이 가능하고, 그들의 역할도 커질 수 있다. 이 문제는 제12장(열린 언론, 닫힌 언론, 358쪽 참조)에서 더 자세히 다룬다.

자유기고가의 활동 영역은 위에서 말한 언론사의 정책과 함께 언론시장의 폭과 관계가 있다. 언론시장이 넓어 비제도권 언론인이 활동할 영역이 크다면 자유기고의 역할은 커지며 제도, 비제도 언론인간의 구분은 점점 적어질 것이다. 미국에서는 언론사가 신디케이트 공급 기사에 크게 의존하며(전체의 35~50%), 그렇게 함으로써 제작비용을 크게(일설에 의하면 10분의 1로) 절약된다. 우리나라의 언론산업은 이런 데에 신경을 전혀 안 쓰고 있다. 예산과 인원 타령만 할 뿐 개혁 노력을 안하는 증거이다. 그러나 길게 볼 때 외부 기고가에 크게 의존해야 하는 잡지시장의 발달, 군소 매체의 수적 증가와 다양화, 인터넷을 통한 대체언론의 출현, 해외교포언론의 발달 등의 영향으로 자유기고 시장은 커질 전망이다.

주 18

언론인 교육과 자격 인정

적어도 70개 한국의 대학들이 언론학과를 두고 있다(한국언론재단 발간, 『2000-2001 한국신문방송연감』에 수록된 대학 언론학과는 67개, 광고홍보학과는 20개, 언론전문대학원은 15개이다). 비교를 위한 좋은 자료가 없으나 이 숫자는 인구 대비 선진국들보다 많으면 많았지 결코 적지 않다. 내가 사는 호주만 해도 총 60개 대학교에 언론학과를 둔 곳은 15개를 넘지 않는다. 호주의 인구는 1,800만, 한국에 비하여 적지만 그래도 반이 조금 못될 뿐이다. 언론학과 수가 그 정도로 늘어난 것도 최근 일부 호주 대학들이 저널리즘학과를 둔 전문학교들을 흡수했거나 그들끼리 합병, 대학으로 승격됨으로써이다.

한국에 대학 언론학과가 많은 것은 좋은 일이다. 언론의 중요성을 여기서 또 논하면 잔소리가 된다. 그렇게 중요한 언론에 많은 대학에서 언론학을 갈고닦은 인재들이 들어와, 그 산업을 만들어나간다면 우리 사회를 위해서 참으로 좋은 일이다.

그러나 언론의 생각은 그게 아니다. 이 학과를 마친 학생들이 당연히 먼저 가야 할 주요 취업 분야인 언론은 그런 길을 전혀 열어놓고 있지 않다. 모든 언론사들은 과거대로 지금도 전공과 무관한 공개채용시험을 치러 기자를 채용하고 있어, 실제에 있어 이 분야보다 딴 분야를 공부한 사람들이 먼저, 그리고 더 많이 여기에 입문하는 결과를 낳고 있다. 우리나라나 외국 모두 법을 전공한 사람은 당연히 법조계에, 의학을 공부한 사람은 의학계에, 교육을 전공한 사람은 교육계를 먼저 지향하고, 또 해당 "현실사회"(real world)는 당연히 그들을 먼저 영입하는 관례와는 거리가 멀다. 참으로 이상한 일, 희한한 일, 이해할 수 없는 일이다.

내가 대학을 다닐 때는 우리나라 어느 대학에도 제대로 된 언론학과가 없었다. 그러니 이런 문제가 제기될 여지가 없었다. 내가 대학을 나온 한참 후 대학 언론학과가 여러 곳에 생겼으나 각 언론사들은 여전히 매년 기수를 정하여 실시하는 공개시험으로 기자를 뽑고 있었다. 그 즈음 나는 언론사에 일하다가 미국에서도 직업교육으로 잘 알려진 언론대학원 과정을 마치고 돌아와 이 문제에 대한 글을 ≪기자협회보≫(1976년 1월 1일자)에 써, 거론한 적이 있다.

그후 25여 년 동안 우리나라 대학 언론학과 수는 우후죽순격으로 늘어났다. 그런데 그런 우리나라 대학 저널리즘 교육의 급신장은 그럴 만한 이유가 있을 텐데, 그런 변화에 걸맞게 언론계 인원채용제도가 조금이라도 바뀌었느냐 하면 그렇지 못하다. 나는 해외에 있으면서 언론학과를 마치고 더 공부를 하기 위해서 밖으로 나오는 우리나라 학생들을 만날 때마다 이 문제를 알아봤기 때문에 그 실태를 잘 안다.

그리고 최근에 대학 언론교육을 직접 맡고 있는 사람이 한 아래와 같은 말을 발견하고 과연 하는 생각을 했다. 고려대 신방과 심재철 교수는 「미디어비평과 언론교육의 방향」(≪관훈저널≫, 1999, 봄호)이란 글에서 "언론학을 전공한 졸업생들이 신문사나 방송국에 취업하는 비율이 급격히 떨어지고 있다는 점에서 최근 신문방송학과의 위기는 심각한 상황을 넘어 그 존재 이유를 찾기 어려운 형편이다"라고 털어놓았다.

그렇다면 그 동안 이 문제에 관한 한, 언론계는 그야말로 복지부동으로 임해왔고, 언론학자들은 없는 직장을 향하여 비싼 대학 수업료 내고 공부하는 불쌍한 학생들의 처지는 접어두고 상아탑 속에서 안주해왔다는 박절한 평을 하지 않을 수가 없다. 또 미국언론(American journalism)의 스타일이라면 거의 모든 것을 본떠온 우리 언론이 왜 인선제도만은 옛것을 고집하는 것인지 묻고 싶어진다.

매스 커뮤니케이션 일반이론, 신문과 방송 제작 이론과 실기, 광고이론, PR이론 등을 적당히 섞어 가르치고 있는 우리나라 대학 언론학과 졸업생들이 가야 할 곳은 언론사에 한정되지 않는다. 산업의 전문화에 따라 커뮤니케이션 관련 직종이 PR, 광고, 출판, 미디어 교육, 이미지 메이킹, 비주얼 아트 등으로 늘고 있어, 이들의 취업전선 또한 확대되고 있다. 그러나 어느 나라에서나 언론학과 졸업생은 학자가 되는 길말고는 언론계가 가장 선망하는 직종이고, 또 당연히 그렇게 되어야 하는 것 아닌가 싶다.

나는 현업에서 뛰어다닐 나이가 이미 지났으니 나를 위해서 이 글을 쓰는 것은 아님을 밝혀둔다. 다만 대부분의 우리나라 현직 언론인들보다 더 오래 이 분야 정규교육을 받은 한 사람으로서 내가 지금 언론을 하겠다면 내 "영토"는 어디인가, 또 고국과 해외 모두 언론이 잘해야 우리 사회가 잘될 수 있다고 이구동성으로 말하는데 그런 언론의 인원 선발과 양성이 이런 식이라면 어떻게 될까 생각해보게 된다.

나는 해외에 나와 한때 한인들을 위한 언론을 해보았다. 실은 나는 규모는 작지만 호주에서 최초의 교포신문을 만들어, 그것을 장차 하나의 모델로 만들어볼 생각으로 거의 9년을 고군분투(孤軍奮鬪)하였다. 지나고 보니 그것은 불가능한 꿈이었다. 각 지역 교포언론도 거의가 교육과 과거 경력 모두 언론과 무관한 사람들로 채워져 있다. 그 이유는 물론 언론은 전공과 관계없이 아무나 해도 되는 분야로 이미 일반의 인식이 굳어져버렸고, 이윤 면에서 본다면 언론의 정도를 걷는 사람보다 그렇지 않은 사람이 이 기업을 더 잘할 수 있는 사회풍토 때문이다.

이미 위에서 시사한 바이지만, 언론학 교육과 언론계 취업의 분리 현상은 그것이 언론 전공자 자신들에게 뿐만 아니라, 언론계의 장래에 가져다줄 불행이란 측면에서 논의가 되어야 한다. 언론도 선진화, 세계화 등 개혁을 필요로 함은 다른 분야와 마찬가지인데, 그런 언론을 이끌고 나갈 일꾼의 등용 방식이 전근대적으로 그대로 남아 있다면 그 언론은 길게 보아 국제사회에서 낙오될 수밖에 없다. 그러므로 나는 이 문제에 대한 언론계의 태도를 바꾸기 위한 운동에는 지금의 인원채용 관행이 장래 한국언론을 어떤 쪽으로 발전시킬지를 예측해보는 언론학자들의 심층적 연구와 이를 공론화하는 일이 들어가야 한다고 생각한다.

그렇게 하면 언론사들도 전공자보다 비전공자를 결과적으로 우대하는 지금의 방식을 고집하는 근거가 무엇인가를 밝히지 않을 수 없게 될 것이다. 언론은 시장경제 아래 불가피하게 사기업으로 운영될 수밖에 없다 하더라도, 사회 전체의 자산이고 공기이니만큼 공익을 최대로 위할 수 있도록 인원채용제도를 포함한 모든 정책이 공개적으로 평가되어야 하고 투명해져야 한다. 언론학도 가운데 누군가 현 언론인 채용제도의 득실과 관련, 국가간 비교연구를 한다면 훌륭한 박사논문감이 될 것을 의심치 않는다.

이 글은 자료를 넓게 모아 한 연구 결과가 아니며, 다만 이 해묵은 문제에 대한 관심을 외부에서 불러일으키고, 또 앞으로 연구에 고려될 몇 가지 새로운 사항이 될 만한 것들을 지적하기 위한 것이다.

1) 언론의 전문성과 자격증

언론은 프로페션인가? 프로페션(profession)과 프로페셔널(professional)을 우리말로 옮기면 전문직업과 전문인이 된다. 언론은 그 사회적 기능의 독자성과 중요성으로 보아 틀림없이 전문분야이다. 그런데도 위와 같은 질문을 던지게 되는 것은 전문직에서 요구되는 자격요건의 엄격성이 너무 지켜지지 않고 있기 때문이다.

위에서 언급한바 우리나라 언론 교육과 언론인 취업 간 연계의 부재는 바로 그 대표적인 사례이다. 한 분야의 전문성은 정규교육과 훈련을 전제로 한다. 대학급 전공과목 이수가 해당 분야 전문성과 인원채용의 선행조건이 된다는 말이다. 이미 언급해온 바와 같이 우리나라에서 이에 대한 예외는 아래 적는 관행들과 복합되어 전문직으로서의 언론의 이미지를 크게 희석시키고, 그것이 언론의 발전을 크게 저해한다는 것을 알아야겠다.

●판검사, 변호사, 회계사, 세무사, 변리사, 의사, 교사, 목사, 신부들은 원칙적으로 해당 분야 정규교육을 받은 후 자격 인정을 받게 된다. 그 인정은 별도 자격증의 수여일 수도 있고 아닐 수도 있으나, 중요한 사실은 해당 분야 공부를 하지 않은 사람은 그 분야에 발을 들여놓을 수가 없거나, 있어도 경쟁력이 없는 것이 보통이다. 대학교수 자격증 제도는 없으나 오늘과 같이 박사가 많이 배출된 상황에서는 박사학위가 교수 자격증 역할을 한다. 언론분야 전공자에게는 타 분야 전공자와 차별화를 가능케 하는 자격증은 물론, 다른 제도적 장치가 하나도 없다.

●언론의 소유자와 최고경영인들은 교육과 경력으로 보아 대개 언론인 출신이 아니다. 이들은 재력이 있어 남이 못하는 언론에 투자를 해서 언론사의 오너가 됐지만 실질적 의미에서는 언론인이 아니다. 그런데도 그들은 대개 중요한 편집정책에 깊숙이 관여하며, 국내와 국제 언론협의체의 임원 자리를 맡는 등 상위 언론인으로 행세하게 된다. 돈만 댈 수 있으면 하루아침에 최고위 언론인이 되는 결과가 된다.

이 점 종합병원장, 대법원장, 각 분야 연구소의 책임자 자리는 전문 의사, 전문 법관, 전문 과학자와 실적을 쌓은 학자가 차지하는 것과 크게 다르다.

●이런 관례 때문에 우리나라에서는(다른 나라에서도 어느 정도 마찬가지만) 언론인으로서의 전문성과 지격(professionalism, professional standards)은 전공과 훈련, 그리고 실적, 자질, 인격과는 관계없이 그가 어느 언론사에 들어가 어느 자리를 차지하고 있느냐, 달리 말하면 언론사의 크기와 그 안에서 차지한 직함에 따라 더 분명하게 결정된다. 따라서 큰 언론사에서 일하는 기자와 편집국 간부는 그가 어떤 사람인가를 묻지 않고 당연히 일류 기자, 일류 언론인으로 대접받고, 재정이 취약한 지방지와 군소 매체에 고용된 기자는 아무리 전문인 교육 배경과 자질을 갖추어도 그는 2류, 3류로 여겨지고 처세를 잘 못하면 사이비기자, 사이비언론인으로 오해받기 십상이다. 또 언론사의 고위직인 편집인, 주필, 편집국장, 논설위원, 부장은 기자보다도 무조건 더 분명한 전문 언론인이다.

한국에서 출입처별로 기자들이 만든 몇십 명 단위의 많은 출입기자단에서부터 몇백, 몇천 명의 언론 관계 직능 단체와 협회의 가입은 물론, 가입해서 할 수 있는 역할도 언론인 개인의 자질보다 그가 소속하는 언론사의 끗발과 그 안에서 갖는 직위가 결정하는데, 이 점 또한 위에 말한 관행과 유관하며 언론인 자격인정제도 확립에 역행한다.

●학문적으로나 실천적으로 커뮤니케이션학은 법학, 자연과학, 회계학 등에 비하여 매우 폭넓은(liberal) 분야다. 커뮤니케이션 공부가 여러 분야를 알아야 할 만큼 넓다 함은 대부분 인문·사회과학 분야―특히 정치학, 철학, 사회학, 언어학, 심리학, 연극, 문학 공부―를 전공한 사람이 들어갈 여력이 많다는 것을 의미한다. 그것은 다른 분야와의 호환성이 크다는 뜻도 된다. 외국에서도 그렇고 우리나라에서도 그런데, 언론학 대학원과정 학생을 받는 데 있어 대학에서 동종의 학과를 나온 것을 요건으로 하지 않는 것은 앞서 이 분야 공부가 얼마나 포괄적이고 신축성 있는가를 잘 보여주는 예이다.

해외에서 이 분야 학위를 받은 우리나라 언론학자들의 대학 전공학과가 영문과, 국문과, 연극예술과, 철학과 등 다양한 분야에 걸쳐 있는 현상은 이러한 사정 때문이다.

●우리나라에서는 아직도 신문기자를 "신문쟁이"와 같은 말로 비하해서 부르는 일이 흔한데, 언론직에 대하여 갖는 일반의 시각이 다른 전문분야에 비하여 매우 낮다는 증거이다. 이는 사람들이 언론과의 관계에서 겪은 나쁜 경험말고도 언론이란 글재주 있고 제작 기술을 좀 알면 누구나 할 수 있는 직종으로 믿는 습성 때문이며, 바로 위와 같은 관행이 그렇게 만든 것이다.

언론의 전문성에 대한 일반의 시각이 이와 같다면 언론개혁은 아무리 큰소리로 외쳐도 공염불이 될 수밖에 없다.

2) 전문지식과 사회적 책임감

분야에 따라 다르나 전문성은 대개 이론과 실기 양면을 갖는다. 인문분야의 경우처럼 이론 위주이고 실기는 거의 없는 분야로부터 이론과 실기와 경험이 함께 필요한 분야가 있다. 철학자와 역사학자는 주로 책과 자료와 통찰력을 가지고 조사, 연구를 하면 전문인이 될 수 있다. 의사가 되려면 이론과 함께 실기를 배워야 한다. 수술을 실제 해봐야 한다. 그러고도 오랜 경험을 가져야 한다.

언론은 의학 못지않게 이론과 실기와 경험이 풍부하게 요구되는 분야다. 한 가지 크게 다른 점은 언론을 전혀 모르는 사람이 이 산업을 좌지우지하는 일이 얼마든지 생긴다는 것이다. 더욱 전문성은 뛰어나도 이 직업의 절대 필요조건인 사회적 책임이 취약한 사람이 언론을 하게 될 확률은 크다. 그럴 때는 한두 사람이 아닌 많은 개인을 정신적으로 죽이는 결과를 가져올 수가 있다. 그러나 돌팔이 의사가 환자를 죽였을 때처럼 피해가 분명하게 눈에 보이지 않는 것이 문제다.

전공과는 별로 관계없이 외국어, 일반 사회상식, 논문 쓰기 등의 실력을 주로 테스트하는 공개채용시험으로 기자를 뽑는 지금의 언론은 언론인의 전문성은 아무 분야든 대학졸업장 하나에다가 직장에 들어와 갖게 되는 실무훈련(on-the-job training)과 경험만으로 족하다는 전제 아래 운영되고 있다고 말할 수밖에 없다. 그런 전제가 얼마나 낡고 위험한가는 뒤에서 따로 설명하지만, 내가 언론인 전문성의 선행조건으로 이 분야 전공을 중요시하는 더 큰 이유는 바로 위에서 말한 언론의 사회책임 때문이다.

나는 직업의 귀천은 없지만 직업 가운데 사회적 책임이 특별히 강조되어야 할 분야와 그런 걱정을 하지 않아도 될 분야를 구별할 필요는 있다고 생각한다. 전자의 예는 판검사, 경찰, 공무원과 같은 공직자들로서 이들은 사정(司正), 감독, 인·허가 등의 권한을 가지고 있어 그것을 개인 이익을 위해서 남용하기 쉬우며, 그럴 때 전체 사회에 끼치는 피해는 크므로 이 분야 전문성에는 사회책임이란 직업윤리가 이론 못지않게 중요한 자격요건으로 지켜져야 한다. 경찰은 업무수행을 위해 필요한 법규를 잘 알고 총을 잘 쏠 줄 알아야겠지만 그가 책임감이 없어 돈을 받고 딴 짓을 한다면 그런 전문지식과 무술은 사회에 백해무익(百害無益)하다.

위에서 언론이 여러 사람을 정신적으로 살인하는 예를 들었지만 한국언론의 실제를 지켜보면서 우리를 정말 걱정케 하는 것은 전문지식이 아니라 사회적 책임감의 결핍이다. 오늘 우리 언론의 사회적 책임을 높이는 길은 한두 가지일 수 없겠지만 가장 중요한 것은 언론인이 가져야 할 자기 직업에 대한 강한 신념과 프라이드(professional faith and pride)이다. 여기 프라이드는 속칭 엘리트가 갖기 쉬운 오만과 불손이 아니라 조그마한 이권에 쉽게 넘어가지 않는 직업정신이다.

그런 속성은 애당초 언론에 뜻이 있어 언론학과를 지망하고, 그 정규과정을 거치면서 직업 의식으로 단련된 사람이 그렇지 않은 사람보다 더 강하다고 보는 것이다. 교육이 제대로 되었다면 경찰대학이나 사관학교를 나온 경찰간부나 장교가 경찰 또는 군인으로서 필요한 지식말고도 경찰정신 또는 군인정신이라고 불릴 수 있는 자기 직업에 대한 신념과 프라이드가 더 강할 것이라고 가정해야 하는 것과 같다. 그런 의미에서 나는 몇 개 사회책임이 특별히 강조되는 전문분야에서는 대학과정에 전문지식 외에 사회적 책임의 바탕이 되는 직업적 신념을 단단하게 만드는 프로그램을 개발, 포함시켜야 한다고 본다.

내가 언론사 재직 시절 유학하러 간 학교는 컬럼비아대 신문대학원이었다. 가서 처음 나는 이 학교과정이 이론보다 실무 중심인 것을 알고 실망했었다. 지금 와서 생각해보니 이 학교교육의 한 가지 특징은 언론인 지망생들에게 자기 직업에 대한 프라이드를 심어주는 것임을 알았다. 한 예로 교과과정 가운데는 학점과는 관계없이 컬리퀴엄(Colloquium)이라고 불리는 코스가 들어 있는데, 매주 학교 대강당에 이름이 알려진 언론인이나 각 분야 고위 인사들을 초청, 학생들 앞에서 정한 제목으로 스피치를 하게 하고 학생들은 이들에게 마음대로 질문을 하는 기회를 주는 2~3시간 정도의 모임이다.

한때 이름을 날렸던 언론인 출신이 대부분인 이 학교 교수들이 초빙된 사람과 같이 단상에 앉아 토론을 이끌면서 참여하는데, 여기에서 거론되는 내용과 토론 방식을 보면 이 기회가 학생들로 하여금 사회적 이슈에 대한 이해를 넓히게 함과 동시에 장래 언론인이 될 사람이 가져야 할 긍지와 기량을 기르는 데 도움이 되도록 짜여진 것이었다.

지금의 공개시험제도 아래 언론사에 들어오는 기자들은 전공으로 보아 정치과, 영문과, 독어학과, 국문과, 철학과 등 서로 다른 모든 분야에 걸쳐 있으니 영미사람들이 잘 쓰는 말대로 "by training"("대학에서 받은 전공 또는 훈련대로라면"의 뜻)에 따른 이들간 공통점은 없고, 굳이 그것을 찾는다면 원래 "공부를 잘했던 수재"라는 것뿐일 것이다. 우리나라 사법, 행정고시는 좋은 예이다. 몇 가지 선정된 법률관련 과목을 얼마나 철저하게 읽고 암기했는가에 따른 점수로 고위관리와 법관이 될 사람을 뽑았으니 그들간 확실한 공통점은 "머리가 좋다"는 것뿐이고, 창의력과 상상력과 직업윤리 면에서 장차 어떤 인간이 될지는 처음부터 예측이 불가능한 일이었다. 우리나라에서도 법관임용 방법으로 사법고시 대신 영미식 로스쿨 제도의 도입이 논의되는 것도 이와 같은 암기식 지식 중심의 인선이 가져올 맹점에 대한 때늦은 인식 때문이 아닌가. 현 기자 채용시험도 "언론고시"라고 불려지며, 여러 대학에 언론고시 준비반이 가동될 정도니 같은 맥락에서 재평가되어야 할 것이다.

직권남용은 대개 외부로부터 오는 유혹 때문에 일어난다. 그것은 자기이익과 밀접한 관계를 갖는다. 그리고 경험에 따르면 자기이익은 지능이 높은 사람이 낮은 사람보다 더 잘 챙긴다. 제4의 권부라고 불려지듯이 언론은 정부와 대기업이 범할 수 있는 권력의 횡포를 견제하고 감시하는 것이 주요 기능이다. 그런 언론의 핵심 멤버들이 얼마 전까지 정부와 대기업이 불러주기만 하면 기다렸다는 듯이 떠나는 사례는 어쩌면 역사상 그 사례를 찾아볼 수 없을 정도로 심했다. 이들은 언론인 가운데서도 대부분 지능 면에서 우수한 편에 속하는 사람들이었다. 역시 언론의 경우 지식이 아니라 직업적 신념이 더 중요하다는 것을 증명하는 실례가 아니겠는가.

백악관 출입을 38년간 지켜 온 노(老)기자 헬렌 토머스의 이야기가 얼마 전에 보도되었다. 미국에는 비슷한 일화를 남기는 언론인들이 많다. 이들 미국언론인들이 자기 직업에 대하여 갖는 신념과 프라이드가 취약했다면 이건 불가능한 일이다. 한국에서 청와대를 출입하면서 이름을 좀 날린 사람이라면 어느새 그것을 발판으로 "더 좋은 자리"로 옮겨갔을 것 같다. 물론 그렇게 되는 한국적 여건을 잘 이해한다.

지금의 미국 노(老)기자들은 대학 언론교육을 받은 세대가 아니다. 그런데도 미국에 이미 이런 전통이 서 있고 거기에 정규교육을 받은 신세대의 "수혈"이 계속 늘고 있다면 그 전통은 앞으로 더 강화되면 되었지 약화되지 않을 것이 틀림없다.

3) 커뮤니케이션 연구와 저널리즘 연구

미국을 제외한 영미 국가에서는 얼마 전까지 저널리즘학과는 일반대학이 아닌 전문학교에 주로 있었다. 여러 가지 이유가 있겠지만 아무래도 이 직종을 프로페션이라기보다 트레이드(trade, 기술) 또는 크래프트(craft, 기예)로 여겼기 때문이라고 봐진다. 목공(carpentry), 벽돌공(brick-laying), 빵 굽기(bakery) 기술자 같지는 않지만 크게는 비슷한 계열인 기술 또는 기능으로 봤다는 말이다. 심지어 얼마 전까지 영국, 호주와 그외 영연방국가들에서는 기자가 되는 길은 고등학교만 졸업하고 언론사에 들어와 견습생과정(internship, cadetship)을 밟는 것이었다.

그런데 이들 나라의 전문학교급 저널리즘 교육은 지금에 와서는 대부분 커뮤니케이션 또는 저널리즘 학과(school of communication 또는 school of journalism)로 불리는 대학 정규학과로 승격, 재편되었다. 나는 이런 변화가 온 것은 지난 수십 년간 이루어진 커뮤니케이션 연구와 이론의 발전과 밀접한 관계를 갖는다고 생각한다.

이를 설명하기 위해서는 커뮤니케이션과 저널리즘은 서로 어떻게 다른가를 설명해야 한다. 저널리즘은 매스 커뮤니케이션 과정의 극히 적은 일부이다. 매스 커뮤니케이션 과정을 커뮤니케이션 연구방법에 따라 전달자(메시지의 생산자), 메시지, 매체, 수용자(메시지의 소비자), 효과로 구분한다면 저널리즘은 주로 메시지 제작(또는 생산)에 대한 교육과 훈련이라고 할 수 있다.

그 공부는 역사적으로 뉴스란 무엇이며 어떻게 취재하고 쓰는가, 어떻게 기사를 편집하는가,

어떻게 사건을 카메라에 담는가, 어떻게 필름을 편집하는가와 같은 제작의 기술적 내용을 주로 했고 그것을 기술교육으로 생각하는 한, 그 교육을 맡는 학과는 꼭 대학이 아니더라도 될 것이 었다.

그러나 오늘의 사정은 다르다. 전달자인 언론은 메시지만 잘 만들어 쏟아내면 되는 것이 아니고 그 메시지가 어떤 과정을 통하여 수용자에 도달하며 어떤 효과를 개인과 사회에 미치는가도 알아야 한다. 이는 언론인은 자기가 하고 있는 일이 어떤 일인가에 대한 이론을 갖고 책임도 져야 한다는 말도 된다.

이런 언론에 대한 새로운 이해는 비교적 최근에 와서야 가능해졌다. 학문으로서 매스 커뮤니케이션 연구의 역사 자체가 그렇게 오래되지 않았기 때문이다. 매스 커뮤니케이션 연구가 본격화하기 전에는 위에서 말한 언론에 대한 총체적 분석을 할 수 있는 틀과 이론이 있을 수가 없었던 것이다. 대학 언론학과는 다른 어느 전통 학과와 마찬가지로 언론학도들로 하여금 제작 실무와 기술에 더하여 이 분야에도 고유한 체계적(사회과학적) 이론을 갖추게 해주는 것이다.

언론의 기능으로 보아 언론인이 되기 위한 교육과 훈련은 여기에서 끝날 수 없다. 사회를 대상으로 일하게 될 그는 언론 관계 이론뿐만 아니라 사회 전체에 대한 넓고 깊은 지식을 갖고 있어야 한다. 또 오늘의 언론은 개개 언론인이 보도대상 영역에 따른 전문성을 갖도록 요구하고 있다. 예컨대 정치, 환경, 외환, 군사, 법률, 과학 등 여러 분야 가운데서 하나를 골라 그 분야 보도에 대한 전문성을 갖는 언론인이 된다는 말이다.

그리하여 미국에서는 저널리즘 학위에 더하여 법학, 경제학 등 또 다른 분야 학위를 갖는 사례가 늘고 있다. 이런 추세는 그 나라에서 언론직에 대한 인기상승과 그에 따른 언론인 자리 얻기 경쟁이 심해지면서 더 뚜렷해지고 있다. 교과과정의 편성에 따라서는 이와 같은 여러 층의 공부를 가장 통합적이고 효과적으로 할 수 있는 곳이 대학과 대학원 언론학과가 아닐까. 이런 언론교육과 그에 따른 언론 발전의 무궁한 가능성에 대하여 눈을 감아버리는 언론사들의 태도는 사회에 대한 엄청난 직무유기라고도 아니할 수 없다.

실무 훈련의 경우도 그렇다. 실습 기재가 취약할지라도 대학 언론학과에서 받는 실무 훈련은 언론사에서의 그것보다 더 가치가 있을 수 있다. 직장은 일차적으로 돈을 버는 곳이다. 거기에서는 창의력을 가지고 좋은 아이디어를 실험을 해볼 수가 없다. 학교교육과 직장훈련의 차이가 거기에 있다. 오늘 우리 언론의 한 가지 특징인 매너리즘과 변화 기피도 바로 이런 우리나라 언론사의 도제식 실무 훈련 분위기 때문이라고 생각된다.

흔히 언론에서 쓰이는 아카데믹 저널리즘(academic journalism)이란 말은 위에서 이때까지 말해온 바 제작 기술이 아니라 언론 전반에 대한 학문적 이론을 풍부하게 갖춘 언론인의 자세를 뜻하는 것이지만, 이런 유의 제안은 우리 사회나 언론계의 현실로 비추어볼 때 꿈꾸는 얘기가 된다. 이 글의 초점인 언론사의 언론 전공자를 푸대접하는 태도도 그 한 가지 구체적 예가 되겠지만, 우리나라 대부분의 언론사 편집국 분위기는 아카데미즘과 리서치를 장려하는 편이 아니다. 언론은 요즘 그렇게 흔한 박사학위 소지자 하나 연구원이나 자문(consultant)으로 둘 필요가 없는 어쩌면 유일한 전문분야가 아닌가 생각해본다. 언론인, 언론학자, 그외 식자들이 입버릇처럼 말하는 대로 언론이 개혁되지 않고 우리 사회가 개혁될 수 없다면 이 문제는 몇 번이고 되짚어봐야 할 것이다.

4) 언론학의 정체성

학문의 성립 조건으로서 다음 세 가지를 드는 것이 보통이다. 첫째, 독립 분야로서의 대상의 존재, 둘째, 대상 분야의 사회적 기여(또는 존재할 가치), 셋째로, 그 대상에 대한 이론 또는 지식의 체계화이다. 언론은 그런 요건을 충분히 갖추고 있다.

첫째로, 언론은 사회활동 분야 가운데 그 영역 및 대상이 확연히 구분되는 분야다. 그리고 다른 어느 것보다 오래된 사회의 고유 기능이다. 라스웰과 슈람은 언론의 주 기능인 환경감시를 파수꾼의 역할에 비했는데 그런 기능은 태고 때의 인간사회로부터 존재해왔다. 다만 지금은 언론이라고 하는 첨단기술을 갖춘 조직에 의하여 수행되는 것이 다를 뿐이다.

둘째로, 전문성의 대상으로서의 분야(영역)가 아무리 독립적으로 존재한다 해도 그것이 사회 발전에 기여할 수 없다면 그 전문성은 가치를 잃는다. 예컨대 도둑질의 기술은 한 가지 고유한 분야가 되지만 전문성 논의의 대상이 될 수 없다. 퇴폐산업과 테러집단의 조직과 운영을 위한 전문성을 연구의 대상으로 논할 수는 없다. 언론의 사회적 기능을 생각한다면 언론은 위에서 지적한 대로 법이나 의학 못지 않게 중요한 분야이다.

셋째로, 이론의 체계성 문제다. 이에 대하여는 위에서 언론 연구가 사회과학 연구에 통합되어야 하는 이유를 말하면서 설명한 셈이다.

직종의 전문성의 조건으로서 해당 직업 집단으로서의 사회적 지위, 직업의 자율성, 윤리성, 정체성을 드는 학자들이 있다. 그러나 이런 요건은 학문적 연구의 관심 대상이 될 수 있겠으나 실제적 가치는 적어 보인다.

5) 구미의 사례

서방국가에서도 언론의 형식적인 자격인정제도를 운영하는 곳은 거의 없다. 그러나 기자와 기타 편집국의 인원채용을 공개채용시험이 아니라 매년 대학 언론학과에 알려 졸업생들을 보내게 한 후 면접을 통하여 주로 하고, 이 분야 전공자들로 하여금 언론인협회에 가입하게 하는 등 저널리즘 교육을 언론인 자격에 연결시키는 제도가 어느 정도 정착된 셈이다.

세계 언론의 모델이 되는 미국에도 형식적 언론인 자격증 제도는 없다. 법과 의료 분야에서의 미국의 자율적인 자격규제 기구인 미국의사협회(American Medical Association)나 미국변호사협회(American Bar Association)에 해당하는 단체가 언론에는 없다. 미국에서 언론인의 자격증 심사나 자격증 제도가 없는 것은 그 나라가 자유언론의 이상을 으뜸으로 여기기 때문에 그런 것이다.

그러나 공개시험이 아니라 해당 분야 전공과 경력을 우선으로 면접을 통하여 하는 채용 방법, 대학 언론학과 현직 언론인과의 밀접한 유대(대부분 직업훈련 중심의 대학 언론학과의 교수들은 언론인 출신), 대학 언론학과를 졸업하면 "Sigma Delta Chi" 같은 현직 언론인들의 협회에 가입하도록 오퍼를 하는 사실 등은 언론 경력의 전제조건으로 해당 분야 전공을 중요시하고 있는 증거이며, 언론인 전문자격 확립을 위한 노력으로 볼 수 있다. 협회 가입이 언론인으로 일하게 되는 것을 의미하지 않으나 적어도 이 분야 전공자가 전문인이 될 자격이 있음을 인정해주는 것으로 이 분야 전문성을 위해서 중요하다고 본다.

같은 영어 문화권이지만 영국 제도를 따르고 있는 호주의 경우도 형식적인 언론인 자격인정제도는 없으나, 여러 가지 관행을 보면 사실상 언론인 자격증 제도가 정착되고 있다고 할 수 있다. 언론사에서 일하는 기자는 호주기자협회(AJA: Australian Journalists Association; 현재의 Media, Entertainment and Arts Alliance) 회원이며 이 협회가 일률적으로 정해놓은 직급표에 따라 경력을 인정받아, 채용되고 봉급을 받게 된다. 개인 면접을 통하여 각 언론사가 기자를 채용할 때도 이 직급표를 기준으로 하고, 이와 함께 매스 커뮤니케이션 및 언론 분야 전공자를 우선적으로 하는 점 모두 그렇다.

영미국가에 비하면 서반아어 사용권인 남미 여러 나라들은 사회, 경제와 언론 여건 모두 영미국가에 비하여 열악하며 이른바 제3세계에 속한다. 그런데도 이 나라들 대부분이 언론인 자격제도인 전문언론인협의회(Colegio system)를 활발히 운영하고 있는 점은 우리에게 시사하는 바가 크다.

여기에서 이 제도에 대하여 문헌(Knudson, 1996)을 이용, 짧게 소개해보면, 서반아어로 코레히오(Colegio)는 영어 College에 해당하는 말로서 사립고등학교, 길드 성격을 띤 협회 등의 뜻으로 넓게 쓰이지만 여기서는 전문인협회(professional association)를 말하며, 여러 전문직 분야별로 존재한다.

대부분 남미 국가들이 채택한 언론 코레히오 제도 아래 언론인은 언론학 학위 소지자와 코레히오 회원만이 할 수 있게 되어 있다. 코레히오는 물론 정부에 종속되지 않는 언론인들의 자율단체여서 스스로 회원의 자격도 규제하는 한편, 정부의 언론통제에 대한 방어벽이 됨과 동시에 언론인의 지위와 자질 향상을 도모한다. 반대 논의도 물론 있다. 지난 20여 년 동안 언론 코레히오 제도를 채택한 남미 국가는 15여 개국으로 늘어났다.

우리나라에서도 법, 의학, 회계학, 그외 여러 전문분야와 똑같은 엄격성으로 언론인 자격증 제도를 정착시킬 수는 없겠지만 외국의 사례를 배워, 언론 교육과 언론계 간의 연관성을 높이고, 그럼으로써 언론도 실제와 제도 면에서 전문직 대열에 낄 수 있게 만들어야 할 것이다. 그렇지 못한다면 이 직종도 정치와 마찬가지로 머리 좋은 철새 인재들의 출세 발판이 되고 말 것이다. 이 문제는 앞으로 언론계와 언론학계의 큰 공동 관심사가 되어야 한다.

1919년 미국의 저명한 칼럼니스트 월터 립맨(Walter Lippman)은 이렇게 물었다. "언론산업이 적당히 하는 기술 직종에서부터 틀이 잡힌 프로페션으로 바뀌기 위해서 얼마나 더 기다려야 할까? 아직은 멀었다. 우리가 사는 사회를 취재하는 일이 확고한 전문훈련이 필요 없이 아무 때나 하는 취재자에게 맡겨도 되는 것인가?"

이와 관련, 전 컬럼비아대학 신문대학교 킴벌(Penn Kimball, 1965) 교수의 걱정도 남의 일 같지 않다. "언론직 입문이 특정 교육훈련과정 이수를 필수로 하지 않는 한, 언론을 할 수 있는 권리에 대한 특정 심사제도가 부재하는 한, 언론인들은 공적으로 인정된 여타의 전문인 직종에 대열에 들어가지 못할 것이다." 그간 언론인 전문성 제도가 많이 확립된 미국에서도 이런 논의가 끊이지 않고 있다.

(≪관훈저널≫, 1999년 가을호, 필자 기고)

제12장
언론개혁은 작은 것부터 고치고 실천으로 옮김으로써

개혁이란 말이 우리에게 전혀 새롭게 들리지 않는다. 지난 40년을 개혁, 개혁 하고 살아왔기 때문이다. 집권 초기에 개혁을 외치지 않은 정권이 어디 하나라도 있었는가. 과거 개혁을 늘 외쳐대도 잘 안되었다면 그럴 만한 이유가 있었다. 그 이유를 먼저 찾아 거기에서 출발하지 않는다면 이번에도, 앞으로도 마찬가지일 것이다. "국민의 정부"의 종반기에 들어선 지금 이미 그런 기미가 나타나고 있다.

그런데 금년 초부터는 언론개혁이 국민적 화두로 등장했다. 모든 분야가 개혁을 필요로 하지만, 언론부터 시작하자는 전제는 맞다. 왜 그런가? 개혁이 성공하려면 먼저 개혁에 대한 올바른 길이 밝혀지고 그에 대한 국민간에 합의가 이뤄져야 한다. 언론 아닌 어느 다른 기능이 이 일을 할 수 없다.

또 다른 이유가 있다. 대부분 분야에서 개혁의 관건이 국민행태의 개선이라면 언론이 먼저 나서야 한다. 이런 질문을 스스로 묻고 대답해보자. 과거 개혁의 실패 원인이 무엇이었던가? 정책 빈곤이나 법과 제도의 미비에 있었던가? 아니다. 그 많은 좋은 정책이 제대로 실천되지 안았고, 그 많은 좋은 법과 제도가 지켜지지 않았기 때문이다. 그것은 실천의 문제이고, 실천은 사람(행태)의 문제이다. 실천은 왜 그렇게 어려운가? 사람들이 개인이익을 공익에 우선하기 때문이다.

1997년 환란 이후 한국인의 자성을 촉구하는 글과 책들이 쏟아져나왔다. 모두 백 번 옳은 말들이었다. 그 가운데 일본 사람이 쓴 비판서가 베스트셀러가 되기도 했다. 그는 뇌물, 연줄, 과속운전, 편법주의 사례들을 들면서 자기이익만 챙기고 남과 더불어 살기를 거부하는 한국 사람들의 행태를 질타했다. 이게 어디 어제오늘의 얘기인가. 역시 실천의 문제, 행태의 문제인데, 언론이 먼저 모범을 보이고 국민을 교육해나가야 개선될 수 있다.

그러나 아이러니는 언론개혁도 역시 행태의 문제라는 점이다. 한국언론은 제도적(외형상)으로 미국언론을 그대로 따르고 있다. 그리고 지금은 정부통제도 큰 걸림돌이 아니다. 그런데도 개혁이 필요하다면 그것은 사람의 문제이다. 사실 다른 분야도 마찬가지지만, 언론분야도 개혁이란 말은 적절하지 않을지 모른다. 개혁하면 뭘 확 바꾼다는 뜻인데, 혁명이 아니라면 사람을 그렇게 바꿀 수는 없지 않은가? 점진적으로 할 수 있을 뿐이다.

21세기의 우리 언론의 개혁 방향은 분명하다. 첫째로, 한국언론은 자기이익으로부터 자유로워져야 한다. 그러기 위해서는 먼저 제도권을 박차고 나올 수 있어야 한다. 둘째로, 가까운 데서부터 기계의 나사를 조이듯 잘못된 것을 고치고 실천해나가야 한다.

1. **한국언론의 딜레마** -언론도 정말 구조조정을 할 것인가?

늘 바뀌는 수치를 대지 않아도 된다. 선진국에 비하여 한국에는 신문 등 간행물이 너무 많다. 미국의 경우를 보면 굳이 전국지라고 한다면 ≪뉴욕 타임스≫와 ≪워싱턴 포스트≫ 정도가 된다. 그리고 우리나라보다 국토가 몇 배가 넓은 주에 평균 두 개의 신문이 쌍벽을 이룬다. 영국, 호주, 캐나다 모두 그 패턴은 비슷하다.

한국에는 1999년 현재 문화관광부 등록 기준 일간신문이 112개, 주간이 1,980개, 월간이 2,284개가 있었다. 이렇게 많은 신문과 정기간행물이 살아남는 이유는 한국에서 언론은 시장경제에 따라 죽고 사는 기업이 아니기 때문이다. 그 점을 여기서 쓴다면 자연히 제11장에서 "자기이익"을 논하면서 지적한 것을 일부 되풀이하게 된다. 그것은 언론사가 자기이익을 먼저로 하는 행위가 바로 시장경제의 룰을 저버리는 길이 되기 때문이다. 그렇지만 써보기로 한다.

첫째로, 과거 큰 신문사의 상당수가 재벌의 소유였고, 재벌은 그것을 그룹의 방패로 썼다. 그러니 적자가 나고 안 나고는 그리 중요하지 않다. 그 언론은 잘 나갔다. 요즘 족벌과 재벌 중심 신문 소유구조를 뜯어고쳐야 한다는 소리가 높아가고 있지만, 앞으로 무엇이 어떻게 달라질지 예측하기 어렵다. 일간지는 거대한 자본투자를 요하나 이익이 쉽게 나지 않는 사업이다. 처음 몇 년은 돈을 쏟아부을 여력이 있어야 한다. 그런 신문은 애당초 언론의 책임이나 시장경제원칙을 걱정하지 않아도 될 족벌이거나 재벌 기업의 소유가 될 수밖에 없는 운명이다. 그런 사정은 현존의 언론시장 구조를 누구도 어떻게 할 수 없게 만든다.

둘째로, 제11장에서 지적한 대로 과거 한국의 신문은 정권과 손을 잡아, 밖에서는 잘 모르는 여러 가지 남이 못 갖는 특혜와 이권을 누려왔고, 지금도 언론의 힘을 무기로 하여 땅 짚고 헤엄치는 돈벌이를 한다. 이 점은 언론사 종업원(주로 기자와 일부 편집국 직원)의 입장에서도 마찬가지다. 나는 오래 전 어느 신문사 사주가 기자들을 모여 놓고 "기자란 월급으로 사는 것이 아니야"라고 갈파한 과거의 일을 지금도 기억한다. 그는 월급을 올려주지 못하지만, 기자들은 다른 방법으로 수입을 보충할 수 있다고 암시한 것이리라. 나보다 먼저 신문사에 들어간 가까운 친구가 한 말도 잊혀지지 않는다. 그때 신문사 급료가 월 5천 원인데, 실수입은 3만 원 정도라는 것이다. 나중에 안 일인데, 그때 군소 언론사 가운데는 무보수 또는 아주 적은 봉급으로 기자를 고용하고, 그로 하여금 오히려 회사에 일정액의 돈을 정기적으로 바치게 한 사례도 있었다. 기자증 하나의 수익성이 대단했던 것이다.

일부 전두환 씨의 "숨은 공로"로 요즘 기자와 언론인은 다른 어느 직종과도 비교하여 크게 떨어지지 않는 급여를 받아간다. 그리고 기자실에서의 공공연한 촌지제도도 없어졌다. 그러나 기자들은 언제든 마음먹기에 따라서는 밖에 나타나지 않게 이익을 챙길 수 있는 직업이다. 요즘 촌지가 없어졌느냐는 물음에 한 기자는 "기자들이 요구하지 않아도 기업과 단체가 필요해서 준다"라고 대답한다. 또 다른 일선 기자는 과거 같지는 않으나 촌지제도는 존속한다고 말한다. 관련 단체와 개인이 필요하기 때문에 기자실을 떠나 케이스별로 촌지를 주는 일은 누구도 막을 수 없다.

과거 박정희 정권 아래에서도 기자들의 촌지수수 근절 방법이 여러 번 시도되었으나 성공하지 못했다. 그 중요한 이유는 그 서슬 퍼런 정권도 언론인들의 이권에 대한 집념만은 꺾지 못했기 때문이라고 말해야 맞다. 사실 그들에게는 이권이 없는 언론자유보다 자유 없는 이권을 더 좋아했다는 것이 내 생각이다. 그런 언론과 언론인들이 언론 자유의 폭은 늘어도 자기들에게 실속이 없는 상황이 된다면 더 좋아할 것 같지 않다.

셋째로, 대부분 언론사들은 광고 세일즈를 시장경제에만 맡겨 하지 않는다. 이들은 기업에 압력을 가하여, 또는 반대로 기업의 편을 들어 큰 광고를 얻어낸다. 이 점에서 언론은 특수한 장사다. 이것이 우리나라에서 언론의 난립과 사이비 언론인의 시발점이다.

1997년 말 외환위기 이후 우리 대기업들의 "키워드"는 구조조정과 경영쇄신이다. 언론도 예외가 될 수 없게 되었다. 재벌소유 언론사들이 그룹으로부터의 "분리경영"과 "제2의 창사"를 선언하고 나섰다. 대부분 언론사들이 월급 수준을 낮추고 인원을 감축했다. 이제는 언론도 할 수 없이 시장경제체제로 통합된다는 제스처이다. 그러나 그것도 내막적으로 과연 무엇을 어떻게 하고 있는지는 일반대중이 알 수 없는 일이다. 앞으로 해당 신문의 기사 내용을 면밀히 검토하여 판단할 수밖에 없는 일일지 모른다.

정치인, 대기업의 오너와 경영인, 유명인 등 적어도 출세를 지향하는 사람들은 언론을 적으로 만들어 이득이 안된다는 것을 잘 알며, 언론과 껄끄러운 관계를 피한다. 이런 정언, 또는 관언간의 유착이 나라를 망쳐놓았다면, 손봉호 교수가 현 정권 출범에 앞서 쓴 글에서 김 대통령에 대하여 언론의 눈치를 보지 말아달라고 한 것은 참으로 의미심장한 주문이었다.

그런데 그런 주문도 말로만 쉬울 뿐이다. 새 정권이 들어서고 난 다음에도 언론이 해온 일을 보면 그러하다. 정권 출범 이후 많은 언론사가 재빠르게 첫째는 정계, 다음은 금융계와 업계와의 손이 닿을 만한 인사들을 골라 경영 일선에 전진 배치한 것이 한 가지 예이다. 아직도 그게 효용을 발휘하기에 그럴 것이라는 구체적 증거가 아니겠는가.

홍석현 사장의 구속(조세포탈혐의)을 언론탄압이라며 ≪중앙일보≫가 정부와 일전을 벌이는 과정에서 밝혀진 실상들을 볼 때 심증이 가는 것이 한두 가지가 아니다. 무엇보다도 관언(官言)간 밀월여행은 이번에도 계속되다가 무언가 잘못되었구나 하는 생각이다.

1999년 ≪중앙일보≫가 천하에 밝힌 대로 정부의 압력에 못 이겨 원래 짜놓은 1면 톱을 "하반기 경기 더 나빠진다"에서 "경기 내년에 좋아진다"로 바꿔야 했고, 그간 청와대 공보담당자들이 편집국에 여러 번 나타나 간섭을 시도해왔는데도, 사장이 고발될 때까지는 입을 다물고 있었다면 말이 되는가.

같은 해 일부 기자들의 협조를 받아 여권에서 준비한 것으로 의혹을 받은 "언론대책문건"(몇 달 동안을 국회에서 여야간 큰 쟁점이 된)의 내용을 보면 언론은 그대로라는 심증을 갖게 된다. 즉 동 문건은 "조선, 중앙 등 언론사들 모두 공통적으로 부가세 탈세, 은행으로부터의 특혜 금융, 사주의 공금 유용 등 법규 위반 사례는 비일비재한 상태"라고 되어 있다. 또 "92년 대선과 지난 대선시 특정 정파로부터 상식선을 벗어난 거액의 촌지를 수수한 비리 언론인(PK, TK) 중 대표적 인물들의 비리 사실을 공개하면 언론계 내부에 엄청난 파문을 불러일으키면서 비리 언론인의 자발적 퇴출 운동이 내부로부터 일어날 것"이라고 지적하고 있다.

서울의 한 여행사 사장으로부터 직접 들은, 한 케이블 텔레비전사 직원으로부터 받은 오퍼 얘기가 있다. 30분짜리 다큐로 회사를 소개해줄 테니 광고조로 500만 원을 지원해달라는 것이었단다. 경영이 어려운 한 민방의 사주는 연초에 영업국 직원들을 모아놓고 마약과 매춘을 빼고는 무슨 일이든 수익이 나는 사업은 해보라고 지시했다는 얘기도 들려온다. "IMF 위기" 이후 신문사들이 광고 수주 전략으로 경제부를 강화해왔다는 이야기도 들려온다.

내가 한 말이 틀리고, 우리 언론은 시장경제를 따라 잘 움직이고 있다면 엄청나게 누적된 적자를 안고 있는 몇 개 신문사들은 머지 않아 문을 닫아야 맞다.

소비자는 왕이다?

위에서는 언론이 잘못되어가는 문제를 공급자 쪽을 중심으로 본 셈이다. 소비자 쪽 사정은 어떤가? 언론은 다른 기업과 마찬가지로 사기업으로 조직된다. 신문과 방송이 정부나 특정 단체의 돈으로 운영되면 그것은 결국 그 정부나 단체의 입이 되고 만다(한 가지 예외가 있다면 구미 국가의 공영방송이 아닌가 한다). 사기업인 언론의 질은 이론상 다른 제품과 마찬가지로 소비자가 결정한다. 언론 소비자가 현명하고 건전하다면 언론은 좋은 제품을 만들게 된다.

그런데 소비자 중심의 이상을 한국에서 언론과 같은 지식상품에 적용해보면 잘되지 않는 것이 현실이다. 그 중요한 이유는 앞 장(제11장 수용자로서 국민, 310쪽 참조)에서 언급한 대로 언론의 소비자인 대중은 그렇게 건전하지도 현명하지도 않기 때문이다. 대중의 취미는 고상하지 않으며 자본주의사회하의 언론은 필연코 저속해진다고 본 디 풀뢰르(De Fleur)의 언론의 대중화론(제3장 68쪽 참조)은 고사하고, 가까운 우리의 사례를 봐도 쉽게 그런 결론을 내릴 수 있다.

요즘 한국의 월간 잡지는 참으로 좋은 사례 연구가 된다. 이 매체들은 20여 년 전에 비하여 훨씬 더 황색 색채를 띠게 되었다. 누군가 이들의 내용분석을 해보아야겠지만, 얼른 보아 반 이상이 그런 내용들이다. 잡지사 편집인들도 이것을 안다. 한 월간 잡지사 기자의 말이 생각난다. "외부 사람들이 말하는 바 고급기사를 실으면 독자는 현저히 준다"는 것이다. 그렇게 되면 오너는 싫어한다.

슈람의 2분법을 원용한다면 고급기사는 현실문제 해결형이고 저급기사는 현실도피형이다. 왜 사람들은 현실문제 해결보다 현실도피를 더 좋아하는가? 대답은 간단하다. 사람들은 몸에 좋은 쓴 약보다 몸에는 나빠도 단 사탕을 더 좋아하는 이치다. 쓴 것은 이미 언급한 대로 "딱딱하고" 심각(강성)한 내용, 단 것은 "부드럽고 가벼운"(연성) 내용에 해당한다.

오늘과 같은 기사의 홍수 속에서 무엇이 우리에게 더 중요하고 "좋은 기사" "좋은 프로"인가를 꼬집어 말하기 어려우나, 언론 본연의 기능으로 돌아가, 사회발전에 먼저 기여하는 기사와 프로는 좋은 측에 든다. 개인보다 전체 사회, 소수보다 다수의 이익을 더 위하는 내용이라고 할 수 있다. 사익이 아니라 공익이라는 말과도 같다. 그런 의미에서 "국민이 알 권리"로 내세울 수 있는 내용이다. 반대로 오락기능에 정력을 쏟는 언론 내용은 "알 필요가 없거나" "몰라도 크게 사회에 영향을 주지 않는" 내용, 즉 "알 권리"에 속하지 않는 내용이며, 덜 중요한 쪽에 두어야 할 것이다. 공익과 무관한 남의 얘기를 들려주는, 듣지 않아도 될 얘기, 배부르고 등 따스워 놀고먹는 사람들의 얘기를 소재로 삼는 보도를 언론이라고 볼 수는 없다.

나는 그런 언론에 대한 신조에 따라 간행물에 기고하고자 제의할 때는 사회문제나 정책 등 이슈를 가지고 쓰겠다고 말한다. 그럴 때마다 편집책임자는 "좋은 얘기인데, 누가 읽지요?"라고 반문해오는 것을 보고 "그렇구나" 하고 실망하고 만다.

1997년 영국의 다이애나 왕세자비가 파리에서 자동차 사고로 죽자 언론에 대한 거센 비난이 세계적으로 일었다. 그 사고가 다이애나가 탄 자동차를 바짝 쫓은 파파라치(Paparazzi, 사진전문 언론사) 기자들 때문이라는 말이 돌았기 때문이다. 이때 이 회사의 한 기자가 응수한 말이 생각난다. "언론 소비자들이 보기 어려운 사진을 보기를 원한다”라고. 그런 사진을 소비자가 원하니까 찍어야 한다는 뜻이다. 언론이 먼저인가 수용자가 먼저인가를 명백히 말할 도리는 없지만 수용자인 국민이 바뀌면 언론은 틀림없이 바뀐다.

언론이 저속한 대중의 취미에 영합하는 현상은 언론시장의 상대성 때문에도 더 심해진다. 이때 상대성은 무슨 뜻인가?, 언론 수요의 실체는 식품이나 의료 서비스와 같이 절대적이 아니라는 뜻이다. 식품이나 의료 서비스와는 달리, 많은 사람들에게 신문은 봐도 되고 안 봐도 되는 상품이다. 사회적 차원에서 보면 뉴스와 평론은 절대적으로 필요한 상품이지만, 대부분 개인들로 봐서는 비싼 대가를 지불하고 이용할 만큼 절박하게 필요하지 않다.

신문을 안 봐도 텔레비전과 아는 사람들을 통하여 큰 뉴스는 쉽게 들을 수도 있어 불편을 느끼지 않는 사람들이 많다. 신문을 보면 금방 큰돈을 벌 수 있다든가, 안 보면 큰 손해를 본다든가 하면 모르는데 그렇지도 않기 때문이다. 요즘에는 공짜 간행물도 많아 더 그렇다. 한 가지 예외라면 포르노가 아닌가 한다. 네티즌들이 공짜 서비스에 익숙해 돈 내는 데 인색하지만 음란물에 대해서는 기꺼이 돈을 지급한다는 얘기가 이를 뒷받침한다.

많은 한국의 집 문 앞에 “신문 사절”이라는 종이 쪽지가 붙어 있고, 각 신문의 보급 담당자들은 고급 선물까지 나눠주며 판촉을 한다는 얘기를 들을 때 이상한 생각이 든다. 이들끼리 치열한 확장경쟁을 벌이다가 살인사건이 일어난 일도 있었다. 시장의 사정이 이렇다면 언론사가 살아남기 위해서 재미없는 “심각한” 뉴스와 비평보다도 재미있는 뉴스와 힐난과 관능적 욕구를 충족시키는 오락물을 판촉 수단(selling point)으로 내놓는 고충은 이해가 간다. 오늘 한국언론이 처한 큰 아이러니다.

그레셤의 법칙

대부분 제조업의 경우 자유경쟁에 맡기면 제품의 질은 높아진다. 언론간 자유경쟁은 언론의 질을 향상시키기보다 떨어뜨리는 경우가 더 많다.

이미 든 사례지만, 박 대통령 시절 언론 자유의 큰 장애로 지목되었던 정기간행물 허가제의 폐지와 그후 간행물의 자유경쟁체제가 언론 제품의 질적 향상을 가져왔느냐 하면 그렇지 못했던 것은 좋은 사례이다. 간행물 수의 급격한 증가는 이들간 살아남기 위한 극심한 경쟁으로 이어졌고, 극심한 경쟁은 언론사로 하여금 수용자의 취미에 영합하여 언론의 내용을 강성에서 연성으로 바꾸어나가는 결과를 가져왔다.

언론이란 상품의 질을 개인과 사회 두 차원에서 본 “필요”의 잣대로 평가해본다면 유익한 관찰을 할 수 있다. 이 두 가지가 늘 일치한다면 좋은 일이다. 그런데 그렇지가 못하다. 수용자가 "읽고 보고 싶어하는" 내용은 사회가 그들에게 "읽고 보기를 바라는" 내용과 다르다. 대부분의 수용자가 필요로 느끼는 언론 상품은 쾌락이다. 언론이 이에 영합할 때 사회는 어떻게 될까?

경영난 타개에 급급해하는 언론은 반사회적이라고 해도 "독자가 읽고 듣고 보고 싶어한다면" 그런 제품을 먼저 만들 수밖에 없다. 한 언론의 노사협의회에서 회사측 대표가 "잘 팔리고 옳은 신문이 제일 좋지만 덜 옳더라도 팔리는 신문이, 옳지만 안 팔리는 신문보다는 낫다"고 했다는 말이 이런 상황을 잘 증명한다. 많은 재미있는 언론 내용이 반사회적인데도 그런 상품이 시장경쟁력이 높다. 바로 황색 저널리즘(yellow journalism)의 시발점이다. 그러니 언론의 경우 "소비자는 왕이다"라는 말은 별로 귀담아들을 게 못된다.

개인이 추구하는 언론 내용이 문제해결점이 뚜렷한 때에도 그것이 좁은 개인의 필요에만 한정되기 때문에 반사회적이 되는 경우가 많다. 오늘의 지식인들은 공공문제보다 개인의 출세와 영달에 더 관심을 쏟는다. 그런 개인 이기주의의 필요를 충족시켜 주는 언론 내용은 개인적으로 봐 매우 실리적이지만 건전한 사회발전에 역행할 수 있다. 어떻게 성공할 것인가, 또는 어떻게 돈을 빨리 벌 것인가를 가르쳐주는 책, 줄대기를 위해서 인맥을 찾는 사람들에게 정보를 주는 책 등이 요즘 잘 팔리는 것은 좋은 예이다. 그런 언론 내용은 개인에게는 유익해도 사회 전체로 봐서 그렇지 못할 수 있다. 언론은 공익성을 띠어야 한다지만 언론의 내용을 결정하는 시장 여건은 그게 아니다. 그런 의미에서 언론이라는 지식시장은 그레셤의 법칙이 가장 잘 적용되는 것 같다.

2. "그놈이 그놈이다"—한국의 ≪뉴욕 타임스≫는 불가능한가

한국의 매체 수가 급격히 늘어 이들간 경쟁이 극심해졌지만, 그것이 괄목할 만한 내용의 차별화를 가져오지 못했다. 그 경쟁은 기사의 고급화를 위한 경쟁이 아니었기 때문이다. 그간 읽을거리, 볼거리가 눈에 띄게 다양해졌다. 여러 신문들은 너도나도 섹션화라면서 돈, 레저, 문학, 연예, 건강, 취미, 스포츠 등으로 보도 영역을 크게 늘렸다(섹션화란 별것이 아니고 기사를 분야별로 모아 배치하고, 두터워진 지면을 "머니"[돈], IT[정보산업], 건강, 부동산 등으로 따로 떼어 인쇄하는 방식인데, 구미 신문의 모방이다). 그리하여 언론이란 슈퍼마켓에서 소비자가 취사선택할 상품이 많아진 것 같이 보이나, 자세히 보면 이들이 내놓는 상품 종류는 구조적으로 봐서 크게 달라지지 않았다.

앞에서 기사의 고급화란 말을 썼는데, 전체 사회가 먼저 생각해야 할 크고 절박한 문제들을 장래 전망과 해결책까지 논하는 깊이 있는 이슈 중심 보도를 의미하고자 한 것이다. 이 장의 뒷부분에서 논하게 될 리서치 중심, 문제해결형 심층보도와 같다. 그런 보도상품은 예나 지금이나 크게 봐 같다. 깊이, 종류, 질 면에서 그렇다. 달라진 점이라면 선진국처럼 잘살게 되었으니 모두 많이 소유하고 많이 즐기고 싶어하는 사람들을 지향한 연성 보도가 양적으로 늘고 다양해졌을 뿐이다.

원래 개인이든 한 사회든 정작 배워야 할 것보다 안 배워도 될 것을 빨리 배우는 법이다. 잘 먹고 놀며 여가를 즐기는 것은 누구나 하고 싶어하는 일이긴 해도, 그런 필요를 충족시키는 일은 우리 사회에서 아직은 급하게 서두르지 않아도 된다. 이 또한 샴페인을 너무 일찍 터뜨린 사례다.

언론의 차별화를 말할 때는 의견의 다양성(diversity of opinion)을 의미해야 한다고 생각한다. 사회적 이슈—발전 방향에 대한 여러 논의 사항—에 대한 제도권이 정해나가는 의제를 넘어서 광범위한 종류의 의제, 쉽게 말해서 한 매체에서 듣고 읽지 못하는 사건과 의제와 보도 방식을 다른 매체에서 읽고 들을 수 있는 다양성을 의미한다. 매체가 여러 개 있어야 하고, 또 여러 개일지라도 같은 소유자의 손에 집중되어서는 안되는 이유가 이것이다. 여가 정보나 재미있는 읽을거리가 다양하지 못할까 봐 걱정이 되어서 그런 것이 아니다.

그러나 우리의 경우 신문사와 잡지사의 수적 증가와 경쟁, 그리고 지면 확장은 바로 이 분야에서 괄목할 "발전"을 가져왔다. 섹션화는 부자들의 취미생활 관련 정보와 가십 중심 기사의 비중이 크게 늘어났다. "실록 청와대" "남산의 부장" "청와대 비서실" "궁정동의 총소리" "권력막후" "네 무덤에 침을 뱉지 마라"(또는 뱉으마)와 같은 연재물들이 한때 신문의 주요면을 채우는 기현상도 늘어났다. 이런 연재물들은 공공이슈처럼 포장되어 있을 뿐 과거지향 흥미 중심 읽을거리로서 대중잡지나 단행본으로 나가야 할 성질의 것이다. 최고 독자층을 자랑하는 "권위지"가 할 일이 아니다. 특히 우리나라에서 오락은 언론이 아니더라도 공급해줄 산업이 너무 많고, 또 큰 신문이 아니더라도 그 많은 잡다한 간행물들이 그런 일을 아주 잘하고 있다. 더욱 이런 상업주의를 겨냥한 기사로 늘어난 지면을 채우기 위한 광고 경쟁은 언론의 산업에의 예속화를 촉진했다. 이러한 추세가 IMF 이후 주춤해졌지만 시장 여건만 좋아진다면 언제고 다시 재연될 것이다.

차별화 및 다양성 부재, 고급기사의 부재는 사회를 이끌고 나가야 할 주류 신문의 알짜배기 지면이라고 할 수 있는 1, 2, 3면을 보면 금방 알게 된다. 과거나 지금이나 모든 중앙지가 내각 경질, 새 정부 정책 발표, 대형사고나 스캔들 등을 독자들의 눈을 끌게 선정적인 배너 헤드라인(banner headline, banner는 깃발이다. 큰 현수막을 걸치

듯 크게 뽑은 표제)과 함께 1면 톱기사로 각색하지만, 모두 관(官)급 보도자료에 의지하는 이른바 발표 저널리즘에 지나지 않음이 분명하다.

언론은 중요한 뉴스를 당연히 크게 보도해야 하지만, 어쩌면 그렇게 모두가 똑같이 단순 보도로 처리하고 똑같은 위치에 배치하고 같은 크기의 제목을 다는 것 등 그렇게 같을 수 있을까? 그 가운데 단 하나라도 다르게 접근하는 신문이 있어야 차별화가 아닌가. 가령 사건을 두번째 우두머리(second headline) 기사로 하고, 그보다 사건에 숨은 사회적 의미와 문제의 해결방안을 다루는 분석적인 심층보도를 첫번째 머리기사로 시작, 다른 지면에까지 길게 계속해나간다면 어떨까? 사건의 의미와 문제해결이 중요하지 아무리 큰 사건이라도 사건은 사건일 수밖에 없기 때문이다.

신문의 2, 3면은 특별한 것이 없다면 정치기사가 차지하는데, 모든 신문이 실세 정치인들에게 고루고루 지면 배급이라도 하기로 한 듯, 뉴스 가치는 가십 정도밖에 안 되는 이들의 동정을 미주알고주알 알리는 것으로 채워져 있다(그런데 그와 같이 노력 없이 쓴 기사도 예외 없이 기명[記名]으로 나오는 지금의 신문사 관행은 희한하다). 어느 하나도 자질구레한 사건 설명이나 발언을 알리는 기사 대신, 전체 흐름을 깊이 있게 분석하는 보도를 하지 않는다. 그리고 가십성이나 인간흥미성 기사마저도 모든 신문의 똑같은 날짜에, 똑같은 내용으로 나온다. 아마도 통신이나 보도자료에 의지해 기사를 써서 그런 것 아닌가? 그러니 신문 하나를 보면 다른 신문을 볼 필요가 없게 되며, 사회를 진정 걱정하여 길을 찾는 독자가 특별히 선택할 신문이 없다.

신문, 잡지는 될 수 있는 한 많은 독자를 확보하려는 전략 때문에 옴니버스(omnibus)가 되기 쉬운 것을 이해한다. 옴니버스란 백화점식으로 이것저것 조금씩 구색으로 늘어놓는 식을 말한다. 거미가 먹이를 잡기 위해서 거미줄을 넓게 치는 방식과 같다. 그런 신문은 자연히 특성을 살리지 못하고 기사는 얄팍해져 "그놈이 그놈"이 되기 쉽다. 어느 나라든 요즘 신문은 그렇게 되기 쉬우나 우리의 경우 아주 심하다.

경제발전이 언론 퇴보의 원인

언론의 차별화 부재의 원인을 언론사와 언론인들의 창의력 부족에만 돌릴 수는 없다. 여러 가지 중요한 이유를 들 수 있다. 첫째로, 한국의 언론사주들은 대부분 제도권에 속하는 사람들이다. 그들은 제도권의 다른 핵심 멤버들과 손을 잡고 언론기업을 키워 나가려고 한다. 그런 언론이 고생스럽게 민감한 영역을 깊이 파고들어가 정부나 광고주인 대기업과 갈등을 일으키려 하지 않는다. 이 점은 언론은 늘 보수세력을 대변한다는 견해와도 일치한다. 더욱 과거에는 비리를 먹고사는 것이 언론이었으니 말할 나위가 없다.

둘째는, 바로 앞에서 언급한 언론 소비자의 자질인데, 우리가 자랑하는 경제발전이 바로 이들의 취미의 저속화를 부추겨 왔다. 한국은 오래 경제지상주의 정책을 밀어왔다. 경제발전이 당연히 사회발전으로 이어진다면 이 정책은 참 좋다. 우리는 경제만을 위하면 된다. 그러나 우리가 경험한 바는 그게 아니다. 잘못된 경제발전이 사회문제를 심화시켰다.

언론과 관련해서는 이런 사례를 들 수 있다. 경제와 과학기술의 발전은 언론을 양적·기술적으로 크게 발전시켰으나 질적으로는 아니다. 물질적 발전은 언론 수용자들로 하여금 더 물질지향적이 되어 더 쉽고 편한 삶을 추구하게 만들었다. 그런 사람들의 언론에 대한 수요는 당연히 안일한 것, 즉 연성 쪽일 수밖에 없다. 여기에다가 경제발전은 "언론도 기업이다"와 같은 말에서 알 수 있듯이 언론 경영을 일반기업의 테두리 안에 통합시키는 경향을 가져왔다. 그리하여 오너와 경영진들은 언론도 이윤을 내기 위해서 "읽히는 신문", 더 나아가 읽기도 힘드니 "보는 신문"을 만들어야 한다고 떠든다. 이렇게 이윤 중심의 경영이어야 한다면 앞으로 언론은 이윤의 극대화밖에 모르는 MBA(경영학 석사) 출신의 경영인이나 마케팅 전문가들에 의하여 이끌어져 나가야 할 판이다.

이런 변화는 과거의 정치 신문에서 일상생활 신문(엘리트-대중지-전문지라는 신문 발전단계설도 이와 같은 맥락이다)이 선진형이라는 허울좋은 언론 이론과 맞아떨어져 그럴 듯하게 들린다. 그런 분위기 속에서 풍요와 소비와 여가 중심의 기사가 부쩍 늘어났으며, 대부분 사람들이 부유층이 된 것과 같은 착각을 하기에까지 이르렀다. 그러다가 1997년 위기를 만나 언론은 각성한 듯했으나 그것은 잠깐일 뿐이었다.

유행에 대한 민감성으로 말한다면 한국은 둘째가라면 서운해할 나라다. 패션의 본거지 프랑스는 모르겠으나 내가 사는 호주와 비교해보면 정말 그러하다. 옷치장과 얼굴 화장은 말할 것 없고 어떤 말, 상품, 생각, 텔레비전에 나오는 몸짓까지도 사람들 간에 인기가 있는 것 같으면 너도나도 금방 닮는다. 모두가 너무 할 일이 없어서, 아니면 줏대가 없어 그런 것인가? 줏대가 없는 사람은 남이 하는 대로 휩쓸린다. 외국 사람이 한국인들의 행태적 특징으로 "들쥐 근성" 운운한 것도 바로 이것이 아닌가 한다.

우리의 언론 환경도 마찬가지다. 누군가 "언론도 기업이다"라든가 "읽는 신문이 아니라 보는 신문"을 만들어야 한다고 한 말이 어느덧 언론의 무슨 거창한 철학처럼 되어버렸다. 어느 언론사 오너나 경영인 한 사람도 그게 아니라며 고집하는 사례가 없다. 기사 취재도 그렇다. 한 신문(잡지, 텔레비전 마찬가지)이 기사 하나를 터트리면 다른 모든 신문이 똑같은 것을 좇아나선다. 다른 신문에 난 특종을 보고 담당기자가 그게 아니라고 설명을 해도 소용없다. 부장이나 편집국장은 왜 몰랐느냐고 성화다.

그러니 기자들은 다른 기자가 뭔가를 취재하고 있는 것 같으면 다른 일을 멈추고 좇아나서야 한다. 남과는 달리 독자적으로 취재하고, 배포 받은 자료를 남과 다르게 해석하는 기사가 없다. 모든 매체의 보도가 "냄비"가 되는 이유도 여기에 있다.

매거진의 의미

"보는 신문"을 부르짖는 사람들은 새로운 편집과 제작 기법으로 성공한 미국의 ≪*USA Today*≫의 예를 들면서 가볍고 재미있고 읽기 쉬운 기사로 지면을 채우는 것은 세계적 추세라고들 말한다. 그러나 이들이 잘 모르고 있는 것이 하나 있다. 미국에는 아직 ≪뉴욕 타임스(The New York Times)≫ ≪워싱턴 포스트(The Washington Post)≫, ≪월스트리트 저널(The Wall Street Journal)≫, 영국에는 ≪타임스(The Times)≫, 캐나다에는 ≪글러브 앤드 매일(The Globe and Mail)≫, 프랑스에는 ≪르몽드(Le Monde)≫, 호주에는 ≪시드니 모닝 헤럴드(The Sydney Morning Herald)≫와 ≪오스트랠리안(The Australian)≫지가 건재하다. 이들은 달라진 독자 시장에도 불구하고 아직도 권위지의 특징인 이른바 "심각한 언론"(serious journalism)의 전통을 도도하게 지키면서 대중에 가 닿고 있다. 주말 별책으로 내는 것을 빼고는 이들 신문은 아직도 우리보다 화려한 컬러 인쇄를 덜 사용한다. 심각한 언론은 물론 연성 내용에 덜 치중하는 언론, 수용자가 "읽고 보기를 원하는" 내용이 아니라 "읽고 봐야 할" 내용을 주로 하는 언론이다.

우리나라 텔레비전은 아예 정부 홍보수단 아니면 오락매체고 라디오는 음악매체가 되기 쉬워 어쩔 수 없었다고 치자. 심각한 언론을 표방하는 외국의 권위지(또는 고급지)에 필적할 한국의 일간지는 어느 것인가? 그런 역할을 할 신문은 아무래도 역사가 긴 ≪동아일보≫와 ≪조선일보≫, 그리고 재정이 비교적 튼튼한 ≪중앙일보≫ 등 종합 전국지일 텐데 이들 우리나라 주류 언론이 지난 10여 년 간 주로 한 일은 이미 말한 대로이다.

강성에서 연성 기사로의 변화는 특히 월간과 주간 잡지시장에서 현저하다. 보도 중심은 아니었지만 그래도 강성의 집필(글)로 우리나라 지성(知性)을 대표했다고 할 수 있는 ≪사상계(思想界)≫가 사라진 지 오래다. 비교적 재력이 튼튼한 큰 언론사들이 내는 대표적 월간지 ≪신동아≫ ≪월간 조선≫ ≪월간 중앙≫의 내용이 그야말로 시중에 나도는 대중잡지와 구별하기 어려워졌다. 대부분의 기사 아이템이 공공문제를 평계로 한 흥미 중심이다. 이들 월간지 가운데 일부는 한때 반독재적 편집 성향으로 온 국민의 인기를 모으는 듯했다. 지금은 독재정부가 아니어서 그러는 건가? 독재정권만 아니라면 감시할 게 없다는 말인가?

여기에서 한국인의 잡지에 대한 시각에 대하여도 조금 언급할 필요가 있을 것 같다. 잡지란 매거진(magazine)의 우리말로 일간 간행물인 신문과 대조적으로 쓰는 말이다. 주간, 격주간, 월간, 또는 계간 등 하루가 아니라 적어도 일주 이상의 일정한 간격을 두고 나오는 간행물이다. 영어의 "weekly magazine"(주간 잡지), "monthly magazine"(월간잡지), "quarterly magazine"(계간 잡지 또는 연 4번 나오는 잡지)이라는 말을 보면 알 수 있다. "일간 잡지"(daily magazine)란 말을 쓰는 사람은 없다.

잡지는 이런 발행의 시간적 여유 때문에 일간지와는 달리 이슈와 리서치 중심의 분석적인 보도를 해나갈 수 있는 이점을 가지고 있다. 따라서 기사도 당연히 길어지고 깊이가 있는 것이 특징이다. 이 점을 살려 전문화를 이루어가는 것이 잡지이다.

다수의 지성층 독자를 가진 미국의 《뉴욕 타임스》가 내는 《선데이 매거진(New York Times Sunday Magazine)》이나 각 분야 엘리트 전문잡지(specialized magazines)가 그것이다. 미국 대학원 저널리즘학과에서 "매거진 기사쓰기"라는 이름으로 가르치는 내용도 그런 잡지 기사 장르의 전문성을 전제로 하는 것이다.

그런데 우리나라에서는 언제부터인지 "잡지" 하면 대개 대중이 재미있게 읽는, 그야말로 "대중잡지"를 의미하게 된 것이다. 《시사저널》 《한겨레 21》 등 잡지이면서 비교적 공공문제 보도와 비평에 전문화하려는 간행물을 시사주간지라고 따로 이름을 붙여 부르는 것도 이런 시각 때문이 아닌가 생각된다.

그간 새로 나온 간행물 가운데는 장래를 걸어볼 수 있는 신문과 잡지가 여러 개 나왔다. 여기서 장래를 거는 언론이란 나 나름대로 해석하는바, 좌파 대 우파, 극우 대 극좌, 보수 대 진보, 신자유주의 대 반신자유주의 등의 기존의 이데올로기나 특수 집단의 이익이나 이념에 매이지 않는 과학적이고 열린 태도로 공공문제의 해결을 모색하는 언론이다. 과학은 언제나 공정하고 정직하다. 따라서 열려 있지 않을 수 없다. 우리나라의 경우, 공공 문제를 공정하고 정직하게, 즉 과학적으로 다루고자 하는 언론이라면 자연히 공허한 이념 논쟁보다도 도덕 대 부도덕, 정의 대 불의, 적법 대 불법, 원칙 대 편의, 민주 대 독재, 평등 대 불평등과 같은 더 중요한 실천적인 이슈에 더 관심을 갖고 더 과학적으로 파고드는 길을 택하지 않을 수 없을 것이다.

그러나 지금의 우리나라 언론시장 구도로 보아 새로운 아이디어를 가지고 이미 나왔거나 앞으로 나올 간행물도 전체 사회에 큰 영향을 미칠 만큼 커지기가 어렵다. 그 시장 구도란 거대한 자본력과 시설과 인적 조직을 갖고 있는 몇몇 보수 이익을 대변하는 언론 그룹이 신문과 잡지 시장을 사실상 주름잡고 있기 때문이다(이들의 신문 시장 점유율은 70%로 추산되고 있다, 《한겨레신문》 2000년 12월 7일자). 이들은 어떤 간행물을 내든 살아남게 할 재력과 조직을 가지고 있지만, 불행하게도 그 저력을 시장성이 좋은 황색 잡지 매체를 만드는 데 쏟아 대중의 취향을 더 저속화시키는 데 앞서 왔다. 이들이 독자와 광고 시장을 석권하고 독자의 취향마저 변질된 마당에 군소 자본으로 건전한 언론을 해보려는 매체가 설 자리가 없다. 다소 성장을 해간다 해도 그 목소리가 잘 들리지 않는다.

≪한겨레신문≫은 좋은 사례다. 이 신문의 탄생 과정, 소유, 인적 구성, 그동안 추구해온 편집정책으로 볼 때 적어도 이 신문은 기존의 주류 언론의 대안(또는 대체) 언론으로 시작된 것만은 틀림없다. 우리가 지향하는 길이 사회개혁이라면 이 매체는 국민의 대대적 성원 속에 지금쯤은 가장 영향력 있는 매체로 컸어야 한다. 신문은 나오고 있지만 그런 위치에 오르지 못하고 있는 것 같다.

모든 언론이 엘리트일 필요는 없지

언론 내용과 기능의 이분법을 기준으로 우리나라 언론의 상업주의를 나무란 셈인데 그렇다고 해서 매체 전부가 "심각한" 엘리트 언론이 되어야 한다고 말하려는 것은 아니다.

이미 굳어진 우리 언론의 산업구조를 하루아침에 개선하기는 어려우나 이 산업에도 시장세분화(market segmentation)의 개념을 도입, 심각한 언론에 특화하는 한두 개의 큰 여론주도형 엘리트 매체와 연성 언론에 특성화하는 연성매체 간에 균형 있는 분업이 이뤄지도록 재편되어야 한다.

물론 이것은 언론 수용자들이 언론에 대한 새로운 인식을 갖고 그 개선을 위해서 적극적으로 참여할 때 비로소 될 일이다. 더 구체적으로 말한다면 언론 수용자들이 한두 개 장래가 기약되는 신문을 골라 키우고자 하는 성의가 있어야 가능하다는 말이다.

≪뉴욕 타임스≫같이 전국적으로 많은 독자를 갖고 있으면서 올바른 여론을 강력하게 조성해나갈 수 있는 걸출한 정론지가 우리에게도 한두 개 있다면 다른 매체들이 약간 일탈적일지라도 괜찮을 것이다. 독자가 적은 여러 개 매체보다 몇 개가 줄어도 각기 독자수가 많다면 말이다.

지금과 같이 우리나라의 크고 작은 매체가 언론을 자처하면서도 모두가 상업주의에 밀려 언론 본연의 기능은 겉치레로만 하는 이것도 저것도 아닌 언론 환경 속에서는 국가적 자원낭비도 이만저만이 아니며, 이 사회를 이끌어 나가야 할 올바르고 강력한 여론의 형성이 어려워 사회는 계속 잘못된 길을 걷게 된다. 우리 사회에서 진실이 제때 충분히 밝혀지지 않아 불확실성 속에서 국민들이 공허한 논쟁과 소모적인 마찰에 말리는 것은 그런 예이다.

재력있고 역사가 긴 기성의 대기업 신문들이 한국의 ≪뉴욕 타임스≫를 지향하고 그외 군소 매체가 비교적 하기 쉬운 연성 언론에 전문화하는 형태가 이루어진다면 이상적이지만, 현실적으로 어디 그런 가능성이 조금이라도 보이지 않는다.

3. 언론 로비의 "마술" – 안 보이는 손이 지면을 야금야금

많은 개인과 단체가 신문지면과 방송시간의 일부를 이용하고 싶어한다. 그런 목적으로 이들이 언론사에 보도자료를 보낸다든가 기자회견이나 설명회를 연다면 언론을 향한 건전한 접근의 한 예가 된다. 그런 정도를 넘어서 여러 가지 잔꾀와 "손을 쓴다면" 그것은 불건전한 접근이라고 봐야 할 것이다. 용어의 편의상 이런 접근도 로비라고 부르기로 하자.

우리 언론은 언론을 필요로 하는 세력으로부터 엄청난 불건전 로비의 시련(또는 재미?)을 겪고 있다. 그러나 그런 한도에서 국민이 읽고 알아야 할 기사를 싣거나 내보내야 할 언론의 공간은 줄어든다.

나는 해외에서 교포언론을 하면서 우리 언론과 수용자 간에 일어나는 교류에 대한 달리 얻기 힘든 통찰력을 갖게 되었다고 생각한다. 작은 한인사회를 상대로 나오는 교포신문은 그 사회의 구성원들과의 교류 과정이 투명하게 노출되기 때문에 그런 것이다.

먼저 사례를 들어 설명하면 무슨 말인가 이해하기 쉬워질 것이다. 해외 한인사회에는 강연회, 전시회, 골프 대회, 각종 모임 등 크고 작은 행사가 많다. 그런 행사를 주관하는 개인이나 단체는 자료를 가지고 신문사에 찾아오거나 전화를 걸어 기자를 만나자고 한다. 그러면 신문사는 그 요구에 쉽게 응한다. 그리고 기사를 내준다.

해외에는 부동산업, 여행업, 회계사, 한의사, 이민대행업, 유학원 등 교민을 상대로 비즈니스를 차린 한국인들이 많다. 또 외국 보험회사, 은행, 법률회사 등이 교포시장을 보고 고용한 한국인 마케팅 매니저들이 많다. 이들은 영업을 위해서 신문에 생활정보라는 이름으로 자기 분야 서비스를 안내하는 칼럼을 쓰기를 원한다. 그런 목적으로 접근해오면 신문사는 협조적이다. 지면을 내준다.

해외 한인사회에는 교포신문에 자신이 홍보되기를 원하는 단체장과 기업인들이 있다. 목회자들도 여기에 포함된다. 목회 활동을 위해서 자기 자신과 교회를 알려야 하는 이들은 언론의 지면을 필요로 한다. 그리고 한국에서 가수를 초청해와 교민을 상대로 흥행을 벌이고자 하는 단체도 지면을 쓰고자 한다. 그것은 어렵지 않다.

교포신문이 홍보를 위한 외부로부터의 부탁에 협조적이 되는 이유는 무엇보다 좁은 사회 안에서 동족간의 끈끈한 "인간관계" 때문이다. 또 지면을 필요로 하는 사람들 대부분이 광고주라는 사실이 그렇게 만든다. 언론이 철저한 직업윤리로만 이들을 대한다면 사업을 할 수가 없다.

신문의 지면이 이처럼 외부와의 인간관계에 따라 채워진다면 어떤 모양을 하고 있을지 짐작할 수 있다. 그때그때 지면이 특정 개인과 단체의 필요에 맞게 배정된 만큼 대다수의 이익은 희생된다.

이는 물론 영세한 교포신문의 사례이다. 그러나 여기에서 배워야 할 사실은 거대한 한국의 주류 언론매체도 같다는 점이다. 형태가 다르고 식별하기가 어려울 뿐, 언론을 필요로 하는 외부세력들의 언론 로비로부터 야금야금 잠식당하는 지면과 방송시간이 엄청나다.

한국의 언론사들은 규모, 인원, 편집정책 등의 측면에서 교포언론사와는 비교가 되지 않는다. 그런데도 편집국이 그렇게 흔들리는 이유는 여러 가지이다. 첫째로, 한국에서는 언론을 필요로 하는 재력 있는 개인과 단체와 기업의 수는 엄청나고, 그들의 재원도 엄청나다. 한국에서 매스컴을 이용할 수 있어야 출세하거나 기업을 성공시킬 수 있다. 둘째로, 이런 우리의 사회문화적 여건에서 매스컴을 가만 내버려둔다면 기적이다. 정부는 물론, 웬만한 비정부 조직과 대기업이 언론을 파고들기 위한 홍보팀을 두고 있다. 작은 회사와 개인도 강한 언론 로비 활동을 은밀하게 벌인다.

한국의 큰 신문 하루분과 잡지 한 권을 집어들고 내용을 전문인의 눈으로 자세히 들여다본다면 고개를 갸우뚱하게 될 것이 많다. 광고인지 기사인지 구별이 잘 안 가는 내용, 특정 인사와 단체가 로비한 것이 분명한 기사들이 지면의 상당 부분을 차지한다. 게다가 앞서 말한 기사성 광고와 광고성 기사를 고려한다면, 순수한 뉴스와 해설의 분량은 얼마 안된다.

신문의 기사 지면 어느 곳도 중요하지 않은 것이 없지만, 나는 "서평"(book review)난을 특별히 중요하게 여긴다. 좋은 책이 널리 알려져 많은 사람이 읽게 한다는 것은 어느 시대 어느 곳에서나 중요하지만, 잘못되어 가는 우리 사회를 생각하면 특히 그렇다. 언론이 그런 일을 잘해야 한다. 그런데 경험을 토대로 말한다면 큰 신문사 편집국 출판담당 취재팀이 좋은 책을 공정하게 평가하여 보도하려는 성의와 노력이 없다. 매일 들어오는 많은 건수의 신간과 함께 보내오는 보도자료가 편집국장의 손에서 출판기자에게 넘겨지면, 특별한 케이스가 아니면 으레 모았다가 도매금으로 신간 책 목록 속에 끼어 이름 한 줄만 나간다. 특별한 케이스는 무엇일까? 나는 어느 우리나라 잘 나가는 출판사가 모 신문사 출판기자들과 어떻게 밀착되어 있는가에 대한 애기를 들은 적이 있다.

언론에 정치적 통제가 가해졌다고 알려지면 "알 권리"가 침해되었다며 아우성을 치나 똑같은 권리가 보이지 않는 손에 의하여 계속 빼앗겨도 모르고 있거나 입다물고 있는 게 우리 국민이다.

PR 회사가 하는 일

로비(lobby)란 공공기관의 의사결정에 합법적으로 영향을 미치는 활동이다. 그러나 우리나라의 사회문화 환경 속에서 로비를 그런 적법한 방법으로 이해하고 그렇게 섭외를 벌이는 개인이나 단체가 몇이나 되겠는가. 근년 한국에도 구미식을 따라 이른바 PR 회사가 많이 생겨났다. 이들의 업무 가운데 중요한 것 하나는 외국 회사를 대신하여 국내 언론에 기사가 잘 나가게 로비하는 일이다. 그런데 이 PR 회사의 컨셉트는 구미식이지만 실천 방법은 자못 우리식이다.

얼마 전 무기 중개상 린다 김의 의문투성이인 로비 스캔들 애기로 언론이 또 한번 "냄비" 노릇을 했다. 예측한 대로 관리들이 앞으로 무기거래의 검은 돈을 근절하기 위해서는 로비 활동을 양성화해야 한다는 제안을 했고, 언론이 그것을 무슨 새로운 아이디어처럼 들고나오는 것을 보고 나는 웃음을 금할 수 없었다. 이 아이디어는 앞뒤가 맞지 않는다. 솔직히 말해보자. 우리나라에서 무기뿐만 아니라 거액 관(官)급 공사 입찰이나 거래 때는 으레 부정한 돈이 따르는데 그것이 어디 로비 활동이 합법화 또는 양성화가 안되어 그런 건가. 돈을 건네지 않는 맑은 방법으로 하는 로비로는 아무 일도 안되기에 그러는 게 아닌가.

한국의 주류 신문사의 편집국 부장, 차장, 국회 출입기자들은 휴일을 외롭게 집을 지키고 있지 않는다. 정계 인사, 국회의원, 대기업의 간부, 재력가, 저명인사 등과 골프를 치거나, 또는 다른 모임에 초대되어 나가 있다. 유명 텔레비전 보도국의 간부와 PD도 마찬가지다. 왜 잘 알려진 정치인 또는 사회 인사들은 다른 일로 바쁠 텐데 주말 귀한 시간을 이들과 보내는가? 왜 언론을 하는 사람들과 친밀해지고 그런 격의 없는 관계를 늘 유지하기를 원하는가?

불건전 언론 로비 등 다른 모든 언론을 둘러싼 비리는 우리나라 사회문화의 현실을 반영할 뿐이다. 영미사회를 본다면, 무기거래나 일부 다른 분야에서는 몰라도, 언론인에게 기사를 잘 써달라며 "거마비"까지 쓰는 사람은 없다. 우선 그게 통하지 않기 때문일 것이다. 그렇다면 언론학자와 언론 이론에만 의존하는 언론개혁안은 공염불이 될 수밖에 없다. 언론에 대한 문제는 언론이 존재하는 사회의 여건을 분석에 넣는 총체적 접근이어야만 그 해법이 나올 수 있다.

제6장(주 12, 178쪽; 제12장 언론사회학, 390쪽 참조)에서 열거한 뉴스 결정 요인은 미국언론학 교과서에 있는 대로다. 만약 우리 언론 환경을 중심으로 우리대로의 이론을

만든다면 외부 민간 부문으로부터 오는 끊임없는 로비를 중요한 뉴스 결정 요인으로 추가해야 맞다. 누군가 우리 언론의 내용을 분석하고 내용과 외부 로비 활동과의 상관관계를 찾는 연구를 한다면 실용적인 가치가 높은 박사논문감이 될 것이다.

4. 아카데믹 저널리즘 - 이벤트화한 학술 세미나

언론이란 직업을 좀 더 학구적으로 접근하고 실천하려는 노력이 있다면 뭐라고 불러야 할까? 아카데믹 저널리즘(academic journalism)이 한 가지이다. 한국언론이 아카데믹 저널리즘을 적극 장려해야 할 필요로 두 가지를 여기서 지적하고 싶다.

첫째는 기자의 "신문쟁이" 이미지를 벗고, 폐쇄적이고 전근대적인 편집국, 더 넓게는 언론계의 분위기를 쇄신하기 위해서 필요하다.

현행의 기자 공개채용시험 과목인 문필력, 외국어, 사회상식 등은 학교교육 동안 전공과 관계없이 누구나 갖게 되는 일종의 수능 실력이라고 할 수 있다. 그러나 언론지망생이 많아 그 시험은 가히 국가고시에 비유될 만큼 경쟁률이 높아 거기에 따른 유명세가 붙고, 이렇게 해서 일단 입사한 "엘리트"는 기수에 따라 우선적으로 자동 진급되니 이들 "정규"들은 배타적·특권적 동지의식을 키우면서 "집단 속의 집단"으로 결속하는 것이었다.

이러한 전근대적 배타주의와 그에 따른 분파주의는 자연히 언론뿐만 아니라 군대, 대기업 등 대부분 큰 조직에 확대, 보편화되어 있다. 군대에서는 같은 장교이지만 사관학교 출신이냐 아니냐, 관과 주요 기관에서는 서울대냐 아니냐에 따라 주류, 비주류로 갈라진다. 언론인끼리도 큰 언론사냐 군소 언론사냐에 따라 나뉜다.

더 극단적인 예는 텃세이다. 새로 생긴 신문사에 영입되어 들어간 젊은 기자의 애기가 잊혀지지 않는다. 자기가 들어간 부는 대부분 부장이 과거 있던 신문사에서 데려온 사람들인데, 점심때는 자기들끼리만 모여 나가는 등 한동안 끼어주지 않더라는 것이다. 언론인들의 행태가 그런 식이라면 언론의 세계는 시중 장사꾼들의 세계보다 더 나을 수 없는 것이다.

나는 언론인들이 좀 더 학구적이 된다면 자연히 이들간에 불합리한 연보다도 지성과 프로페셔널리즘을 중심으로 더 연대감이 형성될 것이고, 편집국의 분위기도 훨씬 합리적이며 개방적이 되고 기자 이미지도 크게 개선될 것이라고 믿는다.

둘째로, 급변하는 사회환경에 적응하기 위해서 그러하다. 우리 사회는 어떤 방향으로든 분야별로 빠르게 바뀌고 있는 것만은 틀림없다. 과거 우리 언론은 정부의 언론

통제 아래에서도, 실은 그 울타리 안에서 안일하게 지내온 것이 사실이다. 그런 언론은 제작 기술의 전문성과 기능 하나면 되었고, 언론 이론의 기초가 될 사회과학적 이론은 그리 중요하지 않았다.

지금은 무엇이 어떻게 달라지고 있다는 건가? 우병동 교수(「외압…… 간섭…… 흔들리는 한국언론」, 《관훈저널》 2000, 가을호)는 변화의 예로서 법조인으로부터의 언론을 상대로 한 명예훼손 소송과 언론의 패소 사례, 그리고 언론을 향한 여러 집단으로부터의 "언론 때리기"와 집단 항의 사례의 급격한 증가를 들고 있다. 이런 상황에서 좀 더 책임있는 보도를 하고 비판에 대하여는 좀 더 전문성 있는 방어를 하기 위해서 이론적 무장이 필요하다. 그 일은 언론을 좀 더 학구적으로 접근하지 않고는 할 수가 없다. 언론을 학구적으로 접근하는 것과 그렇지 않은 것과의 차이는 물론 무슨 일을 과학적으로 하는 것과 감으로 하는 것과의 차이다.

메이어(Meyer, 1975)는 그의 저서 *Precision Journalism*(『정확성 언론』)에서 기자들이 기사를 쓰는 데 자료를 더 과학적으로 분석하고 해석할 수 있도록 저널리즘에 사회과학적 방법론, 특히 통계 지식의 도입을 제의하고 있는데, 이 또한 언론인들이 좀 더 학술적으로 되어야 할 필요를 강조한 것이라 하겠다. 통계 지식은 현상의 좀 더 과학적인 분석을 위해서 필요하다. 그런 의미에서 나는 이 책 이름을 『과학적 저널리즘』이라고 부르고 싶다. 정확성을 높이기 위한 통계적 분석은 방법일 뿐 과학이나 이론 자체는 아니나 현상을 학구적으로 접근하는 방법임에는 틀림없다.

아카데믹 저널리즘의 실천을 위해서 다음과 같은 몇 가지 제안을 해보고자 한다.

● 영미언론사에 가면 "스타일 북"(stylebook)이라는 것이 있다. 언론 제작(보도와 편집)의 통일을 기하기 위해서 편집국 직원들이 지켜야 할 지침과 기준을 모아놓은 책자이다. 거기에는 글 띄어쓰기, 제목 달기, 고유명사 표기법, 교정에 쓰이는 부호, 언론에 쓰이는 문법에 대한 예외 등을 적어놓고 있다. 편집자와 기자가 늘 지니고 다녀야 할 편집 및 취재 지침서라고 할 수 있다. 언론 제작의 기술적 측면을 다룬 스타일 북은 우리 언론에도 대부분 쓰여지고 있다.

매컴스와 베카(McCombs et al., 1979)는 이것을 메시지 제작에 대한 스타일 북(message stylebook)이라 부르고, 이에 더하여 언론 이론에 대한 스타일 북(behavioral stylebook)을 만들 것을 제안한 바 있는데, 나는 우리 언론이 이를 시도해보면 큰 도움이 될 것을 의심치 않는다.

아카데믹 저널리즘을 지향하는 언론인이 구비해야 할 언론의 학술적 이론에 대한 지침서 또는 수칙이 될 이 스타일 북에는 기사를 쓸 때, 다큐멘터리를 만들 때, 왜 그렇게 쓰고 만들어야 하며 그런 언론 내용이 수용자, 더 크게는 사회에 어떤 영향을 줄 수 있는가에 대한 지식이 요약되어 있어야 한다. 그 지침서는 글을 어떻게 써야 할까와 같은 전달자 입장뿐만 아니라 언론의 대상인 수용자 입장(또는 행태적 입장)에서 봐 필요한 언론 이론을 담은 스타일 북이다. 그러므로 "비헤비어리얼 스타일 북"은 커뮤니케이션 이론을 토대로 한 언론의 이론 지침서로 된 핸드북이다.

●아카데믹 저널리즘을 위해서는 편집국의 면학 분위기가 조성되어야 한다. 그렇게 하려면 첫째로는 언론인들이 시간 나는 대로 공부를 하고 언론 관계 학술 또는 전문 잡지(저널)에 발표하는 활동이 장려되어야 하는데 현실은 그렇지 못하다. 과거 내가 일한 신문사 편집국에서는 가끔 외부 강사를 초빙, 언론의 이론과 실제에 대한 토론 모임을 갖게 한 일이 있었다. 그 신문은 특수지였다. 우리나라 주류 언론사 편집국에서는 지금도 그런 관례가 드물고, 편집국장의 1차 관심은 그날의 큰 사건 아니면 편집국의 고유 업무가 아닌 대외섭외건이다. 그런 분위기에서 기자들이 일상업무를 마치고 남은 시간을 자리에 앉아 책을 읽거나 외부 기고를 준비하고 있다면 곱게 보일 리가 없다. 글을 통하여 언론의 치부나 개선 문제를 거론하기 좋아한다면 더 그렇다.

그러니 재치있는 기자들은 모두 입 다물고 실속이나 챙기게 된다. 이미 지적한 대로 편집국에서 가장 중요한 편집국장 자리도 학구적이기보다 요령 좋은 실무가가 더 적격자로 인식된다. 이런 편집국의 분위기를 바꾸는 움직임은 내부에서 일어나야 한다.

저술 지원도 실세에게

둘째로, 학술지와 전문 잡지의 기고나 여러 학술활동 참여의 기회가 많아졌는데, 이 기회가 학구적 노력을 하는 사람에게 공정한 기준으로 열려 있지 않다. 이 분야에서 잘 알려진 원로나 영향력을 가진 사람이 기고하면 위상과 장래 이해관계를 고려, 당연히 채택된다. 무명인의 것이라면 내용이 더 좋아도 어떻게 될지 예측불허다. 이런 상황에서 써야 할 사람이 안 쓰게 된다.

정부나 준 민간학술재단의 지원을 받아 열리는 국제학술회의에서의 기조 연설자나 참여자 결정 과정도 그렇다. 주최자나 선발의 책임을 맡은 사람은 학계의 실권자, 은사, 친구 등 앞으로 처세를 위해 필요한 인사들을 먼저 모신다.

전·현직 언론인에게 제공하는 해외 유학 장학금, 출판과 연구 자금지원 제도가 있지만 그 선발이 이른바 공개경쟁의 원칙(open competitive basis)에 따라 이루어지고 있지 않다. 모든 유자격자에게 같은 기준으로 기회가 주어지고 심사 또한 그렇게 되도록 하기 위한 공정성이 지켜지지 않는다는 말이다. 과거의 실제를 볼 때, 대부분 재벌 및 대기업의 공익사업인 기금 또는 문화재단의 혜택은 대부분 협조관계에 있는 제도권에 속하는 그때그때의 실세 언론인과 실세 언론학자들에게 먼저 돌아간 것을 알 수 있다. 이런 기회가 아직도 정치적 고려로 정해지는 실정이라면 아카데믹 저널리즘은 멀었다. 이와 같이 눈에 쉽게 보이지 않게 오래 진행되어온 고질병에 대하여도 이제 공론화할 때가 되었다.

●언론과 언론학계 간의 더 긴밀하고 생산적인 연계(link)가 이루어져야 한다. 그런 연계수단으로 중요한 것이 외부의 자금지원을 받아 열리는 산·학간 언론 관계 세미나와 토론회인데, 대부분 의례적이고 홍보성 행사로 끝나는 인상을 지울 수가 없다. 멀리 떨어진 관광휴양지에서 개최되는 언론인 학술 모임도 이들에게 주어지는 보너스라는 인상을 남기는데, 거기다가 매번 발표와 토론을 통하여 얻어진 지식을 통합하고 장래 실천에 옮기기 위한 장기계획에 따라서가 아니라 일회용 이벤트로 끝나 자원의 낭비라는 생각이 든다. 우리나라 학술 세미나가 대부분 그런데 언론분야도 예외가 아니다.

우리나라 학술지와 전문지의 중요한 지면은 대부분 학자에게 돌아간다. 언론 관계 저널과 기타 간행물의 비평 칼럼도 마찬가지다. 그러나 그것이 언론의 개혁에 크게 도움을 못 주고 있는 한 가지 이유는 이들의 상당수가 현실세계에 대한 지식 없이 교과서 이론에 따른 당위론만을 말하게 되고, 또 언론과 껄끄러운 관계를 갖지 않게 쓰기 때문이라고 믿어진다. 언론에 대한 학자들의 많은 평론이 적당히 솜방망이로 때리는 식이다.

근래에 와서는 퇴직한 고참 언론인들이 학교 자체 또는 외부 재단의 돈으로 일부 대학 언론학과에 객원 교수, 겸임 교수, 석좌 교수 등의 자격으로 가서 가르치는 사례가 많아졌는데, 학계와 실무 간의 연계라는 점에서 경하할 일이다. 다만 이런 조그만 기회마저 정부나 학교 측과 인맥이 닿지 않는 사람에게는 열려 있지 않은 점은 아카데미즘을 위해서 불행한 일이다.

5. 한국의 언론인, 그는 누구인가 - 연 1,200% 보너스는 자랑일 수 없다

언론인의 자질을 전문성과 사회적 책임에 둔다면, 한국언론인은 누구인가라는 물음에 대한 대답 또한 이 두 가지 차원에서 찾아야 한다. 전문인으로서의 언론인의 척도는 이 직업이 요구하는 이론과 경험과 실무 능력이 될 것이다. 언론 이론은 언론학을 전공한 사람이면 좋고 아니더라도 이 분야 서적이 많아 열의가 있다면 혼자서 상당한 수준의 이론을 구비할 수 있다. 제작 이론과 기술은 현장 근무와 훈련을 통하여 갈고 닦을 수 있다. 그런 의미에서 전문인으로서의 한국의 언론인은 어느 선진국 언론인에 크게 뒤질 수 없으며, 이미 뒤진 경우도 교육과 훈련으로 따라잡을 수 있는 일이다.

그러나 사회적 책임으로 본 언론인은 이와는 크게 다르다. 그것은 인격과 같은 말이다. 인격은 지식의 습득이나 기술훈련만으로 닦을 수 없다. 그 자질은 언론을 둘러싼 사회문화적 풍토가 더 크게 결정한다. 그런 의미에서 우리나라 언론인은 선진국가의 언론인을 따라가기 어려우며, 그 차이는 두 지역의 사회문화적 차이가 좁혀지지 않는 한, 앞으로도 쉽게 바뀌지 않을 것이다. 언론에 대하여 우리가 정말 걱정하게 되는 측면이 바로 이것이다.

언론인이 사회적 책임을 망각하게 하는 사정은 여러 가지일 수 있겠으나 실제적으로 봐 가장 중요한 것은 이권의 유혹이다. 우리나라 언론인은 정치인이나 공무원과 마찬가지로 늘 이러한 "이해의 상충"에 직면하게 되어 있다(제11장 자기이익, 300쪽 참조). 그럴 때 그가 정치인과 공무원과는 달리 달콤한 유혹을 뿌리칠 수 있는 조건은 무엇인가?

그런 조건으로서 제도적 제어장치를 논한 바 있지만(제6장 알면 행하는가, 167-169쪽 참조) 언론인의 의식구조 차원에서 보아 나는 가장 중요한 것은 언론인이 제도권의 일원(멤버)이 되는 것을 스스로 거부하는 것이라고 생각한다. 나는 제도권이란 말의 어원을 알 수 없으나 영미 사람들이 잘 쓰는 "The Establishment"에서 나오지 않았나 한다. 어떤 이는 이 영어를 관료 및 지배계급 조직이란 말로 번역했는데 괜찮다고 생각한다. 제도권에 소속되기를 거부하기란 제도권에 속한 자가 누리는 특권을 포기하는 것을 의미한다. 그것은 한국적 여건에서는 엄청난 희생이다. 하지만 그게 바로 언론의 존재 이유가 아닌가.

언론은 제4의 권부라는 말은 우리나라에서도 잘 쓰인다. 이 말은 언론은 제도권과는 떨어져 제도권을 감시하기 위해서 존재한다는 뜻이다. 그런데 감시하는 자가 감시받아야 하는 자와 함께 이권을 누리겠다면 그 감시기능을 포기해야 한다. 그것은 언론인이 되기를 포기하는 행위며, 그런 언론인은 존재할 필요가 없게 된다.

언론인의 역할을 그렇게 엄격하게 보는 전통이 우리나라 언론계 안에서나 밖에서 없다. 오히려 언론인이 되면 제도권에 있는 사람과 함께 특권을 누리고 잘 살 수 있다는 것이 그 직업의 매력으로 받아진다. 얼마 전 언론개혁시민연대의 한 여론조사 결과에 따르면 언론이 어느 집단의 이익을 대변하느냐는 질문에 무려 46.7%가 정치

권력을 첫번째로 꼽은 반면, "일반 서민"이라는 응답은 겨우 2.7%로 그쳤다고 한다. 우리 국민의 언론인들에 대한 시각을 잘 보여준다.

과거 우리 언론인들이 세운 이 직업의 전통이 있다면 그것은 권언유착과 함께 언론을 제도권에 진입하는 발판으로 삼는 것이 아니었던가 한다. 언론을 돈과 출세를 위한 도구로 이용한다는 말이다. 이것이 틀린 말인가를 알려면 언론을 거쳐 출세한 기라성 같은 우리나라의 인물들을 머리 속에 떠올려 보면 된다.

미국과 같은 나라에서도 언론은 제도권과 보수세력을 대변한다는 비판이 있다. 또 미국언론인이 받는 봉급 수준이 다른 직업에 비하여 낮지 않다. 만약 그들이 받는 보수가 상대적으로 낮다고 할 때 어떤 현상이 일어날지 실증적으로 조사해보지 않았으니 알 수 없는 일이다. 그러나 미국언론인들의 일차적 관심은 제도권에 대한 감시지 우리나라에서처럼 출세를 향한 제도권 진입은 아니다. 이에 대한 미국언론의 전통은 철저하다(제3장 71-72쪽 참조).

우리나라 언론에 그런 전통이 없는 것은 이 책의 여러 곳에서 지적하게 되는바 언론인이 되는 과정과 무관하지 않다고 생각한다. 한국에서 언론인이 되는 길은 기자 공채시험의 합격이다. 어떤 사람은 대학 시절을 이 준비를 위해 거의 보낸다는 점에서 이 시험은 사법고시, 행정고시와 비슷하다. 실제 언론고시라는 말이 생겼다.

각 언론사가 매년 극소수의 인원을 뽑는 이 시험에 합격하는 사람들은 이른바 일류대학을 나온 수재로서, 원래 머리 좋고 공부 잘하기로 이름난 사람들이다. 이들은 한국에서 사법고시, 행정고시를 합격하여 법조계와 관계에서 요직을 차지한 사람들, 학계, 의학계, 여러 분야에서 "출세한" 사람들과 학교시절 자웅을 겨루던 동창생들이며, 사회에 나와서도 똑같이 강한 출세 지향성을 보인다. 또 소수 엘리트 집단의 일원으로 자기들끼리는 동료이며 남다른 권익을 향유해야 한다는 특권의식을 갖고 있다. 언론인이 제도권을 박차고 나오지 못하는 이유, 앞으로 제구실을 하자면 여기를 꼭 탈피해야 할 이유가 모두 그것이다.

이 대목에서 나는 버트란드 러셀을 인용하고 싶다. 그는 그의 자서전(B. Russel, *Autobiography 1*, 1951)에서 세 가지 열정이 일생을 지배했다고 썼다. "사랑에 대한 갈망"(the longing for love), "지식에 대한 욕구"(the search for knowledge), "인간의 고통에 대한 말할 수 없는 고뇌"(the unbearable pity for the suffering of mankind)다. 더 나아가 그는 "고통의 소리가 울려 내 가슴을 저민다"라고 했다(The echoes of cries of pain reverberate in my mind). 어려운 사람들의 숨은 고통의 소리를 울려퍼지게 하는 사회적 기능치고 언론만한 것이 있을까. 인간 언론인이 꼭 가슴에 새겨야 할 진수이다.

많이 배운 사람, 또는 지식을 팔아 먹고사는 사람을 지식인이라고 한다면 그가 가장 먼저 가져야 할 관심은 무엇일까? 강한 자 편에 서서 남보다 잘사는 것일까? 약한 자 편에 서서 그들과 더불어 사는 것일까? 지식인이 다른 사람보다 대접을 받아야 하는 이유는 못 살고 고통받는 사회적 약자와 아픔을 함께하며, 그들에 대하여 갖는 특별한 관심 때문일 터이다. 그것은 바로 "인간의 고통에 대한 말할 수 없는 고뇌"와 같다. 그런 열정이 없는 지식인은 똑똑한 머리를 가져 개인의 영달을 위해서는 잘할지 모르지만, 뜨거운 가슴이 없어 사회에는 오히려 누를 끼치게 된다.

오늘의 우리 지식인들이 한 일이 대부분 그러하다. 물질에 대한 유혹이 과거 어느 때보다 큰 탓일까? 판·검사의 존재 이유는 사회정의의 수호이다. 그런데도 판·검사를 하면 편히 잘 먹고 잘 살 수 있으니 그 자리를 위해서 젊은이들이 그토록 오랜 시간을 준비하고 그 길을 택한다면 말이 되는가? 지금의 우리나라 여건에서 편히 잘사는 것과 정의는 양립되기 어렵다. 자본주의 사회에서 극히 비현실적인 말이 될 수 있지만, 이 점은 언론인이 되고자 하는 사람에게는 몇 배 더 옳다.

6. 행사보도, 사건보도, 이슈보도 – 대통령이 참석하면 홍보는 따놓은 당상

1999년 김대중 대통령의 호주 국빈방문을 지켜보면서 여러 가지 느낀 점이 많았다. 그 가운데 여기서 거론하고 싶은 것은 국가원수의 해외방문 외교에 대한 한국과 호주언론의 시각과 보도의 차이다. 뉴질랜드에서 열린 APEC 회담 참석 후 9월 15일 시드니에 도착한 김 대통령 일행은 다음날 봅 카 뉴사우즈웰주 주 수상을 만난 후 교포들 모임에 참석하고, 오후 늦게 캔버라로 향하여 그날과 그 다음날 존 하워드 연방수상과 정상회담을 가졌다. 그러므로 그의 호주 방문에 대한 보도를 알려면 15~18일자 양국 매체 내용을 훑어봐야 한다.

나는 호주 SBS(Special Broadcasting Service) 텔레비전 뉴스 시간에 대통령 부부가 잠깐 나오는 것을 봤다. SBS 방송은 이민자 시청자가 중심이며 해외 관계 프로에 역점을 두는 특수 국영채널이다. 교민들의 말에 따르면 호주의 두 주류 텔레비전 채널에는 나오지 않았다. 내가 호주의 두 주류 신문을 조사한 결과는 이러했다.

≪오스트랠리안≫은 16일자에서 김 대통령 관련 기사 두 개와 사설 하나, 17일자에 기사 하나, 도합 4개를 실었는데, 200~300자 길이로 양국간 무역, 안보, 동티모르 파병, 대통령의 과거, 한국의 양심수 및 정치범 문제 등 광범위하게 다룬 극히 간결한 내용들이었다.

≪시드니모닝 헤럴드≫는 대통령의 호주 도착 전날 도쿄 특파원이 보내온 글로서 한호관계를 얄팍하게 "리뷰"한 평범한 기사 하나를 내보냈다. 정작 그가 호주에서 한 활동을 종합해야 할 17일자 신문에는 다음과 같이 엉뚱한 게 나왔다. 먼저 이 기사에 대한 나의 번역을 적어본다.

한국의 일부 입법에 대하여 불만을 갖고 김대중 대통령에게 메시지를 전달하려고 한 교포들은 그가 어제 시드니를 방문했을 때 실망했다. 대통령의 비밀 일정은 대통령 앞에서 그들이 플랭카드를 흔드는 것마저 수포로 돌아가게 했기 때문이다.

어쩌면 대통령은 교포들의 이런 움직임을 고마워했을지도 모를 일이었다. 그의 과거 배경은 정치적 투쟁이다. 그러나 어제 그의 주요 접견상대는 칼 주 수상, 베일 연방통상장관, 그리고 기업인들이었다. 대통령의 메시지 골자는 투자였다.

실은 그날은 식용을 위한 개와 고양이의 도살을 합법화하는 입법 철회를 요구하는 소그룹의 데모로 시작되었다. 동물의 권리를 위한 운동가인 한국인 금게난 씨에 따르면 한국에서 매년 200만 마리의 개가 목 졸려, 정장제용으로 잡아먹힌다. 또 한국인들은 몇 십만 마리의 고양이를 약으로 사용하기 위해서 산 채 삶아 죽인다. 물론 이는 불법이다.

점심때는 달링하버 컨벤션 센터 밖에서 또 다른 그룹이 국가보안법이 인권침해라며 철회를 요구하는 데모가 있었다. 이를 주도한 김대근 씨는 이 법이 1948년 이후 학생과 노동운동가들을 투옥하는 데 악용되었는데, 김 대통령 자신이 그 희생자였다고 말했다.

카 수상도 그가 베일 장관과 공동으로 주최한 오찬에서 김 대통령의 과거 정치활동을 언급하면서, 그는 "40년간 민주주의에 대한 신념을 위해 투쟁하면서 투옥, 망명, 암살기도 등 겪은 당신의 고초"를 상기시켰다.

김 대통령은 한국에서 일어나고 있는 개혁, 한국과 호주 간 무역의 증진 등에 언급한 연설을 한국어로 했다. 베일 장관은 한국이 동티모르 주재 유엔평화유지군을 지원하기로 한 것에 감사를 표시했다.

한국의 주류 매체나 여기 교포언론에 연거푸 큰 성과라며 대서특필된 것과는 하늘과 땅 차이다. 뻐딱하고 인색한 영미언론의 한국 관계 보도는 국제 뉴스를 늘 점검해야 하는 우리나라 언론사의 해외 특파원과 외신담당 기자, 그리고 정부의 공보관들에게는 하나도 새로운 얘기가 아니다. 그리고 그런 기사를 대할 때면 "나쁜 놈들" 또는 "한국이 잘살게 되니까 배가 아파서"라면서 분개하는 사람들을 볼 수 있지만, 그것은 영미언론을 잘 몰라 하는 말이다.

누구누구 참석하에

호주언론이나 다른 영미의 주류 언론이 보도를 그렇게 하는 것은 상대가 남의 나라라서 그런 것은 아니다. 자기 나라 수상이 한국이나 다른 외국을 방문해도 마찬가지다. 우리 언론이 그들 언론보다 더 요란하게 보도한다. 국가원수라는 이유 하나만으로 방문에 대단한 의미를 부여하는 데 익숙해 있기 때문이다.

외국식은 모두 좋고 우리 것은 나쁘다고 말하는 것은 아니다. 왜 이러한 차이가 생기는가를 알고 배우면 우리에게 이익이 된다. 첫째로, 우리 언론의 보도는 직함 중심이다. 이에 비하면 영미언론의 보도 방식은 훨씬 더 이슈 중심이다(한 가지 예외라면 많지 않은 왕실 가족이나 일부 "뉴스메이커"들에 대한 보도를 들 수 있을 것 같다).

직함 중심의 보도는 이미 제4장에서 논한 대로 직함에 특별한 의미를 주어 높은 사람, 권력을 쥔 사람이 하는 말과 일이라면 크게 보도하는 관례를 말한다. 당연히 권위주의 언론의 특징이다.

우리는 이런 보도에 오래 길들여져 있어 그렇게 하지 않으면 오히려 이상하게 느껴지는 것이다. 그런데 생각해보자. 보도는 왜 필요한가? 그리고 "알 권리"와 같은 말은 왜 나왔을까? 그 기준은 소수가 아니라 다수의 이익이다. 직함 때문에 크게 보도하는 것은 소수를 위하는 일이 된다.

둘째로, 우리 언론의 보도는 행사 중심이다. 이 또한 우리 언론이 뉴스 선정의 기준을 "다수의 이익"에 엄격히 두지 않는 당연한 결과이다. 행사는 클수록 언론의 관심을 끌게 되어 있다. 그런 행사는 힘있는 권력 집단, 재력을 가진 대기업 집단, 떼돈 번 집단이 잘한다. 그런 면에서 직함 중심 보도와 행사 중심 보도는 동전의 양면과 같다. 그런 보도는 다수의 이익과 대개 무관한 것이 문제다. 따져보면 행사는 국민의 혈세만 축내는 불필요한 것들이 대부분이다.

박 정권 시절, 무슨무슨 기공식 또는 준공식이 거의 매일 있다시피 했다. 그때마다 주최자들이 먼저 머리 써야 할 것은 대통령, 아니면 적어도 주무부 장관을 행사에 참석하게 하는 일이다. 그렇게 하면 그에 대한 기사가 그 날 언론의 톱을 장식하는 것은 따놓은 당상이었다. 그 행사들은 굵은 직함소유자가 참석하지 않는다면 1~2줄짜리밖에 되지 않는 성질의 것이다.

행사의 실질적 내용보다는 행사 자체와 참석자에 무게를 주는 보도 관례는 일반 기사쓰기 스타일에도 그대로 배어 있다. 많은 행사기사가 "누구누구 참석하에 성대히 거행되었다"로 시작되는 것도 같은 맥락이다. 얼마 전 어느 큰 신문에 난 한 언론인의 기념관 제막식 기사도 한 예였다. 참석자 가운데서 고른 30여 명의 고위 인사들의 이름과 직함 나열(당연히 직함의 크기 순)로 기사의 반 이상을 채우다보니 이 언론인이 무슨 일을 했기에 고인이 되어 그런 기념의 대상이 되는지에 대한 설명이 없다.

영미언론에 비하여 우리나라 언론에는 직함을 가진 인사들의 움직임을 보도하는 기사가 월등히 많은 것도 이런 보도관례와 사회 분위기를 반영하는 것이다. 대통령이 외국대사로부터 신임장을 받느라 접견하는 장면, 장관, 회장 등 굵은 직함을 가진 인사들이 나란히 행사장 테이프를 끊는 장면, 역대 장관들(또는 다른 기관장들)의 모임

사진 같은 것들이 잘 실리는 것이 일부 그 예인데, 영미언론의 경우, 회보나 기관지
라면 몰라도 주류 언론에서는 보지 못하는 일이다.

대통령 된 맛

청와대는 오랫동안 우리 언론의 관(官) 지향적 보도의 초점이 되어왔다. 대통령의
해외방문 외교는 대표적 예이다. 한때 텔레비전은 군악대가 "고향의 봄"을 연주하는
가운데 대통령 부부가 빨간 카펫 위를 걸으며 김포공항을 떠나는 장면을 하루에도
몇 번을 내보낸 적이 있었다. 결과가 의례적일 때도 "이번 대통령의 방미 성과"와 같
은 제목으로 학자와 그외 어용인사들을 초청, 좌담회를 갖고 긴 시간 방영하거나 그
내용을 1~2페이지 크기로 낸다. 오죽하면 한때 대통령을 보필한 한 인사가 신문에
서 "몇몇 역대 대통령들로부터 자신들이 해외의 정상외교를 경험하면서 비로소 대통
령이 된 맛을 만끽했다는 솔직한 고백을 들었는데, 김(대중) 대통령도 예외가 아닐 것
이다"라고 회고했을까 한다.

대통령의 해외순방 외교가 중요하지 않다는 뜻은 물론 아니다. 적어도 보도가 대다
수 국민의 이익을 기준으로 하여 쓰여진다면 행사보다 내용 중심이 되어야 하고 그
렇게 되면 자연히 좀 더 내실을 기하는 비판적 시각이 될 터이고, 그것이 바로 이슈
중심의 보도이다. 그런데 그렇지 못했다. 대통령이 김포공항을 떠나는 장면을 그렇게
여러 번 보여주는 것이 대다수 국민의 이익이 될 수 없다.

몇 년 전 CNN 텔레비전 방송 화면에서 본 일이다. 클린턴 대통령의 해외방문 외
교의 성과를 놓고 토론하면서 청취자가 앵커와 특별히 초대된 대담자를 향하여 전화
로 질문을 하는 프로인데, 한 주부가 이렇게 묻는 것이었다. "이번 대통령의 해외방
문에 국고로 지출된 돈은 얼마입니까?" 우리와는 너무 대조적이었다.

순방외교뿐만 아니다. 대통령이 어떤 모임에 가서, 또는 지방을 순회하면서 교과서
에 있는 내용과 조금도 다르지 않은 덕담을 해도 매번 자세히 기사화되어 나온다. 이
런 언론의 관례는 독재국가의 그것과 약간은 비슷하다. 그러니 분단 이후 처음인 남
북간 정상회담 보도야 말할 것 있겠는가. 회담의 중요성에 대하여 이의를 제기할 사
람은 없으나 왜 모든 언론의 보도 방향이 왜 과거처럼 그렇게 똑같아야 하는지, 논의
의 여지는 그대로 남는다고 생각한다. 지금은 누가 시켜서 그럴 것 같지는 않으니,
언론이 알아서 그러는 것인지 매우 궁금하게 만드는 대목이다.

국제회의, 무슨무슨 기념식, 개통식, 개관식, 세미나, 간담회 참석과 거기에서 높은
사람이 한 연설 내용도 그렇다. 당사자의 직함의 크기를 뺀다면 뉴스 가치가 없는,
다시 말해서 대다수의 이익과는 무관한 내용이다. 우리 언론은 신년 초 특집을 정부

의 3부 요인과 각계 지도자의 신년사로 중요한 지면을 채우고, 행사장에서 높은 사람들이 모여 하는 것이면 무엇이든 장면 사진을 지금도 즐겨 싣는데, 모두 직함 중심, 행사 중심 보도의 예이다. 그런 신년사는 화려한 수사(레토릭)일 수밖에 없고, 행사장에 나타난 이들의 얼굴 사진은 "다수의 이익"과 관계가 없다.

작은 간행물이야 말할 것 없지

"What happened then?"(그래 다음 어떻게 되었어요?) 영어 사용 국가의 법정에서 검사, 판사, 변호사들이 피의자나 증인을 심문할 때 제일 많이 묻는 질문이다. 그들은 사건의 경위에만 관심이 있다. 뒤에 숨은 사회적 의미는 알 바가 아니다.

법정의 관심은 진상을 밝히는 일이다. 언론도 사건의 경위에 치중하는 사실보도가 있다. 그러나 그것만 잘하는 언론을 우수한 언론이라고 부르지 않는다. 그 사건들의 뒤에 숨은 사회적 의미, 즉 그것들을 일으키게 하는 숨은 세력과 역학 관계를 분석하여 알리는 일이 더 중요하다.

비슷한 사건은 매일 일어난다. 그것들을 일일이 알리는 사건보도는 필요하지만, 문제해결이라는 관점에서 본다면 그 사건들을 모아 해석하고 의미를 찾는 보도가 더 중요하다. 그런데 직함과 행사 중심의 보도에 익숙해진 기자가 크게 노력하지 않고 안일하게 쓸 수 있는 기사가 대부분 사건보도라고 말한다면 맞다. 이미 지적한바 우리 신문의 알짜배기 1, 2, 3면의 정치보도도 그런 보도의 예이다. 전·현직 거물 정치인들끼리 만나 무엇을 어떻게 했다든가, 서로 사이가 나쁘다든가 반대로 좋다든가 등 개개 사건만 적지 정치라고 하는 전체가 어디로 흘러가고 있는가에 대한 분석은 없다. 마치 궁궐 정치 드라마를 엮은 것 같은 그런 기사는 왜 필요한지 모르겠다.

우리나라 주류 언론의 보도가 그런 식이라면 인원과 시설 면에서 낙후된 군소 간행물, 단체의 회보, 그리고 해외에서 발간되는 교포신문들은 보나마나이다. 모임과 행사의 현장 스케치, 참석한 직함 있는 인사들의 사진과 이름 나열, 돈 번 사람들의 얘기, 그들이 한 덕담, 사건의 묘사가 거의 전부다.

해외교포언론은 고국에서 고위 공직자나 지명도가 높은 사람이 왔다면 그것만으로도 큰 기사로 다룬다. 시드니의 대부분 교포신문들이 1999년 한 해 10대 뉴스 가운데 김대중 대통령과 이수성 평통자문위원회 부의장의 호주 방문을 1, 2위로 정한 사실도 이런 점을 잘 보여준다. 두 인물의 무게를 인정하지만 그들의 호주 한인사회 방문은 한인들의 실질적 삶과는 무관한 일이었다.

직함과 행사와 사건 중심의 보도는 권위주의적 언론과 낮은 수준의 언론의 특징이고, 이슈 중심의 보도는 수준 높은 언론의 특징이며 민주주의 사회의 이상에 더 합치

한다고 보는 선진국 저널리즘의 시각은 맞다. 한국언론은 이것 하나만 개혁해도 우리
사회의 권위주의 탈피와 민주화에 크게 기여할 수 있을 것이다.

7. 열린 언론, 닫힌 언론 – 명사 칼럼? 옴부즈맨 제도가 있으나

1류 언론과 3류 언론을 어떻게 구별할 것인가? 각 언론사가 내거는 사시(社是), 한
국에서 "신문의 날"에 으레 나붙는 화려한 표어, 언론학자들이 잘 쓰는 용어를 머리
에 떠올려보면 그 기준이 무엇인가를 알 수 있다. 국민의 대변지, 진실만을 말하는
언론 등 얼마든지 있다.

한 언론의 우열을 재는 잣대를 크게 제작의 전문성과 사회적 책임의 두 가지에서
찾는다면 위의 표현들은 후자 쪽임을 알 수 있다. 언론사가 제작의 전문성을 자랑으
로 내놓는 것은 오히려 약세를 시인하는 결과가 된다. 가난한 3류 신문이나 FM 라디
오 방송국이 보통 하는 일이다. 웬만한 크기의 신문사라면 적어도 몇백 명의 전문 기
자, 전문 편집인과 전문 논설위원을 두고 있다. 방대한 시설과 인원을 필요로 하는
텔레비전 방송사라면 말할 것 없다. 또 독자와 시청자는 문장이 어색한 기사와 사설,
눌변인 앵커와 엉성한 프로는 쉽게 알아차리고 외면한다.

그러나 한 언론이 사회적 책임을 다하는가, 안 하는가를 말하는 것은 이와 크게 다
르다. 사회적 책임은 양심과 거의 같은 말인데, 우리가 한국의 저명한 인사들을 보면
서 누가 과연 양심적인가 아닌가를 어떻게 구별할 수 있는가. 과거를 돌이켜보건대
정말 매국노라고 불려야 마땅할 사람도 애국을 하노라고 열변을 토하면 그렇게 들리
는 것이 오늘의 사회다. 우리는 이 점에서 옥석(玉石)을 가릴 줄 아는 현명한 국민이
못되었다.

나는 언론사의 사시(社是)로는 일본 영자지 ≪저팬 타임스(The Japan Times)≫의
것이 잘되었다고 본다. "Without Fear or Favor"를 풀어서 말해보면 "우리 신문은
외부의 강압과 유혹 가운데 어느쪽에도 굴하지 않는다"라는 뜻이다. 우리나라 언론은
과거 제구실을 못한 책임을 거의 정치적 통제에 돌리고 사람들도 그렇게 이해하는 편
이었으나 그것은 사실의 전부가 아니다. 실은 언론 소유자와 언론 종사자는 외부의 강
압보다도 양심을 달콤한 유혹과 바꾼 결과 그렇게 되었다는 게 더 정확한 진단이다.

그런데 우리가 밖에서 언론이 그런 유혹에 팔려 딴 짓을 하고 있는지 아닌지 알기
가 쉽지 않다. 누군가 편집국 안에서 오가는 일을 지켜보고 있거나 편집국에 걸려오
는 전화를 도청하고 있는 것이 아니다. 방영된 텔레비전 프로와 인쇄되어 나온 신문

의 지면을 보고서는 얼른 알 수가 없다. 전문 언론인일수록 딴 짓을 하면서도 그럴 듯하게 꾸미는 재간을 갖고 있다. 이렇게 볼 때 외형과 전문성에 있어 일류 언론이면서 사회적 책임에 있어서는 3류, 4류 언론이 얼마든지 있을 수 있다.

나는 이를 식별하는 리트머스 테스트 방법이 될 만한 몇 가지를 생각해놓고 있는데, 그 가운데 외부에서 쉽게 해볼 수 있는 한 가지는 한 언론이 외부 사람들에게 얼마만큼 열려 있는가를 보는 것이다. 바로 뒤 설명에서 더 다루지만 언론은 성격상 자체 인원만으로는 사회가 필요로 하는 무한한 정보와 지식, 그리고 사상과 의견의 전달과 표출 기능을 감당해내지 못한다. 또 한편으로는 사회의 목탁(木鐸)이며 공기인 언론은 남과 다른 사상과 의견을 표현하고자 하는 자들에게 그럴 기회를 제공할 의무가 있다. 그러므로 언론사는 그들 주장대로 다수의 이익을 진정 위한다면 기고와 프로 제작의 위촉, 매체 접근권(access to media)의 허용 등의 형식으로 외부인의 참여를 권장하고, 그럼으로써 수용자로 하여금 언론 내용의 선택 폭을 될수록 넓게 만들 것이다.

이는 물론, 언론을 통하여 무언가 말해야 할 사람에게는 언론에 대한 공정한 접근 기회, 언론의 입장에서는 리소스 활용의 극대화, 국민에게는 "알 권리"와 "다양한 의견"을 위하는 길이 되는 것이다. 그런데 언론이 열려 있기보다 닫혀 있는 데 만족한다면 그런 언론의 이상에 역행하고 있는 구체적 증거가 될 수 있다.

외부 기고는 왜 필요한가

언론은 그 제작 과정에 자체에 외부 인원의 참여를 꼭 필요로 한다. 이 점 대부분의 기업이 내부 인원으로만 운영되는 것과 다르다. 외부 기고가의 참여는 신문의 경우 주로 정기, 부정기 기고의 형태로 이뤄진다. 신문사의 계획에 따라 위촉을 받고 고정란을 채워나가는 객원 논설위원, 칼럼니스트, 그외 집필진, 통신원 등은 정기의 예이다. 자유기고가나 일반인이 언론사측의 의뢰 없이 자진해서, 또는 수시로 의뢰를 받아 시사성 있는 논평이나 보도물을 써보낸다면 비정기 기고가가 된다. 요즘 신문과 잡지에는 대학교수와 각계 전문인이 언론사의 부탁을 받거나 임의 기고로 관련 분야별로 쓴 시사성 있는 글이 많이 실리는데, 모두 비정기 기고의 예가 된다.

방송사의 경우는 원고료를 받고 기사를 보내는 통신원, 집에서 부업으로 방송원고를 쓰는 스크립트 라이터, 파트 타임으로 나와 일하는 해설위원, 나레이터, 번역 요원, 계약직으로 나가 출연하는 연예인, 특별히 초청 받아 방송에 나오는 전문분야 평론가, 계약으로 프로를 제작하여 공급하는 회사가 모두 정기 또는 비정기의 외부 인원 풀이 되는 것이다.

언론사가 외부 기고가의 참여를 필요로 하는 첫번째 이유를 군이 설명한다면 이렇게 말할 수 있다. 언론의 보도와 비평 대상은 지역과 분야에 있어 글자 그대로 무한하며 어떤 언론사도 그 넓은 지역과 분야를 충분하게 다룰(커버, cover) 수 있는 자체 내 리소스(자원과 인원)를 갖지 못한다. 더욱 지금은 전문화 시대가 아닌가. 언론은 과학, 기술, 금융, 학술, 환경, 보건, 의료, 외교, 예술 등 넓은 분야를 전문성 있게 다뤄야 하는데 그런 일을 할 인원을 모두 전임으로 둘 형편이 못된다.

잡지를 생각하면 이해가 쉬워진다. 잡지는 신문에 비하여 더 심층적이고 전문화된 기사를 주로 해야 하는 데 비하여 많은 인원을 두지 못하는 것이 보통이다. 그러므로 몇 사람 전업으로 일하는 편집국 인원을 중심으로 하고, 대부분의 글은 외부인에게 고료를 주고 위촉하는 방식으로 운영한다. 방송은 보통 방대한 자체 인원을 두고 있지만, 그래도 매체의 성격상 외부 수주(아웃소싱)에 의한 프로 제작이라든가 연출자, 강사, 객원 사회자, 토론자 등의 자격으로 외부 인원의 참여에 크게 의지하지 않고는 운영이 불가능하다.

외부 인원의 언론 참여는 언론의 전업 인원에 대한 보충이라는 면 외에 시민이 언론에 참여 또는 접근할 권리의 측면도 있다. 이것은 두번째 이유이다. 특히 방송의 경우는 이 권리가 액세스 프로그램이란 개념으로 명문화되어 있다. 액세스 프로그램이란 시청자 참여(제작)프로그램과 같은 말이며 일반시민(시청자)이 기획부터 제작까지 책임지고 제작하는 프로그램이다. 방송법은 KBS로 하여금 매월 100분 이상 시청자가 직접 제작한 프로그램을 편성하도록 규정하고 있다.

우리 신문들도 잡지와 방송 같을 수는 없으나 같은 원칙으로 수용자의 참여를 늘리는 한편 외부 리소스를 잘 활용한다면 그럴수록 언론 내용의 폭과 깊이는 커지고 질이 높아져, 수용자의 이익이 될 것이다. 이는 언론경영(media management)과 언론철학의 문제이며, 그간 굳어진 우리나라 신문의 관례로 봐 그야말로 편집정책과 편집국의 혁신을 전제로 한다. 언론사가 낡은 권위주의 인습을 과감하게 버릴 수 있다면 못할 이유가 없을 것이다. 경영 면에서 본다면 신문사가 분명 저효율 고비용을 개선하는 좋은 방법이 된다. 이 점을 외국의 몇 개 매체의 사례를 들어 설명해본다면 수긍하기 쉬워질 것이다.

아시아 지역 문제 취재와 보도를 전문으로 하는 시사주간지인 ≪파 이스턴 이코노믹 리뷰(The Far Eastern Economic Review)≫는 지난 20여 년 간 꾸준히 성장, 지금은 세계적으로 잘 알려진 엘리트 매체가 되었다. 우리나라에도 독자가 많다.

홍콩에 본사를 둔 이 간행물은 나도 한때 직접 관련을 맺고 있어 여러 번 가봤는데, 많은 "풀타임" 인원을 고용하고 있지 않다. 그런데도 넓은 아시아 지역 취재를 꾸준하게 하고 특종을 많이 낼 수 있었던 것은 외부 인원을 잘 활용한 편집진의 창의력과 열의 때문이었다.

한국에 독립 지국을 두지 못한 과거에도 서울에 비상근 특파원을 두어 기사취재를 열심히 했다. 기사가 실릴 때는 정규, 비정규를 구별하지 않고 똑같이 보도자 이름(바이라인, byline)을 내준다. 대부분 영미 신문의 경우 정규, 비정규를 막론하여 회사 소재지가 아닌 곳에서 기사를 써보내는 사람은 모두 특파원(correspondent)이다. 그리고 이름과 특파원이라는 직위도 같은 활자 크기로 기사 머리에 돋보이게 나온다. 비상임 특파원 보수는 정규직원 같지 않으나 원고료 외 리테이너(retainer)라고 불리는 명목으로 일정액을 매월 지급한다. 리테이너는 글자 그대로 그 사람을 붙들어두기 위한 사례금이다. 이 간행물은 그런 상근, 비상근 특파원을 아시아 전역에 두고 있을 뿐만 아니라 좋은 취재 아이디어나 정보원을 가진 사람을 발견하면 놓치지 않고 활용한다. 지금은 과거사가 되었지만 중국 여행을 하게 되는 학자, 또는 거기에 사는 전문가가 해당 분야에서 어떤 문제를 취재할 수 있다고 제의해오면 조건을 정하여 일을 의뢰하는 것이었다. 그런 신축성 있는 취재방식 때문에 중국이 "죽의 장막"으로 닫혀져 있을 때도 이 나라에 관한 타사가 못하는 생생한 보도를 많이 할 수 있었다.

미국의 ≪AP통신≫사도 리테이너 특파원을 둠으로써 미국의 중소 도시는 물론, 오지에까지 네트워크를 뻗치고 있다. ≪뉴스위크≫ ≪타임지≫ 등이 그런 식으로 한국에 사람을 두고 있다. 미국의 CNN도 그런 방법으로 세계 구석구석 많은 지역에 특파원을 두고 있을 뿐만 아니라, 확인해보지 못했으나 화면에 나오는 그 많은 앵커 얼굴들을 볼 때 모두 풀타임 직원일 리는 없겠고 계약제 파트타임 근무자라고 믿어진다.

내가 사는 호주의 ≪시드니모닝 헤럴드≫나 영미 각국의 대표적 일간지의 경우, 사전 약속 없이 사외에서 심층보도물과 그외 기고물을 보내오면 싣겠다는 광고를 미리 하는 일은 없다. 그러나 그런 기고물의 내용이 좋으면 자사 인원이 쓴 것과 다름없는 편집으로 충분히 싣는 관례가 되어 있으니 쓸 수 있는 사람은 쓸 의욕을 느끼게 되는 것이다. 기고가의 이름도 자체 인원과 같은 활자 크기로 직위의 명시 없이 붙이니 밖에서는 사외 인원이 쓴 것임을 알 수 없는 경우가 흔하다. 기고가의 직함과 소개를 붙여야 할 때는 끝에 편집자주로 짧게 그렇게 한다. ≪시드니모닝 헤럴드≫에 실리는 한국 관계 기사 대부분이 서울에서 호주언론인이 보낸 것인데, 그는 풀타임 특파원이 아니다. 이름만 봐 잘 구별이 되지 않는다. 보도라면 내용이 중요하지 쓴 사람의 직함이나 신분이 뭔가, 외부 인원인가 아닌가가 그리 중요하지 않다는 뜻도 된다.

≪뉴욕 타임스 선데이매거진≫은 이런 외부 인원을 널리 활용하는 편집정책 때문

에 세계적으로 유명한 지성지가 되고 있다. 대학이나 연구소와는 달리 일간지는 언론사 편집국의 분위기는 늘 각박하다. 잡지의 경우도 자체 인원이 기사 하나를 가지고 오랜 시간을 보낼 수는 없으므로 전문성과 오랜 리서치를 요하는 심층적이고 분석적인 작품을 내기가 어렵다.

이 점에서 외부 기고가는 유리하다. 그는 계획하기 따라서는 마감 걱정 없이 한 기사를 오래 만질 수 있을 뿐만 아니라, 전문분야에 속하는 내용에 대하여 이미 모아놓은 자료나 필요한 자료에 더 빨리 접근할 수 있는 경우가 보통이다. 내가 미국에서 다닌 신문대학원의 잡지 기사쓰기 과정에 나와 경험담을 말하던 한 여성 기고가의 얘기가 생각난다. 그는 한 심층보도 기사를 6개월 동안 썼다고 진술했다. 가정에 있으면서 남는 시간을 한 가지 제목에 정성을 쏟을 수 있어 걸작을 낼 수 있었던 것이다. 매일 여러 가지 기사를 다루어야 하는 언론사 기자에게는 불가능한 사치스러운 얘기이다.

오피니언 지면이 과연 있는가

요즘 우리나라 신문들은 부르는 이름에 약간 차이는 있어도 모두 구미 신문의 "오피니언 지면"을 두고, 과거에 비하여 훨씬 많은 내용을 여기에 싣고 있다. 이 또한 영미언론으로부터의 영향이다. 그러나 한국 신문의 지면은 일반 기사와는 달리 주관과 의견이 들어간 글, 즉 논설화(editorialized)된 글로 되어 있다는 뜻으로는 몰라도, 원래의 "오피니언 지면"이라고 볼 수 없는 이유가 있다. 그 설명을 위하여 먼저 한국의 두 영자신문인 ≪코리아 헤럴드≫와 ≪코리아 타임스≫ 얘기부터 해보겠다.

구독자들은 아는 일이지만 이 두 신문은 초창기부터 색다른 명칭과 "로고"를 붙인 고정란을 두어 외부 기고가에게 참여의 길을 널리 열어놓고 있다. 가령 ≪코리아 타임스≫의 "Thoughts of the Times"란은 거의 반세기 동안 계속되는 전통 있는 독자 칼럼(란)인데, 우리말 신문에 비하여 훨씬 적은 독자규모를 고려한다면 여기에 기고해오는 숫자는 훨씬 많은 편이다. 또 거기에 나타나는 목소리는 100만 독자를 자랑하는 우리말 신문보다 더 다양하며, 한 주요 이슈에 대한 논쟁도 우리 언론에서처럼 한두 번으로 끝나는 것이 아니라 오래 활발히 지속되는 경우가 많다.

그렇게 되는 이유를 말하라면, 첫째로 독자의 상당수가 한국에 거주하는 외국인 전문인들로서 그들의 역할이 뚜렷하고, 한국의 사정에 할 말이 많기 때문이다. 둘째(나는 이것이 더 중요하다고 보는데) 이 칼럼이 모든 사람에게 열려 있어 쓰는 사람은 웬만한 글을 쓰면 그대로 실린다는 기대를 갖기 때문이다. 예정성이란 말이다. 문장이 약해도 내용이 있으면 그대로 또는 약간 손을 봐 싣게 된다.

매일 나가는 이 칼럼은 쓰는 사람이 말하고 싶은 내용을 충분히 전개할 수 있는 길이로 고정되어 있고, 모든 글은 기고가 이름, 사진, 약력 소개 등 편집에 있어 똑같은 대접을 받는다.

우리말 신문의 오피니언 지면에는 이런 공개 칼럼란이 없다. 그 페이지에는 외부기고를 수용하는 "시론" "아침 논단" "아침을 열며" "일요논단"과 같이 돋보이게 마련된 칼럼들이 있지만 위에서 말한 영자신문의 경우처럼 모든 사람에게 똑같은 기준(특별한 경우가 아니면 원고 도착순으로)으로 실리도록 열려 있는 지면이 아니다. 신문사의 필요와 계획에 따라, 신문사가 원하는 주장과 입장을 강화하는 내용 중심으로 운영된다고 보면 맞다. 좋은 예가 큰 사건과 이슈 보도와 짝을 맞추어 외부인의 논평을 싣는 경우인데, 쓸 사람은 대부분 언론사가 내부적으로 정하여 위촉한다. 그와 함께 필자들이 쓴다. 어떤 고정 기고가 칼럼은 아예 처음부터 집필진을 정해놓고 돌아가며 쓰게 하기도 한다.

이때 언론사가 기고가를 선정·위촉하는 기준은 뻔하다. 개인적 경험과 언론사 간부들과의 비공식 대화를 통해 얻은 지식을 바탕으로 말한다면, 그리고 내용의 시사성, 기고가의 전문성과 문필력은 기본이라고 친다면, 나는 다음 세 가지가 가장 중요하다고 생각한다. 첫째는, 물론 신문사의 필요와 구미에 맞게 쓸 사람, 둘째는 기고가의 직함과 지명도, 셋째는 이상 두 조건에 힘입어 기고가가 평소 신문사와 갖는 친화적인 관계이다. 여기 지명도는 아무래도 직함이 말한다. 약방의 감초처럼 언론에 잘 나오는 얼굴은 대개 이런 조건들을 두루 만족시키는 인사들이다.

이런 상황에서 신문사는 위촉 없이 들어오는 기고를 처리할 것인지에 대한 정책을 따로 정해놓을 리가 없다. 그런 기고물의 운명은 가련하다. 대개 직함과 지명도가 약하면 실릴 확률이 없다. 그리고 실려도 대개 기고 또는 특별기고라는 이름 아래 지면의 덜 중요한 쪽에 줄여서 나오는 일이 혼하다.

외부 원고를 직접 취급해본 적이 있는 한 전직 신문사 간부의 경험담에 따르면 밖에서 자진해서 보내오는 글들은 대부분 쓸 만한 것이 없다는데, 이유가 바로 여기에 있지 않을까. 쓸 만한 내용을 보내도 실릴지 안 실릴지 모르고, 실려도 멋대로 줄여서 편집을 하는 신문을 향하여 고생스럽게 글을 준비할 전문인이 없을 것이다.

우리 언론이 기고가나 토론자 선정에 있어 직함을 중요시하는 이유 가운데는 하나는 "이런 큰 인물이 우리 칼럼에 나온다"와 같은 대외 과시를 위하여 그렇게 한다는 인상이 짙다. 우리 언론사들이 내용보다 겉치레를 가지고 극심한 경쟁을 벌이는 또 하나 결과인데, 이 또한 언론이 직위의식을 조장하는 사례이다.

나는 신문사가 위촉하여 쓰게 한 유명인들의 기고물들이 열악하다고 말하고자 하는 것은 절대 아니다. 대개 직함 있는 사람은 전문인이어서, 어떤 이슈에 전문성과 경험을 가지고 좋은 글을 쓸 수 있는 것이 사실이다. 다만 "선택된 사람들만의 글"은 "정보와 의견의 자유시장"의 원칙에 배치되며 사회의 진정한 모습을 보여주지 못한다는 것이다. 결과적으로 의견의 다양성이 희생될 뿐만 아니라 여기 오피니언은 독자의 오피니언이 아니라 언론이 원하는 오피니언이 되고 만다.

근래에는 언론개혁, 남북화해, 재벌규제 완화와 같은 주요 문제를 놓고 일부 신문사들간 이해가 엇갈리고 서로 다른 편집 방향을 좇고 있는데, 해당 신문의 기고란에 나는 글은 거의 자사의 입장을 지지하는 것들이다. 그러니 그 기고란의 말미에 붙는 "본 난의 내용은 본지의 정책과 일치하지 않을 수도 있습니다" 등의 문구는 진실이 아니다.

더욱 신문사의 구미에 맞고 직함이 큰 사람의 글은 제도권을 대변하는 글이 되기 쉽다. 우리나라에서 장(長)들의 이름으로 나가는 글들이 본인이 직접 쓰지 않고 하급 직원에게 시킨 제도권의 공식적인 의견인 경우가 많다는 것을 생각해보면 더 그렇다.

한편 이러한 언론사의 칼럼 운용은 "매스컴을 타야 하는" 사람들로 하여금 어떤 글을 써야 잘 실릴지를 잘 알아 거기에 맞추도록 만들었다. 돌아가며 쓰는 신문의 고정 칼럼(한 예로 옴부즈맨 칼럼)에 자주 나오는 많은 지식인들이 그렇게 길들여진 인상을 남긴다.

같은 나라에서 나오는 신문인데 이런 차이가 나는 이유는 여러 가지다. 그 하나는 영자신문은 특수매체로서 아무래도 영미언론의 전통을 더 따르고 있다는 사실이다. 또 하나는 우리말 신문은 독자가 많아 거기에 나오면 홍보효과가 크므로, 지면을 향하여 경합하는 사람이 많다는 점이다. 그러기 때문에 지면이 모자라며, 언론은 그 귀한 지면을 내주는 데 생색을 내는 것이다. 영자신문은 그런 유리한 입장에 놓여 있지 않은데다가 기고가는 주로 우리가 함부로 할 수 없는 외국 사람들이라 그렇게 된다.

대부분 한국 사람들이 언제부터인가, 직책상 당연한 의무일지라도 남에게 도움을 주는 일이면 당연히 생색을 내고 권위주의자가 되는 버릇을 갖게 되었다. 종합병원의 의사와 간호원이 환자를 친절하게 잘 돌보는 것은 당연한 의무이다. 이 서비스에 대한 대가로 이들은 높은 급료를 받고 있으며, 그 돈은 환자들의 주머니에서 나온다. 그런데도 그들은 환자에게 권위주의적으로 임해왔다. 누구의 소유이든 사회적 자산으로 사회 전체의 이익에 맞게 운영되어야 할 언론도 그 모양이다.

경제발전에 힘입어 그간 양적으로 엄청난 성장을 한 한국언론은 이상하게도 외부 관계에서는 개방보다 폐쇄, 민주보다 관료주의 쪽으로 더 간 느낌이다. 경제발전에 따라 관료와 함께 산업과 지식인 집단(특히 대학교수, 연구 종사자, 컨설턴트, 성직자 등)

의 급속한 양적 증가에 따라 매스컴을 필요로 하는 사람이 늘어나면서 언론사는 과거보다 매체를 공기(public medium)가 아니라 다른 사람이 가질 수 없는 특권과 이권으로 여기는 습성에 더 익숙해진 것 같다.

독자의 소리

우리 신문의 오피니언 지면에는 독자들에게 비교적 공정하게 열려 있는 고정된 공간이 있다. 독자란(독자의 소리, 독자의 편지, 여론의 광장 등 신문사마다 이름이 다르다)이다. 이 지면이 비교적 공정하게 외부에 열려 있는 이유는 독자부가 있어 들어오는 글은 모두 심사대상이 되며, 한 사람이 쓸 수 있는 글의 길이는 짧은 대신 여러 사람의 것을 한번에 싣게 하는 정해진 정책 때문이다.

길이가 제한되어 있어 편지를 보내는 사람은 문제의 제기, 현안 문제에 대한 찬반 의견이나 짧은 논평 정도로 끝나야 하지만, 여러 소리가 동시에 실려 그야말로 "여론의 광장"이 될 수 있다.

이 난은 어느 구미 신문에 빠지지 않고 있는 "편집자에 대한 편지"(Letters to the Editor)란을 그대로 옮겨온 것이다. 그러나 우리나라 전국지의 독자란에 실리는 내용을 보면 구미 신문의 그것과는 달리 대부분 생활주변의 비교적 사소한 문제들을 다루고 있고, "편지" 수도 훨씬 적은 것이 특징이다. 대부분 쓰레기장, 한글 맞춤법, 로마자 표기법, 공중도덕에 관한 지적들이 되풀이되어 나오는 것을 보게 된다. 다음은 어느 날 한 신문의 독자란에 나온 "편지"들의 제목이다. "학교에 컴퓨터 보급 시급" "대학 교양과정 내용 부실" "투기판 같은 증권사 객장" "틀린 안내판 몇 달째 방치" "공문서에 표준말 써야" "담보, 법무사 거쳐야 하나" 등이다. 또 한 날의 예는 "한국 축구 수준 높이기 나서라" "인구주택조사원 교육 형편없어" "지갑 찾아주고 사례 사절까지" 등이다.

중요한 지면을 잔 불평이나 지적을 산만하게 다룸으로써 더 큰 이슈에 대한 여론 형성에 기여를 못하고 있다는 생각이 든다. 한 신문의 독자란 담당자는 일반 시민들의 일차 관심은 주변의 문제일 수밖에 없기 때문이라고 설명하나, 길거리에서 만나는 일반 사람들의 정치와 국사에 대한 관심과 분노 등을 생각할 때 설득력 있게 들리지 않는다. 우리 언론은 아직도 큰 문제에 대한 서민들의 참여를 별로 환영하지 않기 때문에 그렇게 된다고 여겨진다. 실은, 독자란에 나는 잔 문제들은 큰 문제가 해결돼야 개선될 성질의 것들이다.

구미사회에서 한국에서와 같은 큰 비리가 터졌다고 한다면 이 난은 그런 문제에 대한 국민들의 빗발치는 항의나 의견으로 채워진다. 얼마 전 호주에서는 한 연방정부

장관(하원 의원)이 의원들이 공용으로 쓰는 무료 전화카드를 아들에게 사용하게 한 사건이 발생하여 정치문제로 비화했는데, 모든 신문들의 독자란은 장관은 전화비를 갚고 사임하라는 편지로 매일 가득 메워졌다. 결국 장관은 돈을 갚아냈다.

목마른 사람이 샘을 판다

명색이 오피니언 지면의 편집 운영이 그렇게 폐쇄적이라면 사내(외부가 아니라) 직원의 고유 지면이라고 여겨져 온 일반 보도 면에 대하여서는 더 말할 나위가 없다. 그런데 나는 이미 제1장에서 기자의 위치를 논하면서(주 17, 321쪽 참조) 시사한 대로 신문사가 정말 저비용, 고효율을 위한 개혁을 시도해볼 수 있는 길은 이 지면에 외부 인원의 참여를 넓히는 것이라고 믿는다.

지금의 우리 언론사 편집국의 분위기로 봐서, 이런 주장은 자다가 꿈꾸는 소리 정도로 받아질 줄 잘 안다. 그렇지만 생각해보자. 인원 부족을 구실로, 흥미 중심의 행사기사는 늘어도 이슈 중심의 심층보도는 줄어드는 언론의 문제에 대한 대안은 달리 없지 않은가.

이미 이 책의 여러 곳에서 지적한 바이지만, 우리 언론의 한 가지 큰 취약점은 리서치 중심 심층보도가 양적으로 아주 모자란다는 것이다. 그렇게 되는 이유는 간단하다. 기자 한 사람이 한 달 동안 심층보도를 몇 개나 생산해낼 수 있는가를 생각해보면 된다. 그런 보도는 취재, 분석, 쓰기 단계를 합해 막대한 시간과 노력을 요한다.

그러니 자체 인원만으로는 매우 제한될 수밖에 없는 것이다. 우리 언론이 외부의 인적 리소스 활용에 대한 소극성 및 열의 부족은 언론의 권위주의의 결과이다. 한 예로 현재 신문의 보도를 위한 유일한 고정 외부 인원의 채용제도를 들어보자. 이들을 발굴해야 할 언론사는 자기들은 아쉽지 않다는 태도다. 하고 싶은 사람이 먼저 접근하고, 대개의 경우 어떤 식이든 줄이 닿아야 하게 된다. 목말라서 샘을 파야 하는 쪽은 하고 싶어하는 쪽이지 언론사가 아닌 상황이다.

언론사의 열의 부족은 이 직책을 굳이 통신원이라고 부르기를 고집하는 지금의 관행에서도 알 수 있다. 현재 모든 언론사가 지키는 관행은, 밖에서 기사를 송고하는 자사 정규직원은 격을 높여 특파원, 비정규직원은 격을 낮추어 통신원이라고 부른다. 그러니 언론인 자격을 제대로 갖춘 언론인이 그런 일을 잘하려고 안한다.

이와 같은 편집국의 태도는 자체 인원과 외부에서 들어오는 보도물을 취급하는 데서도 그대로 나타난다. 예컨대, 신문사들은 자체 인원이 장관을 수행하거나 다른 계기로 해외에 나가 기사를 보내면 그 내용이 책자에 나와 있는 정도 수준밖에 안되더라도 "○○○특파원발"이라는 큰 이름과 함께 거창하게 보도된다. 그러나 밖에서 비정규인원이 보내는 기사는, 노력이 더 들어간 결과, 내용이 더 새롭고 우수해도 안 싣거나 줄여서 지면 한쪽 구석에 낸다.

언론사가 외부 기고를 공개적으로 받아들이는 제도를 확립하자면 편집국에 이를 심사할 전담 기구가 생겨야 한다. 그 기구는 단순히 부, 또는 편집국 간부들로 된 위원회 조직이 될 수도 있고 별도일 수도 있다. 그 기구는 정기적으로 기사를 기고할 잠재적 외부 인원을 발굴하고 관리할 책임도 가져야 할 것이다. 또 외부 보도물의 채택과 편집 기준도 만들어야 할 것이다. 지금의 상황에서는 제 발로 들어온 무명인의 원고는 편집국 어느 책상에 있다가 언제 쓰레기통으로 갈지 모른다. 한때 고위 편집국 간부를 지낸 한 중앙지의 언론인에 따르면 우편으로 기고물이 도착하면 이것이 어디로 갈지 불확실하다. 대개 편집국장이 부국장이나 특정 기자에게 건네지만 그냥 잠적하고 말기가 일쑤다.

기사 현상공모는 왜 없는가?

보도(reporting)와 글(writing)은 다르다 함을 이미 여러 곳에서 지적했다(주 17, 발로 쓴다, 321쪽 참조). 글은 이미 알고 있는 지식만을 가지고 쓴다. 그러므로 글은 도서관에 가 책과 자료만 읽고 쓸 수 있다. 보도는 다르다. 밖에 나가서 취재를 해야 한다. 글이 많고 보도가 적은 것은 우리 신문과 잡지의 특징이다. 그 이유는 바로 위에서 지적한 대로 언론사는 외부 인원의 기사쓰기를 환영하지 않으며, 신문의 주요 기고란을 거의 독점하는 대학교수와 전문인은 "발로 쓰지" 않기 때문이다. 그들은 밖에 나가 취재하는 하는 일은 힘들어 달갑지 않을 뿐만 아니라 선비의 몫이 아니라고 보는 것 같다. 그러나 우리 언론이 가장 역점을 두어야 할 분야가 사회문제 해결이라고 생각할 때 이 점은 참으로 안타까운 일이다. 사유와 당위론이 중심이 되는 교과서적 지식을 나열하는 글은 이미 과잉이며, 현실문제 해결에 크게 기여하지 못하고 있는 것이 사실이다.

우리나라에는 언론사와 다른 단체들이 주관이 되어 소설, 시, 수필, 논픽션 등 우수 문학작품을 현상공모하는 전통이 오래 전부터 굳건히 자리를 잡았다. 입상자들은 상당액의 상금을 받을 뿐만 아니라 이 과정을 거쳐 문단에 등단하게 된다. 이것은 문학 지망생들에게 엄청난 인센티브이다. 국전 등 여러 종류의 전시회가 미술가, 예술가, 사진작가들에게 등용의 길이 되는 것과 같다. 또 직능 단체들이 상금을 걸고 관련 분야 논문을 현상 공모하는 제도도 많다. 그러나 논문은 대개 글이다.

언론분야에는 왜 그런 제도가 없는지 생각해보는 사람은 없는 것 같다. 논픽션 작품 현상모집이 있을 정도다. 참 애석한 일이다. 논픽션 당선 작품 가운데는 보도적 내용을 담은 것들이 더러 있으나 목적이 문학의 장르로 시작된 것이므로 대부분 생활수기이며 저널리즘보다 문학을 더 지향하고 있다고 생각된다. 우리나라가 안고 있는 심각한 사회문제의 해결을 위해서 수준 높은 심층보도가 절실히 필요한 데도 늘 미진한 것을 생각할 때, 이런 보도물을 장려하려는 사업이 그 흔한 문학작품과 논문 현상공모만큼의 가치가 없을까?

이따금 언론사가 민간재단의 지원을 받아 기획기사를 싣는 것을 보게 된다. 그런데 그런 특집 일거리를 교수들에게 맡기는 결과, 그들의 학문적 관심사일 수밖에 없는 외국의 석학의 사상, 미국 등 강대국의 정책을 소개하는 '글'에 쓰여지고 있는 것을 보고 아깝다는 생각이 든다. 이런 내용들은 우리 사회문제 해결과는 비교적 거리가 멀기도 하지만, 언론이 아니더라도 서적과 학술잡지 등의 다른 매체를 통하여 더 잘 다뤄질 수 있고 기실 이미 과잉이라고 할 만큼 많이 다뤄진 내용들이기 때문이다.

요즘 은퇴 나이 전에 언론사를 타율적으로 떠나 쉬는 사람이 우리나라에 많다. 이런 인원들을 대상으로 우수한 심층보도 기사쓰기를 권장하는 제도를 만든다면 신문의 질을 높일 수 있는 훌륭한 길이 될 것이다. 이들 잠재적 자유기고가들을 중심으로 누군가 "신디케이트 칼럼니스트" 조직을 만드는 것도 한 가지 아이디어이지만 언론의 태도가 먼저 변하지 않고는 될 수 없는 일이다.

8. 야누스 언론 — 언론은 사설보다는 모범으로 보여야

우리의 신문 사설을 읽어보면 틀린 말이 하나도 없다. 그 지적, 주장, 반박, 질타 모두가 옳다. 사설뿐이 아니다. 신문과 잡지와 텔레비전 프로에 나오는 외부 기고가들의 칼럼이나 저명인사들의 강연이 모두 그러하다. 이런 글과 강연 가운데는 인간은 어떻게 살아야 하는가를 말하는 설교조가 많은데 예외 없이 직위와 돈보다 인간다운 삶이 더 중요하다고 역설한다.

그런데 평소 언론의 보도를 보면 그게 아니다. 인간답게 살지 말라든가 그릇되게 살라고 말하지는 않으나, 실제는 그런 쪽으로 사람들의 가치관과 행동이 바뀌도록 쓰고 말하는 일이 다반사다. 그 보도는 과거 행적이야 어찌 되었든 큰 직위를 차지한 사람, 큰돈을 번 사람들의 얘기로 가득 차 있으며, 그럼으로써 그들이 출세한 사람, 성공한 사람, 우리 사회의 인물이라고 대중에게 줄기차게 가르치고 있다.

우리 사회의 과거와 현재를 봐 출세와 성공이 참되게 사는 것과 정비례해왔다면 좋은데, 오히려 그 반대가 현실이었다면 이것은 사회에 심각한 후유증을 남기게 되어 있다. 우리나라에서 대부분 기회주의자들이 그렇지 않은 사람들보다 출세하는 확률이 높았다. 지금도 그렇다. 나는 현재 계속되는 MBC의 인기 프로 <성공시대>에 나오는 인물들을 보고 느끼는 바 크다. 이들 모두가 "성공"하기까지 쏟아부은 피나는 노력을 백 번 인정한다 하더라도 그 가운데 상당수 인사들의 노력은 과연 모두 정당한 것이었을까 하는 의문을 갖게 하는 부분도 많았다. 군사정권시절 집권 주체세력에서 밀려났다가 다시 복귀하여 요직에 오른 한 인사가 열 올리며 한 성공담이 기억난다. 그는 말하기를 한국사회에서는 어려울 때일수록 약세를 보이면 안된다는 것이다. 그리하여 어디서 돈을 끌어모아 최고급 벤츠차를 사고, 모든 소지품을 외제 최고품으로 갖추고 1년 동안 독한 마음을 먹고 그야말로 피눈물나는 노력으로 하니까 일이 되더라는 것이다. 그가 의미하는 노력은 정권의 실세들과의 줄 만들기였다.

모든 다른 나라에서와 마찬가지로 우리나라에서도 성공 사례 얘기가 인기를 누리는데, 이때 성공은 대개 돈 벌고 명성을 날리는 것, 곧 출세를 의미한다. 그것은 좋다. 그런데 그 출세나 성공이 어떤 방법으로 이뤄지든 묻지 않는 것이 문제디. 언론도 그 출세를 덩달아 성공 사례로 추켜세운다면, "인간답게 살아야 한다"고 쓴 그 언론의 사설은 설득력이 있을 수 없고, 사람들을 헷갈리게 만들 뿐이다. 이런 두 얼굴을 보이는 우리 언론의 행태를 나는 "야누스 언론"이라고 부르고자 한다.

제4장에서 인물보도를 다루면서 이 문제를 일부 논한 셈이다. 언론이 글로는 도의와 인격을 강조하면서도 보도에 있어서는 도의와 인격과는 거리가 멀게 "한 자리" 한 인물을 추켜세우는 이율배반성이다. 그런데 우리 언론의 내용을 잘 분석해보면 인물뿐만 아니고 다른 여러 가치 분야에도 많다. 여기서 그런 사례들을 몇 가지 들어보고자 한다.

먼저 우리나라에서 흔한 얘깃거리인 입시지옥이다. 고교생이 과중한 시험 공부를 못 견디거나 성적 부진의 좌절감 끝에 자살하는 사건이 보도되면 언론은 으레 그 다음날 일류대학병을 개탄하는 사설을 싣는다. 그러나 평소 언론의 보도 양식은 다르다. "그는 현재 당당한 하버드 대학생이다"라든가, "더 이상 명문대 출신자들이 안 온다" "서울대 출신 판사와 결혼하는 아역 배우 출신 탤런트"와 같은 가치관이 듬뿍 담긴 표현을 밥먹듯 사용해 이 "망국병"을 부추긴다. 또 매번 입시 때가 되면 부모들이 자녀의 일류대학 합격을 기원하느라 법당 앞에서 밤을 세우며 불공을 올리는 장면 사진을 크게 싣고 "학부모들의 정성"과 같은 설명을 붙인다. 물론 언론은 그것은 사실보도, "인간성 흥미 보도"라고 말할지 모르지만, 대중의 행동에 미치는 효과는 어떻게 하나?

학교뿐이 아니다. 이런 기사는 어떤가? "K씨의 고향인 ×××주민들은 K씨의 사시 합격을 자신들의 일처럼 기뻐하며 오는 16일 마을 잔치를 성대하게 열기로 했다.”
이 기사 속의 K씨는 10년의 각고 끝에 40세의 늦은 나이로 사시에 합격한 것이다.
그 집념은 충분히 이해가 가지만 언론이 이를 마을 잔치를 열 만한 성공으로 투영하
고, 때로는 “인재가 많기로 유명한 사시 8회” 같은 제목을 단 기사를 싣는다면 그런
혹독하고 불건전한 경쟁의 길을 택하는 사람이 많아지지 않을까. 그런 사회는 어떤
사회가 될까? 한번 합격만 하면 무조건 일생이 보장되는 이 등용 제도의 불합리성과 그
런 과정을 거쳐 만들어진 판검사들 집단인 우리나라 사정 기관의 공신력 추락은 이미
잘 알려진 사실이다. 그런 사법부의 개혁을 언론도 주장해 오던 터가 아닌가.

왕회장, 총회장

우리 사회의 주요 이슈인 연고주의에 대하여서도 할 말이 있다. 언론의 사설들은
공공분야에서 학연, 지연, 혈연 중심의 인사도 망국병이라면서 수시로 도마에 올린다.
그런데 보도는 다르다. 한 예로 “대한민국의 4대 결속력 연구”와 같은 특집을 만들어
어느 대학 또는 고등학교 동창회와 어느 지방 모임의 회원들의 “찰떡 같은 유대”가
무슨 자랑거리처럼 깨알같이 적는 것이다. 어떤 특집은 “명문고 스타워즈”라는 제목
아래 경기고, 경북고, 광주일고, 대전고 출신의 국회의원들의 분포를 자세히 소개하
고 있는 것이다. 이것이야말로 언론이 학연을 중심으로 한 패거리 정치를 조장하는
것이 아니고 무엇인가?

“한국의 파워 집단, 서울고가 뜨고 있다” “한국외대 전성시대” “눈길 끄는 경희대
부상”과 같은 기사 머리들도 모두 실제 언론에 나온 것들이다. 이런 기사를 읽고 듣
는 당사자들은 모교에 대하여는 소속감, 동창끼리는 더 강한 연대의식을 느낄지 모르
지만, 그것이 사회에 미치는 효과는 연고주의를 심화시키는 일이다.

언론은 평소 자유분방한 신세대 문화를 찬양하는 듯한 특집을 자주 싣고, 청소년들
의 성 억압으로부터의 해방을 구실로 외설 시비가 붙은 문학작품을 옹호하고 나선다.
그러다가 10대들이 낀 청소년 성매매 사건, 남녀 중고생들이 함께 어우러져 술을 마
시다가 떼죽음을 당하는 인천 호프집 화재 사건과 같은 사고가 터지면 젊은이들의
일탈을 개탄하는 사설과 논평으로 지면을 도배한다. 한국에서 잘 나가는 “황색” 잡지
나 선정적인 책을 내는 출판사의 자본주가 알고보면 큰 신문사들이다.

1997년 환란 이후 언론은 과거 한국사회의 “거품”을 비난하고 반성을 촉구하는 글
과 프로를 엄청나게 내보냈다. 그러다가 경제가 회복의 기미가 보이고 주가가 폭등하
고 벤처 기업으로 벼락부자가 나오자 언론은 어느덧 근검절약은 저리 가라고 온통
떼 돈 벌어 물 쓰듯 하는 사람들의 애기로 바람을 잡아나갔다. 그런 들뜬 사회 분위

기 속에서 주식과 벤처 투자에 어떻게 쉽게 돈을 벌 것인가를 가르치는 책과 글들이 쏟아져나왔다. 그러다가 주식과 코스닥 시장이 붕괴하기 시작하자 언론은 이 산업의 "거품"을 질타하기 시작했다. 이 또한 야누스 언론의 사례라면 사례다.

우리나라 언론이 기사에서 돈 많은 특정 기업인과 반대로 가난한 서민에게 쓰는 직위명 및 호칭도 알고 보면 모순투성이다. 왕회장, 총회장, 총재, 총장, 의장, 여사, 아줌마, 아저씨, 할아버지와 같은 서로간 극명한 직위 차별을 나타내는 호칭 방법이다. 영미 국가에서 보면 아들이 회장이고 그 밑에 사장들을 거느리고 아버지가 총(왕)회장이 되는 그런 경영 체제는 없다. 회사의 대주주는 이사회 임원이 되고 이사회로부터 위임을 받다 경영을 맡는 사장(CEO; chief executive officer)이 있을 뿐이다. 족벌 경영 대기업의 폐단을 늘 꾸짖는 언론이 굳이 이런 표현을 사용해가면서 대기업의 총수를 황제처럼 보이게 만들어도 되는가. 또 같은 여성인데 한쪽은 여사, 다른 쪽은 아줌마라고 불러도 되는가. 이런 관례가 모두 국민간 불필요한 지위 의식과 그에 따른 갈등을 심화시키는 장본인인데 언론도 "억울하면 출세하라"고 대꾸할 것인가. 평소 "더불어 사는 사회"가 되어야 한다고 역설하는 사설 내용과는 앞뒤가 안 맞는다.

우리 언론이 사설과 논평으로는 사대주의를 비난하면서 실제 보도에서는 바로 그것을 선도하고 있는 사례는 제9장에서 국제보도를 사례로 들면서 충분히 다뤄졌으므로 여기서는 생략한다.

이상은 사회 가치관 분야에서의 얘기이고 정책분야에서의 보도의 이율배반 또한 심각하다. 이때까지 재벌 규제(또는 육성)정책과 관련, 언론의 주장이 그래왔다. 이런 것도 한 좋은 사례이다. 2000년 11월초 우리나라 건설업계의 간판 격인 현대건설이 부도 위기에 직면하자 한 주류신문의 사설은 일부 이렇게 썼다. "계열 분리 전의 현대가 다른 기업에 비해 구조조정에 소극적이면서 막대한 자금 수요가 지속적으로 발생하는 대북사업에만 기업의 명운을 걸다시피 한 것 또한 오늘의 사태를 불러일으키는 데 작용했다." 지당한 말이다. 그런데 현대그룹의 총수가 대북 사업의 문을 열기 위해서 수백 마리의 소 떼를 이끌고 판문점을 지나 북한에 들어갈 때, 그리고 그후 이어진 엄청난 돈을 퍼부어야 할 금강산 관광 사업 개발에 대하여 세상이 들뜨게 보도한 것이 바로 그 언론 아닌가. 그 보도가 얼마나 선정적이었으면 "정주영 씨는 역시 인물이다"라는 말로 대중이 그를 부러워했을까.

9. 뉴스 장사인가 사회문제의 해결인가 - 사고가 터져야 쓰고 찍는다

시간이 좀 지났지만 성수대교, 삼풍백화점, 그리고 대구 지하철 공사의 붕괴, 씨랜드 어린이 참사, 경기도 광주 기숙학원의 화재는 한국사회의 총체적 부실을 웅변적으로 보여준 큰 사건이었다. 1994년 서울에 와, 한 여관에 머물고 있을 때였다. 아침, 잠에서 깨어나 누운 채 텔레비전을 켜보고 큰일이 터진 것을 알았다. 육중한 다리의 한 부분이 그 위를 달리던 출근길의 차량들과 함께 아래로 내려앉은 것이다. 특히 등교하던 고등학교 학생들도 많이 떨어져 참사를 당했다. 그날 오후까지 3개 텔레비전을 통하여 들은 흥분된 앵커의 목소리와 사고 현장이 지금도 머리 속에 생생하다.

몇 년 후 어처구니없는 일이 또 일어났다. 서울의 거대한 건물이 갑자기 무너져 600여 명의 사망자를 낸 것이다. 이번에도 텔레비전이 그 독보적인 기능을 철저히 발휘했다. 온 국민이 내려앉은 삼풍백화점의 처참한 현장은 물론, 시시각각으로 진행되는 구조 사항을 지켜보느라 며칠 동안 텔레비전 앞을 떠날 줄 몰랐다.

텔레비전이 이와 같은 위기 뉴스를 신속하고 자세하게 보도하여 국민 모두에게 알린다면 당연하다. 그러나 그것이 언론의 기능과 책임의 전부일 수는 없다. 언론이 그와 같은 열의와 극성으로 사고를 경고하는 일을 몇 년 전부터 해왔으면 이런 불행은 미연에 방지할 수 있었지 않았을까 하는 아쉬운 생각이다. 또 첫번째 사고 후 자세한 보도를 통하여 그 원인과 장기적 대책에 대하여 끈덕지게 문제를 제기하여 왔으면 사고가 뒤따라 안 일어났을지 모른다. "사고는 일어난다"(Accident will happen). 그러나 줄일 수는 있지 않은가. 언론은 그런 기능도 잘해야 한다. 그런데 우리 언론은 늘 "사후약방문"(死後藥方文)하는 일을 더 잘해왔다.

텔레비전은 처참하게 죽은 사람의 시체를 보여주고, 유가족들이 울부짖는 장면을 되풀이해서 보여주는 데 드는 정력과 재원의 반이라도 사고의 가능성을 경고하고 책임있는 기관의 행동을 촉구하는 한 시간짜리 심층 다큐를 일찍부터 여러 번 내보내는 데 쓸 수는 없었을까? 신문도 마찬가지다. 사고가 나 사람이 죽으면 그 참상을 소설처럼 묘사하는 데 바쁘다. 성수대교는 순간에 내려앉았지만, 그 원인은 분명 오랜 기간 안 보이게 쌓여왔을 것이다. 다리를 떠받치고 있는 어느 철근 기둥의 부식 등 직접적이고 기술적인 원인 뒤에는 그것을 조장하거나 방치한 더 큰 사회적 원인이 있을 것이다.

언론은 언제나 나름대로 할말이 있다. 먼저 인원 부족이다. 그러나 사고가 터지면 언론사들은 굉장한 호재를 만난 듯 특별 취재반을 편성, 며칠을 우려먹는 것을 보면 그것도 납득이 안 간다. 더 중요한 이유는 편집국 의사 결정자들의 복지부동이다. 오만이라고 말해도 될지 모른다. 만약 누군가가 편집국에 전화를 하여 다리의 한쪽에 금이 갔다고 제보를 해주었다면 뭐라고 말했을까. 틀림없이 "당신 누구십니까"라고 물어올 것이다. 어느 정도 납득이 되어도 상대가 무명인이면 이번에는 시사성이 없다고 대답할 것이다. 시사성이 없다는 말은 사고가 터지기 전에는 긴박감, 그리고 흥미성과 선정성 모두 없다는 뜻이 된다. 우리 언론은 겉으로 내세우는 주장과는 달리 보도를 문제해결보다 뉴스 장사를 우선으로 해 나가고 있다는 증거가 된다. 언론사간 벌이는 치열한 사건 속보 경쟁만 봐도 그것을 알 수 있다. 언론은 그런 것이라며 체념을 해야 할까?

안될지 알면서 쓰는 사설

사회문제를 보는 대로 적기는 쉬워도 해결책을 찾는 일은 여간 어렵지 않다. 해결책은 과학적이어야 한다. 그래도 그것이 잘될까말까인데 과학성이 결여되어 있다면 결과는 보나마나이다. 사회문제들의 원인이 되는 사회조직(사회가 어떻게 돌아가는가)은 복잡다단하여 해결책은 분석을 절대 필요로 한다. 분석은 과학이다.

사회문제 해결은 이론과 함께 그 이론이 실천으로 옮겨질 때 비로소 명실공히 해결책이 된다. 실천은 구성원들이 따라 움직여 주어야 가능하다. 이 단계가 어려워 대개 사회문제 해결이 어렵다. 왜 사람들은 따라 움직여주지 않는가? 이 이유 설명 또한 과학적이어야 한다. 이미 지적한 대로 사람들이 어떤 행동을 하거나 하지 않는다면 거기에는 그럴 만한 과학적 이유가 꼭 있기 때문이다.

그러니 사회문제의 원인을 규명하고 대안을 제시하는 보도는 사실보도와는 달리 분석적이며 심층적이어서 어느 정도 길지 않을 수 없다. 나는 이런 형의 보도를 과학적 분석 중심의 문제해결형 보도라고 불렀다.

어느 나라에서든 보도는 속성상 과학성이 결여되기 쉽지만, 우리의 경우는 정말 그렇다. 우리 언론이 사회문제 해결을 위한다며 그렇게 많이 보도하고 비판을 가하지만 사회가 달라지지 않는 이유가 대부분 여기에 있다고 생각한다.

사회과학 방법론을 다룬 제2장(54쪽 참조)에서 설명한 대로 과학성의 한 가지 조건은 문제의 원인이 될 만한 큰 변수들 전부(전부가 불가능하다면 가능한 한 많이)를 분석에 포함시키는 일이다. "장님 코끼리 만져보고 말하기"란 바로 이 조건이 잘못된 경우이며 많은 변수 가운데 한 가지만 분석에 넣고 사회문제를 논한다면 그렇게 된다.

우리 학계의 논문과 언론의 사설과 보도는 그런 예로 가득 차 있다. 한국사회의 실체를 제대로 이해하자면 매우 많은 변수를 분석에 넣어야 한다. 경제적, 정치적, 행태적, 역사적, 지형학적 변수 등 무한하다. 그런데 학자들은 각자의 한정된 전문성에 따라 그것을 경제로만, 정치로만, 또는 역사로만 분석하고 이해하려고 한다. 언론이야 더 말할 나위가 없다. 한 측면만 보고 말하는 주장은 사회문제 해결에 도움을 못 준다.

우리나라 퇴폐산업과 고액 과외는 언론의 사회문제 보도의 단골 메뉴이다. 언론은 그 원인으로 법 규정의 미비와 공무원의 직무유기, 시민의 도덕성 등 시쳇말로 "도덕적 해이"(moral hazard)를 지적한다. 당연히 대안으로는 법 규정의 강화, 공무원의 감독과 단속 업무의 재점검, 시민들의 도덕적 각성을 제안한다.

그러나 이러한 사항들은 그 많은 원인들 가운데 일부인 근인(近因)이다. 더 근본적인 원인(遠因)은 다름아닌 우리 사회에는 너무 쉽게 돈을 벌고, 너무 쉽게 돈을 쓰는 특수 부유층이 존재한다는 사실이다. 쉽게 쓸 돈이 없다면 그렇게 비싼 룸살롱이나 과외를 이용할 사람이 없어 그 산업은 자연히 사라진다. 언론의 사설과 보도는 늘 얼른 눈에 보이는 근원을 지적하고 나무라는 데 익숙하다. 과학적이 되지 못한다는 말이다. 근본 원인은 그대로 두고 단속만 강화한다면 산업은 형태를 바꿔 번성한다.

사건과 사회문제를 보도하면서 인용되는 "전문가의 진단"은 어떤가. 크게 다르지 않다. "도의의 타락이 원인이다" "산업화 사회의 병폐다" "가정교육이 잘못되었다" "유교적 뿌리에 있다" "군사문화의 결과다" "학교교육이 잘못되었으니 교육제도를 개혁해야 한다" "더불어 살려는 생각이 없는 것이 문제다"와 같은 말이 결론이다. 저마다 같은 실제의 다른 한 면을 하나씩 지적하고 있는 것이다.

과학성을 설명하는 또 다른 한 가지는 "일정 조건 아래에서는 일정한 결과가 언제나 오는 관계(인과관계)"를 밝히는 것이다. 언제는 오고 언제는 오지 않는다면 과학이 아니다. 그러므로 우리 사회에 어떤 커다란 사건이 발생하면 그것은 당연히 올 것이 온 것이다. 그럴 때마다 우리 언론의 사설이나 칼럼은 "믿어지지 않는다" "어이가 없다" "어쩌다가 우리 사회가 이렇게 되었는가"와 같은 수사로 메워진다면 이 또한 우리가 얼마나 비과학적인가를 잘 보여주는 좋은 예가 된다.

우리 신문의 사설과 칼럼 가운데는 주어진 상황으로 봐서(과학적으로 봐서) 불가능할 것이 뻔한데, 뭘 "바란다"라든가 "기대해본다"와 같은 무책임한 말로 끝나는 유가 너무 많다. 이 또한 비과학적 언론의 좋은 예이다. 그 흔한 개각 후마다 사설은 "새 정부(또는 새 내각)에 바란다"는 제목으로 좋은 것을 다 해달라고 주문하는데, 이것이 국회의원 후보자들이 남발하는 공약(空約)과 다를 바가 무언가? 금권 선거로 집권한 정권을 향하여 깨끗한 사회를 만들어달라고 하고, 정직한 사람이 출세할 수 없게 되어 있는 사회에서 자란 젊은이들을 향하여 "인격이 바로 서야 성공한다"라는 글을 쓴다면 모두 과학성이 결여된 일이다.

아래에 정권 중반기를 넘긴 김대중 대통령에게 대한 충고로 쓰여진 한 신문 사설의 한 구절을 인용해보자.

레임덕의 도래를 부정하지 말고 그 파고를 현명하게 타고 넘을 길을 찾아야 한다. 그 요체는 국정의 효율성을 높이고 민심을 잡는 것이다. 그 고리는 권력자가 마음을 비우고 권력을 나누는 데 있다. 달리 말하면 민주주의를 실천하는 것, 이것이 레임덕도 막고 나라도 살리는 길이다. 김 대통령의 개심(改心)과 개안(開眼)을 촉구한다.

참 좋은 말이다. 그런데 우리나라의 정치, 사회, 문화적 여건을 보면 누가 대통령이 되어도 그런 충고대로 일이 안되게 되어 있다. 안되게 되어 있는 변수들은 고려에 넣지 않고 "해야 한다"라든가 "촉구한다"면 역시 비과학적이다. 그러므로 그 주문은 처음부터 헛소리요, 말장난이 된다. 사설이란 원래 그렇게 되기 쉬운 사정을 인정하면서도 늘 반복되는 것을 보면 돈 아깝다는 생각이 든다.

언론의 사설이나 보도가 그렇게 되기 쉬운 이유는 한 가지 이유는, 언론은 하루 단위로 일어나는 뉴스의 보도 기능에 맞게 조직되어 있어 시간을 요하는 조사, 연구를 잘할 수가 없기 때문이다. 그런 의미에서 언론은 머리 좋은 사람들이 모여 재치있고 빠르게 세상 돌아가는 일을 알리는 사회의 중추 신경 노릇은 잘할 수는 있어도 싱크 탱크(think tank)가 되기가 어렵다.

또 다른 이유는 많은 변수를 분석에 넣는 리서치의 결과는 긴 보고서 형식으로 쓰여져야 한다. 그런데 그런 내용은 언론의 포맷에 맞지 않는다. 수용자의 취향을 먼저 생각해야 하는 언론은 복잡한 내용을 짧고 재미있게 읽고 들을 수 있는 보도와 논평으로 바꿔 전달하게 된다. 그래서 언론의 보도는 과학성이 결여된 레토릭을 많이 사용해 문제의 묘사는 잘 해도 대안 제시는 잘못한다.

사기업인 언론을 향하여 독자, 청취자, 시청자들을 잃어버리기 쉬운 글과 프로를 많이 내보내라면 될 일이 아니다. 그러나 이렇게 할 수는 있지 않을까? 몇십 년을 거의 같은 형식으로 문제를 묘사하고 논평을 반복하는 인원과 재원을 일부 아껴, 1년에 단 한두 번이라도 사회문제에 대한 리서치 중심의 종합적인 심층보도를 내보내라는 것이다. 이미 언급한 대로 내가 관심을 갖는 한국언론의 해외교민사회 보도가 좋은 예이다. 그 보도는 언제 해도 장소, 면접에 응한 교민의 이름을 뺀다면 똑같은 이야기로 되어 있다.

명심보감 웬 말인가?

리서치가 본업이 아닌 언론이 좀 더 리서치 중심의 보도와 비판을 할 수 있으려면 대학과 전문 연구기관과 긴밀한 링크를 가져야 하며, 또 그런 싱크 탱크 집단이 현실사회에 대한 사회과학적인 정책연구를 활발하게 진행하여 풍부한 자료를 내놓아야 한다.

우리나라에 있는 그 많은 대학과 연구기관은 늘 언론기관을 필요로 하고 있어, 양자간 긴밀한 연계를 구축하는 일은 조금도 어렵지 않다. 그러나 대학과 연구기관이 "연구를 위한 연구"는 많아도 현실 사회문제 해결이라는 실천적(또는 정책적) 목적을 가지고 하는 사회과학적 연구가 없다. 그러니 언론이 가져다 쓸 만한 자료가 없다. 언론에 나타나는 내용을 근거로 말해본다면, 여론조사기관에 맡겨서 얻게 된 단편적인 자료와 학위 논문이나 학술 세미나 발표에서 인용한 흔한 사회문제의 묘사가 전부다.

한국은 계속 노사간 대립, 각종 집단이익을 위한 시위, 대형 사고, 범죄 등에서 볼 수 있는 대로 사회 구성원 간 일체감 부족으로 사회 분규와 갈등이 심각하다. 그리하여 주요 국가적 이슈에 대한 사회적 합의가 잘 안 이뤄진다. 누가 지도자가 되든 국정 운영이 어려운 한 가지 이유이다. 그런데도 이에 대한 학계나 정부의 대안 제시는 놀라울 만큼 단기적이다. 치안 부재를 추궁하는 강도 높은 국회의원들의 목소리와 국무총리 참석 하의 사회 기강 확립을 위한 각계 대표자 회의는 있었어도 범죄는 왜 일어나는가, 사람들은 왜 그렇게 행동을 하는가를 분석하여 규명하고 20년, 30년 후 우리 사회를 바라보며 장기적 대책을 건의하는 연구를 정부나 어느 단체가 외부 기관에 위촉했다거나, 그 결과 종합보고서가 나와 발표되었다는 얘기를 들어본 적이 없다.

현실사회에 대하여 장기적 안목으로 하는 사회과학적 연구의 부재 또는 취약성을 보여주는 사례는 그외에도 많다. 먼저 비자연과학 분야 연구기관의 분포와 활동 상황이다. 우리나라 연구기관은 경제 관계 일색이다. 언론에 보도되는 연구 결과와 학술 세미나 활동에 근거하여 말한다면, 경제와 남북관계를 둘러싼 국제관계 등 거시적인 것이 거의 전부다. 우리나라 사회문제 해결의 관건이 되는 국민행태 분야에서는 이렇다 할 연구 기관이나 활동이 없다. 언론에 단편적으로 나오는 논평이 전부가 아닌가 한다.

인문·사회과학 분야의 연구 단체의 연구 보고서나 정년 퇴임하는 대학교수들의 평생 연구를 종합하는 연구 논문집 등 문헌을 뒤져봐도 모두 이미 있는 지식을 종합한 것 아니면 현실 문제 해결과는 무관한 역사적 자료 또는 학문적 취미 중심이 대부분이다. 일부 현실 문제를 다룬 논문들도 규범적 당위론의 나열로 끝나는 것들이 보통이다.

정부 출연금으로 운영되는 한국정신문화연구원은 이름과 목적과 조직으로 봐 오늘의 한국인에 대한 행태과학적 연구를 대표적으로 맡아야 할 곳이다. 그러나 거기에서 나오는 논문들을 보면 한국의 고전을 좋아하는 사람들이 모인 곳임을 알게 된다. 역사는 오늘의 한국인을 설명하는 그 많은 변수 가운데 일부일 따름이다. 마찬가지 논리로 유교는 오늘의 한국인의 행태 전부를 설명하지 못한다. 그런 의미에서 『공자가 죽어야 나라가 산다』와 그뒤 나온 『공자가 살아야 나라가 산다』는 책들이 일으키는 논쟁은 모두 문제의 핵심을 빗나가고 있다고 생각한다.

몇 년 전, 땅에 떨어진 젊은이들의 도의를 걱정한 한 '명문대학교 총장이 "바른 교육, 큰 사람 만들기" 교육과 그 실천 방안으로 명심보감을 각급 학교에서 널리 읽게 할 것을 제안, 언론에 대대적으로 보도된 것도 같은 맥락이다. 지금의 한국인이 누구인가? 한복을 입었다고 옛날로 돌아갈까? 또 "바른 교육"이 안되고 "큰 사람"이 만들어지지 않는 이유가 도의와 윤리 교육의 부재에 있겠는가.

우리 세대만 해도 한국인은 도의와 윤리 교육을 많이 받고 자랐다. 일본 식민지 시절에는 수신(修身), 해방 후에는 공민(公民), 얼마 전까지는 도덕(道德)이란 과목을 학교에서 배웠다. 지금도 교회 등 모임에만 나갔다면 윤리와 도덕을 강조하는 설교를 듣게 된다. 영미사회에 가보면 방송이나 모임에서 그런 지루한 설교나 강의가 없다. 그런데도 사람들은 공중도덕을 우리보다 잘 지킨다.

사람들은 몰라서 올바르게 행동하지 않는 것이 아니다. 제6장에서 다룬 대로(164쪽 참조) 사람들은 왜 배운 것을 실천 안하는가의 문제를 연구해야 한다. 그런 연구는 사회과학자들이 힘을 모아 몇 년을 두고 해야 하는 종합적이고 체계적인 게 되어야 하는데, 큰 대학이 재원을 모아 그런 리서치를 해보겠다는 말은 없고 명심보감이 웬 말인가.

과학적이 되려면 풀어서 써야

일정한 조건 아래 일정한 결과가 발생하는 관계를 가장 투명하게 보일 수 있으려면 관련 변수를 잴 수(계량화할 수) 있어야 한다(제2장 연구방법론, 57쪽 참조). 그렇다면 과학성을 가지고 사회문제를 다루는 글은 개념과 개념 간의 관계를 잴 수 있을 정도는 아니나, 될수록 투명하게 기술할 수 있어야 한다. 투명성을 높이는 길은 쉽게 풀어서 쓰는 것이다. 그런 글 스타일을 기계적 또는 과학적 글이라고 불렀었다(제6장 수용자의 머리, 154쪽 참조).

사회현상을 될수록 측정이 가능하게 잴 수 있도록 하는 개념 정의를 사회과학에서는 기계적 정의(operational definition)라고 한다. 그 반대는 개념적 정의(conceptual definition)이다. 이 용어 번역은 필자 나름대로 한 것이다. 설문지에 쓰이는 문항 설명은 기계적 정의의 대표적 예이다. 설문지는 피조사자의 태도와 생각을 재기 위한 일종의 계기이다. 그 설문지에 쓰인 개념이 모든 피조사자에게 될수록 똑같은 뜻으로 이해되지 않는다면 그것은 계기로서의 신뢰성을 잃게 된다. 그러므로 거기에 쓰이는 문장 표현은 될수록 기계적으로 쓰여져야 한다. 여기서 기계적인 표현은 사실상 풀어쓰기가 된다.

"끼"란 말이 한때 우리나라에서 잘 쓰였다. "저 사람은 끼가 있다"고 할 때 "끼"는 무엇인가? "끼"를 알아보기 위한 사회 조사를 하려면 "끼"에 대한 기계적 정의를 가지고 질문을 만들고 그것으로 응답자들에게 접근해야 한다. 그렇지 않으면 응답자들의 끼에 대한 해석이 저마다 달라 조사 결과는 신빙성이 없어진다. 한국인의 자랑스러운 민족성으로서 은근과 끈기, 정, 의리 등을 재려고 한다면 이 개념들을 기계적으로 정의한 문항을 가지고 해야 한다. 사설과 칼럼은 이따금 "무엇을 승화시켜야 한다"고 그럴듯하게 주장하나 이때의 "승화"는 정확히 무엇을 의미하는가가 투명하지 않다.

이때 "승화"는 개념적 정의이고, 모든 사람에게 똑같이 이해될 수 있게 풀어 쓴 내용은 기계적 정의가 될 것이다. 음식 관련 글에 자주 나오는 "감칠맛"과 같은 말은 기계적 표현은 아니다. 남북관계나 정치를 말하면서 "가슴으로 뜨겁게 껴안아야 한다"와 같은 말도 마찬가지다. 가족과 친척과 친구끼리 사사로운 관계라면 몰라도 국제관계를 말하면서 정으로 결정할 수 있는 일이 몇 가지나 되겠는가? 이런 표현들은 문학과 철학에서는 몰라도 문제해결 방안을 말하는 과학적인 글에서는 부적합하다.

불행하게도 요즘 신문의 사회평론 칼럼의 스타일은 그런 쪽으로 흐르고 있는 것 같다. 이름난 칼럼니스트, 대학교수, 각계 전문가들이 쓰는 글이 과학성을 바탕으로 한 문제 해결책보다 글의 멋과 기교에 더 얽매이고 있는 것을 볼 수 있다.

어느 정권이 들어서도 마찬가지라면

우리나라에는 매정권마다 말기 현상이라는 것이 꼭 있다. 흔히 권력누수라든가 임기를 얼마 남기지 않은 미국 대통령을 일컫는 "레임덕"(lame duck)이란 말로 표현된다. 그러나 정권 초기 근거 없이 부풀려진 기대와 흥분이 시간이 가면서 실체가 드러나고, 결국에는 국민의 실망과 분노 속에서 정권이 막을 내리는 현상을 퇴임을 앞둔 대통령이 후계자를 위해서 큰 결정을 자제하는 미국 관례와 혼동해서는 안될 것이다.

말기 현상에 들어서면 국민들은 새로 부상할 정치세력에 막연한 희망과 돌파구를 찾지만, 이런 사회 분위기를 역이용하여 집권한 새 정권은 "구관이 명관"이라고 과거와 같거나 못했다는 평으로 끝나는 것은 한국 정치의 두드러진 현상이었다.

1993년 김영삼 씨의 대통령 취임 전후 하늘을 찌르는 듯했던 국민의 기대와 열망대로라면 지금쯤 한국사회는 완전히 달라졌어야 한다. 그런데 그 정권도 지내놓고 보니 전 정권보다 나은 게 없다는 평만 무성하다.

1998년 우여곡절 끝에 권좌에 오른 김대중 씨가 누구인가. 그는 평생을 민주주의에 바쳐온 인물이다. 그는 많은 사람들이 지적한바 "준비된 대통령"이었다. 그러나 집권 중반기에 들어서면서 그 정권에 대한 사람들의 반응은 냉랭할 뿐이며, 왜 그 자리에 앉으면 모두 그런가 묻게 되었다.

여기에도 역시 과학이다. 과학적으로 따져봐 당연히 올 것이 온 것일 따름이다. 무책임한 우리 언론과 지식인 집단이 과거 늘 그랬던 것처럼 냉정한 진실이 아니라 근거 없는 기대와 희망으로 대중을 들뜨게 만든 것이 문제였다.

왜 이런 악순환은 되풀이되는가? 나는 과거 정권을 잡은 사람은 독재자든 민주투사든 모두 나름대로 나라를 잘 다스려보려고 했다고 본다. 그런데도 매번 초기의 흥분이 나중의 실망으로 이어졌다면 거기에는 분명 그렇게 될 수밖에 없던 이유가 있었다. 그 이유를 분석하는 것이 중요하다. 그 이유는 역시 과학성인데, 그것을 찾아 그에 대한 국민적 이해와 합의가 이루어지지 않는다면 앞으로 누가 정권을 잡아도 또 마찬가지다. 그 점은 다음 대권을 누가 잡을 것인가보다 더 중요히다.

과거 국민의 지지 없이 힘으로 권력을 쥔 군인 대통령은 그 자리를 유지하기 위해서 필연코 편법으로 국정을 운영해야 했으니 그 정권은 부패할 수밖에 없었다. 그런 설명은 간단하게 보이지만 과학적 근거가 충분하다. 그렇다면 과거 어느 때보다도 가장 민주적으로 창출된 정권 아래에서도 상황이 그대로인 것은 무슨 까닭인가? 그에 대한 과학적인 설명은 간단하고 짧을 수 없다. 적어도 두툼한 보고서에 담을 만하다.

여기서 그런 일을 할 수는 없고, 실패한 정권(또는 대통령)을 만드는 요인으로서 내가 가장 중요하다고 생각하는 두 가지 점을 지적하고 싶다. 첫째는, 제도는 바뀌었어도 사람, 즉 국민은 바뀌지 않고 그대로 있다는 생각이다. 정부는 바뀌었어도 정치, 사회, 문화 풍토는 그대로라는 말과도 같다.

우리나라가 처음 단추를 잘못 꿰어 지금과 같다는 항간의 말은 우리의 실정을 잘 설명한다. 원칙보다 정권유지를 위한 편의를 더 중요시한 오랜 군사정치는 우리나라의 정치인, 행정 관료, 사법부, 그리고 대기업 등 사회를 이끌어가는 주체들을 공룡과 같은 부패지배집단으로 바꾼 감이 있다. 국민 역시 같은 과정을 거치면서 개인과 집단이익에만 철저히 정열을 쏟는 습성에 흠뻑 젖게 되었다.

대통령책임제하 한국의 대통령은 헌법에 주어진 권한은 물론, 실제에 있어 막강한 권력을 휘두를 수 있다. 따라서 우리나라 사람들은 최고통치권자로서 대통령은 마음만 있다면 어떤 사회변화도 가져올 수 있는 것처럼 여긴다. 그러기에 한국인들은 사회가 잘못되면 모두 지도자의 책임이고, 모든 문제가 대통령이 수습할 수 있어야 한다고 믿는다.

그런데 잘 따져보면 이런 인식은 몇 가지 분야에서는 맞다. 그러나 대부분 실질적인 분야에서는 그렇지 못하다. 관료와 수구 세력의 큰 이익이 달려 있을 때는 대통령이란 존재는 대단히 무력하다. 두 김씨 대통령 모두 정권 출범 초에 내건 공무원의 부정부패 척결과 기강 확립이 시간이 가면서 유야무야된 것은 그런 예이다.

과거 대통령의 경우 대개 그랬지만, 김대중 대통령은 외치(外治)에 있어서는 일사불란하게 관료조직을 끌고 나갈 수 있었지만, 내치(內治)에 있어서 휘청거리는 것은 역시 그런 이유가 아닐 수 없다.

지역주의를 쉽게 타파하지 못하는 것도 같은 이유가 아닐까. 박정희, 전두환 씨는 "TK"로 불리는 지역정서를 잘 활용, 정권을 공고히 구축했다. 비교적 안정된 기반으로 정권을 잡은 김영삼 씨도 "PK 사람"을 중심으로 나라를 운영했는데, 그가 참모들에게 그렇게 일렀는지 알 수 없는 일이다. 더욱 김대중 대통령에 대해서라면 그 점이 대단히 궁금하다. 그는 어느 전임자보다 넓은 국민적 지지를 받고 그 자리에 앉았으니 정치적 기반도 비교적 넓고 또 무엇이 옳은 일인지 잘 아는 사람이다.

그 정권 아래 호남과 광주일고 출신이 정부와 산하 기구에 대거 진입한 사실은 어떻게 설명되어야 할까? 김 대통령도 "호남 사람들을 주요직에 많이 심어라"고 참모들에게 주문했을까?

여러 가지 시나리오가 가능한데, 그 하나는 대통령이 시키지는 않았지만, 참모들이 그 필요성을 역설하거나 한사코 그렇게 하니 그도 어쩔 수 있었으리라는 가정이다. 다른 하나는 대통령도 상하간 수직적인 충성관계로 권력을 짜놓지 않는다면 일사불란한 통치가 불가능하므로 그런 정책을 밀고 있다는 것이다.

어느쪽이 맞든 자기이익을 먼저로 하는 국민행태가 문제다. 대통령을 보필하는 청와대 비서관, 장관, 여당 최고위원, 심지어 가신까지도 자기 출신지역과 출신학교를 중심으로 요직을 채워나가기를 원하고 그렇게 했다면 그것은 분명 자기들의 이익을 옹호하기 위해서 그런다고 봐야 한다. 또 대통령이 상하간 충성관계에 따른 통치를 할 수밖에 없다고 믿는다면, 우리의 관료조직은 합리성을 따라 운영될 수 없다는 증거이며, 이 역시 국민행태의 문제가 된다. 과거 "KT 대통령"하의 영남 사람들이 대거 기용되었으니, 이번 대통령하에서는 호남인이 그렇게 되는 것이 옳다고 이 지역 사람들이 믿는다면 이 또한 자기이익 중심의 국민행태의 사례다.

다시 안 올 기회

관료와 그외 각 집단의 이익과 크게 저촉되는 한, 대통령은 무력하다는 점은 김대중 정권하 저효율, 고비용으로 지적된 기구들을 정리하겠다는 계획이 흐지부지된 사레에서도 잘 증명된다. 더 이상 존재할 필요가 없거나 축소되어야 할 것으로 거론된 행정기구와 국책연구소와 정부출연기관이 그대로 살아남았거나 더 늘어났다고 한다. 우리나라에서 고급 일자리를 뺏는 일은 관료들의 강한 저항을 받게 되어 있다. 재벌 기업과 금융권의 구조조정이 지연되어온 것도 그런 사례이다.

말기 현상의 한 가지 고질병은 공직자들간에 팽배해지는 "일생에 다시 오지 않을 자리를 놓기 전에 챙겨놓아야 한다"는 생각이다. 그렇게 못한 사람만 결과적으로 손해봤던 선례가 앞으로도 그대로라면 아무도 그것을 막을 수 없다. 현 정권 아래에서도 그런 조짐이 이미 현실로 나타나고 있다는 것이 일반인들의 시각이다.

둘째 요인은 우리나라 행정관료조직의 취약성이다. 이 또한 위에서 말한 관료들의 자기이익을 위한 숨은 저항과 관계가 있다. 일부 언론과 야당 인사들은 김 대통령의 실정의 원인으로서 그가 장관들에게 권한을 위임하지 않고 일일이 챙기는 점을 들었다. 그러나 행정수반인 대통령이 하부기관에 권한을 위임하고 맡기려면 신뢰할 수 있는 든든한 행정관료조직의 전통이 굳건히 서 있어야 하는데, 여러 번의 정권교체에도 불구하고 이것이 안되었으니 대통령이 직접 나서서 챙겨야 하는 것이 아닌가 한다. 우리나라에 신뢰할 수 있는 행정관료제도가 이미 확립되어 있다면 왜 정권이 바뀔 때마다 공무원의 부정부패척결 문제가 늘 대두되어야 할까?

적법한 민선 대통령도 정권의 기반구축을 먼저 걱정해야 한다는 것은 한국의 정치·사회·문화의 큰 취약점이다. 그런 대통령은 주요직을 새로운 인물로 채운다 해도 상당 부분 과거처럼 논공행상(論功行賞), 정치적 이용가치, 충성관계 등을 우선으로 해야 하는 결과, 관료집단을 개혁하기가 힘들어진다. "새 피"가 수혈되어도 금방 더러워져 버리기 쉬운 우리나라 관료사회에서, 그나마 새 인선이 그런 식이라면 더욱 그렇다.

나는 김 대통령이 오래 권력의 밖에 있었기 때문에 쉽게 쓸 인물이 없어 그렇게 된다고 보는 견해에 동조하지 않는다. 학계, 관계, 정계에 오래 몸을 담그지 않은 사람은 "인물"이 아니라고 보는 시각이 문제이지, 전문인 자격을 갖춘 참신한 인물은 많다. 과거 제도권에서 기회주의적 처세로 자란 인물들(따라서 기득권 세력)을 제도권에 영입하여 그들이 요소요소에 이 박히듯 박혀 기득권을 옹호하느라 개혁을 은밀히 저항하게 놔둔다면 우리 사회는 영원히 이대로일 수밖에 없다. 개혁의 대상이 개혁을 주도하려 한다면 되겠는가라든지, 불완전한 인적 청산으로 개혁은 불가능하다는 일부 식자들의 지적은 일리가 있다.

우리 언론은 선거 때와 정권 초기에 이런 전망을 국민에 경고하고 계몽하는 일을 잘했어야 할 텐데, 그렇지 못했다. 김영삼 대통령은 부정 혐의가 제기된 장관을 취임 후 며칠 만에 경질하고, 얼마 지나서 국민의 지탄을 받던 두 전직 대통령을 구속했고, 오랜 숙제인 실명제를 도입하는 등 과거에는 상상도 못할 결단을 실행해나갔다. 그것은 큰 사건들이었지만 그 자체가 문제를 해결한 것은 아니었다. 제5장에서 언론의 의제를 논할 때 지적한 대로(주 9, 141쪽 참조) 큰 사건들을 일회일비의 "냄비"식으로 선정주의 보도로 일관한 우리 언론도 책임을 통감해야 한다.

김대중 정부의 출범 초 언론의 보도도 마찬가지였다. 마침 국가적 경제위기를 만나 직전 정권의 실정이 도마에 올려지지 않을 수 없는 때인지라, 검찰은 과거 숨은 큰 비리와 부실 사건을 들추기 시작하였다. 이번에도 언론은 예상대로 이런 사건 발표들을 연일 대서특필함으로써 이미 뜨거워진 사회 분위기를 더 달구어나갔다. 이번에는 무엇이 사회를 정말 달라지게 할지에 대하여 많은 사회문화적 변수를 바탕으로 정직하게 분석, 전망하는 경고주의적 심층보도는 없었다.

시간이 지나면서 정권 중반 또는 종반 "신드롬"이 나타나기 시작하자 그간 무엇이 잘못되었으며, 언론은 무엇을 어떻게 했는지에 대한 분석은 일체 없고, 대통령과 참모들을 향하여 "초심(初心)으로 돌아가라"는 등 어린애들이나 할 법한 비난들로 헐어내리고 다음 대권자에 대한 "경마 저널리즘" 보도를 즐기는 것은 과거와 다를 것이 없다.

10. 변화를 싫어하는 언론 – 이노바티브 마인드

이노베이션(innovation)의 개념과 대중매체가 그것을 전파·확산함으로써 사회변화를 가져오는 문제를 제1장(30쪽 참조)에서 이미 소개했다. 여기에서 이노베이션이란 말을 원어 그대로 쓴 이유는 그 개념을 한마디로 잘 옮길 수 있는 우리말이 없기 때문이다.

이 책의 뒷부분에서 이 문제를 더 자세히 다루는 특별한 이유가 있다. 책 전체에서 거론한 그 많은 언론개혁의 가능성은 변화를 전제로 한다. 그 변화는 이노베이션의 채택과 확산(adoption and diffusion of innovations)의 과정이며, 이에 대하여 이미 축적되어 있는 이론과 지식을 전략적으로 이용할 수 있어야 한다. 언론뿐이 아니라 모든 사회개혁이 그렇다. 사회개혁은 사회변화(social change)와 같은 말이다.

영한사전에 따른 이노베이션의 우리말은 혁신 또는 쇄신이다. 그 번역이 틀린 것은 아니나 사회 발전 또는 변화의 주요 인자로서의 개념을 얼른 전달하지 못할 것 같다. 이노베이션은 창의력을 가지고 새로운 기술, 방법, 제도, 아이디어를 고안해내거나, 과거의 기술, 방법, 제도, 아이디어, 사상 등을 개선한 결과 나온 "새로운 것"이다.

먼저 이 분야의 대표적 학자인 로저스(Rogers, 1971; 1983)의 이론을 소개해보면 이해가 좀 더 잘될 것이다. 그의 개념 규정에 따르면 이노베이션은 한 개인 또는 집단이 "새로운 것으로 받아들이는 아이디어, 관행과 용법, 대상이다"(An innovation is an idea, practice, or object that is perceived as new by an individual or other unit of adoption). 이 개념 규정의 핵심은 "새롭다" "새로운 것"에 있다. 새로 발명한 기술은 분명히 새로운 것이다. 건축에 있어 새 공법, 농업에 있어 새 영농방법도 분명 "새로운 것"이며 이노베이션이다.

로저스가 규정하는 이노베이션의 개념은 위의 예에서와 같이 물질적 생산성 또는 효율을 높이는 "새로운" 기술, 경영, 방법, 공정, 과정만이 아니라, 인간의 의식구조와 행태를 개선하는 "새로운" 주의(主義)와 사상, 가치관, 아이디어, 인습, 관행 등 정신적인 것도 포함한다. 이 점 일찍이 슘페터가 경제발전의 요인으로 지적한 기술 혁신(technical innovations)보다 넓은 개념이다.

새로운 사상이 새로운 기술 못지않게 사회변화를 촉진한다. 제2장에서도 지적했듯이 물질문화와 정신문화는 두 마리의 토끼가 아니라 동전의 양면과 같다. 물질문화가 인간의 사상과 가치관을 바꿔나가지만, 물질문화를 이끌어나가는 것이 인간의 정신이기도 하다. 물질문화는 결국 인간을 위해 존재하는 것이며 인간의 필요와 가치관이 그것을 발전시키기 때문이다.

이노베이션의 동사는 innovate("새로운 것을 만들어낸다" "창안해낸다" "쇄신한다")이다. 그런 기질, 성향, 속성, 마음을 이노바티브 마인드(innovative mind, 변화지향적인 마음과 태도, 창의적인 태도), 그런 마인드를 가진 사람을 이노베이터, 이노바티브 맨(innovator, innovative man, 창의적인 사람)이라고 부를 수 있다. 결국 이노바티브 마인드를 가진 사람, 창의적이고 변화지향적인 사람이 많은 사회는 발전이 빠르다는 결론에 이른다.

로저스의 이론은 이노베이션의 확산과정을 미시적으로 분석한 것이 특징인데, 그는 이노베이터의 특성으로 다음 7가지를 들었다. ① 모험심, ② 감정이입 능력, ③ 전통에 덜 집착하는 기질, ④ 합리성, ⑤ 지성, ⑥ 성취욕, ⑦ 변화에 대한 유연성이다. 모험심이 없는 사람은 물론 변화를 잘 시도하지 않는다. 감정이입에 대하여는 제1장(31쪽; 주 14, 270쪽 참조)에서 설명했다.

또 그는 한 개인이나 사회가 어떤 이노베이션(새로운 것)을 수용할 것인가를 예측하는 기준(잘 받아들여질지 아닐지를 예측하는 기준)으로 다음 다섯 가지를 들었다. ① 새 것이 먼저 것보다 유리한가, ② 기존의 가치, 방법, 관례와 크게 배치하지 않은가, ③ 대상의 이해 또는 습득이 쉬운가, ④ 대상의 관찰이 가능한가, ⑤ 소규모로 실험(시도)이 가능한가를 들었다.

아래에서 우리 언론의 개혁과 특별히 관련을 갖는다 생각되는 두 가지 기준인 "먼저 것보다 유리한가"와 "변화에 대한 유연성"에 대하여 좀 더 자세히 말해보겠다.

유리한가 불리한가

"유리하다"는 "이익이 된다"는 말과 같다. 새로운 것(변화)을 받아들일 것인가 여부를 결정하는 가장 큰 요인은 그것이 과거의 것보다 더 이로우냐 아니냐이다. 이롭다고 생각되면 변화를 받아들일 것이고, 아니라면 기피할 것이라는 예측이다. 이때 이익 또는 불이익의 대상은 개인, 단체와 사회의 셋이 될 것이다. 개인과 단체의 이익은 이 책의 여러 곳에서 언급한 자기이익과 거의 같다. 단체의 이익은 집단이익과 같을 것이다. 사회의 이익은 전체의 이익이 될 것이다. 이 구분은 그간 한국의 언론과 그외 모든 분야에서 일어난 발전과정을 이해하는 데 매우 중요하다. 지난 30여 년 동안 우리 언론산업은 많은 변화를 가져왔는데, 그 변화는 언론 소유자와 종사자들의 이해관계에 따라 진전되었다고 할 수 있다. 사회 전체의 이익을 위해서는 필요해도 기업의 이익이 되지 않는 변화는 수용하지 않았다는 뜻이다.

구체적으로 말해보자. 그간 우리 언론이 보여준 놀라운 발전은 자세히 보건대 주로 하드웨어(생산 시설과 기술) 쪽이다. 기술 매체인 방송은 물론, 신문과 잡지도 CTS (computerized typesetting system)를 이용한 화려한 편집과 칼라 인쇄, 인터넷과 인공위성 중계를 이용한 신속한 정보 수집과 처리 등 생산 기술면에서는 세계 선진국 대열에 와 있다. 그것이 그렇게도 빨리 받아들여진 이유는 분명하다. 외국에서 개발된 뉴미디어와 언론 관계 첨단 기술과 시설의 도입은 큰 액수의 투자를 요하지만 그로부터 기대되는 이익은 그보다 컸다. 이들 새 기술과 시설은 언론의 생산성과 상품의 질을 높이고, 경영을 합리화시켜 영업이윤을 높인다. 소프트웨어(인간적 요소) 쪽의 사정은 이와 다르다. 이 분야 개혁은 사회 전체로 봐서는 매우 바람직할지라도 언론의 소유주나 종사원에게는 그렇지 못할 수 있다. 책임주의 언론을 위한 여러 가지 좋은 제도와 관습이 쉽게 정착되지 못하는 사정은 좋은 예이다. 책임주의 언론 모델은 사회 전체의 이익이 되지만 언론사의 사주, 경영층, 간부층의 입장에서는 많은 기득권의 포기를 의미하기 때문이다. 독재정권은 국민이 똑똑해지는 것을 원하지 않는 이치와도 같다. 놀라운 제작 기술의 발전에도 불구하고 정신 면에서 본 우리 언론이 구태의연한 이유다.

한국이 지난 반세기 동안 이룩한 발전(변화)은 제9장에서 지적한 대로 따지고 보면 대부분 서양화의 과정이었다. 그것은 구미 국가들이 이룩한 이노베이션의 결과인 새

자본재, 새 기술과 새 경영기법을 도입해서 이룩한 변화였다. 그런데 그것은 주로 물질적 측면에서 본 발전이었다. 서양의 정신문화 가운데 우리 사회가 정말 필요로 하는 것들은 기피해왔음을 알 수 있다. 그런 의미에서 유교가 유죄냐 아니냐를 놓고 하는 논쟁은 문제의 핵심을 벗어나고 있다 함은 바로 앞서 지적한 대로이다. 한국사회는 유교로 완전히 설명할 수도 없는 한편, 일부 유교의 지배를 받고 있는 것도 사실이다. 한국인들은 성 개방과 남녀관계 등 자기 입맛에 맞는 서양 물질문명과 가치는 그렇게도 얼른 받아들였고, 그렇지 않는 정신적 가치는 유교를 빌미로 전통을 철저하게 고집하고 있지 않은가.

한국에서 권위주의 탈피와 민주화는 너무 자주 듣는 구호지만, 실천이 되지 않는 이유를 잘 알 수 있다. 권위주의가 없어지면 정치하는 사람들과 고위 공직자들은 살맛을 잃는다.

유연성

변화에 대한 유연성은 개방적인 태도라고 해도 좋다. 변화는 새로운 사상과 제도를 수용할 때 일어나는 것이다. 그러므로 마음을 꼭 닫고 열지 않는 사람에게는 어렵다.

그러나 문제는 변화를 위한 의사 결정자가 누구인가이다. 많은 이노베이션이 개인이 수용 또는 불수용을 결정할 수 있는 사항이 아니다. 사회변화를 말한다면 사회구조 속에서 의사 결정자의 역할이 중요하다. 의사 결정자들의 권한이 한곳에 집중되어 있는 중앙집권적 사회에서는 정부의 역할이 결정적이다.

창의력이 풍부하고 변화지향적인 사람들이 조직의 하층, 심지어 중간층을 이루고 있더라도 하의상달이 어려운 수직적인 체제에서는 그들은 입을 닫게 되니 변화에 도움이 안된다. 공무원의 안일무사한 태도를 묘사하기 위해서 복지부동이라는 말이 잘 쓰이는데, 이런 태도는 상위층이 변화에 무관심하거나 싫어하는 인원들로 차 있는 조직을 잘 반영한다. 공무원들의 행태에 대하여 어느 공무원이 한 아래와 같은 말은 귀담아들을 만하다. "아래 직원은 윗사람의 마인드를 잘 압니다. 따라서 그의 관심이 아닌 문제는 직원에게도 관심 밖일 수밖에 없습니다." 한국에서 많은 변화가 권력 실세 또는 상층 실권자가 알아서 그 필요를 느껴 마음을 바꿀 때까지는 채택될 수 없다.

우리나라에서는 새 정권이 들어설 때는 말할 것 없고, 장관이 바뀔 때마다 새로운 정책이 봇물처럼 쏟아져나온다. 그리하여 행정의 일관성, 연속성, 예정성의 부재를 한탄하게 된다. 새로운 실권자는 뭔가 나름대로 변화를 시도하고 있다는 것을 보여주어야 하기 때문에 그렇다. 일종의 전시행정이다. 이것을 역으로 풀이해보면 우리나라에서 실권자가 착안하지 않은 일은 바뀔 수 없다는 말이 된다.

근년 정부는 여러 가지 과거 생각지 못한 새로운 제도와 관행을 수용했음을 알 수 있다. 몇 가지만 예를 들어보면, 대통령의 "국민과의 대화", 기자들을 위한 청와대 대변인 브리핑 제도, 공무원 개방임용제, 경찰악대의 거리 연주, 여자 사관생도 제도, 의약 분업, 장애인을 위한 새 시설과 제도, 성차별 금지 및 성희롱 범죄화, 가정폭력과 아동학대 금지 등 자세히 보면 많다. 30년 전 미국 유학시절 내가 관심 깊게 보고 돌아와 주변 사람들에게 말해온 것들이지만 그때는 아무도 귀를 기울이지 않았다. 대통령이나 그외 권력층 의사 결정자들의 한마디가 변화를 가져온 것이다. 그 가운데 몇 가지는 지금의 대통령이 미국 망명생활중 눈여겨보고 배운 것들이 아닌가 생각된다.

우리 언론의 경우도 똑같다. 언론사의 최고결정자가 착안하기까지(관심을 표명하기까지), 그리고 그것이 자기(자사)에게 이익이 된다고 확신을 갖기까지는, 일부 기자들의 창의력만으로 기존의 언론 관행을 바꾸기 어렵다.

그런데 그나마 지금의 우리 기자들의 태도도 유연하고 개방적이 아니다. 정치인, 장·차관 등 저명인사들과 친밀해지면서 이들은 자기도 그 자리에 있는 것과 같은 착각을 하고 복지부동 또는 관료화한 것이다.

언론을 말하면서 왜 이노베이션의 이론을 길게 소개하는가 의아하게 생각할 독자가 있을지 모르겠다. 그러나 그 점은 분명하다. 언론뿐만 아니라 모든 분야의 큰 이슈는 현상의 개선이다. 개선은 변화와 발전인데 그것을 부르짖는 것만으로는 안된다. 그것을 실천으로 옮기기 위해서는 사회발전의 모델과 이론을 알아야 한다.

11. 대통령이 불붙인 언론개혁 논쟁 – 언론개혁은 정치개혁과 같아, 긴 과정이 필요

이 책을 위한 자료수집과 조사 차 내가 한국에 머물고 있는 동안, 언론개혁의 필요성을 거론한 김대중 대통령의 연두기자회견이 있었다. 곧이어 언론사들에 대한 국세청의 세무조사와 공정거래위원회의 특별조사 발표가 나왔다. 여야간 대립으로 어수선하던 정국은 예상대로 쑤셔놓은 벌집 같았다.

내가 떠나온 2월 10일까지 한 달 동안 한국의 3대 방송사는 언론문제를 놓고 하는 텔레비전 공개토론 프로를 5번(KBS 두 번, MBC 두 번, SBS 한 번)에 걸쳐 내보냈는데, 그것을 전부 볼 수 있었던 것은 책의 마무리 단계에 있던 나에게 여간 큰 도움이 아니었다. 그후부터 이 책이 나올 때까지 비슷한 텔레비전 토론 프로가 수없이 있었다. 우리나라에서 기록적인 사건이다.

주로 전·현직 언론인, 국회의원, 언론학 교수, 언론관련 시민운동가들을 참석자로 한 이 토론들은 이번 일련의 조치가 정부에 비판적인 몇 개 큰 신문사들을 장악하기 위한 것이라는 야당의 주장과 정부측 반론에 대한 찬반을 놓고 하는 공방전이 되었으나, 그 과정에서 자연히 우리 언론의 해묵은 문제점들이 지적되고, 거기에다 방청객과 시청자의 의견을 연결하는 등 적어도 겉으로 나타난 한국언론의 현주소를 광범하게 짚어보는 장이 되었다.

언론장악의 표적이 되고 있다고 믿는 이른바 "조·중·동"(《조선일보》 《중앙일보》 《동아일보》의 "빅3")은 야당의 강력한 지원 사격을 받아가면서 여론을 자기 쪽에 유리하게 몰고가면서 정부가 KBS와 MBC 두 공영방송을 대(對)신문공세에 이용하고 있다고 비난했고, 방송은 이를 반박하고 나와 신문과 방송 간에도 틈이 벌어지기 시작했다. 전통 언론에 대하여 별종이라 할 수 있는 《한겨레신문》은 《조선일보》와 《동아일보》에 대한 친일행각 사례까지 들춰내면서 공격의 수위를 점차 높여갔고, 일부 방송사들이 "매체비평" 프로를 신설함으로써 언론사간 전례 없는 상호비방 시대를 열었다.

이쯤 되면 언론개혁은 2001년 국가적 "아젠다"(의제)로서 등장하기에 충분하게 된 셈이다. 오랜만에 공론화된 언론 논쟁이 계속되는 동안 이 책이 나올 수 있었다면 타이밍은 잘 맞아떨어지는 것이다. 가까운 친구들로부터 이 열기가 식기 전에 책이 빨리 나와야 한다는 말을 들을 때는 마음이 조급해졌었다. 그러나 나는 곧 평소의 생각으로 돌아가 의연해졌다.

생각해보자. 언론개혁이란 도대체 무엇인가? 정부조직 개편이나 다른 제도적 개혁처럼 몇 개월 동안 국회에서 논의되고, 언론에 요란하게 보도되고, 많은 국민의 입에 오르내리며, 그 결과 입법과 기구 설립과 같은 겉치레 조치로 될 수 있는 걸까? 과거 흔했던 그런 식의 개혁은 모두 실패로 끝났다.

우리나라 언론은 정부의 의제를 국민의 의제로 만드는 데 있어 "냄비"라는 명성을 얻은 지 오래다(제5장 130쪽 참조). 실력자가 한마디하면 언론은 그 문제를 키워 반짝 뜨게 만든다. 그러나 오래 가지 않는다. 정부가 다른 의제를 내놓으면 어제의 것은 금방 잊혀지고 만다. 대부분 사회문제란 긴 세월을 두고 꾸준히 해결책을 밀고나가도 크게 바뀌지 않는데, 이렇게 끓는 냄비처럼 이슈가 달궈졌다 식었다 한다면 뭐 하나 제대로 될 게 없다. 언론개혁이라면 더 말할 것 없다.

과연 대통령은 이번에 "언론과의 전쟁"(그리고 반대당과는 한판 승부)을 벌이게 될 게 뻔한 언론개혁 발언을 하면서, 그런 혜안과 결단을 가지고 했을까? 그렇다면 이 책이 나올 때쯤은 물론, 그후에도 언론개혁은 여전히 신선한 국가적 의제로 남아 있어야 맞다. 그렇지 않고 막대한 액수의 세금추징 엄포나 놓다가 구렁이 담 넘어가듯 막을 내려버린다면, 이게 모두 "비협조적"인 언론을 길들이고 다음 대선을 준비하기 위한 대통령과 행정부의 포석이었다는 야당의 비난은 근거를 갖게 된다.

또 비싼 텔레비전 토론 프로와 신문 칼럼에 나와 매끄러운 말과 글로 가지가지 얄팍한 지적과 지식을 늘어놓은 그 많은 학자와 전문가들, 그리고 누구나 한마디씩 빼놓지 않던 국민들도 이제는 식상했다고 한다면, 이번 논쟁도 모두가 시세에 영합하여 춤추었다는 개탄을 금할 길 없다.

항간에는 정부가 개혁논쟁을 너무 오래 끈다는 불평을 하는 사람이 있음을 보고 나는 놀랐다. 아래 설명에서 밝혀지지만, 진정한 개혁 논쟁은 아직 시작되지도 않았지 않은가.

언론의 "업그레이드"

그럼 언론개혁을 위한 나의 대안은 무엇인가? 그것을 여기에서 길게 쓰면 이 책의 되풀이가 되고 만다. 이 두툼한 책 속에 긴 세월 동안 간추려 닦아 담은 내용들 대부분이 바로 그것이다. 그러므로 여기서는 그 가운데 지금의 언론개혁 논쟁에 가장 가깝게 적용되는 부분들을 상기시키면서 결론을 맺어보기로 한다.

먼저 언론개혁이라고 말할 때, 무엇을 개혁하려고 하는가, 달리 말해서 언론개혁의 정의는 무엇인가를 따져봐야 한다. 제6장 서두(145쪽 참조)에서 지적한 대로 언론에 대하여 일어나는 그 많은 시시비비와 논란은 언론이 개인과 사회에 미치는 막대한 효과(영향력, 또는 힘) 때문인데(그게 아니라면 언론이 무슨 짓을 하든 왜 걱정인가), 그 효과는 다름아닌 언론의 내용(컨텐츠, 메시지)이 가져온다. 그렇다면 언론개혁은 결국 언론의 내용을 개선하기 위한 작업과 운동이어야 하며, 그 방안은 무엇이(어떤 요인들이) 특정 언론의 내용을 결정하는가를 밝혀야 비로소 나올 수 있다는 결론에 다다른다. 개혁하면 뭘 하루아침에 바꾼다는 뜻인데, 언론을 그럴 수는 없겠고 언론의 내용, 따라서 질과 수준, 또는 상황을 점차적으로 개선하는 일만이 가능할 것이다. 그런 의미에서 나는 언론개혁 대신 언론의 "업그레이드"라 말을 쓰고 싶다.

언론의 내용이나 수준과 같은 뜻으로 요즘은 "언론의 질"(quality of journalism 또는 quality of media)이란 말이 잘 쓰이는 것을 볼 수 있다. 이 말은 "삶의 질"(quality of life)이란 말과 마찬가지로 영어식 표현에서 유래했다고 생각된다. 내가 기억하기로는 과거 한국에서는 그런 말을 잘 안 썼다. 언론에 관한 한, 질은 수준이라든가 상황이라고 불러도 될 것이다. 예컨대 언론 상황이라고 한다면 언론의 실태, 따라서 자연히 언론의 수준을 말하게 된다.

우리나라에서 언론이나 그외 대부분 공적 분야에서 개선 또는 변화 노력을 굳이 개혁이라고 부르는 것은, 아무래도 그 분야를 맡은 주체들치고 썩지 않은 곳이 없으니 그 변화를 위해서는 "개혁"과 같은 센 말을 쓰지 않으면 맛이 나지 않아 그럴 것 같다.

이미 이 책의 여러 곳에서 지적한 대로 언론의 질 또는 수준은 언론인의 전문성과 사회적 책임(직업윤리)의 두 수준에서 가늠되어야 하는데, 우리가 정말 걱정하는 것은 후자이다. 법과 제도적 측면을 말한다면 우리 언론은 미국 모델을 충실히 따르고 있어 새로 뜯어고칠 데는 별로 없다.

슈람은 "누가 언론의 질을 결정하는가?"(또는 "언론의 질에 대한 책임은 누가 져야 하는가?"; Who is responsible for the quality of mass communications?)라는 논고에서 언론 종사자, 정부, 그리고 국민의 3자를 그 주체로 들었다(제10장 288쪽 참조). 언론은 일차적으로 언론 종사자가 만들지만, 그 "제품"은 언론관련 입법과 정책을 만들고 또 주요 뉴스원(news source)이 되는 정부, 그리고 소비자인 국민으로부터 영향을 받기 때문에 그런 것이다. 이러한 슈람의 언론 과정에 있어서의 3위일체론은 조금도 새롭게 들리지 않을지 모르나, 언론을 탓할 때는 언론사와 정부만 머리에 떠올리는 우리들에게 시사하는 바 크다.

우리의 과거 경험을 돌이켜보건대, 언론 과정에서 정부와 언론 종사자가 한 기여는 불행하게도 지금 비판의 대상이 되고 있는 대부분의 언론문제들에 대한 원인의 제공자로서였다고 생각된다. 권언(權言)유착이라는 말이 희화적으로 그것을 말해주지 않는가. 권언유착은, 정부는 일차적으로 권력의 창출과 유지를 위하여, 언론 종사자는 자기이익(자사와 언론인 개인이익)을 위하여 서로를 이용하려 했고, 그런 서로의 필요가 맞아떨어진 결과다. 사실은, 우리의 언론 비판 대상이 언론과 정부에만 한정되어온 것도 바로 이 때문이 아닌가 싶다.

한번 굳어져버린 버릇은 고치기가 쉽지 않다. 단체나 산업, 그리고 사회의 버릇을 전통이라고 부른다면, 정언유착은 한국언론이 세운 으뜸가는 전통이다. 권력과 언론은 이 전통을 스스로 버리지 못한다. 지금도 권력에는 그 필요가, 언론에는 그 유혹이 너무 크기 때문이다. 언론사에 대한 행정규제로 표출된 정부와 언론 간 이번 갈등도 실은 언론창달을 위한 애국충정이 아니라, 서로의 이해관계 충돌에서 비롯됐다는 생각이 든다.

그렇다면 앞으로 언론개혁의 방향은 분명하다. 그것은 언론 과정에 대한 감시자로서 국민의 참여와 역할을 키움으로써만 가능하다. 이번 언론개혁 논쟁에 이런 중요한 국민적 요인이 빠져 있는 것을 보면, 이 논쟁은 "팥이 빠진 빵"이다. 요즘 언론이 권력화하고 있다는 우려의 목소리가 높다. "정치권력"에 대한 또 하나의 권력인 "언론권력"이라고 한다. 그렇다면 권력의 속성은 똑같은데, 이 새로운 권력의 횡포를 감시하고 견제할 사람은 누구일까? 역시 국민일 수밖에 없다.

현재 제1야당은 개혁 압력에 저항하는 주류신문들을 당리당략 차원에서 적극 옹호하고 있는데, 그 경우 이 당이 내년 선거에서 집권하게 된다면(그 개연성이 지금 높다고 한다), 그리고 국민이 지금대로라면, 한국의 언론과 정치 구도는 과거로 되돌아갈 수밖에 없을 것이다.

나는 이 책의 머리말과 제11장(수용자로서 국민, 310쪽 참조)에서 국민의 책임있는 언론 감시는 이들이 언론 이론과 실제에 대한 좀 더 깊은 지식과 관심을 갖고, 또 사익이 아니라 공익을 위하여 움직여줄 때 가능하다고 말했다. 이 일은 결코 쉽지 않다. 그런 의미에서 언론개혁의 길은 정치개혁의 길과 같아 험난할 수밖에 없고, 좋은 개혁 프로그램에 대한 사회적 합의와 그 프로그램의 실천을 위한 오랜 시일을 요한다. 언론사에 대한 비리조사의 마무리로 끝날 수 없다.

자율, 어린애 이름인가

언론학에는 언론사회학(제2장 45쪽; 뉴스도 만들어진다, 176쪽 참조)이라고 불리는 연구 영역이 있다. 특정 언론의 내용(언론의 질, 수준, 또는 상황)이 이러이러하다면 분명 거기에는 그렇게 되는 이유가 있다. 무엇이 그것을 그렇게 만드는가를 학문적으로 설명하려는 것이 언론사회학이다. 여기서 학문적이라는 말은 과학적이라는 말과 같다. 그런 언론사회학적 관점에서 본다면, 거의 반세기 전 슈람의 관찰은 옳으나 원인을 찾는 과학적 분석을 위해서는 불충분하다. 그것은 표현을 좀 바꿔 학자들이 흔히 하는 대로 한 나라 언론의 수준은 언론의 전통과 정부의 언론정책과 사회경제문화 풍토가 결정한다고 기술하는 것과도 같다.

그 기술에 잘못은 없지만, 지금의 언론은 왜 그 정도밖에 안되는가를 개략적으로 기술하는 단계를 넘어, 무엇을 어떻게 해야 달라질 수 있을까, 즉 그야말로 "언론개혁"의 구체적 방안은 무엇인가를 설명(분석에 쓰일 개개 독립변수들을 밝히는 일)하는 데는 도움이 못 된다. 그 작업은 문제의 요인(factor, 팩터)이 될 만한 사항들을 더 세분화하고 정밀화해야 한다.

그런 "팩터"들의 목록(inventory)은 무한히 길 수 있다. 제11장(언론의 조건, 292-310쪽 참조)과 제6장의 마지막 부분(주 12, 뉴스의 결정요인, 178쪽 참조)에서 다룬 사항들을 참고하고, 여기에 내가 중요하다고 보는 것들을 더하여 별첨 도표의 요인 쪽에 정리, 나열해 봤다.

이들 모두가 똑같은 무게로 언론의 질(또는 상황)의 결정요인이 되는 것은 아니어서, 어떤 것은 더 중요하게(또는 1차적으로), 어떤 것은 덜 중요하게(2차적으로) 작용한다. 달리 말하면, 이들 가운데는 어떤 것은 다른 것이 해결되면 자연히 해소될 것들도 많다. 그러므로 분석은 이런 원인과 결과간, 그리고 원인들간의 상관관계도 밝혀내야 한다. 결국 언론개혁의 전제가 될 언론사회학적 접근은 미시와 거시를 겸하는 총체적이고 입체적인 것이 되어야 한다.

이와 같은 언론개혁 방안의 총체성과 과학성을 생각할 때, 이번 정부의 언론사 세무조사 실시 하나로, 또 그것이 언론탄압인가 아닌가의 논쟁이 언론개혁의 전부인 것 같은 착각을 일으키는 지금의 정언간의 격돌은 개혁의 초점을 흐리게 하고 그럼으로써 진정한 개혁의 기회마저 가로막을 수 있다. 특히 지금과 같이 논쟁이 관련 세력과 주체들 간 기득권 옹호를 위한 이전투구가 되고 있다면 말이다.

몇 가지 사례를 들어보자. 먼저 이번 언론개혁 논쟁 가운데 한 가지 뚜렷한 목소리인 개혁을 언론의 자율에 맡기라는 주장이다. 이 원론적인 주장은 교육개혁의 경우처럼 얼른 들어 설득력을 갖는다. 그리고 선진국의 성공 사례가 그러하다. 그런데 문제는 자율에 맡겨 잘될 수 있는 조건이다.

자율의 전제는 책임이고, 책임의 전제는 자질이다. 언론이나 교육의 자율적 개혁은 책임을 맡고 있는 사람들이 자질을 갖추고 있을 때 가능하다. 선진국들의 언론이나 교육이 자율에 맡겨 잘 되는 것은 그 분야를 맡고 있는 사람들이 자율을 책임질 만큼 자질이 성숙해 있어 그렇다고 봐야 한다. 월간 ≪신문과 방송≫(2001년 6월호)이 5월 중 "2001년 한국언론학대회"에 참가한 언론학자 125명을 대상으로 한 조사 결과에 따르면 언론의 자율개혁 가능성에 응답자 27.2%가 "전혀 아니다", 47.2%가 "대체로 아니다"로 도합 74.4%가 부정적이었다(≪경향신문≫, 2001년 5월 30일자 보도).

그렇다면 우리 언론계는 자율을 요구하기에 앞서 언론인의 자질 개혁을 위한 장기 방안에 대하여도 구체적으로 언급해야 할 것이다. 이미 위에서 지적한 대로 언론인의 자질 가운데 우리가 특히 우려하는 것은 이론과 제작실무 면의 전문성이 아니라 직업윤리이다. 우리 언론의 문제가 대부분 후자에서 비롯된다.

우리 언론인들은 어느 다른 세계 언론인들의 관행을 따라, 언론의 자유를 금과옥조로 내세우며, 그 자유가 침해되면 벌떼처럼 일어선다. 그런데 우리 언론은 그런 자격이 있는가? 과거 대부분 우리 언론인들은 정부로부터 고위직 제의를 받으면 기다렸다는 듯이 좇아 들어갔고, 다른 "당근"의 유혹에도 매우 약했다. 그것이 우리 언론의 전통이라면 그 언론이 부르짖는 자유는 가짜가 되고 만다.

언론인도 사회의 일원

언론인의 자질향상을 위한 노력은 바로 언론의 체질개선 노력과 같은데, 그것은 하루아침에 성과가 나타나지 않는다. 그것을 위해서는 제11장에서 길게 다룬 현행 기자 신규 채용제도의 개혁, 언론인 훈련 강화(주 18, 언론인 교육훈련과 자격인정제도, 323-330쪽 참조), 아카데믹 저널리즘의 풍토 조성(제12장, 347-349쪽 참조) 등을 망라한 변화를 위한 장기계획과 실천 프로그램이 언론산업 내부에서 마련되어야 한다. 또 우리나라 언론인의 행태를 결정하는 사회문화 풍토에 대하여도 눈을 돌려야 한다. 언론인도 사회의 일원이며, 그의 행동은 사회 속에서 결정되기 때문이다.

직업윤리 면에서 본 한국언론의 전통을 다시 세우는 일을 말한다면, 이 분야에서도 "과거 청산"과 "역사 바로 세우기" 운동이 필요하다. 언론인의 윤리적 행태교육도 설교와 이론만으로는 안된다. 모범이 더 중요하다. 그러므로 출세한 선배 언론인의 과거 어용이나 기회주의가 용납된다면 젊은 언론인들도 기회주의적이 되고 말 것이다. 요즘 언론의 과거를 묻는 움직임이 언론의 일각에서 일고 있으니 지켜볼 일이다.

지금의 언론개혁 논쟁에는 물론 언론인 자질 향상 노력에 관련된 이런 중요한 이슈가 완전히 빠져 있다.

개혁하면 곧 관련 법규정과 제도를 뜯어고치는 것을 의미하는데 한국인들은 익숙하다. 시민 쪽을 대표하여 이번 논쟁에 참여하고 있는 단체장이 "언론개혁은 낡고 전근대적인 언론 관계 각종 법률과 제도를 현시대에 맞게, 민주주의의 원칙에 맞게, 진정한 언론의 정신에 맞게 개정하는 제도적 개혁운동이다"이라고 쓴 글을 보고 조금은 놀랐다. 위에서 이미 지적한 대로 행태(사람)보다도 법제도 개정을 먼저로 했던 과거의 개혁은 모두 실패했다. 이번에도 언론개혁을 입법에 치중해서 하려고 한다면 그렇게 될 것이다.

언론개혁안 가운데 하나인 신문사 소유지분을 입법으로 제한하자는 제안을 예로 들어보자. 언론개혁시민연대의 이 제안은 메이저 신문사의 대주주인 가족(예컨대 ≪동아일보≫는 김씨가, ≪조선일보≫는 방씨가)에 의한 편집권 간섭이 기자들의 자유스러운 취재와 보도활동을 가로막고 여론시장을 왜곡시키고 있다는 주장에 근거하는 것이므로 그 논쟁은 신문의 편집권 독립과 직결된다.

그런데 이 안이 채택되어 소유지분이 분산되면 신문사는 특정 대주주인 사주가 아니라 일반 대주주(일부 신문사들의 사례를 보면 그 주주는 언론사 직원들의 결정에 따른다)가 임명하는 경영인에 의하여 운영되는데, CEO인 그도 당연히 회사의 이윤을 극대화할 책임을 맡게 된다. 그런 그가 생존을 걱정해야 하는 우리의 언론 환경, 그리고 기업문화에서, 편집권의 독립이라며 언론의 힘을 의미하는 편집국을 일체 "활용"하지 않고 회사를 운영하리라 믿기 어렵다. 선진국 언론의 실제를 보면, 편집권의 독립을 가능케 하는 것은 입법이 아니라 언론인들이 굳혀 놓은 관행이다. 이 또한 언론의 전통의 문제로 귀결된다.

국회에 언론발전위원회를 설치하자는 제안이 언론개혁을 외치는 민간단체와 일부 정치인들로부터 나오는 것을 보면 국민의 언론 종사자들에 대한 신념과 신뢰감이 얼마나 형편없기에 그럴까 하는 생각을 하게 되지만, 그 점은 차치하고 이 안 역시 옥상옥이 되지 않을까 여겨진다. 우리나라에서 기구가 없어 잘 안되는 일이 있었던가. 국회는 국민의 대의기관이라고 하더라도 평소 정치인들이 자기이익을 위해 이합집산하는 과정에서 보이는 행태, 그리고 이런 기구에 발탁될 일부 인사들의 면면을 생각할 때, 그들의 인격과 영향력에 의존, 어떻게 언론을 개혁하겠다는 것인지 알 수 없다.

언론의 자율성과 편집권의 독립을 논하면서 한 가지 더 언급해야 할 점은 정부든 사주든 외부로부터의 간섭이 기자가 쓰는 모든 기사, 그리고 기사의 모든 세부 내용에까지 미치지 못한다는 사실이다. 브리드(Breed, 제6장 게이트키퍼 연구, 176쪽 참조)의 연구에 따르면 기자는 어떤 상급자의 간섭에도 불구하고 취재와 기사쓰기에 상당한 재량을 갖는다. 이 책의 여러 곳에서 지적한 대로 사회문제 보도와 관련, 우리 언론의 한 가지 큰 취약점은 문제의 묘사는 열심히 해도 문제해결에 이어질 대안제시는 잘 안한다는 것인데, 공부 안하는 기자들과 긴 기사를 안 읽는 독자들의 안일한 태도, 사회문제 해결에 필요한 지식을 제공하는 리서치의 부재 등이 요인으로 복합되어 그렇게 된다. 정부통제나 편집권의 독립과는 대체적으로 무관한 일이다.

"탱고를 혼자 출 수 없다"

언론발전과정에서 있어서의 국민(언론의 수용자)의 중요성에 대하여 위에서 언급했다. 여기에서 이에 조금 덧붙일까 한다. 언론인의 자질 향상, 언론의 공정성, 그외 어떤 변화도 법과 제도가 뭐라고 정해놓든 그 실천은 궁극적으로는 언론인 스스로가 행할 때 가능하다. 하지만 이미 시사한 대로 그게 잘 되지 않을 때는 어떻게 할 것인가?(우리 언론은 세상이 바뀔 때마다 거듭난다고 천명해왔으나 말로만 그래왔다). 국민이 나서서 자극을 주어야 한다.

언론은 머리 좋은 사람들의 집단이다. 이런 집단에 농락 당하지 않고 감시하고 자극을 주는 역할을 할 수 있으려면 수용자는 언론에 대한 깊은 지식과 관심을 가져야 한다. 언론개혁 프로그램 가운데는 대중을 상대로 하는 미디어 교육의 확대 방안도 포함되어야 한다. 그러나 모든 국민이 그렇게 똑똑할 수는 없으므로 시민운동단체와 함께 언론학계의 책임 있는 역할이 중요하다. 한국에는 언론학과를 둔 대학이 적어도

70개가 있다(비슷한 과목을 가르치는 홍보학과는 빼고서이다). 인구 대비 다른 나라보다 많다. 우리 언론이 지금처럼 된 데는 언론을 이끌기보다 언론에 끌려다닌 언론학자 집단도 책임을 통감해야 한다.

제12장에서 지적한 대로 우리 언론은 시장경제에 절대 복종하는 산업은 아니지만, 사기업으로 운영되는 한, 그 제품은 소비자인 수용자의 필요와 취향에 절대적으로 영향을 받는다 함은 틀림없는 사실이다. 우리 언론의 취약점으로 꼽히는 흥미와 선정주의 중심의 보도를 소비자인 독자, 청취자, 시청자를 빼고는 설명할 도리가 없다.

국민이 언론의 질에 크게 영향을 미치는 다른 과정 하나만 더 말해보자. 국민의 일원인 우리의 정치인, 기관장, 단체장, 기업가, 저명인사들은 각기 자기이익을 위하여 신문지면과 방송시간을 이용하고자 혈안이 되어 있다. 그리하여 여러 가지 불건전한 방법으로 언론에 접근한다. 우리 언론인이 영미언론인들에 비하여 이권유혹에 약하다는 것은 누구도 부인할 수 없는 사실이다. 이에 대하여 잘 따져보면 언론인만을 욕할 일이 아니다. 앞서 언급한 대로 언론인도 사회 속에서 움직인다. "탱고 춤을 혼자 출 수 없듯이"(It takes two to tango) 언론인이 부패했다면 혼자 부패하지 않는다. 그들을 부패하게 하는 국민과 함께 부패한다.

영미사회에 살아보면, 여기 사람들이 우리네와 많이 다르다는 사실을 알게 된다. 그 사회에서는 자기 회사, 자기 단체의 필요와 이익, 그리고 분수에 맞지 않는 개인 홍보를 위하여 언론을 이용하려고 술수를 쓰는 사람이 별로 없다. 또 쓰려고 해도 받아들여지지 않는다. 이 문제도 제12장(언론로비의 마술, 344쪽 참조)에서 비교적 자세하게 다뤘다. 이번 개혁 논쟁에는 이런 "국민적 팩터"가 제외되어 있다 함은 이미 앞에서 언급한 바이다.

연구다운 연구가 있는가?

이때까지 든 사례는 한국언론의 개혁을 위하여 무엇을 어떻게 해야 하는가를 분명하게 가르쳐준다. 첫째로, 우리 언론의 상황을 지금과 같이 만드는 우리 사회와 언론에 관련된 그 많은 요인들을 모두 분석에 넣는 총체적이고 과학적인 연구가 먼저 있어야 한다. 그런 연구는 개혁을 어디에서 시작하고 어떤 분야에 먼저 치중해야 할까 등 방향을 밝혀줄 것이다. 언론개혁 논쟁은 그런 권위 있는 연구와 그 결과를 바탕으로 해야 한다.

이런 유의 연구는 요인(원인)과 언론의 질(결과)과의 인과관계를 밝혀야 하니 당연히 설명적(explanatory)이어야 한다(제2장 기술적 연구와 설명적 연구, 54-55쪽 참조). 별첨 도표에서 결과인 현 언론의 질 또는 상황은 우측 상자에, 원인인 독립변수가 될 만한 사항들은 언론, 정부, 국민, 지정학적 여건의 상자로 나눠 배치했다.

이 요인들간 서로 어느 것이 더 중요하게 언론에 미치는가를 밝히기 위해서는 회귀분석(multiple regression analysis)을 해야 한다. 이 경우 분석이 과학적이 되기 위해서는 수량화할 수 있는 자료 수집이 필요한데, 이게 쉽지 않을 것이다. 그러나 그에 근접하는 노력과 연구가 아니라면 과학적이 될 수 없고, 따라서 문제해결에 도움이 안될 것이다.

한국에도 실증적 사회과학 연구에 경험이 많은 미국에서 교육받은 학자가 많으니만큼 방법론의 어려움 때문에 못할 리는 없을 것이고, 또 그 흔한 언론학 관련 학술대회와 세미나 등을 볼 때, 언론개혁과 같은 나라의 큰 현안문제를 앞에 놓고 돈이 없어 대대적인 정책적 연구 한번 못한다면 말이 안된다. 과문한 탓인지 몰라도 현실문제와 관련, 그런 설명적 연구가 한국에 거의 없다. 밖으로 나타난 언론의 문제점을 나열하고 묘사하는 기술적(descriptive) 연구가 몇 개 있을 뿐이다.

중대한 사회문제를 놓고 학자들이 해야 할 일은 팀을 만들어 다른 전문인이 못하는 차원 높은 종합적 분석 연구를 통하여 체계적인 지식을 제공하는 것이다. 단편적인 지식 전달이나 비평이 될 수밖에 없는 신문 칼럼이나 방송을 통해서 하는 담론은 분석보다 레토릭이 될 수밖에 없고, 더욱 편을 갈라 하는 말싸움에 말려든다면 그 폐해도 크다.

둘째로, 개혁의 구체적 방향과 방안이 밝혀지는 것과 실천은 별개이므로 사람들은 왜 아는 것을 실천하지 않는가를 설명하는 연구가 언론개혁의 경우에도 따라야 한다. 과거 많은 분야에서 좋은 정책이나 개혁방안이 실천 단계에서 용두사미가 됐다. 실천연구는 언론학자들만의 지식으로만 할 수 없다. 사람들은 사회 전체 속에서 생각하고 행동하기 때문(제6장 알면 행하는가, 174쪽 참조)이며, 한국인의 행태를 이해하는 데 필요한 지식을 제공할 수 있는 여러 분야 학자가 공동으로 참여해야 한다.

언론은 미녀와 같아

언론도 법규정과 공정거래의 원칙을 어길 때는 공권력의 제재를 받아야 하는데, 언론은 그것을 언론탄압이라며 들고일어나 문제의 초점을 흐리게 한다. 과거 정권이 공권력을 이용, 탄압을 해왔으니 말이다. 그러나 이제는 언론은 현실을 좀 더 정직하게 받아들여야 하지 않을까?

언론의 "존재 이유"(raison detre)는 권력의 감시라고 해도 과언이 아니다. 권력의 주체인 정부는 그런 감시견(watchdog)이 협조적이면 좋아하고, 아니면 미워하고 가능한 방법을 동원하여 길들이려 하는 것은 어쩌면 너무 당연하다. 그러므로 어느 나라

언론
1. 언론인의 의식구조와 자질(전문성과 직업윤리, 언론인 채용 및 훈련 제도, 언론의 전통, 언론의 정신) 2. 자기이익(제11장 300-310쪽 참조) 3. 기업 측면(소유구조, 수익성, 언론 외 수익사업, 경영의 투명성) 4. 편집국의 조직과 관행, 편집정책(제11장 편집국의 조직, 역할 또는 계층 중심, 320-322쪽 참조) 5. 취재 관행 및 제도(기자실 제도 포함) 6. 시설과 제작기술 7. 시장 대비 매체의 수(언론사간 경쟁의 정도) 8. 뉴스 인프라의 발전도 9. 노조의 구성, 수준, 역할

국민
1. 감시자로서의 국민(언론에 대한 이해와 참여도) 2. 소비자로서의 국민(언론으로부터 대중이 기대하는 필요와 욕구) 3. 언론공간 이용자로서의 국민(언론 로비의 건전도) 4. 언론학계와 시민운동단체의 질과 활동, 5. 국민을 상대로 하는 미디어 교육 6. 사회의 가치관, 청렴도

정부
1. 정치체제 발전과 정치의 청렴도 2. 정부의 직간접 언론정책 3. 언론관련 입법과 행정규제(소유지분 제한, 세법, 시장 규제) 4. 정부 소유 정보의 공개, 뉴스원 통제

지정학적 여건
1. 인구, 자원, 경제발전도 2. 역사적 배경 3. 국제관계와 교류

한국언론의 상황
1. 편파(불공정) 보도 2. 선정주의 3. 폭로, 상업주의 보도 4. 문제해결형 분석보도의 결핍 5. 언론의 권력화

에서든 정부와 언론의 관계는 밀월 아니면 적대적인 것이 보통이다.

권언간 관계의 본질이 그런 것이라면 감시기능을 제대로 할 생각이 있는 언론은 먼저 정부에 빌미를 주지 않아야 한다. 역으로 그런 빌미를 내주는 언론은 아무리 근사한 외모를 갖추었어도 언론의 기능을 제대로 할 수 없다는 말이 된다.

권력자(물론 그 아래 권력을 나눠 가진 사람들에게도)에게 언론은 마치 돈 많은 남자에게 미녀와도 같다. 그는 미녀가 고분고분 말만 잘 들어주면 무엇이든 내주고 끌어안고 싶어한다. 그러나 말을 듣지 않으면 금세 사나워진다. 그러므로 미녀는 평소 태도를 확실하게 해야 한다.

주요 언론사들과 이들을 옹호하는 야당의 주장대로 언론을 길들이기 위하여 정부가 세무조사라는 칼을 뺐을 때, 감출 게 하나도 없는 언론이라면 왜 그것을 위협(또는 탄압)으로 생각할까. 오늘 한국사회의 현실에서 털면 먼지 안 나는 곳 또는 사람이 어디 있느냐고 할지 모르나, 그럴수록 난국을 헤쳐갈 길을 밝힐 책임을 지닌 언론부터 깨끗해져야 한다.

세상에 어느 정상적인 나라에서 정부가 언론을 손보기 위한 수단으로 세무조사를 이용한다는 얘기가 가능한가. 공익성을 띤 언론사를 포함, 기업들의 탈세 관행이 널리 퍼져 있어 그런 게 아니겠는가. 극히 한국적인 얘기이다.

불쌍한 언론?

지금의 언론 논쟁이 애당초부터 얼마나 핵심을 잃고 있는가를 보여주는 예는 더 많다. 토론에 나온 한 야당 국회의원의 발언을 인용해보자. 전체 매출규모가 대기업 하나에도 못미치고, 또 엄청난 부채를 짊어진 취약한 언론을 상대로 세무감사가 뭐 꼭 필요한가라고 했다. 이 무슨 해괴한 논리인가.

매출규모와 부채로 봐 그렇게 재정적으로 취약한 언론도—아니 그런 언론일수록 살아남기 위하여, 또는 더 나아가 욕심을 부려 몸통을 불리기 위하여 언론의 힘을 남용한다면—10배, 20배 더 큰 기업은 물론, 한 사회를 망쳐놓을 수가 있다는 점은 생각 안해보는가. 김영삼 전 대통령이 일본에 가서 한 말도 참 해괴하다. 그가 집권하던 시절 지시한 언론사 세무감사 결과를 발표했더라면 몇 개 언론사의 존립이 위태로워졌을 것이라니, 이 최고통치자는 거액의 언론사 탈법을 눈감아주었다는 뜻 아닌가. 그렇다면 언론이 불쌍해서 그랬다는 얘기인가, 뒷구멍 흥정을 했다는 얘기인가?

국민의 이익이란 관점에서 본다면 정도를 걷는 언론사 5개를 갖는 것이 그렇지 못한 언론사 10~20개를 갖는 것보다 더 중요하다. 국내와 해외 한인사회의 언론 환경을 자세히 들여다보면 언론의 수적 과잉이 언론의 질을 저하시키고 있을 뿐만 아니라 진정한 언론의 출현을 가로막고 있음을 알아야 한다. 탈세까지 봐주면서 그릇된 언론을 보호할 필요는 없다. 탈세를 서슴지 않는 언론은 아무리 폭넓은 언론의 자유가 주어져도 그 자유는 돈버는 자유가 될 뿐이다.

금번 국세청의 언론 세무조사에 이른 과정을 보면 반대자들의 지적대로 왜 하필 이때인가 등 석연치 않은 면이 많다. 그러나 그것은 문제의 초점이 아니다. 권력이란 그런 것이라고 치고, 그런 권력을 앞으로 책임있게 감시하고 견제하기 위하여서도 언론사는 이번 일을 "집안 청소"의 좋은 계기로 삼아야 하지 않겠는가.

참고문헌

강현두 편. 1987, 『현대 한국사회와 대중문화』, 나남출판.

우병동. 2000, 「외압…… 간섭…… 흔들리는 한국언론」, ≪관훈저널≫, 가을호.

전국언론노동조합연맹 편. 1992, 『부끄러움을 보여 드립니다』, 공간출판.

Asch, Solomon. 1952, *Social Psychology*, Prentice-Hall.

Atkin, C. K. 1972, "Anticipated Communication and Mass Media Information Seeking," *Public Opinion Quarterly*, 35.

Atkin, C. K. and B. S. Greenberg. 1974, "Public Television and Political Socialization," Michigan State University report.

Ball-Rolkeach, S. and M. DeFleur. 1976, "A Dependency Model of Mass Media Effects," *Communication Research*, 3.

Bandura A. 1965, "Influence of Model's Reinforcement Contingencies on the Acquisition of Imitative Response," *Journal of Psychology and Social Psychology* 1.

Berlo, D. 1960, *The Process of Communication*, Holt, Rinehart and Wintson.

Boorstin, Daniel J. 1961, *The Image: A Guide to Pseudo-Events in America*, Harper & Row.

Bottomley G. 1979, *After the Odyssey, A Study of Greek Australians*, the University of Queensland.

Breed, W. 1955, "Social Control in the Newsroom: A Functional Analysis," *Social Forces*, 33.

Bretz, R. 1971, *A Taxanomy of Communication Media*, The Rand Corporation.

Cameron, Glen T., Keun-Hee Park and Bong-kyun Kim. 1996, "Advertorials in Magazines: Current Use and Compliance with Industry Guidelines," *Journalism & Mass Communication Quarterly* Vol 73.

Cohen, B. C. 1963, *The Press and Foreign Policy*, Princeton University.

Cooley, C. 1902, *The Nature of Human Nature*, Charles Scribner's Sons.

Davison W. P. J. Boylan and F. Yu, 1982, *Media Systems & Effects*, Holt, RineHart and Winston.

Davison, W. Phillips. 1973, in International and World Public Opinion Ithiel de Sola Pool and others(eds.), *Handbook of Communication*.

DeFleur, M. L. 1971, "Mass media as social system," in W. Schramm and D. E. Roberts(eds.), *The Process and Effects of Mass Communication*, University of Illinois Press.

Donohue, G. A., J. Tichenor and C. Olien. 1972, "Gatekeeping, Mass Media Systems and Information Control," in F. G. Kline and P. J. Tichenor(eds.), *Current Perspectives in Mass Communication Research*, Vol. I, Sage.

Donohue, G. A., J. Ticheneror and C. Oilen. 1975, "Mass Media and the Knowledge Gap," *Communication Research*, 2.

Festinger, L. 1957, *A theory of Cognitive Dissonance*.

Fishbein M., and L. Ajzen. 1972, "Attitudes and Opinions," in P. Mussen and M. Rosenzweig(eds.), *Annual Review of Psychology*, Vol. 23.

Freedman, J., and D. Sears. 1965, "Selective Exposure," in L. Berkowwitz(4th ed.), *Advances in Experimental Social Psychology*, Vol. 2, Academic Press.

Galtung, J. 1979, "A Structural Theory of Imperialism," in G. Medleski(ed.), *Transnational Corporations and World Order*, W. H. Freeman.

Genova, B. and B. Greenberg. 1977, "Self and Social Interest in News Events and the Knowledge Gap Hypothesis," Paper Presented at the Association for Education in Journalism Annual Meeting, Madsion, Wisconsin.

George Comstock, S. Chaffee, M Katzman, M. McCombs and D. Roberts. 1978, *Television and Human Behavior*, Columbia University Press.

Greenberg, B. 1974, "Gratifications of Television Viewing and Their Correlates for British Children," in J. Blumler and E. Katz(eds.), "The Uses of Mass Communication, Current Perspectives on Gratifications Research," *Sage Annual Reviews of Communication Research*, Vol. 3, Sage.

Hanneman, G. J. 1975, "The Study of Human Communication," in G. J. Hanneman and W. J. Mcewen(eds.), *Communication and Behavior*, Addison-Wesley.

Heider F. 1958, *The Psychology of Interpersonal Relations*.

Hollander, N. 1971, "Adolescents and the War, the Sources of Socialization," *Journalism Quarterly* 58.

James, W. 1890, *The Principle of Psychology*, Vol. 1, Henry Holt and Co.

——.1993, "Symposium, the Evolution of Agenda-Setting Research," *Journal of Communication*, 43(2), Spring.

Katz E. J. 1968, "One Reopening the Question of Selectivity in Exposure to Mass Communication," in R. Abelson, E. Aronon, W. J. McQuire, T. M. Newcomb, M. J. Rosenberg and P., Tannebaum(eds.), *Theories of Cognitive Consistency*, A Sourcebook, R and McNally.

Katz, E., J. Blumler and M. Gurevitch. 1973, "Uses of Mass Communication by the Individual," in P. Davison and F. Yu(eds.), *Mass Communication Research*, Praeger.

Kim, S. O. 1985, *Communication and Acculturation*, as published Phd dissertation.

Kimball, Penn. 1965, "Journalism: Art, Craft or Profession?" in the Professions in America, Nenneth Lynn(Boston: Houghton Mifflin).

Knudson, Jerry W. 1996, "Licensing Journalists in Latin America: An Appraisal," *Journalism & Mass Communication Quarterly*, Vol 73.

Krugman, H. 1965, "The Impact of Television Advertising: Learning without Inovolvement," *Public Opinion Quarterly*, 29.

LaPier R. T. 1934, *Attitudes vs. Action*, Social Forces 13.

Laswell, H. 1948, "The Structure and Function of Communication in Society," in Bryson(ed.), *The Communication of Ideas*, Harpers and Brothers.

——. 1971, *Propaganda Technique in WW I*, The MIT Press.

Lazarsfeld, P. J. and R. Merton. 1948, "Mass Communication, Popular Taste and Organized Social Action," in Bryson(ed.), *The Communication of Ideas*, Harpers and Brothers.

Lazarsfeld, P. J., B. Bereldson and H. Gaudet. 1944, *The People's Choice*, Harper & Row.

Lerner, Daniel, *Communication and Political Development*.

Lerner, Daniel. 1958, *The Passing of Traditional Society*, Free Press.

Lippmann, Walter. 1922, *Public Opinion*, Harcourt Brace.

——. 1995, *Liberty and the News*, New Brunswick: Transaction Publishers.

MaClell, D. 1961, *The Achieving Society*, Van Nostrand.

McCombs, M. and Becker, L. 1979, *Using Mass Communication Theory*, Prentice-Hall Inc.

McCombs, M. and D. Shaw. 1972, "The Agenda-Setting Function of Mass media," *Public Opinion Quarterly*, 36.

——. 1993, "The Evolution of Agenda-Setting Research: Twenty-Five Years in the Marketplace of Ideas," *Journal of Communication* 43, Spring.

McLuhan, M. 1964, *Understanding Media*, New American Library.

McQuail, D., J. Blumler and J. Brown. 1972, "The Television Audience," in D. McQuail (ed.), *Sociology of Mass Communication*, Penguin.

Mead, George H. 1934, *Mind, Self and Society*, University of Chicago Press.

Meyer, Phillip. 1975, *Precision Journalism*, Indiana University Press.

Meyer, W. 1991, "Structures of North-South Informational Flows: An Empirical Test of Galtung's Theory," 68, No. 1.

Newcomb T. M., R. H. Turner and P. E. Comverse. 1964, *Social Psychology*.

Noelle-Neumann, E. 1974, "The Spiral of Silence: A Theory of Public Opinion," *Journal of Communication*, 24.

Osgood E. E. and P. H. Tannenbaum. 1955, "The Principle of Congruity in the Prediction of Attitude Change," *Psychological Review* 62.

Passin, Herbert. 1963, "Writer and Journalists in the Transitional Society," in Luican W. Pye(ed.), *Communications and Political Development*, Princeton University Press.

Rao, Y. V. L. 1963, "The Role of Information in Economic and Social Change: Report of a Field Study in Two Indian Villages," *Doctoral Dissertation*, University of Minnesota.

Richardson, A. 1968, "A Theory and Method for the Psychological Study of Assimilation," *International Migration Review*, 3(2).

Roberts, D. F. 1971, *Nature of Communication Effects*, in W. Schramm and D. E. Roberts (eds.), *The Process and Effects of Mass Communication*, University Of Illinois Press.

Robinson, J. 1972, "Mass Communication and Information Diffusion," in F. Kline and P. Tichenor(eds.), *Sage Annual Reviews of Communication Research*, Vol. 1, Current Perspectives in Mass Communication Research, Sage.

Rogers, Everett M. 1983, *Diffusion of Innovations*, Free Press.

Rogers, Everett M. and F. Floyd Shoemaker. 1971, *Communication of Innovations*, Collier MacMillan Publishers.

Rosengren K. E. 1972, *Uses and Gratifications, an Overview*, University of Lund, Mimeo (Sweden).

Schramm, W. 1960, "Who is Responsible for the Quality of Mass Communications?," in W. Schramm(ed.), *Mass Communications*, University of Illinois Press.

——. 1964, *Mass Media and National Development*, Stanford University Press.

——. 1965, "How Communication Works," W. Schramm(eds.), 1965, *The Process and Effects of Mass Communication*, University of Illinois Press.

——. 1971, "The Nature of Communication between Humans," in W. Schramm and D. Roberts(eds.), *The Process and Effects of Mass Communication*, University of Illinois Press.

Schramm, W., J. Lyle and E. Parker. 1961, *Television in the Lives of Our Children*,

Stanford University Press.

Sears, D. O. 1968, "The Paradox of De Facto Selective Exposure of without Preferences for Supportive Information," in R. Albelson et al(eds.), *Theories of Cognitive Consistency*, Rand McNally.

Siebert, Fred S., T. Patterson and W. Schramm. 1963, *Four Theories of the Press*, Univ. of Illinois Press.

Tichenor, P. J., G. Donohue and C. Olien. 1970, "Mass Media and Differential Growth in Knowledge," *Public Opinion Quarterly* 34.

Vygostsky, L. 1962, *Thought and Language*, Cambridge, MIT Press.

White D. M. 1950, "The Gatekeeper—A Case Study in the Selection of News," *Journalism Quarterly*, Vol 27.

Wicker A. W. 1969, "Attitudes Versus Actions: The Relationship of Verbal and Overt Behavioral Responses to Attitude Objects," *Journal of Social Issues* 25.

Wright, C. 1960, "Functional Analysis and Mass Communication," *Public Opinion Quarterly*, 24.

Wrightsman L. S. 1968, "Wallace Supporters and Adherence to 'Law and Order'," *Journal of Personality and Social Psychology* 13.

Yu, F. T. C. 1968, in L. W. Pye(ed.), *Communications and Political Development*, Princeton University Press.

언론개혁, 어떻게 할 것인가
한국의 언론과 사회, 이론과 비평

ⓒ 김삼오, 2001

지은이 김삼오
펴낸이 김종수
펴낸곳 도서출판 한울

편집책임 곽종구
편집 이창래

초판 1쇄 발행 2001년 7월 20일
초판 2쇄 발행 2002년 5월 20일

주소 120-180 서울시 서대문구 창천동 503-24 휴암빌딩 3층
전화 영업 326-0095(대표), 편집 336-6183(대표)
팩스 333-7543
전자우편 newhanul@nuri.net
등록 1980년 3월 13일, 제14-19호

Printed in Korea.
ISBN 89-460-2883-1 93070

*책값은 겉표지에 적혀 있습니다.